谨以此书

纪念我国预应力混凝土先驱

车惠民（1922—2020）、谢幼藩（1923—2013）先生

百年诞辰

现代桥梁工程创新
——认识、脉络及案例

The Innovations of Modern Bridge Engineering
——An Epistemology, Genealogical and Case Study

张俊平 著

人民交通出版社股份有限公司
北京

内 容 提 要

本书以工程哲学基本观点为经线,以现代桥梁创新发展成果为纬线,以时间为隐线,以桥梁结构性能与经济指标为评价尺度,从观念认识、发展脉络及经典案例三个层面,着力探讨桥梁工程创新的客观规律,剖析桥梁工程创新发展的内在机制,勾勒现代桥梁创新发展的轮廓,解构工程大师工程思想与工程构思的形成过程。通过以上几个方面的细致论述,力图在桥梁工程实践与工程哲学之间的鸿沟上搭建一座"桥梁",以帮助读者树立先进正确的工程观念,领悟工程大师的思想方法和思维方式,从而启迪工程师的工程智慧,形成并增强技术创新和工程创新的思维自觉,更好地从事桥梁工程创新实践。

本书可供土木工程、道路桥梁与渡河工程高年级本科生与研究生学习,也可供工程实践一线的技术人员参考。

图书在版编目(CIP)数据

现代桥梁工程创新:认识、脉络及案例/张俊平著.—北京:人民交通出版社股份有限公司,2023.6
ISBN 978-7-114-18715-5

Ⅰ.①现… Ⅱ.①张… Ⅲ.①桥梁工程—研究 Ⅳ.①U44

中国国家版本馆 CIP 数据核字(2023)第 060260 号

Xiandai Qiaoliang Gongcheng Chuangxin——Renshi、Mailuo ji Anli

书　　名：	现代桥梁工程创新——认识、脉络及案例
著 作 者：	张俊平
责任编辑：	赵瑞琴　齐黄柏盈
责任校对：	孙国靖　卢　弦
责任印制：	张　凯
出版发行：	人民交通出版社股份有限公司
地　　址：	(100011)北京市朝阳区安定门外外馆斜街 3 号
网　　址：	http://www.ccpcl.com.cn
销售电话：	(010)59757973
总 经 销：	人民交通出版社股份有限公司发行部
经　　销：	各地新华书店
印　　刷：	北京印匠彩色印刷有限公司
开　　本：	787×1092　1/16
印　　张：	32
字　　数：	687 千
版　　次：	2023 年 6 月　第 1 版
印　　次：	2023 年 6 月　第 1 次印刷
书　　号：	ISBN 978-7-114-18715-5
定　　价：	128.00 元

(有印刷、装订质量问题的图书,由本公司负责调换)

插页彩图 1　三座地标性建筑的概貌

a）埃菲尔铁塔（1889）
b）加拉比特铁路桥（1885）
c）圣路易斯大拱门（1965）

a）

b）

c）

a）

b）

c）

d）

插页彩图 2　几座典型跨海大桥概貌

a）巴西里约—尼泰罗伊大桥（1974）
b）加拿大联邦大桥（1997）
c）中国港珠澳大桥（2018）
d）科威特海湾大桥（2018）

插页彩图 3　斜拉桥发展初期的几座代表性桥梁

a) Franz Joseph Bridge (1868—1941)
b) Gavenagh Bridge (1869)
c) Cassgne Bridge (1909)
d) Lézardrieux Bridge (1924)

a)

a)

b)

b)

c)

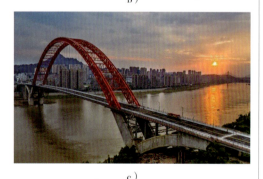

c)

d)

d)

插页彩图 4　几座典型的钢管混凝土拱桥概貌

a) 四川旺苍东河桥 (1990)
b) 沪昆高铁北盘江大桥 (2016)
c) 四川合江长江三桥 (2021)
d) 广西平南三桥 (2020)

插页彩图 5　混凝土桥梁发展初期几座代表性桥梁概貌

a）法国沙泰勒罗桥（1900）
b）法国普卢加斯泰勒拱桥（1930）
c）法国吕章西桥（1946）
d）联邦德国巴尔杜因斯泰因桥（1950）

a）

b）

c）

d）

a）

b）

c）

d）

插页彩图 6　几座具有里程碑意义的近代钢铁桥梁概貌

a）英国 Coalbrookdale Bridge（1779）
b）美国圣路易斯钢拱桥（1874）
c）美国布鲁克林桥（1883）
d）英国福斯桥（1890）

插页彩图 7　卡拉特拉瓦的部分桥梁设计作品概貌

a）西班牙巴塞罗那 Bac de Roda 桥
b）西班牙塞维利亚阿拉米罗桥
c）美国密尔沃基美术馆桥
d）美国加利福尼亚日晷桥
e）爱尔兰都柏林市萨缪尔·贝克特桥
f）加拿大卡尔加里和平桥

a）

b）

c）

d）

e）

f）

a）

b）

c）

插页彩图 8　纽约世贸中心交通枢纽概貌

a）远眺
b）近观
c）内部

插页彩图 9　鹿特丹伊拉斯穆斯大桥概貌

a) 结构造型
b) 夜景

a)

b)

a)

b)

插页彩图 10　两座典型的张弦梁桥概貌

a) 德国克莱姆跨线桥概貌
b) 日本美秀美术馆桥概貌

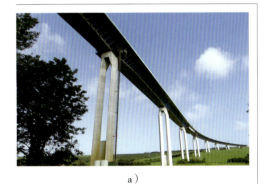

a)

b)

插页彩图 11　两座典型的钢腹杆组合梁桥概貌

a) 法国 Echinghen 大桥
b) 法国留尼旺岛普莱支流河大桥

插页彩图 12　几座变高度槽形组合梁桥概貌

a）德国柏林汉威桥
b）德国因戈尔施塔特高速铁路桥
c）德国费尔登铁路桥（主跨 80m）
d）西班牙某铁路跨线桥（主跨 75m）

a）

b）

c）

d）

插页彩图 13　中国天津海河大沽桥概貌

插页彩图 14　德国莱茵河三国桥概貌

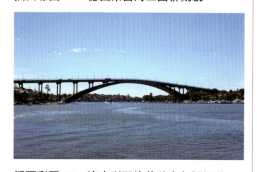

插页彩图 15　澳大利亚格莱兹韦尔桥概貌

插页彩图 16　瑞士塔米纳河谷桥概貌

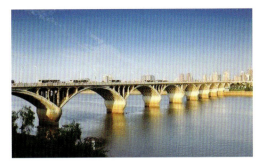

插页彩图 17　湖南长沙湘江大桥

插页彩图 18　贵州江界河大桥

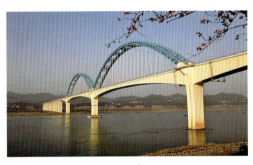

a）

b）

插页彩图 19　两座典型的铁路连续刚构拱桥

a）宜万铁路宜昌长江大桥
b）汉十高铁崔家营汉江大桥

插页彩图 20　大中等跨径钢管混凝土拱桥拱肋面外稳定解决新途径探索实例

a）广州解放大桥
b）温州南塘河大桥
c）广东潮州韩江大桥
d）吉林长春伊通河大桥

a）

b）

c）

d）

插页彩图 21　美国帕斯科—克内维克（Pasco-Kennewick）桥概貌

插页彩图 22　美国弗里德·哈特曼桥概貌

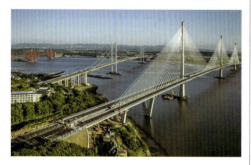

插页彩图 23　英国昆斯费里大桥及福斯铁路桥和福斯公路桥概貌

插页彩图 24　中国广州猎德大桥概貌

插页彩图 25　中国温州瓯江北口大桥概貌

插页彩图 26　英国塞文桥概貌

插页彩图 27　法国布鲁东桥概貌

插页彩图 28　日本大鸣门桥概貌

插页彩图 29　委内瑞拉卡罗尼河二桥概貌

插页彩图 31　中国香港汀九桥概貌

插页彩图 30　中国万州长江大桥概貌

插页彩图 32　加拿大联邦大桥概貌

插页彩图 33　瑞士阳光桥概貌

插页彩图 34　丹麦—瑞典厄勒海峡大桥概貌

插页彩图 35　希腊里翁—安蒂里翁大桥概貌

插页彩图 36　法国米约高架桥概貌

插页彩图 37　中国湖北武汉天兴洲长江大桥概貌

插页彩图 38　扩建前后的西班牙兰迪海峡大桥

插页彩图 39　中国四川雅西高速公路干海子大桥远眺

插页彩图 40　奥克兰海湾大桥东桥概貌

插页彩图 41　中国江苏泰州长江大桥概貌

插页彩图 42　中国云桂铁路南盘江特大桥概貌

插页彩图 43　土耳其博斯普鲁斯海峡第三大桥概貌

a）

b）

插页彩图 44　中国张家界大峡谷悬索桥概貌
a）侧视
b）俯视

插页彩图 45　中国江苏镇江五峰山长江大桥概貌

前　言
FOREWORD

第二次世界大战以后，伴随着预应力混凝土、正交异性板、斜拉桥、多塔悬索桥等工程创新的涌现，桥梁工程进入了快速发展时期，新结构、新理论、新材料、新工法在全世界迅速扩散，在短短的 70 多年时间里，基本上满足了人类跨越障碍的需求。虽然有时候在跨越某些障碍时还面临一些技术上的重大挑战，但总体来说已经基本不存在难以逾越的技术壁垒，桥梁建设实现了从"能不能"向"好不好""适合不适合"的根本转变，这是人类 3000 年工程历史上从未出现过的壮举。

面对如此辉煌的建设成就，站在这样一个工程历史的结点，我们有足够多的理由自豪。但在自豪之余，有必要深入思考古老又现代的桥梁工程领域背后的一些普遍性、深层次的问题：桥梁工程快速发展的内外部推动力是什么？如何从工程哲学的高度来看待工程、认识工程、思考工程？如何界定和评价工程创新与技术创新？怎样才能感悟认识工程实践与工程创新的真谛？现代桥梁工程发展的基本脉络是什么？从技术要素来看，桥梁工程发展创新演化的关键要素有哪些？它们是如何推动桥梁建设技术不断迭代升级的？在现代桥梁工程发展进程中，最具典型意义、值得反复品鉴的工程创新案例有哪些？在这些经典工程创新过程中，工程大师是如何化繁为简、推陈出新的？他们处理工程疑难问题时的思维方法对后来者有何启迪意义和示范价值？……

带着这些疑问和思考，作者进行了大胆的尝试，力图从工程哲学的高度对桥梁工程进行再认识、再思考，从工程历史的尺度将现代桥梁发展演化脉络勾勒出来，从工程设计方案构思、概念设计层面将经典案例的创新思想与价值剖析出来。为此,本书的写作采用夹叙夹议的呈现方式,结合近百个典型案例,力图将工程哲学思想观点与桥梁工程技术的方方面面结合在一起,以期对桥梁工程从业者工程观念的建构、工程思想的养成、工程创新思维的培育有所帮助启迪,达到"随风潜入夜,润物细无声"的效果。基于上述意图,本书共分为三篇,第1篇着重讲工程哲学观念,第2篇主要讲现代桥梁工程的发展演化脉络,第3篇专门讲现代桥梁工程中的经典创新案例,涉及认识论、实践论与桥梁工程技术三个维度。三篇内容既相互独立,又有内在逻辑联系,主要内容如下。

第1篇以桥梁工程为例,着重从认识论的角度探究阐述工程本质、工程创新、工程演化、工程思维、工程设计、工程事故、工程教育等基本问题,结合36个典型案例,揭示科学、技术对桥梁工程建设的引导和支撑作用,阐明技术创新、工程创新、工程演化的内在联系,探讨科学思维、工程思维与艺术思维的异同,剖析工程设计特别是概念设计在工程创新中的龙头统领作用,揭示工程事故对工程演化的促进作用,分析工程教育存在的问题与面临的挑战。在此基础上,期望能够帮助读者在桥梁工程技术之上、跳出工程来看工程,在"是什么、为什么"之上,能够从认识论的层面思考领悟"怎么看、为了什么、如何建构"等工程哲学的基本问题。

第2篇以桥梁结构体系的发展演化为主线,以工程哲学的基本观点为辅线,以时间为隐线,以各类结构体系的力学性能与经济指标为载体,结合30个典型工程案例,从桥梁工程技术的内部要素出发,系统地分析阐述结构体系、建桥材料、结构理论、施工方法这四大支柱在桥梁工程创新发展中的相互支撑作用。粗线条、写意式地将现代桥梁工程70多年的发展脉络、历程和神韵勾勒出来,希望能够帮助读者登高望远,站在更宽的维度、更广的视野去了解现代桥梁发展的概貌轮廓,领悟桥梁工程技术发展的自身逻辑,感受工程思维的内在魅力,大体了解相关桥梁工程技术从哪里来、要到哪里去,从而能够系统地把握桥梁工程的建构性、实践性和社会性,从桥梁工程技术的发展历史中汲取养分、感悟方法、获取灵感,在了解全局的情况下更好地谋一域,强化概念设计能力,提升技术开发水平,沿着"能、会、美、雅"的技术境界拾级而上。

第 3 篇精选了现代桥梁工程发展演化进程的 20 个经典创新案例,从技术背景、方案构思及解决问题的对策、主要技术特点、工程创新扩散等多个方面,多维度、中尺度、相对宏观地剖析经典创新案例的特点,尽可能全面地再现工程创新的技术背景、工程建设条件及后续影响;探究技术创新的应用场景,梳理工程创新的历史渊源,以克服现有相关书目见物不见人、见结果不见过程、见分析不见构思的局限,尽可能地揭示工程创新思维的形成过程,探讨工程创新的客观规律;进一步在"是什么、为什么"的基础上,努力探究工程大师"是怎么想的、为什么会这样想"等思想方法,使读者能够从中感受创新群体的工程观念,领悟工程大师的思想方法和思维方式,汲取工程大师的工程智慧,增强技术创新和工程创新的思维自觉。

这种依托工程而又超越工程、探讨工程和技术之"道"的写作尝试无疑是艰难的、富有挑战的。一则是因为在工程实践与工程哲学之间的鸿沟上搭建"桥梁"跨度太大、范畴太广、难度太高;二则是因为现代桥梁工程规模庞大、技术发展较快,相关工程技术成果浩繁庞杂,要在有限的篇幅中将其发展演化脉络全面、客观地呈现出来,的确难度很大、力有不逮;三则是因为在大多数文献资料中普遍存在见物不见人、见结果不见过程、见技术分析不见思维过程的现象,写作中只能搜寻到工程大师的思维结果,而很难对其思维过程进行还原和再现。但是,如果这种尝试能够对推动一线工程师与技术研发者建构正确的工程观念、培育工程创新思维有所帮助,从而能够更好地思考工程、认识工程、改进工程,不断提升工程建设的品质,则作者亦不畏艰难、深感欣慰。诚然,驾驭这样宏大的题材,采用这样的呈现方式,的确超出了作者的见识、能力和水平。虽历经十余年的资料准备、三载写作、十数次修改,但仍感粗糙简陋,就先行抛砖引玉、寻求指正了。与这种写作尝试伴生而来的,本书自然会存在诸多问题和不足,恳请工程界、学术界的各位同仁不吝赐教。

在写作本书过程中,得到了很多同行的帮助。庄卫林教授、刘爱荣教授、雷俊卿教授、刘夏平教授、徐凯燕教授、管润荣高级工程师、张力文博士、曹飒飒博士等同仁,在百忙之中认真审阅了本书的草稿,提出了许多宝贵的意见和建议,在此诚致谢忱！需要特别感谢的是黄海云副教授,她认真细致地审阅了本书稿,提出了很多宝贵的建设性意见,撰写了部分案例,为本书的出版付出了大量精力。此外,研究生唐文乐、王波、谢柱坚、张玉杰、魏旭奇、张弛等,做了很多辅助性工作,在此一并致谢。

作　者

2022年夏

目 录
CONTENTS

第 1 篇 关于工程哲学的若干认识——以桥梁工程为例

第1章 导言 ... 3
第2章 科学、技术与工程 ... 6
2.1 基本概念辨析 ... 6
2.2 科学、技术与工程的分野 ... 8
2.3 与工程相关的数学、艺术、产业/行业 ... 18

第3章 工程本质与工程观 ... 25
3.1 工程与哲学 ... 25
3.2 工程与工程师 ... 26
3.3 工程本质 ... 31
3.4 工程理念 ... 38
3.5 工程观 ... 42

第4章 工程创新与技术创新 ... 47
4.1 创新概念辨析 ... 47
4.2 技术创新与工程创新 ... 50
4.3 工程创新的应然性与实然性 ... 55
4.4 工程创新机制 ... 61

第5章 工程演化 ... 68
5.1 工程演化要素 ... 69
5.2 工程演化机制 ... 72

第6章 工程思维 ... 81
6.1 工程方法的特征 ... 81
6.2 工程思维的特点 ... 86
6.3 工程思维与科学思维、艺术思维的异同 ... 91

6.4 工程创新思维的培育 ········· 95

第7章 工程设计 ········· 111
7.1 概念设计 ········· 112
7.2 设计过程中的若干冲突 ········· 117
7.3 工程事故对工程设计的启迪 ········· 125

第8章 工程教育 ········· 138
8.1 未来工程对工程技术人才的要求 ········· 140
8.2 高等工程教育回归工程之路 ········· 142

本篇参考文献 ········· 149

第2篇 现代桥梁结构体系的发展演化脉络

第1章 概述 ········· 153
1.1 发展历程回顾 ········· 153
1.2 发展内在机制 ········· 158
1.3 本篇内容简介 ········· 173

第2章 梁桥 ········· 175
2.1 概述 ········· 175
2.2 钢梁桥 ········· 177
2.3 混凝土梁桥 ········· 181
2.4 组合梁桥 ········· 191
2.5 梁桥主要施工方法及施工装备 ········· 200
2.6 不再适用于工程的梁桥结构形式 ········· 210

第3章 拱桥 ········· 212
3.1 概述 ········· 212
3.2 钢拱桥 ········· 213
3.3 混凝土拱桥 ········· 217
3.4 钢管混凝土拱桥 ········· 230
3.5 拱桥主要施工方法 ········· 235
3.6 不再适用于工程的拱桥结构形式 ········· 242

第4章 斜拉桥 ········· 244
4.1 概述 ········· 244
4.2 常规斜拉桥 ········· 246

  4.3 部分斜拉桥 265
  4.4 多跨斜拉桥 273
  4.5 不再适用于工程的结构形式 283

 第 5 章 **悬索桥** 284
  5.1 概述 284
  5.2 常规悬索桥 287
  5.3 自锚式悬索桥 302
  5.4 多塔悬索桥 306
  5.5 不再适用于工程的结构构造 313

 第 6 章 **桥梁结构体系的发展趋势** 314
  6.1 现代桥梁工程的发展特征 314
  6.2 桥梁结构体系的发展趋势 315
  6.3 未来桥梁工程面临的挑战 316

 本篇参考文献 331

第 3 篇
现代桥梁工程的经典创新案例

 第 1 章 **引言** 335
  1.1 案例研究意义 336
  1.2 本篇内容简介 339

 第 2 章 **英国塞文桥** 343
  2.1 技术背景 343
  2.2 方案构思 344
  2.3 主要技术特点 346
  2.4 加固补强 348
  2.5 工程创新扩散 349

 第 3 章 **法国布鲁东桥** 351
  3.1 技术背景 351
  3.2 方案构思 351
  3.3 主要技术特点 353
  3.4 工程创新扩散 353

 第 4 章 **日本大鸣门桥** 356
  4.1 技术背景 356

  4.2 方案构思 357
  4.3 主要技术特点 358
  4.4 工程创新扩散 360

第5章 委内瑞拉卡罗尼河二桥 361
  5.1 技术背景 361
  5.2 方案构思 362
  5.3 主要技术特点 364
  5.4 工程创新扩散 367

第6章 中国万州长江大桥 368
  6.1 技术背景 368
  6.2 方案构思 368
  6.3 主要技术特点 370
  6.4 工程创新扩散 373

第7章 中国香港汀九桥 374
  7.1 技术背景 374
  7.2 方案构思 375
  7.3 主要技术特点 376
  7.4 工程创新扩散 379

第8章 加拿大联邦大桥 380
  8.1 技术背景 380
  8.2 方案构思 380
  8.3 主要技术特点 382
  8.4 工程创新扩散 385

第9章 瑞士阳光桥 387
  9.1 技术背景 387
  9.2 方案构思 387
  9.3 主要技术特点 389
  9.4 工程创新扩散 392

第10章 丹麦—瑞典厄勒海峡大桥 393
  10.1 技术背景 393
  10.2 方案构思 394
  10.3 主要技术特点 397
  10.4 工程创新扩散 399

第 11 章 希腊里翁—安蒂里翁大桥 ... 400
11.1 技术背景 ... 400
11.2 方案构思 ... 401
11.3 主要技术特点 ... 403
11.4 工程创新价值 ... 408

第 12 章 法国米约高架桥 ... 409
12.1 技术背景 ... 409
12.2 方案构思 ... 410
12.3 主要技术特点 ... 411
12.4 工程创新扩散 ... 415

第 13 章 中国湖北武汉天兴洲长江大桥 ... 416
13.1 技术背景 ... 416
13.2 方案构思 ... 418
13.3 主要技术特点 ... 420
13.4 工程创新扩散 ... 422

第 14 章 西班牙兰迪海峡大桥扩建工程 ... 424
14.1 技术背景 ... 424
14.2 方案构思 ... 425
14.3 设计施工要点 ... 427
14.4 工程创新价值 ... 428

第 15 章 中国四川雅西高速公路干海子大桥 ... 430
15.1 技术背景 ... 430
15.2 方案构思 ... 431
15.3 主要技术特点 ... 433
15.4 工程创新扩散 ... 437

第 16 章 美国奥克兰海湾大桥东桥 ... 438
16.1 技术背景 ... 438
16.2 方案构思 ... 438
16.3 主要技术特点 ... 442
16.4 工程创新扩散 ... 443

第 17 章 中国江苏泰州长江大桥 ... 445
17.1 技术背景 ... 445
17.2 方案构思 ... 446
17.3 主要技术特点 ... 448

17.4 工程创新扩散 …… 450

第18章 中国云桂铁路南盘江铁路大桥 …… 452
18.1 技术背景 …… 452
18.2 方案构思 …… 453
18.3 主要技术特点 …… 455
18.4 工程创新扩散 …… 457

第19章 土耳其博斯普鲁斯海峡第三大桥 …… 458
19.1 技术背景 …… 458
19.2 方案构思 …… 460
19.3 主要技术特点 …… 462
19.4 工程创新扩散 …… 464

第20章 中国湖南张家界大峡谷玻璃悬索桥 …… 466
20.1 工程背景 …… 466
20.2 方案构思 …… 467
20.3 主要技术参数 …… 468
20.4 工程创新扩散 …… 469

第21章 中国江苏镇江五峰山长江大桥 …… 471
21.1 技术背景 …… 471
21.2 方案构思 …… 472
21.3 主要技术参数 …… 475
21.4 工程创新价值 …… 477

本篇参考文献 …… 479

附录A 20世纪最美的15座桥梁 …… 482

附录B 国际桥梁与结构工程协会(IABSE)授予的杰出结构奖 …… 483

后记 …… 485

第 1 篇

关于工程哲学的若干认识
——以桥梁工程为例

第1章 导　　言

　　第二次世界大战结束以后，世界进入了相对和平的建设时期。伴随着第三次工业革命的发展和第四次工业革命的萌芽，在以计算机、原子能、航空航天、高速公路为代表一系列新兴工程领域旺盛需求的推动下，科学和技术通过工程实践活动转化为直接生产力的速度不断加快，工程实践活动的规模远超以往，形式空前繁荣，新领域层出不穷，极大地促进了产业升级、推动了经济发展、增进了人类的福祉。在 30 年左右的时间里，欧美发达国家借助于强大的科学研究能力、技术开发能力和工程实施能力，迅速完成了工业化和城市化进程。在这个过程中，涌现出美国、联邦德国、法国、英国、日本、苏联等一批工程建设强国。

　　近 40 年来，中国正在进行人类历史上最大规模的工程建设活动，形成了强大的工程实施能力，取得了史无前例的成就，目前正处在从工程大国迈入工程强国的关键阶段。但毋庸讳言，我国在工程创新、技术创新方面还有很大的提升空间，与工程强国相比仍有一些差距。一是表现在工程项目上，有重大创新、国际影响力的项目数量还相对比较少，与我国工程实践活动的体量不太相称；二是表现在技术开发上，原始性、颠覆性的工程创新与技术创新数量不够多，与工程实践活动的历史规律不太吻合；三是表现在领军人物上，催生新技术和新方法、具有国际影响力的工程大师数量偏少，与工程创新、技术创新及全球扩散的需求相去甚远；四是表现在创新机制上，能够将科学研究、技术开发、工程应用、市场推广融为一体、相互促进的创新生态尚未形成。

　　之所以产生这样的现象，原因是非常复杂的，既有社会、经济、文化、历史等外部因素的原因，也有工程界的工程观念不够先进合理，对工程本质认识不够深刻系统、全面恰当等原因。近十多年来，在超大规模工程实践活动过程中，一些工程界的有识之士，如徐匡迪、朱高峰、潘云鹤、项海帆、邓文中、凤懋润等人，曾多次结合具体工程领域的一些不当现象，撰文呼吁工程界要积极端正工程实践主体，特别是工程决策者和工程师的工程观，正确认识工程、评价工程、反思工程，培育工程师的哲学思维，激发工程师的创新意识，产生了较大的影响与一定的纠偏效果。然而无须否认，这些批评反思多基于具体的工程领域或技术本身，尚未系统全面地上升到认识论、方法论的高度，因而难以产生普遍意义的指导价值。另一方面，一些哲学学者，如殷瑞钰、李伯聪、汪应洛、徐长福、陈昌曙等人，针对工程活动的本质、规律、特征进行了深入系统的探讨、高度的概括与凝练，取得了比较丰富的成果，形成了工程哲学这一新兴学科。

　　所谓工程哲学，就是关于工程本质、工程观念、工程创新、工程方法、工程演化等方面的认识，以及据此指导工程实践活动的方法论总和，是与科学哲学、技术哲学相并列的哲学分支，是一种针对工程实践活动的反思之学、爱智之学，也是一种改变世界、塑造未来的哲学。

然而，囿于工程技术人员的知识结构、认知程度和工作属性，工程哲学显得有些曲高和寡、高深艰涩，往往难以被工程实践一线人员所理解，更谈不上灵活应用、指导工程实践了。可以说，工程实践与工程哲学之间存在巨大的、不易跨越的鸿沟。如何在这个鸿沟上搭建"桥梁"，启迪量大面广的一线工程技术人员学习和建构工程哲学思维，从而深入系统地思考工程、认识工程、改进工程、不断提升工程品质，不仅在认识论和方法论层面具有普遍的指导意义，在工程实践层面也具有非常广泛的应用价值。

毋庸置疑，搭建工程实践与工程哲学之间鸿沟之上的"桥梁"是比较困难的。一方面，由于工程思维与哲学思维是两种不同的思维方式和话语体系，要弥合两种异质思维的差异、符合学术范式地展示出来并能为一线工程师理解确属不易；另一方面，由于工程所涉及的领域非常宽广，如果泛泛的而不是结合某一工程领域的发展历史、技术创新、工程创新、工程演化案例来揭示阐述其背后所蕴藏的哲学意义，就会陷入大而无当、言之无物的泥潭，也就谈不上对工程一线人员有所启迪了。从工程历史角度来看，马克思在《路易·波拿巴的雾月十八日》中指出的人们"是在直接碰到的、既定的、从过去承继下来的条件下创造"（人民出版社2018年版，第9页）无疑是非常精辟的。因此，有必要透过工程历史隧道的光亮，来追寻、剖析先辈们的工程创新之路，感受、领悟大师的思想方法与思维方式。从工程思维的角度来看，正如爱因斯坦所言："结论几乎总是以完成的形式出现在读者面前，读者体验不到探索和发现的喜悦，感觉不到思想形成的生动过程，也很难达到清楚地理解全部情况"。如果只有思维结果而缺乏对思维背景、思想过程的探寻和分析，人们就无法把握科学发现、技术发明、工程创新背后的思想方法，更谈不上在传承的基础上有所创新了。

正因为如此，作为一种尝试，笔者拟结合桥梁工程的经典案例，最大程度地挖掘、探究工程创新和技术创新的原初事实和本来面目，透过大的历史尺度的评判，从认识论、方法论的角度来揭示工程本质，探讨技术创新、工程创新和工程演化规律，探索工程创新思维的培育之道，阐明桥梁工程实践活动背后的哲学观念。这样的工作无疑是艰难的、富有挑战的，但正如普林斯顿大学教授、著名工程评论学者戴维·比林顿（David P.Billington）所言，工程教授因其终身职位的伦理责任要求，要不惧外部压力，对工程实践活动进行自由而符合学术规范的批评、评判和比较分析，从而起到推动工程实践进步的作用。之所以结合桥梁工程，不仅因为桥梁工程源远流长，与人类文明进步的历史进程同频共振，是工程演化发展的典型缩影之一，也因为桥梁建设，尤其是长大桥梁建设一度是国家实力的标志和象征，涵盖了地质、力学、材料、数学、信息、交通、气象等多个学科，广受社会各界关注，承载着工程的各种属性，有可能将工程的本质特征阐述到位。但即便如此，作者并没有否认桥梁工程只是庞大的工程领域一个很小的局部、只是土木建筑工程领域一个分支这一客观事实，只不过这个局部比较有代表性，适合作为一个切口来阐明工程哲学的观点而已。此外，与一般的哲学相同，本篇所阐述的哲学观点也具有高度的概括性、抽象性等特征，并不容易剖析到位、解释明白，也不容易为一线工程师所理解掌握，因此，除了利用本篇案例进行解释说明之外，第2篇、第3篇也结合现代桥梁工程的发展脉络、演化历程、典型案例，对工程哲学的基本观点进行多层次、多角度的阐释，力图将技术创新、工程创新、工程演化背后的哲理揭示出来。

在本篇中，作者将从科学技术与工程的分野、工程本质、工程创新与技术创新、工程演化、工程思维、工程设计、工程教育七个方面，结合具体案例，依据大的历史尺度，从认识论、方法论的层面上厘清科学、技术与工程的异同，廓清工程的本质特征，探讨工程创新和工程演化的规律，揭示工程创新思维的培育之道，以期对一线工程师工程观念的构建、工程思想的养成、工程创新思维的培育有所帮助和启发。需要特别说明的是，对于工程实践活动重要组成部分的工程管理，本篇不做探讨，主要是因为工程管理本身就是一个庞大的技术体系，包含了对具有技术成分的工程实践活动进行计划、组织、资源分配以及指导和控制的科学和艺术，囊括了规划、论证、勘探、设计、施工、运行各阶段的管理行为，需要综合考虑技术问题、经济问题、工期问题、合同问题、质量问题、安全和环境问题、资源问题等工程的方方面面，这就决定了工程管理是一项包含巨大复杂性的管理行为。因此，本书未对这方面的内容进行论述。此外，对于与工程哲学相关的其他一些内容诸如工程方法、工程文化、工程管理、工程评价、工程审美等在相关小节中有所涉猎、一带而过，不做专门的探讨，以免图书体量过大、内容过于庞杂，难以为一线工程师所理解接受。

另一方面，本篇论述探讨内容以切片式、断面状的解构方式，将工程实践活动过程中的哲学观念融合并呈现，以便为工程师所接受，并对其实践活动有所启发。通过这样的尝试，力图在认识观念上首先解决"怎么看"工程实践活动的这一基本问题，从而促进工程实践一线人员结合实际情况，更好地解决"怎么办"的问题。正如张维迎所言：人类历史上的竞争，归根到底是观念竞争，拉长时间尺度来看，观念认识才是人类社会最根本的变革力量。例如，正是哥伦布相信"地"是圆的这一先进正确观念才开启了大航海时代，才促进了地理大发现，才促使西班牙、葡萄牙等国率先构建了全球贸易市场。工程作为人类发展的一个有机组成部分也是如此。因而，从认识论层面来说，"怎么看"远比"怎么办"重要，只有确立先进科学的工程观念，才有可能推动工程创新、技术创新沿着正确的道路不断前进，推进工程演化不断加速，从而更好地造福人类。此外，为达成构建正确的工程观念、启迪工程创新思维这一目标，本篇在架构内容上不追求严谨完整，在论述分析上不追求宏大深刻，而是以工程哲学基本观点为主线、以36个桥梁工程的典型案例为辅线、以时间为隐线，采用夹叙夹议的方式进行工程哲学思想的"哲普"，挖掘和再现工程创新案例的原初事实和本来面目，揭示典型案例背后所蕴藏的哲学观念。

对于这种"哲普"方式，打个不严谨的比方，如果说某一领域的工程师是站在某种树下，一直都在孜孜不倦地探究这种树的种植方法、成长机理、病害成因、投入产出等技术问题，而哲学家是站在山顶上，面对品种繁多、数量庞大树木组成的森林，对其成长演化规律进行高度抽象的概括凝练和总体把握。这样，哲学家所得出的认知规律自然会对工程师的工程实践活动有所帮助，但不太容易为一线工程实践人员所理解掌握。而本篇的目的就在于，在森林的一角修筑一条小路，使工程师能够从树下走出、登上一个小山包，俯视他所关注某种树木的整体情况、生长态势、演化规律等，从而对其所关注的领域产生中观乃至宏观的思考、认识、领悟，并能够结合工程实践，逐渐上升到认识论和方法论的层面，构建自己的工程观，从而更好地从事工程实践活动。

若如所愿，则工程哲学甚幸，工程实践活动甚幸，桥梁工程甚幸，作者亦与有荣焉。

第2章 科学、技术与工程

2.1 基本概念辨析

自20世纪90年代以来,以美国学者米切姆(Carl Mitcham)、布希亚瑞利(Louis Bucciarelli)、考恩(Billy Vaughn Koen)、文森蒂(Walter G. Vincenti),我国学者李伯聪、殷瑞钰、陈昌曙等人为代表,逐步将工程哲学从技术哲学中分离出来,成为与科学、技术并立的哲学思考对象,形成了"科学-技术-工程"三元论的基本架构。2003年前后,以李伯聪《工程哲学引论——我造物故我在》、布希亚瑞利《Engineering Philosophy》等著作出版为标志,工程哲学进入了开创期。在高度抽象哲学思维的加持下,人们开始重新完善和定义"科学、技术、工程"的概念,并据此对其内涵、外延、特征等方面进行深入严谨的争论探讨,但迄今为止,仍难以取得一致的认识。现将普遍认可的看法简述如下。

关于科学。科学是研究客观世界的构成、本质及其运行规律的知识体系。科学的基本特征是发现,科学活动的特点是分类与归纳、探索与研究,重在逻辑与理论构建,重点解决"是什么、为什么"的问题。进一步来说,科学知识体系是科学活动的成果,科学研究是科学活动的过程。科学研究一般由三个阶段组成,即实验观测阶段、理论抽象阶段和推理检验阶段。

关于技术(Technique)。技术是运用科学知识,在生产实践活动中所创造的劳动手段、工艺方法和技能体系的总称。技术的基本特征是发明和革新,技术活动的特点是发明与开发、改进与实践,重在效率与功能,重点解决"怎么做、怎么做得更好"等问题。换言之,技术是基于科学知识体系的方法手段,将科学知识转化为技术的过程称为技术开发。技术具有自然和社会双重属性,一般包括操作形态、实物形态和知识形态三种存在形式。操作形态是内化于特定个体的技术,如经验、技能、手艺等;实物形态是客观的技术存在物,如工具、设备、装置等;知识形态是以科学原理为基础的、系统化的专业知识体系,是现代技术的主要组成部分,如规范标准、工艺流程、检验方法等,也就是工程界常说的狭义的技术(Technology)。

关于工程。工程是人们按照特定目的,有组织地利用各种资源与相关要素构建人工存在物的实践过程及其结果的总和。工程的基本特征是建构与集成、实践与创造,重在多要素的集成和价值的创造,重点解决"为了什么、如何集成、如何建构、如何选择"等问题。工程实践活动的内涵可以概括为"一个对象、两种手段和三个阶段",一个对象指改造对象的过程和结果,两种手段指技术手段和管理手段,三个阶段即策划阶段、实施阶段和使用阶段。工程具有明确的目标和价值追求、显著的产业/行业经济属性,是在特定的经济、社会、技术、自然等条件约束下,同体异质的技术要素和非技术要素(政治、资本、社会、伦理、管理等)的集成与整合。工程是现实的直接的生产力,是创新活动的主战场。

总体说来,20世纪40年代以前,科学、技术和工程各自有相对独立的体系,虽有一定联系但并不十分紧密,人们也未对其进行严谨准确的区分。在我国,正如科学史学者吴国盛所言,长期以来以"科技"来统称科学与技术,将科学与技术混为一谈,普遍认为工程就是"科技"的应用,从源头上将工程划归为科学的"附属物"。这种认识至今仍极具代表性,并产生了一些不良的影响,比较典型的现象如人们常说的高科技,实际上应为高技术或新技术(因为科学只有大小之别,并无高低之分),人们常说的科技创新,实际上应为技术创新或工程创新(因为科学只有新现象、新规律的发现,而不能去创新),等等。第二次世界大战以后,随着社会需求的激增、经济的快速增长、工程实践活动规模的扩张,对技术创新、技术研发活动提出了新的要求,从而间接推动了科学的发展,促进了科学、技术和工程的相互作用,强化了科学、技术和工程之间的联系,加快了科学发现、技术发明借助于工程转换为生产力的进程。但与此同时,在科学、技术、工程相互作用的过程中,不可避免地产生了一些模糊甚至错误的认识。需要特别强调的是,尽管科学与技术具有相互促进、相互融合的特点,但这并不足以打破科学引领技术的主流趋势和总体规律。例如,牛顿力学定律和爱因斯坦相对论支撑着人类航天梦想,麦克斯韦电磁理论奠定了电力和电子工业的基础,图灵原理孕育了现代计算机构架,同位素的发现让原子能的利用成为可能,还有许多生物技术、材料技术无一不是科学发现衍生出来的产物,先进的、宏大的、精确的技术背后必然包含更深刻、更复杂的科学理论。

以材料学科为例,20世纪20年代以前,材料科学(主要是固体物理)与材料工程是分离的,20世纪40年代二者呈现出交叉融合的态势,到了20世纪60年代,出现了专门的材料科学,并进一步发展形成了"材料科学与工程"这一新兴学科。目前,对材料科学、材料工程、材料科学与工程三个学科的基本定义是:材料科学是发现、分析、认识材料本质的研究,目的在于提供材料结构的统一描述模型,解释材料结构与材料性能之间的关系;材料工程是把材料科学的基础知识应用于材料的改性、研制和生产,以实现特定的目标,解决材料批量生产的技术、经济、效率、环境等问题;材料科学与工程是关于材料成分、结构、工艺、性能与用途之间相关知识和应用的科学,是从科学发现到工程应用的一个连续的专业领域。从材料科学与工程这一案例来看,科学、技术和工程在目的、方法、手段等方面存在明显的差异和区别,又有非常紧密、错综复杂的联系,呈现出交叉融合的态势。

在上述三个基本概念之外,"工程技术"是一个应用较广、但不太严谨的次生概念,常常将其作为一个完整概念来使用,并没有严格区分工程与技术的边界。在一些情况下这样做是合适的,但在另一些场合下则会产生明显的歧义,需要根据实际情况予以区别和厘清。一般说来,"工程技术"大致有两层含义:一种是指作为工程要素的技术,可以理解为"工程实践的技术",包括了技术和技能两个方面,如汽车制造技术与汽车驾驶技术,前者是一种"工程技术",而后者仅仅是一种依附于特定个体的技能;另一种含义是强调在某一具体工程领域所采用的特定技术,以便将该领域的技术与其他领域的技术区分开来,如建筑工程技术、机电工程技术等。

由上述概念的剖析可见,"科学-技术-工程"三元论廓清了三类活动的内在差异,揭示了三类活动的外在联系,以工程为轴心,可以将三类活动的区别与联系大致概括为:①科学和技术是工程实践的基础,但工程实践并不是单纯的"科学和技术的应用",而是技术要素和非技术要素创造性集成的过程和结果;②工程具有本体地位,科学发现催生了技术进步,技术是工程实践活动的主要支撑要素,一方面技术引导和限定着工程实践活动,另一方面工程实践活动又选择和集成了技术;③工程就是造物,造物就是造福,工程就是一种"人工过程",工程实践是科学和技术推动经济社会发展的载体,工程实践的灵魂是"为了什么",具有明显的价值取向,是产业/行业的最基本单元;④科学属于上层建筑,能够指引技术和工程发展的方向,甚至能够颠覆人类的世界观,而工程、技术则是经济基础的一部分,工程实践常常与科学研究、技术开发相提并论,通常可以立竿见影地惠及大众,造福人类。

廓清上述几个基本概念的内涵、外延及相互联系,就可以比较严谨地、相对深入地,从大的历史尺度来讨论工程演化进程,剖析并区别科学发现、技术发明、工程创新的基本规则,掌握科学方法、技术方法与工程方法的区别和联系,分析工程演化进程中科学发现和技术创新的作用价值,廓清不同类型人才的培养与成长规律,从而促进科学发现更好地催生技术创新,推动技术创新更好地嵌入工程创新之中,促使工程实践活动更好地服务人类,增进人类福祉。

2.2 科学、技术与工程的分野

纵观人类发展历史,工程实践活动一直是人类生产生活的一部分。"工程"一词古已有之,在我国始于南北朝,多指土木建筑工程。西方出现"工程"一词则要到14世纪末,开始用于指战争军事设施的建造活动,常和 Machine 一词相连;17 世纪至 18 世纪,随着民用建筑的进步、新的机械装置的发明等,"工程"这一概念的含义也逐渐泛化,被延伸引用至机械船舶等诸多领域。工程两个主要特点就是目标性和复杂性。没有明确的目标,谈不上工程;没有产出或产出为相对简单、单一的产品,一般也不称之为工程。根据科学、技术在工程实践活动中所起的作用,大致可以将工程演化过程分为三个阶段,即依赖于工匠经验的古代工程、以科学和技术为支撑的近代工程、由科学发现和技术发明引导的现代工程。概括来说,工程实践活动的历史进程,就是科学、技术、工程三者从游离走向相互依赖、逐渐融合、相互作用的进程。

(1) 古代工程

在原始社会,工程与技术就简陋地存在了。构木为巢、掘土为穴,就是最早的土木工程;开井采矿、制陶冶铜,就是矿冶工程的发端;采麻织布、采桑养蚕,就是早期的纺织工程;等等。古代工程主要集中在土木工程、军事工程、水利工程等几个相对比较狭窄的领域,古埃及的金字塔,英国的史前巨石阵,中国的长城、秦驿道、都江堰和京杭大运河,古罗马的斗兽场,美洲的玛雅神庙等,都是古代工程的奇迹。在这个阶段,人类工程实践活动虽然取得了伟大的成就,留下来许多流芳百世的工程,但工程能力非常有限,技术进步非常缓慢,概括起来主要有三个特点。

一是工程与技术融为一体,处于技艺不分的状况。在古代,科学既不成熟,也基本上与工程无关,技术与艺术也没有分离,脑力劳动与体力劳动尚未分化,工程活动主要是手工作业,专业工匠既是设计师又是施工员,工程主要依赖于专业工匠、师徒相传的经验。如赵州桥的建造者李春、故宫的建造者蒯祥、伊斯坦布尔圣索菲亚大教堂的建造者米利都的伊西多尔(Isidore of Miletus)和特拉勒斯的安提莫斯(Anthemius of Tralles)等先驱,虽然建造了一些无与伦比的伟大工程,但工程事故频发、工程事故发生的概率普遍比较高,也常常出现后继无人、技艺失传的情况,留下了不少未解的工程历史之谜。

二是工程实践活动主要依靠的是以技能技巧为核心的技术。虽然有些大型复杂工程也借助了初等数学、几何学、天文学等工具,在不断试错、长期实践的基础上,建造出一大批影响深远、流芳百世的工程,如古希腊的帕特农神庙和奥林匹亚竞技场、中国的万里长城、古罗马的输水桥等。但总体而言,工程建造的能力、效率、水平还非常低,造福人类的能力也比较有限。

三是工程思维遵循"整体模糊框架"论,在工程经验总结的基础上,创造出一些不太系统、不太全面的工程规则与工程知识,形成了一些对后世影响较大的工程技术著作或建造要诀。以中国为代表的东方,比较强调工程"天人合一"的整体论,如中国春秋战国时期的《周礼·冬官考工记》中最早提出了造物观的"和谐"原则,即"天有时,地有气,材有美,工有巧。合此四者,然后可以为良",认为造物因素贵在"和合",强调辩证统一、有机结合;又如都江堰水利工程在治水经验教训总结的基础上,提取出来"深淘滩,低作堰"的六字箴言,反映了人们对自然力量的敬畏和尊重,等等。而以古罗马、古希腊为代表的西方,则比较强调"物我两分"的还原论,如古罗马维特鲁威(Marcus Vitruvius Pollio)的《建筑十书》,主张一切建筑物都应考虑"实用、坚固、美观",提出建筑物的"均衡"关键在于它的局部,阐明了西方工程造物原则。但总的来说,这些工程规则与工程知识虽然非常宝贵,但总体上比较笼统模糊、不易把握,对工程实践活动的指导意义总体来说比较有限。

(2) 近代工程

第一次工业革命后,以专业工匠技术革新、实践探索为特征的近代工程出现了。近代工程逐步从依靠专业工匠个人的技能技艺转变到依靠工程知识的揭示、工程方法的开发和应用。与此同时,工程实践活动也从分散性、经验性发展到一定程度的规模性与产业聚集度,工程领域也从土木水利工程、军事工程向矿冶工程、机械工程、纺织工程、船舶工程等新兴领域拓展,开始出现一些行业性组织的初级形态,推动了工程技术与能效水平的快速提升,促使生产力呈几何级数增长,极大地推动了经济社会发展,增进了人类的福祉。总的来说,近代工程有以下四个特征。

一是科学、技术和工程结合日益紧密,进而对工程实践活动产生了巨大的支撑力量。在工业革命的策源地英国,瓦特有史以来第一次将科学和技术紧密结合在一起,发明了可控性良好的蒸汽机;依赖于专利制度的保护和激励,英国率先进入了以"煤和铁"为载体的机械时代,科学方法、技术手段逐渐成为工程实践中备受关注的一部分,科学尤其是力学对工程实践的指导作用日益显著,技术因工程实践活动旺盛的需求刺激而得以迅速发展,科学、技术与工程实践活动的联系日益紧密,促使工程的能效水平、经济效益不断提升,并引领工程实践活动逐渐走出经验主义的领地。在伽利略(Galileo)《关于两门新科学的对话和数学证明》提出材料强度等基本概念、罗伯特·胡克(Robert Hooke)建立描述应力与应变关系的胡克定律后,近代工程实践活动插上了科学的翅膀。

二是工程领域开始分化,工程实践活动的组织方式、实施形式发生了演变。随着以蒸汽机为代表机械的广泛使用,土木工程、机械工程、矿冶工程、纺织工程、船舶工程的生产规模得以迅速扩大、效率得以普遍提高,工程活动的组织方式也在快速演变,手工业作坊式的生产模式迅速衰落,工程活动的产业化聚集程度不断提高,发展出现代企业的基本组织形式,衍生出一些高度自治的行业协会,工程实践活动变得日益系统化、复杂化、专业化。

三是工程思维模式深受牛顿理论体系的影响,"机械还原论框架"占据主导地位。"机械还原论框架"也称之为"科学还原论框架",其最显著的特点是确定性、可还原和标准化,即认为任何一个复杂的问题都可以分解为若干个简单的问题,解决了这些简单问题之后,原有的复杂问题就必然能够解决。机械还原论思维极大地提升了工程实践活动的能效水平,促进了专业化、精细化分工程度,提高了劳动效率,推动了工程实践活动组织形态的变革,并衍生出以泰勒管理学为代表的生产管理理论,统治工程界长达 200 年之久,至今仍是工程实践活动的基石之一。诚然,当面对不确定性比较显著的复杂工程对象时,机械还原论存在的局限也比较突出,近代工程实践活动中出现了一些极端案例和工程事故,也直接或间接地证明机械还原论存在的不足或缺陷。

四是工程师这一职业从工匠中分离出来,作为一种独立的力量开始登上历史舞台。工程师依托其所掌握的、以牛顿力学为基础的工程知识和工程经验,在工程实践活动中发挥了巨大的主导作用,并与政治家、科学家、律师一样,在一些国家或地区享有崇高的社会地位和经济地位。与此同时,跟随工业革命的步伐,高等工程教育逐渐从博雅教育或通识教育(Liberal Education)中分离出来,以巴黎桥道学院(École des Ponts Paris Tech,创办于 1747 年)为代表的高等工科学校在人才培养目标、课程设置、实现路径等方面逐渐与传统大学显现出明显的差异,为工程界培养了大批实用人才,成为工程师培养的主渠道。

案例 1-2-1

桥梁力学性能模型试验与原位试验
——科学理论指导工程实践的开端

1848 年,英国罗伯特·斯蒂芬森(Robert Stephenson,蒸汽机车设计者 George Stephenson 之子)在不列颠尼亚桥(Britainia Bridge,跨径 71.9m+140m+140m+71.9m 的双线铁路箱管桥)的建造过程中,委托威廉·费尔贝恩(William Fairbairn)和伊顿·霍奇金森(Eaton Hodgkinson)两位实验力学专家,通过 6 根 1/6 模型试验梁的挠度测量,揭示了合理截面形式是矩形箱管,证明了连续梁相对于简支梁受力性能的优越性,并观测到箱管腹板局部受压屈曲的现象,提出了采用加劲肋解决腹板局部失稳的方法(因设置加劲肋而增加的用铁量约为20%,但可将梁的承载能力提高150%)。于是,在索塔已经建造好的情况下,取消了主缆的安装,将原定的悬索桥方案修改为铁箱连续梁,大幅度降低了该桥的造价。在该桥建成后,又对列车产生的挠度进行了实测,实测值比原先的计算值高出约20%,但仍在合理可接受的范围内。这是有史记载的、第一次系统的桥梁模型力学性能试验和原位荷载试验,所提出的试验原则、试验方法蕴含着严谨的科学思想,一直沿用至今。不列颠尼亚桥是科学思想、科学理论、科学方法指导工程实践的发端。此后,科学理论逐渐成为技术开发、工程实践活动的主要支撑力量。

不列颠尼亚桥概貌如图1-2-1所示,可视为一种特殊的"下承式"铁箱梁桥。该桥建成以来,使用性能一直非常良好稳定。遗憾的是,1970年,几个小孩在该桥箱管中玩火,导致结构着火、严重受损,不得不在安全运营122年后拆除重建。新桥于1972年恢复下层铁路,1980年开通上层公路。

a) 概貌

b) 箱管节段

图 1-2-1 不列颠尼亚桥(1850—1970)概貌及箱管节段

案例 1-2-2

英国土木工程师学会创会会长托马斯·泰尔福特
——工程师与工匠职业分离的开端

英国土木工程师学会(Institution of Civil Engineers,ICE)成立于1818年,是世界上第一个工程师学术组织,其创会会长托马斯·泰尔福特(Thomas Telford,1757—1834)一生设计建造了许多道路、桥梁和港口工程,奠定了桥梁工程、道路工程建设的基本原则,是历史上伟大的土木工程师之一。在桥梁工程中,他比同时代的其他人更加深刻地认识到铁的时代到来了,设计建造了多座划时代的锻铁拱桥、悬索桥,率先走出了木结构、石拱桥结构形式的束缚,直接推动了铸铁、锻铁等当时的新材料在拱桥和悬索桥中的应用,并于1826年建成了近代土木工程的里程碑——跨径176.6m的梅奈海峡悬索桥(Menai Straits Suspension Bridge),至今仍屹立在威尔士。

托马斯·泰尔福特从未接受过高等教育,14岁从石匠学徒做起,一生历经绘图员、勘测员、工程师、总工程师等岗位,所有的工程创新和技术革新均来自实践经验。他非常重视原位试验、重视工程经验总结和交流,但不太信任计算结果。他认为工程试验、工程经验是工程成功建造最重要的基石。在长期工程实践的基础上,他自觉脱离了古代建筑风格的影响,竭力改变技术与艺术脱节的现象,努力将结构功能与艺术价值融为一体,并总结出普适的设计原则——效率、经济和美观。在托马斯·泰尔福特时代,工程师这一职业逐步从传统的工匠中分离出来,社会地位不断提高,意味着知识形态的技术与操作形态的技术、实物形态技术开始分化,并逐渐成为技术的主要组成部分。

1834年,托马斯·泰尔福特去世后入祀英国伦敦威斯敏斯特教堂(Westminster Abbey),葬在离牛顿、达尔文几十米远的地方。泰尔福特画像、代表性作品及缅怀铭牌见图1-2-2。后来,英国政府又以他的名字命名了Telford市。这些举措,表明英国社会各界对托马斯·泰尔福特划时代成就的高度赞赏,也说明了对英国公众对工程师的作用、贡献、价值的高度认可,这也许是英国能够率先完成工业革命的原因之一。

a)泰尔福特画像

b)梅奈海峡桥概貌

c)威斯敏斯特教堂的铭牌

图1-2-2 托马斯·泰尔福特及他的代表作品

(3)现代工程

近代工程实践促进了工程领域演化和细分,也推动了现代工程的萌芽。到19世纪中叶,现代工程的雏形和主要领域基本确立(表1-2-1),工程的疆界急剧扩大。到20世纪中叶,随着第二次、第三次工业革命的成果不断向纵深发展、向生产生活领域渗透,在以内燃机、电力电子、化石能源为代表的新技术推动下,人类社会进入了电力电气时代,麦克斯韦的电磁学理论广泛而深刻地改变了传统工程领域的生产方式和劳动效率。另一方面,进入现代社会以来,"工程"一词有了更清晰的概念,形成了狭义和广义两种。狭义的"工程"是指一群人通过有组织的活动,将某个或某些现有实体(自然的或人造的)转化为具有预期使用价值的人造产品的过程,如各类工程实践活动;广义的"工程"是指由一群人为达到某种目的、在一段较长时间内进行协作活动、并不一定产出实物的过程,如各种社会工程。第二次世界大战以后,随着以计算机工程、生物工程、核能工程为代表的现代工程的快速发展,现代工程已经成为国家经济社会发展的主要推动力,工程实践的规模扩张与技术挑战直接促进了科学的发展,而新的科学发现又加速了技术开发和工程实践创新,形成了相互促进的良性循环。在科学发现的指引下,很多工程领域都取得了一系列令人瞩目的成就,极大地提升了生产力水平,推动了物质生产能力的跃升,人类有史以来第一次告别了物质匮乏的时代。概括起来,现代工程主要有以下四个基本特征。

现代工程的主要类别与造物精度的演化　　　　表 1-2-1

工程类别	出现时间	现象/科学基础	工程器物	工程尺度(m)
土木工程	约3000年前	物质砌筑/静力学	结构建筑	$10^{-3} \sim 10^{-2}$
机械工程	18世纪中叶	对象运动/动力学	机械装置	$10^{-5} \sim 10^{-3}$
化学工程	19世纪初	分子变化/化学	过程装置	$10^{-8} \sim 10^{-5}$
电力电子工程	19世纪中叶	电子运动/电磁学	电-磁器物	$10^{-9} \sim 10^{-7}$

一是科学发现引领了工程进步。现代工程是现代科学、技术方法等知识物化的结晶,不再过度依赖工程技术人员的经验、技能、技艺,科学发现通过技术开发,进而引领、支撑工程实践活动开展。特别是随着力学、电磁学、化学、生命科学等基础科学创建、发展与成熟,科学对现代工程的演化、技术创新的孵化起到了无可替代的推动作用,并呈现出不断强化的引领作用。

二是工程领域日益细化。伴随着现代科学的学科分化,现代工程也随之分化,形成了日益细分的工程领域,并产生了一批新兴的、交叉的工程领域,如航空航天工程、生物工程、通信工程、海洋工程、基因工程等,推动了相关产业的兴起与发展壮大,促进了现代管理科学的诞生与蓬勃发展,改变了工程实践活动的组织形式,进而对产业经济和社会发展的形态产生了深远的影响。

三是技术创新的倍增效应日趋显著。在科学发现与工程创新之间,技术创新起到了催化剂的倍增效应,各个工程领域都涌现出了一大批包括新方法、新工艺、新工具等在内的新技术。这些技术常以知识或实体的形态存在,既有效拓展了工程实践活动的可能性空间,又大幅度提高了工程建设运营的能效水平。技术不仅成为工程实践的知识基础,而且成为行业、区域乃至国家的核心竞争力。由此,技术也就顺理成章地从科学研究、工程实践中独立了出来,甚至在很长一段时间里掩盖了工程的本体地位,形成了"工程就是科学技术的应用"这一主流观点。

四是"系统整体论框架"工程思想逐步占据主流。针对"机械还原论"工程思想的不足,考虑工程内外部的系统性、复杂性及各种不确定性,基于"系统整体论框架"的工程方法得以发展壮大,提出了以系统论、信息论、控制论为代表的工程思想和工程方法。此外,耗散结构理论、超循环理论、分岔理论、灰色系统理论等新一代的工程理论和思想方法开始向不同工程领域渗透,促进了现代工程思维的萌芽、发展与完善,推动工程界站在更高的层面、运用更有效的工具方法,来思考、认识、把握工程的复杂性和综合性,提高了人们在技术和非技术层面对工程的不确定性、未确知性、模糊性的认知能力和应对水平。

案例 1-2-3

大跨径悬索桥抗风对策的探索
——工程经验与科学发现的对垒

作为挠度理论的创建者和实践者之一,桥梁设计大师所罗门·莫西夫(Leon Solomon Moisseiff)早在1912年就设计建成了主跨448.1m的纽约曼哈顿大桥(Manhattan Bridge,跨径布置221m+448.1m+221m),成为现代悬索桥的奠基之作。20世纪20年代,他又设计建成了美国费城的本杰明·富兰克林桥(Benjamin Franklin Bridge,主跨533.75m)、美国—加拿大边境的大使桥(Ambassador Bridge,主跨564m,创造了新的桥梁跨径纪录)等几座大跨径悬索桥,这使得他对挠度理论及悬索桥的重力刚度有着独特而深刻地理解。20世纪20年代末,他和另一位桥梁设计大师奥斯玛·安曼(Othmar Ammann)一起,合作设计建造了纽约乔治·华盛顿桥(George Washington Bridge),这是人类第一次跨越千米障碍的工程成就。该桥跨径布置186m+1067m+198m,1931年建成时只有高3.06m的上层桥面(图1-2-3a),梁高/跨径之比为1/348[随着交通量的增大,该桥于1962年加装了下层桥面。在此31年间,运营性能一直正常良好,见图1-2-3b]。此后数年间,所罗门·莫西夫又承担了奥克兰海湾大桥、金门大桥的设计咨询工作,成为美国乃至全世界的悬索桥权威之一。

20世纪30年代末期,所罗门·莫西夫在设计华盛顿州塔科马桥(Tacoma Narrows Bridge,跨径布置335m+853m+335m)时,根据乔治·华盛顿桥、大使桥等桥梁的建造经验,将加劲梁高取为2.44m,梁高/跨径之比为1/350,与乔治·华盛顿桥非常接近,但桥面宽度仅为11.9m,宽跨比达1/71.7。虽然在设计过程中委托了华盛顿大学教授法库哈森(F.B. Farquharson)进行了风的静力模型试验,却在1940年11月毁于一场时速69km的中风(图1-2-3c)。此后,在著名流体力学专家西奥多·冯·卡门(Theodore von Kármán)、哥伦比亚大学教授芬奇(J.K.Finch)、华盛顿大学教授法库哈森等科学家的帮助下,桥梁界才开始对风致振动、特别是颤振的基本机理及其危害有了一些基本认识,但对如何改进大跨径悬索桥的抗风性能,在机理认识、应对策略、技术路径等方面则存在较大差异,在塔科马桥风毁事件之后的20多年里,国际桥梁界进行了不懈的探索和实践。

1958年,桥梁设计大师戴维·B.斯坦因曼(David B.Steinman)设计的麦金纳克桥(Mackinac Straits Bridge)建成。该桥跨径布置549m+1158m+549m,加劲桁梁高11.58m,梁高/跨径之比为1/100(图1-2-3d),采取了增大桁高、改善桁架透风性能、增设中央扣等一系列气动抗风措施,抗风性能非常优越,据称可以抵御任何飓风。1964年,另一位桥梁设计大师奥斯玛·安曼设计的纽约韦拉扎诺桥(Verrazzano-Narrows Bridge)建成,该桥跨径布置370m+1298m+370m,加劲桁梁高9.30m,梁高/跨径之比为1/140。由于奥斯玛·安曼此前主持设计建造了包括乔治·华盛顿桥在内的多座著名桥梁,他坚信恒载重量是产生刚度的根源,因而也不可避免地存在技术路径依赖,他并没有采用中央扣、开敞式断面等气动抗风措施,而是采取增加自重、增大桁架刚度、增强桥面系等技术措施(图1-2-3e),其结果是诞生了历史上自重最大的悬索桥,恒载集度达到了惊人的538.77kN/m,直到搭载四线高铁、八车道高速公路的江苏镇江五峰山大桥 2020 年建成,这一纪录才被打破。

a)乔治·华盛顿桥(1931—1962)　　b)乔治·华盛顿桥(1962—)

c)塔科马桥(1938—1940)　　d)麦金纳克桥(1958)

e)韦拉扎诺桥(1964)(尺寸单位:cm)

f)塞文桥(1966)(尺寸单位:cm)

图 1-2-3　采用不同抗风对策的近现代五座大跨径悬索桥概貌及其加劲梁典型构造

1960年,在葡萄牙里斯本塔古斯桥(Tagus River Bridge,又名4月25日桥)的国际设计竞赛中,联邦德国斯图加特大学教授、著名工程师弗里茨·莱昂哈特(Fritz Leonhardt)借鉴了飞机机翼的形式,首次提出了扁平流线型钢箱加劲梁、A形索塔、单根主缆的设计方案,以改善加劲梁的抗风性能。稍后的1961年,在联邦德国埃默里希(Emmerich)莱茵河桥的概念设计中,莱昂哈特再次提出了扁平流线型加劲梁的方案。在当时,大型风洞在联邦德国属于受盟军管制的科学装置,以避免联邦德国研制航空器和导弹,因此在竞标过程中,为摸清扁平流线型钢箱加劲梁的抗风性能,莱昂哈特团队委托了英国国家物理实验室(National Physical Laboratory)进行风洞试验。遗憾的是,由于设计构思太过超前,莱昂哈特的上述构思并未获得当局的采用。其中,葡萄牙塔古斯桥采用了美国戴维·斯坦因曼提出的加劲桁梁方案,跨径布置为483m+1013m+483m,抗风气动措施基本沿用了麦金纳克桥,结构造型则承袭了金门大桥的风格;而联邦德国的埃默里希莱茵河桥也采用了美式加劲桁梁方案。

与此同时,20世纪50年代末期,著名工程师吉尔伯特·罗伯茨(Gilbert Roberts)和威廉·布朗(William Brown)正在主持设计英国的两座千米级悬索桥——福斯桥和塞文桥。其中,在塞文桥(Severn Bridge,跨径布置305m+988m+305m)设计过程中,据说借鉴了莱昂哈特扁平流线型钢箱加劲梁的构思,委托英国力学家Christopher Scruton进行风洞试验和截面选型比较,Scruton通过平板加劲梁模型与桁高8.38m桁架加劲梁模型的对比,发现了平板加劲梁具有优越的抗风性能,吉尔伯特·罗伯茨和威廉.布朗则根据风洞试验结果拟定了扁平加劲梁的截面形式和细部构造。在这个过程中,风洞试验研究起到了关键作用。1965年塞文桥建成,其扁平钢箱梁梁高仅为3.05m(图1-2-3f),梁高/跨径之比为1/324,与塔科马桥非常接近。塞文桥的建成,不仅验证了扁平流线型钢箱梁的优越抗风性能,探索出大跨径桥梁抗风新途径,而且也大幅度节省了材料用量,降低了恒载集度(该桥恒载集度为122.6kN/m,仅为韦拉扎诺桥的22.7%,折合每平方米桥面用钢量仅为455kg,用钢量仅为同等跨径钢桁加劲梁悬索桥的2/3左右)。在塞文桥之后,风洞试验成为大跨径桥梁设计建造必不可少的环节,在结构整体布局、截面选型、气动措施检验完善等方面发挥了不可替代的作用。此后,因扁平流线型钢箱梁风致动力性能好、经济技术效益显著,在吉尔伯特·罗伯茨的主持下先后为土耳其博斯普鲁斯海峡大桥(主跨1074m,1973年建成)、英国亨伯尔桥(主跨1410m,1981年建成)等桥梁所采用,并迅速向全世界扩散,形成了大跨径悬索桥的英国流派。

从工程实践角度来看,三种不同的抗风途径,虽然都经受住了历史和实践的检验,但由于所依据的科学基础理论不同(韦拉扎诺桥仍旧依据静力学,塞文桥依据空气动力学,而麦金纳克桥介于二者之间),导致所付出的经济代价则大相径庭,韦拉扎诺桥的用钢量高达132100t麦金纳克桥用钢量为38100t,塞文桥用钢量仅为18191t(当然,桥长及跨径大小、车道数多少、地质情况差异对用钢量也有一定的影响)。上述几座经典悬索桥抗风对策的差异,不仅阐明了科学发现对技术发明的决定意义,揭示了技术创新对工程创新的关键支撑作用,而且反映了工程项目选择技术、集成技术的本体地位,显现了不同技术路径选择所导致的经济指标、工程造价巨大差异。

(4) 对科学-技术-工程三者关系的再认识

进入 20 世纪八九十年代,随着科学和现代技术的飞速发展以及现代工程正反两方面经验教训的积累,人们逐步认识到科学、技术和工程是三类既有密切联系,又有明显差异的认知方式和实践活动。从哲学层面来看,工程是一种相对独立的、有自身规律的社会实践活动,存在着需要哲学思考批判的必要性。从工程本质来看,技术仅仅是工程多种资源中比较关键的要素,单纯强调技术会走入技术至上的思维误区。从实践层面来看,没有工程实践活动的选择和集成,科学和技术的用武之地将严重萎缩;没有工程需求的拉动,科学发现和技术进步的速度必将放缓。于是,在米切姆、布希亚瑞利、李伯聪、殷瑞钰、陈昌曙等人的推动下,工程同政治、经济、宗教、教育、科学、技术一样,作为一种重要的社会实践方式,成为哲学批判和反思的对象。

另一方面,在近现代工程实践活动中,一些工程界的有识之士结合自身工程实践活动的经验,开始思考科学、技术与工程的异同,开始研究工程实践活动背后的哲学命题、价值取向、表现手法等,试图从认识论、实践论、方法论的高度来回答工程界常常要面对的一些基本问题,只是这些研究还不够深入系统,产生的影响也不够大,研究成果往往隐匿在工程技术创新成果的背后,处于一种被遮蔽的状态。例如,早在 1958 年,享誉国际的西班牙结构工程师、素有"混凝土诗人"美誉的爱德华·托罗哈(Eduardo Torroja)就出版了《Philosophy of Structures》一书,从哲学高度提出了结构工程的若干基本命题,如:什么是结构表达的"真"?什么是结构艺术的"美"?结构的"真"和"美"如何协调?各种结构形式及其存在的根本原因是什么?结构的"科学性"与其"设计性"如何和谐共生、相辅相成?建筑师和工程师如何将自身的思想、艺术、情感融合在工程实践活动中,从而发挥创造性作用?

随着工程本体地位的确立、"科学-技术-工程"三元论的提出,推动了哲学家从本质、特征、理念、方法、思维等方面来认识工程、思考工程,探讨工程实践活动的根本问题。另一方面,随着一些早期工程项目的经验特别是教训逐步显现,工程界的一些有识之士也开始从工程规划、工程决策、工程建设、工程管理、工程技术等方面来反思工程、总结工程,推动工程界跳出具体的工程和技术,回到原点对工程和技术的本质规律进行再认识、再思考,以廓清工程实践活动、科学发现和技术创新的异同,促进技术创新的迭代、工程创新的扩散。来自两个不同界别的思想交流、观念碰撞,正在促进数量庞大的工程师们开始思想觉醒,通过观念升维、方法迭代、案例剖析等各种形式的载体,不断将"日用而不知"的工程观念哲学化、将习以为常的工程思维系统化。

(5) 关于桥梁工程

在众多的工程领域之中,土木工程是一个古老而现代的工程领域,占据了人类"衣食住行"四大基本需求的相当一部分,几千年以来都是经济社会发展的基本物质基础,具有突出的经济性、社会性与艺术性,广受社会各界关注。在工程演化的历史进程中,有时候人们所说的工程往往就是指土木工程,以致到今天在一些场合仍存在以土木工程泛指工程领域的现象。在现代社会中,土木工程是工业化和城市化进程最重要的物质载体,是诸多工程领域中体量最大、从业人员最多的领域,以至很长一个时期都是城市乃至国家综合实力、发展水平的标志。根据建造对象不同,土木工程又可以细分为结构工程、桥梁工程、道路工程、隧道工程、地下工程等。土木工程的科学基础是力学,与土木工程具有相同或相近科学基础的工程领域还有水利工程、港航工程等。

在土木工程中,桥梁工程因其建设难度大、资金投入高、对经济社会发展影响深远,蕴含着工程的各种典型属性,长大桥梁建设体现了国家的综合实力,一度甚至是国家层面的大事,因而也广受社会关注和重视。在我国,桥梁工程学科是一个相对独立的小学科,一般是指与桥梁工程建设相关的、相对独立的知识体系。基于上述原因,本篇以各类工程领域的典型样本——桥梁工程为例,从工程哲学的层面上来解读工程的本质属性和基本特征。诚然,这既与作者的专业领域有关,也是一种没有办法的办法,不可避免地带有局限性,但这并没有否认桥梁工程仅仅是众多工程领域的一个小的、比较有代表性的分支,也不妨碍探讨其背后所蕴藏的普适的哲学观点。

2.3 与工程相关的数学、艺术、产业/行业

在研究"科学-技术-工程"内涵外延时,还有几个相近的、难以回避的、容易混淆的认识,主要包括科学-技术-工程与数学的关系、工程与产业/行业的关系、工程与艺术的关系,在这里一并进行廓清。

(1) 科学-技术-工程与数学的关系

有一种模糊认识是把数学作为科学的一部分,构成所谓的 STEM(Science-Technology-Engineering-Mathematics)四元论。实际上,数学所有的概念、定义、方法都是人为创造、演绎归纳的,并不存在于自然界。正如文字是文学作品的载体一样,数学是科学理论的分析工具和表达载体,是科学家、工程技术人员描述自然规律的精确语言;数学是帮助科学家发现、描述、分析大自然真相的工具,也是帮助工程师利用自然规律、进行技术创新与工程创造的方法手段。简而言之,数学不是科学,但却是科学发现、技术发明、工程创造的强大而高效的工具。

(2) 工程与产业/行业的关系

产业是建立在同类专业技术、工程系统或服务模式基础上的行业性生产或社会服务的业态,它由同类或相近的工程知识、专业体系、组织实体、运行模式等通过相互组织集合而成的,如纺织业、建筑业、通信业等,产业有些时候也被称之为行业,一般情况下并没有进行严格的区分。简而言之,产业是一种专门的、中观的经济系统,是国家或区域的核心竞争力。在这其中,工程项目是产业最基本单元,也是产业持续发展、迭代升级的载体和阶梯。产业/行业发展演化具有自身独特的组织逻辑、影响因素与成长规律,主要目标是达成相应的经济效益与社会效益。产业/行业的比较优势是规模聚集效应、技术迭代成长能力和内部自组织能力。

(3) 工程与艺术的关系

在人类几千年工程历史中,工程与艺术渊源较深、关系比较复杂,大致可以简要地从狭

义、广义工程两个角度来认识。

就狭义的建筑与土木工程领域而言,自古代工程开始,建筑与土木工程一直是人类工程实践活动的主阵地,承载着实用功能以外的许多社会期望,担负着彰显城市乃至国家实力形象的使命,寄托着人们对美好生活、精神追求的寄托,并且受政治、文化、宗教、历史、艺术等方面的长期影响。从古希腊到现代,不同时期的一些土木建筑宗师都提倡、认同、强调"工程即艺术"这一理念,并形成了有一定影响的流派。在"工程即艺术"这一理念的支撑下,人们在长期工程实践中,逐步发展出一门新的学科方向——工程美学。

工程美学属于哲学范畴,处在美学与工程的交叉点上,重在阐述工程所展示的形式美、结构美与审美者"知、情、意"之间的内在联系,阐明工程结构美的基本要素、表现手法、视觉展示等基本规则,揭示感性认识与工程形体之间的美学映射关系,探究工程美学与技术美学的内在联系,使产品/工程的经济、实用、美观三方面的属性更好地结合起来,并在用户/公众使用之余,能够在审美层面带来精神上的愉悦、艺术上的享受。工程美学涉及面很广,既包括心理学、逻辑学、伦理学方面的内容,也涵盖工程学、经济学方面的要素,是一个理性与感性、主观与客观、形式与内容相互对立统一的整体。在工程实践的发展过程中,人们又根据工程对象的不同,逐渐派生出一系列专门化的工程美学分支,如工艺美学、建筑美学、桥梁美学等。

从建筑与土木工程的社会性来看,期望工程在满足预定使用功能之外,创造艺术价值,承载精神建构和文化传承的使命,实现人与自然的和谐共生,彰显工程的价值理性,确有其艺术内涵与时代意义。其中,作为建筑与土木工程领域一个分支的桥梁工程,展现了人类跨越障碍的精神追求,常常体现出功能、结构与造型的和谐统一,有些时候甚至变成了单独的景观、历史的载体或文化的记忆,具有很高的审美价值和艺术品质,一直是美学关注研究的重点对象,并形成了"桥梁美学"这一专门研究方向。20世纪70年代,戴维·P.比林顿(David P.Billington)提出了衡量"结构艺术"的3E原则,即高效(Efficiency)、经济(Economy)、优雅(Elegance)。高效是指使用最少材料、确保结构安全地执行其功能,经济是指避免结构在全寿命期的成本过高,优雅是指基于工程内在因素驱动、表现工程创造力的结构造型。后来,钱冬生、李亚东等人在3E原则基础上又补充了一条——环境(Environment),即只有把工程置于其所处的自然环境或时代背景下,才有可能恰当地评价其美学价值、工程意义与艺术性,从艺术角度揭示了工程的当时当地属性。4E原则是融合了经济、技术、社会、艺术、环境因素的结构设计原则,将桥梁结构的内在美与艺术表现力融为一体,深刻地揭示了工程与艺术的内在联系,纠正了近代桥梁工程设计中一度流行的形式脱离功能、过度强调装饰的不良现象。

就广义的工程领域,如机械工程、化工工程、电子工程、材料工程等而言,人们谈到工程的艺术性,主要包括三层含义。

一是强调工程或产品设计应遵循形式服从功能的基本原则,将工程或产品艺术性融合在功能性之中,从而使工程或产品摆脱纯艺术或表现形式的桎梏,以设计的低成本化、批量化和标准化,推动工业化的发展,促进使用价值与美学价值的完美融合,让设计走向普通民众的生活,能够更好地服务社会大众。在形式服从功能理念的润泽下,包豪斯主义成为设计界的主要流派,深刻地影响了设计界达百年之久,并成为设计界奉行至今的最高准则。

二是提倡工程师要向艺术家学习,借鉴艺术家的想象能力与思维方式。工程思维不同于艺术思维,但艺术家对事物的整体描述能力、想象能力值得工程师学习,以促进工程师养成既有整体宏观把握,又有周密细节安排的工程思维方式,同时,艺术思维的植入,也隐含着工程界对内部协调、外部和谐技术美学理念的推崇和追求,期望工程实践活动过程及其结果具有内在的艺术性。正如法国航空界领军人物、幻影飓风等战机设计者马塞尔·达索(Marcel Dassault)所坚持的信条:"漂亮的飞机才是好飞机",高度概括地、从哲学角度上回答了技术和艺术的和谐统一关系。

三是彰显了一些工程设计大师在进入设计领域的"自由世界"之后对工程本质的宏观把握。这些设计大师们在达到"随心所欲不逾矩"的自由王国后,能够随心所欲地驾驭功能、材料、结构、艺术表现力等要素,恰到好处地把握外在的时代需求与内在的工程规律的矛盾与冲突,将工程设计作品以艺术化的方式展现出来;能够在传承与创造之间发现广袤的创新空间,出人意料而又符合技术逻辑地推陈出新,提升了工程设计作品的品质,在实现工程的功能要求之外,展现出工程的外在形式美、内在的技术美。例如,在传统的桥梁与结构工程领域,从古斯塔夫·埃菲尔(Gustave Eiffel)、罗伯特·马亚尔(Robert Maillart)、爱德华·托罗哈(Eduardo Torroja)到约格·施莱希(Jörg Schlaich)、圣地亚哥·卡拉特拉瓦(Santiago Calatrava)等人,都是结构艺术流派的典型代表人物,他们能够将结构工程的创造性与艺术性高度统一起来,用一个又一个经典案例演绎阐释了"结构艺术"的4E原则。

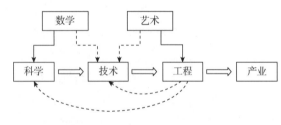

图1-2-4 科学、技术、工程、数学、艺术、产业的关系示意图

通过以上分析,可以将科学-技术-工程及其相关的一些概念简单归纳为:科学求真、技术求新、工程求用、艺术求美、数学求精、产业求聚,并粗略地勾勒出科学、技术、工程、数学、艺术、产业的关系,如图1-2-4所示。

| 案例 1-2-4

瑞士萨尔金娜山谷桥
—— 工程与艺术融合的典范

萨尔金娜山谷桥(Salginatobel Bridge)由瑞士著名桥梁工程师罗伯特·马亚尔(Robert Maillart)设计,1930年建成,是一座跨径90m的三铰拱桥。1999年,由国际桥梁与结构工程协会(IABSE)与英国《桥梁工程与设计》杂志发起,30位全球著名桥梁工程师、建筑师和学者评选20世纪最美的桥梁(见附录A"20世纪最美的15座桥梁"),萨尔金娜山谷桥以优美的造型、与环境高度和谐等特点入围并高居榜首。

罗伯特·马亚尔是"工程即艺术"流派的代表人物,也是探索当时的新材料——钢筋混凝土如何与结构形式匹配、走出石拱桥结构形式束缚的代表人物。实际上,在萨尔金娜山谷桥之前,罗伯特·马亚尔在Zuoz桥(跨径30m,1901年建成)运营后不久,发现借鉴石拱桥结构形式而设置的拱圈两侧竖墙不仅对结构受力没有多大帮助,反而容易产生裂缝。于是,在Tavanasa桥(跨径51m,1906年建成,1927年毁于雪崩)的设计中,他采用逆向思维去解决问题:既然拱桥没有垮塌,那些产生裂缝的部位也就不再承受荷载,从受力角度来看,说明它们一定是多余的。于是,他直接去掉了Tavanasa桥桥台附近拱圈两侧的竖墙,从而摆脱了石拱桥结构形式的束缚,形成了一种新的结构形式——钢筋混凝土箱形截面的三铰拱,但这种结构形式在当时并未得到工程界的认可。

1928年,在萨尔金娜山谷桥设计竞赛中,罗伯特·马亚尔将Tavanasa桥的结构形式进一步优化,形成了一种全新的结构体系——桥面连续的钢筋混凝土三铰拱,来应对成本最小化的约束。他的设计方案在19个竞赛作品中以最低的造价、优雅的造型、流畅简洁的传力途径、轻巧合理的结构形式、丰富和谐的美学特征脱颖而出,他以混凝土板为设计语言,创新了钢筋混凝土拱桥的结构形式,成就了20世纪最经典的桥梁艺术作品,也打破了艺术价值与工程造价存在天然冲突的观念。萨尔金娜山谷桥与Zuoz桥、Tavanasa桥的结构传承关系见图1-2-5a)~c),拱圈的内力图见图1-2-5d)。在水平推力及拱上立板集中力的作用下,拱圈弯矩分布呈现出中间大、两端小,依此弯矩分布,拱圈截面尺寸从拱脚向上逐渐增大,材料抗力与拱圈的弯矩大小高度一致,完美地实现了节省材料与受力合理的高度协调;在艺术上,萨尔金娜山谷桥像一弯皓月镶嵌在阿尔比斯山谷间,白色的混凝土拱圈在蓝天和青山的映衬下,显得格外挺拔突出。

a)Zuoz桥概貌

b)Tavanasa桥概貌

c)萨尔金娜山谷桥概貌

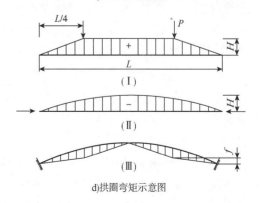

d)拱圈弯矩示意图

图1-2-5 萨尔金娜山谷桥的结构传承关系、概貌及拱圈弯矩示意图

萨尔金娜山谷桥的工程实践表明：正是走出了传统石拱桥结构形式的窠臼、创新了适合钢筋混凝土材料特性的新结构形式，拱圈的弯矩才会大幅度降低，截面才得以减小，才能实现了材料用量省、结构造型美、与周围环境融为一体等多重目标，最终以艺术品形式呈现在世人面前。

案例 1-2-5

从 4E 原则来看桥梁结构体系的跨越能力
——技术内在规律的外部体现

因对材料承载能力有效利用程度的差异，梁桥、拱桥、斜拉桥、悬索桥极限跨越能力呈现出 1：2：4：8 的级差，经济跨径范围大致也符合这一比例。之所以如此，从 4E 原则出发，在钢材、混凝土作为主要建桥材料的情况下，可以简要、粗略地解释如下。

对于缆索承重的悬索桥、斜拉桥，其跨越能力强的原因在于以下几点。一是悬索桥、斜拉桥主要承重构件是主缆或斜拉索，高强度线材受拉，可以将其强度优势充分地发挥出来，材料用量较省，符合高效（Efficiency）原则。二是悬索桥的加劲梁或斜拉桥的主梁虽然材料用量较大，在全桥材料用量的占比较高，但却仅仅是传力构件而非主要承重构件，只承受局部弯曲，其截面不需要随着跨径增大而改变；同时，可以利用主缆或斜拉索架设加劲梁或主梁，无须在施工措施方面花费额外的费用，符合经济（Economy）原则。三是索塔、缆索的布置方式灵活多变，可以创造出丰富多彩、意象优美的结构造型，承载起社会对桥梁工程的期望，符合优雅（Elegance）原则。四是大跨径缆索承重桥梁常常应用于跨越江河、海口或山谷，宽阔的水面或深切的山谷与高耸的索塔、纤细的加劲梁或主梁形成强烈的对比，在桥梁的使用功能之外，还可以体现出卓越的艺术价值，展现了人类跨越自然障碍的能力和精神追求，符合与环境（Environment）协同原则。

对于悬索桥、斜拉桥跨越能力的倍差，也可以用高效、经济原则给出基本解释。随着斜拉桥跨径的增大，其主梁逐步从承受弯矩为主、承受轴力为辅，转变为承受轴力为主、承受弯矩为辅，主梁演变为压弯构件，受整体稳定性、局部稳定性的制约，需要在主梁截面形式、细部构造等方面采取相应措施，如增大宽度/跨径之比、增大截面、布设足够强劲的加劲肋等。这样就使得高强度钢材难以充分发挥作用，导致其经济性降低，跨径超过千米时尤为明显，不得不让位于悬索桥或斜拉-悬索协作体系。

对于拱桥，其主要构件以受压受弯为主，无法将高强度钢材的优势发挥出来，不符合高效（Efficiency）原则；对于梁式桥，其主要构件以受弯受剪为主，材料利用效率在四种桥型中是最低的。当梁式桥、拱桥跨径增大至 300m 左右时，恒载产生的内力占比常常高达 90% 左右，能够提供给活载可利用的承载能力一般多在 10% 上下，且施工临时措施费用往往较高，不太符合经济（Economy）原则。因此，跨径超过 300m 时，在与斜拉桥、悬索桥的竞争中，受现有的建桥材料性能的制约，梁桥、拱桥就很难占据优势了。只是在一些特殊情况下，如山区桥梁、高速铁路桥梁的建设中，拱桥因其承载潜力高、刚度大，仍然占据一席之地。

案例 1-2-6

巴黎埃菲尔铁塔、加拉比特铁路桥和圣路易斯大拱门
——地标建筑成功与失败的典型案例剖析

自城市兴起以来,人们就有修建地标建筑、显现城市综合实力、提高知名度与辨识度的普遍意愿,直到今天也是如此。

为了纪念法国大革命100周年、迎接1889年世界博览会在巴黎的召开,著名工程师古斯塔夫·埃菲尔(Gustave Eiffel)积极游说法国政治家建造一座300m高的铁塔,以彰显国家形象、打造城市名片。为消除各方顾虑,埃菲尔甚至表示只要政府出让22年的经营权,他可以承担80%的建造费用。在一片反对声中,特别是来自法国文化艺术界包括莫泊桑、大仲马等名流(他们认为铁塔是一个毫无灵魂、粗俗不堪的"工业巨怪",是"巴黎之耻")的诘难声中,铁塔于1884年开始设计,并于1887年开工建设,共耗费9400t铸铁,于1889年3月竣工。铁塔的三个空中平台的设计容纳量约为5000人,开通后受到了广大民众的普遍喜爱,第一年就迎来了上百万的游客,基本收回了建设成本。世界博览会之后,有关铁塔的争议逐渐平息,人们也打消了拆除铁塔的意愿(原定为10年的临时建筑),并将其命名为埃菲尔铁塔。如今,埃菲尔铁塔成了巴黎乃至法国最著名的地标,每年大约有700万人登塔观光,能够为巴黎带来15亿欧元的旅游收入,品牌价值高达数百亿欧元。事实上,埃菲尔在其职业生涯中,大部分设计作品都集中在铁路桥梁中,他对空气动力学、冶金学研究颇深,他所设计的加拉比特铁路桥(Garabit Viaduct,主跨165m的锻铁拱桥,1885年建成)、皮亚马里亚(Pia Maria)铁路桥(主跨158m的锻铁拱桥,1877年建成),不仅是当时世界上著名的锻铁拱桥,而且工程造价要比其他方案低30%左右。之所以如此,是因为埃菲尔的设计方案能够根据拱肋的受力状态,选取结构合理、造型简洁的新月形拱肋,充分发挥了材料的性能,并将受力要求与美学要求完美地统一起来,展现出非凡的艺术品质。在埃菲尔铁塔建造中,他首次系统研究并提出了静风荷载效应的计算方法,使得高耸结构的风荷载计算逐步贴近实际情况。作为一个有意思的对比,1890年建成的、主跨521.3m英国福斯铁路桥设计风压高达$2.681kN/m^2$,远远地脱离了实际情况,不仅钢材耗费高达54000t,而且赘余构件数量众多,导致视觉凌乱不堪。埃菲尔在长期工程实践中,逐渐形成了自己的结构设计风格,即结构在宽度上逐渐展开,既能有效抵御风荷载、显著节省材料,又给人以强壮稳健、简洁优美、高耸挺拔的艺术形象。

作为一个可对比的地标性建筑,美国密苏里州圣路易斯大拱门建成于1965年,被认为是圣路易斯市通向西部的象征和标志,展示了圣路易斯市意欲成为美国东西部枢纽的雄心,也有纪念早年西部拓荒者的意义。大拱门高192m、耗费钢材17520t。由于结构形式选择不当,大拱门两点支撑的拱结构难以有效抵御风荷载,在大风天气下需要关闭,不能向游客开放。加上能够提供给游客的观光空间非常有限,每次只能容纳100人通过封闭的箱体车到达拱顶,观光体验并不好。大多数民众认为大拱门除了给人们带来惊奇和象征意义,便不会再有更多超出最初感受的印象,变成了一个失败的地标建筑。

以上几个成功与失败的地标建筑概貌见插页彩图1。这个案例再次说明工程处在技术、经济、艺术的交叉点上,地标性建筑尤为突出。建筑功能、结构形式、艺术表现力三者是一个有机融合、相互冲突的整体,既要打破常规、勇于创新,又要审慎把握、兼顾现实与未来。遗憾的是,直至今天,人们在很多情况下仍很难恰当处理好这三者的关系,国内外的一些地标建筑还会时不时留下了新的遗憾甚至败笔,成为一些城市难以释怀的时代印记。

第 3 章　工程本质与工程观

3.1　工程与哲学

作为一种利用自然、有组织、有目的改造自然的"人工过程",工程实践活动是推动经济社会发展、造福人类的主要力量,其关键在于多要素的集成和价值的创造。那么,工程的本质是什么? 工程实践活动应遵循的、最根本的规律规则是什么? 工程实践活动中的要素之间如何耦合、如何制约? 科学知识、技术原理、工程经验之间的关系是什么? ……这些蕴藏隐匿在工程实践活动背后的基本问题,显然需要在认识论、方法论和实践论的层面上进行思考、升华和凝练,这就是工程哲学的主要任务。工程哲学作为"认识世界、改造世界"终极学问,是对人类依靠自然、顺应自然、认识自然、合理改造自然的工程实践活动的总体性思考,是探究工程实践活动的根本观点、普遍规律和思想方法的哲学分支。概括来说,工程哲学关注的基本问题主要有以下六个方面。

一是工程的本质究竟是什么? 工程实践活动有哪些基本特征? 应该树立什么样的工程观?

二是工程实践活动中涉及的要素有哪些? 这些要素之间如何耦合、如何制约? 怎样才能建立并秉承正确的工程理念和工程观,将这些要素调动起来、有机整合、发挥最大效益,从而让工程更好地造福人类?

三是什么是工程创新? 工程创新的原动力是什么? 如何正确处理工程传承与工程创新的关系? 如何准确理解工程创新与技术创新的区别与联系? 如何恰当把握工程创新过程中各种矛盾与冲突? 工程创新与工程演化的关系是什么?

四是如何把握工程实践活动中知与行的关系? 科学方法、技术方法与工程方法有什么区别和联系? 科学知识、技术原理、工程经验之间的关系是什么? 工程思维有什么特点? 如何培育工程创新思维?

五是工程实践活动中的核心环节是什么? 如何在自然及社会环境约束下,将科学理论、技术方法、建造规范与工程经验结合起来,以提高工程能效水平,提升工程设计、建造与运营的品质?

六是工程和工程师是如何影响社会的? 工程实践主体特别是工程的决策者和工程师应该如何对工程实践活动进行哲学反思? 工程师具有哪些职业特征? 这些职业特征有何优势、有何局限,又是如何影响工程实践活动的? 未来工程实践对工程教育提出了什么新的要求?

由此可见,工程哲学虽然脱胎于技术哲学,但思考追问的对象是工程实践活动,比技术哲学的研究对象更复杂、更庞大、更直接，因而作用价值更为突出，受到了诸多哲学学者和工程大师的关注与重视。工程哲学发轫于20世纪90年代，成长于21世纪初，于近十年间扩散，影响日益壮大。从哲学思考对象方面来看，工程是一种相对独立的社会实践活动，有其自身的规律，存在需要哲学思考的问题情境和逻辑必然性。从认识论层面来看，脱离工程实践活动，仅仅研究科学哲学、技术哲学是有局限的，难以涵盖和反映自然–人类–工程三者之间的相互依存、相互制约的复杂关系。从指导生产实践活动角度出发，技术哲学难以反映、囊括工程实践活动的全部过程和内涵本质，存在着诸多空白之处。显然，这些问题需要哲学界、工程界不断共同探讨，逐一深化廓清。

从工程哲学的应用层面来看，工程哲学的发轫、渗透与逐渐普及，有利于推动工程师站在更宽的视野、更高的层面、更广的时空，来认识工程的社会性、系统性与复杂性；有利于促进工程师在某些情况下摆脱"器物"层面的羁绊，站在更高的维度上感悟工程哲理、更新工程理念、领悟工程方法、建构工程文化、增强行动自觉。因此，工程哲学从诞生之时起，就在工程界产生了较大的影响，引起了工程界的高度关注和广泛参与，并不同程度地对正在进行的工程实践活动发挥着指导作用。

工程哲学的发展与丰富离不开工程实践主体——包括投资者、决策者、工程师和技术工人的积极参与，离不开一线工程师的活学活用，离不开结合具体工程项目特点的思考、提炼与升华。工程师需要有哲学思维，而且也有能力从事工程哲学研究和实践。对此，工程师不必妄自菲薄，正如美国技术哲学家卡尔·米切姆（Carl Mitcham）所言：尽管哲学一直没有给予工程足够的关注，但是，工程界也不应将此作为无视哲学的借口，卓越的工程师依然是后现代社会中未被承认的哲学家。事实上，工程哲学不仅可以给工程师提高改变世界的思想武器，指导工程师站在认识论的高度上处理好工程实践活动中各种技术与非技术因素的复杂辩证关系，而且可以指引工程师在实践论的层面，正确地把握科学发现、技术创新、工程创新、工程演化的内在联系，帮助工程师更好地理解工程、顺应自然、服务社会、造福人类。这一点，从历史上的工程大师的思想轨迹、思维方式、设计作品中也得到了有力的佐证，只不过有些时候处于不自觉的状态而已。

综上，工程实践活动的背后蕴藏着丰富的工程哲学命题，既包含认识论层面的思考认知，也有实践论层面的矛盾与冲突。随着工程实践活动规模日益扩大、涉及因素日益多元复杂、矛盾与冲突逐渐显现，工程实践活动主体特别是工程师要逐步形成哲学思维，要积极建构自己的工程观，以便在工程哲学观念的指导下更好地进行工程创造、造福人类。

3.2 工程与工程师

工程既然是人们按照特定目的、有组织地利用各种资源与相关要素构建人工存在物的实践过程，在这个过程中，就必然注入了人的价值取向与精神追求，体现了人的主观能动性与创造力，承载着人的思想情感、价值追求乃至艺术向往，而这一切的实现，都时时刻刻离不开工程师的深度思考、全力投入和传承创造。没有工程师，现代工程就无从谈起。那么，在思考、认识、反思工程时，就非常有必要研究工程师如何在工程实践活动中发挥作用、创造价值的,非常有必要探究工程师具有什么样的职业特征、思想特质、思维方式,以及社会是如何看待工程师这一职业的。只有这样,才能更好地发挥工程师的作用,造就数量充足、业务卓越的工程师队伍,并激励工程师发挥主观能动性,创造出更大的社会经济价值。

(1) 工程师的由来

工程师一词 Engineer 源于中世纪拉丁语的 Ingeniator,字面意思是"灵巧的人",历史上原是专指修造军械及防御工事的军队装备后勤人员,大多都具有某些专门技能。第一次工业革命之后,英国市场需要大量专门人员从事运河、码头、铁路、桥梁的修建,以及从事船舶、机械、车辆等装备的制造,这类人便自称为工程师。有据可考的第一个自称工程师的人是英国约翰·斯密顿(John Smeaton,1724—1792),他主要从事建筑工程的设计建造,1774 年在建造英吉利海峡灯塔时第一次将黏土、砂、石灰混合在一起砌筑基础,效果很好,成为波特兰水泥的最早的工程实践(因与波特兰地区的石材很像,因此被命名为波特兰水泥)。从 1768 年起,约翰·斯密顿开始称自己为"Civil Engineer",大意是界定自己是从事民用工程的专业技术人员,以便从工作性质上与传统的兵器制造、防御工事建造的"军事工程师(Military Engineer)"相区分,从而能够顺利地被市场所接受。不巧的是,20 世纪初这一词语在从日本传入我国时,被误译为"土木工程师",大概与当时的工程师群体主要是从事土木工程方面的工作有关。

那么,什么是工程师(Engineer)?工程师具有什么特质?通俗地讲,工程师就是掌握、开发和应用工程技术的群体,就是干工程、对工程成功建造和顺利运营负有技术责任的群体。比较严谨一点的说法是,工程师主要指从事工程设计、制作、操作、管理、评估等工程实践活动,具有特定能力、经验与资质的人员的称谓,通常特指拥有专业知识、专业技能及相当工作经验的人士。概括来说,工程师是工程实践活动的灵魂,牢固掌握着工程设计、工程建造技术与工程管理的专业能力;工程师是工程伦理的主要承载者,承担着工程活动对社会、经济和环境的影响的责任;工程师还是新生产力的主要创造者,也是新兴产业的积极开拓者。工程传承和工程创新都毫无疑义来源于工程师,自约翰·斯密顿自称工程师开始的 200 多年来,工程师的角色定位、作用价值、社会期望、职业特征等方面都产生了深刻的变化,并还在不断地演化之中,但对客户或者雇主忠诚,对公众的健康、福祉与安全负责的首要义务始终没有改变。

最初,被称之为工程师的人们的共同特点是涉猎业务范围广、谨慎细致,能将工程规划、设计、建造、运营的大小事宜和各种细节都考虑得非常周到。进入近代工程阶段,随着工程领域的专业化细分及工程复杂性的增大,工程师的重要性日益显现、队伍迅速扩大,但业务范围也迅速狭窄化、专业化,大多数工程师终其一生都耕耘在一个狭小而幽深的专业领域。在英国著名工程师伊桑巴德·金德姆·布鲁内尔(Isambard Kingdom Brunel,1806—1859)之后,随着工程领域的分化,就再也不可能出现全能型工程师了。布鲁内尔被称为"工程历史上最具创造性和最多产的人物之一",具有非凡的创造力和敢为天下先的精神,其工程设计作品横跨土木、机械、船舶等那个时代几乎所有的工程领域,并在诸多领域都有开创性、奠基性的贡献,设计建造的一些作品如英国大西铁路、伦敦泰晤士河隧道、皇家阿尔伯特桥、帕丁顿车站至今仍在服役。布鲁内尔在英国历史上享有很高的声誉。为了纪念这位伟大的工程师,英国在不少地方建有布鲁内尔的雕像,1966 年创建了布鲁内尔大学,2006 年在布鲁内尔

200周年诞辰之际铸造了纪念币。英国社会各界对以布鲁内尔、托马斯·泰尔福特等人为代表的工程师的高度肯定与褒扬认可，也许是英国能够率先完成工业革命的原因之一。进入现代工程阶段，随着工程实践规模的扩大、工程领域的专业化细分、工程实施协作难度的增大，工程师的专业领域更加细分、分工更加细化，这固然极大地提高了专业性与生产效率，但也在很大程度上强化了工程师的工具理性，局限了工程师的技术视野，直至今天都难以改变。

如今，所谓工程师，一般是指在某一工程领域具有系统的工程知识、扎实的专业技能，能够从事某项专业技术工作的群体，和投资者、决策者、技术工人一起构成了工程实践的主体，主要包括研发工程师、设计工程师、管理工程师，也包括生产工程师、工艺工程师等。在我国，工程师具有双重含义：一是对从事工程技术工作的人员的称谓，是一个特定职业人群的总称；二是作为一种职称，表明个体的资历与业务水平。在当代，工程师群体的规模越来越大，工程师在工程实践活动中的作用越来越重要，成为地区、行业乃至国家竞争力的重要人才支撑。另一方面，工程师和科学家、律师、教师、医生、技术工人一样，是一种独立的职业，具有其独特的培养机制、成长规律与职业特征。一般来说，合格的工程师通常需要经过严格的科班训练和长期的实践历练，能够将科学理论、技术方法、管理法则、专业技能等运用于具体工程项目，达成预定的工程目标；而卓越的工程师是在长期工程实践的基础上，具备了异于普通工程师的工程洞察力和创造力，能够在传承的基础上推陈出新，在工程理念、技术开发、工程创新或工程知识创造上有所突破。

工程师是工程理念践行者，也是工程观和工程思维的负载者，更是工程知识的应用者和创造者，并在工程传统传承、技术开发创新、工程创新实践的过程中逐渐形成了鲜明的职业特征。可以说，工程师之于工程，犹如雨水之于草木。没有工程师群体就不可能进行工程实践活动，没有工程师群体就没有技术进步，更谈不上技术创新与工程创新了。从技术角度来看，古代工程技术是一种偶然的技术、工匠的技术，更多依赖师徒传授，有时还会出现技术技能失传的现象；近现代工程技术，总体上表现为工程师的技术，普遍以科学方法、技术原理、规范规程为支撑，载体也以系统化的专业知识体系为主，构建起了持续改进、不断迭代的更新机制。从工程角度来看，工程师是工程的规划者、设计者、实施者和运行者，全方位介入工程全寿命周期的每一个环节，工程师是赋予工程生命、推进工程实施、提升工程品质的主要力量，因而也是推动产业/行业进步、促进经济社会发展的主要力量。进入知识经济时代，工程实践活动特别是工程创新是直接的、现实的生产力，是行业、区域乃至国家的核心竞争力，而工程师就是生产力最主要的组成部分，是人力资源最核心的力量。

（2）工程师的职业特征

在工程的系统性、稳健性、社会性、建构性等本质属性的约束下，在学习传承、科班训练和长期工程实践活动过程中，工程师群体逐渐形成了自身独有的职业特征，打上了深深的职业烙印。这些职业特征既促进了工程师职业生涯的成长，有些时候也会产生异化、变成了工程师突破职业壁垒的瓶颈。关于工程师的职业特征，一般而言，大致可以概括为以下三点。

第一，具有扎实的专业技能，但视野常常被局限在一个狭小的领域。随着现代工程实践活动规模的扩大，工程项目的复杂性越来越高，导致工程技术分工越来越细、越来越窄，这就自然而然地要求从事技术工作的工程师在某一方面越来越专、越来越深,经过数十年的训练、熏陶和实践,工程师常常难以走出技术隔离的藩篱、突破技术孤岛的制约,只能成为某一细分领域的专家。就工程师群体而言,这种日益细化的分工对于提升工程实践活动能效水平无疑是十分必要而有益的;就工程师个体而言,这种过度细化的分工固然会促进专业技能的提升,但却会产生"一叶障目、不见泰山"的现象,并不有利于个体工程思想的养成和工程创新思维的培育。从技术创新与工程创新角度来看,过度细化的分工有些时候还会成为技术创新、工程创新的阻碍,在没有"谋全局"的情况下,要将"谋一域"做得出类拔萃是有悖于人的认知规律的。因此,强调工程师具有宽广的视野,具备触类旁通、借鉴他山之石的能力,对技术创新、工程创新而言不仅是非常必要的,而且是十分有益的。

第二,求真务实、严谨可靠、注重细节,但常常困于工程传统。受职业行为、职业规范、职业环境的熏陶,工程师群体往往会形成求真务实、严谨可靠、注重细节、稳当保守等职业习惯,这些职业习惯对其职业生涯发展具有极大的帮助作用,对于工程实践活动的顺利开展具有贯穿性的价值理性与工具理性,对于经济社会发展具有潜移默化的带动作用。但另一方面,这些职业习惯在很多情况下却会异化成为工程师群体的因循守旧、固守传统的源头之一。工程实践活动需要传承传统,需要借鉴先前的工程经验和教训,但事物都具有两面性,传承传统并不等于因循守旧,更不是技术创新、工程创新的对立面。面对具体工程问题,将求真务实、严谨可靠、注重细节的职业习惯与敢于创新、善于创新的精神恰当地结合起来,虽然非常困难,却是技术创新、工程创新的不二法门。

第三,注重工程技术的实践性与建构性,但不善于赋予工程实践活动相应的价值意义。工程师群体是工程实践活动最主要的、主观能动性最强的人力资源,他们责任心强、思维周密、考虑细致,非常注重工程技术的实施流程、作业程序、操作细则,重视工程的可靠性与稳健性,关注技术细节、工艺工法的可实现性,从而为工程实践活动的顺利开展提供了坚实的保障。但另一方面,工程师群体常仅仅专注于技术工作,在推进工程实践活动、促进社会福祉的同时,普遍存在对工程技术以外的事物熟视无睹的现象,对工程实践活动的价值理性认识得不够深刻,对工程实践活动的系统性、社会性认知并不全面,常常难以很好地诠释工程实践活动的价值内涵,也不懂得如何向社会公众阐释工程活动的作用意义、说明工程项目的局限性,致使工程实践活动有些时候难以为社会大众所理解,一些极端情况下甚至会出现社会公众在没有充足理由下,反对工程实践活动开展的事例。这种现象在国内外多次出现并不偶然,既有在认知上区分不清科学、技术、工程三者差异的原因,也有科学普及工作不到位的因素。工程师对工程实践活动价值意义的阐述不清晰、解释不通俗、普及不到位,既导致工程实践活动的价值意义被社会大众普遍低估,也导致社会大众长期以来对工程师群体的工作属性、作用价值不甚了解。

(3) 工程师的社会地位

一代又一代的工程师们奋斗在利用自然、改造自然、创造财富、增进人类福祉的第一线,用他们所掌握的科学知识、技术方法与技能,设计和制造出人们需要的产品器物,改善与丰富了人类的生产生活,提升了全社会的生产力水平,理应受到社会的普遍认可与广泛尊重。

然而，现实情况却有点左右摇摆、飘移不定，自工业革命200多年来一直如此。在一些国家地区的某一阶段，工程师是一种令人向往的职业，受到全社会的推崇，但在大多数时候，工程师虽然在工程实践活动中发挥了无可置疑的关键性作用，但却未获得其本来应有的社会地位和社会声望，工程师的社会地位并不高、社会影响也不大，常常被若隐若现地笼罩在科学家的身影背后。有人将工程师称为"边缘人"，因为工程师部分作为劳动者、部分作为管理者、部分是科学家、部分涉及商业活动，这就必然引起工程师在"自身定位"时限于某种困境，扮演着多个角色。美国工程院一项调查揭示：许多人未能区别科学家、工程师与技术员，不能自然而然地把工程师与技术创新、工程创新联系起来。这种情况在我国也很普遍，正如徐匡迪所言，"当孩子们被问到长大之后想做什么时，很少有孩子说想当工程师，这件事情本身就值得我们忧虑"，这从一个侧面说明工程师并不是一个令青少年向往的职业，社会大众并不了解工程师的作用价值，也不理解工程师的工作方式和行为规范。

事实上，从社会需求来看，工程师的数量要比科学家、企业家的数量多得多；从社会作用来看，工程师与科学家、企业家各有重要的社会作用，相互不能替代，人们不该扬此抑彼或扬彼抑此；从创造经济社会价值来看，工程师的作用价值更加直接明显，大多数情况下的直接贡献也会高于科学家，进入知识经济时代，这一点表现得尤为突出。但是，由于认知、教育、宣传等多方面原因综合作用的结果，目前普遍的状况是社会对待科学家、企业家与工程师出现了明显的失衡现象，主要表现在以下几个方面。

一是表现在认知上，就是区分不开科学、技术、工程的异同，重理轻工的现象普遍存在，很多人都误认为技术是科学理论的应用，而工程不过就是技术的应用而已。这样，从源头上就将工程实践划归为科学的"二级附属物"了，将技术创新、工程创新的内涵价值以及工程师的创新作用忽视了，工程师的社会作用、价值创造力也就自然而然地被严重低估或彻底抹杀了。以杭州钱塘江大桥的总设计师、我国现代桥梁工程的奠基者茅以升为例，他是一名卓越的工程师，一生专注于桥梁建设、高等工程教育和科普教育，是名副其实的桥梁泰斗，但却一直被宣传为科学家，并以此身份为社会所广泛接受。

二是表现在社会声望和社会影响上，在"器道分途、重士轻工"的传统观念的影响下，一般认为工程师的工作是艰苦的、乏味的、执行性的、缺乏创造性的活动，工程师的工作性质、意义价值未能被社会充分了解和理解，甚至在一些情况下还存在轻视或贬低工程师作用的情况。工程师是最平凡、最普通，也是最神圣的职业之一。鄙薄工程师是荒唐而有害的，矮化工程师是浅薄而短视的。另一方面，工程师也没有渠道、没有能力将自己的声音传递到社会大众中，工程师的社会声望被严重的"打折"或"转移"了。例如，阿波罗工程、空客A380民航客机、三峡工程、港珠澳大桥、中国天眼FAST（500米口径球面射电望远镜）等都是伟大的工程成就，虽然离不开科学理论的支撑，但社会大众却普遍把这些成就归功于科学家而抹杀了数以万计工程师的主要贡献。

三是表现在工程教育及工程技术研究上，以科学教育模式覆盖工程教育占据主流。不少人认为，一流人才学理科，二流人才学文科，三流人才学工科，工程教育的重要性被严重低估了。在教育过程中，没有区分科学人才与工程技术人才是两种不同类型的人才，二者虽有许多共同的特点,但也有各自的特征和成才规律,以科学教育模式覆盖工程教育在过去的几十年里占据了全世界的主流,导致社会各界进一步模糊了科学、技术与工程的差异,工程教育的工具性过于突出,仅有为数不多的高校能够坚守工程教育的初心和宗旨。以享誉全球的麻省理工学院(MIT)为例,虽然从20世纪30年代开始转型成综合性大学,但仍以工科为主和见长。人们一提到MIT,第一反应就是"工科殿堂"。有趣的是,学校吉祥物是动物界最擅长筑水坝的"工程师"——海狸,校训是"脑手并用(Mind and Hand)",彰显其对工程技术的重视、对培养工程师目标的坚守。另一方面,在工程技术研究开发方面,以科学研究模式去引导、约束、评价工程技术研究开发,导致工程技术研究开发与工程实践活动普遍存在"两张皮"的现象,大学的工程教育、技术研发常常落后于产业/行业技术发展潮流,"学院派"的研究选题、研究成果与产业界的需求明显脱节。直到20世纪90年代,由美国麻省理工学院、斯坦福大学、富兰克林·欧林工学院,以及瑞典皇家理工学院、加拿大滑铁卢大学等高校领衔的"工程教育回归工程"运动在欧美国家兴起后,情况才开始有所转变,但要彻底扭转科学教育模式的影响还需要一个漫长的过程。

四是表现在科技史研究上,对科技史研究很少涉及技术史、工程史。正如法国科技史学者佩兰所言,"在法国……除了极个别的情况外,那些声称专门研究科学技术史的研究中心把95%的精力花在了科学上,花在技术上的只有5%",导致很多技术沿革、技术创新、工程演化的来龙去脉消失在历史的迷雾中,技术史和工程史研究、工程思想演变研究对当下的技术研发和工程实践活动的指导意义大为削弱。实际上,一些技术问题、工程事故教训在上升至认识论层面后,所犯的错误是相同的、不断重复的,只有从工程历史中汲取经验养分和事故教训,才有可能少走弯路,才有可能构建先进正确的、与时俱进的工程观念。这种情况在我国也很普遍,这固然与科技史研究者的关注焦点、知识背景、业务范畴有关,也与工程技术人员未能担负起应有的责任,长期忽视本行业工程技术历史、工程思想的研究密切相关。

应该指出的是,工程师社会作用和社会地位的问题绝不是事关工程师群体团体利益的小事,而是一件事关产业/行业兴衰、经济社会持续发展的大事。对此,社会各界应积极作为、综合施策,既需要社会从工程的本质属性、工程价值作用等认识方面予以纠偏,也需要政府从政策导向、教育宣传等方面予以扭转,还需要工程界奋发有为,积极面向社会大众,宣讲工程意义、普及工程常识、阐释工程价值。只有从以上几方面综合施策,才有可能让社会大众更加全面地认识工程、了解工程师,提升工程师的社会声望,吸引更多的优秀人才从事工程实践活动,造就数量充足、业务优秀、品质卓越的工程师群体队伍,从而更好地抓住机遇、应对知识经济时代带来的各种挑战。

3.3 工程本质

工程从本质上来说,就是有组织地利用各种资源、相关技术构建一个人工存在物的建造过程和运营方式的总和。从哲学的角度看工程,工程实践活动的核心就是其所具有的唯一性和当时当地性,不同的工程项目具有不同的实践活动目标、经济条件、自然条件、技术约束因素、社会推动力量和实现方式方法。工程实践活动就是在这些相互矛盾的约束条件下,发挥工程师的主观能动性与创造力，寻求合理优化解答及其实现路径的过程。

工程实践活动中涉及的要素非常宽泛，包括技术层面的规范标准、工艺流程、检验方法、工具装置、经验技能等，也包括非技术层面的自然、政治、经济、社会、历史、伦理、文化等。工程实践活动是一个因地因时制宜的矛盾综合体，是技术要素和非技术要素的集成，也是一个寻找优化解的过程。在工程实践活动中，科学发现、技术开发、工程经验对工程实践都有重要的引导和支撑作用，经济效益、自然条件、社会期望、技术能力都会从不同角度来约束、影响、限定工程实践活动。因此，如何进一步审视、剖析工程本质存在多个不同的视角。

从科学角度看工程，技术和工程通过对科学理论的实用化研究、应用与实践检验，将科学的真理取向转化为工程的价值取向，从而使科学更加有用武之地。从技术角度看工程，工程是技术的集成体，相关技术通过工程项目的选择、集成、优化并转化为现实的生产力，从而不断提升工程的能效水平，实现经济效益和社会效益。从产业角度看工程，工程项目是产业/行业的组成单元和细胞，是经济活动的主要形式之一，工程发展进步则行业/产业必然兴盛。从创新角度看工程，大多数工程实践活动属于以传承为主的造物过程，少数工程在传承之外具有一定的创新特质，只有极少数工程实践活动才称得上工程创新，但正是这极少数工程创新，却往往是产业/行业升级转型的先导。

概括和把握工程活动、工程创新的基本特征，既是工程哲学研究的内在要求，也是工程师提升工程素养、增强工程创新能力的有效途径。一般来说，工程实践活动具有以下几个主要特征。

(1) 建构性与实践性

所谓建构性，既包括工程理念确立、工程目标厘清、工程可行性分析、工程概念设计等主观性认识的建构过程，也包括人力资源调配、物质资源配置、加工生产、能量转化、信息传输变换等物质建构过程。其中，主观性认识的建构即工程规划、工程决策、工程概念设计是工程实践活动的灵魂，决定了整个工程的建设品质乃至成败。然而，由于工程的复杂性和社会性，确立正确的主观性认识，并为社会接受并不见得容易，常常有一个反复曲折的过程，有些时候甚至要付出惨痛的工程教训。以我国三门峡水电站建设为例，由于当时人们对黄河泥沙规律认知出现了偏差，加上政治行政力量的过度干预，工程规划和工程设计存在重大缺陷，导致水电站在 1960 年建成蓄水后泥沙严重淤积、黄河倒灌、渭河平原地下水位上升、土地盐碱化，不得不在 1964 年、1981 年进行两次改建，但仍未彻底解决泥沙淤积问题。到了 2003 年，关于三门峡的争论升级为存废之争，原因是 3～5 年一遇的渭河洪峰，就使陕西省 515 万人口、1080 万亩农田受灾。时任水利部副部长索丽生曾表示，"三门峡水利枢纽建成后取得了很大效益，但这是以牺牲库区和渭河流域的利益为代价的"，"渭河变成悬河，主要责任就是三门峡水库"。这就是工程建设违背自然生态规律的一个教训。

所谓实践性，既包括对工程规划、工程设计、工程建造过程、工程运行效果的各类决策管理控制调适行为，也包括工程实践主体对工程意图实现程度的评估检验与反馈修正，还包括对工程社会效益、经济效益的客观评价，是一个比较复杂的同体异质要素的非线性耦合作用的过程及结果，也是一个不断积累工程经验、吸取工程教训、逐渐改进改良的过程。因此，需要与时俱进,及时将工程经验教训升华提炼为新的工程理念、工程知识,并应用于后续工程实践活动,总体上达成"实践出真知"的目标。实践性体现了工程活动的复杂性与系统性特征,蕴含着对工程活动的稳健性要求,意味着工程效果评价检验尺度和方法的多元性,是工程活动与科学研究、技术开发活动的主要区别之一。

(2) 集成性与创造性

所谓集成性,既包括工程在技术层面对多种技术的集成,也包括工程的技术要素和非技术要素如政治、经济、社会、文化、历史、管理等方面的选择、优化和集成,以实现工程的功能目标。集成性意味着工程本身就是一个包含多目标的、矛盾与冲突的综合体,需要满足自然条件约束的情况下,在功能、经济、技术等方面做出恰当的妥协,并获得工程利益相关方的认可,在技术的先进性与成熟性之间取得平衡,并在市场检验洗礼中不断迭代完善。随着现代工程领域的细分、工程规模的扩大、技术迭代进步的速度加快,不同行业、不同类型工程的集成性日趋复杂,跨行业、跨学科交叉融合态势日趋明显,这对工程尤其是大型复杂工程的集成性提出了更高的要求。

所谓创造性,从工程哲学的层面来说,一般包含了最低、最高两层含义,最低意义是工程创造,最高意义是工程创新。最低意义是从工程器物角度来看,是指每个工程项目在传承工程实践经验的基础上,都有其特定的外部约束条件,都是独一无二的人工创造物,都是从无到有的创造过程。因此,从工程器物角度来说,所有的工程实践活动都具有创造性,但在创造工程器物之外,能否展现出创新性就另当别论了。最高意义是在创造工程器物、实现预定功能目标的同时,在工程理念、技术手段、设计方法、建造实施、工艺流程、运行管理的某些方面突破了以往工程的壁垒,提升了工程的能效水平,并呈现出价值的提升、工程创新扩散的前景。所谓工程创新,一般是指在工程理念、理论、方法、管理、材料、结构、工艺、工法、运营、维护等方面取得了突破,解决了以往工程实践活动的瓶颈问题或制约因素。对于工程创新而言,虽然有规律可循、有路径可依、有条件约束,但必须结合工程的集成性,融合经济、技术、社会、人文等不同领域进行多维度整合,方有可能推陈出新,既是一个非常艰难的过程,也是一个厚积薄发的过程。在这其中,关键在于工程创新思维的培育、工程创新能力的构建、追求卓越品格的铸造。

(3) 科学性与经验性

所谓科学性,一方面是指工程在一定条件下进行技术要素和非技术要素集成时,必须严格遵循科学规律、正确运用技术原理,按照相应的工程规则、工程规范、工程知识、技术约束条件从事工程实践活动,否则就可能面临失败。近代工程实践活动以来的无数工程事故证明,工程事故背后往往存在人们尚未认识的科学规律或技术原理,正是一次次惨痛的工程事故,推动人们揭示、发现工程事故背后所蕴藏的科学问题或技术瓶颈。另一方面,在工程实践活动中,虽然工程思维具有较强的经验性,但这些经验必须依托科学方法,遵循逻辑性、协调性、可验证性等基本要求,最大程度地将工程实践主体的思想方法、思维方式、技术路径等纳入科学的轨道上。

所谓经验性,是指在面对诸多不确定性和未确知性的工程实践活动中,在不完善、不完整的科学理论、技术方法以外,往往还需要工程实践经验才能保障工程实践活动的顺利开展。工程实践经验包括直接经验与间接经验两大类,需要长时间的积累和领悟,常常以难以言表和传授的隐性知识依附于特定个体,它既是工程实施的基本保障,也是工程实践活动的重要结晶。工程经验是基于直觉判断、感性认识、工程洞察力等一系列的实践感悟,是不完善不完整的科学理论、技术方法的重要补充,经过系统挖掘、提炼和升华,一些工程经验有可能转化为新的工程知识,成为科学理论、技术方法的一部分。从人类工程历史来看,没有科学理论的指导完成工程实践活动是可能的,但没有工程经验的支撑完成工程实践活动是不可能的。

(4) 系统性与社会性

所谓系统性,是指工程所涉及的技术和非技术因素均有其自身的规律,这些不同维度的规律规则存在相互作用、相互矛盾的复杂关系,工程实践活动就是系统协调地处理这些复杂关系和矛盾,实现预定功能的过程及结果。技术因素是工程的基本要素,在技术因素内部也呈现出相互作用、相互促进的对立统一关系,影响着技术创新的迭代进程,制约着工程创新的前进步伐。非技术因素包括自然、经济、政治、伦理、历史、文化等多个方面,具有突出的当时当地性,非常复杂、相互制约、难以衡量,在工程建造运行时常常难以进行客观全面地分析评估,往往需要时间或历史的检验。技术和非技术因素两个不同的"板块"之间的矛盾,常常超出了工程师的职责和能力范围,需要工程的决策者、投资者与工程的相关方协调协商、最终决策。

所谓社会性,是指工程不仅是社会存在和发展的物质基础,更是社会变革、经济发展的主要推动力量,工程实践活动不仅要展现出工具理性,更要体现出价值理性。在很多时候,工程实践活动在满足预定功能之外,承载着特定的社会期望,具有推动产业进步、经济发展、社会和谐的内在属性与价值追求。例如,日本制造以品质优良、节省材料、性能可靠而闻名于世,工程/产品的这种特质与日本社会秉承的精益求精的匠人精神产生了良性的相互影响,深入到日本社会的方方面面。另一方面,任何工程都是在一定社会条件下建设运行的,工程规划、工程决策、工程设计、工程建造等各个环节都不可避免地受到社会的影响,存在诸多认知的局限性,有时候在决策时可能会过度妥协,留下一些遗憾乃至败笔。这就要求工程师结合技术、站在工程哲学的高度,勤于总结、善于反思,不让工程的功能缺憾、技术瑕疵在同类工程中再度出现。

(5) 风险性与稳健性

所谓风险性,是指工程建造和运行过程中,由于人类对科学规律和技术方法的认知局限、外部约束条件(如经济指标的限制、内部管控能力不足等)原因而产生的人与财产损失的可能性。风险是工程实践活动的固有属性,与工程实践活动相伴相生、始终存在,既有因对客观规律尚未完全认知而导致的风险,也有因工程实践主体管控能力欠缺所导致的人为风险,因而只能设法降低,但难以完全避免。对此,人们采用了一系列的科学方法、技术手段、管控机制,在耗费相应经济成本后将其控制在人们可接受的程度以内,以实现风险发生概率与控制代价的大致平衡,从而使工程更好地服务于人类。

所谓稳健性,是指运用科学理论、技术手段掌握工程建造和运行过程中各类可能遇到的未确知性和不确定性,并通过适度提高工程的容错性、增大工程的冗余度等工程方法,以最大程度地规避、防范、化解工程风险,从而提高工程的可靠性。稳健性与风险性是工程建设运行过程中始终存在的、相互矛盾的两个方面,关键在于因地因时恰当地把握好度,单纯强调任何一方面都会令工程建设运营误入歧途,导致社会难以承受由此产生的成本或代价。但很多时候,在不需要耗费大的建设成本情况下,在技术上尚存在一些途径来增强工程的稳健性,这正是需要工程师们时时处处予以积极思考、加强经验积累和提升认知水平之处。

案例 1-3-1

印度加尔各答胡格利二桥的建设
——因地因时制宜的典范

印度加尔各答胡格利二桥(Second Hooghly Bridge)由联邦德国斯图加特大学教授、著名桥梁工程师约格·施莱希(Jörg Schlaich)于1971年设计的,跨径为182.88m+457.2m+182.88m,桥宽35m,梁高2.0m,是设计最早的大跨径组合梁斜拉桥,见图1-3-1。由于印度当地政府的种种原因,该桥直到1993才建成。但在此间的二十多年里,胡格利二桥的设计思想却在国际桥梁界产生了深远的影响。

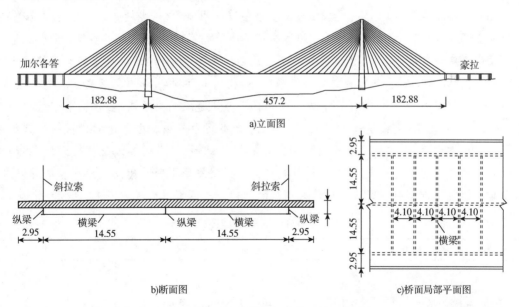

图1-3-1 印度加尔各答胡格利二桥结构总体布置图(尺寸单位:m)

胡格利二桥在概念设计时遵循因地制宜的原则,充分考虑印度国内钢结构加工制造能力和水平,没有采取钢箱梁等当时国际通用的先进技术,而是采用了由混凝土板和钢格子梁组成的组合梁,其中钢格子梁由3片工字钢梁和密布的横梁组成;钢结构连接没有采用比较先进的焊接或高强螺栓连接技术,而是采用了适应印度工艺水平的铆接技术。该桥的设计方案在技术上似乎不够先进,但却较好地顺应了印度当时的建设条件,具有节省材料、施工简便、易于安装等特点,展示了组合梁斜拉桥所具有的经济技术优势。胡格利二桥虽然是根据欠发达国家建设条件而设计的,但却对其他国家的一大批斜拉桥的建设产生了深远的影响。西班牙兰迪海峡大桥(1977年建成)、加拿大安纳西斯桥(1986年建成)、中国南浦大桥(1991年建成)和杨浦大桥(1993年建成)、美国休斯敦市哈特曼桥(1995年建成)、美国波士顿市查尔斯桥(2005年建成)等数十座斜拉桥,均采用钢工字梁+混凝土桥面板的构造,只是在主梁布置、混凝土板的构造细节上做了一些改进。这些桥梁采用组合梁后,主梁的平均自重仅为850kg/m²,主梁的钢材用量多在125~300kg/m²之间(平均值为213kg/m²),显现出组合梁斜拉桥在跨径200~600m范围内的技术经济优势。

胡格利二桥的成功经验及其产生的影响,辩证地揭示了工程创新与技术创新的差异,用事实阐释了工程的实践性与集成性,即在很多情况下,没有最好的技术,只有最适宜的技术,这一点对于技术快速迭代的工程领域具有普遍的启迪意义。

案例 1-3-2

从独柱墩连续梁倾覆来看工程的稳健性
——基于工程事故的反思

2007—2022年的15年间,我国相继发生哈尔滨阳明滩大桥、粤赣高速公路河源匝道桥、无锡312国道跨线桥、湖北黄石大广-沪渝高速公路花湖互通立交D匝道桥等8起独柱墩连续梁桥倾覆垮塌事故。其中,既有处在匝道上的曲线梁桥,也有位于主线上的直线梁桥。在此期间,国内外还发生了3起简支梁桥倾覆的事故,引起了全社会的广泛关注。究其根源,大多是为了桥下通透美观,常采用独柱墩支承的混凝土连续箱梁桥或钢-混凝土连续组合梁桥,一般多设置单支座,或虽然设置双支座,但是支座间距偏小。由于连续梁桥的外部约束方式或支承方式不当,支座难以有效限制梁体的扭转变形,当纵向连续长度较大时,结构抗扭能力不足这一问题就显得比较突出,导致在偏心荷载作用下容易出现支座脱空的现象,甚至发生在超载车辆作用下梁体倾覆的极端事故。部分典型案例概况如表1-3-1所示。

梁体倾覆事故典型案例及其支承体系   表1-3-1

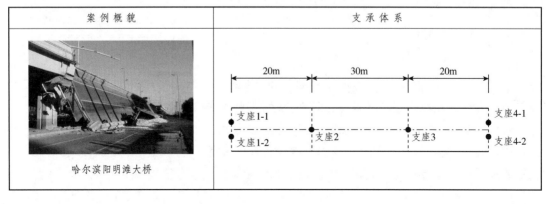

续上表

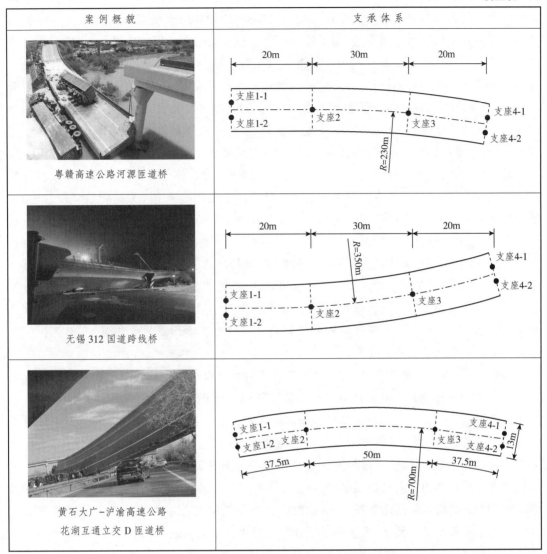

发生事故的连续梁在结构类型、事故原因和破坏特征上基本相同，大致可以概括为以下五点：①发生倾覆事故的桥梁基本采用箱形整体式截面，采用联端横向双支座抗扭+联中点铰支承的支承体系；②发生倾覆事故的原因为偏心荷载作用下结构的支承体系失效；③在已发生的箱梁桥倾覆事故中，重载车辆乃至重载车队的偏载作用尤为突出；④发生倾覆事故后主梁、桥墩的整体性能基本保持完好；⑤事故中结构破坏无明显预兆、猝然发生、危害极大，拆除重建耗费时日较长、直接损失较大、间接损失难以估量。

经过对事故认真细致的分析，事故原因是毋庸置疑的：严重超载的货车车队是主要诱因，相对集中的、远超运营荷载限值的偏心荷载引起的失稳效应明显大于上部结构的稳定效应，造成桥梁支座系统性失效，梁体和墩柱之间产生相对滑动和转动，从而导致梁体侧向滑移、倾覆。从工程系统论观点来看，对超载超限车辆管控不到位、设计存在缺陷也是事故发生的因素。就工程设计而言，结构强健性不足、存在安全隐患的因素是客观存在的，在《公路钢筋混凝土及预应力混凝土桥涵设计规范》（JTG 3362—2018）颁布之前，相关规范虽然未对梁桥抗倾覆稳定性设有专门条款，相关的专业设计程序也无这方面的验算内容，但规范设计原则是明确的，要求"公路桥涵的持久状态设计应按承载能力极限状态的要求，对构建进行承载力及稳定计算，必要时尚应进行结构的倾覆和滑移的验算……"；倾覆机理也是比较清晰的，即梁体结构在偏载作用下发生弯曲和扭转变形，导致支座反力重分配，远离倾覆轴的单向受压支座逐渐脱空，结构约束体系发生变化，梁体绕倾覆轴线转动，当转动角到达一定程度时，梁体开始侧向滑移，引发桥梁倾覆。因此，即便不考虑梁体变形、按照刚体进行抗倾覆检算，也可得出大致合理的结论。然而在工程实践中，由于规范没有给出具体详细的验算方法与计算公式，导致一些奉规范为圭臬的工程师们在设计过程中并未进行抗倾覆性验算。这些事故再次说明，标准规范仅仅是现有的技术理论和工程经验的总结，只是工程设计的最低要求，不可避免地具有局限性和不完备性，并不提倡工程师盲从。另一方面，从工程实践角度来看，既然车辆超载已经成为一个普遍性、长期性的社会问题，存在着深层次、多方面的原因，桥梁工程界除了呼吁交通管理部门从法律法规、经济处罚、计重收费、超载货车管控等方面予以纠正，以遏制非法、极端重载车辆无序通行之外，工程师们在工程设计建设中也应给予正面的、积极的回应，而不是将满足设计规范等同为各类问题的妥善解决，避免让规范去应对千变万化的现实交通情况。

可喜的是，在上述事故发生之后，我国工程界对独柱墩连续梁桥的隐患和适用性进行了系统的反思，《公路钢筋混凝土及预应力混凝土桥涵设计规范》（JTG 3362—2018）中补充了桥梁抗倾覆验算具体计算方法。工程界也对正在使用的独柱墩连续梁桥进行了大规模的现状检测和验算评估，并根据其抗倾覆性能的需要，采取了增设墩柱、拓宽帽梁、增加支座、设置抗拔销等综合整治措施，有效提升了桥梁的安全性与稳健度。但仍存在一些独柱墩桥梁加固改造滞后或加固不到位的现象，对超重超载车辆的管控也有不到位的现象，以致在2021年12月18日仍发生了湖北黄石大广-沪渝高速公路花湖互通立交D匝道整体倾覆的重大事故。倘若能就此举一反三，正确处理设计规范与现实状况的差异，积极面对既有桥梁存在的工程隐患，对于提升工程设计品质、增强工程的稳健性、端正设计者的工程伦理则益处无穷。

3.4 工程理念

理念就是一种理想的总体性观念，是主观对事物客观本质认识的高度升华。理念既体现美好的理想，又兼有实现这种理想的可能性。理念是一个高度抽象性的哲学概念，在现实生产生活中虽然看不见摸不着，却是人们对客观世界最深刻、最普遍的洞察和凝练，成为人们认识客观世界、改造客观世界最有力、最根本的思想武器。它会以多种形式、多种途径、时时刻刻渗透到现实生产生活的方方面面。

工程理念是人们在长期工程实践活动的基础上，经过工程实践主体深入理性思考、长期工程实践而形成的对工程本质、演化规律、发展方向等方面的思想信念和理想追求的集中概括、深度浓缩和高度升华。工程理念是工程哲学的基本概念,主要回答工程实践活动的几个基本问题,即"为了什么(造物的原因)""是什么(造物的目标)""怎么样(造物的方法)""好不好、适合不适合(造物的结果评价)"等,在工程实践活动中发挥着最根本性、贯穿始终、影响全局的指导作用。工程理念是统帅工程实践活动全过程的灵魂,体现了人们对工程实践的价值追求,反映了人们对工程实践活动的总体性、原则性、纲领性要求,既立足于现实,又适度超越现实,既是现实与理想的辩证统一,也是可能条件与奋斗追求的辩证统一。

从人类工程发展史来看,随着工程实践活动的发展演化,工程理念也一直在不断发展演变、曲折前进。与古代、近代、现代工程相对应,工程理念大致经历了"听天由命、敬畏自然""锐意进取、改造自然""天人和谐、尊重自然"三个阶段,具有突出的时代性。近现代以来,借助于规模空前的工程实践活动,人们对自然的掠夺和破坏已经超出自然的承受能力,工程实践活动的一些弊端和教训开始显现,人们开始认识到人与自然和谐、可持续发展的重要性。于是,工程理念也随之更新升华,目前虽然尚未形成工程界普适的、一致认可的表述形式,但以人为本、与自然和谐、与社会和谐、绿色节能环保、可持续发展这几个核心内容却得到了工程界的普遍认同,成为工程理念的内核,并结合时代要求、行业特征、工程项目特点,形成了各具特色、针对性强的具体表述方式。以建筑业为例,自2010年来,我国年水泥消耗量一直维持在18亿~25亿 t 的高位上,占全球水泥消耗量的50%以上。这一方面体现了我国强大的基建能力,反映了城市化进程的加速和基础设施建设的完善;另一方面,庞大的水泥消耗量、废弃的老旧混凝土材料产生了严重的环境污染和环境压力。为解决这一对矛盾,我国适时修订建设理念,将环境保护的要求纳入设计原则,并着力开发以混凝土再生利用技术为载体的循环经济新模式。

工程理念的生命力在于落实和行动,在于结合行业特点、时代要求进行因时制宜的落地落实,在于持之以恒、滴水穿石的坚守,在于转化为工程实践主体特别是工程师及技术工人的文化自觉,否则就会变成高度抽象、不知所指的运动口号。一般来说,工程理念落实大致可以分为三个层面。

一是工程实践主体特别是工程的决策者、管理者在工程理念指引下,结合行业要求或工程项目的具体情况,因时因地制宜、创造性地完善各类管控制度、技术规章、行动指南,将最先进的技术要求、管理要求等纳入工程项目建设、运营、维护、改造、废弃的全寿命过程中。

二是在工程理念的引导下,不同层面的工程实践主体(包括决策者、管理者、工程师、技术工人)结合自己的实践行为,将工程理念深入领会和细化落实,提炼升华成规范性操作文件,并把它当成本职工作的指南,不间断、自觉地贯穿于行动的全过程。

三是工程实践主体始终要将工程实践活动的基本问题"为了什么"置于至高无上的位置,时时刻刻能够回到工程建设的原点和初衷,将工程实践的总体目标细化为具体的行动行为,在行动自觉的基础上,不断塑造打磨、升华工程文化,铸造提升工程品质、追求卓越的精神追求。

只有这样,理想的、抽象的、宏大的工程理念才能"随风潜入夜,润物细无声"、渗透到工程实践活动的方方面面,才能时时处处地提升工程实践主体的行为活动,发挥工程实践主体的主观能动性;才能不断地与时俱进,将思想武器转化为具体的行动力量,成为顺应自然、适度改造自然的强大工具;才能让工程成为现实的生产力,不断增进人类福祉。

案例 1-3-3

近60年来我国公路桥梁设计原则的演变
——工程理念在桥梁工程实践活动中落实的缩影

设计原则是工程理念的具体化表现,反映了整个行业对工程规律的基本认识、对社会关切的总体回应,具有明显的时代性和普遍的指导性。以我国公路桥梁设计原则为例,自1956年第一部《公路工程设计准则(草案)》颁布起,设计原则60多年来历经多次修改(表1-3-2),大致可以划分为三个阶段。

60多年来我国公路桥梁设计原则的演变 表1-3-2

时间(年)	技术标准/设计通用规范	设计原则
1956	《公路工程设计准则(修订草案)》	适用、经济、安全及适当照顾美观
1981	《公路工程技术标准》(JTJ 01—81)	适用、经济、安全和适当照顾美观
1985	《公路桥涵设计通用规范》(JTJ 021—85)	适用、经济、安全、美观
1989	《公路桥涵设计通用规范》(JTJ 021—89)	适用、经济、安全、美观
1997	《公路工程技术标准》(JTJ 001—97)	安全、经济、适用、美观
2003	《公路工程技术标准》(JTG B01—2003)	安全、经济、适用、美观和有利环保
2004	《公路桥涵设计通用规范》(JTG D60—2004)	技术先进、安全可靠、适用耐久、经济合理
2014	《公路工程技术标准》(JTG B01—2014)	安全、耐久、适用、环保、经济和美观
2015	《公路桥涵设计通用规范》(JTG D60—2015)	安全、耐久、适用、环保、经济和美观
2018	《公路钢筋混凝土及预应力混凝土桥涵设计规范》(JTG 3362—2018)	安全、耐久、适用、环保、经济和美观

第一阶段,1950—1990年,这一时期的设计原则一直是"适用、经济、安全、美观",反映了在国家经济实力不强的情况下,交通运输业、物流业的需求不高,社会所能为桥梁建设付出的人力、物力都非常有限,所以设计原则比较强调"适用"和"经济"。

第二阶段,1990—2010年,从《公路工程技术标准》(JTJ 001—97)开始,设计原则调整为"安全、适用、经济、美观"。在这个时段内,随着交通运输业的快速发展,以及既有桥梁性能的退化,我国有百余座桥梁发生垮塌,桥梁安全问题凸显,将"安全"的位置前移,反映出设计原则对桥梁现实状况、存在隐患的积极响应。

第三个阶段,2010年以后,《公路工程技术标准》(JTG B01—2014)、《公路桥涵设计通用规范》(JTG D60—2015),均以"安全、耐久、适用、环保、经济、美观"作为设计原则,并视"安全、耐久"为基本要求,"适用"为功能要求,"环保、经济、美观"为其他要求。这样的调整,既反映了我国桥梁运营安全问题仍然比较突出,也针对当前严峻的耐久性问题和严格的环保要求有的放矢,体现出了近年来我国桥梁工程设计理念的变化。

回顾60多年来公路桥梁设计原则的演变,集中反映了工程具有突出的社会性和实践性,折射出我国桥梁界对工程理念的时代理解与辩证诠释,也及时、有针对性地回应了前一阶段桥梁建设所存在的不足。

> **案例 1-3-4**

跨海长桥建设理念的沿革
——从桥梁建造到桥梁制造的变革

早在19世纪上半叶,为满足经济社会发展的需求,英国率先开启了跨海铁路桥梁的建设,如1826年建成的、跨径176.6m的梅奈海峡悬索桥(Menai Straits Suspension Bridge),又如1848年建成的不列颠尼亚桥(Britainia Bridge)等。这些跨海桥梁通常长度不大、水深也较小,因此在技术上与跨越江河的桥梁并无多大差别。20世纪70年代以来,随着经济社会发展,以及桥梁建设能力的跃升,桥梁工程从跨越江河山谷进入跨越海湾长桥的建设阶段。这些桥梁的特点是:桥梁长度大、长度往往在数公里至数十公里之间,水深大(水深常常达数十米)、施工条件差(往往会遇到风大、浪高、洋流复杂等极端条件)。为适应经济技术、环境保护、运输吊装、深水基础、建设效率等方面对跨海长桥建设的要求,跨海桥梁的建设理念也发生了明显的变迁,并逐步辐射影响到城市高架长桥的设计与建设。跨海桥梁建设理念变迁大致可以分为标准化、大型化、工业化三个阶段,最终实现了从桥梁建造到桥梁制造的飞跃。

第一阶段,标准化。即采用标准跨径进行节段预制,利用悬臂拼装法或架桥机逐跨拼装,再将多跨结构连续成一联的技术线路,节段长度普遍在3~6m之间,梁体多为等跨、等高度梁,节段质量多在50~100t之间,接缝一般采用干接缝,以提高预制模板利用效率,适应较为有限的运输、吊装能力。代表性工程是法国著名工程师让·穆勒(Jean Muller)设计的两座跨海长桥:一座是1974年建成的巴西里约—尼泰罗伊大桥(Rio-Niterói Bridge),该桥连接里约热内卢与尼泰罗伊,全长13600m,其中8776m位于海上,主桥采用200m+300m+200m的钢箱连续梁,引桥采用跨径80m的预应力混凝土连续梁;另一座是1982年建成的美国七英里桥(Seven Miles Bridge),该桥孔跨布置为24.88m+264×41.15m+43.2m=10931.68m,在上述桥梁的设计施工中,让·穆勒采用了中等跨径(40~80m)的等高度混凝土连续梁桥结构形式,采用节段预制、架桥机逐跨拼装施工、体外预应力等技术措施,极大地提高了建设效率,改善了桥梁建设的经济指标,满足了总长数公里跨海长桥建设的技术、经济与工期的要求。

第二阶段,标准化、大型化。即采用大跨径标准跨径、大节段构件预制、大型构件整体运输安装的技术策略,以最大程度地将海上施工转化为陆地施工,节段长度从数十米至200m不等,预制构件从上部结构发展到下部结构,节段质量一般在千吨以上,以减少接缝数量、提高施工效率、适应工期及施工环境的要求。代表性工程是1997年竣工的加拿大联邦大桥(Confederation Bridge),该桥孔跨布置为14×93m+165m+43×250m+165m+6×93m=12940m,受当地恶劣的气候条件制约,设计者让·穆勒采用了包括桥梁基座、桥墩、梁体在内全部混凝土构件的大型块件预制、整体运输安装施工的设计方案,混凝土构件预制场选址在距桥位不远的岛上,最大预制构件长度192.5m,质量7800t,采用聚四氟乙烯及液压装置敷设专门滑道,采用起吊能力8700t的天鹅号运输吊装,不到两年即全桥合龙,引起了国际工程界的高度关注,对全世界后续跨海长桥的建设具有普遍的启示意义。

第三阶段,标准化、大型化、工业化、数字化。在标准化、大型化的基础上,借鉴工业化产品制造方式,使桥梁上下部结构的构件从预制场加工转变为工厂化制造,通过数字化使工厂化制造的单元进一步细分,以便于结构构件的组拼,从而提高构件的加工质量、制造精度和劳动效率;在此基础上,采用陆地工场组拼,形成整孔结构,极大地缩减了海上施工的工程量,实现了从桥梁建造到桥梁制造的跃升。丹麦—瑞典厄勒海峡大桥、丹麦的大带海峡大桥,我国的东海大桥、杭州湾大桥、胶州湾大桥、港珠澳大桥、平潭海峡大桥,韩国釜山—巨济大桥,科威特海湾大桥,文莱Temburong大桥,俄罗斯刻赤海峡大桥等均不同程度具有上述"四化"的特征。其中,以2018年建成通车的港珠澳大桥最具代表性。港珠澳大桥在设计之初就遵循"施工引导设计"的基本原则,对标准化、大型化、工业化、数字化的建设理念进行了因地制宜的升级,除有通航要求的江海直达桥、九洲航道桥、青州航道桥之外,其他非通航桥梁均采用85m、110m的钢—混凝土连续组合梁桥,钢材用量高达42.5万t。全部钢结构采用单元数字化细分、自动化焊接、工厂化制造、工厂拼装、整孔运输吊装架设的技术线路,以最大限度地减小海上作业的工作量,提升钢箱梁的制造品质。为此,建设了专用的自动化生产线,极大地提高了钢结构加工质量和生产效率,也充分发挥了我国天一号、小天鹅号等大型设备的运输吊装能力。

上述几座典型跨海大桥概貌见插页彩图2。纵观近50年来跨海长桥建设理念的变革,它不仅是工程技术进步的产物,更是工程实践主体特别是工程设计者在对跨海长桥工程本质深刻洞察的基础上,凝练出科学先进的工程理念,并将其贯穿到设计、施工、维护的全过程中,使之成为改造客观世界最有力、最强大的思想武器。

3.5 工程观

在工程理念转化为工程实践行动的过程中,工程观是一个承上启下的重要载体,也是在中宏观层面上认识工程、思考工程、改进工程,进而进行技术创新、工程创新的指针,更是一个在横向上面向工程实践的各类人员、在纵向联结工程理念与工程设计实施运营过程的转换平台,具有跨时空、跨技术的穿透能力。一般来说,工程观主要包括工程系统观、工程社会观、工程伦理观、工程生态观及工程文化观等,这几者之间虽然在外部视角上有一定差异,但存在着内在的有机联系,构成了一个互相依托、有机统一、对工程实践活动认识的整体。

(1) 工程系统观

工程系统观源于工程的系统性本质。工程就是系统、恰当地处理其所包含的技术和非技术因素相互作用、相互矛盾的复杂关系,实现预定功能的过程及结果。在这个过程中,面对物质(物料、设施、工具等)、技法(技术、方法、技能等)、人员(投资、决策、管理、经营、实施、操作等各类人员)、管控(目标链、价值流、物质流、能量流、信息流等)四个相互冲突的方面,要求工程实践活动主体发挥主观能动性,克服机械还原论思维的束缚,依据现代系统论、控制论、信息论的思想和方法,高屋建瓴地构建综合集成的系统思维,将定性分析与定量分析结合起来,把理论与经验、安全性与经济性、规范性与创新性等主要因素统筹起来,始终将工程视为一个矛盾对立、有机统一的整体,抓住复杂系统的主要矛盾或矛盾的主要方面,有序协调各方面的冲突,必要时适度向利益诉求各方妥协,实现工程目标、工程效益的最大化。

在工程实践活动中,基于工程系统观需要竭力避免的认知误区主要有三类。一是以试图局部最优替代全局优化。实际上,工程功能取决于各个局部功能的匹配,单纯强调局部最优往往价值意义不大;同时,由于评价尺度的多元化和工程建设条件不确定性,很多时候全局最优解常常处于可遇不可求的情况,在此情况下片面追求局部最优就失去了意义。二是盲目迷信技术的先进性。认为技术越先进越好,对技术的实用性、适用性、可调适性考虑得不够充分,导致工程建设运行中出现各种各样的技术性问题,甚至产生与工程项目当时当地实际情况不兼容、不协调等"水土不服"的现象。三是对人员的重要性认识不足。现代工程的技术体系越来越复杂,过程管控手段越来越先进,工程人员的重要性似乎一直在降低,导致在工程实践活动中容易出现"见物不见人"的情形,忽视了人的主观能动性、创造性和判断能力的重要性。面对这些情况,要求我们在工程系统观的指引下,既谋全局,也谋一域,实现工程全局功能的优化。

(2)工程社会观

工程社会观源于工程的社会性本质。工程不仅是社会存在和发展的物质基础,也是社会变革的主要推动力量,自然而然就需要社会各界理解工程、参与工程、评价工程。工程社会观就是要求工程实践活动主体特别是工程决策者和管理者跳出工程来看工程,从自然、政治、经济、生活等广义的"社会"维度来理解处理与工程相关的社会问题,促进工程实践活动与社会发展的和谐,从工程目标、工程实践活动过程、工程能效评价等方面更好地认识工程和审视工程,妥善协调处理工程相关方的不同诉求乃至利益冲突,科学建构工程社会效益多元评价的机制,以寻求工程的最大社会公约数,最大程度地提高工程的能效水平,最大限度地降低工程的负面效应,并从工程实践活动内部协调好投资者、管理者、工程师、技术工人四类工程人才的技术组织活动,提升工程实践活动的效率,实现工程推动产业进步、经济发展、社会和谐的内在属性与价值追求。

另一方面,作为社会变革的推动力量之一,工程要在现实条件的可行性与引领社会变革的可能性之间取得平衡,通过工程项目实施的示范、带动作用,引导社会从器物层面、文化层面乃至精神层面实现渐进性的变革。显然,这要求工程在项目目标、技术标准、管理运行等方面适度超前,而不是过度迁就现实情况,社会公众有些时候会有一些不理解,甚至会产生一些诘问。对此,工程界特别是工程的决策者要秉承对社会、对未来负责的精神,恪守不为社会舆论所动的独立人格,积极而通俗地面向公众解释沟通,将工程的缺憾降至最低,将工程的价值理性落到实处;同时,处在工程实践一线的工程师也要实事求是,敢于坚持标准,恪守职业道德,筑牢质量底线,将工程实施与运营过程中可能存在的瑕疵、隐患、局限等降到最少。

(3) 工程伦理观

工程伦理观源于工程的价值内涵和工程的稳健性要求。工程是一个汇集了科学、技术、经济、政治、社会、文化、环境等要素的复杂系统,在给人类带来巨大福祉的同时,也使人类面临诸多的风险和挑战。在工程实践活动过程中,工程伦理在其中起着重要的定向和调节作用。工程伦理是一种在价值原则指导下实践的伦理,是工程实践主体将公众福祉置于至高无上的地位、坚守工程的价值内涵、恪守职业道德的基本素养,是工程实践主体特别是决策者和工程师面对工程实践活动效果不确定性时、面对不同利益方的诉求时,以一种更为积极主动、建设性的态度,增强对工程的稳健性、风险性的科学认识和行动自觉,增强对工程实践活动中的未确知性的敬畏,从而在独立思考的基础上,前瞻性地预测、判断工程活动的负面效应。

工程负面效应控制是困难的,不仅需要学识能力,还需要智慧勇气,更依赖于公平、科学、审慎的决策机制。正如戴维·科林格里奇(David Collingridge)所指出的:试图控制技术负面效应是困难的,而且几乎是不可能的;因为在技术发展的早期可以控制时,我们没有足够的关于其可能的有害后果的信息,因而不知道该控制什么;当技术的负面后果变得明显时,该技术已经广泛扩散、占领了生产和市场,此时对其控制往往需要很高的代价而且进展缓慢。戴维·科林格里奇这里所说的技术,不是指实验室技术,而是指工程化或产品化的技术,其内核为技术发明或技术创新,外部载体是大规模工程应用或商品化生产,很多时候会出现难以预测的负面效果,在扩散之后无法替代或置换。以基因工程的一些应用如转基因食品为例,人们一开始无法全面了解掌握它的负面效果,只能秉承谨慎、科学的态度,在不断试验试错过程中积累正反两方面的经验,在此基础上逐步扩大其应用范围,只有这样才可能趋利避害,使基因工程造福人类。

(4) 工程生态观

工程实践活动作为人与自然相互作用的载体,对自然、环境、生态都产生了直接的影响。自18世纪工业革命以来,在"锐意进取、改造自然"工程理念的指引下,人们在很长一个时期都将工程视为是对自然界改造的结晶,是人类征服自然的产物。这种片面的理解一直持续到了20世纪下半叶。随着人类工程能力的显著增强,工程引发的生态教训屡屡出现,生态环境问题日益突出,严重影响了人类的生存质量和可持续发展。一些工程器物的创造生产有悖于自然逻辑,破坏了正常的生态循环过程,形成了典型的"自然资源–工程/产品–废弃物"的单向流动方式,工程实践的内在逻辑与自然界循环属性产生明显的矛盾,同时工程实践活动又缺乏自我调控与反馈机制,导致工程实践活动的产物或结果变成了与环境和生态平衡的对立物。

工程生态观是在人类工程活动能力增强、技术手段丰富、自然环境变得脆弱的大背景下,进行理性反思的产物,其核心是"天人和谐、尊重自然"工程理念的确立和具体化应用。这其中既包含对合理使用技术、从事工程实践活动的期望,也反映了对技术手段滥用的担忧,更寄托了对工程、技术、生态一体化设计的理想追求。具体来说,工程生态观主要包括以下三点。

一是强调工程与生态环境相协调,秉承"尊重自然、适度改造自然"的基本原则,将工程视为自然的一个子系统,强化对人类工程实践活动后果进行多重分析,尤其加强对工程建造运营的负面后果进行系统的评估分析,将其作为工程建设的约束因素和前置条件。

二是将工程建设与环境重建优化一体化考虑,有目的地将工程实践活动融入自然生态循环之中,赋予工程建设新的使命担当,要求工程项目在环境生态保护和建设的大前提下,顺势而为、因势利导,不仅要避免工程的负面效应,而且要通过工程建造优化完善生态环境。

三是转变技术范式,提倡工程生态技术的循环思想,在工程实现路径、技术工艺选择、材料再生利用、运行管控模式等方面,将生态环境要求置于技术的顶层进行筛选,从工程要素上体现出生态性,从技术环节上注入生态环境保护的价值要求。

(5) 工程文化观

工程实践活动与文化建构具有密不可分的内在关联性。一方面,任何工程实践活动都是在一定的文化背景下进行的;另一方面,工程实践活动直接影响到社会文化面貌的变迁。工程文化内涵非常丰富,涵盖了精神文化理念、制度法规章程、技术技能知识、习俗习惯礼仪等多个层面,其内核是工程的价值观,具有时代性、开放性、行业性等特点,经过长期演变、千锤百炼、精心培育才得以成形、发展和丰富。例如,德国人以思辨、严谨、细致著称,其制造的产品以高品质、高可靠性、高性价比而闻名于世,但仅仅在一百多年以前,德国制造却意味着质量低下、可靠性差,在欧美市场备受歧视。这从一个侧面说明了工程实践活动已经直接改变了德国社会文化面貌。

工程文化是工程活动的人性化,是工程中以人为本的具体体现。各个行业乃至每项工程都有自己特定的环境条件和历史传统,从而形成自己独特的哲学观念、意识形态、价值取向和行为方式,由此每个行业都有自己独特的工程文化。工程文化是在特定的文化背景下,在工程管理实践中形成的一种分支文化,是一种与工程管理实践紧密结合的应用型文化。文化是基础,工程是平台。工程文化的作用是巨大的,它可以渗透到工程管理的各个方面。因而,在工程管理中,进行工程文化建设是凝聚工程团队、提高工程管理水平、促进工程成功建造运营的重要保证。

工程文化处在工程和文化的交叉点上,表现出明显的时代性和时效性。工程文化是工程建造运营的软实力,对工程目标、工程实施过程、工程实践效果具有决定性的影响,是工程实践活动的精神内涵和"黏合剂"。工程成果本身所体现的文化与艺术,就应当体现人群在享用这一建造成果时的喜爱。正如结构工程斯图加特学派灵魂人物、享誉国际的著名桥梁工程师约格·施莱希(Jörg Schlaich)所言:"……结构首先需要满足使用的功能性,但只有具备文化因素的考量,这些基础设施才能升华成为人类文明的一部分。留下深入人心的建筑文化是人类对大自然造成破坏后能做出的唯一的、有限的补偿。结构工程师们不要把眼光拘泥于技术层面上的考量,更要抓住机会在创新和文化方面作出贡献。"工程文化对工程实践活动的影响贯穿始终、无处不在,能够无形而强有力地渗透到工程实践活动的每个方面、每个环节、每个过程,能够有效弥合制度法规章程甚至技术工人作业指导书的细微间隙,形成细密、绵长、超强的穿透能力,体现在工程实践主体特别是工程师的行动自觉,体现在工程师、工人追求卓越的精神之中。

案例 1-3-5

中国桥文化的形成与发展演化
——工程创新的内驱力剖析

自古以来,中国人就有"修路架桥、造福桑梓"的家国情怀。在这一文化理念的指引下,中国在石拱桥、石梁桥方面领先西方一千多年,涌现了以广济桥、赵州桥、卢沟桥为代表的一批著名古桥,历代文人墨客也留下来许多赞美桥梁的不朽诗篇。近代以来,中国在科学、技术、工程等方面全面落后,桥梁建设一度成为国家振兴、民族复兴、科技进步的标志和象征之一,钱塘江大桥、武汉长江大桥、南京长江大桥在不同历史时期均起到了这样的作用,鼓舞了全国人民。

改革开放后,中国桥梁建设历经了"学习与追赶""跟踪与提高""创新与跨越"三个阶段,目前正在从桥梁建设大国迈入桥梁建设强国的行列(桥梁建设强国一般是指美国、德国、法国、英国、日本、瑞士、丹麦等7个国家)。在这个过程中,我国桥梁界秉承"艰苦奋斗、勇于创新,不畏风险、默默奉献"的交通精神,一代又一代桥梁建设者坚持走自主建设与学习引进并重的道路,建设了一批有世界影响的大桥[截至2021年,在国际桥梁与结构工程协会(IABSE)已授予的32项桥梁杰出结构奖中,中国占7项,见附录B],建成了世界规模最大的桥梁群体(截至2020年底,我国已经建成公路桥梁91万多座、6600多万延米,铁路桥梁20多万座、2200多万延米,在数量上均居世界首位,并仍以每年3万~4万座的速度在继续增长)。从桥梁跨越能力而言,在全世界已经建成的各种桥型跨径排前10名的桥梁中,我国的梁桥有5座、拱桥有7座、斜拉桥有7座、悬索桥有6座,并创造出多跨悬索桥等新的结构形式,成为推动国际桥梁技术进步和工程创新的主要动力源泉之一。近年来,中国桥梁工程飞速发展,取得了举世瞩目的成就,与时俱进的为"艰苦奋斗、勇于创新"的交通精神不断注入新的文化内涵,形成了以"功德观、民族魂、使命感"为精髓的中国桥梁文化,建造了一大批造型优美、功能完备、特色鲜明的桥梁,不少桥梁成为所在城市的地标建筑,获得社会各界赞誉。

在短短的40年间,中国桥梁在技术上从跟跑、并跑到一些方面领跑,除了国家经济社会发展提供了巨大而持续的需求、建设者齐心协力的奉献之外,桥梁界积淀形成的"功德观、民族魂、使命感"的中国桥梁文化起到了不可替代的作用。正是在这种文化的熏陶下,自主建设与引进消化再创新才成为技术进步的主旋律。与此相对照,我国的公共建筑领域几乎成为西方各种建筑流派的试验田,建造了一些与我国的历史文化、审美习惯、价值导向、周边环境并不协调的公共建筑,引起了社会各界的热议,值得业界深思。随着国家"一带一路"倡议的实施,桥梁作为国家名片之一,顺理成章地成为推进"一带一路"倡议的先锋官,承建了诸如孟加拉国帕德玛大桥、马尔代夫中马友谊大桥、克罗地亚佩列沙茨大桥(Pelješac Bridge)、挪威哈罗格兰德(Hålogaland Bridge)大桥等具有世界影响的桥梁。

第4章 工程创新与技术创新

如前所述,技术是运用科学知识,在生产实践活动中所创造的劳动手段、工艺方法和技能体系的总称,重在效率与效能,重点解决"怎么做、怎么做得更好"的问题,技术不仅是工程实践活动的知识基础,也是行业、区域乃至国家的核心竞争力。工程是人们按照特定目的,有组织的利用各种资源与相关要素构建人工存在物的实践过程及其结果的总和,重在多要素的集成和价值的创造,重点解决"为了什么、如何集成、如何建构、如何选择"的问题,工程是现实的、直接的生产力,是创新活动的主战场和主航道。另一方面,在技术创新、工程创新活动中,必然涉及各种技术要素和非技术要素,必然会面对自然、经济、社会、历史等各种外部因素的影响和制约,一线工程师必然会面临经验传承与突破创新之间的矛盾。工程实践活动就是在这些相互制约、耦合作用的大系统中,结合当时当地具体情况寻求优化解的过程,这既是工程实践活动的难点所在,也是工程创新、技术创新的魅力所在。从现代工程和技术发展历史经验来看,如何处理好传承与创新的关系无疑是最重要的,这不仅因为技术创新是工程创新的主要支撑力量,工程创新是创新活动的主战场,而且也因为创新是工程实践活动的使命。

那么,什么是创新?什么是技术创新?什么是工程创新?工程创新与技术创新的联系与区别是什么?人们为什么要创新?创新在人类生产生活中是必需的吗?什么样的机制和环境有利于创新?……以下就对这些问题做一简要阐述。

4.1 创新概念辨析

1912年,奥匈帝国(今属斯洛伐克)经济学家约瑟夫·A.熊彼特(Joseph Alois Schumpeter)在其《经济发展理论》一书中,首次提出了"创新理论(Innovation Theory)",他对创新的定义是:"把一种从来没有过的、关于生产要素新组合引入生产体系,建立一种新的生产函数"。因此,创新从一开始就不是一个技术概念,而是一个经济概念,如生产出一种新的产品、采用一种新的生产方法、开辟一个新的市场、实行一种新的企业组织形式等,如果生产要素的某种改变不能带来经济效益,则不能称之为创新。此后几十年间,有关创新的研究讨论一直局限在经济学范畴及产业界。直到20世纪60年代,随着美国、英国等发达国家对技术创新的重视,在高等教育中植入了创新教育的内容,人们给创新的概念注入了新的时代内涵,给出了多种多样的阐释和表述,但迄今为止,并未形成严谨、准确、普遍认可的概念。

2007年,邓文中结合长期工程实践的经验与感悟,对创新进行了重新定义,即"创新就是有价值的改进",具体包括三个层面,用五个英文单词来概括,即创新的判据是有无价值的提升(Increase in value),创新的主要表现形式是发明(Invention)、改进(Improvement)、融合(Incorporation),创新的目的是得到经济上的回报和奖励(Incentive)。用"5I"来廓清创新概念虽然略显复杂,但从根本上回答了何为创新、为何创新这一基本问题,既具有普遍性和严谨性,也便于判断和识别。与熊彼特的创新概念一样,这个创新的定义是普适的,没有进一步区分不同类别如技术创新、工程创新、制度创新等的各种创新形式差异。同时,在这个定义中,价值的含义是泛指的,具有开放性,包括了经济价值、社会价值、技术价值、艺术价值等多个方面,但强调创新经济属性的主导地位依然没有改变。

在创新的三种表现形式中,发明是最具代表性、最具影响力的创新方式。发明也被称为技术发明,一般是指设计或制造出前所未有的工程器物、方法工具、工艺流程等,是首创的、有价值的、可以实际使用的器物或方法。在这其中,有为数不多的"种子型"技术发明,或"从0到1"的技术发明在工程化应用或产业化之后,能使产业/行业产生颠覆性或革命性的变化,人们常常称之为突破性创新或颠覆性创新,但这类创新数量极少。相对而言,改进和融合是最常见、最容易见效的创新方式,是技术创新、工程创新的主要实现路径。所谓改进,就是在原有的技术体系内,通过对既有方法、材料、工艺、工序、构造等方面进行改进、集成或再开发,以达到提升产品质量、改进工程能效水平或提高劳动生产率的目的。所谓融合,就是围绕特定的目标,将不同学科或工程领域相对成熟的技术、材料、方法、装备等重新组织、改造、提升、二次开发,以实现预定的功能目标。改进和融合虽然不如颠覆性创新那样令人振奋,但在大规模应用之后,仍然可以使产业/行业产生巨大的效益。对于这类创新,人们常常称之为渐进性创新。有人对1900年以来各个工程领域的480项重大创新成果进行了分析,发现在20世纪50年代以后,以融合(组合)为特征的创新成果占据了其中的60%以上,且比例有进一步增大的趋势,这既说明融合是创新的主要途径之一,也反映学科交叉融合是技术进步、工程演化的主要动力源泉。

虽然"种子型"技术发明有可能对产业行业产生颠覆性的影响,但其诞生与成长过程往往满布荆棘和不确定性,需要接受重重检验和洗礼。从技术开发转移规律来看,一项新的技术发明要实现产业化,一般要经过技术开发、产品化、商品化三个阶段,客观上有一个漫长的转移过程,也需要高昂的开发成本。根据美国商务部的调查,从技术发明到开发成为市场产品的过程中,发明阶段的费用仅占总成本的5%~10%,而开发阶段的费用,则往往是发明阶段费用的10倍以上,也就是说,"从0到1"所需的费用还不及"从1到N"的十分之一。在这个过程中,即便技术发明是成熟的,仍然存在着诸多制约因素,或因其经济效益未被市场认识而处于潜伏期,或因相关配套技术不成熟而处于空窗期,或因开发费用高昂而无人问津,或因管理机制僵化而被束之高阁,等等,常常要经历一个曲折反复的过程,"种子型"技术发明才有可能被工程选择、应用和集成,进而通过工程实施、接受市场的检验和筛选来影响产业行业,这就是为什么技术发明成果转化成功率比较低的原因之一。以液晶材料为例,早在1888年,奥地利科学家Friedrich Reinitzer就发现了液晶,此后20年间,人们研究开发的液晶材料多达100多种。20世纪60年代,液晶材料尚未找到恰当的用途,仍处于实验室研究试制状态,直到以计算机、家用电器为代表的电子终端产业兴起,液晶材料历时近80年才找到了用武之地,才开辟了一个大的产业,这说明从科学发现、技术发明到工程应用需要经历一个漫长而曲折的过程。

从技术开发转移的经济属性来看,技术发明活动不是孤立的,它与社会需求、经济活动、技术体系、工程实践活动等方面都密切相关。根据苏联经济学家尼古拉·D.康德拉季耶夫(Nikolai D.Kondratieff)所提出的技术长波理论(Long-Wave Theory),经济活动存在着50~60年的周期,其中前15年为衰退期,之后20年为大量投资期,技术创新大量涌现,经济繁荣、工程实践活动极度活跃,再后的10~15年为过渡期,直至下一个衰退周期的来临。从历史统计结果来看,重大技术发明集中发生在1770年、1825年、1885年、1935年、1990年这些年份前后,也说明了技术创新呈现出周期性。

受经济活动周期性规律的制约和影响,技术体系进步也呈现出周期性,并与技术发明的数量、创新程度也存在一定的对应关系,在每一项技术体系性能特征提升的过程中,存在着自我进化完善的规律性,如图1-4-1所示。在早期,新的技术体系尚未形成之前,"种子型"技术发明的水平高、数量少,但只有负效益,突破性创新常常难以被市场或工程实践活动所接纳;当"种子型"技术发明实现了"从1到N"的转变、过渡到大规模应用时(图1-4-1中a点)和接近技术体系寿命时(图1-4-1中c点),发明的数量有两个峰值,前者说明技术体系在大规模应用时,必然需要足够数量的、配套的发明为其扫除技术障碍;后者反映了人们企图用发明努力延长技术体系寿命,存在路径依赖的现象。同时,随着技术体系的成熟,发明的水平、创新的程度是逐渐降低的,逐步演化为各种形式的技术革新和改进,直到原有的技术体系接近其技术寿命、有可能被新一代技术体系所替代时,才会涌现出新的、高水平的"种子型"发明,成为技术体系迭代升级的先锋。另一方面,发明的有效性即由发明产生的经济效益,在技术体系进入大规模应用后则呈现出上升的态势,虽然在超过b点之后,发明的水平、创新的程度不断降低,但由于生产或工程规模的扩大,即便是小的改进也能取得大的效益,这从另一个视角说明了渐进性创新的价值所在。

熊彼特之后,创新分为两大流派,即技术创新(Technique Innovation)和制度创新(Institutional Innovation),其中以技术创新占主导地位。关于技术创新,下文将会进行详细讨论,限于本篇的范畴内容,在这里简要谈一谈制度创新。所谓制度创新,是指在人们现有的生产和生活环境条件下,通

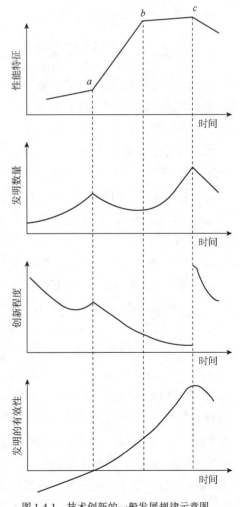

图1-4-1 技术创新的一般发展规律示意图

过创设更能有效激励人们行为的制度、规范体系,来实现社会的持续发展和不断变革。制度创新的核心内容是社会、政治、经济和管理等制度的革新,是支配人们行为和相互关系的规则的变更,也是组织与其外部环境相互关系的变更,从而不断激发人们的创造性和积极性,创造出新的知识、技术和方法,营造出鼓励创新的文化和社会环境,促进社会资源的合理配置,扩大社会财富体量,最终推动社会进步。从人类发展史来看,制度创新无疑是最核心、最关键、最基础的创新行为,对社会经济发展的方方面面起到了无可估量、不可替代的推动作用,促进了技术创新的迭代、工程创新的扩散,并由此推动产业经济乃至社会的健康持续发展。以 1980 年美国国会通过的拜杜法案(由参议员 Birch Bayh 和 Robert Dole 提出,英文简称 Bayh-Dole Act)为例,该法案通过合理的制度安排,解决了政府拥有权利,但没有动力和能力进行商业化,私人公司有动力和能力实施商业化,但没有权利的困境,加快了科学研究、技术创新成果产业化的步伐,为政府、科研机构、产业界三方共同致力于促进政府资助研发成果的商业化厘清了边界,提供了有效的制度激励,使得美国的科学研究优势、技术创新优势和高端产业优势得以有机融合,也推动了工程创新、产业升级与经济繁荣,从而使美国从"制造经济"走向"知识经济"。

4.2 技术创新与工程创新

第二次世界大战以后,随着第二次、第三次工业革命的成果不断向纵深发展、向生产生活领域渗透,现代工程已经成为国家经济社会发展的主要推动力,工程实践的规模扩张直接加速了技术创新的步伐,技术创新受到了全社会的空前重视。进入 20 世纪 90 年代,随着现代技术的飞速发展,以及现代工程正反两方面经验教训的积累,人们逐步认识到技术和工程是两类既有密切联系,又有明显差异的实践活动,技术创新是工程创新的主要支撑力量,但工程创新远比技术创新复杂和困难。在这个过程中,工程哲学也逐渐从技术哲学中分离出来,成为认识思考技术创新与工程创新的思想武器。但另一方面,正如人们经常将工程、技术、科学混淆一样,对于技术创新、工程创新的异同,也存在诸多似是而非的认识。基于上述原因,以下对技术创新与工程创新联系与区别做一探讨。

所谓技术创新,就是以现有的知识和物质,在特定的环境中,通过更新创造知识形态的新方法、新工艺、新流程、新服务,改进研制实物形态的新设备、新装置、新工具、新产品、新系统等,并在效率效能方面取得有益效果的行为。从现代工程的发展演化过程来看,技术尤其是知识形态的技术成为科学发现转化为工程创新活动的主渠道,技术与工程往往联结为一体,相互依托、难以分离。技术创新多以先进性为取向,工具理性比较突出,主要解决"怎么做、怎么做得更好"的问题,价值理性考虑得相对较少,也就是说"有无价值的提升"在技术创新中并不是一个核心指标,例如人类在兵器武器发展演化过程的各种技术创新,很难说有效增进了人类的福祉,存在比较明显的价值冲突。另一方面,大多数工程创新必须以技术创新为主要支撑,但必须首先解决"为了什么、如何集成、如何建构、如何选择"的问题,将"有无价值的提升"置于首位。在工程实践活动中,严格区分技术创新与工程创新是有一定困难的,以致人们在很多时候都用"工程技术创新"这样一个不太严谨的概念来进行整体描述。

近年来,克利斯·弗里曼(Chris Freeman)、罗克·苏特(Luc Soete)、陈昌曙等人将技术创新定义为新产品、新过程、新系统、新服务的首次商业性转化,技术创新的标志是新技术产品首次商业化应用成功,而不是停留在技术上的发明或革新。这个定义的优点在于将一些不具备技术可行性的创意、构思排除在技术创新之外,揭示了技术创新的实质,避免了鱼目混珠。按照这个定义,大多数停留在实验室阶段的技术发明或技术革新仅仅在方法论层面上具有意义,要实现商业化工程化应用、完成从技术发明到技术创新之间的跃升,仍然需要跨越重重阻碍。

所谓工程创新,就是在特定的自然、经济、社会条件下,有组织地利用各种资源,合理地集成先进技术方法,统筹各类非技术要素,以适当的资源和恰当的路径实现预定的功能目标,创造性地构建出人工存在物,并在技术层面或非技术层面的某些方面有所突破的实践过程及其结果的总和。工程创新具有突出的集成性、系统性、复杂性、层次性和组织性,也具有明显的当时当地性,体现了工程的本体地位,反映了多要素的集成和价值的创造,揭示了工程实践检验、社会市场筛选的作用过程,因此,工程创新远比技术创新复杂和困难,工程创新数量也远远少于技术创新。从技术角度看工程,工程创新是技术选择、优化、整合的集成体;从工程角度来看技术,技术创新是工程创新的关键要素、瓶颈要素,但却只是工程诸多要素之一;从工程创新的实践结果来看,技术创新的成功并不意味着必然会取得工程创新的成功,工程创新需要的支撑因素更多,也更为复杂,而技术创新依赖或制约的因素相对较少;从创新的目标取向来看,技术创新秉承先进性取向,工具理性突出,很多时候并无明显的价值取向,甚至存在价值取向的偏差,而工程创新首要问题就是回答"为了什么",蕴含着明确的价值理性,也受到工程社会观、工程伦理观和工程生态观的影响和约束;从工程历史来看,即便通过工程筛选的技术创新,大多数都没有能够经受住历史的检验,消失在工程演化的历史长河中,只有为数不多的技术创新解决了工程实践活动的症结,留存下来演化成为工程创新,并得到广泛的扩散与传承。

综上所述,技术创新与工程创新二者相辅相成、关系错综复杂、界限常常模糊不清,一直困扰着工程界。近20年来,随着科学-技术-工程三元论的确立,工程哲学研究向纵深发展,工程创新的主体地位得以明确,"工程是创新活动的主战场,技术开发是创新的前哨战场"这一论断逐渐得到哲学界多数学者认同。因此,需要站在工程哲学的高度,从哲学观念、经济效益、创新过程等多个角度进一步厘清技术创新与工程创新的本质、源流和异同,提出对工程实践活动、技术研发活动具有普遍指导意义的认识观念,从而走出认识误区,避免在工程创新实践中的偏差。

(1)哲学范畴角度

从认识论角度来看,工程与技术是两种不同的、相对独立、紧密联系的实践活动,工程创新与技术创新活动更是如此。技术活动以发明、改进、融合为核心,具体表现为新方法、新路径、新工具、新工艺、新技能的提出与改进,强调的是效率和先进性;工程实践活动以集成、建造、运营为核心,主要包含了技术要素和非技术要素的集成,强调的是系统集成性。虽然技术有些时候是工程实践活动的关键要素,但工程活动不能简单地归结为技术活动,两种活动在对象、内容、时空、要素等方面都存在着一系列差异,是不同的哲学思考对象。因而,在上升到认识论层面时,工程哲学和技术哲学是两个并列的分支,只是在从科学哲学分离的过程中,技术哲学先行分离、发展壮大,并在很长的一段时间里覆盖了工程哲学的领地。因此,在认识论层面,将工程创新与技术创新分离开来既有必要,也很自然,既为工程哲学的发展壮大提供了前提和可能,也为工程创新打造了新的思想武器。

(2) 经济效益角度

从经济角度来看,无论是工程创新还是技术创新活动,其最终目的都是要获得一定的经济社会效益,否则就会被市场无情淘汰。但归根结底,工程具有本体地位,技术虽然是工程活动中必不可少的要素,有些时候甚至是关键要素,但离开了工程的选择、集成和建造,技术就失去了发挥作用的舞台,就谈不上创造经济、社会效益了。另一方面,创新本质上是经济活动过程而非单纯的技术活动过程,单纯强调技术先进性、痴迷高技术的成功必然带来市场的高收益是一种幻觉,是对创新本质的片面理解。任何新产品在工程化或产业化之后,最终都要接受市场的严苛检验,存活下来才有机会进行技术的迭代升级与不断完善,因此,盲目相信高技术的工程创新实践往往会付出惨重的经济代价,最终被市场拒之门外。以英国、法国两国于20世纪70年代联合研制成功的协和号超音速客机为例,协和号超音速客机在技术创新上是伟大的、成功的,取得了多项技术突破,最高航速可达2马赫(约680.6m/s),但在工程创新上是失败的,因油耗过高、经济性差、噪声过大、在越洋航程以外不具备竞争优势等原因,导致其在与亚音速客机的竞争中所占据的份额始终不高,最终不得不在运营27年后于2003年退役,彻底退出航空市场,成为超音速客机的绝唱。

此外,不同于技术创新,工程创新具有突出的产业特征和累积效应,其内在规律更为复杂多变,在认识和评价不同领域的工程创新时都应有与其行业产业特点相适应的评估体系,而不是采用同一种模式及相关技术指标机械地进行衡量,否则就会出现某些误导性认识,甚至使工程创新沦为技术指标的简单堆砌,而忽视了工程的适用性、集成性与行业性。因此,从经济效益角度来看,技术创新是工程创新的前哨战场,工程创新是创新活动的主战场,工程是现实的、直接的生产力,具有显著的产业/行业经济属性。

(3) 创新过程角度

一般而言,从创新过程来看,技术创新居于工程实践活动的前沿位置、前哨阵地,技术创新是工程创新的源头。在科学发现的基础上,技术创新秉承先进性取向,通过不断更新完善知识形态的新方法、新工艺、新流程,通过改进研制实物形态的新设备、新装置、新工具,通过新产品、新系统、新服务的开发迭代与市场试水,使技术创新从实验室走向工程实践、走向市场,并在工程实践、市场洗礼中不断完善。技术创新只有通过实验室技术、中间试验技术、工程化技术乃至试点工程或初步产品的检验验证之后,达到一定的成熟度时,才有可能被工程选择集成并嵌入其中,才有可能被市场认可,才有可能创造出经济社会效益,这既符合工程的建构性与实践性特征,也反映了工程的系统性、适用性与稳健性的要求。换一个角度来看,在工程实践活动中,技术创新常常是工程创新的关键和瓶颈要素,是工程实践活动的基础,有时没有技术创新的支撑,工程建造运行往往难以开展,就更谈不上工程创新。从这个意义上说,技术创新是源,工程创新是流,源远才能流长。

另一方面,工程创新和技术创新既互相依托,又互相成就,关系比较复杂,不能一概而论。大多数情况下,受工程稳健性与系统性本质的制约,工程创新的主渠道是对先进成熟技术的选择、集成、优化与融合,以渐进性创新为主,有着自身的演化规律和淘汰机制。但有些时候,结合重大工程项目研发新技术、新材料、新工艺,工程本身就是催生技术创新的温床。在另外一些情况下,为了某一项技术的发明或改进,调动多种资源进行试验开发,这本身就是一项特殊的工程活动。还有一些时候,为了促进创新技术的应用,往往借助于试点工程进行验证完善、示范推广等。因此,工程创新与技术创新的关系复杂多变,因时因地而异,不可以偏概全。但总的来说,工程实践活动是推动经济社会发展的载体,因而工程创新也就自然而然地成为创新活动的主航道。

综上所述,可以简要地将工程创新与技术创新的关系归纳为:技术创新是源,工程创新是流,源远才能流长;工程是创新活动的主战场,技术开发是创新活动的前哨战场,只有前哨战场与主战场协同配合、相互支撑,才能推动工程创新,从而实现提高工程实践活动能效水平、提升经济社会效益、增强人类福祉的最高目标。

案例 1-4-1

现代斜拉桥的诞生与发展
——技术创新与工程创新的相互促进

第一次工业革命以来,在梁式桥、拱桥、悬索桥三大桥梁结构体系蓬勃发展的同时,人们也在探索新的桥型,期望利用拉索吊住桥面、形成斜拉桥体系的探索是其中比较活跃的一个方向。从1817年建成的第一座带有永久斜拉索的英国草甸(King's Meadow)桥算起,斜拉桥从构想到成熟,再到大规模应用大约经历了150年。

早在1858年,英国工程师罗兰德·梅森·奥迪士(Rowland Mason Ordish)就开始了斜拉桥的工程实践,创造出"奥迪士-勒菲弗体系(Ordish-Lefeuvre System)",即采用悬索体系与斜拉体系协同受力,主要做法是让主缆与主跨跨中桥面相连,梁的其余部分则采用斜向布置的铁链锚于塔顶,采用这一体系先后建成了三座桥,包括1868年建成的奥匈帝国布拉格市弗朗兹·约瑟夫桥(Franz Joseph Bridge,跨径100m,一直使用至1941年毁于战火)、1869年建成的新加坡加文纳桥(Gavenagh Bridge,跨径60.96m的人行桥,至今仍在使用)。在这一阶段,由于力学理论不成熟、计算手段跟不上,无法进行拉索受力机理分析,加上结构体系刚度不足等原因,斜拉体系未能得到工程界的认可。

进入20世纪,法国工程师艾伯特·吉斯克拉(Albert Gisclard)申请了斜拉系统的专利,主要做法是在主跨内布置一对交叉的主索,通过短吊杆将主索与桥面连接,将其余斜拉索与主索相连。利用这种斜拉系统的专利,法国在1909年建成了跨径156m的卡塞林(Cassagne)铁路桥,在1924年建成了跨径112m的莱扎尔德里厄(Lézardrieux)公铁两用桥。稍后的1926年,西班牙著名工程师、有"混凝土诗人"之称的爱德华·托罗哈(Eduardo Torroja)

在腾普尔渡槽桥（Acueducto de Tempul，跨径布置20.1m+60.4m+20.1m）的建设中，创造性地在塔顶设置了索鞍，并通过顶升索鞍对斜拉索进行张拉，这是最接近现代斜拉桥的结构体系与施工方法。在这一时期，人们逐步认识到张拉斜拉索、主动承担荷载的重要性，开始探索开发高强度线材，开发相应的张拉锚固系统，但受制于计算能力，对斜拉索的受力机理仍然无法分析，导致斜拉系统的应用仍受到较大的局限。

第二次世界大战结束以后，欧美各国开启了持续约30年的大规模交通基础设施建设，在这个进程中，伴随着高强度钢材的发展、预应力技术的成熟以及悬臂施工法的兴起，斜拉桥作为一种新型的结构体系破茧而出，获得了广泛的应用。1952年，法国著名工程师阿尔贝·卡科（Albert Caquot）在栋泽尔—蒙德拉贡（Donzère-Mondragon，主跨81m）公路桥的建设中，第一次采用了混凝土斜拉桥体系，但他没有采用千斤顶来张拉斜拉索，而是在一个稍高的位置浇筑混凝土梁，然后通过降低主梁高程、落位到最终高程位置，采用施加强迫位移的方式实现了斜拉索的张拉，但这种施工方法无法准确把控索力，仍未突破如何准确施加索力的技术瓶颈（斜拉桥初期的几座代表性桥梁概貌见插页彩图3）。稍后的1954年，联邦德国著名工程师弗朗兹·迪辛格（Franz Dischinger）在瑞典斯特罗姆桑德（Strömsund，主跨183m）桥的建设中，采用了钢斜拉桥体系，依据他早年在德国奥厄（Aue）车站跨线桥（无黏结预应力混凝土梁桥）的设计研究与施工经验，通过千斤顶主动、有目标地张拉斜拉索，实现了索力的可控可调，突破了此前的技术瓶颈，从而使斜拉索成为主要受力构件，被视为现代斜拉桥的开山之作。在这之后的20多年间，斜拉桥以其强大的跨越能力、显著的经济效益、灵活的设计自由度、良好的适应性及高效的悬臂施工方法，受到了工程界的青睐，联邦德国、法国、意大利等国家开始大力发展斜拉桥，并迅速衍生出密索斜拉桥、单索面斜拉桥、独塔斜拉桥、多跨斜拉桥、斜拉-刚构协作体系等新的结构形式，主梁也从以钢梁为主逐步发展到混凝土梁、组合梁、混合梁、钢桁梁等，跨越能力从100~200m发展到400m左右。与此同时，斜拉桥的倒退分析计算方法、成品斜拉索的制造工艺与张拉锚固技术相继成熟。

到了20世纪80年代，斜拉桥设计施工技术从欧洲的联邦德国、法国、西班牙等国家向全世界扩散，并在日本、中国、美国等国家获得了更为广泛的应用，结构形式也得以不断丰富和发展，相继发展出部分斜拉桥、三索面斜拉桥、四索面斜拉桥、组合梁斜拉桥、混合梁斜拉桥、斜拉-悬索协作体系等新的结构形式，施工方法从最初的悬臂施工法发展出顶推施工法、转体施工法、大节段吊装法等新工法，应用场合也从公路桥拓展至铁路桥和公铁两用桥梁，使得斜拉桥在200~1000m跨径范围内具有显著的技术经济优势。截至2022年，全世界已建成的斜拉桥数量多达600多座（其中我国约占1/3），最大跨径也发展到1200m左右，成为大跨径桥梁最具竞争力、设计创造性最强、艺术表现力最丰富的结构形式。

斜拉桥150多年、特别是现代斜拉桥近70年的发展进程表明，从提出用拉索吊住桥面的构想到大规模工程应用，是一个漫长而曲折的探索过程，也是技术创新与工程创新相互作用、相互成就的过程，更是工程建设经济指标、使用性能约束与筛选的结果，只有当与斜拉桥密切相关的高强度钢材、结构分析方法、预加应力技术和细部锚固构造等要素发展成熟后，斜拉桥才可能得到广泛应用。

4.3 工程创新的应然性与实然性

进入现代以来,工程实践活动一方面架起了科学发现、技术创新与产业发展之间的桥梁,从而成为产业革命、经济发展和社会进步的关键杠杆;另一方面工程实践又不断提出新的、复杂的科学问题,推动科学研究与技术开发向纵深发展,形成了相互促进、共同进步的良性局面,促进了真理取向与价值取向的融合。李伯聪所提出的"工程是创新活动的主战场,技术创新是创新的前哨战场"这一论断,得到了普遍的认可,不仅彰显了工程的本体地位,而且隐含着工程实践活动必须创新的应然要求,明确了工程实践活动主体,特别是工程师的责任和使命。然而,面对同体异质要素的选择、集成与优化,工程创新既要突破壁垒,又须躲避陷阱,常常面临一种进退维谷、左支右绌的复杂局面,常常会留下诸多缺憾甚至隐患或败笔。因此,认识工程创新应然性的意义,承认工程创新实然性的局限,接受大多数工程创新"不成功"的必然性,并在工程实践活动中不断提升创新能力,实际上就是工程创新价值理性的一种回归。

(1) 工程创新的应然性

工程创新的应然性包含外部推动力、内部规律及工程实践活动主体的精神追求三个层面。

就工程实践的外部推动力与约束力而言,工程创新有三个主要的推动因素,具体体现为经济尺度、能效尺度与艺术尺度。工程创新在经济尺度上,表现为能不能通过工程创新降低工程全寿命造价或提升工程的投入/产出效益,实现更大的经济与社会效益,进而通过市场的筛选与检验,成为企业赖以生存和发展的支撑力量,成为行业/产业新的增长点,成为区域乃至国家的核心竞争力。工程的经济性是工程活动与社会发展的纽带,经济效益是工程技术进步的目的,工程技术的先进性、可靠性是达到经济目标的主要手段,任何工程的实施都必须在经济上为社会所接受。工程创新在能效尺度上,表现为能不能突破先前同类工程功能的局限、克服此前类似工程的弊端,或打破以往同类工程能力与效率的壁垒,从而解决工程实践活动过程中的实际问题,满足社会经济发展的需求,得到产业界的认可,取得预期的社会效益和经济效益。此外,对于具有外在艺术价值的工程领域,工程创新表现为美学价值的提升,将历史人文、自然环境与工程实践活动有机地融为一体,创造出新的审美价值或人文意义。因此,面对社会需求的拉动、面对市场竞争、面对经济尺度和能效尺度的筛选,必然推动工程实践活动不断推陈出新,否则就会被市场无情淘汰,淹没在工程历史的长河中。

就工程实践活动的内部规律而言,虽然工程背后蕴含着深刻的科学规律,但工程不是科学,没有唯一答案,实现路径也千变万化,面对包括经济、技术、环境、文化等不同维度边界条件下的实际问题,工程的解决方案是灵活多变的、因地因时制宜的,答案是多种多样的,评价尺度也存在多元对立、与时俱进的现象。工程创新就是在传承当中寻求突破,就是在"可用解集、合理可用解集、优化解集"的空间中寻求最适宜的方案(图1-4-2),没有"对不对",只有"行不行、好不好、合适不合适",很多时候,最优解虽然是可遇不可求的,但优化解却并不唯一。从这个角度来看,工程创新空间非常广阔,评价尺度也难以统一,因而,工程实践活动

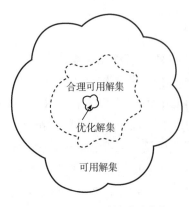

图 1-4-2 工程创新的应然性空间示意图

本身就承载着推陈出新的创新使命，否则就会落入墨守成规、食古不化的巢穴，落在了时代的后面。

就精神追求层面而言，工程建设者、特别是工程设计者要回归工程实践活动的价值理性，担负起工程创新的历史使命，担负起工程实践活动影响社会、改造社会的责任，秉承职业道德，敢于走出因循守旧、甘于平庸的窠臼，面对新的工程难点、技术挑战时要有勇气去直面问题、敢于质疑、大胆探索、小心验证、勇于创新，铸就追求卓越、善于创新的精神。正如世界上第一座钢桥——美国圣路易斯钢拱桥设计者詹姆斯·布坎南·伊兹(James Buchanan Eads)在1870年面对工程界对采用钢材作为建桥主要材料质疑时所言："如果一件事情以前没有人做过，但我们的知识和判断认为可以，我们是否要强迫承认它永远不可能？"当时桥梁工程的主要材料是铸铁、锻铁和天然石材，由于钢材冶炼技术还不太成熟稳定，经常出现脆断等破坏现象，当时工程技术最先进的国家——英国政府曾立法禁止在桥梁工程中使用钢材，直到1877年才废止这一法令。

(2) 工程创新的实然性

一方面，由于工程的本质包含着建构性与实践性、科学性与经验性、系统性与社会性等同体异质的特征，与科学发现、技术创新不同，工程实践活动、工程创新不允许失败，因此人们常常将工程的风险防控置于首位，对工程的稳健性不断提出更高要求。在工程的社会性、经验性和稳健性等影响下，在相关技术规范规程的约束下，在当时当地工程文化的熏陶下，工程实践活动中因循守旧、怯于创新、流于平庸的情形常常占据主流，多数工程实践活动常常只是在传承借鉴的基础上满足了预定的功能，实现了从无到有的工程器物的创造，但往往却在先进技术集成、功能效率突破、建设管理运营、非技术要素统筹、资源资金筹措方式等方面没有突破或改进，并未体现出价值的提升和能效水平的突破，这在一些传统的工程领域尤为突出。

另一方面，由于对工程创新的规律、评价标准、文化认同、思维自觉等方面尚存在诸多认知误区或认识差异，导致在工程实践活动中，出现了一些创新的异化，如产生了各种各样的、未体现出价值提升的"伪创新"，出现了一些因技术要素单兵突进、但经济技术综合性能不佳的"短命创新"，甚至还产生了一些经不起市场和时间检验的"虚创新"。这些创新的异化，是一种常见的商业行为或技术行为，产生的原因不一而足，既有为占据市场、打着创新旗号的商业行为，也有为了创新而创新的技术开发行为，还有一些纯粹就是为了标新立异、追求与他人不同的哗众取宠，等等，这类异化的创新在人类工程史上一直存在，进入现代工程阶段，随着市场竞争程度的加剧有所增多，留下来很多反面的、值得深思的工程案例。但是，只要市场竞争机制健全，工程演化机理的约束引导作用存在，这些形式不一的、异化的创新必然会被社会和市场所淘汰，只是在这个过程中，会存留诸多遗憾或值得后人深思的教训，这也许是人类在工程创新实践过程中必须付出的学费。

在工程创新的历史进程中,创新异化的案例是不胜枚举的,教训是车载斗量的。以民航客机空中巨无霸——空客A380客机为例,A380客机是唯一投入商业运营的双层宽体客机,最大航程15000km,最大巡航速度0.9马赫(约306.27m/s),按照舒适、紧凑、经济等3种不同的舱内布局,可以容纳525~853名乘客,是欧洲空中客车工业公司寄予厚望的大型越洋客机,也是打破波音航空航天公司(简称波音公司)技术垄断的重要举措。A380客机于2000年立项,首架飞机于2007年交付使用,由于采用了大量的新材料、新技术、新工艺,A380客机重量大幅度减小,折合每位乘客的油耗也与窄体客机基本持平,而乘客舒适度则明显优于传统的窄体客机。然而,在经历赞叹、好评与各种争议之后,经过十多年的市场洗礼、尝试进行各种修正补救后,A380客机仅仅生产了251架,就不得不在2021年宣布停产。之所以如此,一是由于A380客机设计载客量过大,航空公司往往难以匹配到合适的航线,导致A380客机常常处于半空载状况,经济效益并不理想,成为航空公司的吞金巨兽;二是A380客机体形庞大,起飞和降落过程会产生明显的空气涡流,为消除这种涡流,机场不得不加大航班之间的净空时间间隔,导致机场的运转效率有所降低;三是A380客机对机场要求较高,只有4F机场才能起降,一定程度上限制了自身的适用性。从技术创新角度来看,A380客机无疑是成功的,它所采用的一系列新材料新技术带动了国际航空界的技术迭代升级,并直接或间接地影响了新一代宽体客机的研发路线,但从工程创新角度来看,A380客机是一个没有摸准市场需求、失败的工程创新案例,是一个没能经得起市场和时间检验的"短命创新"。

从上述两个方面来看,工程创新的实然性与应然性之间、理想状态与实际状态之间仍然存在着巨大的差距,这既是工程创新的复杂性与系统性所致,也是工程的稳健性和实践性的要求,更是工程创新螺旋式发展、波浪式进步的规律体现。对此,既需要工程界站在大的历史尺度下,从工程目标、实现路径、技术手段、能效水平等方面不断反思批判、总结提炼,更需要工程界站在工程哲学、技术哲学层面,从工程本质、工程观念、创新环境、评价尺度等方面提升认知水平和宏观把握能力。

(3) 突破性创新与渐近性创新

在工程创新活动中,可以根据创新的性质或程度将其分为突破性创新与渐进性创新两大类。一般情况下,人们对突破性创新往往趋之若鹜、高度重视,但对渐进性创新则容易忽略、重视不够。

突破性创新也称为革命性创新或颠覆性创新,是指在工程的基本原理、基本概念、基本方法等方面具有原始性的突破或革命,也就是本篇4.1节中所说的"种子型"或"从0到1"型发明(Invention)。突破性创新往往会颠覆旧有的框架、塑造新的架构,会对工程领域乃至整个行业产业发展产生重要的、深远的历史影响。渐进性创新也称为积累性创新或改进性创新,是指在工程的设计与建造方法、工艺材料流程、运营管理模式等方面进行不断改进完善、集成优化,也就是前文所述的改进(Improvement)、融合(Incorporation),属于"从1到N"的量变。渐进性创新从单个方面来看,并不特别令人振奋,但随着工程实践活动体量或者产品生产规模的增大,渐进性创新通过集群式进步、不间断融合并达到一定水平之后,也会对工程领域、产业行业、经济活动乃至人类的生产生活产生巨大的促进作用和长远的影响。

在工程创新中,突破性创新数量相对较少,须同时满足社会需求拉动、经济技术支撑、工程大师点化等多种有利条件时才可能破茧而出;渐进性创新则在工程活动中随时随处可见、层出不穷,既是工程创新的主渠道,也可能是突破性创新的孕育场所。另一方面,与技术创新的先进性取向不同,工程创新受限于工程的系统性、稳健性本质的约束,只有先进而成熟的技术,才可能被工程实践活动所集成、所采用,并孕育产生工程创新。即便这样,一系列先进成熟技术集成在一起时,有些时候难免会产生新的问题,形成新的瓶颈,甚至导致工程创新难以展开乃至失败。例如法国著名的飞机设计师马塞尔·达索(Marcel Dassault)在新型号战机定型时,坚持每个新型号只采用一项新技术,正是洞察了技术创新与工程创新的差异。因此,在工程实践过程中,必须在认识论上高度重视渐进性创新的作用意义,正确处理好工程传承与工程创新的关系;必须正确认识技术改进、技术交叉融合的战略价值,将工程创新的主渠道疏浚拓宽;必须摆正渐进性创新的主体地位与突破性创新的尖兵作用,正确处理两者之间的关系。

(4) 工程创新群体的特质特征

工程创新常常不是单独存在的,而是依附于特定的创新群体之中,没有这个创新群体,工程创新就失去了存在的土壤,虽然从大的工程历史尺度来看,在具备了旺盛的社会需求、坚实的科学基础和技术支撑后,工程创新总会发生,但如果没有创新群体的努力,没有工程大师的"点石成金",工程创新往往会滞后若干年,工程创新的路径或许会改变。熊彼特说:"创新不是孤立事件,并且不在时间上均匀地分布,而是相反,它们趋于群集,或者说成簇地发生"。工程创新之所以会成簇地发生,无疑是源于当时当地社会需求的强劲推动,社会需求与工程实践中存在问题症结的落差才是一切工程创新的前提和推动力。对于创新群体而言,客观需求无疑是最重要的推动力,如果没有工程实践活动的需求,新理论、新技术、新方法、新工具就失去了检验与完善的机会,创新只能是一种空泛的概念或构想。从这个角度来看,工程创新的确存在"时势造英雄"的现象,也存在"群雄并起、各领风骚"的时代特点。

另一方面,在同一时间空间下,工程创新呈现出明显的离散现象,即一些人创新能力明显地高于大多数同业工程师或技术研发人员,某一国家、某一区域甚至某一企业的创新能力和水平甚至引领了某个工程领域的发展潮流。从工程历史来看,任何工程创新都是依靠人来突破的,工程创新不但是物化建造过程,更是全方位渗透着创新群体的思想、知识、经验、价值观、审美观等思想要素和精神内涵的思维过程。工程创新成果主要依附于特定的个体或群体,在不同历史时期都会涌现出一批工程大师,这些大师总能够在技术限定的可能性空间中推陈出新,在工程的可行性空间中化繁为简、化腐朽为神奇,一些大师甚至显现出鲜明的个体风格,影响工程界长达数十年。这说明,这些特定的创新群体、工程大师具备了一些不为常人所有的特质特征,具有善于创新、勇于实践、勤于总结的优秀品质。探究创新群体所具有的特质特征,对于工程思维的训练、创新能力的培育无疑具有普遍的启迪价值。一般来说,工程创新群体在学习能力、思维方式上所具有的特质特征,可以总结概括为以下五个方面。

一是专业能力(Capability)。创新者在传承的基础上,通过长期学习与工程实践经验的积累,建构了对工程问题的整体把握能力、洞察能力、判断能力、沟通能力和技术驾驭能力,在面对具体的、复杂的问题时,总能够化繁为简,抓住问题的要害,抓住主要矛盾或矛盾的主要方面,透过现象直抵本质。

二是好奇心(Curiosity)。好奇心是驱动人类发现和发明的原始动力,是推动技术改良融合、工程创新的源头活水。对一些常见的工程问题,创新者总能够紧绷思维之弦探究质疑,而不是习以为常;总能够保持长时间的关注,而不是一闪而过;总能在司空见惯的现象中发现新的线索,而不是熟视无睹;总能够在平淡无奇之处提出问题,而不是墨守成规。

三是想象力(Creativity)。对工程问题如何改进解决,创新者往往具有颠覆性、超出一般工程师认知能力的构想,甚至有一些天马行空、不着边际的预想,由此引发或催生出技术创新、技术改进的思路或线索。正如爱因斯坦所言:"想象力比知识更重要,因为知识是局限于我们已经知道和理解的,而想象力覆盖整个世界,包括那些将会知道和理解的。"德国著名桥梁工程师约格·施莱希(Jörg Schlaich)也说过:"为设计出一个综合意义上的高品质结构,工程师需要在培养自身的工程知识,同时修炼敏锐的直觉和创造性的联想,前者是所有受过正规教育的技术人员普遍具备的专业知识,后者是人类与生俱来的想象力。"

四是批判性思维(Critical Thinking)。创新者往往抱有对工程问题的现有解决方案不满意,善于提出问题,善于对被广泛接受的结论提出疑问和挑战,而不是无条件地接受权威的意见,以批判者的姿态对现有技术、既有方法、成熟工具提出疑问,指出其存在问题或改进的方向。同时,批判性思维不是对一切命题都否定,而是用分析性、创造性、建设性的方式对疑问和挑战提出新解释,做出新判断,给出新方向。

五是勇气(Courage)。在突破常规、另辟蹊径之后,意味着创新者进入了一片自己并不熟悉的领域,冒着一定的风险,可能成功,更可能失败,这与工程的稳健性本质存在天然的矛盾与冲突。因此,勇气对于创新者来讲必不可少,对于一些功成名就的工程大师来说更加难能可贵。

以上用 5C 简要概括了创新者精神特质及思维方式特征,描述了创新群体的主观能动性。诚然,具备 5C 特质特征仅仅是必要条件,要成为一个优秀的创新者,还应具备崇高的精神追求,具有追求卓越的品质、坚忍不拔的意志、永不言败的信念,担负起影响社会和改造社会的责任。

案例 1-4-2

钢管混凝土拱桥的发展
——因地因时制宜与工程创新扩散的典范

钢管混凝土具有力学性能好、无须模板、施工方便、节省钢材、造价低廉等优势。在受力机理上,混凝土受钢管的套箍约束,提高了承载能力,而且混凝土增强了钢管的稳定性。钢管同时具备支架、模板和组合结构的一部分共同受力的三重作用。早在 1939 年,苏联在乌拉尔卡缅斯克(Kamensk-Uralsky)就建成了跨径135m的铁路钢管混凝土拱桥,但因采用支架法施工,钢管混凝土的优势并未得以充分发挥,此后几十年里,因为种种原因,在地铁工程、房建工程、桥梁工程中钢管混凝土仅有零星的应用,大多数以短柱的形式出现,再未见钢管混凝土拱桥建设的案例。

1990年,四川省公路勘察设计研究院吴清明推陈出新、设计建成了跨径115m的四川旺苍东河桥,开启了大跨径钢管混凝土拱桥发展的新篇章。此后30年里,我国桥梁建设者立足国情、因地制宜,不断改进材料工艺、施工方法、计算理论、构造形式,一是采用钢管混凝土作为劲性骨架、外包钢筋混凝土的成拱技术,先后建成了包括万州长江大桥(跨径420m,1997年,参见本书第3篇第6章)、沪昆高铁北盘江大桥(跨径445m,2016年)在内的等大跨径钢筋混凝土拱桥;二是推动了钢管混凝土拱桥设计施工技术的全面成熟,建成了以湖北秭归香溪长江公路大桥(跨径531.2m,2019年)、四川合江长江三桥(跨径507m,2021年)、广西平南三桥(跨径575m,2020年)等著名桥梁为代表的460多座钢管混凝土拱桥,实现了材料特性、结构形式、施工方法、工程造价四者的高度匹配优化(典型钢管混凝土拱桥见插页彩图4)。钢管混凝土拱桥工程实践的成功,不仅解决了山区大跨径桥梁建设的难题,大幅度降低了桥梁造价(造价一般为同等跨径斜拉桥的2/3左右),获得了显著的经济社会效益,而且丰富发展了钢管混凝土组合结构的设计理论,在国际桥梁界产生了较大的影响。

在钢管混凝土拱桥蓬勃发展的同时,我国桥梁界积极探索钢管混凝土新的结构形式和应用方式,充分利用钢管混凝土性能好、安装速度快、施工便捷、延性好、用钢量节省的特点,开发出适用于高烈度地震区大跨连续刚构的钢管混凝土组合高墩,成功应用于四川雅西高速公路腊八斤大桥、黑石沟大桥、凉山州金阳河大桥等;也开发出中小跨径钢管混凝土桁架梁等新的结构形式,建造了一批处于高烈度地震区的中小跨径钢管混凝土梁式桥,如四川雅西高速公路干海子大桥(参见本书第3篇第15章)、汶马高速公路汶川克枯大桥。与传统的混凝土结构相比,节省材料用量30%~40%,极大降低了结构自重,有效减小了地震相应,成为高烈度地震山区桥梁建设的典范,在国际桥梁界广受赞誉。

另一方面,在国外钢管混凝土拱桥却只有零星的应用,仅限于日本、越南、法国等几个国家,其中跨径最大是日本新西海大桥(跨径为235m),而越南钢管混凝土拱桥工程建设的主导者也多来自我国。之所以产生这样的现象,可能的原因大致有:一是欧美国家近30年来新建桥梁数量不多,工程传统偏爱于钢拱桥或钢-混凝土组合拱桥,由工程实践驱动的理论研究偏少,也未形成成套的技术规范规程、加工制作工艺,难以指导钢管混凝土拱桥的设计施工;二是分环浇筑的劲性骨架施工方法工序较多、工期较长、施工控制比较复杂,在国外应用很少,而采用其他施工方法如悬臂拼装法则难以发挥钢管混凝土截面逐步形成、节省钢材的优势。

回望钢管混凝土拱桥的发展历史,从中可以看出其茁壮成长的内外部因素,即需求拉动是基础、技术创新是关键、工程造价是推手,三者互相支撑、缺一不可,也阐明了工程创新与扩散必须立足于工程的当时当地属性,坚持一切从实际需求出发、从问题现状出发,才有可能取得成功。

4.4 工程创新机制

工程实践就是一个造物活动,天然具备了创造特性,而创造具有最低和最高两层含义。工程实践活动的最低意义是工程创造,即每个工程都是独一无二的人工创造物,都是从无到有的创造过程;最高意义是工程创新,即工程实践活动呈现出价值的提升、技法工具的改进。但在现实中,工程创造活动处处可见,而真正的工程创新,特别是突破性创新却并不多见。剖析其中原因,一是工程创新不但包括"要素方面的创新",也包括"要素集成方面的创新",每个环节都包含着很多不确定性因素,难免形成种种制约工程创新的壁垒;二是工程活动本身就具有传承性、稳健性等固有特性,规避风险、借鉴先例、依靠经验也是大多数工程实践活动的应有之义,不可避免地出现因循守旧的倾向;三是与工程创新机制是否具备健全、创新环境氛围是否形成有很大的直接关系。

一般来说,工程创新机制主要包括社会需求推动、科学技术支撑、自然与社会筛选、技术自我进化、工程大师点化五个方面,这五个方面相辅相成、缺一不可。当其在同一时空聚集、相互作用时,就会迸发出巨大创造力,工程创新就会成簇发生,并呈现出工程创新快速扩散的态势,从而推动产业升级、经济发展、社会变迁。

(1) 社会需求推动

工程是有组织、有目的的造物活动,其目的就是推进社会经济发展,增强人类福祉,促进人与自然、人与社会的和谐。为了更好、更有效地满足社会经济需求,从工程演化历史规律来看,社会必然推动工程及产品以创新的形态而不是以因循守旧的方式来接受市场的选择,技术必然以发明革新的形态而不是墨守成规的方式来接受工程的集成,并在不断选择、淘汰的洗礼中曲折发展。正如恩格斯所言:社会一旦有技术上的需要,这种需要就会比十所大学更能将科学推向前进。恩格斯这里所说的技术,实际上包含了技术的工程化应用或商品化生产,这里所说的科学,实际上包含了科学发现和技术创新。有人统计过,随着生产力的解放和发挥,人类需求呈现出指数增长规律,现代人必需物品的80%,在100年前还都没有发明出来,现代人均物资消耗量是100年前的10倍,这从使用者的角度阐明了工程创新的应然性。因此,在任何时代的任何工程领域,社会需求是工程创新、技术进步的最主要推动力量。

关于社会需求是工程创新、技术进步最主要的推动力量,可以用我国芯片60多年的发展历程这一典型案例予以佐证说明。和大多数人的印象中不一样,中国的半导体产业起步并不晚,在新中国成立初回国的黄昆、谢希德、王守武等半导体前辈大师的带领下,中国半导体产业从20世纪50年代就蹒跚起步。1963年,国家组建第四机械工业部,主管全国电子工业,两年后中国科学院研制出了65型接触式光刻机。在那时,国际光刻机巨头、荷兰阿斯麦(ASML)公司还没诞生,20世纪八九十年代光刻霸主日本尼康也刚刚进入光刻机领域,而美国才开始搞光刻机不久。1978年,美国推出世界第一台商品化的3μm制程投影光刻机,仅仅两年后,清华大学也推出了自己的投影光刻机,精度同样达到3μm。应该说,在光刻这个领域,中国在那个年代是紧跟世界前沿的,比韩国领先至少10~15年。这些技术是无数科研人员在一穷二白的情况下依靠攻关协作取得的突破，有力保障了"两弹一星"等一批重大军事项目的电子电路和计算配套。但是，问题恰恰就出在了这里。中国的产学研模式师从苏联，习惯通过运动式的集中攻关来突破某一项技术。这种举国体制在军工领域、航天领域是非常有效的，比如两弹一星、核潜艇等，只需要考虑芯片可不可靠，而无须考虑良品率和成本。但是这种模式在民用芯片上却根本行不通。军用芯片，成本高一点没关系，速度慢一点没问题，质量差一些不要紧，只要解决"有"的问题即可，但成本、速度、质量这三点却是民用芯片的命脉，只有在电路设计、晶圆厂制造、封装测试等各个方面都精益求精，才能生产出市场接受、有竞争优势、可持续改进的芯片。芯片的加工工艺和生产流程，充满了很多无法用语言描述的技术诀窍，只能在无数次的生产中慢慢摸索出来并不断改进。可是中国军用芯片领域非常有限的需求，根本无法支持芯片大规模生产，也就失去了改进加工工艺和生产流程的机会。

1977年，国家领导人邀请科技界领军人物召开座谈会，半导体界灵魂人物王守武发言说："全国共有600多家半导体生产工厂，其一年生产的集成电路总量，只等于日本一家大型工厂月产量的十分之一。"在那个物质短缺的年代，全国多数人都挣扎在温饱线上，又哪来的民用芯片需求呢？另一方面，我国当时尚未加入世界贸易组织（WTO），也没有能力拓展海外市场。如果没有大规模消费应用后的利润反哺，国产芯片每一次"全力攻关"，都是要建立在国家财政大输血的基础上。所以，中国当年空守着不算太落伍的技术，却因为没有市场需求，难以大量生产，没法通过市场检验完善和利润反哺进行技术迭代。实际上，此前的1975年，北京大学就研究出中国第一批1K DRAM动态随机存储器，在国际上不算最先进，却远远超越韩国，但因为没有需求而无法量产，因为"两弹一星"等军工产品并不需要快速迭代。而技术迭代过程，只能依赖于大量资本的不断投入、依赖于市场的不断检验完善。从经济学原理来看，资本来源的大部分，只能是上一代芯片在民用市场上获得的利润。然而，当时的中国情况是，既没有形成规模化的电子产品消费市场，也没有军方以外的其他需求。从20世纪我国芯片发展进程来看，在社会需求不旺盛的情况下，技术难以进步、工程难以创新似乎是一种必然的结果。直到近年来，随着民用市场需求的旺盛、国际技术协作的深入，以及美国等西方国家技术封锁的刺激，国产芯片在国际打压、国内发力的情况下才有所起色，形成了以中芯国际、华为海思、紫光展锐为代表的芯片设计、制造、封测企业，虽然与三星等芯片巨头还存在不小的差距，但相信在国内旺盛的需求推动下，中国芯片站上世界之巅仅仅是一个时间问题。

（2）科学技术支撑

任何工程创新都必须遵循科学原理、依托先进成熟技术。一般来说，科学发现指引了工程创新的前进方向，是工程创新的源泉，现代工程各个领域的演化历程有力证明了这一点。例如，力学指引了土木工程、机械工程的发展方向，电磁学指引了通信工程的发展方向，材料科学指引了材料工程的发展方向，等等。技术研发能力为工程创新储备了技术路线选择的可能性和多样性，技术条件为工程创新提供了坚实的基础，也回答了工程创新的可能性限度。离开科学与技术的支撑，工程创新就会成为无源之水、无根之木，必然导致工程创新难以为继。另一方面,从科学发现到技术开发,再到工程集成和大规模应用,是一个漫长曲折的过程,中间要经过重重技术壁垒,经历市场的层层筛选,往往难以一蹴而就,单兵突进式的工程创新往往隐藏着重大工程灾难。

以金属铝为例,从丹麦物理学家汉斯·克里斯蒂安·奥斯特(Hans Christian Ørsted)1824年将铝分离出来,到1886年美国的查尔斯·马丁·霍尔(Charles Martin Hall)发明从矿石中分离铝的电解方法,经历了60多年,才找到工业化分解方法。此后的10多年间,随着电解铝工业化方法工艺的成熟,铝的价格大幅度降低,直到20世纪初铝才在全世界得到广泛应用。由此可见,从铝的分离到铝的大规模生产及普遍应用,经历了近90年,从科学发现到工程化应用之间存在着巨大的、难以预见的鸿沟,需要跨越重重障碍,但如果没有科学理论的支撑,技术开发、工程应用将成为无源之水、无本之木。

(3) 自然与社会筛选

任何工程创新都是在一定的自然环境、社会环境之中诞生的,因此也必然会受到自然条件、社会经济环境的制约和影响,同时也要经受市场严苛的检验与筛选。在这其中,市场优胜劣汰机制一直是工程创新最重要的筛选力量,市场会从经济尺度、能效尺度对工程创新进行全方位的检验,将各式各样的伪创新、虚创新、短命创新淹没在工程历史的长河中,进而形成促进行业产业聚集升级的巨大力量,推动工程演化发展。另一方面,随着现代工程实践活动规模的急剧扩大,人们逐渐认识到工程实践活动的副作用,工程理念也从近代的"锐意进取、改造自然"转变为现代的"天人和谐、尊重自然"。因此,自然环境约束、环境保护要求及可持续发展也成为工程创新实践活动的重要筛选力量。此外,在有些情况下,政治、文化、伦理等因素也会成为主要筛选力量。

(4) 技术自我进化

技术创新和进步,一方面来源于社会需求、工程实践活动的推动,以便在能效尺度上克服先前同类工程功能的局限,突破先前同类工程效能的壁垒,满足日益增长的工程创新、产业经济发展要求,从而更好地被工程选择,并有效嵌入工程之中。另一方面,新技术的出现、完善、迭代和扩散,有其相对独立的自我演化增长的特点,一般遵循着"种子型发明、技术开发、产品化、商品化、产业化、反复改良改进"的演化进程,直到其技术体系寿命终结、被下一代新技术所替代。在这个过程中,技术存在着自我发育进化、不断革新完善的内在机制,人们也普遍存在企图通过改进融合等方式来延长技术体系寿命的路径依赖。因此,从技术发展的内部规律来看,技术本身亦是工程创新的推动者之一。以集成电路为例,哥顿·摩尔(Gordon Moore)在1965年提出了"当价格不变时,集成电路上可容纳的元器件的数目,每隔18~24个月便会增加一倍,性能也将提升一倍"的论断,经过50多年的验证,基本上得以确认。这说明在强大的社会需求推动下,很多领域的技术进步、迭代升级呈现出不断加速的态势,技术本身也是工程创新的重要推动力量。

(5) 工程大师点化

任何工程创新、技术创新都是依靠人来突破、来实现的,工程大师对"创新空间"往往具有异于普通工程师的洞察判断能力、探索路径和实践结果,他们重构了工程的集成能力和建构艺术,具有"点石成金"的神奇能力;他们催化了新理论、新技术、新方法、新材料、新工艺、新工具的诞生,示范推动了技术创新的工程化集成应用。虽然大多数技术创新、工程创新的出现具有一定的必然性,主要取决于当时的社会需求、科学基础和技术积累,但如果没有工程大师的点化,一些技术创新也许会晚诞生很多年,一些工程创新的形式也许不会出现。从实践结果来看,工程大师点化了工程创新,工程创新也成就了工程大师,有些工程大师甚至形成了独具一格的创新风格,对后来的工程实践活动产生了深远的影响。

不失一般性,可以将工程创新机制勾勒如图 1-4-3 所示。

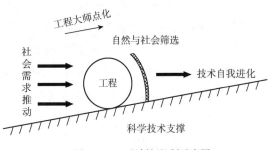

图 1-4-3　工程创新机制示意图

案例 1-4-3

预应力混凝土的诞生
——创新过程中弗雷西奈、迪辛格、芬斯特沃尔德的点化作用

自弗朗索瓦·埃纳比克(François Hennebique)1900 年建成第一座钢筋混凝土桥——沙泰勒罗桥(Châtellerault Bridge,主跨 50m 的拱桥)以来,钢筋混凝土作为一种新型建桥材料取代了天然石材,在罗伯特·马亚尔(Robert Maillart)、尤金·弗雷西奈(Eugène Freyssinet)等设计大师的推动下,创造出新的结构形式,取得了建桥材料、结构形式、工程造价的完美结合,推动了钢筋混凝土在拱桥、梁桥建设中的广泛应用。其中,尤金·弗雷西奈在 1910—1930 年,设计建造了一批钢筋混凝土拱桥,特别是在勒沃尔德尔桥(Le Veurdre Bridge,64m+72m+64m,1910 年建成)、普卢加斯泰勒桥(Plougastel Bridge,3×180m,1930 年建成)等大跨径拱桥建造过程中,弗雷西奈发现了混凝土的徐变特性,认识到徐变对混凝土结构设计建造的重要性,探索出消除混凝土徐变不利影响的工程方法。

为了解决钢筋混凝土拱桥拱顶下挠过大的难题,弗雷西奈尝试在拱顶预先设置液压千斤顶、根据监测结果调整拱顶高程和拱圈应力的做法,并取得了成功,由此孕育出预应力思想的胚芽:如果在钢筋混凝土梁中主动的施加水平拉力,也可以改善混凝土应力、延缓混凝土开裂、抵消徐变影响,从而改善钢筋混凝土梁的受力性能。从 1930 年起,弗雷西奈专心于预应力混凝土的研究及相应技术装备的开发,对混凝土收缩徐变特性、高强度钢筋力学性能、锚具及张拉千斤顶等装备进行了 10 多年系统、深入的研究与开发,1939 年,他成功研制出锚固高强钢丝束的弗氏锥形锚具及双作用千斤顶。在这个过程中,弗雷西奈逐步形成了通用的预应力思想,突破了预应力混凝土的关键瓶颈。

与此同时,20 世纪 30 年代,德国著名工程师弗朗兹·迪辛格(Franz Dischinger)意识到混凝土的收缩徐变会引起预应力损失,萌芽了采用体外预应力的布束构想,以便随时张拉、调整预应力。这种构思于1934年获得专利,并在1937年应用于德国奥厄(Aue)车站跨线桥的设计建造中。该桥跨径布置为25.2m+69.0m+23.4m,其中主跨由两侧各18.75m的悬臂箱梁和31.5m的T梁挂孔组成,预应力采用极限强度为220MPa、直径70mm的无黏结高强粗钢筋,在1962年、1983年两次维修时重新张拉预应力钢筋,运营状况一直良好,奥厄车站跨线桥也成为无黏结预应力混凝土结构的开山之作。

第二次世界大战结束后,欧洲交通基础设施亟待恢复建设,而钢材极为匮乏。1946—1950年间,弗雷西奈运用预应力技术、采用预制拼装施工方法,在法国马恩河上先后建成了吕章西(Luzancy Bridge,跨径55m)等6座刚架桥,在经济指标、施工方法上取得了巨大的成功,对第二次世界大战后欧洲桥梁的重建产生了深远的影响。此后,预应力混凝土作为一种新的建桥材料,在工程实践中不断丰富发展完善,成为大中跨径桥梁的主要建桥材料。在这个过程中,如果没有采用千斤顶来消除钢筋混凝土拱桥徐变的渐进性探索,就难以产生预应力混凝土梁桥的突破性创新;如果没有弗雷西奈、迪辛格的大胆尝试、"点石成金",预应力混凝土梁桥的诞生和应用也许要推迟很多年。

到了1950年,联邦德国著名工程师乌立希·芬斯特沃尔德(Ulrich Finsterwalder)在主跨62m巴尔杜因斯泰因桥(Balduinstein Bridge,主跨62m,跨越Lahn河,在我国又被称之为兰河桥)的施工中,借鉴巴西工程师E.H.鲍姆加特(E.H.Baumgart)在佩奇(Peixe)河桥的经验,采用悬臂浇筑施工方法,发明了挂篮这种空中作业平台,创造性地利用预应力钢筋的张拉进行主梁应力和变形控制和调整。这样,预应力技术就具有了高效配筋和悬臂施工应力调控的双重属性,将梁桥的施工要求与运营要求完美结合在一起,从而破解了大跨径混凝土梁桥发展的瓶颈问题——如何进行无支架施工,为预应力混凝土梁桥的发展和推广应用铺平了道路。混凝土桥梁发展初期几座代表性桥梁概貌见插页彩图5。

从预应力混凝土的诞生过程来看,工程创新的五个要素即社会需求推动、科学技术支撑、自然与社会筛选、技术自我进化、工程大师点化在同一时空中聚集,积极回应了第二次世界大战后欧洲桥梁重建、钢材匮乏的时代要求,从材料装备、工艺工法、结构理论等多个方面扫除了预应力混凝土推广应用的障碍。在这个进程中,弗雷西奈、迪辛格、芬斯特沃尔德三位大师的工程实践,直接示范推动了预应力混凝土的工程应用。

案例 1-4-4

市场竞争对工程创新的筛选与促进作用
——从委内瑞拉、中国的若干座桥梁工程创新案例说起

工程创新不仅要受到自然条件、经济技术条件、社会环境和历史文化的制约和影响,同时也要经受严苛的市场竞争、检验与筛选。任何工程创新都是在一定的自然环境、社会环境中诞生的,在这过程中,市场优胜劣汰机制是工程创新最重要的筛选力量,市场竞争会从经济尺度、能效尺度、艺术尺度等方面对工程创新进行全方位的检验,进而推动工程创新扩散,促进工程演化。

以委内瑞拉为例,该国位于南美洲北部,北临加勒比海,西与哥伦比亚相邻,南与巴西交界,东与圭亚那接壤,面积91.6万 km^2,境内高山、峡谷、河流、湖泊、河口等多种地貌纵横其间,需要跨越的自然障碍较多。在这样的自然条件下,委内瑞拉在20世纪90年代就建立了比较发达的公路网和铁路网,全国公路网面积密度达到了 $10.2km/100km^2$。然而,委内瑞拉除了石油等自然资源比较丰富以外,并未建立起相应的工业体系,建筑业也很不发达,设计施工力量也比较薄弱。那么,该国是如何建立起比较发达的交通运输路网的?如何在跨越各种自然障碍的过程中,完成一个又一个工程创新的?以桥梁工程为例,自20世纪60年代,在委内瑞拉建成具有世界影响、里程碑式的桥梁就多达4座,这些桥梁的概况见表1-4-1。这些桥梁的设计者都是享誉国际的工程大师,在中标实施方案中都无一例外地采用了新结构、新工法、新材料,解决了当时国际桥梁界的难题;这些桥梁在建桥材料、施工方法、细部构造等方面均有所取舍,以兼顾当地的工业水平,并取得良好的经济技术效益;这些桥梁在世界桥梁工程史上都具有一定的影响,所采用的新技术、新结构、新工法在全世界得到了推广应用。之所以在建筑业不发达的情况下,能够取得这种多赢的效果,关键在于通过全球招标、市场充分竞争、引入先进技术并适当考虑当地工业水平,从而实现工程创新。

委内瑞拉具有世界影响的几座桥梁概况　　　　　　　　　　表1-4-1

序号	桥名	建成时间(年)	设计者	跨径布置及工程规模	主要工程创新
1	马拉开波桥	1962	里卡尔多·莫兰迪	5×235m的多跨斜拉桥	开创了混凝土斜拉桥的新纪元
2	卡罗尼河桥	1963	弗里茨·莱昂哈特	48m+4×96m+48m的混凝土连续梁	完善创新了顶推施工方法
3	卡罗尼河二桥	1992	弗里茨·莱昂哈特	45m+82.5m+213.75m+82.5m+45m的连续组合梁	破解了大跨径连续组合梁发展的瓶颈
4	奥里诺科河二桥	2005	霍戈·斯文生	180m+300m+240m+300m+180m的四塔公铁斜拉桥	采用固定墩将两座斜拉桥串联起来

再以中国香港为例,香港邻近大陆架,洋面广阔、岛屿众多、台风频发,同时,香港作为国际化大都市,人口稠密、交通繁忙,需要跨越的自然障碍较多、环境保护要求及建设标准较高。面对这样的建设条件与交通需求,香港在大型市政设施特别是大型桥梁的建设中,充分发挥市场竞争与筛选的作用,采用先进的工程管理模式,进行全球招标,推动了先进理念、先进技术与工程创新的落地应用,催生了一批功能完善、技术先进、造型美观、经济合理的桥梁建成,如20世纪90年代建成的青马大桥、汀九大桥、汲水门大桥、昂船洲大桥等,又如近年来建成的将军澳大桥(主跨214m、总重约12000t的蝴蝶拱,采用在江苏常熟整体制造、长途海运、"浮托法"安装的跨海大桥),这些桥梁不仅满足了当地交通需求,而且率先将分体式箱梁、钢框架箱梁、稳定索等新结构新技术应用于工程实践,取得了良好的经济技术效益,引领示范了国际上后续许多大跨径桥梁的建设,这对于一个水陆面积仅为2700多 km^2 的城市殊为不易。之所以取得如此辉煌的建设成就,关键在于香港具有成熟的市场竞争机制。以香港汀九桥为例,为引导和约束设计国际竞标,香港路政署在招标中,会同相关顾问公司、提

出了3个引导性初步方案作为招标资料,招标时收到的7份投标书都在初步设计的预算框架内,都具有可行性,且大部分标价都低于业主之前估算的造价。中标方案由国际著名桥梁设计大师约格·施莱希(Jörg Schlaich)主导,不仅是7份投标书中报价最低的,也是7个方案中最大胆、最具工程创新特征的,创造性地采用独柱塔、稳定索,解决了多跨斜拉桥的刚度问题,以最低的造价实现了工程价值的提升(参见本书第3篇第7章)。

以上两个实例说明,在工程创新过程中,虽然技术创新、技术工作者的创造性无疑是重要的,但更重要的是建立良性竞争、有利于促进工程创新的市场约束与引导机制,营造有利于工程创新的环境和氛围。

第5章 工程演化

所谓工程演化,是指在技术创新、工程创新的基础上,经过实践检验和市场洗礼后传承存留下来,得以广泛扩散、普遍应用的工程创新成果过程及其结果的总和。工程演化是工程创新结果经过锤炼浓缩后的精华,是工程创新成果经历大浪淘沙后的结晶。工程演化既包括兼容并蓄的传承,也蕴含着对技术创新、工程创新的扬弃,还意味着否定之否定后的螺旋式上升,但它总是在不断的、或快或慢的进步中,经过长时间的积累,大幅度提升了人类社会的生活质量和生产效率,奠定了人类社会存在和发展的物质基础。

人类对世界上万物演化问题的研究,经历了一个漫长的历史过程。演化(Evolution)一词原意是"展开",可以理解为从一种存在状态向另一种存在状态的转化过程,可以基于运动、要素、过程、系统、理念、功能、效果以及边界条件等关键词来理解。演化反映了自然界的本质,即它不是既成事物的集合体,而是过程的集合体。自达尔文创立生物进化论(Theory of Evolution)以来,进化论不仅作为一种生物学的理论在生物学领域发挥作用,而且作为一种普适的思想方法被人们引申运用到众多研究领域,发挥了极其广泛的影响,陆续出现了经济演化论、文化演化论、知识演化论、技术演化论及科学演化论等。同样的,工程作为人类造物的实践活动,自然而然地也存在演化现象,例如,生物学中的变异与工程创新有一定的相似性,遗传与工程传承有一定的相似性,只是工程演化是包含着人类目的性的社会过程,工程实践活动是一种价值导向的过程,机理机制远比生物学的进化复杂。

研究和理解工程演化既具有理论价值,也具有现实意义。一是可以在更广阔视野下来认识工程、理解工程,可以在更深厚的理论背景下来解构工程、反思工程,从而总结工程发展的历史经验教训,认识把握工程演化发展规律。二是可以更好地促进工程哲学的研究,推动工程科技史的深入研究,从而使工程的决策者、投资者、管理者站在大的历史尺度上,从工程哲学的高度对工程创新、工程决策进行宏观的把控和历史的比对,更深入地理解工程的价值和建设运营模式,提高工程决策的科学水平和成功率,降低工程决策时可能出现事与愿违的概率。三是可以从演化要素、演化机理、演化路径等方面更全面地把握工程本质,更好地理解技术演化、工程创新、经济社会发展之间的相互作用机制,从而促进工程师具有深邃的历史眼光,抓住工程技术的演化方向和演化规律,跳出工程来看工程,从自然、社会、经济、政治、文化等多个方面理解把握技术传承、技术创新和工程创新的辩证对立关系。

纵观3000年工程发展历史,工程实践活动不是停滞不前的,而是不断发展、层阶演化、逐步扩大规模的;同样的,工程演化也是不断发展的,只不过很多时候进展比较缓慢曲折,有时甚至处于低水平徘徊状况,需要放在大的历史尺度下才能科学客观地观察分析。进入现代工程阶段,科学发现对工程演化起到了巨大的推动作用,随着社会需求的急剧扩张,技术创新、工程创新迭代升级速度的加快,工程演化的速度、能效水平的提升正以指数曲线的态势加速,在一些新兴产业表现尤为突出。与古代工程、近代工程不同,现代工程演化的要素也发生了一些变化,技术创新特别是知识形态的技术创新扮演着越来越重要的作用;工程演化的机制、组织形态也发生了变化,对产业经济、社会发展的影响越来越显著。以下就工程演化要素、工程演化机理、工程创新与工程演化关系等几个方面做一些简要探讨。

5.1 工程演化要素

工程是一个同体异质要素的建构过程及其结果的总和,目的在于将各种要素系统集成,并创造出期望的价值。这些要素主要包括土地、资源、资本、技术、人员、制度、市场等。工程的当时当地性往往取决于这些要素的具体状况,工程演化在大多数情况下表现为某些要素的率先突破、从而带动系统演化,但在个别时候,随着颠覆性创新的涌现,也会出现系统性的整体演化。总体来说,在工程演化过程中,要素之间存在相互作用、相互制约、相互促进的机制,不平衡、不协调是常态现象,也是一个动态发展过程,只有当相关要素的作用都得以发挥时,系统性的整体演化才会发生。以第一次工业革命中的纺织工程为例,1733年发明了飞梭,将手工穿梭改进为机械穿梭,织布效率提高了一倍,致使"纺"和"织"的矛盾变得比较突出——6个纺纱工才能供得上1个织布工的需要,1764年,珍妮纺纱机的出现才解决了这一矛盾,但是,新的问题接踵而至,随着纱锭数目的增加,人力难以胜任珍妮纺纱机的动力需求,直到1785年,水力织布机发明出来,问题才得以基本解决,到了1791年,英国建立了第一座水力织布厂,标志着近代机器大工业化生产的开端。在这期间,经历了近60年的发展演化,才完成了从手工业生产向机械化生产的初步转变。

在土地、资源、资本、技术、人员、制度、市场等要素中,大致可以分为三类。第一类为土地、自然资源等基础性要素,也是工程演化的前提和边界条件,往往决定了工程实践活动的基本面貌,是工程实践活动开展的物质基础,但也不是一成不变的,例如工业革命后,钢材经过50~60年的发展,直到19世纪90年代才逐渐取代铸铁、锻铁等人工材料成为桥梁工程的主要材料,而钢筋混凝土取代天然石材木材、成为房屋建筑工程的主要材料也经历了近60年的历程(1880—1940年)。第二类为资本、技术、人员、制度等,是工程演化最主要的变量,是人类不断认识自然、利用自然、提升工程认识、增强工程能力的产物,是工程演化发展最主要的推动力量,集中地体现为资本运作和技术创新,其中,资本对于工程演化的推动作用,犹如血液之于人体,深刻而系统地影响了工程建设模式的变迁,强化了工程投资者在工程建设、运营过程中的作用;技术对于工程演化的推动作用,犹如肌肉之于人体,全面而高效地影响了工程创新的程度。然而,技术进步在很多时候都是一个漫长而复杂的过程,技术创新并不是一出现就能应用于工程实践活动,而是要经过工程不断地选择、竞争、匹配,才会有效嵌入工程实践中,在这个过程中,工程实践主体亦即工程师的主观能动性发挥着关键的选择作用。第三类要素为市场需求,它对工程实践活动有着不可替代的引导和约束作用,是工程实践活动的最重要的动力源泉和检验力量。一般来说,市场需求可以分为两种情况,一种是对原有需求的发掘与扩大,另一种是创造出新的需求。

第二次世界大战以后,随着科学和技术支撑力量的增强,工程实践规模的扩大以及超级工程的建设,现代工程演化呈现出以下三个发展趋势。

一是工程演化从要素推动转变为系统整体演化。随着资源全球化配置,土地、资源、人力、资本等因素不再是制约工程实践活动的瓶颈,以及技术迭代升级速度的加快,技术创新在工程演化过程中的重要性愈发显得突出。因此,常常会出现技术要素推动工程整体演化、系统提升的现象。随着知识经济时代的来临,呈现出迭代时间区段缩短、不断加快速度的趋势。

二是以技术为核心的创新与竞争空前激烈。随着经济社会的发展和新的科学技术知识的涌现,技术创新与竞争迭代空前活跃,既表现出科学发现的支撑作用,也带有技术创新的鲜明印记,还表现为工程集成系统的进化,工程演化的形式越来越丰富多彩。在一些传统工程领域如土木、机电、化工等,新的工程理论如系统论、信息论、控制论、人工智能对其进行了全方位的改造,提升了传统工程领域的认知水平,新的工具方法如数字化对其建造运行产生了颠覆性的变革,提升了传统工程领域的现代性。在很多行业/产业特别是以互联网技术(IT)、材料、制药为代表的新兴行业中,从"技术发明—技术开发—工程创新—产业扩散"的创新路径链日趋紧密,技术开发周期大大缩短,科学和技术的边界日益模糊,市场选择与淘汰日趋严苛,竞争空前激烈。

三是工程演化不断创造新的需求。工程实践活动在提高生产效率的同时,不断激发出人类新的需求,不断创造出新的市场需求,人类几千年以来首次整体上进入了物质相对过剩的时代。与过去的100年相比,现代人的必需物品、人均物资消耗量大幅度增长,这的确给工程实践活动、工程演化提供了广阔的发展空间,甚至改变了人类社会的生产生活方式。但另一方面,工程实践活动所产生的负面效应也逐渐引起了人们的担忧,在工程伦理观、工程生态观等方面也产生了诸多争议。因此,常常需要工程实践活动主体,特别是工程决策者回到原点,思考工程的价值源头,回答好工程"为了什么"这一本源性问题。

案例 1-5-1

建桥材料发展历程回望
——推动桥梁创新发展、工程演化的根本力量

在近现代桥梁工程技术进步的过程中,结构体系、建桥材料、结构理论、施工方法是四个相互作用、相互促进的支柱,在这个过程中,形成了技术自我进化、迭代升级的内在机制。其中,以新材料的开发与应用最为基础,但新材料从发明、开发到广泛应用并不是一帆风顺,既有受原有结构体系束缚的影响,也会受设计计算理论不成熟的拖累,还有因材料自身质量不稳定而产生的障碍,等等。在新材料应用的突破过程中,一些工程大师起到了"点石成金"的作用,一些工程实践活动起到了引领示范作用。现摘取几个典型片段予以说明。

自第一次工业革命以来,人们逐步摆脱了对天然建桥材料如石材、木材的依赖,开始大

规模使用铸铁、锻铁等人工材料,建成了一大批铁路桥梁。如英格兰炼铁世家的第三代企业主亚伯拉罕·达比三世(Abraham.Darby Ⅲ)于1779年设计建造的世界上第一座铸铁拱桥——Coalbrookdale Bridge(跨径30.65m,又名铁桥),托马斯·泰尔福特(Thomas Telford)于1826年设计建成的梅奈海峡悬索桥(Menai Straits Suspension Bridge,跨径176.6m,见图1-2-2b)。在材料性能大幅度提升改善的情况下,发展出铁板梁桥、铁桁架梁桥、铁管箱梁、铁悬索桥、铁拱桥等新的结构形式。

进入19世纪中叶,随着转炉炼钢法、平炉炼钢法的成功,钢材产量大幅提高,质量日趋稳定,英国也于1877年解除了禁止采用钢材制造桥梁的禁令。1874年,由詹姆斯·布坎南·伊兹(James Buchanan Eads)设计的世界上第一座钢桥——美国圣路易斯钢拱桥(跨径布置为153m+158m+153m)建成,标志着钢桥时代的来临。在圣路易斯钢拱桥建设过程中,伊兹凭借对钢材性能的深入了解和系统试验,顶住了来自各方的质疑与压力,平息了社会各界质疑。此后,钢材以优越的材料性能、良好的经济性能、突出的跨越能力取代了锻铁,成为桥梁建设的主要材料,并逐渐发展出钢桁梁、钢桁拱、钢板梁、钢箱梁等新的结构形式,提炼出悬臂架设法等新的施工方法,建造了以英国福斯桥、美国纽约布鲁克林桥为代表的一大批规模宏大、影响深远的桥梁。以上几座具有里程碑意义的近代钢铁桥梁概貌见插页彩图6。

另一方面,法国园艺师约瑟夫·莫尼埃(Joseph Monier)从1867年起,申请了钢筋混凝土管、钢筋混凝土梁板的专利,并建造了一座16m跨径的人行拱桥。1886年,美国的T.Hyatt通过钢筋混凝土梁的试验明确指出:对于简支梁,钢筋的大段应该布置在梁的底部,并让钢筋的两端弯转向上、以抵抗该处的斜拉力。同年,德国的M.Koenen提出了钢筋混凝土梁的弹性分析法。在此期间,钢筋混凝土梁板构件很快在建筑工程中得到应用,人们也开始探索钢筋混凝土用于桥梁工程,直到1900年,法国的弗朗索瓦·埃纳比克(François Hennebique)首次建成第一座钢筋混凝土桥——主跨50m的沙泰勒罗(Châtellerault)拱桥,标志着混凝土桥梁时代的来临。在这个过程中,人们总是不由自主地沿袭套用石拱桥的结构形式,直到尤金·弗雷西奈(Eugène Freyssinet)、罗伯特·马亚尔(Robert Maillart)等人的工程实践作品如普卢加斯泰勒拱桥、萨尔金娜山谷桥(图1-2-5)问世,钢筋混凝土才逐步走出石拱桥结构形式的束缚,作为一种新型建桥材料在中小跨径拱桥、梁桥中得到了应用。

进入20世纪30年代,人们开始探索预加应力的作用方式、以克服混凝土抗拉强度过低的缺陷,尤金·弗雷西奈、弗朗兹·迪辛格(Franz Dischinger)等人开始对混凝土的徐变特性进行了系统的研究,萌生出预应力混凝土梁的概念。另一方面,人们进一步探索钢材与混凝土的复合方式,先后提出了钢管混凝土、钢-混凝土组合梁、劲性混凝土等新的复合方式,并在地铁、房建、桥梁工程中有了一些零星的应用。第二次世界大战结束后,在尤金·弗雷西奈、弗朗兹·迪辛格、古斯塔夫·曼格涅(Gudtav Magnel)、乌立希·芬斯特沃尔德(Ulrich Finsterwalder)、林同炎等人的推动下,预应力混凝土结构基本理论初步建立,预应力混凝土作为一种新的建桥材料,在工程实践中不断丰富发展完善,逐渐成为大中跨径桥梁的主要建桥材料。同时,利用张拉预应力钢筋、来控制悬臂节段施工的应力及变形也成为混凝土梁桥的主要工法,相继发展出T形刚构、连续梁、连续刚构等新的梁桥结构形式,并以优越的经济性能、相对较少的维护工作量,在大跨径桥梁的建设竞争中压缩了钢桥应用空间。

从20世纪60年代开始,针对混凝土的抗拉强度低、比强度(强度/密度)小的先天缺陷,在微观层面上,人们着力于混凝土的改良改性,先后研发了纤维增强混凝土、轻集料混凝土、泵送混凝土、自流平混凝土、高强度混凝土、高性能混凝土(High Performance Concrete,HPC)、超高性能混凝土(Ultra-High Performance Concrete,UHPC)等一系列新材料;在中观层面上,人们不断改进钢与混凝土的复合方式,完善设计计算理论,先后推动了钢-混凝土组合梁、劲性骨架混凝土的工程应用。与此同时,针对钢材的不足,先后研发出耐候钢、高性能钢材(High Performance Steel,HPS)、高强度线材,以及焊接、高强螺栓连接等新的连接方式,等等。目前,全世界年消耗钢材约17亿t(其中约一半用于土木建筑工程),年消耗水泥超过40亿t,强度等级超过C80的HPC、强度在700MPa左右的HPS板材、强度达到2000MPa的高强钢丝已经比较广泛地应用于桥梁工程,除强度指标以外,其他性能也得到了大幅度改善。在这个过程中,人们一直在没有停止探索开发强度更高、性能更优越的材料。

纵观自亚伯拉罕·达比三世使用人工材料的200多年的桥梁工程发展历程,可以得出如下四点基本认识:一是建桥材料是桥梁发展最主要的推动因素,但建桥材料必须与结构体系、施工方法、设计计算理论三者密切配合、相互作用才能推动桥梁工程的发展;二是在可预见的未来,钢材、混凝土仍然是桥梁建设的主要材料,针对结构工程、桥梁工程建设和运营过程中的各种问题,钢材、混凝土的改良改性永无止境;三是在新材料的工程应用过程中,经济性能(含后期维护费用)始终是最主要的筛选力量;四是在新材料的应用过程中,工程大师的洞察能力起到了"点石成金"的作用。

5.2 工程演化机制

工程演化不仅对经济社会发展、产业迭代升级产生了深远的影响,对工程实践活动产生了潜移默化的作用,而且引导着工程决策、工程评价、工程教育等相关细分领域的发展,丰富了工程实践活动的价值理性。但也必须承认,工程演化是一个缓慢曲折、有时甚至处于低水平徘徊的过程,需要拉长时间轴才能进行深入地分析。那么,工程演化的动力是什么?工程演化的机制有哪些?理解和掌握工程演化的动力与机制,对于工程实践活动有何指导价值?围绕这些问题,以下做一简要探讨。

(1)工程演化动力

工程实践活动是存在于特定的自然、社会环境之中的,自然、社会都会对工程实践活动产生直接的、巨大的影响,"自然-社会-工程"三元互动的巨系统具有一系列复杂特征,这些特征推动、制约着工程的演化进程,很多时候也直接表现为工程演化的推动力。一般来说,工程演化动力主要包括三个方面,即工程与社会的矛盾、工程与自然的矛盾、工程传承与工程创新的矛盾。

工程与社会的矛盾主要表现为社会发展不断产生新的需求,在社会需求的牵引下,工程演化不断加速。所谓社会需求,其表现形态是多种多样的、与时俱进的,例如经济需求、政治需求、军事需求、文化需求、健康需求、安全需求、宗教需求、精神需求等,这些社会需求在不同的具体环境和条件下、通过不同的方式和途径形成了工程演化的动力。社会需求既为工程实践活动、工程演化指明了方向，又牵引和促进着工程的演化。在人类3000年的工程史上，绝大多数时间里工程实践活动能力是无法满足社会需求的，工程与社会需求的矛盾直接推动工程实践活动不断突破工程壁垒、提高能效水平、跨越工程禁区，在这个进程中，科学和技术的支撑作用变得更加突出，工程实践活动的能力得到提升，工程创新成果增多，经过时间的沉淀、市场的洗礼、历史的检验，工程创新成果的精华成为工程演化的一环。

　　工程与自然的矛盾主要表现为自然环境条件是工程实践活动的基本支撑，而自然规律是工程实践活动的主要制约因素。首先，在工程实践活动中，自然资源、环境条件是工程实践活动的物质前提和物质基础，它对工程活动的当时当地性有着根本性的决定意义，对工程的集成与建构起着支撑性的作用。其次，工程实践活动是通过对自然界的物质、结构、性质、状态的重组和转换的人工系统，自然界的物质、能量、信息以及它们之间相互作用的机制和规律从根本上制约着工程实践活动，为工程的集成、选择、建构设定了可能性空间，工程实践活动必须遵循自然规律，尊重并把握客观事物的本质。最后，与自然界无目的的运行演化不同，工程实践活动是一种价值导向的演化过程，必须在顺应自然、依靠自然、适度改造自然的过程中不断发展进化，很多时候表现就会为工程与自然的矛盾。正是这些矛盾和正反两方面的经验教训，促使人类不断认识自然规律，更新工程理念，改进工程实践活动方式，加快工程创新与技术迭代，实现工程实践活动与自然环境的和谐共处。在这个进程中，工程观念升华了，工程实践活动的实现方式更新了，相关成果经过积淀成为工程演化的有机组成部分。

　　工程传承与工程创新的矛盾是工程演化的内部动力。工程传承也被称之为工程传统。首先，工程传承犹如生物演化过程中的遗传，工程创新犹如生物演化过程中的变异，正如遗传和变异是生物界的基本法则和演化机制，传承与创新也是工程界的基本法则和演化机制。所谓传承，是指将人类在长期的工程实践活动中所形成的成熟的理念、规则、规范、方法、程序，通过知识传播、技能研习、经验交流、文化积淀等途径和机制，形成一定的、稳定的传统，构成了工程演化的基因，从而保障工程实践活动顺利开展和不断发展。离开了工程传承，工程实践活动将无法开展与运行。其次，工程创新是工程演化的重要机制与实现途径，工程创新正是在充分吸收和保留了工程传承中的积极合理成分，又在反思、批判、改造与超越工程传承的过程中自我扬弃与进步。工程实践活动的集成性、建构性与创造性决定了工程创新在传承与变异的矛盾中居支配地位。由于工程矛盾无处不在、无时不有，旧的矛盾解决了，新的矛盾又会出现，这就需要持续不断的工程创新，正是在这种永无止境的工程创新推动下，工程得以不断演化和发展。最后，工程传承与工程创新的矛盾是对立统一的，任何时期的工程都是既保持了一定的工程传承，又可能包含了一定程度的工程创新成分，如果工程传承是某一时期工程实践的基本面，那么工程演化就表现为渐进式改良，体现在工程创新上就表现为改进和融合；如果工程创新是某一时期发生了颠覆性的工程创新，那么工程演化就表现为质变或革命。总体来说，在工程演化过程中，渐进式改良占据主流与主导地位，工程演化正是通过工程传承与工程创新内部矛盾的不断调整，积小变为大变，积量变为质变，最终产生飞跃性质的演化。

（2）工程演化机制

工程是有组织地利用各种资源与相关要素构建人工存在物的实践过程。工程实践活动基本特征是建构与集成，工程实践活动的灵魂是当时当地性，影响因素众多。因此，工程不同于技术，在实现价值创造提升的过程中，具有非常复杂的演化机理。具体包括"选择与淘汰""创新与竞争""建构与协同"三个紧密联系、相互作用的工程演化机制。

所谓"选择与淘汰"，是指工程演化都是社会选择的结果。一般来说，社会选择主要包括政治选择、市场选择、技术选择、伦理选择、文化选择等，在不同的时空中有不同的表现方式，一些在工程历史上关键选择甚至改变了工程演化的走势和方向，并沉淀积累为工程传统的一部分。在这个选择与淘汰的过程中，既有人类意志力量的支配作用，也有客观因素"自然选择"的强大作用。在市场经济条件下，市场选择是最主要的筛选力量，深刻而持续地影响着工程演化的进程。市场是一种复杂、多变、强大、既有主观性又有客观性的选择机制。进入现代社会，随着信息传播方式、传播速度的提升，市场选择过程往往快捷而严苛，加速了新产品/新技术/新制度/新服务的扩散与推广，高效有力地促进了工程/产品/技术的新陈代谢。

所谓"创新与竞争"，是指在工程演化过程中技术创新、工程创新的权重在不断提升，竞争与创新存在相互促进的良性互动关系。竞争的关键领地不在科学原理的"理论王国"中，而在技术开发的"现实王国"中。通过创新与竞争，让那些创新程度高、具有"种子型"属性的技术发明通过市场竞争的洗礼，尽快完成技术开发、完善相关配套技术、实现"从1到N"的转变，进而被工程选择、应用和集成，以提高工程的能效水平、提升工程的价值内涵，进而更好地造福人类。因此，竞争不仅是必要的、必需的，而且是有益的，工程技术发展历史告诉我们：在"技术发明—技术开发—工程创新—产业扩散"这个竞争过程中，竞争机制是复杂的、曲折的、长期的，甚至是残酷的，存在各种各样的不确定性，只有为数不多的决策者或企业家才能在重重迷雾中把握方向。

所谓"建构与协同"，是指在工程演化过程中需要有目标地进行跨学科、跨领域的协作融合，各创新主体之间不仅存在相互竞争关系，而且存在不同形式的合作、协调、协同关系，以更好地应对日益复杂的工程问题，促进技术创新在工程实践活动的嵌入和应用。随着工程规模日益扩大，或随着工程尺度向宏观和微观两个极端发展，工程的复杂性、系统性日益显著，工程实践活动的专业性日益突出、分工越来越细，工程活动中的分工与协作变得越来越重要，表现为"产业链""工程集群""工程网络"等工程实践活动新载体的成熟与壮大，形成了复杂的层次关系，增大了工程管控的难度，为"建构与协同"提供了广阔的用武空间，同时也加速了技术创新的萌芽、工程创新的扩散，推动了工程演化的进程。

（3）工程创新与工程演化

工程创新与工程演化既有非常紧密的联系，也有一定的区别。总体来说，工程创新是工程演化的前提，工程演化是工程创新与扩散的结果；工程创新是阶段性的突破和提升，工程演化是历史筛选与市场检验的结果；工程创新是一个个独立的点，工程演化则是相互依存的链；工程创新是一个动态的、渐进的过程，工程演化是一个大浪淘沙、长期积淀结果的总和。

从这个角度来看,工程演化远比工程创新的影响因素复杂、制约因素众多,只有站在大的工程历史尺度上才能分析把握。二者的联系与区别表现为以下三个方面。

一是工程创新是工程演化的基础,是工程演化的铺路石。没有工程创新,工程演化就会停滞不前,但工程创新只有经历了市场严苛的筛选、经历了时间和历史的检验,经历了去伪存真、去粗存精、大浪淘沙过程后,留存下来的工程创新才有可能实现创新扩散和推广应用,从而对工程演化产生影响,成为工程演化过程中的一个个结点。另一方面,一些工程创新虽然能够全部或部分解决相应问题,但由于在能效尺度上、经济尺度上显现出比较优势还不够突出,价值提升的力度还不够到位,在尚未得到大范围创新扩散的情况下,就迅速被下一代工程创新所取代,工程历史上无数"不成功"的创新都证明了这一点。

二是在某些情况下,一些工程创新不具有可复制性、可推广性,难以跻身工程演化的结点群。工程创新具有突出的当时当地性,一些工程创新具有特殊的历史环境、自然条件或社会背景,在当时当地的条件下,的确体现出了价值的提升,解决了生产生活当中的突出问题,但由于该工程创新所处的自然社会条件过于特殊,在创新扩散或推广应用时失去了其价值提升的环境或背景,导致其不再具有方法论或工具论层面的意义,从而难以对工程演化产生影响,最终悄无声息地消失在工程实践的历史长河中。例如,在1960—1980年,在与国际桥梁界封闭的形势下,我国自力更生、土法上马修建了大量的双曲拱桥、刚架拱桥,虽然具有显著的工程创新特征,解决了当时经济困难、运输吊装能力低下时期的桥梁建设需求,但因与桥梁整体化、大型化施工的发展趋势相左,最终,双曲拱桥、刚架拱桥不得不黯然退出了桥梁建设的历史舞台,也未能跻身成为工程演化的一个结点。

三是工程演化比工程创新的机制更加复杂多元。相比于工程创新存在着包括社会需求推动、科学技术支撑、自然与社会筛选、技术自我进化、工程大师点化五个方面的机制,工程演化的机理更加庞杂多元,包括了土地、资源、资本、技术、人员、制度、市场等多个方面,这就导致工程演化的选择与淘汰机制更加严苛,创新与竞争机制更加激烈,建构与协同机制更加复杂。此外,在有些时候非技术要素如政治、文化、宗教等还会在工程演化中扮演重要角色,例如西方中世纪的宗教对其土木建筑的风格形式、建造技术、工法工艺产生了关键而深远的影响,直至今天仍以不同方式体现在现代建筑工程中。从更高层面来看,可以将工程创新看作一个个独立的点,而工程演化则是相互依存的链,其发展演化的复杂性与系统性远远超过了工程创新。

(4)"不成功"工程创新的一般原因分析

纵观工程历史,大多数工程创新即便问世之初备受赞誉,但往往未能经受住工程实践的长期检验或市场的严苛筛选,最终消失在工程历史的长河之中,只有为数不多的工程创新能够通过实践的检验而得以传承和发扬光大,构成工程演化进程中的一环。拉长时间轴来看,大多数工程创新都可归类在"不成功"之列。这里所谓的工程创新"不成功",并不说这些工程创新失败了,而是其在解决了一些主要工程问题的同时,或因自身存在一些局限或性能缺陷,或因效能效率不高,或因经济效益不突出,而被新一代的工程创新所取代,在工程实践活动中未能实现大规模的扩散、未得到广泛应用和普遍传承,成为工程演化进程中的垫脚石。

但需要指出的是，人们应该辩证、历史看待这些"不成功"的工程创新，即这些被取代的工程创新虽然具有一定的历史局限性和突出的时代性，但毫无疑问，它们对工程实践活动仍具有巨大的推动作用和重大的时代意义，既是工程演化道路上的铺路石，更是工程演化进程的加速器。

之所以产生这类现象，归根结底是由工程的本质属性所决定的，这既符合工程创新的渐进性、演化性、稳健性的要求，反映了工程创新、技术创新的内在规律，也有一些工程创新个案内外部复杂的原因。归纳起来，在工程实践活动中存在着为数不少的"不成功"工程创新既是必然的，也是合理的，反映在认识论上，其合理性体现在以下三个方面。

一是从工程本质上说，工程是建立在科学发现、技术创新、工程经验教训基础上的价值创造过程，工程创新是一个不断冲破技术壁垒、躲避各种陷阱的过程，是一项冒险性的事业，每个环节都包含很多不确定性因素或未确知性成分，在实施过程中虽有律可依、但无迹可寻，必然会存在着种种实际困难和认知障碍，在多数情况下超出了人们当时的认知能力和应对水平，导致一些工程创新在解决当时工程界突出问题的同时，本身也存在这样或那样的技术局限及功能缺陷。随着技术的迭代升级，这些工程创新就难以再有用武之地了。

二是从创新实现过程来看，工程创新是一个对同体、异质、多要素的集成过程，阻碍工程创新的因素包括政治、自然、经济、技术、社会等多个方面，导致工程创新者所面对的必然是一个跨学科问题。因此，必须从全要素、全过程和集成的角度来认识、剖析、应对工程创新中的种种困局，这必然对工程创新的实践者提出了很高的，乃至超越时代的要求，在当时的情况下往往难以恰当协调权衡，导致工程创新会在某些方面存在先天不足。随着工程实践活动外部约束条件的变化，工程理念的更新，这些工程创新就显得不合时宜了。

三是从技术角度来看，技术创新是工程创新的前哨战场，前哨战场的变革必然带来工程创新主战场的变化。技术创新具有自我发育进化、不断革新完善的内在迭代机制，一些技术创新虽然能够解决相应的工程问题，但可能由于在能效尺度上、经济尺度上显现出的比较优势还不够突出，而迅速被下一代技术创新所取代，也可能因为在工程伦理观、工程生态观等方面存在瑕疵而被淘汰，等等。这就是为什么卡尔·富兰克林说："多数的创新，无论是多么令人兴奋，最终都将消失在历史的灰烬里"的原因之一。

正是如此，人们在进行工程创新、技术创新实践活动中，需要站在工程哲学的高度，通过回望工程历史来把握工程本质，设身处地剖析典型案例，进行反思，从"不成功"的工程创新中汲取经验和教训，回归工程创新的价值理性，全面把握工程创新的内涵本质，担负起工程实践活动主体，特别是工程师的创新的义务和使命。

| 案例 1-5-2 |

现代桥梁工程创新成果简况表
——基于工程历史尺度的积淀

近80年以来，在力学、材料科学与工程、计算机技术等科学和技术的支撑下，桥梁建设技术得到了极大的进步，人类跨越障碍能力得到了极大提高，桥梁建设的规模体量、能效水平、建设质量等方面取得了巨大的进步和辉煌的成就。在这个过程中,涌现出一代又一代桥梁工程创新成果,解决了当时当地的桥梁建设困难。以桥梁工程最显著的特征——结构体系和施工方法为例,近80年来曾经有许许多多的创新成果,但经过工程实践的长期筛选、市场的洗礼与历史的检验后,存留下来的、得到大规模应用的创新成果不过数十项,现摘取最重要、影响最大、应用最广的10项结构体系创新成果,罗列如表1-5-1所示,5项施工方法创新成果罗列如表1-5-2所示,详细情况见第2篇相关章节。

现代桥梁工程结构体系代表性创新成果简表　　　　　　　　　　　　表1-5-1

序号	时间(年)	创新成果	提出者	首次工程应用
1	1946	预应力混凝土梁式桥	尤金·弗雷西奈(Eugène Freyssinet)	法国马恩河吕章西(Luzancy)刚架桥
2	1950	正交异性板	弗里茨·莱昂哈特(Fritz Leonhardt)	联邦德国曼海姆库法尔茨(Kurpfalz)桥
3	1952—1954	斜拉桥	阿尔贝·卡科(Albert Caquot)/弗朗兹·迪辛格(Franz Dischinger)	法国栋泽尔—蒙德拉贡(Donzère-Mondragon)公路桥(1952)/瑞典斯特桑德(Skarnsund)桥(1954)
4	1965	扁平流线型钢箱梁	吉尔伯特·罗伯茨(Gilbert Roberts)/威廉·布朗(William Brown)	英国塞文桥(Severn Bridge)
5	1967	密索斜拉桥	海尔马特·霍姆伯格(Hellmut Homberg)	联邦德国波恩弗里德里希·艾伯特(Friedrich Ebert)桥
6	1972	混合梁斜拉桥	弗里茨·莱昂哈特(Fritz Leonhardt)	联邦德国曼海姆—罗德维希港(Mannheim Ludwigshafen)桥
7	1974	连续刚构桥	克里斯蒂安·梅恩(Christian Menn)	瑞士弗尔泽瑙(Felsenau)桥
8	1977	单索面混凝土斜拉桥	雅克·马迪瓦(Jacques Mathivat)/让·穆勒(Jean Muller)	法国布鲁东(Brotonne)桥
9	1980—1988	索辅梁桥(部分斜拉桥)	克里斯蒂安·梅恩(Christian Menn)/雅克·马迪瓦(Jacques Mathivat)	瑞士甘特(Ganter)桥/葡萄牙Socorridos桥
10	1991	钢管混凝土拱桥	吴清明	中国四川旺苍东河桥

现代桥梁施工方法代表性创新成果简表　　　　　　　　　　　　表1-5-2

序号	时间(年)	创新成果	提出者	首次工程应用
1	1950	悬臂节段现浇工法	乌立希·芬斯特沃尔德(Ulrich Finsterwalder)	联邦德国巴尔杜因斯泰因桥(Balduinstein Bridge)
2	1959	移动模架现浇工法	海尔马特·霍姆伯格(Hellmut Homberg)	联邦德国Leverkusen桥
3	1959	顶推施工法	弗里茨·莱昂哈特(Fritz Leonhardt)	奥地利Ager桥
4	1962	悬臂节段拼装工法	让·穆勒(Jean Muller)	法国舒瓦齐勒罗瓦桥(Choisy-le-Roi Bridge)
5	1997	大型预制块件吊装法	丹麦COWI公司/让·穆勒(Jean Muller)	丹麦大带(Great Belt)海峡西桥/加拿大联邦大桥(Confederation Bridge)

从表 1-5-1 可以看出，工程演化存在着严格而残酷的"选择与淘汰""创新与竞争""建构与协同"的机制，桥梁工程也是如此。虽然在当时，某一项结构体系、施工工法的创新成果的确解决了人们在桥梁建设中的难点，取得了明显的技术进步，有着内涵十足的创新特征。但是，绝大多数创新成果或因自身功能上存在一些局限，或因在经济指标不够理想，或因使用性能欠佳，未能经受住市场的筛选、没有得到大规模的推广应用，最终淹没在桥梁工程演化的历史长河里。

案例 1-5-3

部分现代桥梁结构体系"不成功"创新案例
——技术迭代升级的规律作用

在现代桥梁结构体系的发展过程中，为了解决当时桥梁建设面临的主要问题或主要困难，工程师们创造出很多新的结构体系，在这其中，就有一些比较典型的"不成功"创新案例，见表 1-5-3。在这些案例中，有些昙花一现，如悬带桥；有些则获得了广泛的工程应用，如 T 形刚构桥、双曲拱桥等。

部分现代桥梁结构体系"不成功"创新成果简表　　表 1-5-3

序号	应用时段	结构体系	解决的主要问题	存在的主要局限
1	1950—1980 年	混凝土 T 形刚构	①大跨径预应力混凝土悬臂施工；②计算能力不足	①因受力不够合理和材料利用效率不够高，导致经济指标相对较差；②行车性能不佳
2	1960—1980 年	双曲拱桥	在缺乏大型施工机具如何"化整为零、集零为整"，从而便于施工、降低造价	①结构受力的整体性差；②结构耐久性差
3	1970—1980 年	悬带桥（反吊桥）	如何给混凝土梁提供多点弹性支承，以提升跨越能力	①材料利用效率不够高；②施工比较复杂
4	1970—1990 年	混凝土桁架梁（拱）	在节省材料同时，提供较大的刚度，并便于运输吊装	①施工环节多；②结构整体性较差
5	1980—2000 年	板拉桥	如何给混凝土梁提供弹性支承，并保护斜拉索	①难以防止板的开裂；②行车视界受阻、不美观

这些结构体系之所以被淹没在工程演化的历史长河中，共同的特点是在因地因时制宜地解决桥梁工程建设一些问题的同时，或因结构性能、使用性能的存在一些缺陷，或因在能效尺度上效率不高，或因在经济尺度上效益不突出，未能经受市场和工程实践的检验，而被新一代的结构体系所取代，这既符合工程创新、工程演化的历史规律，也是技术迭代升级、经济性能指标比选、市场筛选的必然结果。但无可否认，这些"不成功"创新案例起到了承前启后的作用，解决了当时桥梁建设的主要矛盾，对桥梁工程的发展仍然有显著的推进价值和时代意义，既是桥梁工程演化的重要环节或关键结点，更是成功的工程创新的孵化器。

案例 1-5-4

大跨径预应力混凝土梁桥的创新发展历程
——工程演化多要素的相互作用

早在20世纪30年代,尤金·弗雷西奈、弗朗兹·迪辛格等预应力混凝土先驱就开始研究收缩徐变、预应力损失、预应力张拉方式及锚具构造等。1937年,弗朗兹·迪辛格在德国奥厄(Aue)车站跨线桥的设计建造中,首次采用了无黏结预应力混凝土。1946年,弗雷西奈在法国马恩河上吕章西(Luzancy)桥的建设中,采用了横向分室、纵向分段预制的混凝土箱梁构造,利用吊架、临时塔和扣索进行架设,然后张拉预应力束、串联成整体;此后几年里,弗雷西奈又在马恩河上利用同样的方法修建了5座预应力混凝土刚构桥。在早期的预应力混凝土梁桥的工程实践中,预应力仅作为一种高效的配筋方式而存在,主要解决混凝土开裂问题,通过张拉预应力筋将钢筋混凝土转变为弹性材料,并克服混凝土收缩徐变产生的不利影响。

1950年,著名工程师乌立希·芬斯特沃尔德(Ulrich Finsterwalder)在主跨62m巴尔杜因斯泰因桥(Balduinstein Bridge)的施工中,借鉴了1930年建成的巴西佩奇(Peixe)河桥(跨径布置为23.67m+68.50m+26.76m的钢筋混凝土刚构桥,由E.H.Baumgart设计)的悬臂浇筑施工方法,发明了挂篮这种空中作业平台,创造性地利用预应力钢筋的张拉进行梁体的应力和变形控制。这样,预应力技术就具有了高效配筋和悬臂施工应力和变形调控的双重属性,将梁桥的施工要求与运营要求完美结合在一起,从而使制约大跨径混凝土梁桥发展瓶颈——如何无支架施工的难题迎刃而解。

随后,芬斯特沃尔德1953年在联邦德国尼伯龙根桥(Nibelungen Bridge,主跨为114.20m的T形刚构,在我国又被称之为沃尔姆斯桥)的建设中,又进一步完善了悬臂浇筑施工技术。到了1965年,随着本多尔夫桥(Bendorf Bridge,主跨208m、跨中设铰、采用三向预应力技术的T形刚构)、法国舒瓦齐勒罗瓦桥(Choisy-le-Roi Bridge,主跨为55m的连续梁,第一次采用悬臂拼装施工方法)等多座桥梁的建成,标志着大跨径预应力混凝土桥悬臂节段施工技术逐步成熟、设计计算理论基本完善。到了20世纪60年代末,预应力混凝土桥的设计计算理论、悬臂施工技术、箱梁三向预应力技术、预应力材料与配套的张拉锚固设备逐步完善成熟,预应力技术完成了技术迭代进步,并迅速在欧洲、美洲扩散推广,大跨径预应力混凝土桥也成为钢桥的有力竞争者。

从预应力混凝土梁桥早期近30年的工程实践可以看出:建桥材料、结构形式、施工方法与设计计算理论四者之间的界限并不十分清晰,相互作用及演化过程比较曲折复杂,存在多个观察、切入、改进、深化的技术视角,技术创新常常呈现出以点带面的特点,并在工程实践中实现集成化、体系化改良,这对当今技术创新日趋激烈的工程界仍有普遍的指导意义。

20世纪70年代后,预应力混凝土梁桥因其造价低廉、养护维修工作量小,在大中跨径桥梁与钢桥的竞争中逐渐占据上风,在全世界获得了迅速发展和广泛应用。在结构体系上,发展出连续梁、连续刚构、斜腿刚构、V形刚构、索辅梁桥等新的结构形式;在结构设计理论上,发展出箱梁空间行为、无黏结预应力、部分预应力、体外预应力等设计计算理论;在施工方法上,发展出架桥机拼装法、顶推法、转体法等施工方法,在全世界建成了数百座跨径大于100m的预应力混凝土箱梁桥,最大跨径达到了300m(1998年建成的挪威Stolma桥,主跨301m)。在我国,从20世纪80年代开始,建成了以广州洛溪大桥、黄石长江大桥、虎门大桥副航道桥为代表的40多座大跨径预应力混凝土梁桥。与此同时,随着预应力混凝土梁桥在全世界的广泛应用,一些结构体系如T形刚构因使用性能存在一定的先天缺陷,经济指标也不够理想,逐步退出了大跨径混凝土梁桥的行列。

然而,进入20世纪90年代后,世界各地已建成的大跨径预应力混凝土箱梁桥不同程度地出现了一些病害,比较普遍的有两类:一类是梁体跨中下挠,下挠幅度与跨径之比大致在1/500~1/150;另一类是箱梁腹板、顶板、底板开裂。这两类病害都明显影响到桥梁的正常使用性能和耐久性能,人们不得不花费大量物力、人力进行加固维护,以消除大跨径预应力混凝土箱梁桥的病害或隐患。1997年更是发生了帕劳共和国科罗尔—巴伯尔特奥大桥(Koror-Babeldaob Bridge)垮塌的工程事故,引起了国际桥梁界的普遍重视。

经过近20年的探讨,一般认为病害成因主要有三方面:一是设计计算理论对混凝土的徐变特性和演化机理不确定性,尤其是加载龄期对后期徐变的影响和演变规律认识不清、计算不准,导致实际永存预应力与计算结果存在较大出入,永存预应力普遍小于设计计算值;二是设计计算理论对箱梁的空间效应分析把握不到位,导致箱梁配筋构造不当、出现了混凝土板件的各种开裂现象,而箱梁开裂又会进一步加剧梁体下挠;三是施工过程中对恒载重量控制不准确,普遍存在恒载实际值大于计算值的情况。在阐明大跨径预应力混凝土梁桥病害机理之后,桥梁工程界采取了诸如增大混凝土加载龄期、降低预应力水平、改进构造及配筋方式、增设体外预应力束、提高箱梁空间效应精细化分析水平等一系列应对措施,使这个问题得到了较为妥善的解决。有意思的是,在预应力混凝土发源地法国,对大跨径预应力混凝土梁桥的建设一直比较谨慎,在本土没有建设跨径大于200m的公路预应力混凝土梁桥,也没有建设跨径大于150m的铁路预应力混凝土梁桥,但率先研究开发了体外预应力体系,以便于随时根据梁体下挠情况来调整预加应力,这也许是受弗雷西奈早在20世纪20年代利用液压千斤顶不断调整由徐变产生的拱顶下挠这种务实审慎工程思想的启示。

从大跨径预应力混凝土梁桥70多年的发展历程来看,工程创新一直都是在曲折崎岖的路线上探索前进,建桥材料、设计计算理论、施工方法、结构形式之间存在着相互支撑、相互作用的复杂关系,有时候还存在着相互制约的可能。经过长时间的积淀和检验,工程创新逐渐凝结为工程演化的一环。在这个大浪淘沙的过程中,工程创新的"理论—实践—再理论"的发展路径没有变;对工程问题不断深化认知水平、提升应对能力时,洞察力居于核心的地位没有变;面对工程创新可能遇到的未确知性、保持审慎务实稳健的工程思想没有变。

第6章 工程思维

通过以上论述,辨析了科学、技术与工程的异同,明确了工程本体地位,阐明了工程本体论对认识工程、指导工程创新的价值意义,厘清了工程创新及技术创新的基本特征,剖析了工程创新的机理机制,指出了工程创新与工程演化的异同。但是,仅仅分析这些内容显然是有所欠缺的,工程实践活动不但是物化建造过程,也是全方位渗透着人类的目的、思想、知识、经验、价值观、审美观等思想要素和精神内涵的过程,在这个过程中,人的思想思维方式起到了至关重要、画龙点睛的作用。因此,必须研究工程实践活动主体,特别是工程师的思维特征和思维方法,换言之,必须研究工程方法和工程思维。

所谓工程思维,目前没有严格的定义,大致是指以工程规律、工程规则为基础,以工程方法、技术手段、经济指标为支撑的思维过程及其结果。工程思维是以价值目标为导向的思维活动,是工程实践活动主体(包括工程决策者、管理者、工程师、技术工人等人员)应对工程问题的基本方法,是工程实践活动主体在长期工程实践活动中逐步积累形成的、处理工程问题的策略路径,涉及工程实践活动的技术层面和非技术层面的各个环节,非技术层面的大致包括政治、经济、社会、历史、文化、宗教等多个维度。就纯技术角度而言,工程思维不但要分析研究如何遵循工程技术规范的问题,有些时候还要思考探索如何完善技术规范标准、创造新的工程知识的问题。进一步来说,工程思维是在工程理念和工程方法引导下,结合科学方法理论和技术原理,根据工程实际情况的个性化思想过程,并在个性化思维结果积淀、传承的基础上,经过长时间的积累,逐渐形成群体思维的共性特征,进而发展沉淀为某一行业、某一工程领域的普适性思维方法。工程思维对工程实践活动的成败、品质、建造运营水平有决定性的影响,是工程实践主体主观能动性和创造力的集中展现。工程思维的应用场景比较丰富宽泛,原则上来说,凡是与工程实践活动相关的环节,如工程规划、工程管理、工程决策、工程设计、工程评估、工程运营等都是工程思维用武之地。限于篇幅,本书以工程设计为核心,仅讨论工程设计过程中工程思维的应用方式方法,对工程思维在工程管理、工程决策、工程评估等方面的应用不进行专门阐述。

为便于比较深入地探讨工程思维的特点、工程创新思维的培育路径,阐明科学思维与工程思维的异同,从而促进工程一线人员工程思维的觉醒,在讨论工程思维之前,需要先对人类在长期工程实践活动中积累形成的工程方法的基本特征做一简要论述。

6.1 工程方法的特征

所谓方法,广义上来说是指在给定的条件下,为达到一定目标所需采用的手段、方式、工具、程序的总称。对于工程方法,至今没有一个完整的、广泛认同的定义,一般理解为在长期工程实践活动中积累形成的各种应对工程问题的策略和路径的总称,大致与"科学方法"相对应。所谓"科学方法",狭义来说就是指关于科学研究、科学评价、科学发展的一般方法,广义指由人们世界观决定的、正确地认识世界改造世界的根本方法。科学方法是在逻辑分析的基础上不断递进发展的,遵循着"分类—问题—假设—研究—理论"的总体演化路径。简单来说,科学方法包括如下基本特征:一是科学思维是真理定向的思维,目的是发现真理、探索真理、追求真理;二是科学思维具有一般性,能够系统量化解释表面纷繁复杂的现象,以揭示现象背后的、普遍的科学规律为目标;三是科学思维具备抽象性,能够帮助人们认识事物的主要矛盾,并以此为基础进行技术开发;四是科学思维具备逻辑性和可证伪性,不受思维对象的具体时间和具体空间的约束,可以基于归纳法无穷尽地对人类的观察进行总结和提炼;五是科学思维具备跨越时间的能力,既能够解释已经发生的事情,也能够预测未来将要发生的事情。

工程方法是由工程的本质所决定的。在工程方法的发展过程上,由于科学发现对现代工程的发展起到了无可替代的推动作用,工程方法也就自然而然地脱胎于科学方法,与科学方法既有千丝万缕的联系,又有一定的区别和差异。在工程方法的发展过程中,大致经历了"模糊整体论框架、机械还原论框架、系统整体论框架"三个阶段,目前虽然"系统整体论框架"已经占据主导地位,但还没有完全摆脱"机械还原论框架"的影响。一般来说,工程方法遵循着"科学发现—技术开发—工程实践—工程知识"的总体演化路径,纵向上可以归结为各类工程领域的工程方法,如土木工程方法、化学工程方法、系统工程方法等;横向上可以分解为工程实践活动中各个层面上的方法,如工程决策方法、工程设计方法、工程管理方法等。对于工程方法的研究,一种是超越具体工程领域,在认识论层面总体上把握、提出解决工程问题所应遵循的一般原则和途径,研究工程方法的分类、基本特征、演化规律、运用原则等,相对来说比较抽象,但具有普遍的指导意义。另一种是发展研究某一行业或工程领域的决策、设计、管理、运营、评估的具体方法,如化学工程方法、机械工程方法、基因工程方法等,相对来说比较具体、专业,容易为工程技术人所接受。这两种对工程方法的研究方式,具有相辅相成、互相促进的关系。

工程方法的研究和提炼必须立足于工程的建构性、创造性与稳健性的基本要求,基于现代系统论、信息论、控制论的基本思想,不断将工程经验、工程智慧提炼升华为工程设计建造原则,将隐性知识去蔽,转化为显性的工程规则或工程知识,并在此基础上持续完善各个领域的工程方法。工程方法的科学化是工程实践活动结果合理化的基础和前提,工程方法的发展在一定程度上决定着工程创新、技术创新的活跃程度和成败。一般来说,工程方法是工程本质和工程观念落实落地的载体,具有重视整体综合集成、重视过程管控、重视工程经验的积累和提炼、行业特色鲜明等基本特征。

(1) 重视整体综合集成

工程的本质在于系统性的建构和运营,工程实践活动就是在一定的边界条件下通过选择—集成—建构等过程,将技术和非技术要素合理配置转化为结构—功能—效率优化的人工存在物,这就决定了工程方法具有整体综合集成的特征。所谓整体综合集成,就是按照"要素—关联"的结构性思维,通过"解构—集成""集成—再解构—再集成"的路径,以工程项目整体的功能达标、效率提升、结构优化为目标,借助于科学理论、技术试验、工程经验、虚拟仿真、控制纠偏等实现手段,不断对工程的构成要素或组成单元进行反复拆解、整合和集成,最终达到工程全局目标优化的过程。在这个过程中,既要谋一域、谋一时,更要谋全局、谋万世,将局部与全局的关系处理好,将短期效益与长期效益的矛盾协调好。相对于科学方法、技术方法,工程方法最显著、最重要的特征是重视多要素的整体综合集成和价值创造,将解决"为了什么、如何集成、如何建构、如何选择"等问题始终置于工程实践活动的顶端。

(2) 重视过程管控

由于工程是技术与非技术复杂系统的集成建构过程,只有过程正确,才有可能保障工程目标和工程功能的实现;只有过程正确,才有可能将工程建构中的各种不确定性的影响化解至可接受程度。因此,过程控制是工程实践活动中最基本的方法工具,不同领域的工程方法都非常强调过程控制管理,并形成了如下一些普适的过程控制手段。

一是程序化管控。工程方法往往遵循理念—决策—规划—设计—建造—运行—评价这一基本程序,并在这一基本程序之下结合行业及具体项目特点,衍生出管理层、实施层、操作层的各类作业程序,形成标准化过程管控方法。只不过随着行业不同、工程项目大小不同,程序的繁简程度有所差别、执行的细致程度有所差异。只有这样,才能将基于"解构—集成"的综合集成性落到实处。

二是结构化分解。工程方法在整体论思维前提下结合科学还原论方法,按照工程项目的特点,将其分解为若干个既有联系,又相对独立的组成单元,并将工程项目的目标、功能、造价等因素细化分解落实到各个组成单元,以便进行过程控制,以单元优化促进整体优化的实现。但另一方面,随着现代工程的大型化、复杂化,在结构化分解时,应避免机械还原论的桎梏,更加注重组成单元的有机联系,以取得集成效果的优化。

三是协同化推进。工程本质上是同体异质要素的建构,工程方法不仅依靠组成单元的优化和组合,而且更要注重系统论思想的运用,关注构成要素或组成单元在不同时空条件下的动态耦合、矛盾与冲突,在坚持和妥协之间取得平衡,在技术先进性与稳健性之间取得协调,在经济性能与功能目标之间取得平衡,从而实现工程整体优化的最高目标。

(3) 重视工程经验的积累和提炼

一方面,从工程的本质属性来看,由于工程是同体异质要素的建构,工程建造及运行普遍存在着复杂性和不确定性,工程目标确定、工程效果评价存在主观模糊性,即便在科学技术进步迅速的今天,工程仍然是一个高度依赖经验、直觉判断、洞察力进行中宏观把握的对象。因此,需要在工程实践的基础上,不断总结提炼经验和吸取教训,完善发展既有的工程方法,正如有人所言:没有理论指导建成工程是可能的,但没有经验建成工程是不可能的。

另一方面,从工程知识形成过程来看,能够书写出来的工程知识只占一小部分,相当一

图 1-6-1 工程知识的边界示意图

部分工程知识以说得出来的方式或需要领悟的方式普遍存在于工程实践活动中(图1-6-1),这必然要求个体在工程方法的提升过程中,加强直接经验的积累,加强间接经验和意会性知识的领悟。同时,也要求工程实践主体在工程方法的完善过程中,努力将意会性知识转化为言传性知识,不断提炼、发展新的工程知识,完善工程理念、工程规则和技术规范。从工程知识生成的角度来看,工程规则和技术规范所具有的不完备性是必然的、与生俱来的,满足技术规范并不等同于工程问题的圆满解决,这一点需要引起工程师的普遍注意,以便将工程技术规范置于恰当的位置,而不是盲从规范,奉规范为圭臬。

(4) 行业特色鲜明

虽然不同工程领域、不同行业在工程理念、工程原则、实施程序等方面有一些共通之处,但谈到具体的工程方法则存在比较大的差异,有着鲜明的行业特色。行业特色是在行业分类的基础上,对本领域的工程方法、技术手段进行总结提炼和归纳的体现,更加切合本行业工程实践的需要,更具专业性和针对性,也具有一定的传承性和相应的习惯做法,因而也具有更强的指导性和现实意义,对行业技术进步、产业聚集升级具有显著的促进价值。

另一方面,行业/产业是一个建立在同类专业技术、工程系统或服务模式基础上的生产或服务的业态,具有明显的发展性和易变性,并没有一个一成不变的划分标准。如果只强调行业特色而不注重具有相同科学基础的相近工程领域的进展,就有可能陷入条块分割、各自为战的局面,并不利于工程方法的发展和丰富,也就谈不上借鉴他山之玉了。这在工程日益复杂与大型化、学科交叉融合的今天尤为突出。因此,打破行业藩篱、跳出细分的工程领域来博采众长,引进吸收其他领域的技术思想、先进方法、工具手段等,在更大系统下、更广的视野里进行工程实践活动,对于工程创新不仅非常必要,而且特别重要。

案例 1-6-1

法属留尼旺岛普莱支流河大桥
——因地制宜与全局优化的典范

留尼旺岛坐落在印度洋上,是法国的一个海外省。普莱支流河(Bras de la Plaine)大桥跨越深约110m的U形深切河谷,由法国著名桥梁工程师让·穆勒(Jean Muller)完成概念设计,2002年建成,是一座单跨280.772m的固端悬臂钢桁腹杆组合梁桥,桥宽11.90m,布设双车道、双侧人行道及自行车道,每侧桥台重约7500t,以便在施工运营阶段满足抗倾覆稳定性要求,截面为钢桁腹杆组合结构,支点桁高17.39m,该桥由华伦式钢管桁架-预应力混凝土顶板-钢筋混凝土底板组合而成(图1-6-2)。为释放温度、收缩徐变产生的影响,在跨中将下弦混凝土板断开;为适应当地的运输条件,在现场建立了混凝土拌和厂,专门设计了两套移动模板,以便分节段悬臂浇筑混凝土顶底板。

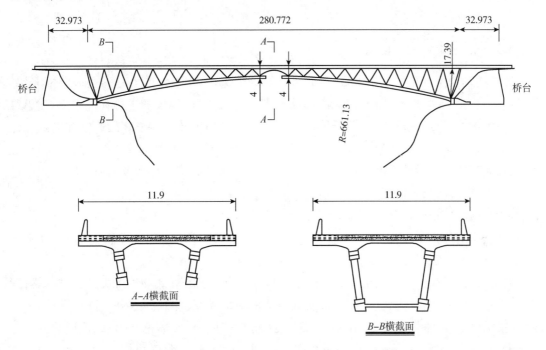

图1-6-2 法属留尼旺岛普莱支流河大桥总体布置(尺寸单位:m)

该桥最突出的特点在于:①根据当地自然条件和建设条件,选取了固端悬臂梁这一结构形式,巧妙地顺应了地形,在总体上减小了工程量,节省了材料用量,实现了工程项目的全局优化;②在跨中区域,采用顶板连续、底板断开的构造措施,既释放了温度、收缩徐变的影响,又克服了悬臂梁的弱点,保障了行车的平顺性;③采用小型钢管构件、现浇混凝土板来组拼,很好地顺应了当地的建设条件,施工措施费用大为降低,对环境的影响降至最小。该桥总造价2100万欧元,材料用量为:混凝土8150m^3、钢材(含钢筋、预应力筋、钢管、钢板)1750t,桥面材料用量为523kg/m^2。从材料用量来看,该桥造价要明显低于同等规模的斜拉桥。

进一步设想一下,要实现280.772m的跨越能力,从结构形式来看,可以选用的桥型有斜拉桥、悬索桥、拱桥或T构。如果采用斜拉桥、悬索桥或拱桥,要么会抬高桥面高程,造成配套的引桥或引道延长,导致工程规模、总体造价增大;要么会导致大体量的基础开挖,对环境造成影响。如采用T构或斜腿刚构,则需在谷底修建高墩,材料运输会成为新的制约因素,因此,这几类桥型应用在当地均会带来新的问题。对此,设计者推陈出新,既最大限度地考虑建桥所在地的实际情况,减小工程规模,又创造轻盈优雅的结构造型,使悬臂梁这一古老的桥式在特定的条件下重新焕发活力。

这种因地制宜、从全局出发确定桥梁结构形式和施工方法的工程思路,很好地控制了工程规模,是一个比较典型的全局优化解决方案,并取得轻盈飘逸、与环境和谐共生的艺术表现力,对跨越深谷的桥梁设计有较大的借鉴价值,对工程思维的提升具有普遍的示范意义。作为一个对照,近年来我国也在西部山区修建了数量众多、以斜拉桥为主要结构形式的跨越深谷桥梁,虽然克服了诸多建设困难,取得了不小的成绩,但在线位选择、桥隧配合、结构形式、施工方法、艺术造型、工程造价等方面仍存在许多需要改进提高的地方,尤其是采用斜拉桥后,产生的边跨及引桥较长、规模体量过大、总体造价过高等不足,值得业界总结和深思。

6.2 工程思维的特点

思维活动和思维现象是宇宙最复杂、最奇妙的现象之一,思维能力是人类最重要、最具特征性的能力。人的思维活动与实践活动是密切联系在一起的,人的思维在思维内容、思维结构、思维形式、思维过程、思维情景等诸多方面都要受到生产生活方式的影响和制约。然而,思维活动总是以结果的形式呈现出来,人们往往难以重构、再现思维过程,导致从科学大家、工程大师的思维活动中汲取养分、启迪智慧存在极大的难度。正如爱因斯坦所说:"结论几乎总是以完成的形式出现在读者面前,读者体验不到探索和发现的喜悦,感觉不到思想形成的生动过程,也很难达到清楚地理解全部情况。"正因为如此,许多学者都致力于思维活动、思维过程的研究剖析,也提出了认知科学这一新的研究领域,但由于思维的复杂性及作为认识主客观一体的特殊性,迄今为止进展极为有限。

目前,人们一般依据实践活动方式的不同划分相应的思维方式和思维类型,如依据科学研究、工程实践、技术开发、艺术创作等实践方式的对应关系,将思维划分为科学思维、工程思维、技术思维、艺术思维等不同的思维类型,虽然这并不是一个普遍认可的、严谨的分类方法,但没有人否认工程思维是一种重要的思维类型。在这其中,科学思维是一个巨大的方法群,对工程思维、技术思维等产生了普遍而深远的影响,具体包括控制方法、信息方法、系统方法、结构-功能化方法、模型化方法和理想化方法等。抽象是科学思维的基本内核,科学思维的目标指向就是揭示研究对象的性质、结构和功能,揭示事物间的因果关系,揭示事物变化的规律性。从本质上来说,科学思维是"反映性思维""发现性思维",关注思维的正确性和逻辑性,在工具理性层面上不断探究正确、客观的规律描述;工程思维是"构建性思维""运筹性思维"和"实践性思维",体现着工程实践主体对工程价值理性、实践理性的认识,在价值理性层面上不断追求最恰当、最适宜、最高效的创造创新。不可否认的是,科学思维是工程思维的最基础和最重要组成部分,工程决策者及工程师在工程实践中必须依赖科学思维,采用的每一项决策、统筹方法、应对措施必须具有科学性,没有科学性的思维就不能称之为工程思维。

工程思维的特点是由工程实践活动和工程方法的特征所决定的,由于工程实践活动以创造人工存在物为目的,因而决定了工程思维就是以造物为导向的思维方式。工程思维是一种重要的思维方式,是工程师、工程管理者、工程决策者在工程实践中经常实际运用的思维方式,从古至今一直存在却又往往被人忽视,处于一种"日用而不知"的不自觉状态。工程思维是工程实践活动的灵魂,工程思维的核心是工程问题的"解构"及其"协调和集成"。所谓"解构",就是将一个复杂的、具体的、甚至相互制约的工程问题通过庖丁解牛式的分解,细化为一系列技术或非技术的子问题,在此基础上逐一解决。所谓"协调和集成",就是将这些技术或非技术子问题的解决方案在一定条件约束下进行有机地整合、妥协、优化和集成,形成该工程问题的全局优化解,以实现工程实践活动的目标,彰显工程的价值导向。换言之,工程思维是在工程的设计、建造、运行和维护等实践过程中形成的思维,是一种筹划性的思维,其核心是运用各种知识、各种方法解决工程实践的具体问题。工程进入现代阶段后,项目规模急剧增大、建设速度不断加快、面临的问题日益复杂,对工程实践主体的宏观把握能力、中观驾驭能力要求越来越高,自然而然对工程实践活动主体,特别是工程师的思维方式、思维方法提出了更高的期望。

进一步来说,工程思维具有知识内涵、价值内涵和实践内涵,工程思维是在一定的工程理念指引下,介于工程本质与工程方法之间的过程性、思想性活动,具有一定的稳定性和传承性,是工程实践活动最宝贵的财富,但经常处于遮蔽状态、难以用语言准确表达。工程思维的特点由工程的本质衍生而来,与工程实践活动具有密切的联系,在内容、情景、结构、形式、过程等都要受到工程实践活动方式的制约和影响,并将思维结果贯穿、渗透、落实到工程实践活动的全过程中。由于工程方法脱胎于科学方法,工程思维自然而然地具有科学性,工程思维与科学思维也自然而然地存在千丝万缕的关系,科学思维为工程思维提供了一定的理论指导和方法论的启发,因此,工程思维除了具备科学思维的"科学性、逻辑性、系统性、可验证性"等特征,遵循工程方法的一般原则性要求之外,工程思维还具有实践的集成性与经验性、建构的创造性与艺术性、对象的一般性与特殊性、对策的可靠性与容错性等特点,简述如下。

(1)实践的集成性与经验性

由于工程是在特定的经济社会技术等现实条件约束下同体异质的技术要素、非技术要素(政治、资本、社会、伦理、管理等要素)的集成与整合的实践活动,这就决定了工程思维必须以因地因时制宜的集成性和运筹性为根本特点。由于工程实际问题往往是不确定和非线性问题,不仅包含科学原理、技术方法,也包含工程经验、经济指标、道德法制、历史艺术、文化传统的等因素,甚至还包括未发现的科学原理。解决工程问题必然调动和使用各种思维方式,全方位、多层次和多角度对思维对象进行运筹和集成,达到解决工程问题的目的。在集成和运筹的过程中,有些时候要素之间常常存在相互制约甚至相互矛盾的现象,因此工程思维必须摒弃局部最优或要素最优,抓住主要矛盾或矛盾的主要方面,着眼全局优化,以期达成工程目标。在另外一些情况下,工程思维还会面临经济约束、功能需求等边界不确定、不清晰甚至不明确的现象,这就要求工程思维必须在条件混沌不清乃至缺失边界条件的情况下,进行选择、决策与集成。诸如此类的矛盾与冲突,考验着工程实践主体的经验和智慧。

另一方面,作为工程实践主要支撑的科学理论和技术方法,常常存在着发展滞后于工程实践需求的问题,导致一些时候工程师必须在理论和技术方法不完备的情况下,进行工程实践活动的尝试。此外,不可否认的是,科学理论和技术方法在经过高度提炼和浓缩之后,很多时候在应用于工程时存在着这样或那样的局限,并不能全面、恰当地回答工程活动中的各类技术问题,有些时候甚至难以给工程技术指出努力的方向。在这种情况下,往往需要借助于包括直觉、类比、推断、洞察力等在内的经验性思维,以弥补科学理论和技术方法的局限,来解决实际工程问题。

(2) 建构的创造性与艺术性

一方面，由于在工程建造运行过程中，在技术板块内必须遵循科学和技术的逻辑要求，不允许出现逻辑错误和逻辑混乱，形成技术逻辑自洽；在技术板块与非技术板块之间，常常不得不进行权衡协调、取舍决断，服从满足全局最优的超协调逻辑。这两种不同层面的逻辑关系的兼容协调常常需要创造性建构。因此，工程思维就是要从工程实践中提炼出问题，并在运用科学原理和技术方法改造世界的过程中，不断促进工程师对工程实践活动的整体把握，逐渐深化对工程系统观、工程技术观、工程社会观、工程生态观、工程伦理观和工程文化观等深层次问题的认识，推动工程师群体工程实践能力的提升，使得工程师成长为"后现代未被承认的哲学家"。另一方面，在工程项目实施之前，工程思维必须对工程项目的理念、设计、实施、运行、管理、评估等方面进行全面的分析和把控，形成既有整体、又有细节、自成体系的周密谋划。上述两个方面，必然要求工程思维结合项目的具体情况，将同体异质的技术和非技术要素打破、揉碎、捏合、重塑，以便抓住关键要素或主要矛盾，针对具体工程项目、灵活运用相应的工程方法进行再创造，因地因时制宜地提出工程对策。

有些时候，为了更好地从整体上把握具体工程的特性，工程思维要对工程对策再创造，对实现路径再优化，从而创造出先前在现实中不存在的人工物，甚至在人们的观念中不存在的人工物。在这个过程中，工程思维学习借鉴艺术思维某些方面的优势，如重视整体构思、发挥想象能力、勾画关键细部等，不仅非常必要，而且大有用武之地。工程思维具有一定的艺术特质是人类长期工程实践活动的结晶之一，表现在工程决策者、设计者在工程实践上的丰富想象力、思维个性和对工程美的追求，也是工程思维能够在中宏观层面更好、高屋建瓴地把握工程实践活动的不二法门。但是，工程思维的艺术性需要长期工程实践的积累和感悟，往往难以用语言表达，运用之妙，存乎一心。工程思维的艺术性在概念设计阶段显得特别重要，是工程大师与一般工程师的显著区别之一。

(3) 对象的一般性与特殊性

一方面，工程思维是科学理论、技术方法指引下长期工程实践经验的总结，因而具有明显的经验性和传承性，这种实践经验往往是一般性的，其中一部分可以提炼、升华、总结，形成普遍适合于某一工程领域的工程知识、工程规则、工程规范，揭示了其背后所蕴藏的科学理论和技术方法。因此，工程知识、工程方法所揭示的现象是一般的、普适的，按照这些抽象方法进行思维，所产生的结果也只具有一般性，对具体工程问题的指导意义有限。此外，在很多情况下，客观世界所存在的未确知性和不确定性，导致人们对科学规律、技术原理的认识和把握存在一些偏差，所提出的技术方法难免具有不完备性。这些客观存在的认知局限甚至认知错误，有时候会引导某些工程实践活动走入歧路。

另一方面，工程师面对具体项目时，对象是独一无二的，所面临的自然环境条件是千变万化的、社会经济技术约束条件是千差万别的，导致具体项目在某些方面存在其自身的特殊性，而这个特殊性往往又可能是整个工程项目的控制因素。因此，必然要求工程师结合项目具体特殊情况，在遵循一般性科学理论、技术方法、工程规则的情况下，发挥工程思维的创造性和艺术性，必要时突破现有工程范式、工程原则、技术规范的束缚，因地因时制宜进行谋划、构思、设计和建造,创造出最适合当时当地的工程。

(4) 对策的可靠性与容错性

在工程实践活动中,由于主观认知不可避免地存在一些认识盲区或认识局限,客观因素也存在着一定的不确定性和未确知性,这就导致工程实践活动必然蕴藏着一定的风险性,存在着失败的可能性。不同于科学、技术或艺术,工程实践活动是不允许失败的。为了防止工程实践活动失败,避免存在重大缺陷或重大隐患,必然要求工程思维结合具体情况,着眼于风险因素排查、安全机理研究、避险对策探索,从而提高工程技术对策的可靠性,并将其贯穿于概念设计、方案设计、施工建造、运行管理、维护检修的全生命周期中,以提高工程建造和运行的可靠性,并在可靠性与经济性的矛盾中取得适当的平衡。

同时,工程思维必须要积极面对不确定性和未确知性。在工程设计阶段,在平衡经济性与安全性的同时,通过系统全面的技术手段,增强工程对策的容错性,增大工程的冗余度,提高工程设施的可检查可维护性,将未知但可能存在的工程缺陷、工程隐患产生的影响最小化,确保工程设施即便在出现某些缺陷瑕疵的情况下仍能够继续有效运行,避免次生错误的扩大,或避免由此演化、产生比较严重的二次灾难。另一方面,在建造运营阶段,基于工程管理、工程技术的要求,以建设、运行、维护、检验与管养规章制度为载体,夯实各方责任,将人为工程事故消除在萌芽状态。

案例 1-6-2

重庆菜园坝长江大桥的总体构思
——工程思维的集成性、创造性与艺术性的高度协同

依据长江通航要求,菜园坝长江大桥的主跨被确定为420m左右,交通功能需求是承载双向六车道、双侧人行道及双线轻轨。为满足跨越能力、轻轨净空及轨道交通运营刚度要求,可选择的结构体系只有斜拉桥和拱桥(400~500m跨径的悬索桥刚度较小,难以满足轨道交通的运营刚度要求);合理截面形式为钢桁梁,以便布置双层桥面。在概念设计阶段,邓文中等人兼顾经济、美观、周边已有桥梁桥型等因素,经过反复比选,最终选取了跨径420m的钢箱提篮拱与高度11m的钢桁梁形成组合体系,以便于既满足交通需求,又能增加结构的通透性。

大跨径拱桥设计的核心问题有两个,即如何平衡水平推力、解决拱的面外稳定问题。对于平衡水平推力问题,设计者将该桥解构为三段,即中间的拱梁组合结构和两侧的预应力混凝土Y形刚构,设置了三组独立的系杆,各自平衡恒载产生的水平推力(对于跨径400m左右的拱桥,活载内力占总内力的比例一般在5%左右,无须设置专门系杆去平衡),待恒载加载基本完成后,在合适的时机将三段联结为整体。对于拱肋的稳定问题,由于钢桁梁刚度很大,拱就可以做得比较纤秀轻盈,于是采用了高4m、宽2m的钢箱提篮拱,通过设置6道I形横撑来保证横向稳定性要求,以使结构显得简洁通透。对于预应力混凝土Y形刚构,由于其跨径仅为100m左右,桁梁高度与跨径之比大于1/10,依靠钢桁梁自身抗弯能力就可满足受

力要求,因此将边跨 Y 形刚构的立柱全部取消,而将 Y 形刚构的 3 个构件加粗,既满足受力要求,又使其看起来更结实、更稳重。对于施工,可以借助于长江水运和缆索吊装,没有什么原则性的困难。

通过以上创造性地对设计问题的解构和分析,一个结构形式、功能需求与艺术性的高度协调,由中段钢箱提篮拱+两侧 Y 形刚构组成的拱桥方案就构思成型了(图 1-6-3),接下来就是对结构细部尺寸进行一些优化和详细设计计算。在这个过程中,设计者对工程问题的洞察力、对设计难点的剖析,以及借助于工程经验类比进行破解之道,正是其工程创新思维的浓缩。

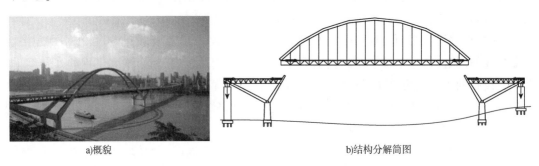

a)概貌　　　　　　　　　　　　　　b)结构分解简图

图 1-6-3　重庆菜园坝长江大桥的总体构思示意图

| 案例 | 1-6-3 |

桁式组合拱桥的兴衰
——创造性与集成性的矛盾及教训

从 20 世纪 80 年代起的 10 多年间,贵州省桥梁界立足省情、因地制宜,创造性地提出了桁式组合拱桥这一新的结构形式。桁式组合拱桥是在桁架拱基础上逐步发展起来的,是依据"化整为零、集零为整"设计思想的一种新桥型,具有节省材料、预制构件重量小、便于用简易机具运输吊装施工等特点,比较适合于山区拱桥的建设。

1985 年,主跨 150m 的贵州剑河大桥建成,奏响了大跨径桁式组合拱桥建设的序曲,此后贵州省又先后建成了包括江界河大桥(跨径 330m,1995 年建成)在内的近 40 座大跨径桁式组合拱桥(图 1-6-4),有效地满足了当地的交通需求,顺应了当时的建设条件,节省了大量建设资金,引起了国内外桥梁界的广泛关注。进入 21 世纪,随着钢管混凝土拱桥的兴起,桁式组合拱桥的建设方才告一段落。然而,令人遗憾的是,由于在结构设计中过度强化节省材料、节约造价、预制构件小型化的建设理念,致使桁式组合拱桥普遍存在受力整体性能较差、结构稳健性和可靠性(工程界也称之为强健度或冗余度)不足的先天缺陷。

近 10 年来,随着交通量的不断增长,这些桁式组合拱桥普遍出现了一些严重的、难以通过加固补强措施消除的病害,个别桁式组合拱桥甚至被评定为危桥,仅仅使用 20 年左右就不得不拆除重建,如 2019 年拆除重建的贵州花鱼洞大桥等(参见本书第 2 篇案例 2-3-6)。不得不说,这不仅是一个技术问题,更是一个工程观认知偏差问题。桁式组合拱桥的兴衰,从另外一个角度诠释了工程建设中创造性与可靠性、经验性与容错性的矛盾对立关系,反映了工程思维中协调和集成犹如鸟之双翼、车之双轮,是缺一不可、不能偏废的。需要深思的是,桁式组合拱桥在未完全通过工程实践检验的情况下就推广应用,就向大跨径发展,这是与工程的系统性、稳健性等本质属性相悖的,在这个过程中,人们所存在的认知局限、产生的教训值得桥梁界在未来的工程创新实践中汲取。

a)剑河大桥　　　　　　　　　　　　　b)江界河大桥

图 1-6-4　两座典型桁式组合拱桥概貌

6.3　工程思维与科学思维、艺术思维的异同

著名流体力学家西奥多·冯·卡门(Theodore von Kármán)曾经说过:科学家致力于发现已有的世界,工程师则致力于创造从未有过的世界(Scientists discover the world that exists, engineers create the world that never was.)。有人补充了一句:艺术家想象过去和将来都不存在的世界。由此可见,"发现""创造"和"想象"概括地表达了三种不同类型的"思维与现实"的关系,"发现"体现了思维与现实的"反映性"关系,"创造"体现了思维与未来现实的"建构性"关系,"想象"体现了思维与某种图景的"虚构性"关系,体现了科学求真、工程求用、艺术求美的价值取向。这三种思维模式比较典型的例子是:科学家发现了一种植物的生长机理,工程师建造了一座发电厂,画家创作了一张油画,体现了"发现""创造"和"想象"三种不同的思维类型。在思维上,"反映性""建构性"和"虚构性"相互之间存在错综复杂的关系,不仅异中有同,而且同中有异,存在相互重叠、相互借鉴、相互促进之处。因此,有必要结合工程实践活动的本质,从认识论角度对工程思维与科学思维、艺术思维的异同进行一些探讨,以期进一步探究工程创新思维的培育之道。

(1)工程思维与科学思维的异同

工程思维脱胎于科学思维。因此,工程思维具有科学思维的基本底色,遵循科学思维的基本原则,与科学思维有着密切的联系,如工程思维也具有科学思维的"科学性、逻辑性、系统性、可验证性"等特质。另一方面,由于工程是同体异质要素的建构集成,工程实践活动是创造先前不存在的器物,工程思维也一定程度上兼具了艺术思维的想象和虚构的特质,导致工程思维远比科学思维复杂。具体说来,主要差异有以下四个方面。

一是科学思维是真理定向思维,工程思维是价值定向思维。科学思维只需回答"是不是,对不对",对于回答之后的一些伴生问题如应用前景、价值意义,则无须涉及。工程思维是价值定向的思维,在回答"对不对"的基础上,工程思维还要回答"为了什么,好不好,合适不合适"等问题,价值理性比较突出,这就导致工程思维蕴含着比较明显的时代性和地域性,思维结果的评价也具有较强的主观性和模糊性。

二是科学思维是普遍性思维,工程思维是个别性思维。科学思维超越了具体对象的时间和空间限制,只需针对普遍的、一般的对象,并对思维对象进行了高度的简化和抽象,所得出的结论也具有普遍性。工程思维则必须与具体的时间空间联系起来,针对唯一对象,具有突出的"当时当地性",是一种个性化思维,有些时候甚至会带有明显的时代印记或个人风格。

三是科学思维是一种还原思维,工程思维是一种集成思维。科学思维讲究分门别类、提出问题、大胆假设、严格分析、层层论证、逐一还原,在理想化条件下探索根源、揭示机理、发现规律,答案是唯一的、放之四海而皆准的。工程思维是一种集成思维、系统思维,重点关注工程要素的可集成性、方法的可操作性、过程的可控制性、结果的可检验性、目标的可达成性,评价尺度是多元的、模糊的,答案也是因地因时因人而异的。

四是科学思维是一种精密化思维,工程思维是一种容错性思维。科学思维关注问题的核心本质而舍弃了无关宏旨的部分,不仅科学理论、定律、规则本身是严谨自洽的,且其结果也是严丝合缝的,不存在半点理论误差,放之四海而皆准。工程思维是一种不确定的、容错性思维,可以接纳、处理、分析诸多主客观的不确定性和未确知性,可以基于不健全的工程知识、技术方法和不完善的工程经验,提炼规则、编制规范规程并指导工程实践活动,也可以应对、化解工程实施运行过程中的各种偏差,甚至人为错误。

(2) 工程思维与艺术思维的异同

工程思维具有一定的艺术思维特质,需要具备丰富的想象力和适当的艺术表现力。一方面,由于现代工程的复杂性与系统性,要求工程师在工程规划设计之初,就要对工程的建造过程中各种要素进行全面的分析,对工程效果、运行愿景进行丰富而具象的想象,以期借鉴艺术思维方式,形成既有整体把握,又有周密细节的思维图景,达到既见森林,又见树木的思维协同,实现内部协调、外部和谐的技术美学理念,使工程具有内在的艺术性。另一方面,一些本身就具有艺术价值的工程如建筑、桥梁等,用户期望工程创造艺术价值、彰显工程的价值理性,这必然要求工程师或兼具艺术思维特质,或与艺术家携手合作,以创造出工程的艺术价值,凸显美学意义,从这个角度来看,一些结构工程大师认为"工程即艺术"有其合理的内涵。

但是,与艺术思维天马行空的想象、虚构、夸张等表现手法不同,工程思维的想象力必须是脚踏实地。艺术思维可以完全脱离现实世界,艺术家必须具有超出常人的敏锐感受力,异于常人的丰富情感,强于常人的艺术想象力,将自身的感受、情感、思想、心境、愿望、志趣等,以各种不同的、物化的艺术作品和艺术形象等展现出来,以丰富人们的精神世界。与此相对照,工程师的想象力必须充分考虑现实条件,满足科学理论、技术规律和工程规则的约束,也常常需要借助于工程经验,才有可能全面而细致地对工程的可行性、可实施性、艺术感染力进行大胆而具象的想象。

在工程思维过程及其结果中,工程的艺术性与经济性是一对常见的矛盾。进入现代工程阶段后,包豪斯主义成为设计界的主要流派,一般认为,工程虽然具有艺术性,但工程本身并不是艺术品,艺术性是工程的附加值,是工程自然而然的产物。工程的形式必须服从功能,功能、结构与造型三者之间的理想状况是和谐统一,不能为了艺术而刻意展示,不能为了艺术性而过度牺牲工程的经济合理性,更不允许为了艺术性而影响工程的安全可靠性。但在很多时候,工程的艺术性价值常常见仁见智,存在较大的主观性与模糊性,很难做出恰当的、适宜的量化判断,在工程界内外一直存在各种争议,有些争议还需要放在大的时间尺度下反复沉淀,才可能得出比较恰当的评价,这也是工程系统性与社会性本质属性的具体反映。

案例 1-6-4

圣地亚哥·卡拉特拉瓦代表性作品赏析
——创造性与艺术性的矛盾统一

圣地亚哥·卡拉特拉瓦(Santiago Calatrava,1950—)1979年毕业于苏黎世瑞士联邦理工学院(Swiss Federal Institute of Technology Zurich),获结构工程博士学位,具有建筑师与工程师的双重身份,是当代"工程即艺术"流派的代表人物,享有"结构诗人"的称号。

卡拉特拉瓦认为运动是自然界中普遍存在的美,地球上的任何物体都是通过对抗自身重力而存在,基于对"美源于运动、美源于力度、美源于自然"理念的深刻把握,通过对运动爆发瞬间稳定与不稳定的精妙平衡,将结构的创造性与艺术性高度统一起来。正如他在一次演讲中所言:"我要强调的一个产生趣味的源泉,是自然和对自然直接的观察,它意味着去直接观察我们周围自然的存在方式……张开的手掌形象、眼睛的形象、嘴和骨骼的形象都是灵感的源泉。通过研究我们身体的结构,你可以发现一张对建筑非常有益的内在逻辑性。"他设计的作品对结构与形体的关系有着别具一格、精准恰当的整体考虑,既能展现出技术理性的逻辑美,又仿佛超越了结构法则的约束,具有强烈的运动冲击感,能够将艺术表达与结构设计高度融合为一体,但他对超越功能需求的表现形式持批评态度,并不过度追求形式艺术的展现力,正如他所言:"工程是关于可能性的艺术,并寻求一种基于技术知识、但不是技术赞歌的形式语言。"自1992年设计西班牙巴塞罗那Bac de Roda桥以来,他创造出许多造型优雅、富于人文内涵、独树一帜的现代结构形式,如无背索斜拉桥、半拱形索塔斜拉桥、斜靠式拱桥、斜拉分岔桥梁等,引领了当代结构艺术的发展潮流。其中,一些结构形式如半拱形索塔斜拉桥、斜靠式拱桥受到了同行的普遍认可、大众的喜爱与赞誉而得以广泛应用,并结合当地风貌、由全世界的同行演绎出各种新的表现形式。需要特别指出的是,这些结构形式用于中小跨径桥梁或人行景观桥梁是适宜恰当的,用于大跨径车行桥梁则在经济性能方面不太合理。卡拉特拉瓦代表性桥梁设计作品见表1-6-1,部分桥梁设计作品插页彩图7。

卡拉特拉瓦代表性桥梁设计作品 表1-6-1

桥　　名	跨径(m)	建成时间(年)	结构主要特点
西班牙巴塞罗那Bac de Roda桥	56	1992	斜靠式拱桥，利用副拱来增强主拱的稳定
西班牙塞维利亚阿拉米罗桥	200	1992	利用后倾的混凝土塔来平衡钢梁自重
美国密尔沃基美术馆桥	73	2001	无背索斜拉桥，与美术馆浑然一体，相映生辉
美国加利福尼亚日暮桥	150	2004	钢管桁梁、玻璃桥面的无背索斜拉桥
爱尔兰都柏林市萨缪尔·贝克特桥	123	2009	半拱形索塔的平转开启斜拉桥
加拿大卡尔加里和平桥	130	2010	空间管网式梁桥
英国伦敦Peninsula Place桥	152	2016	半拱形索塔的空间管网主梁人行斜拉桥

在桥梁之外，卡拉特拉瓦还设计了一大批享誉世界、展现自然之美与力学之美的公共建筑。如1993年建成的葡萄牙里斯本东方火车站，卡拉特拉瓦将车站月台建在距地面11m高的高架桥上，让城市主干道从车站下面穿过，使城市道路、铁路与整个车站建筑群有机地连接起来，将火车、汽车、轻轨各种交通工具无缝整合起来，强化了交通枢纽转乘的方便性，同时，他采用轻型仿生结构，生成了通透简洁、意象万千的公共空间，构建了功能丰富、造型别致的交通综合体，成为里斯本的地标性建筑，建构出交通枢纽新的生态系统，引领了全世界交通综合体的建设方向。又如2016年建成的纽约世贸中心交通枢纽，连接11条地铁线路以及纽约至新泽西铁路，集换乘车站、购物中心和人行过街通道等多项功能为一体，卡拉特拉瓦将其设计概念称之为"眼窗"(Oculus)，外观上仿佛是从一位孩童手中释放鸽子，结构造型极具运动感，将创造性与艺术性融为一体(见插页彩图8)。再如他设计的迪拜瞭望塔，整体是纤细的茎状结构，传承了伊斯兰清真寺的传统形式，同时将优雅与美感淋漓尽致地展现出来；等等。

在圣地亚哥·卡拉特拉瓦等人的带动下，景观桥梁结构创作在2000年掀起了一个高潮，一些当代著名建筑师如诺曼·福斯特(Norman Foster)等人也加入桥梁设计的行列，修建了很多著名的人行景观桥梁，一些桥梁成为新的城市地标性建筑，也有一些桥梁因功能问题如振动过大、桥面性能不佳而备受批评。这些景观桥梁以独特优美的造型在受到人们喜爱的同时，也因为每平方米高达近2万美元的造价引起了广泛争议。为便于全面把握艺术性与经济性的协调与对立，现将圣地亚哥·卡拉特拉瓦及其他设计者设计的几座著名景观桥的造价罗列在表1-6-2中。

国外几座典型景观桥梁的造价 表1-6-2

桥　　名	建成时间(年)	桥长及跨径	工程造价	折合桥面面积单价(万元)
西班牙塞维利亚阿拉米罗桥	1992	全长200m，主跨200m	6500万美元	14.01
英国伦敦千禧桥	2001	全长370m，主跨144m	2300万英镑	15.5
英国纽卡斯尔盖茨赫德千禧桥	2002	全长126m，主跨105m	2200万英镑	22.0
美国加利福尼亚日暮桥	2004	全长230m，主跨150m	2600万美元	10.5
意大利威尼斯运河大桥	2009	全长101m，主跨81m	1200万欧元	15.5
加拿大卡尔加里和平桥	2010	全长130m，主跨130m	1800万美元	14.5

注：1. 表中主要数据来源于邓文中《桥梁话语》。
　　2. 折合桥面面积单价按2011年汇率计算。

卡拉特拉瓦的结构设计作品,表现出令人赞叹的艺术感染力,展现了设计者别具一格的风格,以及对工程技术和建筑艺术高超娴熟的驾驭能力,在新一代建筑设计师、结构工程师中产生了深远的影响。但是,对于卡拉特拉瓦设计的结构作品,业界一直充满争议,而社会大众好评如潮,这也许是工程思维与艺术思维的不同所致。

6.4 工程创新思维的培育

如前所述,工程思维是由工程本质所决定的,与科学思维、艺术思维既有区别,也有一定的关联。从工程创新要素角度来看,工程实践主体的创新思维与主观能动性是工程创新最关键的要素,也是最难以把握分析的要素。从认识论角度来看,如果缺少对工程实践主体,特别是工程师思维方式的洞察,就很难提炼出工程创新思维的培育之道,也难以从认识论层面上指导工程创新、技术创新活动的开展,更谈不上与工程技术人员同频共振、促进其哲学思维的养成。从人文角度来看,如果缺少对工程创新思维养成和塑造特点的把握,工程创新就会见物不见人、见结果不见思维过程,工程创新就会因思维方式、价值取向的消隐而失去了灵魂。因此,必须面向工程实践活动一线的工程师,面向技术研发活动的从业人员,结合具体工程领域,剖析工程创新思维的培育之道,推动技术创新活动生根发芽,促进工程创新实践开花结果,这既是工程哲学研究的出发点和落脚点,更是工程哲学实践的现实价值所在。

6.4.1 工程创新思维培育的一般方法

工程创新思维是在工程思维建构形成过程中逐步萌芽孕育的,其培育形成之道是非常复杂艰难的,其重要性无可置疑地居于工程创新的最高层次,不仅直接关系到当代的工程创新实践,而且会对工程演化的路径产生一定的影响,其重要性体现在以下四个方面。

首先,工程思维活动与工程实践活动是密切联系在一起的,工程创新思维是工程创新实践活动的酵母和孵化器,思维的创新程度直接关系到工程实践创新的效果与成败。因循守旧、忽视工程创新思维就无从谈起工程创新,甚至会延缓工程演化的进程。

其次,与科学创新思维、艺术创新思维不同,由于工程创新思维是在实践经验传承与科学规律、技术原理之上寻求突破,工程创新思维受到的束缚因素更多,依赖的外部条件更为复杂;加上工程创新实践虽然可以容纳一些瑕疵、但决不允许失败,工程创新的效果评价尺度也有一定的模糊性与时代性,这必然导致工程创新思维的培育更为艰难。

再次,为什么工程创新会成簇地发生,除了当时当地的社会需求提供了创新的舞台、形成了创新的外部环境氛围之外,创新群体所普遍具备的工程创新思维、创新文化、创新氛围也是一个非常重要的因素,这就是为什么一些区域、行业乃至国家在社会需求十分旺盛、工程实践活动规模非常大的情况下,但并未自然而然地出现工程创新的原因之一。

最后,由于知识背景、实践经历、思维方式、社会环境等因素的综合作用,不同的创新者生活在各自的创新时空中,看到了不同的创新图景,提出了不同的创新设想,建构了不同的创新路径,从而使工程创新思维具有明显建构性、个别性特征,甚至带有强烈的时代印记或个体风格。

基于上述原因,探讨工程创新思维如何培育、有何基本规律,就不仅仅是某一个工程领域的专业技术问题,而是具有工具理性价值和方法论意义的事情。以下就从工程历史、洞察力、批判性、跨界融合、效法自然、人文底蕴等六个方面,对工程创新思维培育的一般方法进行探讨。

(1) 走进工程历史,探寻工程先辈思维轨迹

正如马克思在《路易·波拿巴的雾月十八日》一文所指出的,"人们自己创造自己的历史,但是他们并不是随心所欲地创造","他们"在直接碰到的、既定的、从过去承继下来的条件下创造"(人民出版社2018年版,第9页)。工程实践、工程创新也是如此,谁对工程发展历史中正反两方面的经验教训把握得更为深刻透彻,谁就更有可能在当下的工程创新中取得成功。虽然时代变了、技术进步了、工程的体量规模增大了、工程实践活动的组织方式更加科学合理了,但面对工程问题时,工程大师的思想方法、思维方式、思维艺术等内化于心的精髓却仍然能够穿透时空、历久弥新、启迪当下。

一方面,工程历史是一座矿藏丰富的思想宝库,不仅勾勒出工程界前辈艰苦探索、勇于开拓的足迹,而且蕴藏着工程大师的思想方法、思维方式、经验教训、个体风格等,经过几十年、上百年的检验沉淀后更显得弥足珍贵。通过对经典工程案例的剖析、品读、鉴赏、批判、辨析,感受经典工程案例背后的工程思想,传承工程大师的创新精神,体会工程大师的思维轨迹,领悟工程大师的设计理念,在任何时候都会令工程技术人员受益匪浅。

另一方面,工程创新思维方法不是平地起高楼,在工程实践与工程思维训练的基础上,有些时候通过回望历史,将经典工程案例放在历史的大尺度下,才可能对其价值理性、工具理性进行更加客观全面的鉴别与判断,从而在面对当前的工程实际问题的瓶颈时,能够更加深刻地思考工程、认识工程、把握工程,走向工程创新的新天地。通过上述两个方面对工程历史的探究和感悟,催生工程创新意识的落地生根,助力工程创新思维能力的开花结果,不失为培育工程创新思维的有效路径之一。

(2) 夯实基本功夫,提升工程问题的洞察力

一方面,工程创新思维依托于科学思维,具有科学性、逻辑性、可验证性,但在萌芽阶段,工程创新思维往往很难清晰地展现出来,也不易有机会得到检验验证,常常止步于原始混沌的构思设想阶段,甚至胎死腹中。另一方面,工程创新思维以价值目标为导向,具有突出的建构性,导致思维过程及结果评价存在较大的主观性和模糊性,一开始往往显得与众不同,常常难以获得同行认可。要从传统工程思维转变为工程创新思维,既要遵循科学思维的基本原则,又要突破对传统工程思维因循守旧的依赖,更要顺应当时当地的社会经济环境并体现价值的提升,有些时候还需要有丰富的想象力,这必然导致工程创新思维障碍重重、步步艰辛。

因此,在面临科学理论、技术方法、经济性能、传统经验等诸多方面的束缚的情况下,必然要求创新者具有炉火纯青的工程理论基础、深厚扎实的工程实践经验、卓越不凡的工程洞察能力,这样才有可能准确抓住所面对工程问题的关键结症,构思解决工程问题的创新方案,提出创新方案的概念设计并检验其可行性与可实现性,阐明概念设计的技术经济优势。

只有这样,创新者才有可能抓住机会,将既能满足功能要求、又具有一定技术经济优势、还具有显著创新特质的概念设计方案呈现给工程的决策者,并采取适当方式方法说服决策者,争取工程实施。在这个过程中,抓住工程问题的主要矛盾、洞察工程问题的要害症结是工程创新思维的核心。

以鼠标的发明为例,早在1951年,计算机尚处在极少数科学家、工程技术人员才有机会使用的阶段,道格·恩格尔巴特(Doug Engelbart)就认为世界发展的速度会越来越快,人们解决问题能力会跟不上,未来能帮人类的一定是计算机,计算机一定会迅速普及。但计算机单纯依靠键盘、坐标,会大大影响常人操控计算机的便利性,需要一种更便捷的操控装置——位置指示器,于是他设计了由两个互相垂直的滚轮、一个按钮构成木盒子,工作原理是由滚轮带动轴旋转、并使变阻器改变阻值,阻值的变化产生位移信号,经计算机处理后显示屏幕指示位置,并将其命名为"显示系统X-Y位置指示器"。在发明鼠标时,恩格尔巴特显示了异于常人、甚至异于大多数科学家的洞察力,认为计算机将很快进入大众使用阶段,成为一种常见的工具,必然会对操控便捷性提出新的、普遍的要求,正是这种穿透未来的洞察力,推动他发明了现今人们习以为常的鼠标。

(3)永葆好奇之心,强化工程思维的批判性

从创新思维的源头来看,具体工程项目的瓶颈问题往往是工程创新思维的助产师。工程师的创新思维或源于新的科学发现、技术发明的启迪,或源于对传统解决方案能效水平的质疑,或源于对传统解决方案技术经济性能指标的不满意,或源于对其他工程领域技术方法学习借鉴、移植嫁接的渴望。正是这些殊途同归的源头,催生了工程创新思维,在解决工程项目瓶颈问题的同时,推动了技术创新及工程创新。由此看来,问题意识的重要性怎么拔高都不为过。梁启超说过,"能够发现问题,是做学问的起点;若凡事不成问题,那便无学问可言了"。爱因斯坦指出,"提出一个问题比解决一个问题更重要更困难,因为解决一个问题也许仅是一个数学上或实验上的技能而已,而提出新的问题、新的可能性,从新的角度去看待旧的问题,都需要有创造性的想象力,而且标志着科学的真正进步"。无论是梁启超还是爱因斯坦,都认为提出一个问题要比解决一个问题更加困难、更加重要。因为如果没有人提出这个问题,人们就无法意识到它的存在,从这个意义上讲,提出问题或者重新定义问题是最重要的创造性活动。

从工程实践主体角度来看,工程创新思维的来源可以归结为工程师永不停歇的好奇心和批判性思维,归结为工程师对既有解决方案的质疑和批判,归结为工程师群体不断探索、追求卓越的精神。从这个意义上来讲,不满足于现有的工程解决方案,保持好奇之心,带着问题意识与批判性从事工程实践活动才是工程创新思维之源。对于工程创新思维训练方法,邓文中将其归纳为3W(Why? Why not? What if…?)模式,即面对一个具体工程问题,或具体问题的既有解决方案,通过思考"为什么",深刻洞察工程问题的本质或既有解决方案的不足,激发批判性思考;通过思考"为什么不",进行大胆质疑、挑战现状,尝试走出旧方法、旧经验的束缚,摸索导入新理念、新方法、新工具的可能性;通过思考"假如……又如何",探索如何才能使新理念、新方法、新工具具备工程可行性,并妥善解决新方法所衍生技术或经济问题,必要时借助于理论分析、数值模拟、产品试制、试验验证、试点工程等手段检验其工程价值和能效指标,完善其中不足,在此期间会有不断反复、推倒重来、甚至失败的可能性。

3W模式是工程思维突破陈规经验、推陈出新的普适思维模式,是工程创新思维训练的基本方法。3W思维训练方式告诉我们,工程师在从事工程实践活动过程中,既要处处带着问题意识、不满足于现状或现有解决方案,又要时时永葆好奇之心、不断进行自我发问,久而久之,就会上升为一种创新思维自觉,在工程实践活动中逐步形成"提出问题、洞察要害、厘清目标、确定手段、提出解决方案、制作验证、说服决策者、优化完善实施"的闭环思维路径,形成个体的创新风格乃至群体的创新文化,催生渐进性创新的不断涌现。

(4) 主动跨界融合,汲取相近工程领域养分

现代工程深受现代科学发展的影响,伴随着现代科学的快速发展和分科细化,现代工程领域进一步细化,形成了一个个相对封闭的、细分的工程领域或行业。这种发展趋势固然极大地推动了工程领域的专业化分工,提升了工程设计建造运行的专业化水准和效率,但也产生了相近工程领域的交流融合不足、交叉集成困难、话语体系差异较大的问题,个体及群体工程思维长期被局限在一个狭窄而悠长的通道中,甚至形成了终身职业壁垒,显然这种状况并不利于工程创新思维的培育。事实上,虽然各个工程领域或行业都有自身独特属性和发展演化轨迹,也建立了一套行之有效的规范规程,甚至形成了特有的行业或产业文化,但在技术层面,可能存在突破其他领域瓶颈的独门利器或工具装备,正所谓"他山之石,可以攻玉"。据统计,1900年以来的480项重大创新成果中,以跨界融合为特征的创新成果占据了其中的60%以上,这充分说明跨界融合是技术创新、工程创新的主要途径。

另一方面,在技术层面之上,存在超越具体工程领域之外的、普遍适用的工程思想和工程方法,但也存在发展不平衡、应用水平参差不齐的现象。从相近工程领域汲取先进工程思想、先进工程理念、先进技术方法,无疑是工程技术进步的有效途径之一,工程历史上的一些重大工程技术创新无数次证明了这一点。从这个角度来看,工程创新思维的培育就是要走出影响深远"机械还原论框架"工程方法的束缚,运用系统论、信息论的思想方法,更好地领悟、把握工程思维的集成性与构建性特征,主动走出细分工程领域,广泛关注相近工程领域的新进展,善于跨界融合,积极向工程界大同行学习,引进移植、二次开发相近工程领域的新理论、新技术、新方法、新工具。

(5) 效法自然规则,拓展工程问题的解决渠道

从科学规律上来看,自然界经过几十亿年的演变进化,呈现出纷繁复杂的多样性与协调性,存在着人类并未完全认识到的、严谨深刻而系统的规则。与之相比,工程实践活动的历史仅仅只有几千年,虽然取得了巨大的进步,但在某些方面还不能很好地认识自然、顺应自然、与自然和谐相处。正如《道德经》所言:人法地,地法天,天法道,道法自然。因此,面对一些工程问题的解决方案时,有必要效法自然、借鉴自然法则、顺应自然规律,拓展工程问题的解决渠道,以全面提升工程实践活动的能效水平,使工程能够更好地与自然融为一体。另一方面,从工程发展历史来看,一些重大的、原始的工程创新、技术创新的技术原理都来源于对自然界细致观察和深入思考后得到的启迪,常常使得原本陷入迷途的工程思维豁然开朗,走进一个崭新的思维世界,进而迸发出解决问题的新思路或新途径,并可能达到意想不到的效果。案例1-6-4所列的建筑大师圣地亚哥·卡拉特拉瓦(Santiago Calatrava)结构艺术就是一个典型的例证,正是对"美源于运动、美源于力度、美源于自然"理念的深刻把握,才使他创造出一个又一个令人惊奇而又合乎技术逻辑的工程艺术作品。

效法自然虽然一开始往往从简单的模仿起步,但随着工程实践的深入,科学家可以由表及里地发现自然规律,在此基础上提炼出技术原理,工程师也能深入理解、创造性地利用自然法则和技术原理,进行技术开发和产品研制,促进工程实践活动的能效水平和经济效益不断提升。就工程领域而言,仿生学亦即模仿生物的科学,从诞生至今不过60年,但却对系统工程、航空航天工程、计算机工程、土木工程等多个工程领域产生了深远的影响,根据仿生学研究开发的设计理论、计算方法、功能材料等解决了工程界很多难题。以蜂窝状材料开发为例,蜜蜂的蜂窝是正六角形结构,截面小、面积大、强度高,结构十分合理,材料工程师受到蜂窝结构原型的启发,探索其技术原理,分析其受力性能,发明出蜂窝状结构材料,在航空工业、机械工业领域中得到了广泛的应用。

(6)厚植人文底蕴,发散工程思维视角广度

一方面,任何工程实践活动都要体现出其价值理性,归根结底都是为人服务的。因此,工程实践活动要体现人本思想,密切细致地关注人的需求、人的使用,也要贯通服务经济社会发展的主线,贯彻可持续发展理念,遵循工程伦理,最大程度地与生态环境相协调,彰显工程的推动社会经济发展的意义。另一方面,一些工程领域处在科学、技术与艺术的交叉点上,通过工程来创造美、彰显美是工程实践活动的应有之义,通过工程实践活动将历史、现实与未来连接起来;实现工程的社会价值也是工程师常常要面对的问题。工程实践活动所具有的人文性、艺术性特质,必然要求工程思维在技术维度之外,站在更广阔的维度上来回应社会需求,呼应时代关切,显现人文价值。

进一步来说,在具体工程项目的设计构思过程中,能否将人文性与艺术性巧妙恰当地融入概念设计方案中,不着痕迹地呈现出来,将艺术性与工程实践活动有机地结合起来,赋予工程实践活动以丰富的精神内涵和鲜活的人文价值,正是工程创新思维与工程常规思维的辨识尺度之一。从这个意义上来讲,厚植人文底蕴,彰显人本思想,跳出单纯技术的藩篱,思考工程实践活动的出发点和落脚点,恰当地展现工程的人文艺术价值,就自然而然地成为工程创新思维培育不可或缺的要素。

综上所述,所谓工程创新思维,就是在对传统工程思维批判继承的基础上,突破先前工程实践活动所形成的思维定式、思维惯性和习惯做法,具体思维方法需要结合相应的工程领域的技术问题来具体分析、探索实践,存在着"法无定法、道无常道""运用之妙,存乎一心"的现象,需要在工程实践活动中不断感受领悟、提炼升华。

不失一般性,现将几种常见的工程创新思维方式简要罗列,如表1-6-3所示。

几种常见的工程创新思维方式   表 1-6-3

思维方式	要　点	典型案例
组合/融合思维	让原本不相关的元素相互渗透相互融会	共享单车(通信工具+移动支付+自行车)
逆向思维	沿着与常规逻辑和既有现象相反的方向思考	奥斯特发现电可以产生磁,法拉第认为磁也能生电,发明了发电机
发散思维	突破原有约束,发挥想象联想能力	家用微波电器技术推广应用于工业微波炉
移植思维	运用其他学科概念、理论和方法,解决本领域的技术瓶颈	核磁共振扫描成像仪应用于医学诊断
思想试验	激发想象力,对头脑中灵感的深加工	将两个质量差异较大的物体绑在一起,从逻辑上证明重力加速度与物体质量无关

案例 1-6-5

工程创新思维的样本解剖
——鹿特丹伊拉斯穆斯大桥的方案构思要点

伊拉斯穆斯大桥(Erasmus Bridge)位于荷兰鹿特丹市,横跨新马斯河,连接城市中心与南部 Kop van Zuid 地区,于 1996 年建成。鹿特丹是荷兰第一大港口,但随着港口西移,导致 Kop van Zuid 地区经济衰退,码头逐渐被遗弃。到了 20 世纪 80 年代,随着城市规模的扩张,Kop van Zuid 地区被列为改造重建的重点区域,需要修建一座交通功能完备、独具艺术特色的大桥,以加强该地区与市中心的联系、提振老港口区的雄心。大桥以荷兰著名的人文主义者和神学家伊拉斯穆斯[Erasmus(1469—1536),曾在鹿特丹生活工作多年]命名,表明了鹿特丹人对大桥的看重。

大桥的设计者本·凡·伯克尔(Ben van Berkel)是一名建筑师,在深入理解了伊拉斯穆斯大桥的建设需求和当地产业的发展历史后,从鹿特丹市、Kop van Zuid 地区的造船业、码头特色中获得灵感,将船舶、起重机、港口、码头及吊装技术等相关概念融入大桥的概念设计中,以彰显现代主义的新城市风格。通过与工程师的通力合作,在满足交通需求和结构受力要求之外,赋予大桥独特的、丰富的艺术感染力,如图 1-6-5a)及插页彩图 9 所示。

大桥桥址处新马斯河宽约 600m,上游不远处的岛屿将河面分成东窄西宽的两个航道,西侧航道通航要求为 200m×12.5m,东侧航道水深相对较大,但通航需求不大(主要满足东岸船舶修理的进出需求)。设计师采用非对称的独塔斜拉桥主桥以及旋转开启桥跨的总体布置,以顺应通航需求及景观要求,最终确定的跨径布置为 51.7m+284m+73.6m+88.5m+50.1m=547.9m,桥面宽 33.8m,布置了 4 条行车道、2 条电车轨道、2 条自行车道和双侧人行道。主塔位于桥轴线与岛屿的轴线交会处,以便在整体上与岛屿、两岸的地貌取得均衡,并减小基础的工程量,索塔的西、东两侧分别布置 284m 主跨和 73.6m 副跨,副跨东端连接 88.5m 长的竖旋式开启桥跨,以供大型船只进出修理码头。这样的孔跨布置,既为西航道提供了宽敞的通航宽度,满足水上日常运输需求,又有效降低了桥面高程、减小桥梁长度、压缩桥梁规模,在打造景观桥梁、适度彰显地标作用的同时,不至于桥梁体量过大、与周边环境相比显得过于宏大和突兀。

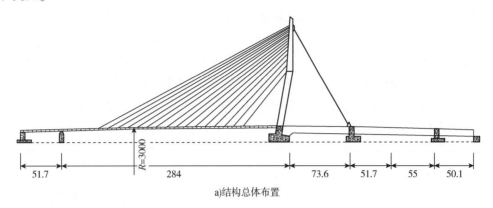

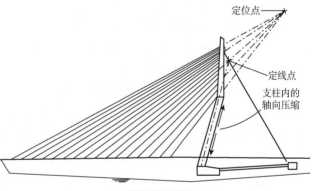

图 1-6-5 鹿特丹伊拉斯穆斯大桥(尺寸单位:m)

这样,展现人文价值、体现景观效果的重担就聚焦在了独塔斜拉桥上了。独塔斜拉桥是一种设计自由较大、艺术表现力较强的结构体系,可以较好地适应主副跨跨径差异,充分反映出设计者的匠心。在独塔斜拉桥中,又以斜塔斜拉桥最具艺术表现力。在此之前,一些斜塔斜拉桥如由圣地亚哥·卡拉特拉瓦设计的、1992年建成的西班牙塞维利亚阿米罗无背索斜拉桥等曾经引起了业内外人士的广泛关注,也因受力不合理、造价过高而饱受争议。如何使斜塔斜拉桥展现出艺术特质的同时,并保证结构受力比较合理、造价相对恰当?为此,建筑师本·凡·伯克尔与结构工程师一起,在阿拉米罗斜拉桥的基础上融合当地条件、大胆构思、推陈出新,主要构思要点如下。

一是采用高索塔,索塔、锚杆与副跨 73.6m 长的主梁形成刚劲的三角形构架。索塔高 139m,与主跨长度之比达 1/2,远大于常见斜拉桥塔高与跨径之比的 1/5~1/4,主跨采用 16 对扇形分布的斜拉索,以增大斜拉索的水平夹角、提高结构效率,副跨采用 1 对内含 4 根拉索的锚杆,锚固在副跨与开启跨的墩顶,采用截面面积较大、与索塔固结在一起的副跨,索塔、副跨和锚杆构成了一个稳定、强劲的三角形构架,在改善受力的同时,给人以稳定可靠、力度十足的感受(图 1-6-5b)。

二是优化索塔几何形态,以尽可能地减小索塔弯矩、提升艺术表现力。塔柱采用向后斜倾的折线形式,形似正在拔河的大力士,既挺拔有力,又棱角分明,充分展现出力与美的结合。斜塔受力原理与臂架式起重机的臂架相近,折点以上为拉索锚固区,如果将主跨扇形拉索向另一侧延伸,拉索的合力将作用在虚交点上,索塔的轴线、锚杆轴线与斜拉索合力作用线相交于一点,斜拉索合力与锚杆拉力产生的索塔弯矩将会互相抵消(图1-6-5c)。相对于直线形斜塔,折线形的索塔弯矩大幅度减小,折点以下索塔主要承受轴力。

三是采用比较厚重的副跨,形成一个平衡的受力体系。副跨钢箱梁与塔身固结,采用与索塔相近的变截面形式,结构自重约4000t,刚度及自重较大,并借助于开启跨墩顶大型基座的压重来平衡锚杆的上拔力,而主跨、开启跨均采用纤细的钢板梁结构,梁高2.25m,高跨比1/130,主跨钢结构自重约3195t。这样,主跨、副跨、索塔及斜拉索、锚杆共同构成了一个基本平衡受力体系,不会因造型独特产生受力不合理,导致造价大幅增加的现象。

四是采用倒Y形钢索塔,以取代工程中常用的混凝土索塔,拉索锚固区以下塔柱在横向逐渐展开,在塔底与副跨钢箱梁固结为一体,以适应较宽的桥面系、提供较大的横向刚度,上塔柱上引出的拉索形成空间索面,提高了桥面系的空间受力稳定性。整个钢索塔重1800t,采用整体制造、浮吊架设,施工十分简便。

五是注重美学设计和细部构造处理。在细部上,对结构线条未加任何修饰,反而显得棱角分明、孔武有力、造型简洁;在色彩上,建成后的大桥钢部件被漆成淡蓝色,远远望去,既像一艘战舰停靠在港湾,又酷似一只优雅的天鹅浮于水面,当地居民昵称之为"天鹅桥";在夜间照明上,利用灯光和色彩,刻意将强壮的索塔和斜拉桥的副跨"消瘦下来",使其与轻巧的主跨、拉索构成了流畅的力线,展现了与日间迥然不同的形象。

伊拉斯穆斯大桥的设计,在满足交通需求的同时,以较低造价(该桥总的用钢量约11820t,折合每平方米桥面用钢量638kg)、特殊的造型顺应了当地的人文气息和历史传承,营造出别具一格、蓬勃向上的意境,令昔日被废弃的内河港口重新散发出生机和活力,成为鹿特丹市的地标性建筑。伊拉斯穆斯大桥的构思再次告诉我们:工程创新思维必须根植于对工程需求的总体把握和深刻理解,能够将特定的约束条件和资源要素揉碎、消化、吸收后进行重新加工创造;结构工程创新思维必须立足于结构的本质——将力学与美学融为一体,将功能、造型与受力行为视为一个有机的、密不可分的整体进行构思;工程创新思维必须在传承的基础上大力扬弃,在否定之否定之上才可能产生跃升。

6.4.2 促进工程实践一线人员的思维觉醒

工程创新思维是工程创新实践活动的灵魂,在工程实践活动一线人员的思维中若隐若现的存在,处于一种"日用而不知"的不自觉状态。工程创新思维的核心是在系统论的指导下进行工程问题的"解构"及其"协调和集成",以形成工程问题的全局优化解、彰显工程创新的价值导向,在这个过程中,工程实践一线人员的思维觉醒、思维跃升具有决定性意义。工程实践一线人员具有量大面广、专业分工细致、专门技能精深而视野受局限等基本特点,是工程实践活动渐进性创新的主力军。另一方面,思维觉醒不是一蹴而就的,而是一个反复的、长期、艰难的过程,既需要结合工程实践活动,不断对工程实践活动进行反思批判,突破"不识庐山真面目,只缘身在此山中"的思维境况,又需要站在工程哲学的高度,改进认知方法、提升认识水平,从以下四个方面不断强化认识、提炼问题、锤炼思维、规避误区。

(1)注重整体统筹,有机协调技术和非技术要素

创新是一个充满高度不确定性、经常失败的过程,要取得成功必须周密谋划、整体统筹。工程不允许失败,这使得工程创新需要更加注重整体统筹、权衡利弊得失。整体统筹包括两个层面。一是技术与非技术要素的整体统筹,其中,非技术要素常常占据主导地位,统筹的核心是抓住主要矛盾或矛盾的主要方面,因地因时制宜,在坚持与妥协之间寻求平衡,协调处理好工程相关方的利益诉求乃至冲突。常见的非技术冲突包括:需求目标与现实条件的冲突、安全性与经济性的冲突、社会期望与技术可实现性的冲突等。二是技术内部因素的整体统筹,在多种技术的选择集成优化过程中,重点处理好先进性与成熟度的冲突,掌控好风险性与稳健性的冲突,把握好单项技术突破与成套技术集成的辩证依托关系。

(2)强化概念设计,增强对工程的宏观把握能力

一般而言,大多数工程创新源于工程设计创新。工程设计是工程建造与运营的龙头,概念设计是工程设计的核心,体现了设计者对总体目标的把控能力、对设计任务的驾驭能力、对技术突破的洞察能力、对工程创新的综合处理能力。概念设计是反映事物本质特征的思维形式,是工程从无到有的关键环节,概念一经形成,则意味着这项工程的形式和物质在思维层面完成了逻辑上的融合,具备了工程的本质特征,概念向现实世界落实和细化,则形成了工程的设计方案。在遵循普适的设计理念、设计原则前提下,在概念设计阶段,设计者既要针对工程项目所处的政治经济文化环境等因素,因地制宜的大胆构思、推陈出新的构思设计,又要粗线条、高屋建瓴地对工程建造所需的物资材料、总体布局、过程控制、经济性能、关键细节、艺术特质等多方面的因素,进行综合考量、估算判断、反复比较,以凸显设计方案的创新性与可行性,描述分析工程或产品的市场适应性,体现出对工程项目的宏观把握能力。

关于概念设计的要点,详见本篇第7章。

(3)积跬步至千里,重视渐近性创新的价值意义

由于工程约束因素众多且不允许失败,工程创新确属不易,但并非高不可攀。颠覆性、革命性创新的出现往往需要社会需求、技术积累、市场机制等多种有利因素的同时聚集,也需要工程大师的点化,数量不多但影响深远。渐进性创新表现为革新、改进、融合等多种形式,集中在工程材料改良、构造细节改进、工艺流程改造、方法移植嫁接、装备工具改造等多个方面,在工程实践活动中则常见常新、层出不穷,如能持之以恒、积跬步至千里,在工程实践活动规模不断扩大的情况下,其产生的累积效应并不亚于颠覆性创新。因此,要高度重视渐近性创新的价值意义,明确渐近性创新是一线工程实践人员创新的主战场。另一方面,随着一些工程领域特别是材料工程、IT行业的快速迭代进步,信息技术革命正以跨界融合的方式,推动一些传统的工程领域进行升级换代,目前处在突破瓶颈、酝酿变革的前夜,这正是工程渐进性创新的机遇所在。

(4)规避创新误区,回归工程创新的价值内涵

正如李伯聪所言,工程创新既要突破壁垒,又要躲避陷阱。在经过技术突破与集成优化之后,只有呈现出价值的提升,才能获得用户的认同、市场的认可,才会变成真正的工程创新。在这个过程中,需要规避重重误区,回归工程创新的价值内涵,否则就会像卡尔·富兰克林所言:"多数的创新,无论是多么令人兴奋,最终都将消失在历史的灰烬里。"从工程创新的历史经验和教训来看,主要误区有以下四类:一是在认知上出现偏差,打着创新的旗帜去追求与众不同、标新立异,为创新而创新,但在实质上并未体现出价值的提升,产生各种各样的"伪创新""虚创新"或"短命创新";二是盲目相信、过度依赖技术,将技术创新与工程创新混为一谈,痴迷技术的成功必然带来市场的高收益,对工程创新的经济属性认识不够深刻、把握不够到位,未能经受住市场的检验筛选;三是执着地追求一些工程浅表性特征如工程纪录、工程规模等,有意无意地将工程浅表性特征与工程创新混为一谈,甚至以工程纪录替代工程创新;四是用创新来包装、粉饰工程/产品,过度将商业目标植入工程实践活动,从而影响市场、误导用户,实现追求经济利益的目的。

案例 1-6-6

高性能混凝土材料开发的崎岖之路
——技术内部因素的整体统筹

第二次世界大战以后,随着混凝土桥梁的广泛应用,针对混凝土自重大、抗拉强度低等缺点,结构混凝土材料的改良开发一直都在围绕着提高比强度(强度/重度)进行了各种尝试探索。早在20世纪60年代,依靠提高水泥强度等级、减少用水量等措施,就开发出抗压强度80MPa以上的结构混凝土,但因弹性模量、延性等指标并未同步增长,混凝土的工作性能也不够理想,如果应用于梁桥、拱桥则结构刚度成为新的制约因素,如果用于缆索承重结构则发挥不出其优势。对此,人们不得不采用混凝土桁架这种结构形式来进行高强混凝土的工程实践,在此期间,日本、法国等国家修建了一些具有试验性质的中等跨径($L=60\sim80$m)高强度预应力混凝土桁架梁桥,发现其经济技术优势并不明显。于是,在相当长的一段时间里,结构工程(含桥梁)上主要采用40~60MPa混凝土,高强混凝土的研究虽然有所进展,但大规模的工程应用则陷入停滞状态。

进入20世纪80年代,欧美发达国家率先发现了混凝土结构的另一个缺点,即耐久性并不像早期人们所认为的那样好,混凝土存在碳化、氯粒子损害、钢筋锈蚀、碱集料反应等耐久性病害,在港口工程、海洋工程、高寒地区的混凝土结构产生了一些比较严重耐久性的问题,引起了工程界的高度重视。此后,人们不再单纯针对混凝土强度指标进行研发,而是针对混凝土的综合性能,包括强度、耐久性、密实性、弹性模量、可施工性等方面进行研究开发。1990年,美国率先提出了高性能混凝土(High Performance Concrete,简称HPC)的概念,HPC

具有高强度、高耐久性、高工作性，解决了结构工程领域的普遍关切，并迅速衍生出自流平混凝土、泵送混凝土等新的混凝土品种，C80及其以上的HPC在一些桥梁工程、高层高耸建筑得到了较为广泛的应用。

进入21世纪，欧美研究者统一将水泥基复合材料–活性粉末混凝土命名为超高性能混凝土UHPC(Ultra-High Performance Concrete)，其性能指标包括抗压抗拉强度、密实度、耐久性、韧性、延性等更加优越，工程适应性更强。UHPC实际上是一种高强度、高韧性、低孔隙率的超高强水泥基材料，迅速从实验室技术逐步转化为工程化技术，进行了各类试点工程的建设。据不完全统计，截至2019年底，美国、加拿大约有350座桥梁采用UHPC材料，主要将UHPC材料应用于桥梁接缝，其中有25座的主梁结构采用UHPC材料；马来西亚已建成150座UHPC桥梁；我国约有80座桥梁采用了UHPC材料，其中约有20座桥梁主体结构(主梁、拱圈等)采用UHPC材料，其余主要用于钢-UHPC轻型组合桥面结构、构件的现浇接缝、结构维修加固等方面。其中，比较有代表性的是南京长江第五大桥(又名南京江心洲长江大桥，主跨2×600m的组合梁斜拉桥)，采用了钢箱-UHPC组合梁，桥面板抗裂强度提高了4倍，主梁自重减轻30%以上，徐变应力减小70%左右，与同等跨径的斜拉桥相比，主梁用钢量从400kg/m^{2}减小到311kg/m^2。但总的来说，由于没有找到与其性能相匹配的结构形式，加上造价较高、制备工艺较为复杂，仅有为数不多的结构形式如UHPC组合桥面结构、UHPC矮肋桥面板通过了工程选择，进入了工程规模化应用阶段。需要特别指出的是，UHPC组合桥面结构在基本不增加自重的前提下，大幅度提高了桥面的局部刚度，并且为沥青面层提供了易黏结的混凝土基面，从而可解决正交异性钢桥面耐久性不足的难题。此外，通过掺入纳米材料、混杂钢纤维并施以高温蒸汽养护，对UHPC进行针对性强化，可获得超高韧性混凝土STC(Super Toughness Concrete)，其抗裂强度提升至30~40MPa，非常适用于钢桥面，STC结构在我国已经应用于40多座钢桥的桥面铺装，涵盖了梁桥、拱桥、斜拉桥和悬索桥等各类基本桥型，在抗裂、抗疲劳等方面明显优于UHPC。总体而言，目前UHPC的研究、技术开发、试点工程正方兴未艾，正处在取得大规模工程应用的前夜。

从混凝土材料性能改良的进阶之路来看，材料变革虽然是结构工程、桥梁工程创新最重要的推动力，但如果没有与结构形式、施工方法、设计理论等方面形成有机结合、相互促进的局面，UHPC的开发可能会陷入进退两难的境地，难以真正推动工程创新，对此，在更广的工程视野下，可将高性能混凝土材料开发归类为技术创新实践，将其与结构形式、施工方法融合协同发展理解为工程创新实践，只有通过了工程的筛选、集成和规模化应用，呈现出价值的提升，才可能升华为工程创新，才可能推动工程创新扩散。这一点，和一百年前设计大师尤金·弗雷西奈、罗伯特·马亚尔等人在率先采用钢筋混凝土这种新材料、走出传统石拱桥结构形式的窠臼在本质上没有什么区别(钢筋混凝土发明之初，它们都是用来模仿已有的结构形式，进而才慢慢地演化发展出了令人惊叹的新结构形式)。因此，在工程实践活动中不仅要注重非技术因素统筹，还必须关注技术内部因素的整体协调和系统推进，否则，就容易误入单兵突进的技术歧路。

案例 1-6-7

创造桥梁跨径纪录的情结
——工程社会性产生的副作用剖析

竞争是人类的天性，对各类纪录的向往和追求也常常被上升到国家民族的高度。近现代以来，建造大桥曾经是国家大事，也是土木工程实践活动的高地，因此桥梁纪录也被赋予了诸多精神内涵及象征意义，如英国梅奈海峡悬索桥、福斯湾铁路桥和塞文桥，美国纽约的布鲁克林大桥和华盛顿大桥，日本的多多罗大桥和明石海峡大桥，在规划建设过程中就承载着诸多的国家意志和社会期望。

欧美发达国家也曾有过一段时间显现出对桥梁跨径纪录的追求。例如，在钢拱桥跨径纪录争夺中，在获悉澳大利亚悉尼海港大桥(Sydney Harbour Bridge，跨径503m，John Blafield和 Ralph Freeman 设计，1923 年开建)将在 1932 年建成开通的消息后，美国工程界就迫不及待地抢先建成了贝永桥(Bayonne Bridge，跨径504m，Othmar Ammann 设计)，虽然贝永桥 1931 年开通时在功能上、景观上与悉尼港大桥相比逊色不少，但是澳大利亚创造拱桥纪录的梦想落空；又如 1981 年亨伯尔桥以 1410m 跨径打破美国维拉扎诺桥保持 27 年纪录建成时，英国工程界发出了"大英帝国重新站上了世界工程之巅"的欢呼声；等等。欧美国家进入工业化中后期以来，大型桥梁建造变得越来越容易，交通基础设施建设需求也有所放缓，修建大桥不再像之前那么受到社会的广泛关注，工程界也不再热衷于打破纪录，而是更加专注于提升工程品质。

实际上，建桥材料的允许应力是桥梁跨径最主要的限制因素，如果不考虑桥梁建造的经济指标的约束及工程项目的具体条件，在采用 2000MPa 级高强钢丝的情况下，人们距单纯由技术可行性所决定的最大跨径的上限还有很大空间。据相关资料，梁式桥的极限跨径在 600m 左右，拱桥的极限跨径在 1500m 左右，斜拉桥的极限跨径在 5000m 左右，悬索桥的极限跨径可达 10000m。但是，可能的并不意味着是合理的，可能性与工程可行性之间存在很大差距，在一些发展中国家特别是我国，由于桥梁工程承载了许多社会期望和象征意义，人们对打破桥梁跨径纪录的热情仍然高涨不减，甚至建造一些在跨径上不必要、经济上不合理、造型上不协调的大跨径桥梁。

以长江武汉至南京段为例，因航道因水深不足，被定为内河Ⅰ级航道、通行 3000 吨级船舶，通航净高要求 24m、净宽为 2×160m，但近十多年来参建各方以提高桥梁防船舶撞击能力为由，修建了许多主跨 1000m 左右的桥梁，主跨的净跨/净高之比超过了 20，在比例上不协调、在美观上有缺陷、在经济上不合算，与早年建成的武汉长江大桥(跨径 128m)、南京长江大桥(跨径 160m)的跨径极不匹配，也与近十多年来建成的南京大胜关长江大桥(跨径 336m，2011 年建成通车)、武汉天兴洲长江大桥(跨径 504m，2009 年建成通车)的跨径极不协调。

另一个比较典型的例子是在山区桥梁建设中，常常存在选择高线位偏好，导致桥梁跨径成倍地增大，桥高(梁底至谷底的高差)普遍较大，桥梁长度、工程规模、工程造价、施工工期等要素自然而然的成倍增长,而相关各方对桥高纪录的片面宣传又无形中助长了这一偏好,形成了一种不当的工程观念。实际上,在非通航河流上或山谷中,桥高只能粗略、一定程度地表征桥梁建造难度,并没有多少积极的工程意义和正面的工程价值,但这一现象多次反复发生在经济欠发达的山区,其原因是多方面的,值得深思和总结。与此相对照,在相似建设条件下,著名桥梁设计大师让·穆勒(Jean Muller)设计的普莱支流河(Bras de la Plaine)大桥(参见本篇案例1-6-1),选取了较低的线位和悬臂梁结构形式,在理念上更先进、技术上更适宜、经济上更合理、环境上更和谐,值得反复琢磨。

创造桥梁跨径纪录的情结也许是工程的社会性和系统性的副作用所致,在不同的时空里会反复出现,以致在一些情况下异化了对工程本质的认识。在我国从桥梁建设大国迈向桥梁建设强国的过程中,需要积极地规避创新误区,回归工程创新的价值内涵,消除以跨径论英雄,淡化创造桥梁跨径纪录的情结。

6.4.3 推动技术研发活动的价值提升

从认识论的观点来看,技术研发活动本质上就是一个解题活动,它肇始于技术问题。所谓技术问题,就是指工程技术人员认为的那些他们可以通过技术手段加以解决的问题。技术问题的来源包括但不限于以下四个方面:一是直接由自然环境给定而且尚未被任何技术解决过的问题;二是现有技术功能失常、能效低下的问题;三是特定时期相关技术之间的不匹配、不协调带来的问题;四是被其他知识系统预见到的、潜在的假设性反常问题。所有这些技术问题,都可以归结为自然–社会–技术系统诸要素之间的不匹配,即现有技术与技术之间、现有技术装备与新的工作环境之间、现有技术与社会现实需求之间、现有技术与人类梦想之间的不匹配,等等。

另一方面,正如李伯聪所言,技术创新活动是创新的"前哨战场"和"侦察兵",工程创新是"主战场"和"主力军",只有"侦察兵"和"主力军"密切配合与协同作战,才能取得工程创新之战的全面胜利。因此,在技术开发的"前哨战场",必须依托科学理论,以社会需求、工程问题为导向,加快技术开发的升级迭代,注重技术开发的集成性与成熟度。在技术开发活动这个创新的前哨战场中,必须站在工程应用的广度来看待技术问题,站在科学发展的高度来认识技术问题,站在价值提升的深度来检验技术问题,只有这样,才能处理技术创新是源、工程创新是流的相互依托关系。否则,就可能会掉入唯技术论或技术至上的陷阱,或陷入技术自我循环演化的、封闭迭代的泥潭,导致前哨战场与主战场脱节,前哨战场难以有效地为主战场提供创新之源,技术开发活动的价值意义因此大打折扣。

然而,技术问题的界定并不是直截了当、一目了然的。在很多情况下,对于人们面临的同一问题情景,诸如政治问题、社会问题、制度问题等,究竟被界定为技术问题还是非技术问题,并不能先验地确定下来。事实上,从现实存在的工程问题到人们研究的技术课题,要经历一个转换过程。人们看问题的方式会受到当时社会背景和技术条件的极大影响。同样是面对一个需要解决的问题,在不同的时代,对于不同的人来说,它就可能被转换成不同类型的问题,如转换为政治问题、行政管理问题、技术问题。可以说,技术问题的界定本身就是一个转换过程、说服过程和妥协过程,它并非技术专家们的专利,而是政治家、企业家、用户等利益相关者共同介入的产物。

从国内外专利技术转化率来看,或因技术研发脱离市场需求、或因技术成熟度不足、或因专利转化制度束缚、或因工程实践活动对技术选择机制的僵化,导致大批专利技术束之高阁,技术研发活动最终未能与工程实践活动同频共振、相互促进。出现这样的现象,原因是复杂的、多变的、综合的,包含了制度、技术、经济等多个方面。从国内外技术实践历程来看,专利技术转化率高低主要取决于制度与环境,美国的拜杜法案(Bayh-Dole Act)在一定程度上解决了这一问题。单纯从技术层面出发,需要技术研发活动人员从科学-技术-工程三者的基本特征和相互依赖关系出发,从工程实践活动的基本规律出发,运用工程系统化思维方式,不断提高技术研发活动的认识水平。

(1) 在实践中完善,提炼技术背后的科学问题

一方面,技术尤其是技术的知识形态来源于科学理论,是现代技术的主要组成部分,是工程实践活动的主要支撑力量。另一方面,在工程实践、技术研发过程中,常常会发现一些既有科学理论难以解释的现象或问题。工程实践所呈现的现象、所提出的问题,正是科学理论、技术方法不断发展进步的源泉之一。要揭示这些现象或问题背后的机理规律,就必须将其由表入里、由粗到精、由特殊到一般地提炼出科学问题,才有可能在此基础上进行研究、归纳、概括,形成新的科学理论、技术方法和工程知识。在这个过程中,提炼工程和技术背后的科学问题是最困难,也是最重要的一环。正如人们常说,提出问题远比解决问题重要,提出问题就意味着解决了一大半的问题。因此,只有将工程技术背后的科学问题提炼出来,并通过研究得出一般性的科学规律,技术研发才有可能走进科学的深处,走向宽广的工程应用市场。提出技术背后的科学问题是技术研发活动迈向深水区的发端,正如爱因斯坦所言:"提出问题往往比解决问题更重要,因为解决一个问题也许仅是一个数学上的或实验上的技能而已。而提出新的问题、新的可能性,以新的角度去看旧的问题,却需要有创造性的想象力,而且标志着科学的真正的进步。"

(2) 在市场中检验,加速技术开发的成熟度

根据弗里曼、陈昌曙等人对技术创新的定义,新技术、新产品、新过程、新系统、新服务只有首次商业性转化,才完成技术开发的全过程。从这个角度来看,单一的技术创新、技术发明的价值是有限的,技术开发必须借助于工程/产品这一载体,经过市场的洗礼、用户的检验乃至时间的磨砺,才能获得真正的成功。这就要求在技术研发过程中,以市场需求、工程问题为导向,要最大限度、精准全面地把握市场对技术创新的需求,准确分析市场对新技术、新产品的认可程度,选择科学合理、因地因时制宜的技术路线,尽可能平衡技术的先进性与成熟度的矛盾,扫除技术至上的痴迷,避免盲目掉入高技术的陷阱。

对于技术研发活动,重点在于解决"怎么做、怎么做得更好"等问题,因此,好的技术研发问题一般应满足如下三个特征:一是对技术进步发展有明显的意义,但多数时候,判断一个技术研发问题的价值是困难的,但廓清评估技术问题的价值意义是技术开发的逻辑起点;二是要在现有的条件下能够给出明确的解答,形成系统可实现的成套技术;三是要能够获得市场检验、迭代升级的机会。然而,要完全满足这三个条件并不是一件容易的事。通常,有意义但难度太大、解决不了的题目很容易找到,能够解决但意义不大的题目也容易找到,比较成熟、需要提升功能的题目更是比比皆是,但常常被先行者占据市场,难以获得市场检验与迭代优化的机会。因此,三个条件都满足的技术研发问题数量并不是很多,也不容易取得共识。这就需要研发者借助于团体的力量,对市场需求、对技术发展方向、对研发构想具有深邃的洞察能力和全面的把握能力,即便如此,技术研发活动失败也是一件司空见惯的事情。以家用电视机发展的液晶线路与等离子线路之争为例,等离子电视虽然在技术原理上存在先天优势,但由于售价过高、缺乏小尺寸显示屏、存在小概率的烧屏现象等问题,在与液晶电视竞争中被淘汰出局。在技术原因之外,不得不说,以松下、长虹等企业为代表的等离子联盟对消费市场技术需求的把握能力也存在不足之处。

(3) 在协同中迭代,强化技术开发的集成性

新技术的出现、迭代与扩散,存在着自我发育进化的内在机制。某项技术或技术的某一方面取得突破,必然唤起相关技术配套升级、演化迭代,最终将单兵突进转换为齐头并进。当一项"种子型"技术发明诞生时,由于与现有技术体系不兼容,往往难以规模化应用,甚至被束之高阁;当既有技术体系接近其使用寿命时,人们又会存在技术路径依赖,企图用各种各样的改进措施努力延长其使用寿命,以期望产生最大效益。在这个过程中,技术内部的协同、完善、优化、集成往往存在一定的主观阻力、认知局限或客观困难。如何克服重重阻力困难,除了技术内部的整合优化之外,工程应用的推动、市场需求的激励往往可以从技术外部起到打破坚冰的作用。因此,在技术开发过程中,要跳出技术来看技术,始终将市场对技术迭代升级要求置于中心,始终将工程实践对技术的应用需求和集成要求放在首位。只有这样,才能在技术开发中加强协同、集成与系统化,从而促进技术的快速成熟和工程的广泛应用。

案例 1-6-8

拉索的防护构造
——技术成熟度不足与管养不到位带来的教训

拉索是斜拉桥、悬索桥、中承式拱桥、下承式拱桥等桥型最重要的承载构件,是索结构桥梁的生命线,其耐久性与可靠性直接关系到桥梁的安全运营与使用寿命。然而,由于工程界对工程稳健性认识不足,以及对拉索防护技术认知水平的局限,在过去几十年中,国内外建成的拉索承重桥梁几乎都存在不同程度的拉索病害,并且日益恶化,一些桥梁不得不提前大修、甚至换索,这种情况在我国尤为突出。据不完全统计,我国更换拉索的桥梁已接近上百座,拉索平均使用时间仅 10 年左右,远低于其设计寿命 25 年,产生了巨大的经济损失,也增加了难以估量的社会间接成本。比较严重的拉索事故有:1995 年,建成运营仅 7 年的广州海印桥斜拉索断索,经过半年多封闭交通、加固改造才恢复正常运营;2001 年,建成运营仅 11 年的四川宜宾金沙江南门大桥吊杆断裂、局部桥面垮塌,桥面恢复工程历时 8 个月,但并未根除吊杆的隐患,不得不在2018年进行大修改造;2019年,建成运营21年的、主跨140m的台湾宜兰县南方澳双叉式单肋拱桥吊杆断裂、整体垮塌(图1-6-6),导致6人死亡、13人受伤,引起了全世界的关注。

a) 主拱坍塌掉落水中　　　　　　　　　b) 10~13号吊杆锈蚀状况

图1-6-6　台湾宜兰县南方澳大桥整体垮塌及吊杆锈蚀状况

拉索常见病害主要有下锚头预埋管水患、拉索腐蚀、护套老化与开裂、拱桥短吊杆剪切疲劳、拉索风雨激振等。归结其原因,主要有设计、养护两大类。一是设计存在先天缺陷,工程界对拉索的水害影响、应力腐蚀、电化学腐蚀、剪切疲劳等方面的机理行为认识不到位,导致早期拉索防护工艺存在技术缺陷,普遍存在下锚头(箱)容易进水、排水不畅的瑕疵,而拉索防护设施构造的施工质量、施工工艺不过关又加剧了这一先天缺陷,经过数年锈蚀,吊杆有效面积严重削弱,承载能力显著降低,在车辆荷载、温度荷载作用下发生断裂。以台湾宜兰县南方澳双叉式单肋拱桥吊杆为例,垮塌后检查发现锈蚀最严重的10~13号吊杆有效残余截面积仅为22%~31%。二是管理养护不到位,既有因结构设计不合理导致的拉索可检测性、可维护性较差,检测检查人员难以到达拉索锚头等关键部位的因素,也有一线检测检查人员的责任不落实、检查不及时的因素,管理养护不到位、病害发现不及时又放大了这一设计缺陷,最终导致桥梁垮塌事故的发生。

面对拉索防护出现的各种问题,桥梁界汲取事故教训、综合施策,具体改进对策主要包括以下三个方面。一是更新工程理念,如采用锚拉板、钢锚箱等新型构造,以增强拉索可检查、可维护性。二是进行工艺革新,如采用新一代防水防护材料、改进短吊杆连接构造,以增强拉索对外部环境的耐受能力。三是加强巡查检修,如采取拉索锈蚀检测、索力监测等,以掌握拉索实际状况及变化态势。相信经过工程界的努力,拉索防护工艺及监测技术有望得到根本性提高。

桥梁拉索防护构造虽然只是桥梁建设管养中一个小的技术问题,但在工程理念不健全、技术成熟度不足情况下就大规模的应用,在设计建造时也未采取审慎的、恰当的防范措施或应对对策,给工程界带来的教训非常沉痛,付出的经济社会代价也非常大。工程界除了在技术层面进行反思改进之外,也似乎有必要升华到工程理念、工程观的高度进行再认识再思考,从而在源头上强化对工程风险性与稳健性的认识,提升工程设计的容错性与冗余度,增强工程的可检查、可维护性。

第 7 章 工 程 设 计

在工程实践活动中,工程设计居于龙头地位。工程设计是工程实践活动的灵魂,也是工程成功建造和顺利运行的前提和基础,更是工程理念、工程方法落地实施过程中最重要、最关键的一环,影响到工程实践活动的全过程,具有起始性、渗透性和贯穿性等作用,决定了工程的品质和能效水平。

从实践和工程历史角度来看,工程设计既要传承传统、厚积薄发,又要遵循工程规则、技术规范,更要打破常规、推陈出新,还要因地制宜、顺应时势,这些原则性的、相互矛盾的期望势必给工程设计人员提出了更高、更全面的要求,常常令设计人员绞尽脑汁、费尽心思而乐此不疲。另一方面,在现代工程中,工程设计创新往往是工程创新的主要来源,离开了设计创新,工程创新往往就成了无源之水、无本之木。同时,工程设计的品质基本决定了工程建造运营的品质,平庸的设计预示着平庸的工程,而拙劣的设计则会给工程埋下隐患或缺陷,错误的设计必然会导致工程建设的失败。

从认识角度来看,人的主观能动性、创造性常常集中而突出地表现在工程设计之中,工程设计包括了多种显性知识的获取、加工、处理、集成、转化、融合和传递,也包括一些隐性知识的汲取、消化及融合,是将工程知识、技术方法、工程经验转化为现实生产力的先导过程,是一个行业乃至一个国家工程能力的主要体现。正如马克思在《资本论》中所言:"蜘蛛的活动与织工的活动相似,蜜蜂建筑蜂房的本领使人间的许多建筑师感到惭愧。但是,最蹩脚的建筑师从一开始就比最灵巧的蜜蜂高明的地方,是他在用蜂蜡建筑蜂房以前,已经在自己的头脑中把它建成了。劳动过程结束时得到的结果,在这个过程开始时已经在劳动者的表象中存在着,即已经观念地存在着了。他不仅使自然物发生形式变化,同时他还在自然物中实现自己的目的,这个目的是他所知道的,是作为规律决定着他的活动的方式和方法的,他必须使他的意志服从这个目的。"(《马克思恩格斯选集(第二卷)》,人民出版社 2012 年版,169-170 页)马克思在这里以盖房子为例,深刻地阐明了主观观念先于实践、工程设计是工程创造的灵魂这一基本特征。

源于工程的集成性和系统性,作为工程实践活动龙头的工程设计也具有突出的复杂性和系统性。一般来说,狭义的设计就是给出设计图纸、编制概预算、提出施工建造方法、给出运营维护建议;广义的设计包括承办业主所需的全部技术服务,即在狭义的设计之外,还包括技术咨询、技术研究等,但不包括施工建造。为了应对日益复杂的工程设计,倡导理念先行、强调过程控制、重视流程管控、加强专业协作等是现代工程设计的普遍模式,只不过在不同国家地区、不同行业有不同的体现形式或组织方式。

一般而言,工程设计都是以目标需求为导向,经历工程规划、概念设计、技术设计、详细设计或施工图设计等几个大的阶段,将能够达成工程功能目标的实现路径清晰准确地展示出来,将工程建造运行所需的物质(物料、设施、工具等)、技法(技术、方法、技能等)、管控(目标链、物质流、能量流、信息流等)等方面有机组织衔接起来,形成严谨细致、可操作性强的设计成果,以全面指导、规范工程建设和运行。在这个过程中,概念设计是工程设计的核心,体现了设计者对工程总体目标的把控能力,对技术突破的洞察能力,对设计任务的驾驭能力,对工程创新的综合处理能力。

7.1 概念设计

所谓概念设计,就是在具体方案设计之前,首先对工程相关的区域规划、需求目标、地理环境、建设条件、工程造价、运行维护等情况进行统筹协调、综合分析,然后通过对工程规则、技术原理、经济性能、艺术表现力和实践经验的运用,对工程设计进行方向的把握、整体的考虑、快速的估算、全面的比较、综合的评价、果断的选择,同时忽略工程技术具体细节的总体构思过程。概念设计不仅要对功能和形式进行合理的构想,使构思方案能够满足相应的功能、经济性能和美学价值等方面的要求,同时还必须满足工程的可实施性。

概念设计是整个工程设计最重要也是最困难的部分,工程设计者在需求目标分析的基础上,对工程问题进行总体、深刻、全面把握,融会贯通、创造性地运用技术原理、技术方法、工程经验,以及相关的非工程类知识如经济、社会、文化、伦理、宗教等,确立解决工程问题基本方案的构思,并做出关键性选择与决策,重点回答"为了什么,如何集成"等问题。概念设计能力和水平源于设计者对工程需求的总体把握,源于设计者对各种技术、非技术约束条件的深刻理解,源于设计者综合性、创造性工程思维的长期积累。即便如此,面对一个具体的工程项目,设计者乃至形成了自己独特风格的工程设计大师仍需耗费大量精力,审慎、反复、开放地对设计构思进行锤炼,只有这样,才能不断提高工程设计的品质。

(1) 概念设计的意义价值

概念设计虽然不需要投入太多的资金和人力,但却决定了工程设计的框架、走向和品质,是工程设计的内核。概念设计是工程需求、工程理念、设计原则与经济技术条件非线性耦合作用、无中生有孕育新的"工程生命"的过程,一个好的概念设计固然有可能在随后的详细设计中得不到充分落实而流于平庸,但一个平庸的概念设计从一开始就决定了工程设计绝不可能出类拔萃,就更谈不上有所创新。概念设计过程中所确定的方案对最终的设计质量和工程造价的影响是决定性的、最大的,相关研究表明:工程建设所需的80%的资源都取决于概念设计阶段所做的决定,但多数设计者却把大部分时间和精力花费在详细设计阶段,然而在这个阶段对设计方案往往很难再有重要的改进,所做的工作只是为了去满足相应设计规范的要求。从这个意义上来说,概念设计是工程设计和建造的起点,是工程创新的源头,因此,怎么拔高概念设计的意义价值都不为过,工程历史上留下的经典创新案例和事故教训都无数次从正反两方面说明了这一点,对于大型复杂工程、标志性工程尤甚。

(2) 概念设计的任务内容

概念设计是工程师或设计师构思创意的过程,往往决定着主要矛盾或矛盾的主要方面的解决方向和主导思路。现代心理学认为:概念是思维过程形成的结论,能代表某种事物或过程的特征及意义。概念设计的思维过程是由不清晰到逐渐清晰的非线性过程,尽管其中有着相当程度的不确定性、模糊性和重复性,但总的趋势是呈现出从模糊到清晰、从混沌到具体的渐变特征。这个阶段是设计者的思路最活跃、创造性思维最丰富、灵感不断涌现的阶段。在这个阶段,设计者所使用的是一些基本概念,依靠少量、不精确、缺失的信息来得到粗糙的设计方案,并不需要详细的信息,目标只是部分地被定义,解决方案的对策也不是完全清晰,以便随时推翻重来。概念设计虽然非常重要、所需时间较长、难度也较大,但设计的任务内容从数量上来说并不算多,主要有以下三个方面。

①需求目标分析。

需求目标分析是工程设计的起点,它为后续的设计活动设立了目标和边界,基本解决了工程实践活动"为了什么、适不适合"这一核心命题。但是,很多时候真正的需求是什么却很难全面把握,业主(用户)也不见得能够梳理到位、表达清楚,社会公众可能存在各种似是而非的期待,因此,对需求的分析厘清看似只是整个设计的一小部分,却是最关键的第一步。用户需求与可实现的工程/产品之间往往存在着一个时隐时现的、难以跨越的鸿沟。这个鸿沟形成的原因是多种多样、因时因地而异的,有时候来源于投资者或用户方不切实际的期望和要求,有时候来源于决策者和工程师对市场需求把握分析不到位、不精准,有时候来源于设计师对工程认知能力的局限,有时候来源于工程相关方的不同利益诉求乃至价值取向差异,等等,不一而足。概念设计不同于科学问题的解决过程,它实际上是一个发现问题、解决问题的过程,不仅要寻求解决问题的途径,同时也要厘清工程目标。工程设计者就是要在这些笼统的、矛盾的、含混不清的表面需求中,能够进行合理而深刻的概括、平衡和取舍,从而全面精准地概括需求目标。

②概念生成。

概念生成是指针对工程的各种目标、指标和约束条件,运用系统性、综合性、创造性的工程思维,提出各种合理、可行的初步解决方案的思考过程及其结果的总和。概念生成是一个在既定条件下抓住主要矛盾或矛盾主要方面、提出各种可能解决方案的思维碰撞过程,也是一个不断自我否定、推陈出新的过程,更是工程创新方案孵化的思维过程。在概念构思阶段多采用抽象和概括的手法,并不要求面面俱到,但必须抓住关键要素,这样就有可能实现构思上的突破,或者至少是为打开突破口或提供契机。构思的确定是发现问题、定义问题的开始,是落实工程理念、实现工程目标的发端。在这个过程中,工程设计者的洞察力和包容性至关重要,既依赖于设计者对当地历史、文化、自然条件的深刻理解,也依赖于设计者对既有解决方案本质、优缺点的总体把握,还依赖于个体天马行空的想象力与艺术表现力,更依赖于团体的相互激发、集思广益,以便将各种可能解决问题的构思纳入其中,而不是将一些新颖独特的设计构思遗漏或排除在外。概念生成就是在这样一个充满不确定性的模糊空间中,寻求最具特色、满足各类约束条件的可能性方案的过程,其间常常会存在诸多矛盾与冲突,甚至需要多次推倒重来。即便这样,所生成的概念设计成果也不见得能够得到工程决策者的采纳或认可,常常停留在初步构思的图纸阶段。工程历史经验表明,许多传世之作如巴黎埃菲尔铁塔、悉尼歌剧院、北京奥林匹克体育场、法国米约(Millau)高架桥等著名工程,往往在概念生成阶段备受各方质疑,这固然由工程创新的复杂性所致,也反映了当时业界及社会公众认知水平的局限性。

③概念选择。

概念选择是在已经生成的若干个设计构思进行比较、鉴赏和评估,筛选出几个优秀方案,进行进一步的分析、估算和研究,并最终确定一个最佳概念设计方案的比选过程。所谓比选,就是一个同体异质要素的相互耦合、相互作用、相互制约的分析判断过程,既有技术层面的要素,也有非技术层面的要素,往往需要将定量分析与定性分析结合起来,进行综合权衡、判断取舍。在这个过程中,设计者要面对诸多同体异质要素的矛盾与冲突,常规的程序化、结构化设计方法往往起不了什么大的作用,更需要借助于设计者的工程实践经验、洞察力、决断力、眼界见识来把控,有些时候甚至要孤独、直接面对来自四面八方的各种非议乃至批评。

(3) 概念设计的基本流程

概念设计是一个高度个性化、富于创造力的过程,除了应遵循基本的工程设计原则之外,在不同工程领域还存在一些差异,但有一个大致、粗略的流程。以土木工程为例,一般来说可以分为以下五个步骤。

①需求概括,即对需求目标进行概括、平衡和取舍,以全面精准地把握需求目标,并尽可能量化,能够说服工程决策者,取得工程相关方的认可。

②构思,即基于项目需求目标,借鉴以往工程经验、发挥设计者的想象力来孕育多个设计方案,将每个方案的独特性、优势、可能存在的问题展示出来、概括到位,这是概念设计最重要、最关键的一步。

③选择,即确定一个设计者认为最佳的概念设计方案,确定该方案的主要参数和主要尺寸,匡算出大体的工程数量和总体造价,以满足经济性指标约束。

④估算,即通过简化计算模型将实际结构化繁为简、对结构行为进行大致的估算,把握其整体力学性能,以保证构思方案具有可行性,通过材料用量的估计、施工方法的选择,整体统筹,以把握其经济性能。

⑤细节,即确定设计的关键细节或施工的关键环节,提出进一步完善的方法手段,必要时开展相关专题研究,以使构思方案的稳健性得以保证。

以上五个步骤,常常需要设计者反复推演、交替进行,有时候甚至不得不推倒重来,这个过程非常耗时、非常困难,一些重大工程如法国蓬皮杜国家艺术和文化中心(Le Centre national d'art et de culture Georges-Pompidou)、希腊里翁—安蒂里翁(Rion-Antirion)大桥、中国港珠澳大桥、加拿大联邦大桥(Confederation Bridge)常常历时数年乃至十数年,经过了前期研究、国际竞标、详细设计等多个阶段,最终才让创新特征显著、影响深远的工程设计方案得以脱颖而出。因此,在概念设计阶段多花一些时间、耗费一些功夫仍然是非常值得的,投入产出比是比较高的,因为概念设计基本决定了设计方案是否具有工程创新特质及创新程度的高低,对于大型复杂工程尤甚。

关于桥梁概念设计的经典案例,详见第3篇各章。

案例 1-7-1

重庆石板坡长江大桥复线桥
——概念设计的范例

重庆石板坡长江大桥复线桥是重庆石板坡长江大桥(又称为长江一桥)的姊妹桥,长江一桥建成于1981年,跨径布置为86.5m+4×138m+156m+174m+104.5m预应力T形刚构桥,经过30年的发展,长江一桥的交通量早已不胜负荷,所以决定增建一座复线桥,以疏解交通拥堵状况。新桥桥址位于旧桥上游,两桥中心相距25m,上部结构净距5m。由于新旧两座桥距离很近,从美观协调角度考虑,新桥总体型式必须与旧桥匹配,这就意味着除了梁桥之外,其他桥型无论是斜拉桥、悬索桥、拱桥都不合适。另一方面,在新桥跨径布置与旧桥一致的情况下,两座桥的横向宽度较大,会产生一定的"巷道效应",对船舶航行产生不利影响,航道部门要求新桥主跨必须具有292m以上的净宽。要满足上述两个要求,唯一的可能就是把两个主跨之间的桥墩去掉,这样,新桥的主跨就变成了156m+174m=330m。

330m跨径的梁桥,原则上可以采用连续钢箱梁或预应力混凝土连续刚构。早在1974年,巴西就建成了主跨为200m+300m+200m的里约—尼泰罗伊(Rio-Niterói)钢箱梁桥,跨越能力不是问题,但因靠近支点的钢箱梁底板以受压为主,钢材的材料效能不能得到完全发挥,导致其经济指标欠佳,工程界后来较少采用。1998年,挪威建成了主跨301m斯托马(Stolma)混凝土连续刚构桥,为了减小支点弯矩,在主跨中部182m长的区段内采用密度约1.6t/m³的轻质混凝土,轻集料从美国进口。但是,如果采用预应力混凝土连续刚构,国内没有合适的轻集料,进口则会带来造价的飙升,如果采用钢箱梁,靠近支点的箱梁底板厚度将达20cm左右,加工制造比较困难,经济上也不合算。于是,邓文中等人构思出"普通骨料混凝土箱梁+钢箱梁"的混合结构,即在跨中110m范围内采用钢箱梁,其他部分仍采用常见的预应力混凝土箱梁。设计者在对构思方案进行估算时,考虑到跨径300m以上的混凝土梁桥,恒载产生的荷载效应占比通常在90%以上,于是化繁为简,将连续刚构的主梁简化为两端固结的等截面梁来估算固端弯矩(图1-7-1),得出固端弯矩为$4369q_1+4706q_2$,然后假设钢箱梁的荷载集度为混凝土箱梁的30%,即$q_1=0.3q_2$,则可得出固端弯矩为$20040q_1$,如取跨中钢箱梁的荷载集度为150kN/m,则固端弯矩大约为$3×10^9$N·m,这个量值小于已建成主跨270m的全混凝土箱梁桥——虎门大桥副航道桥的恒载作用下中支点弯矩(该桥支点截面弯矩约为$4×10^9$N·m),说明构思方案在受力上完全可行。在施工方法上,可以采用根部悬臂浇筑+大节段吊装的工法,既没有太大的技术难度,也比较成熟方便。在经济指标上,预应力混凝土+钢箱梁的混合方案具有较大优势。于是,预应力混凝土+钢箱梁的混合方案就确定下来了。此外,如果中间钢箱梁段长度再大一些,固端弯矩还可以减小,但考虑到运输、吊装条件及造价的制约,不宜再增大钢箱梁长度。最终,经过反复比较,中间钢箱梁段长度取108m,总重约1400t,采用在工厂整体制造、浮运到现场整体吊装的架设方式。

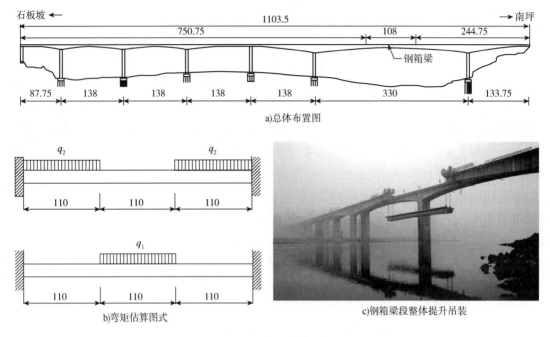

图1-7-1 重庆石板坡长江大桥复线桥总体布置及弯矩估算示意图(尺寸单位:m)

案例 1-7-2

几座典型大跨径拱桥的经济技术指标对比
——概念设计决定工程品质

拱桥是一种古老而现代的桥型,具有造型美观、承载潜力大、造价低廉、耐久性好、经济跨径覆盖范围较广等特点。20世纪90年代以来,我国桥梁界立足国情、自主创新,开发了以钢管混凝土拱桥为代表的一系列新的拱桥结构形式,改良了结构材料,创新了施工方法,实现了材料特点、结构形式、施工方法、工程造价四者的高度匹配优化,建成了50多座跨径大于200m拱桥,创造性地解决了桥梁建设需求、工程造价约束、技术瓶颈制约的矛盾,取得了令世界瞩目的成就。

然而无须否认,在我国大跨径拱桥建设创新过程中,也存在一些工程理念、工程创新的认知偏差,比较突出的是一些项目忽视了工程创新最本质的属性——经济属性,存在着为了创新而创新的现象,导致一些拱桥因建桥材料、结构形式、施工方法的偏差而造价过高,在跨径、建造年代相近的情况下,折合每平方米桥面造价达到了同类工程造价的2~7倍(表1-7-1,当然,地质条件差异、材料构成差别、跨径大小变化、人工价格变动对工程造价也会产生一定的影响),工程设计的品质并不优秀,这不能不说是一个历史的遗憾。究其深层次的原因,一是非技术因素对工程建设影响较大,建设单位对工程设计干预过多,选取了一些在受力上不合理、在施工上难度大的结构形式;二是工程设计者对工程创新、技术创新存在着一定的认知偏差,过分追求结构体系的独特性,存在着为了创新而创新的局限。

几座大跨径公路拱桥的材料用量及经济指标对比　　　　表1-7-1

序号	建成时间（年）	主跨跨径（m）	桥面面积（m²）	钢材用量（t）	混凝土用量（m³）	造价（亿元）	折合每平方米桥面造价(万元)
1	1997	420	20544	5299	46392	1.68	0.818
2	2000	360	18688	7498	49333	2.53	1.35
3	2003	550	30000	44499	22269	6.40	3.20
4	2004	490	11628	9022	38669	1.33	1.15
5	2006	428	21977	27857	104494	4.10	1.87
6	2006	300	19190	21093	54358	2.90	1.70
7	2009	400	16685	19420	38383	2.60	1.56
8	2009	300	10518	22873	92742	6.00	5.70
9	2013	530	23545	—	—	2.60	1.10
10	2020	575	37778	—	—	6.86	1.82

注：表中数据主要来源于人民交通出版社2009年出版的《面向创新的中国现代桥梁》。

工程设计的品质问题在一些发达国家某个时期也出现过，反映出人们对工程观存在一些共性的认知局限。这个案例则从可直接比较的经济指标视角，阐明了概念设计的重要性，揭示了概念设计对工程品质及其能效水平的决定性、贯穿性作用。

7.2　设计过程中的若干冲突

工程设计的本质是面对不确定性工程问题的求解，是在对工程问题缺乏唯一性表述、解决方案多样性、实现路径多元化的情况下，结合工程项目所处的自然及社会环境条件寻找优化解的过程；同时，工程优化解的评价具有一定主观性、模糊性和时代性，导致工程设计的评价因人而异、因时而异。受以上两个方面因素的影响和制约，使得工程设计既是一个技术因素与非技术因素高度融合、深度反映工程系统性与集成性的创作过程，更是一个需要发挥主观能动性、体现设计者理念思想情感乃至价值取向的创造过程。

工程设计的基本特点，正如乔治·E.迪特尔（George E.Dieter）在《Engineering Design》一书中用4C所概括的：一是创造性（Creativity），工程设计或接续传承、创造出先前在现实中不存在的人工物，或推陈出新、创新建造出人们的观念中不存在的人工物，以实现工程特定的功能目标；二是复杂性（Complexity），工程设计者是在具有多目标、多变量、多参数、多约束条件的复杂情境下寻求解决问题的最优方案或最满意方案，以提升工程的能效水平，并将工程的负面影响降至最小；三是选择性（Choice），在技术和非技术层面上，工程设计者都必须在诸多不同的解决方案中做出自认为或工程相关方认为最适宜的选择，以满足工程建设的系统性要求；四是妥协性（Compromise），工程设计者常常需要在多个相互矛盾冲突的目标和约束条件中进行权衡、折中或妥协，以满足工程的社会性约束。此外，在进入知识经济时代后，在市场高度竞争的外部环境影响下，工程设计者还必须常常有新的创意，在工程的传承性和创新性之间不断探索尝试，甚至有些时候也会尝试一些新奇、冒进、存在先天不足的设计方案,虽然经过工程实践或市场检验,这些并不见得是真正的工程创新。

源于上述几个方面的特点,工程设计过程中必然存在一些冲突甚至矛盾,处理化解这些矛盾冲突就自然而然地成为工程设计过程中的一部分。其中,以经济指标为约束、安全性能要求为核心的技术和非技术矛盾冲突是工程设计者必须要时时处处积极面对的问题。需要强调的是,处理化解这些矛盾冲突没有成型的答案,只有在秉承工程理念、把握工程本质、领悟创新真谛、运用工程思维的基础上,根据"因地因时制宜"的原则灵活处理,正所谓"运用之妙,存乎一心",这既是由工程设计的本质所决定的,也一定程度上是工程设计艺术特性的体现。

对于工程设计的复杂性以及工程师的成长过程,西班牙著名的结构工程师爱德华·托罗哈(Eduardo Torroja)在《Philosophy of Structures》一书指出:每一个新手都需要在一个好的老师手下工作,拜老师傅为师。时常有人讲,生活就是最好的老师,这话虽然没错,但需要指出的是,生活是一个慢腾腾的老师,不论是对于新手,还是对于社会,代价都是很昂贵的……将新手培养成合格的设计者是不容易的,因为技术发展日新月异,工程设计者既要深入施工现场、获得感性认识,又要保持谦虚的态度,不断学习、与时俱进。另一方面,工程设计又是高度个性化的,凝结了设计师的个人思想、情感因素及时代烙印,正如国际著名工程师约格·施莱希(Jörg Schlaich)所言:"设计师还应清楚地意识到,那些伟大的前辈们推动结构工程世界进步的艰辛,即便那些志士仁人竭尽全力也许才可将学科前进的齿轮拨动一点点。设计师会愉悦的认识到,自己倾注热情和辛劳完成的设计会成为独特的带有个人烙印的作品。在不同的自然和社会语境下,即便两个完全相同功能和使用属性的建筑,也可以采取不同的设计策略。因此,重复而乏味的结构设计恰是工程文化缺失的一种表现。"从爱德华·托罗哈、约格·施莱希的论述可以看出设计工作的复杂性,感受到工程设计者成长的艰难,这一点在进入信息时代后表现得更加突出。

在工程设计过程中,比较常见普遍的矛盾冲突主要有安全性与经济性、规范性与创新性、总体构思与细部设计、初步估算与设计计算、设计创新与经济约束、设计创新与工程缺陷等六个方面。

(1)安全性与经济性

从风险防控角度来看,风险是工程实践活动的固有属性,工程设计就是一个认识风险、规避风险、防范风险的过程,就是将在工程建造和运行过程中各种自然、人为的风险防控在人们可接受程度以内的主观能动性过程,并通过提高工程的容错性和冗余度、提高工程的可靠性水准等一系列工程方法,来提升工程的安全性。然而,由于人们对客观世界未确知性、不确定性认知水平的局限,也受工程建设运营外部社会经济约束条件制约,并不可能设计建造出在理论上绝对安全的工程。另一方面,面对提升工程的安全性所必须付出的经济代价,社会不见得接受或承受,人们的工程理念、认识水平、接受程度随着经济社会发展也在不断变化,具有明显的时代性、行业性、地域性和局限性。这样,工程设计中的安全性与经济性就常常成为一对普遍存在的矛盾,在大多数工程领域中,均认为安全和经济是相对重要的,要在两者取得平衡,以便既有效提高工程建设的能效水平、合理控制工程建设成本,又能够将工程事故的发生概率控制在可接受的程度,避免社会经济承受过大的代价。

事实上,工程的经济性是工程活动与社会发展的纽带,任何工程的实施都必须在经济上为社会所接受。工程经济就是要从有限的资源中获得最大的工程利益,也是人们在使用工程技术的实践效果与费用及损失的比较,更是对取得一定有用成果和所支付的资源代价及损失的对比分析。工程技术与经济指标之间是对立统一的辩证关系,经济性是工程技术进步的目的,工程技术的可靠性是达到经济目标的手段,是推动经济会社发展的动力,但同时工程技术的安全性与经济性存在着相互制约、相互矛盾的方面,必须处理好安全、技术、经济、环境、社会等多方面的关系,达到工程安全性、可靠性与经济性的平衡。

然而,在工程实践活动中,受经济社会文化等非技术因素的制约,在工程设计活动中要准确把握好、平衡好安全性与经济性两个方面的矛盾是有困难的,经常出现摇摆不定的群体性现象。在社会财力资源紧缺的时期,人们常常强调经济性,在客观上降低了安全性的要求,导致工程建设存在各种缺陷或隐患;而当工程事故、工程灾害发生时,人们又着力强调安全性,在事实上削弱了经济性的约束。以开创现代大跨径桥梁抗风新途径的英国塞文桥为例,由于第二次世界大战后英国财政拮据,非常注重工程的经济性,而扁平流线型钢箱梁相对于钢桁梁可以降低工程造价约15%,于是建设各方就大胆采用了钢箱加劲梁,由于建设时设计汽车荷载取值明显偏小,每车道仅为5.84kN/m,正交异性板的板厚仅为11.5mm,建成数年后钢箱梁的顶板中就产生了疲劳裂纹,不得不从1985年起花费7年时间进行艰难的加固改造(关于该桥详细情况,参见第3篇第2章)。拉长时间轴观察,人们在工程实践活动中,在安全性与经济性的矛盾中的确存在着把握不当的现象,但随着社会经济发展水平的提高,以及工程事故引发的间接损失的增大,总的趋势是更加注重安全、不断提升完善安全性的应对策略。

实际上,要精准把握安全性与经济性之间的矛盾,需要在更高的层面上来认识工程风险、把控工程风险,更好地把握和兼顾安全性与经济性的矛盾冲突。具体来说,可以从以下三个方面着手。

一是在工程方法论的层面,加强风险应对策略的研究总结,如从工程的系统性出发,提升工程的模块化程度、增强工程的可检查可维护性等;从工程的稳健性出发,提高结构的冗余度、增强工程的容错性等,降低工程的全寿命建造和维护成本;从材料或结构的智能化入手,增加工程/产品对使用条件变异的感知能力;等等。这些应对策略并不必然影响工程的经济性,只是在具体工程领域中,结合本领域技术特点与设计原则,因时因地制宜的创造性应用水平仍需要不断提升。

二是在技术研发层面,加强技术创新的迭代升级,有些新的工程技术虽然一开始并不见得能够同步提升经济性与安全性,但随着工程实践筛选、市场检验淘汰、技术自我完善,一些技术创新成果在大规模工程化应用之后,在提升工程安全性的同时,其经济性也会逐步得到显现。

三是在实施细节层面,更加关注关键细节、细部构造的可靠性。工程项目中的一些关键细节、细部构造虽然在工程造价中占比很小,但却是整个工程建设成败的关键,如果出现问题,往往很难处治改造,导致工程存在先天不足或严重缺陷;而在进入工程运营阶段后,要修正改造这些细节、细部构造会变得更为困难,甚至在付出巨大经济代价后,也不见得能够彻底根除这些缺陷。

(2) 规范性与创新性

一方面,从工程实践活动的使命来看,工程创新是创新的主战场,是科学发现和技术进步转化为现实生产力的过程。工程创新不仅具有应然性,而且创新空间非常广阔。因此,作为工程实践活动龙头的工程设计必须大胆尝试、勇于创新、善于创新,在多目标、多变量、多参数、多约束条件下寻求解决问题的最满意方案,以提升工程的能效水平,呈现出价值的提升。只有这样,工程设计才能推动工程创新向纵深发展,并为技术创新提供更大的、更广阔的用武之地。另一方面,任何工程设计必须遵循相应的技术标准、设计规范,标准规范是科学发现、技术规律、工程经验的总结和结晶,是提高工程设计质量、工作效率的有力工具和强大武器,具有普遍的指导性和一定的约束力,不能随意突破。此外,作为现代工程设计的指导,规范体系越来越庞大、越来越复杂、越来越细致,以致一线工程师的设计工作常常要在浩瀚如海的规范文本中寻找依据,这无疑是一件利弊夹杂、令人厌烦的事情。以欧盟结构设计规范为例,涉及桥梁工程的大致有30种之多,构成了一个庞大的、复杂的、甚至相互冲突的体系,常常令一线工程师叫苦不迭。实际上,必要和适度的规范体系有助于建设的健康高效发展,但过度繁杂、捆住工程师手脚的规范却会适得其反。这样,工程设计者,尤其是工程创新的设计者似乎就常常处在一个创新性与规范性矛盾冲突、左支右绌的困难局面,面临种种壁垒和重重困难。

实际上,标准规范是一个开放的、发展的技术体系,仅仅是现有的技术理论和工程经验的总结,不可避免地具有局限性和不完备性,并不提倡工程设计者盲从,设计者也不必奉之为圭臬,或视之为桎梏。工程设计者如果一味强调规范性,工程设计与建造运营就会落入平淡平庸的泥沼,技术创新、科学研究就会因无用武之地而停滞不前,这既不符合工程的本质特征,也不符合工程发展的历史规律。面对工程设计创新与既有标准规范的冲突,设计者要"大胆尝试、小心验证",从以下四个方面不断探索,积极创新。

一是拓宽工程视野,主动走出现代工程领域过度细分的桎梏,借鉴学习引用其他工程领域、其他国家地域的标准规范,来解决设计过程中的具体技术问题,达到"他山之石,可以攻玉"的效果。

二是大胆构思、小心求证、稳扎稳打,通过理论分析、产品中试、模型实验、试点工程等步步为营的技术路线,推动实验室技术向工程化技术转化,不断地对创新设计、创新产品进行检验验证完善,推进创新扩散,并在扩散中提升新产品、新技术的性价比。

三是创造新的工程知识,在大量工程实践活动、不断传承扬弃的基础上,通过提炼概括、试验验证、去粗存精、归纳升华,创造出新的工程知识,并将其修订纳入标准规范,定义并形成新的规范性要求。

四是重视渐进性创新这一工程设计创新的主渠道,重视设计细节构造、施工建造方法、工艺材料流程、运营管理模式、信息技术融合等方面的改进完善、集成优化,以保障工程的稳健性与可靠性要求。

综上所述,规范性并不会必然成为工程设计创新进阶之路的阻碍,工程设计者要深刻认识规范性与创新性的对立矛盾与辩证统一,既要遵循规范性要求,更要借助于科学发现、技术创新的支撑,敢于创新、善于创新,成为工程创新的排头兵,创造并形成新的规范性方法手段。

(3) 总体构思与细部设计

工程设计的创造性、新颖性来自总体构思。总体构思是概念设计阶段的主要任务,是详细设计的基本框架,是工程建造的主要指南,当然也是工程建设和运营优劣的关键。总体构思是在贯穿工程理念、工程观的前提下,将各种自然环境条件、工程功能要求、各种技术路线的适用性、建造运营条件、经济技术指标及艺术表现力等方面进行统筹兼顾、综合考虑,在此基础上,提出若干个经济上合理的、技术上可行的总体方案,并在综合比较的基础上确定最终方案。总体构思的要点在于对工程项目特点全面系统的深刻理解、在于对工程本质和建设运营规律的整体把握、在于对工程历史经验教训的汲取,而不在于设计的深度或细致程度。

另一方面,一些关键细节却往往决定了总体构思的成立与否,决定了整个工程设计的品质。对于这些关键细节,在总体构思过程中,设计者又要站在全局的高度,对其材料、构造、工艺、工法等做出大致的考虑和判断,提出存在的问题以及可能的解决途径,部署落实进一步细化研究、开发、完善的目标和计划,以期在详细设计阶段能够彻底解决这些细节问题,不使其成为总体构思方案的绊脚石。总体构思与细部设计二者在矛盾论上有主有次,在设计实施过程中有先有后,但在有些时候又会相互转化,一些关键细节可能会演变为总体构思成立与否的基石。这就要求工程设计者在认识论层面把握工程的系统性、集成性与稳健性的本质,秉承细节改善行为、工艺决定成败的匠人精神,发挥工程思维集成性与经验性的特点,并创造性地贯穿于工程设计全过程之中。

(4) 初步估算与设计计算

初步估算是概念设计阶段主要的量化分析手段。以土木工程为例,主要工作内容有两方面。一是抓住主要矛盾,化繁为简,利用高度简化的模型或简单计算手段,对构思方案的结构受力行为进行大致的估算,对拟定的结构体系、结构尺寸的合理性进行粗略的校验,以期能够从整体上把握构思方案的受力行为,校验构思方案具有可行性,必要时修改构思方案,再次进行估算。二是在结构体系、结构尺寸基本确定的情况下,估算设计方案总的材料用量,建造过程中配套临时工程的材料用量,并根据材料、人工、机具、规费等在总造价中所占比例,大致匡算出设计方案的总造价,粗略地把握设计方案的经济性能指标。初步估算是一个高度简化、极度浓缩的分析过程,重在抓住主要矛盾或矛盾的主要方面来定性质、定方向、定数值量级,以辅助论证概念设计阶段推荐方案的可行性与先进性,无须借助于复杂先进的工具手段,以手算为主,有些时候也借助于类比、推断等方式进行,是工程分析能力的体现,也是工程素养高低的标志之一。

与初步估算相比,设计计算是一个详细的、系统的、精确的计算过程,是依据相关技术规范标准对已经成型的概念设计方案进行全方位、深入系统的计算分析、检算校核，必要时还应进行一些专项数值模拟分析或模型试验验证，是详细设计阶段主要内容之一，是一线工程设计人员的主要内容之一。目前，一般都通过专用或通用的有限元程序来完成，并呈现出精细化、智能化的趋势。这样两个看似不同水准、不同阶段的计算方式，似乎不应该产生矛盾冲突，但实际上，在工程设计过程中，二者还是存在一定的矛盾冲突，主要体现在以下四个方面。

一是设计者对工程，尤其是工程创新的真正把握能力体现在初步估算而非后续的分析计算中，无论计算方法、计算工具如何高速发展，初步估算是纲，设计计算是目，纲举才能目张，二者有主有次、相辅相成、缺一不可，尤其是在计算软件普及化、一线工程师的初步估算能力已经严重退化的现今，怎么强调估算能力的重要性都不为过。相关研究表明，工程建设所需的80%的资源都可以借助于初步估算来确定，但大多数设计者却把大部分时间和精力花费在详细设计计算阶段。

二是设计计算是将诸多不确定性和未确知性，通过假设假定、条件理想化等手段进行程序化分析处理的过程，计算理论、计算模型、边界条件、相关参数取值等方面均不同程度存在人为选择和干预的情形，很多时候并不见得能够符合实际情况，有些情况下还会存在明显的局限甚至严重缺陷。因此，计算结果就会不可避免地出现一些偏差甚至存在错误，如果没有初步估算这种"粗糙的正确"结果的框定与校验，就会盲目相信分析计算的结果，出现对计算软件的过度路径依赖，产生一系列"貌似精细，实为错误"的计算结果，从而可能出现偏离了正确航道而不自知的问题，这时候就有可能产生工程设计隐患乃至设计计算错误，一些工程隐患、工程事故已经多次证明这一点，这对于缺乏足够工程经验、工程判断能力的青年群体尤为突出。

三是在设计过程中，过度依赖计算软件与计算工具，降低了设计者的主观能动性与判断能力，混淆了分析验算与设计构思的差异，过分倚重分析验算结果，而设计创造的成色显得不足，导致在一些关键构造、工艺工法的构思及其比选上，抓不住主要矛盾或矛盾的主要方面来化繁为简，直抵要害。

四是在设计计算过程中，可能会发现概念设计阶段所构思方案存在一些缺陷或不足需要修正完善时，既需要借助于高效的估算能力，也需要借助于详细的设计计算，只有这样，才能相辅相成、事半功倍。

（5）设计创新与经济约束

一般认为，创新的工程设计评价衡量尺度主要有三个。一是能效尺度，即能不能突破先前同类工程功能的局限、打破先前同类工程效能的瓶颈，以彰显工程的价值。二是经济尺度，即能不能降低全寿命造价或提升投入/产出效益，以优化工程的经济指标或提升工程的经济效益。三是艺术尺度，会不会产生美学价值的提升，以彰显工程的人文价值和社会效益。大多数情况下，这三个尺度是互相矛盾的，有时候甚至难以廓清其真正内涵，存在诸多争议。但是一个卓越的创新设计，却可以将上述三个互相矛盾的衡量尺度完美统一起来，实现全方位的价值提升，实现工程能效的突破、投入的降低或性能的提升，以及艺术品质的升华,这就是所谓的颠覆性创新,数量不多却影响深远。对于大多数渐进性创新,很多时候人们都理所当然地认为创新都必须突破经济指标约束,否则就会变成"无米之炊",这种观点很长一段时间都大行其道。

事实上,创新本质上是一种经济活动,从1912年熊彼得第一次提出创新概念以来,国际上普遍认为:创新是一个经济学问题,直到今天也没有改变,但这样一个简单的认知却被人们有意无意忽略了。面对工程项目设计创新与经济约束的冲突,设计者要回归原点、深刻理解工程创新的实质,创新最根本的属性是经济性能指标,应该而且必须展现出价值,特别是经济价值(效益)的提升。因此,设计创新不能以牺牲经济指标作为代价。从工程创新历史来看,摆脱了经济约束的设计创新往往是一种"伪创新"或"虚创新",并不符合工程实践活动的本质特征,也未回归到工程创新的应有之义,会在工程演化、市场检验筛选中被淘汰,这也是许多所谓的创新设计被淹没在工程历史潮流中的主要原因。那种无视经济约束的设计创新在社会上会受到广泛质疑,在市场选择过程中是走不远的,在工程伦理上是讲不通的,在工程历史中注定是昙花一现的。即便以具有地标意义的桥梁或建筑为例,在满足功能的造价之外,为了景观或展现艺术性,人们通常可接受的额外增加的造价也不应超过20%。

(6) 设计创新与工程缺陷

工程设计是工程创新的灵魂,是工程成功建造和顺利运行的前提,具有起始性、渗透性和贯穿性,影响到工程实践活动的全过程。然而,由于工程系统性、风险性和复杂性的影响,工程设计者常常既要在多个相互矛盾冲突的目标和约束条件中进行折中和妥协,有些时候可能并没有全面、准确地厘清工程目标需求,有些时候会存在对技术创新、技术路线选择不当的问题,有些时候也会尝试一些冒进新奇的设计构思,有些时候会出现没有平衡好传承性和创新性的现象,存在"历史性局限",此外,对工程的副作用、工程创新设计隐患缺陷的认识,往往不可能一蹴而就,需要一个较长的过程,等等诸多原因,导致工程实践活动的结果存在这样或那样的功能缺陷或工程隐患。

然而,这并非表明工程设计创新与工程缺陷是必然对应的,但也说明了工程缺陷很多时候是工程设计,尤其是创新工程设计的孪生姐妹,难以完全避免。正如许金泉所言:"万物皆有缺陷,亦皆会自行产生缺陷。缺陷生灭不息,有积累之势。其势有强弱,故万物之数各异。观其象,察其理,形其势,知其数,道存其焉。数相违,势必伪,理必悖,象必妄,故贵在知数。"这从哲学高度上论述了工程缺陷存在的必然性,也指出了对待工程缺陷客观、科学的态度。

从工程创新的本质和认识论角度来看,设计创新往往就意味着设计者运用一个不完全成熟的技术,进入一条不完全熟悉的路径,会先于工程界同行直接面对一些未确知性,自然而然地会存在一些工程界共有的认知偏差或认知盲区,有时候还会因设计者的风格放大这种认知偏差。因此,设计创新与工程缺陷有一定的伴随性,需要通过工程界的长期实践检验予以完善或者纠偏,需要在不断试错过程中找到正确的路径。面对这一矛盾冲突,工程设计者既要有勇气大胆尝试,不能因为会遇到认知障碍或同行质疑而裹足不前,又要秉承科学态度进行严谨的探索和实践,充分认识工程的风险性与稳健性本质,在未确知领域面前保持足够的敬畏,在工程设计过程中保持足够的稳健性、留有适当的冗余度,即便出现缺陷也有办法予以弥补,防止工程缺陷演变为工程事故。同样的,工程界对设计创新所伴生的缺陷或不足,既要实事求是地进行批判总结、改进提高,又要从当时当地的实际情况出发,设身处地站在设计者角度来看待问题,抱有一定的宽容度和同理心,从工程历史的高度进行反演分析。只有这样,创新氛围才能逐渐浓郁,设计创新才能步入良性发展的道路,才能将和创新设计相伴的工程缺陷不利影响化解至最小,工程创新才能不断发扬光大,工程演化的进程才会加快。

案例 1-7-3

斜拉桥的莫兰迪体系
——从赞誉到扬弃

里卡尔多·莫兰迪(Riccardo Morandi)是意大利享誉国际的桥梁工程师,也是佛罗伦萨大学的教授,在世界各地设计了10多座大跨径混凝土桥梁,以善于建造风格独特、创意丰富的混凝土桥梁结构而闻名。20世纪50年代,斜拉桥建设方兴未艾,莫兰迪也积极投身于斜拉桥的工程设计创新的潮流之中。1962年建成的委内瑞拉马拉开波湖桥是他最著名的作品,该桥的主桥为5×235m预应力混凝土多跨斜拉桥,因其造型独特、受力明确、建造及养护维修费用较低,在当时钢桥占据大跨径斜拉桥主流的情况下,在12个国际竞标方案中突出重围,成为斜拉桥发展史上一个里程碑,极大地促进了预应力混凝土技术在全世界的推广应用,开创了多塔斜拉桥的新纪元。

此后,莫兰迪逐步形成了自己的斜拉桥设计风格,即采用刚性稀索、X形桥墩、高度较大的主梁及挂孔等,以其较低的造价、独特的造型而广受好评,也与当时的计算条件、计算分析能力比较匹配;同时,该体系解决了多跨斜拉桥刚度偏小、各跨之间受力的相互影响的问题,利用挂梁,将多跨斜拉桥受力问题解耦,巧妙化解了多跨斜拉桥温度效应较为突出的难题,在结构体系上有其独特的优势。马拉开波湖桥建成后,莫兰迪采用相似的设计方案,先后又于1968年建成了主跨为202.50m+207.90m+142.65m意大利热那亚波尔切维拉高架桥(Polcevera Viaduct,为纪念莫兰迪又名莫兰迪桥,见图1-7-2),1972年建成了主跨282m利比亚的Kuf山谷桥,1974年建成了主跨140m哥伦比亚Barranquilla桥,等等。莫兰迪对预应力混凝土斜拉桥的推广应用作出了杰出的贡献,他所设计的斜拉桥一度被称之为莫兰迪体系,对后来的桥梁工程师产生了较大的影响,近十多年建成的一些多跨斜拉桥如希腊的Rion-Antirion大桥还可以依稀看见莫兰迪体系的影子。莫兰迪体系最突出的特点是,索塔刚度大,各跨相对独立、受力简单明确,缺陷是结构强健性不够、冗余度不足,一根拉索破坏时会导致挂孔坠落甚至整个桥梁产生倒塌。

遗憾的是,莫兰迪没有认识到随着计算分析能力的快速发展,密索斜拉桥取代稀索斜拉桥是一种历史潮流。作为参照,1967年建成、由联邦德国著名工程师海尔马特·霍姆伯格(Hellmut Homberg)设计的波恩市弗里德里希·艾伯特(Friedrich Ebert)桥,首次采用了80根拉索构成了密索体系,运用计算机对82次超静定问题进行分析计算。20世纪70年代以

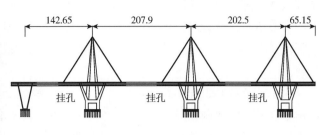

a) 概貌　　　　　　　　　　　　　　b) 受力简图

图 1-7-2　波尔切维拉高架桥概貌及受力简图（尺寸单位：m）

后，随着计算能力的提升、拉索材料的进步，稀索斜拉桥逐渐退出了历史舞台，但稀索体系存在的先天缺陷未引起足够的重视，相关桥梁的管理部门也未采取有效的弥补或预防措施。就意大利热那亚波尔切维拉高架桥而言，早在1981年，该桥业主意大利高速公路公司及设计者莫兰迪就注意到由于波尔切维拉河谷的位置和环境特征，主梁出现了局部恶化，主要病害包括表面钢筋的腐蚀、混凝土保护层失效以及外部钢板的腐蚀。然而，经历1986年的中修、1993年的大修，在耗资约1800万欧元之后，该桥最突出的隐患——结构强健性不够的问题并未得到纠正。更为不幸的是，2018年8月14日，意大利热那亚波尔切维拉高架桥在服役50年之后因维护不当、拉索锈蚀断裂而局部垮塌，死伤40余人，造成了世界性影响。对于这一事故，客观来说，莫兰迪体系的强健性不够、冗余度不足的先天缺陷是难辞其咎的。

莫兰迪体系从备受赞誉到退出工程舞台的这个案例说明，设计创新与工程缺陷往往相生相伴，一些工程缺陷或工程隐患往往要经过很长时间才能为工程界所认识，这是工程的复杂性、建构性本质所决定的。因此，工程设计时保持足够的强健性和适当的冗余度在任何时代、对任何人尝试任何创新设计时不仅是必要的，而且是必需的。

7.3　工程事故对工程设计的启迪

风险是工程实践活动的固有属性，在工程建造和运行过程中必然存在，有些时候，当风险未得到有效控制时，常常放大为工程事故的形式。风险产生的原因比较复杂，既可能来自人们主观认知水平的局限，也可能来源于工程外部条件的不确定性，或来源于工程内部管控能力不足等原因。第二次世界大战后，随着全世界工程规模的快速扩大、工程项目数量的井喷及新技术新材料的工程化应用，在历经几十年左右的使用或运营后，一些工程项目的局限、隐患、缺陷、风险得以逐渐显现，一些工程事故引起了全社会的普遍关注，引发了工程界的深刻反思，工程界也对此做出了持续不断的改进。

以全世界应用最广泛的DDT(学名二氯二苯三氯己烷)杀虫剂为例，1939年瑞士化学家保罗·赫尔曼·穆勒(Paul Hermann Müller)发现了DDT的杀虫用途，随后又发现了它可以有效地消灭人体虱子及其引起的伤寒病的传播，从1942年开始大量生产使用，因其杀虫效果好、价格低廉而得到迅速推广。据统计，在其量产使用的10年间，DDT至少拯救了500万人的生命，消除了数十亿亩农田的虫害，保罗·赫尔曼·穆勒因此也获得了1948年诺贝尔生理及医学奖。但在应用几十年之后,人们才认识到它的残留毒副作用和难降解性,存在较大的环境风险,在行政力量的强有力干预下,20世纪90年代开始退出市场,但在一些欠发达国家仍在继续使用。这充分说明,对工程的缺陷、不足乃至危害的认识需要一个比较漫长的过程。

为了防范应对工程实践活动中的风险,将工程建造和运行过程中可能遇到的未确知性、不确定性的影响控制在最低限度,工程界在"系统整体论框架"工程方法的指引下,通过强调伦理性、加强规范性、强化程序性、提升稳健性等系统的方法和程序来不断提高工程建造运行的风险控制水平,降低产品或技术的副作用。所谓强调工程的伦理性,是指工程建造运行活动必须回到工程的价值出发原点,即回答工程实践或产品生产"为了什么",将公众福祉置于至高无上的地位,对于一些新技术、新方法、新产品在没有全面掌握正副两方面作用的情况下,采取审慎敬畏的态度,避免盲目的工程化应用或产品化生产。所谓加强工程的规范性,是指对在与时俱进的工程理念引领下,对工程设计建造运营管理、产品研发生产的技术标准规范不断进行修订完善,增强其对工程实践活动的指导性。所谓强化工程的程序性,是指对工程设计建造运营或产品生产各阶段的工作流程程序不断进行细化完善,加强过程管控,优化界面衔接,以最大程度地防控人为失误。所谓提升工程的稳健性,是指适度提高工程的容错性和冗余度,以最大限度地规避、防范、化解工程风险,以提高工程的可靠性。

尽管如此,受工程的复杂性和系统性本质的影响、人们认识的主观认知能力的局限,完美无瑕的工程/产品虽然是存在的,但却是可遇不可求的。不完美的工程/产品主要有两种,一种是工程/产品的功能不完备、不适用,或存在尚未认识到的副作用,主要来源于需求目标分析不够恰当全面,或前瞻性不足,难以适应快速变化的外部需求发展,具有显著的时代性和社会性。另一种是工程/产品性能存在瑕疵、隐患或缺陷,甚至有可能演化发展成工程事故,主要来源于对工程设计建造运行过程的规律把握不到位、不全面,具有一定的客观性与必然性。

从现代工程实践活动的结果来看,在科学理论的指导下,在工程界付出了巨大努力和取得了长足进步的过程中,工程瑕疵、工程隐患、工程缺陷、工程事故已经大幅度降低,得到了有效控制,降到人类工程发展史的低位。但在现实中,工程隐患、工程缺陷、工程副作用还是经常存在,工程事故也偶有发生,虽然与人们的主观意愿相悖,却已客观成为工程实践活动的一部分。这一现象虽然符合工程实践活动的客观规律,但却是人们在工程实践过程中要竭力克服避免的,因此,既需要从认识论、方法论角度认真反思,凝练出更加全面恰当的工程理念,发展出更加科学合理的工程观,进而在工程技术层面上积极应对、落实到位、不断改进。

对于工程瑕疵、工程隐患、工程缺陷,工程界常常从理念、原则、管理、技术、程序等多个方面进行主动预防或被动补救,即便存在也有相应的应对化解方法措施,演变成为工程事故的概率不高,一般不会产生重大社会影响。对于工程事故,因其产生的原因非常复杂,造成的损失和社会影响也比较大,向来广受社会及工程界的重视。工程事故从来源看,大致可以分为自然灾害引发的事故和人为失误造成的事故两大类。自然灾害引发的事故,是指地震、飓风、泥石流等极端环境变化导致的工程事故,其与人类工程发展史已经共生共存了几千年,虽然难以避免,但是可积极防范。人为失误造成的事故原因错综复杂,往往是从工程隐患、工程缺陷演变发展而来,也是工程建设、运营管理实践活动中多种因素共同作用的结果,既有一定的规律性,也有显著的个案差异。当然,有些时候天灾和人祸也存在着一定关联。

从认识论的角度来看,工程事故产生的根源大致可以分为"不知、不能、不为"三类。

属于"不知"类的工程事故,即当时人类还无法完全了解和把握自然灾害对工程实践活动的影响规律,没有全面精准地掌握科学理论和技术方法,也就难以避免自然灾害引发的事故,暴露出人类对自然规律认识的局限性,揭示出工程界对自然规律、技术原理、工程方法、设计计算理论掌握不全面,运用驾驭能力不足。通俗来讲,就是人们当时不知道自己不知道什么,只有当工程事故发生了,人们才可能通过采取事故现象的调查、研究、分析、试验等手段,逐渐揭示、掌握工程事故背后的科学规律和技术法则,进而提出防范事故的工程方法和技术对策。以地震工程为例,地震是各种自然灾害包括洪涝灾害、风灾、地质灾害中最难预防、导致生命财产损失最大的灾害,是群灾之首,是土木工程发展进步的拦路虎之一,严重危害人民生命安全与社会稳定。但在目前,人类对地球科学、地震工程尚存在诸多认知局限,导致地震难以预测、地震烈度难以准确确定,地震造成的大灾难往往发生在设防不足的低烈度区域。以我国为例,唐山按6度设防(加速度峰值$0.05g$),但震中达11度(加速度峰值$0.90g$);汶川按7度设防(加速度峰值$0.10g$),但震中达11度(加速度峰值$0.90g$);等等。设防烈度与实际烈度的地面震动加速度峰值相差10~20倍,导致震后房屋建筑、桥梁结构严重破坏,人员死伤严重,恢复生产生活秩序长达数年,但在此前,人们普遍认为这些地区发生高烈度地震的可能性极低,地震设防烈度较低,在灾害防御、建筑防震、震后救援等方面没有去积极应对。

属于"不能"类的工程事故,即人们虽然掌握了工程的某些技术规律和应对策略,但由于在工程设计建造运行时,受工程的系统性和社会性属性制约,有些时候不得不在安全性与经济性之间做出平衡,但往往很难恰当地把握好平衡的程度,一些情况下还受到时代特征、工程理念的影响或其他外部力量的干预,常常出现摇摆不定的群体行为,导致在概率层面上存在出现工程事故的必然性,在理论上不可能完全避免,在工程实践中时有发生。仍以工程抗震为例,单纯从技术角度出发,人们虽然可以通过增大结构抵抗能力、建造出在地震中基本没有震害的房屋和桥梁结构,但在经济不够发达、财力有限的时代,社会往往难以承受为此额外付出的经济代价,且这种抗震策略也不符合基本的科学规则,需要在技术原理上另辟蹊径。

属于"不为"类工程事故,即在工程实践活动中,或因工程建设和管理法则的不科学、不健全,或因忽视了工程建设和管理运行规则的要求,或因技术质量管理制度没有落实到位,或因实施操作主体的人为错误,常常表现为工程活动主体的不作为或作为不当,存在人为失误或责任不落实现象,也就是常说的"责任事故",这类事故虽然占比较高,但是事故成因及发生机理相对清晰、容易防范,属于工程实践活动中的制度管控、责任落实的问题,是一个典型的工程建设运营的管理问题,以下不做进一步讨论。

工程事故,尤其是前两类事故的发生,往往意味着工程界对工程技术背后的科学问题认识不够全面深刻,对工程本质和技术规律把握不够系统到位,因而也可以说,一部工程史就是人类同工程事故斗争的历史。正是为了防止和减少工程事故,才推动着工程界不断进行科学研究、技术创新和工程创新,实现技术迭代升级和工程发展演化。在这个过程中,由于工程设计是工程实践活动的灵魂和龙头,对工程建设、工程运行具有全方位、全过程的指导作用,因此,工程事故对工程设计在理念、原则、方法、流程等诸多方面都产生了多层次的启迪,工程设计方法正是通过一次次惨痛工程事故教训的总结而得以不断完善。在工程实践活动规模日益扩大、工程实践种类日益丰富、工程设计方法相对完善的当下,从工程本质和工程观出发,工程事故对工程设计的启迪主要体现在以下三个方面。

(1) 从工程的系统性出发,全面反思工程建设运行的社会性,恰当平衡工程技术的内外部因素

工程事故的原因尽管错综复杂、交叉影响,但总体上还是有迹可循的。从中宏观来看,与一个国家地区的科学研究水平、技术研发能力、经济实力、工业化发展水平、工程发展历史、工程运行管理等方面有关,反映出工程的系统性与社会性。从中微观来看,与工程的勘察设计、建造施工和运行管理等方面有关,是一个工程技术层面的问题。因此,作为工程实践活动一部分的工程事故,也具有较强的社会性,在反思总结工程事故的经验教训时,需要着重关注以下几点。

首先,必须从工程的系统性与社会性出发,跳出技术看工程事故,站在经济社会、工程技术、工程历史等多个维度,来全面、辩证地反思工程事故,找出工程事故深层次、系统性的原因,进而做出体系化、制度化改进,而不是只进行纯技术的分析探究,将事故成因简单化、浅表化,造成新的认知偏差。只有这样,才能防范更多的工程隐患、工程缺陷演变成工程事故。

其次,在工程技术层面从工程的稳健性本质出发,全面反思工程规划、建设运行全过程,审视其背后是否存在尚未认识的客观规律;聚焦工程设计成果,审查工程设计是否可以通过适度提高工程的容错性、冗余度和强健性等工程方法,将工程建造和运行过程中可能遇到的未确知性、不确定性的影响能够控制在最低限度,能否最大限度地防范化解工程风险,能否保障工程的可检查性、可维护性和可调适性。

最后,当工程事故已经全面或部分程度地揭示了人类对自然规律、应对策略认识的局限性后,在修订完善相应技术标准、规范规程时,既要充分汲取工程事故的教训,增强标准规范的针对性、提高工程的可靠性;又要适当考虑工程的社会经济属性,在安全与经济之间尽量取得协调和平衡,并适度超前于社会经济发展水平,防止误入单纯的技术主义通道,或掉入高技术的陷阱。

以1986年4月26日发生的乌克兰切尔诺贝利核电站事故为例,该电站第4发电机组核反应堆全部被炸毁,大量放射性物质泄漏,波及瑞典、芬兰、波兰等北欧国家,先后导致数万人死亡,数十万人遭受各种程度的辐射疾病折磨,经济损失高达2000亿美元,成为核电时代以来最大的事故。关于事故原因,官方曾经给出了两个互相矛盾的解释:1986年8月公布的调查结果完全把事故责任归结于核电站技术人员的操作不当;1991年公布的事故原因则承认事故是由于反应堆的设计缺陷,特别是控制棒的设计缺陷所导致。目前,一般认为该事故主要原因是设计缺陷,技术人员的认知局限和操作错误,导致设计缺陷演变为重大事故,而相关政府官员的作为不当则进一步扩大了事故引发的次生灾害。切尔诺贝利事故之后,苏联对采用同一技术体系的数十座核电站进行了全面改造,消除了设计缺陷。令人遗憾的是,事故调查委员会主席、苏联著名科学家韦利尼·雷格斯沃夫(Valeri Legasov)因暴露在切尔诺贝利地面的辐射中,健康状况急剧恶化,加上他坚持披露事故真相而饱受来自政府、社会舆论的压力,于1988年4月27日(切尔诺贝利事故发生两年后)结束了自己的生命。

(2)从风险的多源性出发,揭示同类工程的各类技术及运行隐患,化解非技术因素风险

工程事故风险来源经常呈现出多源性和多样性,事故原因往往会出现错综复杂、多因一果的现象,非技术因素常常以技术现象呈现在事故表象中,导致工程设计者往往背负着过多的技术责任和社会压力。另一方面,在事故调查时,只有工程同行及技术权威才有可能深度介入,才有可能揭示事故的真实原因,因此,在事故调查时一定程度上会存在调查主体与客观事实相关联的现象,常常导致事故主要原因消失在工程历史的迷雾中,有些时候甚至会受到社会的诟病。实际上,在工程事故调查过程中,寻找事故原因仅仅是一个方面,虽然有可能广受关注乃至质疑,但更重要的是通过工程事故原因调查,揭示同类工程可能普遍存在各类隐患的形成机理、演化过程、防范对策等才是重中之重,核查技术责任只是其中一个部分,否则就容易形成墨守成规、因循守旧、不鼓励创新的社会氛围。为此,在调查工程事故成因、化解工程隐患时,需要从以下几个方面入手。

首先,工程界要举一反三,防患于未然。海恩法则表明:"每1起严重事故的背后,必然有29次轻微事故和300起未遂先兆以及1000起事故隐患。"基于此,在工程事故出现后,工程界及时对同类问题的"事故征兆"和"事故苗头"进行系统化的排查处理,防止类似问题的重复发生,主动及时消除再次发生同类事故的隐患,把可能发生的工程事故消灭在萌芽状态。

其次,由于风险来源的多源性和多样性,这就要求工程界积极面对工程的社会性,从工程建设的时代背景、运行使用、管理养护等多个层面总结教训,提出改进对策,以期将工程隐患化解在初始发展阶段,也要求工程界充分考虑工程运行环境的复杂性与多变性,对各类由技术因素和非技术因素产生的隐患进行全面排查,将各类风险消解在早期。

最后,面对已经存在的工程隐患,工程界要从技术层面上精准处治、综合施策,运用工程思维,辩证、全面地分析隐患的演变规律,着眼改造、改建、有条件运行等多种策略,在工程技术层面寻求最优对策措施,对改造改建技术进行因地制宜、系统的分析和校验,防止隐患处置过程中留下二次隐患或演变发展为工程事故,在将由隐患产生的风险控制在最低限度的情况下,恰当发挥既有工程的效能,创造出新的工程经验或工程知识。

以美国华盛顿州塔科马桥(Tacoma Narrows Bridge)1940年风毁事故调查为例(参见本篇案例1-2-3),有关当局成立了由桥梁设计大师戴维·B.斯坦因曼(David B.Steinman)、奥斯玛·安曼(Othmar Ammann)、格伦·B.乌德拉夫(Glenn B.Woodruff,金门大桥的技术负责人)等人组成的调查委员会,成员为当时美国乃至世界悬索桥最权威、最专业的专家。调查委员会对事故原因究竟是否可以预知、是否由于设计缺陷所致进行了激烈的争论,最终安曼的意见占据了上风。调查委员会的主要结论是:该桥风毁事故超出了当时人们认知的范畴,谁都无法预料事故的发生,属于"不知"类的工程事故;设计者里昂·所罗门·莫西夫(Leon Solomon Moisseiff)是没有过错的。虽然现在看来,这个意见是比较客观中肯、经得起历史检验的,当时美国乃至国际桥梁界的确对大跨径柔性桥梁的风致颤振存在认知盲区。但在事故结论公布后,却饱受社会各界的诟病,普遍认为安曼在为他的老搭档莫西夫开脱(他们一起合作设计了乔治·华盛顿大桥,共同承担了多座大桥的咨询工作),莫西夫也因塔科马桥的风毁事故郁郁而终,于1943年离世,不得不说这一个由于认知局限而产生的工程悲剧。此后十多年间,在著名流体力学家西奥多·冯·卡门(Theodore von Kármán)、哥伦比亚大学教授詹姆斯·基普·芬奇(James Kip Finch)、华盛顿大学教授弗雷德里克·伯特·法库哈森(Frederick Burt Farquharson)等科学家的帮助下,桥梁界才开始对风致颤振的基本机理及其危害有了一些基本认识,并在此基础上探索大跨径悬索桥的抗风对策。在此期间,美国工程界针对金门大桥等多座大跨径悬索桥风致振动过大的现象,采取了增设桁架加劲梁的横向联结系等措施,以提高其抗风能力。直到20世纪60年代,在Christopher Scruton、A.G.Davenport、Robert H.Scanlan等人的研究成果问世后,人们创立了桥梁风工程这一新的学科,才比较全面地认识到大跨径桥梁风致振动的规律。

(3) 从创新的历史规律出发,提炼出工程设计创新背后的科学问题,促进工程创新设计的推广应用

工程创新虽然具有应然性,在客观上也具备广阔的创新空间,但受到工程的建构性、经验性、社会性、稳健性等本质属性的制约,工程创新活动不允许失败,人们常常也将工程的风险防控置于首位,导致在工程实践活动中因循守旧、怯于创新的现象往往占据主流。因此,在一些"不知、不能"类工程事故发生之后,人们应该尊重创新的历史规律,提炼出工程事故所蕴藏的科学问题,而不是对工程创新的践行者求全责备,甚至以当前的认知水平去要求以前的工程实践者,这非但不符合科学精神,也会将未来无数工程创新的火种扑灭。对此,需要在以下几个方面反复权衡、仔细斟酌。

首先,工程历史表明工程创新须同时满足社会需求拉动、科学技术支撑、工程大师点化等多种有利条件时才可能破茧而出,在这个过程中,设计创新是工程创新的龙头。工程设计创新既包括了多种显性知识的获取、加工、处理、集成、转化和融合,也包含一些隐性知识、工程经验、艺术感染力的汲取、消化及融合,还可能涉及新理论、新技术、新方法、新材料的移植改造,人的主观能动性、创造性常常集中表现在工程设计阶段。因此,工程界要以积极谨慎的态度,对工程创新设计保持包容开放的胸怀,努力营造创新探索氛围,即便设计过于超前或实施时机还不够成熟,不妨鼓励其通过试点工程检验进行完善。

其次,工程创新的成功案例表明,设计创新往往需要工程理念、科学技术、工程方法、工程经验等方面的综合支撑,即便如此,设计创新也不可能一蹴而就,工程创新实践成果往往存在这样或那样的局限或瑕疵。因此,在设计创新的同时,必须全面而审慎地思考,提出工程设计创新背后可能蕴藏的科学问题或技术瓶颈,并部署落实进一步细化研究、开发、完善的目标和计划,以期在详细设计阶段能够将这些问题予以全部或部分解决,从而支撑技术迭代升级。

最后，在实践论层面上，是工程实践活动推动科学研究和技术开发，还是科学研究与技术开发带动工程实践，是一个普遍性的话题，二者存在着相互作用、相互支撑的关系。在工程实践活动日益复杂的今天，工程创新实践推动科学研究、技术开发的情形更为普遍，更具导向性和工程应用价值，社会和经济效益也更加显著。但关键在于，工程创新实践活动必须将工程设计建造运营背后的科学问题或技术瓶颈精准地"解构"，提出带有普遍意义、科学价值的研究项目或开发课题，从而推动科学研究、技术创新向工程实践活动的纵深发展，并通过工程应用的选择和集成，总结出一般规律，创造出新的工程知识、规则标准，从而促进工程设计创新的推广应用。

以断裂力学的诞生为例，在第二次世界大战期间，美国船舰就发生了1000多起脆性断裂事故，但当时人们普遍认为只是材料强度问题。1950年，美国北极星导弹在一次试验发射时，固体燃料发动机的机壳发生了爆炸，最初人们习惯性地认为是材料强度不足，但经过调查，制造机壳的高强钢屈服强度为1400MPa，而发生爆炸时的破坏应力还不到屈服强度的一半，于是，材料强度不足这一结论被推翻。经过深入调查发现，原来钢材内部存在着微小裂纹，爆炸原因在于裂纹的急剧扩展，从而发生脆性断裂，断裂处的实际应力远小于材料的屈服强度。此后，进一步的试验及类似事故证明这一现象具有普遍性，隐藏着不为人知的规律性。于是美国科学家G.R.Irwin等人在金属脆断现象研究的基础上，在20世纪50年代提出了"断裂韧性、强度因子"等新概念，完善改进了英国工程师A.A.Griffith在1920年提出的裂纹理论，创立了断裂力学这门新的学科，并在20世纪60年代发展成熟，在材料工程、航空航天工程、机械工程、土木工程中得到了广泛的应用。

案例 1-7-4

预应力混凝土连续梁桥底板崩裂
——游走在"不知"与"不为"之间的多发事故[1]

20世纪80年代末，随着我国桥梁建设大幕的拉开，预应力混凝土箱梁桥在我国得到了广泛的应用。为提高预加应力效率、减小截面，我国开始从国外引进了大吨位预应力束和群锚等先进技术，以满足大跨径预应力混凝土箱梁桥的建设要求。在1990年11—12月间，主桥为45m+65m+14×80m+65m+45m的杭州钱塘江铁路桥在张拉合龙段预应力束的过程中，发生两次箱梁底板混凝土崩裂的事故。经检测，混凝土强度等级远高于设计强度等级，且张拉的顺序、工艺均符合设计要求和工艺规定。在凿除该桥底板崩裂的混凝土后发现，预应力波纹管不同程度上浮了10~20cm，在节段内形成了半径较小、上下起伏的曲线，当张拉预应力束时就会在混凝土中产生较大的局部拉应力，经计算局部应力高达4MPa，超过了混凝土抗拉强度，导致混凝土崩裂。进一步分析表明：造成波纹管上浮的原因是多方面的，主要有波纹管刚度小、体积大，定位钢筋数量不足、固定不牢靠，混凝土坍落度大、浇筑时冲击力过

---

[1] 本案例相关资料来源于林国雄、张健峰《桥梁事故和结构性病害》。

大或振捣不当等因素。为确保事故原因分析准确、加固措施有效,设计单位和施工单位——铁道部大桥工程局、铁道部大桥工程局勘测设计院在现场又进行了混凝土剥离、管道摩阻等一系列试验,验证了分析计算的正确性,检验了加固方案可靠性。在此基础上,该桥采用了凿除底板、重造波纹管道、增设构造钢筋、重新浇筑底板混凝土,以及在底板施加横向预应力筋等加固措施,比较圆满地处理了工程事故,虽然增加了一些费用,但也掌握了大吨位预应力束布设的合理构造措施及施工要求,如增大波纹管的刚度、加强底板上下层钢筋网之间的防崩裂钢筋、强化混凝土浇筑前波纹管的平顺度检查、完善混凝土浇筑工艺等。客观地讲,钱塘江铁路桥底板崩裂事故属于"不知"型事故,在引进消化新技术过程中出现有一定的必然性,虽然机理比较容易摸清、防范措施易于实现,但一旦发生事故,维修加固难度很大。

在钱塘江铁路桥发生混凝土连续箱梁底板崩裂事故的20多年中,此类事故在我国又不断地重复发生。相关资料显示,1997—2010年我国发生箱梁底板崩裂事故超过50起,如2003年贵阳某预应力混凝土连续刚构桥,在张拉箱梁底板合龙时,5号、2号、1号节段及附近底板共有5个部位发生崩裂[图1-7-3a)、b)];2005年南京某预应力混凝土连续刚构桥,在中跨合龙钢束张拉完成后发现跨中的3个节段范围内箱梁的腹板底部及底板底面纵向开裂严重,底板崩离,变成"两张皮"(图1-7-3c);2012年内蒙古某预应力连续刚构桥,在张拉边跨合龙段底板预应力束时,箱梁底板混凝土出现大面积底板混凝土崩落,纵向长度达26m(图1-7-3d)。

a)贵阳某桥1号节段底板顶面崩裂

b)贵阳某桥5号节段底板顶面崩裂

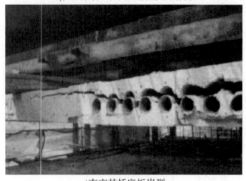
c)南京某桥底板崩裂

d)内蒙古某桥底板崩裂

图1-7-3 预应力混凝土箱梁底板崩裂现象

从波纹管上浮引起箱梁底板崩裂事故来看，早期发生的属于"不知"类工程事故，但在事故原因已经探明、防范措施已经提炼得出，且措施并不复杂的情况下，后期发生的50多起明显属于"不为"类工程事故，存在人为失误或责任不落实现象。诚然，早年我国的工程界技术交流活动相对较少，技术信息闭塞也是一个不容忽视的原因。进一步反思后不难发现，相关施工单位遮掩问题、不愿将工程事故公开解剖供业界同行借鉴的心理才是这类事故屡屡发生的深层次原因。这也再一次说明：工程事故信息公开对事故预防的重要性怎么强调都不过分。

案例 1-7-5

历史上钢桥施工运营过程中四类典型工程事故
——揭示事故背后的认知盲区

从1874年起，由詹姆斯·布坎南·伊兹（James Buchanan Eads）设计的世界上第一座钢桥——美国圣路易斯钢拱桥（跨径布置为153m+158m+153m，为纪念设计者，又名Eads桥）建成，该钢桥以优越的材料性能、高效的悬臂施工方法、良好的经济性能、突出的跨越能力迅速取代了锻铁桥，钢材成为大跨径桥梁建设的主要材料，并逐渐发展出钢桁梁（拱）、钢板梁、钢箱梁等结构形式，并广泛应用于悬索桥的加劲梁、斜拉桥的主梁。在钢桥一百多年的发展历程中，先后出现四类比较典型的、基本上属于认识层面"不知、不能"的工程事故。

第一类是对作用在桥梁上的荷载尤其是风荷载及其产生的侧倾稳定问题认识不到位。比较知名事故的是1879年英国泰河铁路桥（Tay Bridge）被大风吹垮，13跨75m的桁架梁和一列客车掉入河中，75名乘客无一生还。事后调查表明，设计者在设计时并未考虑风力，在大风作用下支承桁梁的铸铁短柱因难以承受风载所产生的内力而破坏，进而导致钢桁梁发生整体倾覆。此后，人们吸取教训，在桥梁设计时对风的静压作用及抗倾覆稳定性考虑极为严苛，并逐渐走到另一个极端。如1890年建成的英国福斯铁路桥（Forth Bridge，主跨521.3m的双线铁路悬臂钢桁架梁，全长1630.2m，由Benjamin Baker、John Fowler设计），受泰河铁路桥风毁事件的影响，设计建造时非常保守，将风荷载设计值大大提高至2.681kN/m^2（实际上，该地区目前风荷载取值一般不超过1kN/m^2），并采用了加大钢立柱横向倾斜度、加强横向联结构件等措施来提高抗倾覆稳定性，用钢量高达54000t，折合每线铁路每延米用钢量高达17.6t，该桥结构冗余度极大、安全性极高，但经济性较差。该桥实际用钢之所以超出合理范围的数倍，取值严重脱离实际情况的风压设计值也是原因之一。对此，一些人认为福斯铁路桥体现了英国强大的工业实力，也有人认为该桥就是一个钢铁怪兽。通过对这一类事故正反两方面经验教训的反思，人们认识到技术标准规范的重要性，1904年，现代结构设计规范的鼻祖《英国标准型材性能》在英国出版。此后，经过近20年的酝酿，世界上第一本桥梁工程技术规范——英国标准（British Standard）技术标准BS153终于在1922年出版了，对各类荷载取值、钢构件的容许应力做了相对合理的规定。

第二类是对钢压杆的承载能力认识出现了偏差。比较著名的工程事故是主跨548.6m

的悬臂钢桁梁桥加拿大魁北克桥，先是在1907年提升中间挂孔时，悬臂根部压杆失稳，导致75人丧生、19000t钢梁报废；后是在1916年复建时，锚固支承构件断裂，导致13名工人死亡，中间挂孔再次掉入河中。对于这一类事故的教训，后来经过大量试验研究，集中地反映在考虑初始缺陷及残余应力对长细压杆容许应力折减系数中，形成了钢压杆的压弯理论、钢压杆的压溃理论，并为相应的规范所采纳。

第三类是对钢结构的疲劳断裂行为掌握不全面。比较典型的事故是1967年美国西弗吉尼亚Point Pleasant桥（主跨213.4m的悬索桥，建成于1928年），由于其眼杆式主缆断裂，导致全桥垮塌，31辆汽车落水、46人死亡；另一例是1994年韩国首尔圣水大桥挂孔坠落，导致15辆汽车落水、32人死亡。通过这一类事故，人们开始认识到钢结构的应力腐蚀机理、腐蚀与疲劳的联合作用等问题，进而改良结构细部构造形式，加强钢结构疲劳行为监测，提高钢结构的可检查性、可维修性和可更换性。

第四类是对钢箱梁板件的局部失稳行为机理认识不到位、计算不清楚。在1969—1971年间，英国米尔福德港桥、澳大利亚墨尔本西门大桥以及奥地利、联邦德国相继发生了5座大跨径钢箱梁桥或钢箱梁斜拉桥的施工事故，虽然事故现象各异，但事后调查主要原因都指向在施工过程中，钢箱梁受压板件局部失稳、发生屈曲所致。限于当时计算能力和认知水平，人们对薄壁板件局部稳定性及钢箱梁构造的认识不到位，还不会计算复杂支承约束条件钢板的抗压承载能力，而不恰当施工方法、临时施工措施又加剧了事故的灾难程度。其中，澳大利亚墨尔本西门大桥112m跨钢箱梁在吊装组拼过程中发生的顶板、腹板失稳，导致整跨坍塌的事故尤为典型。墨尔本西门大桥为单箱三室的栓焊钢结构，为抢工期，施工方没有设置纵向组拼的临时支撑，也没有采用大节段组拼的方式，而是采用了将箱梁从中间切成两半、减小起吊重量的吊装组拼方式，以适应当地有限的起吊能力，导致钢箱梁的抗扭刚度严重削弱，顶板的一侧变成了没有约束的自由边，临界屈曲应力降低了57.4%；吊装完成后，为找平两半钢箱梁相差115mm的预拱度差异，又在预拱度较大的左幅跨中堆放了56t的混凝土压重块，致使顶板的应力水平又增大了10%~20%，造成该半幅顶板的自由边及拼装用的加劲槽钢一起失稳了；为解决顶板自由边失稳问题，施工方又采用了松开安装数量过半的顶板横向拼缝螺栓、对钢梁进行卸载的临时对策。在这些接二连三、错误的施工方案及临时措施的作用下，导致该桥左半幅箱梁的顶板、腹板相继发生屈曲，人为产生了一个的塑性铰，失稳的左半幅箱梁带着右半幅一起，从50m高的桥墩掉落，导致36人当场遇难、17人受伤，成为澳大利亚有史以来最严重的工程事故。这一类事故的教训，催生了具有初始几何或结构缺陷钢板屈曲理论的发展与成熟，成果主要反映在1982年颁布的英国规范BS5400规范中。

上述四类比较典型的钢桥事故，从不同角度推动人们去认识、发现、掌握工程事故背后的科学规律，带动了工程界提炼出消除工程事故的技术方法和管控对策，促进了钢桥的设计计算理论的发展、构造细节的完善、规范标准的修订、养护维修对策的升级，引领桥梁界一步一步走出了钢桥设计认知层面的盲区。

| 案例 1-7-6 |

正交异性板在中国的改良实践
——工程隐患多源性的综合化解

所谓正交异性板,就是由密布的纵向加劲肋、相对稀疏的横向加劲肋及相对较薄面板构成的受力结构,能够很好地兼顾钢箱梁顶板既承受整体弯曲(第Ⅰ体系),又承受轮载局部作用(第Ⅲ体系)的受力要求。正交异性板是由国际著名工程师、德国斯图加特大学教授弗里茨·莱昂哈特(Fritz Leonhardt)借鉴船舶甲板的构造形式提出的,在1948—1950年间首次应用于德国(联邦德国)科隆道伊泽尔(Deutz)桥修复工程,紧接又用于曼海姆库法尔茨(Kurpfalz)桥的建设,折合每平方米桥面面积用钢量仅为390kg,节省钢材用量约1/3,在第二次世界大战后面临许多桥梁需要修复或重建、钢材极度匮乏的背景下大受工程界欢迎。正交异性板最突出的特点有三个:一是大幅度降低材料用量、造价低廉;二是力学性能好、刚度也较大;三是便于加工制造。因此,正交异性板自20世纪50年代就在国际桥梁界呈现出工程创新扩散效应,得到了推广应用,在工程实践过程中发展出各种不同的构造方式。在20世纪90年代以前,全世界比较常见的构造形式是12~14mm的面板、间距300~400mm的U形纵肋、间距2~3m的Ⅰ形横隔板,在欧美、日本等发达国家广泛应用后,偶有出现疲劳开裂的零星案例,但未出现普遍性的疲劳问题。

20世纪70年代,我国开始引进正交异性板,最早应用于广东肇庆马房大桥。进入20世纪90年代,在广东虎门大桥等大跨径悬索桥、斜拉桥建设时,我国桥梁界大规模采用了钢箱加劲梁或主梁,建成了数百座正交异性板的各类桥梁。正交异性钢桥面板以其较高的承载能力、较轻的自重在大跨径钢结构桥梁中得到大规模应用,但其疲劳和铺装问题一直是桥梁运营过程中难以克服的顽疾,而重载交通又加剧了上述问题的演化。进入21世纪,随着我国工业化进程的加速,交通运输量快速增大,超重超载车辆显著增多,由此产生的正交异性板的疲劳开裂问题日益普遍、日渐严重。以虎门大桥为例,其钢箱梁在通车10年左右就发现了数量可观的裂纹,并有进一步发展的态势,这些裂纹大致可以分为U肋与顶板连接处、U肋纵向连接处、U肋与横隔板交界处等类型,对钢箱梁的安全使用和耐久性能产生了严重的威胁,修复难度极大。钢箱梁疲劳开裂这一现象,反映出桥梁界对车辆荷载发展变异的社会规律、对钢结构疲劳的力学机理认识还不够到位。

针对这一问题,在国家有关部门的统筹下,工程界、学术界正视我国工业化进程中车辆荷载发展变异的现实,从实际国情出发,在以下三个方面寻求破解应对措施。一是重新认识车辆荷载的社会性。在车辆荷载全面调查的基础上,出台一系列运输车辆管控政策,如强制治超政策、计重收费政策等,以期借助于法律法规和经济手段从源头上遏制越演越烈的超载超重运输状况,约束社会各界对道路桥梁合理使用。二是正交异性板的结构改良。在加强钢结构疲劳机理、构造形式、焊接工艺研究完善的同时,工程界逐渐认识到正交异性板开裂源于焊缝时不可避免的微小缺陷所致。在裂纹扩展过程中,强度因素与刚度因素互相交织影响,车辆荷载的多轴效应又使第Ⅲ体系的活载作用次数大大超过了第Ⅰ体系,于是采取了诸如加厚桥面钢板至 16~18mm、加大横隔板及 U 肋厚度、U 肋双面焊接、优化焊接工艺、降低焊接缺陷、增强面板与桥面铺装层共同作用等措施,以期增强正交异性板的抗疲劳能力。三是开发新的桥面板构造。提出了正交异性板+UHPC 板、钢箱梁+预制混凝土桥面板组合结构、正交异性板+超高韧性混凝土 STC(Super Toughness Concrete,抗裂强度提升至 30~40MPa)等一系列创新的桥面构造形式,并在工程实践中得到了应用。

相信通过技术创新、工程实践检验与市场筛选,有效且经济的技术对策会脱颖而出,我国普遍出现的钢箱梁正交异性板开裂这一工程难题可以得到解决。这个案例充分说明了工程隐患不仅局限在技术范畴,也具有社会属性,需要采取多元化、综合化的对策予以诊治,这也许会给处于工业化中前期国家的桥梁建设带来一些有益的启示。

案例 1-7-7

帕劳科罗尔大桥隐患的处治
——工程隐患处治不当演化为工程事故的教训

科罗尔—巴伯尔特奥大桥(Koror-Babeldaob Bridge)连接帕劳共和国科罗尔和巴伯尔特奥这两个比较大的岛屿,由韩国 Socio Construction Co.总承包,由联邦德国地伟达(Dywidag)公司设计,跨径为 53.65m+240.79m+53.65m 预应力混凝土悬臂梁(跨中设铰),墩顶处梁高 14.02m,跨中梁高 3.66m,单箱单室,桥面宽度 9.63m。该桥于 1977 年竣工,是在当时世界上最大跨径的混凝土梁桥,所采用的技术都是比较先进的。

和同一时期其他国家建造的大跨径预应力混凝土梁桥一样,该桥也存在跨中下挠过大的问题,大桥通车运营数年后,1985 年该桥跨中下挠达 850mm,1990 年该桥跨中下挠达 1030mm,1996 年该桥跨中下挠达 1540mm,接近跨径的 1/150,而该桥在设计时对因混凝土徐变产生的长期挠度计算值仅为 480mm(约为跨径的 1/500),已经影响到该桥正常使用,存在明显的工程缺陷,但与因设置 6%纵坡而形成的跨中 3.66m 的预拱度相比,似乎又可以接受。此间,业主委托了一些国际专业公司对该桥进行了相关检测及复核验算,主要结论有三点:①混凝土强度满足设计要求,混凝土弹性模量比设计计算值低约 30%,钢筋性能正常且无锈蚀现象;②预应力损失高达 50%,远超过设计预期值,但经过综合评估认为该桥承载能力是足够的;③下挠过大的主要原因是对混凝土的徐变计算不够精细、预测量值明显失真、导致预应力损失过大,而截面顶板混凝土的开裂又进一步加剧了下挠,且下挠还会进一步发展。

为改进桥面行车的平顺性,业主决定对该桥进行大修加固。科罗尔大桥的大修总承包商是 Black Micro Construction Company,加固大修方案的要点是:①在跨中铰接处的顶板位置布设一组扁千斤顶,施加约 27MN 的顶推力,以弥补过大的预应力损失;②将跨中铰接改为固结,将结构形式由带铰的悬臂梁由转换为连续体系,并设置总张拉力为 34.72MN 的 8 组体外预应力束(图 1-7-4);③采用沥青铺装代替原来的混凝土桥面铺装,以减轻桥面铺装重量。大修历时 3 个多月于 1997 年 7 月完工。遗憾的是,大修完工后不到 3 个月,该桥在同年 9 月

26日没有任何征兆的情况下垮塌了,引起了全世界工程界的关注。

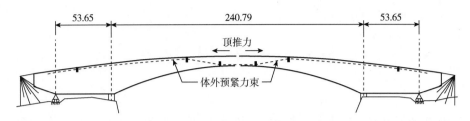

图1-7-4 科罗尔大桥大修方案要点示意图(尺寸单位:m)

在国际桥梁界历时10年的强烈呼吁下,2008年,帕劳共和国公开该桥垮塌的部分资料,引起了许多研究者的兴趣,工程界对垮塌原因进行了各种各样的分析,得出的结论也不尽相同。但普遍性的共识有三点:一是假如没有进行加固施工,桥梁不会垮塌,只是使用性能存在严重缺陷;二是该桥靠近主墩箱梁顶板混凝土的早期开裂,悬臂结构构件非常敏感脆弱,难以承受由千斤顶、体外束施加的二次作用力;三是大修施工时在箱梁顶板形成了过高的压应力,箱梁顶板在压应力作用下首先出现屈服、压溃或层间错位变形,导致腹板因承受不了原来由顶板承担的轴向压力,从而发生纵向压溃、竖向剪切的破坏,形成连锁反应,最终发生全桥垮塌事故。

科罗尔大桥的事故告诉我们:在人们并未完全掌握工程技术规律如高应力状态下混凝土徐变的长期行为情况下,处理工程缺陷时必须要秉承更为审慎的态度,必须将工程缺陷的形成机理、发展态势把握到位,采取适宜而有度的纠正弥补措施,否则就可能出现工程缺陷没有得到根治,反而演变为工程事故的极端情形。

第8章 工程教育

　　工程教育是工程创新和技术进步的发动机之一,是工程师及技术工人培养的摇篮,是工程思维训练、工程思想传承的大本营,是教育事业的主阵地。工程教育在培养和造就创新型工程技术人才、推动经济社会实现可持续发展方面发挥着重要作用。

　　工程教育一般分中等工程教育和高等工程教育。中等工程教育主要培养培训技术工人,多采用以"学徒制"为核心的培养模式,主要培训受教育者的操作形态的技术技能,并在此基础上积累操作经验,自工业革命以来,培养模式相对比较稳定。例如,现代人的汽车驾驶技能与300年前马车的驾驶技能,在培训方式虽然有所改变,但是在培训本质上并无不同,主要依靠老师傅的心口相传和实践经验的积累。直到现在,德国的"双元制"、英国的"现代学徒制"等仍是欧美制造业强国培养技术工人行之有效的方式之一。在我国,中等工程教育主要由各类职业技术院校及技工学校承担,其办学的核心理念是校企合作、工学结合、理论-实训一体化,其办学的根本途径是行业企业深度介入教学全过程,几十年来为业界输送了数以亿计的技术技能人才,大幅度提升了一线劳动者的素质与技能,为提升劳动生产率做出了巨大的贡献。经过长时间的经验积累,其中的一些技术工人脱颖而出,成长为技术技能操作形态的行业翘楚,这部分人便被称之为高级技师或工艺技能大师。

　　高等工程教育主要培养工程师,是工程教育的主力军,也是高等教育改革的主战场。从世界第一所高等工科学校——巴黎桥道学院(École des ponts Paris Tech)1747年创办算起,高等工程教育在法国、普鲁士、英国、奥匈帝国等国家逐步兴起,紧跟工业革命的步伐,为工程实践活动培养了大量的实用型人才,有力地支撑了技术创新与工程创新,逐渐成为高等教育的主要类型之一。在近300年的高等工程教育历程中,大致经历了三个阶段,即"技术模式""工程科学运动""回归工程运动",不同程度地回应了当时产业界对高等工程教育的期望和要求。

　　"技术模式"在20世纪40年代以前占据主导地位,大约持续了200年,由法国、德国、英国等国家主导,专业口径普遍较宽,侧重专业技术知识专业经验的传授、动手能力的培养与专业技能的运用,促进了专业分工与协作,推动了工程师与工匠的职业分离,使工程师成为一个独立的职业。在"技术模式"的引导下,高等工程教育为产业界供应了以埃菲尔、特斯拉、马可尼为代表的大批工程技术人才,有力支撑了第一次、第二次工业革命向纵深发展。20世纪二三十年代,随着世界科学中心从欧洲转移至美国,以及科学研究对工程和技术支撑作用的强化,由美国主导的"工程科学运动"阶段在20世纪40—90年代占据主流,大约持续了50年,其主要方式是引进科学教育,强调科学理论教育与科学分析训练,期望工程师首先能够完成科学家的训练,能够跟上发展日益迅速的科学潮流。"工程科学运动"有效提升了工程师的科学素养,强化了科学发现、技术原理、工程应用之间的联系,使得工程师们能够依托先进的科学方法来应对日益复杂的大型工程,但不可避免地弱化了工程隐性知识的传承和实践能力的培养,成为业界诟病的主要问题。此外,苏联采用的开设专门院校、细分专业领域、强化专业技能培养的模式在国际上也有一定的覆盖面。20世纪90年代后,为走出高等工程教育过于科学化的误区、适应科学发现与技术进步加速的时代要求、回应工程界对高等工程教育的批评,美国、瑞典、加拿大等国家提出了"回归工程运动",回归到以综合实践、工程思维训练为基础的工程教育的原点。

在我国,伴随着洋务运动的兴起,高等工程教育在19世纪末的艰难诞生,从山海关铁路学堂(西南交通大学前身)、北洋大学堂(天津大学前身)、南洋公学(上海交通大学及西安交通大学前身)等高等工程教育的雏形算起,高等工程教育已经有120多年的历史了。其间,经历了效法欧美、效法苏联、与世界接轨三个大的阶段。在新中国成立以前,我国的高等工程教育以英国、美国为师,深受欧洲"技术模式"的影响,受社会需求制约,基本处在办学规模小、办学覆盖面窄的精英教育阶段,主要集中在土建、矿冶、机械、交通等工程领域,虽然在一些局部工程跟上了世界技术进步的潮流,提出并实践了"习而学""理工结合""经世致用"等工程教育模式,一定程度地推动行业技术进步,培养了一批以茅以升、侯德榜、刘宝锷、林同炎为代表的工程技术大家,成为我国各工程领域的奠基者,也涌现出以梅贻琦、李书田、刘仙洲、唐文治为代表的高等工程教育大家,深刻影响了我国工程教育发展的轨迹,但总的来说,新中国成立以前,高等工程教育规模小、适应性有限,尚不足以担当起促进工程实践接续发展的重任。1952年,为适应新中国建设需求,我国借鉴苏联的高等教育模式,对高等学校及院系进行了大规模的调整,建立了一批专门的工科院校,以及门类众多、口径偏窄的专业,成为高等工程教育的主力军,行业分工几乎直接"映射"到高等工程教育之中,其优点是能够迅速扩大高等工程教育的规模,有利于专业知识传授和专业技能的训练,培养业界急需的大批专门技术人才,基本适应了国家工业化发展阶段以"模仿与跟踪"为主的发展需求,有力地促进我国工业化快速发展;其缺点是割裂了学科之间的有机联系,不利于高等工程教育的渗透与交叉,忽视了工程的综合性、社会性和集成性,制约了创新性人才的培养,难以适应现代超大规模、日益复杂的工程实践对人才的需求。进入20世纪90年代,随着第三次、第四次工业革命向纵深发展,苏联高等工程教育模式的弊端日益凸显,我国工程教育界对此进行了深刻的反思与纠偏,开始尝试与欧美高等工程教育界的主流接轨,进行了各种各样的探索与教育改革,取得了一定的成效。其中,以1997年专业目录调整优化、扩充专业覆盖面的影响最为显著,近年来积极推行的"新工科"教育改革的成效也值得期待,等等。总体来说,我国的高等工程教育取得了巨大的成就,有力支撑了国家工业化发展进程,培养了量大面广的专业技术人才,形成了工程师红利,在许多工程领域实现了从"模仿与跟踪"阶段向"创新与超越"阶段的转型。但无须讳言,我国高等工程教育现状与知识经济的时代要求仍存在较大差距,与行业企业的期望也存在较大偏差,与欧美发达国家的高等工程教育相比,尚有很大的提升与改进空间。

工程本质上是造物活动、是实践活动,但与古代从经验到经验的工程实践不同,现代工程实践活动需要科学理论、技术方法的指导,更应强化实践与理论紧密结合。现代工程教育的各种改革、变化、演化等,其内核主要围绕如何更好地处理实践与理论两者的关系,如何在学校完成工程师的基本训练、完成工程师思维框架的建构。近20年来,通过对知识内涵的研究,人们接受了知识分为显性知识和隐性知识两大类的判断,认识到隐性知识在工程实践活动中的重要作用。所谓隐性知识,是指在实践中形成而难以用文字表达的知识,它以经验形态存在,通常难以被归纳进科学体系,但在工程实践活动特别是工程创新中却至关重要,因此,高等工程教育改革的方向就是要强化实践的分量,丰富实践的实现载体与实现方式。另一方面,随着知识经济时代的来临,以及第四次工业革命的持续推进,以人工智能(AI)、大数据等为代表的各种新兴科学技术不断涌现,促使社会经济组织架构、工业生产模式乃至人类生活形态产生颠覆性变革,面向日益复杂的未来工程,社会各界对高等工程教育的期望在不断提升。然而,现实情况是高等院校在技术创新中所起的作用,在产业升级、经济发展中所担负的使命却因时因地而异,有些情况下高等院校引领了社会经济发展与技术进步,例如围绕斯坦福大学兴起了硅谷,带动了全世界半导体产业的进步,但多数情况下,高等院校的工程教育、技术研发却没有能够跟上技术发展的潮流,引起了产业界的诟病。对此,世界各国均结合工程技术发展的趋势、结合本国国情以及产业界、工程界的期待,兴起了高等工程教育改革的热潮,从而借助于科技变革的原始驱动,消解人与自然矛盾,推动产业和人类文明的可持续演进。基于这一现实而迫切的形势,以下从未来工程发展对工程技术人才的要求、高等工程教育回归工程之路两个方面,进行一些讨论。

8.1 未来工程对工程技术人才的要求

工程是不断发展演化的,承载着人类通过工程实践活动塑造美好生活的期望,体现了"造物即造福"的价值取向,成为现实的、直接的生产力,对人类生产生活、社会经济产生了巨大而深刻的影响。与之相伴生的,受工程实践活动的复杂性以及人类认知水平的局限,工程实践活动不可避免地存在一些功能缺陷、实践教训、建设运营风险,与人类对工程实践活动的期望仍有一定差距。在全球人口膨胀、资源匮乏、环境污染、自然灾害频发、城市化进程加速、技术革命正在酝酿的大背景下,未来工程呈现出一些新的特点和发展趋势,自然而然的也对工程技术人员也提出了新的要求。

(1) 未来工程发展的基本趋势

未来工程是在新的工程理念、新的工程观指引下,不断促进人类福祉的造物活动,是在科学发现、技术突破、社会进步的基础上更多维度上的集成与建构的实践,是创造新的工程领域、突破工程禁区的实践活动方式,是在更加合理、更加严苛的经济社会及自然约束条件下的创新实践。归纳起来,未来工程发展的趋势主要体现在以下四个方面。

一是知识特征更显著。随着知识经济时代的来临,科学发现、技术创新、工程知识创造、信息技术融合已经成为当代经济社会发展最重要的资源,成为产业企业乃至国家竞争力的基石。这些因素共同作用,推动了工程创新、工程演化的加速发展,促进了工程实践活动的跨界融合,呈现出多学科交叉融合的特征。在这个过程中,信息技术、通信技术、人工智能对传统工程领域的改造有望率先取得重大突破,引发新的产业革命。

二是工程要素全球化配置。随着经济全球化融合,产业/行业的比较优势得以显现,工程要素及资源配置呈现出跨越国界、自由流动的态势,工程实践活动的空间变得更加广阔,工程实践活动的复杂性大大增加,与工程相关的社会、文化、宗教、历史、伦理等因素在工程实践活动中的重要性大幅提升,这必然孕育、催生出新的工程建设与运行的模式。

三是工程实践活动的约束条件更严苛。随着人类对工程本质属性、正反两方面经验教训认识的不断提升,对工程能效水平、环境保护与可持续发展提出了更高的期望,致使工程实践活动在经济、社会、环境、文化、宗教、历史等方面约束的维度更多、力度更强,这必然要求工程实践主体,特别是工程师对工程活动"当时当地性""可持续性"等基本特征有更深刻的领悟把握。

四是更加注重满足用户的个性化需求。在大规模工业化生产的大潮涤荡下,工程/产品的人文情怀逐渐变得稀缺。在未来,工程/产品必然会更加强调以人为本,更加关注工程/产品的独特性和创造性价值,提倡和注重工程/产品的柔性化、小众化的设计和生产,以修正工业化过程中所形成过度泛滥、缺乏人文特性的大规模生产所带来的弊端。

(2) 未来工程对工程人才的要求

面对未来工程发展的基本趋势,工程技术人才必须与时俱进、自我升华,以全面提升创造能力,担负起时代使命。对于工程教育领域来说,这就要求建构能促进可持续发展的新的培养目标和关键能力,具体分为知识、技能、价值观三个层面,知识层面主要包括基础知识和专业前沿知识,以更好理解当前全球可持续发展中的改革目标、现实挑战和解决路径;技能层面主要包括对具体问题的分析和实践能力,旨在掌握当前全球可持续发展中的实际问题和挑战;价值观层面主要包括意识和价值,能够在可持续发展面临的问题中进行自我反思并做出伦理判断。进一步来说,除了具备传统工程人才所拥有的专业技能、工程思维、工程伦理、工程经验之外,未来工程对工程人才提出了更综合、更具发展性的能力要求,主要体现在以下四个方面。

一是创造能力。随着社会经济发展,对工程的总需求越来越大、市场日益细分,未来工程呈现出集成要素更多元、规模尺度更极端、约束条件更复杂、市场检验更严苛、国际竞争更激烈等特点,这必然要求工程技术人才在传承的基础上,能够创造性突破既有工程知识、工程实践经验的束缚,提出新方法、新工具,探索新模式、新路径,从而推动技术创新和工程创新。

二是工程知识更新能力。根据美国工程院 Ernst Smerdon 院士的研究,工程知识的半衰期是 2.5~7.5 年,其中,软件工程大约为 2.5 年,电力工程大约为 5.0 年,机械工程和土木工程大约为 7.5 年,也就是说,工科学生所学的知识在 5~15 年内会基本过时。身处知识爆炸时代,如果没有知识更新能力,就难以汲取科学发现、技术创新所创造的新的工程知识、工程方法,工程人才原有的工程知识很快会过时,专业能力很快会落伍,工程素养很快会跟不上,更谈不上跨界融合、进行工程创新实践了。

三是通用能力。通用能力包括表达沟通能力、组织协调能力、团队协作能力、观察判断能力、信息处理能力等建立在专业技能之上的通用能力。通用能力体现了工程同体异质要素建构与集成的基本特征，是工程人才适应现代工程实践活动分工日益细化、工程建设运行过程日益复杂的基本要求，是工程人才获取、筛选和驾驭日益纷繁复杂的工程知识、工程信息的基本素养，决定了工程人才的职业成长速度和发展潜力。

四是国际视野与跨文化交流能力。随着工程实践活动的全球化，工程人才不仅要熟悉掌握不同国家地区的技术标准，更要了解不同国家地区的政治、社会、经济、文化、宗教、历史、法律法规等与工程实践活动密切相关的外部约束因素，具备全球视野和跨文化交流能力。在此基础上，将理论与实践紧密结合在一起，发展成长为某一细分领域/方向的专家。只有这样，才能适应工程要素全球化配置的时代要求，才能顺应日益专业化的技术要求，才能回应工程创新"当时当地性"的基本要求。

8.2 高等工程教育回归工程之路

20世纪40年代以来，科学发现进入了快车道，随着人类工业化、城市化进程加速，技术创新活动日益活跃，工程实践活动规模不断扩大，科学、技术、工程三者之间的边界趋向模糊，相互作用的方式也日趋复杂多样，导致人们对科学-工程-技术的内涵外延、相互作用机制等方面的认识不够清晰明确，在工程实践中存在一些偏差，自然而然地会将一些问题传导至高等工程教育中。具体来说，主要表现在以下三个方面。

一是高等工程教育科学化。工程教育过分模仿科学教育，普遍存在重理轻工、口径偏窄、脱离实践的倾向。具体表现为专业细分化、知识碎片化、实验形式化、方法单一化，导致受教育者在专业领域之外缺失了拓展能力，视野被限制在一个狭长而幽深的通道之中，难以进行跨界交流和跨界融合，难以适应日益复杂、系统的工程实践活动的要求。

二是高等工程教育的工具性过于突出。工程人才的培养目标定位主要分为知识运用、知识构建两个方面，前者注重服务工程界的发展需求，体现的是学科的使用价值亦即工具理性；后者注重知识本身的传承与积累，体现的是学科的内涵边界亦即价值理性。在以往，工程人才的视野被局限在技术范围之内，工程实践活动的社会性、经济性、人文性、艺术性等价值内涵在工程教育过程中未得到充分体现，导致受教育者被局限在专业技能训练这一孤立的点上，没有能够实现工具理性与价值理性的内在均衡统一，难以从面上认识、领悟工程实践活动的系统性、综合性和集成性，难以建构科学正确的工程思想、形成系统综合的工程思维，就更谈不上埋下工程创新思维的火种了。

三是对工程的综合性、创造性、集成性属性认识不到位。受机械还原论思想的影响，在工程教育过程中普遍存在工程能力训练会计化、专业知识学术化的倾向，在教育与培训之间没有取得很好的平衡，高等工程教育失去了应有的张力，高等工程教育"匠气"过重，导致受教育者难以融会贯通地掌握工程知识及规范标准背后所蕴藏的科学理论、技术原理和工程经验，"会计型"工程师比较普遍，工程认知能力和创造能力受到了各种条条框框的抑制，甚至形成了在其今后的职业生涯中都不容易突破的原始专业壁垒。

20世纪90年代后，为了走出高等工程教育过于科学化的认识误区，适应知识经济时代及工程界要求,修正高等工程教育持续实践了50年"工程科学运动"的弊端,美国、瑞典、加拿大等国家的高校,以麻省理工学院、斯坦福大学、瑞典皇家理工学院、滑铁卢大学、富兰克林·欧林工学院为代表的院校提出了"回归工程运动"。所谓"回归工程运动",是在认可科学研究对工程教育基础支撑作用的情况下,回归到以工程知识传承、综合实践、工程思维训练为基础的工程教育本质,探索了"大工程观"、CDIO(Conceive-Design-Implement-Operate,即构思-设计-实现-运作)、PBL(Project Based Learning,即基于项目的学习)、Co-operative Education(合作实习教育)等实现形式,在工程界、教育界产生了比较深远的影响,至今仍以各种形式在探索实践中向纵深发展,效果尚未完全显现。在我国,为应对新一轮科技革命和产业变革所面临的新机遇、新挑战,跟上世界高等工程教育改革的潮流,近年来也在积极实践"新工科"教育改革,以培养具有创新创业意识、数字化思维和跨界整合能力的"新工科"人才,从而支撑国家创新发展战略。

高等工程教育工作者是工程知识创造者和传播者,是技术创新与工程创新的重要践行者,更是工程人才的培养者,具有多重属性,担负多重使命。与科学研究工作者的成长发展路径不同,高等工程教育工作者只有深入工程实践活动,才能发现工程背后的科学问题或技术症结,进而从事研究或技术开发,并将研究开发与教学实践结合起来,传播新的工程知识、工程方法,培养未来的工程技术人才。与工程实践活动一线工程师担负的使命不同,高等工程教育工作者必须将人才培养置于首位,将人才培养、科学研究、技术开发与工程实践有机结合起来,形成有利于未来工程技术人才培养和成长的创新氛围和创新机制。因此,高等工程教育工作者常常承载着来自科学界、工程界、教育界多个方面的期待,面临着观念上、现实中的种种制约和诸多困境,有时候还存在着理念不清、定位不准、摇摆不定的现象。正因为如此,结合未来工程实践活动对工程技术人才培养的要求,在高等工程教育改革探索实践的基础上,面向高等工程教育工作者,有必要在工程教育理念更新、工程创新思维培育、工程素养提升等方面进行一些反思和批判,以期对适应未来工程要求的工程技术人才的培养有所帮助和启迪。

(1)回归工程,克服工程教育科学化的弊端

首先,高等工程教育工作者要深刻认识工程的本质属性,积极投身到工程实践活动之中,对工程实践的基本特征、要素属性、演化规律、技术创新等方面进行再认识、再思考,努力更新工程观念、工程知识,建构完善与工程实践活动密切相关的人文、经济、社会等方面的知识,拓展工程视野,辨析工程、技术与科学的异同,摆脱"机械还原论"的影响,提高对工程的集成性、创造性、系统性的认知水平,不断提升自己的工程经验和工程素养,形成自己的工程观。

其次,高等工程教育工作者要主动更新教育理念,对高等工程教育的传承性、综合性、创新性、人文性等基本属性反复领悟、提炼升华,克服科学方法应用于高等工程教育的局限性。在科学研究、工程实践、教育理念与教育实践四者交会的情况下,反复穿行、往返于"知"与"行"两个世界,促使理论知识、工程经验与教学感悟互相融合,创造产生新的教育智慧与教学经验,并自觉贯穿到教育全过程中,促使受教育者工程思想的生根发芽。

最后,高等工程教育工作者要与时俱进,主动回应技术创新和工程创新的时代要求,积极适应社会经济发展、技术迭代升级的需求,深度参与行业企业的技术研发活动,努力提升工程技术研究开发能力,积极解决工程实践活动中的科学问题和技术结症,创造出新的工程知识和技术方法,并在教学实践中将其系统化,达到教学相长的效果。例如,著名桥梁工程师罗伯特·马亚尔(Robert Maillart)之所以能够设计出瑞士萨尔金娜山谷桥(Salginatobel Bridge)这一传世精品,这无疑与他在深受老师卡尔·威廉·里特(Karl Wilhelm Ritter)的影响有关,与他在大学期间和老师一起探究钢筋混凝土这种新材料的特性、应用方式有关。

(2)面向未来,培育复杂场景下的创新思维

首先,高等工程教育工作者要具有全球视野和历史情怀,站在全球化的视域下,秉承"各美其美、美美与共"的理念,提升跨文化交流与融合能力,了解工程发展历史,加强对工程的"当时当地性"的理解认识,深化对工程实践活动及其结果历史的、辩证的批判和传承,强化工程典型案例研究,使受教育者能够从工程历史的大尺度上认识工程、思考工程,初步建立自己的批判性思维,顺应工程要素全球化配置的时代潮流。

其次,高等工程教育工作者必须面向未来、面对复杂场景或特殊背景,遵循"系统整体论框架"的工程方法,秉承提升工程品质、促进工程可持续发展的理念,加强跨学科研究与技术开发,并将最新研究成果渗透到教学实践中,使受教育者能够认识到未来工程的复杂性和综合集成性,认识到工程的社会性、创造性与稳健性的要求,激发受教育者的好奇心和想象力,促进其工程创新精神、创新思维的萌芽。

再次,高等工程教育工作者要积极拥抱专业国际认证,开门办学,通过专业国际认证,检查校准自身的办学定位、办学模式,借鉴国际教育同行先进的办学理念、办学经验及实现路径,吸纳国内外工程界对工程人才培养的新要求,融入工程实践活动全球化配置资源的要素,拓展高等工程教育工作者的视野,促进工程教育的规范化和国际化。

最后,高等工程教育工作者要主动跃入信息技术革命带来的工程实践变革潮流,当今以人工智能、大数据、云计算、物联网应用等新技术为核心的新兴产业蓬勃兴起,工程产业也面临着新一轮的技术变革,新形势下工程人才的培养模式、培养质量面临严峻挑战。产业行业需求反映了社会前进方向,这就要求高等工程教育工作者主动跨界,运用新方法、新工具改造传统工程领域,强化融合,加快信息技术在本工程领域的渗透移植,推动本领域的技术升级迭代。在此基础上,启迪受教育者能够利用纷繁多元的、跨学科领域的新方法、新工具,进行工程创新思维的训练,加强工程创新能力的培育。

(3)加强实践,强化专业能力与通用能力的协同培养

首先,高等工程教育工作者要强化对高等工程教育类型特征的认识,区分科学教育与工程教育的异同。即便是科学和技术高度发达的今天,工程仍属于半理论半经验的领域,很多隐性知识难以借助于理论教学进行有效传授,学校过分偏重理论教育,学生的实践能力常常需要工作后进行二次培养,其背后的深层次原因是教师的专业技术能力和工程实践能力还不够全面。因此,非常有必要通过夯实实践教学、团队教学、项目教学等实现载体,将科学理论、工程知识、专业技能、工程经验从分散的点串成能力的线,并由此来强化受教育者专业能力的培养。

其次,高等工程教育工作者要重视受教育者工程思想的养成,加强工程观念与工程伦理的教育,强化工程思维的培育,加强工程历史、工程事故在教育教学过程中的渗透,通过案例教学、教育体验、实践教学等手段,使受教育者学会并初步形成工程思维方法,克服"科学还原论"的影响,能够在较为宽广的视角上来认识工程的本质,把握工程的综合性、集成性特征,形成工程思想的胚芽。

最后,高等工程教育工作者要强化专业能力与通用能力的协同培养,通过学科竞赛、科研活动、社会实践等载体,加强通用能力的建构。在面对集成要素更多元、规模尺度更极端、约束条件更复杂、市场检验更严苛的未来工程场景,通用能力更加体现了工程同休异质要素建构与集成的基本特征,不仅是工程师基本素质要求和立业之本,更是其将工程创新构思转变为工程创新实践过程中克服各种非技术障碍的得力工具之一。

(4) 以学生为中心,激发工程创新思维的自我建构

首先,高等教育工作者要全方位转变教育观念,从以"教"为中心转变为以"学"为中心。根据建构主义教育理论,知识和能力不是传授的,而是建构的。在科学教育环境下成长起来的教师,其教育观念常常与未来工程人才培养目标和实现路径相左,这就要求高等教育工作者重新定位教育教学目标,革新教育教学模式,从知识传授转变为思维训练和能力培养,从课堂灌输式为主转变为理论-实践一体化等多模式相融合,借鉴基于问题的学习(PBL)、基于案例的学习(CBL)两种典型教学模式,鼓励学生培养反思与批判精神。

其次,高等教育工作者要加强人文渗透,研究表明,在人文素质熏陶、职业道德养成、创新意识培养等工程人才灵魂性素养的培育过程中,课程、课堂、教材的作用是比较有限的,有效的教育行为大部分源自课堂以外、校园以内,这就要求高等教育工作者从学生的认知特点出发,注重教育工作者的言传身教,探究"大家、大师"成才路径,将工程教育与通识教育相结合,回归工程实践活动的价值理性,加强工程人文观、社会观、伦理观的渗透,努力营造创新氛围,强化学科交叉,促进工程技术研究与教学实践的相互转化。正如东京大学教授、国际桥协前主席伊藤学所提倡的:学生在工程教育中学习文科是非常必要的,工程师应该拥有广阔的视野。

再次,在信息时代知识获取越来越容易的大背景下,高等教育工作者要走出知识传播者单一身份的误区,摆脱对传统说教式教学方式方法的依赖。高等工程教育不仅仅是完成信息传递和知识传授,更重要的是进行工程思维、创新思维的训练;不仅仅是正向的课程教学、课外训练、教学效果评估,更重要的是对工程发展历史规律的领悟,对工程事故的剖析、工程经验教训的总结,以及反向的案例循证。只有这样,才能提升受教育者的学习体验,培养出批判质疑性的工程思维,提高受教育者的认知能力,培育出解决应对复杂问题的能力。

最后,要以学生为中心,开门办学,拓展拓宽工程教育的实现途径,加强校企合作育人、实践育人、劳动育人,通过项目教学、团队学习和朋辈学习等工程教育的载体和实现方式,使受教育者能够逐步运用科学家的求真精神、工程师的实践建构思维、企业家的经营管理思想、能工巧匠的匠人精神,去发现和解决实际工程问题,初步建构自己的工程观。在这方面,加拿大滑铁卢大学无疑开创了一条新途径,其所创立的Co-op课程模式使学生在校学习期间有机会在IBM、Nortel、Bell等国际著名公司获得实际工作经验,从而使学生能够感受了解业界的未来需求,激发求知探索的欲望,埋下创新创业的火种。

案例 1-8-1

工程教育专家与设计大师兼于一身的创新者
——对高等工程教育工作者的启迪

20世纪是结构工程、桥梁工程快速发展的时代,在创造出一大批经典结构体系、解决工程实践活动中的具体问题、揭示工程背后的科学问题的过程中,涌现出一大批杰出的、富有创造力的工程师。在这些杰出工程师的队伍中,有一类人物显得格外突出,他们既展现了工程师的作用、价值和才华,设计建造了划时代的新结构、新体系,也具有大学教授的身份,担负起工程教育专家的作用,在不断创造出新的工程知识的同时,培养了一代又一代的工程技术人才。

在这其中,以德国的弗里茨·莱昂哈特(Fritz Leonhardt,1907—1999)、美国的林同炎(T.Y.Lin,1903—2003)、西班牙的爱德华·托罗哈(Eduardo Torroja,1899—1961)、瑞士的克里斯蒂安·梅恩(Christian Menn,1927—)、德国的约格·施莱希(Jörg Schlaich,1934—2021)等人最具代表性。他们或专心深耕桥梁工程,或涉猎高层建筑、体育场、高耸结构等结构工程的类型,创办了享誉国际的工程顾问咨询公司,留下来创意丰富的结构工程、桥梁工程传世作品,甚至形成了自己独特的设计风格乃至设计流派;同时,他们积极开拓、发展了现代结构工程的设计理论和计算方法,留下了一大批影响深远的著作、教材和论文,并被译成多种语言出版发行(相当一部分有中译本),教育启迪了无数的工程后辈。弗里茨·莱昂哈特、林同炎、爱德华·托罗哈、约格·施莱希、克里斯蒂安·梅恩等人的主要贡献、代表性设计作品、代表性著作见表1-8-1。

结构工程师与工程教育专家兼于一身5位设计大师主要贡献 表1-8-1

大师	主要贡献	5项代表性设计作品	代表性著作
弗里茨·莱昂哈特	发明正交异性板、顶推施工法、冷铸锚具、PBL剪力键等;提出斜拉桥的倒退分析法,开创桥梁美学研究方向	①德国Deutz桥; ②德国Flehe桥; ③委内瑞拉Caroni River桥; ④德国慕尼黑奥林匹克体育场; ⑤德国斯图加特电视塔	①《桥梁:美学与设计》; ②《结构设计原理》; ③《桥梁建筑艺术与造型》
林同炎	发展了预应力混凝土理论;提出了脊骨梁、悬带桥等新的结构形式	①尼加拉瓜美洲银行大厦; ②中国台北关渡大桥; ③哥斯达黎加悬带桥; ④K.C鲁克桥设计方案; ⑤直布罗陀海峡大桥方案	①《预应力混凝土结构设计》; ②《结构概念和体系》

续上表

大　师	主要贡献	5项代表性设计作品	代表性著作
爱德华·托罗哈	发展了预应力混凝土理论；提出了多种新的空间结构形式	①腾普尔(Tempul)渡槽桥；②埃斯拉(Esla)拱桥；③阿罗丝(Alloz)输水桥；④Torrejon de Ardoz 飞机库；⑤Pont de Suert 教堂	①《Philosophy of Structures》；②《The Structures of Eduardo Torreja: An Autobiography of Engineering Accomplishment》
约格·施莱希	发展了混凝土结构的基本理论；提出了组合梁斜拉桥；发展了多塔斜拉桥结构体系	①印度 Second Hooghly Bridge；②中国香港汀九大桥；③希腊 Evripos 桥；④汉诺威世博会展馆；⑤柏林新中央火车站	①《Light Structures》；②《Concrete Box-girder Bridges》
克里斯蒂安·梅恩	提出了连续刚构、部分斜拉桥(索辅梁桥)等新的结构形式	①瑞士 Felsenau 桥；②瑞士 Fegire 桥；③瑞士 Ganter 桥；④瑞士 Sunniberg 桥；⑤美国波士顿 Charles River 桥	①《Prestressed Concrete Bridges》；②《Bonding of Old and New Concrete for Monolithic Behavior》

注：表中以中文所列的代表性著作均采用中译本书名。

这几位大师之所以能够将工程实践、技术创新、工程知识创造、工程教育融为一体，达到后人难以企及的高度，除了旺盛的工程需求背景、产学研一体发展的外部环境之外，与他们善于创新、勇于实践、勤于总结的个人优秀品质是分不开的。虽然时代不同、外部环境也有差异，但这些大师们所揭示的"从实践中来、到工程中去"的工程认知路径，开创的产学研协同发展的教育模式，在任何时候对高等工程教育工作者都具有启迪价值。

案例 1-8-2

从苏黎世联邦理工学院走出的桥梁大师
——高等工程教育的典范之一

1854 年，苏黎世联邦理工学院(Swiss Federal Institute of Technology Zurich)正式成立，相比于法国、普鲁士、英国等国家，瑞士的高等工程教育差不多起步晚了 100 年，但苏黎世联邦理工学院很快形成了自身独特的治学风格，建校 160 多年来人才辈出，在国际科学界、工程界的影响长盛不衰。在科学界培养出爱因斯坦、冯·诺依曼、冯·布劳恩等几十位著名科学家；在桥梁工程界，培养出罗伯特·马亚尔(Robert Maillart)、奥斯玛·安曼(Othmar Ammann)、克里斯蒂安·梅恩(Christian Menn)、圣地亚哥·卡拉特拉瓦(Santiago Calatrava)等一大批享誉全球的工程师，创造出三铰拱、连续刚构、索辅梁桥(国内称之为部分斜拉桥)、无背索斜拉桥、半拱形索塔斜拉桥等新的结构形式，形成了"工程即艺术"的流派，使瑞士这一面积不大、桥梁建设需求并不十分旺盛的国家跃居成为世界桥梁强国之一。

之所以能从苏黎世联邦理工学院走出如此多的桥梁设计大师，与其对高等工程教育本质的深刻认识是密不可分的,与其对工程教育与科学教育的异同准确把握是密不可分的,与其形成的办学传统是密不可分的。虽然时代变了、工程技术进步的速度加快了,但高等工程教育本质并没有发生根本性的变化。该校的办学传统可以概括为以下三点:一是要求工科教师必须具有丰富的实践经验,从开办之初的卡尔·库尔曼(Karl Culmann,图解静力学的奠基者,第一位利用弯矩图、剪力图揭示梁的工作原理的学者)到后来的卡尔·威廉·里特(Karl Wilhelm Ritter,库尔曼的学生和主要合作者,静力学与运动学的奠基者之一,著有《图解静力学应用》四卷本,对20世纪上半叶梁、拱、连续梁、桁架等结构计算产生了深远的影响)、克里斯蒂安·梅恩(Christian Menn)等人,一脉相承;二是博采众长、与时俱进,该校充分发挥毗邻德国、法国的优势,既学习德国工程界精确细致的分析方法,又借鉴法国工程界轻巧美观的设计风格,非常重视结构与艺术的结合;三是重视教育体验和实践教学,重视工程隐性知识及工程经验的传授,从卡尔·库尔曼伊始,就非常重视工程现场教学、工程案例教学及师徒经验传授。

本篇参考文献[1]

[1] BUCIARRELLI L L. Designing engineers[M]. Cambridge, Massachusetts: Massachusetts Institute of Technology Press, 1994.

[2] 卡尔·米切姆. 技术哲学概论[M]. 殷登祥, 曹南燕, 等, 译. 天津: 天津科学技术出版社, 1999.

[3] DIETER G D. Engineering design: a materials and processing approach[M]. London: McGraw-Hill Education, 1983.

[4] 吴国盛. 中国科学技术哲学的回顾与展望[J]. 自然辩证法通讯, 2001, 23(6): 80-84.

[5] 陈昌曙, 陈红兵. 技术哲学基础研究的35个问题[J]. 哈尔滨工业大学学报(社会科学版), 2001, 3(2): 6-12.

[6] 李伯聪. 工程哲学引论——我造物故我在[M]. 郑州: 大象出版社, 2002.

[7] 徐长福. 理论思维与工程思维——两种思维方式的僭越与划界[M]. 上海: 上海人民出版社, 2002.

[8] 陈昌曙. 重视工程、工程技术与工程家[M]//刘则渊, 王续琨. 工程·技术·哲学——2001年技术哲学研究年鉴. 大连: 大连理工大学出版社, 2002.

[9] BUCCIARELLI L L. Engineering philosophy[M]. Delft, the Netherlands: Delft University Press, 2003.

[10] 王众托. 知识系统工程[M]. 北京: 科学出版社, 2004.

[11] 王大洲, 关士续. 走向技术认识论研究[J]. 自然辩证法研究, 2003(2): 87-90.

[12] HARMS A A, Baetz B W, Volti R R. Engineering in time[M]. London: Imperial College Press, 2004.

[13] 沈珠江. 工程哲学就是发展哲学——一个工程师眼中的工程哲学[J]. 清华大学学报(哲学社会科学版), 2006, 21(2): 115-119.

[14] 殷瑞钰. 工程与哲学(第一卷)[M]. 北京: 北京理工大学出版社, 2007.

[15] 布西亚瑞利. 工程哲学[M]. 安维复, 等, 译. 沈阳: 辽宁人民出版社, 2008.

[16] 王章豹, 石芳娟. 从工程哲学视角看未来工程师的素质——兼谈工科大学生大工程素质的培养[J]. 自然辩证法研究, 2008, 24(7): 63-68.

[17] 殷瑞钰, 李伯聪, 汪应洛, 等. 工程演化论[M]. 北京: 高等教育出版社, 2011.

[18] 张俊平, 禹奇才, 童华炜, 等. 创建基于大工程观的土木工程专业人才培养模式[J]. 中国高等教育, 2012(6): 27-29.

[19] 何继善. 论工程管理理论核心[J]. 中国工程科学, 2013, 15(11): 4-11, 18.

[20] 李伯聪, 等. 工程创新: 突破壁垒和躲避陷阱[M]. 杭州: 浙江大学出版社, 2010.

---

[1] 部分案例资料数据来源于"桥梁杂志""西南交大桥梁""iStructure""说桥"等公众号、网络链接或非正式发表文献, 无法一一注明来源, 特致谢忱; 如有侵权, 请与作者联系。

[21]薛守义.工程哲学——工程性质透视[M].北京:科学出版社,2016.

[22]李伯聪.工程哲学和工程研究之路[M].北京:科学出版社,2013.

[23]殷瑞钰,汪应洛,李伯聪,等.工程哲学[M].3版.北京:高等教育出版社,2018.

[24]弗里茨·莱昂哈特.桥梁建筑艺术与造型[M].徐兴玉,高言洁,姜维龙,译.北京:人民交通出版社,1988.

[25]MENN C. Prestressed concrete bridges[M].Basel,Swiss:Birkhäuser Basel,1990.

[26]HOLGATE A. The art of structural engineering:The work of Jörg Schlaich and his Team[M]. Stuttart:Edition Axel Menges,1997.

[27]戴维·P.比林顿.塔和桥:结构工程的新艺术[M].钟吉秀,译.北京:科学普及出版社,1991.

[28]伊藤学,川田忠树,等.超长大桥梁建设的序幕:技术者的新挑战[M].刘健新,和丕壮,译.北京:人民交通出版社,2001.

[29]WELLS M. 30 Bridges[M].New York:Watson-Guptill Publications,2002.

[30]VIRLOGEUX M. Design and designers[M].London:McGraw-Hill Education,2003.

[31]吉姆辛.缆索支承桥梁:概念与设计[M].金增洪,译.北京:人民交通出版社,2002.

[32]TASSIN D M. Jean M.Muller:bridge engineer[J].PCI Journal,2006,51(2):88-101.

[33]钱冬生.谈桥梁[M].成都:西南交通大学出版社,2008.

[34]涂铭旌.材料创造发明学[M].成都:四川大学出版社,2007.

[35]王应良,高宗余.欧美桥梁设计思想[M].北京:中国铁道出版社,2008.

[36]尹德兰.邓文中与桥梁——中国篇[M].北京:清华大学出版社,2008.

[37]项海帆,潘洪萱,张圣城,等.中国桥梁史纲[M].上海:同济大学出版社,2009.

[38]中国公路学会桥梁和结构工程分会.面向创新的中国现代桥梁[M].北京:人民交通出版社,2009.

[39]项海帆,等.桥梁概念设计[M].北京:人民交通出版社,2011.

[40]肖汝诚,等.桥梁结构体系[M].北京:人民交通出版社,2013.

[41]邓文中.桥梁话语:邓文中文选[M].北京:人民交通出版社股份有限公司,2014.

[42]陈凡,程海东.科学技术哲学在中国的发展状况及趋势[J].中国人民大学学报,2014,28(1):145-153.

[43]朱高峰.论教育与现代化[M].北京:高等教育出版社,2015.

[44]李亚东.亚东桥话[M].北京:人民交通出版社股份有限公司,2018.

[45]张雷.桥梁之道:中国哲学思想对桥梁工程的启迪[M].北京:中国铁道出版社有限公司,2021.

[46]郭哲,徐立辉,王孙禺.面向可持续发展教育的工程科技人才需求特质与培养趋向研究[J].中国工程科学,2022,24(2):179-188.

[47]中共中央马克思恩格斯列宁斯大林著作编译局.路易·波拿巴的雾月十八日[M].北京:人民出版社,2018.

[48]中共中央马克思恩格斯列宁斯大林著作编译局.马克思恩格斯选集 第二卷[M].北京:人民出版社,2012.

第 2 篇

现代桥梁结构体系的发展演化脉络

第1章 概 述

工程是现实的、直接的生产力,提供了人类社会存在和发展的物质基础。纵观3000年工程发展历史,工程实践活动呈现出曲折复杂的演化规律、演化机制与推动力量。从工程演化的外部动力来看,社会需求与工程建设的落差、工程建设与自然条件及自然资源的矛盾是工程演化的主要推动力量,工程演化是社会选择、市场筛选的结果,存在着"选择与淘汰、创新与竞争、建构与协同"等演化机制。从工程演化的内部动力来看,工程演化就是要素演化和系统演化相互促进、相互制约、相互作用的过程,工程演化也是技术与非技术同体异质要素的相互作用过程,不同要素之间的演化常常存在着不平衡、不协调的情况。在这个演化过程中,技术创新是核心要素和关键变量,主导了工程演化发展的方向,但新技术往往并不是一出现就能应用于工程,而是要经过不断迭代完善,达到一定成熟度后才会被工程选择、有效地嵌入工程实践活动中。

桥梁工程虽然只是庞大工程领域的一个局部,只是土木建筑工程领域一个分支,但具有源远流长、涵盖学科面广、社会影响大等特点,是工程演化发展的典型缩影之一。桥梁工程演化发展既依赖于外部需求的强劲推动,更有赖于工程技术内部各要素之间的相互作用,呈现出曲折前行的发展轨迹。在这个演化发展过程中,以结构体系为主要载体的技术创新处于核心地位,而桥梁建设的经济指标、社会效益及艺术价值则起到了筛选和约束作用,这既体现了工程的共性,也反映了桥梁工程的特点。

1.1 发展历程回顾

与其他工程领域相似,桥梁工程也经历了古代、近代、现代三个阶段,大致对应的时间节点是:公元前1000—1660年、1660—1945年、1945年至今。各阶段的主要特征分别是:古代桥梁工程完全依赖于工匠的经验技能,工程与技术融为一体,技术进步非常缓慢,建设规模非常有限;近代桥梁工程主要借助于科学、技术与经验,科学、技术与工程结合日益紧密,技术进步速度加快,建设成就巨大;现代桥梁工程在科学理论的引领下,技术迭代升级速度显著加快,相关学科领域的支撑力度空前强大,技术创新、工程创新的能力显著增强,经过近80年的不懈努力,基本上消除了桥梁建设的技术壁垒。

(1)古代桥梁工程的主要成就

在古代,落木为梁、砌石为拱、挂藤越溪,就是最早的桥梁工程,虽然也取得了了不起的成就,留下来法国加德尔水道桥、中国赵州桥等流芳百世的桥梁工程作品,顺应了农业社会物流人流量不大、跨越小型障碍的基本需求。古代桥梁工程主要成就集中在中国、古希腊、古罗马以及中东地区,桥梁工程实践主要是手工作业,脑力劳动与体力劳动尚未分化,专业工匠既是设计师又是施工员,建造完全依赖于专业工匠、师徒相传的经验和技能,多采用木、石、藤、竹等天然材料,科学既不成熟,也基本上与桥梁工程无关,技术进步非常缓慢,跨越能力非常有限,跨径基本上都局限在几十米以内。概括来说,古代桥梁工程主要成就主要体现在以下三个方面。

一是建造了数量众多的石拱桥、木拱桥,创造出半圆拱、尖顶拱等风格各异的拱桥形式,发明了拱圈的砌筑构造工艺,留存至今的代表性桥梁包括古罗马的输水桥、中国赵州桥和卢沟桥等石拱桥等,成为人类工程史上的宝贵遗产。

二是探索了梁式桥、悬索桥的结构形式与施工方法,在实践中创造出了木伸臂梁、浮桥、铁索桥等结构形式,并得到一定工程应用,如以始建于南宋绍兴八年(1138年)的泉州安平桥、始建于南宋乾道六年(1170年)的广东潮州广济桥是石梁桥为典型代表,又如始建于南宋的徽州彩虹廊桥、始建于清初的四川甘孜波日桥是伸臂木梁桥的杰作,等等。

三是在工程经验总结的基础上,遵循"整体模糊框架论"工程思维,创造出一些工程规则、工程知识和建造要诀,形成了一些对后世具有一定指导意义的工程技术著作,如古罗马马尔库斯·维特鲁威·波利奥(Marcus Vitruvius Pollio)的《建筑十书》,我国宋代李诫编写的《营造法式》、明代宋应星编写的《天工开物》等。

(2)近代桥梁工程的主要成就

近代桥梁工程一般是指17世纪中叶到20世纪中叶近300年的时间里,经历了理论奠基时期(1660—1770年)、进步时期(1770—1874年)、发展时期(1874—1945年)三个大的阶段。近代桥梁工程是近代工程的先声和样板,示范和激发了土木工程、机械工程、矿冶工程、材料工程等工程领域的快速发展。在近代桥梁工程的发展过程中,科学和技术结合日益紧密,科学通过对工程知识的揭示、对工程技术方法的开发和应用,成为桥梁工程实践活动的主要支撑力量,工程实践活动也从分散性、经验性,发展到一定程度的规模性,具备了半经验、半科学的属性。在近300年的进程中,在运河建设、铁路建设、高速公路建设三个大的交通建设阶段,人类对桥梁建设的巨大需求相继释放,人工材料取代天然材料成为主要的建桥材料,推动了与铁拱桥、铁板梁、钢桁架桥、钢拱桥、钢桁加劲梁悬索桥、钢筋混凝土拱桥、钢筋混凝土梁桥等有关的新材料和新结构的快速发展与广泛应用,桥梁建设规模不断增长,技术进步能力不断加速,跨越能力得以显著提升。在三百多年时间里,跨越能力从几十米扩张到千米级。1931年,美国乔治·华盛顿桥(George Washington Bridge,跨径布置186m+1067m+198m)的建成,人类首次实现了跨越了千米障碍的梦想。

近代桥梁工程主要成就集中在英国及其自治领地、美国和法国,在发展过程中,钢桁梁、钢桁拱、钢桁梁悬索桥、钢筋混凝土拱桥最终占据了主流,其理论研究、技术创新、工程实践的代表性成果可以简要罗列如表2-1-1所示。从表2-1-1中可以看出,科学和技术因桥梁建设的旺盛需求的刺激而得以迅速发展,科学方法、技术手段逐渐成为桥梁工程创新实践中最关键的环节,对桥梁工程建设的支撑作用日益显著,并引导桥梁工程逐步走出经验主义的领地,促使桥梁建设的能效水平、经济效益不断提升。概括来说,近代桥梁工程主要成就主要体现在以下三个方面。

近代桥梁工程代表性成果简表　　　　　　　　　　　　　　　　　　　　表 2-1-1

时期	时间(年)	作者/设计者	代表性成果简要描述
理论奠基时期	1638	伽利略(Galileo)	出版《关于两门新科学的对话》,论述了材料的力学性质和强度的概念
	1678	罗伯特·胡克(Robert Hooke)	建立了描述应力应变关系的胡克定律
	1687	埃塞克·牛顿(Isaac Newton)	出版《自然哲学的数学原理》,创建力学三大定律
	1770	让-鲁道夫·佩罗内(Jean-Rodolphe Perronet)	发现了拱结构压力线的连续作用,奠定了现近代石拱桥的理论,建成了法国巴黎 Pont de la Concorde 等多座石拱桥,1747年担任巴黎桥道学院创校校长
进步时期	1779	亚伯拉罕·达比三世(Abraham.Darby Ⅲ)	建造了跨径30.65m的铁拱桥(Coalbrookdale Bridge)
	1824	约瑟夫·阿斯普丁(Joseph Aspdin)	在约翰·斯密顿(John Smeaton)等人工程实践基础上,发明了波特兰水泥
	1826	托马斯·泰尔福特(Thomas Telford)	建成了跨径176.6m的梅奈海峡悬索桥(Menai Straits Suspension Bridge)
	1826	克罗德-路易·纳维(Claude-Louis Navier)	出版了《材料力学》,提出了容许应力法
	1848	罗伯特·斯蒂文森(Robert Stephenson)	建成了跨径71.9m+2×140m+71.9m不列颠尼亚桥(Britainia Bridge)
	1859—1865	雅克·安托万·布雷斯(Jacques Antioine Bresse)	出版了《应用力学教程》(三卷本),阐明了叠加原理
	1866	卡尔·库尔曼(Karl Culmann)	出版了《图解静力学》,揭示了梁的工作原理
	1873	卡罗·阿尔贝托·皮奥·卡斯迪亚诺(Carlo Alberto Pio Castigliano)	提出了卡氏第一定理、卡氏第二定理,阐明了最小功原理,奠定了结构分析理论的基础
发展时期	1874	詹姆斯·布坎南·伊兹(James Buchanan Eads)	建成了跨径布置为153m+158m+153m的世界上第一座钢桥——美国圣路易斯钢拱桥,标志着钢桥时代的到来
	1883	约翰·罗布林(John Roebling)	建成了主跨486m的纽约布鲁克林桥
	1885	古斯塔夫·埃菲尔(Gustave Eiffel)	建成了主跨158m加拉比特铁路拱桥

续上表

时期	时间(年)	作者/设计者	代表性成果简要描述
发展时期	1888	约瑟夫·米兰(Joseph Melan)	出版了《拱桥与悬索桥挠度理论》,建立了悬索桥的挠度计算理论,大幅降低了悬索桥的材料用量
	1890	本杰明·贝克(Benjamin Baker)/约翰·福勒(John Fowler)	采用结构力学分析手段和容许应力设计方法,建成了主跨521.3m的英国福斯铁路桥(Forth Bridge)
	1892	约瑟夫·米兰(Joseph Melan)	提出了拱桥劲性骨架施工法,破解了大跨径拱桥施工难题
	1900	弗朗索瓦·埃纳比克(François Hennebique)	建成主跨50m钢筋混凝土拱桥——法国沙泰勒罗(Châtellerault)桥
	1912	里昂·所罗门·莫西夫(Leon Solomon Moisseiff)	第一次采用挠度理论,设计建成了主跨448.1m的纽约曼哈顿桥,成为现代悬索桥的开山之作
	1930	尤金·弗雷西奈(Eugène Freyssinet)	建成了3×180m的法国普卢加斯泰勒(Plougastel)拱桥等大跨径钢筋混凝土拱桥,标志着钢筋混凝土结构的成熟
	1930	罗伯特·马亚尔(Robert Maillart)	建成了跨径90m萨尔金娜山谷桥(Salginatobel Bridge),标志着钢筋混凝土结构的成熟
	1931	奥斯玛·安曼(Othmar Ammann)	设计建成了主跨1067m的乔治·华盛顿桥,标志着现代悬索桥结构的成熟
	1932	约翰·布拉德福(John Bradfield)/拉夫尔·弗里曼(Ralph Freeman)	建成了跨径503m的澳大利亚悉尼海港大桥
	1937	约瑟夫·B.施特劳斯(Joseph B.Strauss)	建成了主跨1280m的旧金山金门大桥
	20世纪40年代	乔治·W.豪斯纳(George.W.Housner)/雷·W.克劳夫(Ray.W.Clough)等	地震工程学、结构动力学诞生和发展

一是开发推广了以钢材、混凝土为代表的人工材料,夯实了桥梁发展的物质基础,桥梁建设不再依赖于木、石等天然材料,技术瓶颈得以突破,建设能效大为提升,在运河建设、铁路建设旺盛需求的带动下,跨越能力不断增大。

二是基本建立了以力学为核心的桥梁工程学科知识体系,基于工程经验积累、工程教训总结的规范规程开始发挥重要作用,工程师作为一个独立的群体在桥梁建设中起到了不可替代的作用,高等工程教育成为培养工程师的主阵地。

三是桥梁建设对经济社会发展的推动作用显著增强,桥梁建设的战略意义、经济价值和社会效益初步显现,许多大型桥梁的建设都引发了全社会的关注,甚至相当长一段时间里是国家层面的大事。

(3)现代桥梁工程的主要成就

第二次世界大战以后,伴随着工业化和城市化进程的加速,以及高速公路建设高潮的兴起,现代桥梁工程得到了迅速的发展。在旺盛而持续的社会需求的推动下,在科学发现的指引下,在第二次、第三次工业革命成果的支撑下,桥梁工程实践的规模不断扩大,技术创新迭代升级速度不断加快,产业聚集效应日益显著,新的建设管理及运营模式不断涌现。从工程技术层面来看,现代桥梁主要成就体现在以下三方面。

一是涌现出以预应力混凝土、斜拉桥、扁平流线型钢箱梁、多跨悬索桥为代表的现代桥梁工程的新材料、新结构、新工法,极大地提高了桥梁建设的能效水平,突破了桥梁工程跨越能力的瓶颈,打破了桥梁建设的效率壁垒,增强了桥梁建设的经济效益与社会效益,提升了桥梁工程的美学价值。

二是现代桥梁工程的实践创新与技术挑战,促进了与桥梁领域相关的冶金技术、施工装备、计算力学及有限元分析软件、信息化技术等相关科学和技术的发展,促进了跨学科、跨领域的技术融合与创新扩散,推动了桥梁工程学科知识体系的不断发展完善。

三是桥梁工程实践活动加快了技术迭代升级的速度,推动了产业聚集,技术不仅成为工程实践的知识基础,而且成为国家的核心竞争力,涌现出德国、法国、美国、英国、日本、瑞士、丹麦等一批桥梁建设强国,技术进步呈现不断加速态势,远远超越了此前300年间的近代桥梁工程的进步速度。

近现代桥梁工程300多年发展进程中,共产生了16个跨径的世界纪录。现将桥梁工程跨越能力的历史进程简要勾勒如图2-1-1、表2-1-2所示,从中可以比较直观、粗线条地感受近现代桥梁发展进步的速度。

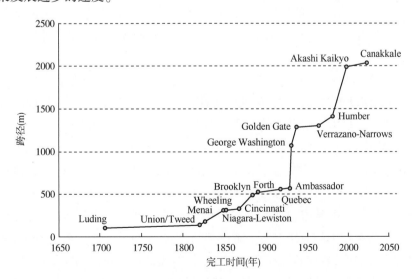

图2-1-1 桥梁跨越能力的历史进程简图

桥梁跨径纪录的历史进程简表　　　　　　　表 2-1-2

桥　　名	建成时间(年)	跨径(m)	所　在　地	结构形式
四川泸定桥	1706	101.67	中国	悬带桥
联合链锁桥(Union/Tweed Bridge)	1820	137	英国	悬索桥
梅奈海峡桥(Menai Straits Bridge)	1826	176	英国	悬索桥
惠灵桥(Wheeling Bridge)	1849	308	美国	悬索桥
尼亚加—利文斯顿桥(Niagara-Lewiston Bridge)*	1851	310	加拿大—美国边界	悬索桥
辛辛那提桥(Cincinnati Bridge)	1867	322	美国	悬索桥
布鲁克林桥(Brooklyn Bridge)	1883	486	美国	悬索桥
福斯铁路桥(Forth Bridge)	1890	521	英国	悬臂梁桥
魁北克桥(Quebec Bridge)	1917	548.6	加拿大	悬臂梁桥
大使桥(Ambassador Bridge)	1929	564	加拿大—美国边界	悬索桥
乔治·华盛顿桥(George Washington Bridge)	1931	1067	美国	悬索桥
金门大桥(Golden Gate Bridge)	1937	1280	美国	悬索桥
维拉扎诺桥(Verrazano-Narrows Bridge)	1964	1298	美国	悬索桥
亨伯尔桥(Humber Bridge)	1981	1410	英国	悬索桥
明石海峡大桥(Akashi Kaikyo Bridge)	1998	1991	日本	悬索桥
1915 恰纳卡莱大桥(Çanakkale Bridge)	2022	2023	土耳其	悬索桥

注：* 该桥在 1864 年毁于风灾。

1.2 发展内在机制

工业革命以来，桥梁工程的发展演化进程不断加速。从外部来看，社会需求与桥梁建设能力的落差是主要推动力量；从内部来看，桥梁设计建造技术要素之间的相互促进、相互作用是主要推动力量。

就桥梁工程外部发展动力而言，社会需求无疑是最主要的推动力量。桥梁工程作为有组织、有目的造物活动的结晶。作为区域经济社会发展的基础设施，桥梁建设的目的就是推进社会经济发展、方便物流人流、节约交通成本、增强人类福祉。因此，一旦社会积聚了旺盛的需求，必然促进国家社会整合各种资源、调动各方力量，推动桥梁建设进入快车道。工业革命后的英国、20 世纪初的美国、第二次世界大战后的西欧、20 世纪 80 年代的日本，以及改革开放后的中国，无一不是在短短的几十年里，迅速铺开并基本完成了大规模桥梁建设。此外，相关领域的科学发现、技术发明无疑是桥梁建设的外部推动力量之一。例如，地震工程学的发展为桥梁防震技术的应用夯实了理论基础，提高了桥梁工程的防灾水平；又如冶金技术的发展促进了高强度钢材的普及应用，夯实了大跨重载桥梁建设的物质基础。

就桥梁工程内部发展机制而言，力学、材料科学是桥梁工程发展的科学基础，结构体系、建桥材料、结构理论、施工方法是四个相互支撑、相互促进的支柱，形成了技术自我进化、迭代升级的内在机制。在这其中,结构体系是灵魂,建桥材料是基础,结构理论是核心,施工方法是保障,构成了一个相互依托、相互作用的技术体系,如图2-1-2所示。在某一时期、某一地域,在旺盛的建桥需求牵引下,这四大支柱呈现出相互作用、相互促进的动态发展进程,不仅满足了当时当地桥梁建设的客观需求,而且推动了桥梁设计建造技术快速、体系化的发展,促进相关领域如冶金工程、材料科学与工程的发展,20世纪二三十年代的美国、第二次世界大战后的西欧、20世纪八九十年代的日本,以及21世纪的中国,都不同程度地呈现出这样的技术发展进程。在某一个时期,桥梁工程的发展水平一定程度上集中展现了一个国家的科技含量和经济实力。

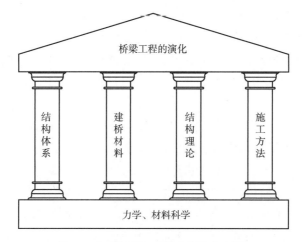

图2-1-2 现代桥梁工程演化的要素示意图

需要特别说明的是,在桥梁工程演化的进程中,技术内部要素如何划分向来存在一些交叉和争议。究其原因,一是工程的根本属性就是系统性和集成性,桥梁工程也不例外,工程创新历来是多种技术要素相互交织、相互促进的,单一技术要素的工程创新是比较少见的,有些技术创新、工程实践创新还存在着曲折复杂的演化过程。二是人们对工程创新的解读也存在多个技术视角,存在"横看成岭侧成峰、远近高低各不同"的主观认识差异,例如采用钢管劲性骨架施工的混凝土拱桥,在应用早期更多地考虑如何解决大跨径混凝土拱桥无支架施工的难题,属于施工方法创新,后来逐渐演变、被工程界认为一种新的材料。但毋庸置疑,这些视角差异相对于揭示桥梁工程创新的内在机制、瞭望桥梁工程创新发展的未来之路,放在工程历史尺度下反而显得不那么重要了。

以下就对桥梁工程技术的四个要素,即建桥材料、结构理论、施工方法、结构体系的发展演化做一简要概括论述,为本篇后续小节以结构体系为轴线,展开论述现代桥梁工程发展脉络做一些准备和铺垫。

1.2.1 建桥材料

建桥材料的发展迭代历来是桥梁工程技术进步、结构体系演化的主要内在推动力。自第一次工业革命以来,人们逐步摆脱了对天然建桥材料如石材、木材的依赖,开始大规模使用铁、钢、混凝土等人工材料,桥梁建设由此迈上新台阶。第二次世界大战以后,随着预应力混凝土的普及、高性能钢材的使用、钢与混凝土复合形式的发展,建桥材料基本上能够支撑桥梁建设的要求。但随着桥梁工程建设规模的扩大、建设环境的严苛化和运营条件的复杂化,混凝土及钢材的一些新的问题如耐久性问题等逐渐显现。建桥材料一直在不断迭代升级之中,主要体现在高性能混凝土改良、高性能钢材的开发及以纤维增强材料为核心的新材料研发三个方面。在可预见的未来,混凝土、钢材仍然是建桥材料的主力军,建桥材料与结构体系、施工方法的深度融合仍然是建桥材料开发的主基调。

(1)高性能混凝土

随着早期混凝土桥梁服役年限的增长,人们逐步认识到混凝土的诸多缺陷和不足,自20世纪60年代起,针对混凝土抗拉强度低、比强度(强度/密度)小、耐久性不足的先天缺陷,人们开始致力于混凝土的性能提升。早期提高混凝土强度,主要是依靠提高水泥强度等级、减少用水量来实现的,含水率的减少使混凝土的工作性能大为降低,在现场很难施工操作,工程应用因此受到了一定制约。

1990年,美国率先提出了高性能混凝土(High Performance Concrete,HPC)的概念,并用高工作性、高强度、高耐久性等指标来衡量,主要是指抗压强度超过80MPa的、具有良好的施工和易性的混凝土。HPC是在传统混凝土中通过添加高效减水剂与活性细掺和料来实现,活性细掺和料主要有细磨水淬矿渣、优质粉煤灰、硅灰等,活性细掺和料颗粒拌和在混凝土中,产生了填充效应、滚珠效应及火山灰效应。这些效应使混凝土具有良好流动度的同时,强度及密实度显著提高,降低了水分及有害物质的渗透,提高了耐久性。HPC的组分与普通混凝土相比有显著的区别,在水泥、石子、砂和水四组分的基础上,还掺加了大量的矿物掺和料及高效减水剂,配合比设计不再单纯根据强度来进行,而是按所需的性能来设计。目前,抗压强度120MPa以下的HPC一般由硅酸盐水泥+活性细掺和料+沙+碎石+高效减水剂拌和而成,其坍落度可以保持在20cm以上,工作性能非常良好,并由此衍生出免振捣自流平混凝土、泵送混凝土等新的品种,以改善混凝土在一些特殊情况下的施工性能,提高施工速度。

1993年,法国Bouygues公司Richard等人率先研制出一种新的超高性能水泥基复合材料——活性粉末混凝土(Reactive Powder Concrete,RPC),强度可以达到200MPa以上。进入21世纪,欧美研究者统一将水泥基复合材料——活性粉末混凝土命名为超高性能混凝土(Ultra-High Performance Concrete,UHPC),主要是指抗压强度在120MPa以上、具有超常耐久性的水泥基复合材料,在抗压强度、抗拉强度、密实度、耐久性、韧性、延性等方面均优于传统混凝土。UHPC虽然被命名为混凝土材料,但实际上是一种高强度、低孔隙率的超高性能水泥基材料。其配制原理是通过提高组分的细度与活性、不使用粗集料,从而使材料内部的缺陷如孔隙与微裂缝减到最少,以获得超高强度与高耐久性,并消除了普通混凝土水泥基体与集料之间存在的界面过渡区,内部致密,无先天短板,受力时具有更好的均一性,因此具有高强度、高耐久性、高工作性的协调统一。UHPC所用材料与普通混凝土有显著区别,其组成材料主要包括水泥、级配良好的细砂、磨细石英砂粉、硅灰等矿物掺和料、高效减水剂,当对韧性有较高要求时,还需要掺入钢纤维。

目前,强度超过80MPa的HPC已经比较广泛地应用于桥梁工程。实践证明:HPC可以有效降低自重,减少混凝土用量,提高混凝土浇筑质量与耐久性,降低桥梁结构的全寿命成本。与此同时,UHPC的应用正在积极地探索之中,全世界超过1000座桥梁采用了UHPC,结构形式以沿袭传统的梁式桥构造为主,主要有混凝土T梁、混凝土箱梁及板桁组合梁等,也有一些UHPC拱桥及斜拉桥,受结构刚度的约束,梁的高跨比等指标与普通混凝土桥梁接近。采用UHPC材料之后,结构自重普遍降低了30%以上,构件厚度得以大幅度减小,但由于UHPC弹性模量的提高与强度的提高不成正比(UHPC的抗压抗拉强度提高了3~5倍,但弹性模量只提高了1.5倍),结构高强轻型化后,如何通过结构设计提高其刚度、全面充分发挥其力学性能仍在不断探索之中。此外,尽管掺入纤维可以提高UHPC的韧性,但是破坏时结构仍具有较大的脆性,如何通过结构设计,避免其出现脆性破坏,仍需在结构形式上有所创新。一般而言,制约UHPC推广应用的因素主要有三个方面:一是UHPC采用何种结构体系、截面形式才能更好地发挥材料性能,从而走出钢筋混凝土、预应力混凝土结构形式的窠臼;二是UHPC材料单价目前仍然比较高,在与传统混凝土桥梁甚至钢桥的竞争中并不占优势;三是UHPC浇筑养护方式、养护制度对其性能指标的影响较大,需要将养护方式改造得更加简便易行、更加切合施工现场的情况。

HPC与UHPC的主要性能指标汇总如表2-1-3所示。

HPC、UHPC与普通混凝土性能对照表 表2-1-3

性 能 指 标	普通混凝土	HPC	UHPC
抗压强度(MPa)	30~60	≥60~80	100~200
抗拉强度(MPa)	3~5	3~5	≥3~10
弹性模量(GPa)	30~35	30~40	40~50
收缩应变	0.0003~0.0005	0.0003~0.0005	0.0005~0.0009
徐变系数	2.0	2.0	0.9
韧性与延性	较差	可以通过改变纤维掺量予以调整	
耐久性	较差	抗氯离子渗透及水分传输能力强,耐久性总体上比普通混凝土高一个数量级	

(2)高性能钢材

20世纪80年代起,美国、日本等国家开始了高性能钢材(High Performance Steel,HPS)的开发与工程应用,随后,欧盟、中国、澳大利亚等也展开了高性能钢材的研究与工程应用。在欧洲,高性能钢包含高强钢、耐候钢及耐火钢等钢种;在美国,高性能钢被定义为集强度、可焊性、韧性、延性及耐久性于一体,在实现结构最佳的总体性能的同时保持较高性价比的高强度钢材;在日本,高性能钢是指在强度、延性、韧性、抗火性、耐候性、可焊性、冷加工性能等多项具有优越性的钢材。从结构设计角度来看,使用高性能钢材可以有效减小结构构件尺寸、减少焊接工作量,从而降低结构自重、增大跨越能力、改善结构性能,具有明显的技术经济优势,如日本明石海峡大桥钢桁加劲梁采用了800MPa级钢板;又如法国米约高架桥的钢箱梁、索塔分别采用了80mm、120mm厚的S460钢板,取得了减轻自重的良好效果。我国已经完成了屈服强度235~500MPa级别耐海洋大气腐蚀桥梁钢的研制,形成了1%Ni和3%Ni两种类型的镍系高耐候钢,完成了工业试制生产;此外,Q690级高性能桥梁钢已经初步研发成功,并在主跨408m的武汉汉江湾桥(中承式钢桁系杆拱桥)上进行了规模化工程应用。其中,Q690qE等高性能桥梁钢材具有良好的低温韧性和可焊性,其屈服强度690MPa,极限强度810MPa,屈强比不大于0.85,延伸率大于0.14,−40℃冲击功A_{kv}大于120J,焊接的理论预热温度分别为112℃和126℃。一般来说,就强度而言,各个国家的高性能钢材定义略有不同,目前一般多在450~700MPa之间,也有一些更高强度钢材的开发与工程规模化应用;就屈强比而言,多在0.8以下,以保障桥梁结构的延性、冲击韧性及抗震性能,在强度指标与其他性能指标之间取得平衡。

另一方面,日本、欧美的HPS都可轧制成纵向不等厚度的板材,非常便于桥梁结构设计时选用。变厚度板是在热轧时改变沿板长方向的厚度,形成与结构受力需求高度吻合、顺畅变化的不等厚板材,以减少结构焊缝数量、减轻结构自重,变厚度板在钢箱梁、钢箱拱中得到了一定的应用。例如连续钢箱梁中腹板、底板在不同位置时需要采用不同厚度的钢板,如果采用变厚度板,则无须采用不同厚度的钢板拼接,既可减少焊缝数量,又可节省钢材。

在提高钢材强度的同时,美国、日本等国家还将高强度与耐候性结合在一起,形成了高强耐候钢。耐候钢是在钢材中添加磷、铜、铬、镍等微量元素,使其表面形成致密和附着性强的氧化物层保护膜,以阻碍锈蚀向内部扩散和发展,保护锈层下面的基体,提高钢材的耐大气腐蚀能力。研究表明,耐候钢虽然也会发生锈蚀,但其所含合金元素会导致锈蚀层稳定,从而减慢腐蚀速率。早在20世纪60年代,美国就开始应用推广耐候钢,目前美国有40%~45%的钢桥是采用耐候钢建造的,其中包括1977年建成的、主跨518.16m的新河峡(New River Gorge)钢桁拱桥。由于日本特殊的气候环境,耐候钢桥的应用比较广泛,大约有38%的钢桥采用耐候钢。近年来,我国也加快了耐候钢的推广应用,如拉林铁路藏木雅鲁藏布江大桥钢管桁架弦杆采用Q420qENH耐候钢,腹杆、横撑和横梁采用Q345qENH免涂装耐候钢,全桥耐候钢用量1.28万t。

20世纪90年代,在提高板材强度的同时,欧美发达国家还通过改变钢材的化学成分和轧制工艺,同步提升了钢材的可焊性。热处理对钢材的晶体结构有很大影响,通过热力控制等精细化热处理技术,生产出的细晶粒结构钢同时保持了高强度、高韧性和易焊性。如美国的HPS485W钢材板厚在60mm以下时,焊接一般厚度板材预热温度只需20℃,60mm以上者为50℃,而普通钢材焊接的预热温度为100~200℃,可焊性的改进极大地提高了现场施工速度。同时,高可焊性还体现在不同强度板材之间的焊接,以便根据结构受力情况选用不同型号的板材,充分发挥材料特性,取得更好的经济效益。

此外,国内外在高强钢丝的研制上也投入了大量精力,2000MPa级高强钢丝已经工程化应用。对于悬索桥主缆,高强钢丝可以大幅减少用钢量,如主跨1688m的南沙大桥坭洲水道桥、主跨1700m的杨泗港长江大桥采用1960MPa级热镀锌铝合金镀层钢丝,钢丝用量减少了11%左右,工程造价大幅降低;对于斜拉桥的拉索,高强钢丝可以有效提高斜拉索初始张拉力、增大换算弹性模量、改善斜拉索的疲劳性能,如沪苏通长江大桥、芜湖长江三桥的斜拉索采用了抗拉强度2000MPa的高强平行钢丝束,极大地提高了斜拉索的效率。

现将各国高性能钢材的基本规格汇总如表2-1-4所示。

各国(区域)高性能钢材基本规格　　　　　　　　表2-1-4

国家(区域)	板材基本规格	特点
美国	345S、345W、485、485W、690、690W	屈服强度不随板厚变化,可焊性良好
日本	SM570、SMA570W、SHY685等	
欧盟	S460、S690	屈服强度随板厚增大小幅降低
中国	Q345q、Q370q、Q420q、Q500q、Q690q	板厚小于16mm时屈服强度

注:代号中数字表示屈服强度(MPa);W表示具备耐候性;q表示桥梁专用钢。

(3)纤维增强复合材料

纤维增强复合材料(Fiber Reinforced Polymer/Plastic,FRP)是一种高性能新型材料,具有高强、轻质、耐腐蚀、免电磁屏蔽等优点,常用的FRP主要有碳纤维、玻璃纤维、芳纶纤维和玄武岩纤维等。表2-1-5为代表性纤维增强复合材料与钢材的轴向力学性能参数对比,从中可以看出,就单一纤维而言,纤维材料的比强度(拉伸强度/密度)为钢材的10~20倍,高强轻质性能十分突出;比模量(拉伸模量/密度)为钢材的2~3倍,纤维材料和基体材料如树脂混合制成FRP后,比强度虽然有所降低,但是仍远高于钢材,力学性能十分优越。FRP具有塑性变形小、应力-应变曲线接近线弹性的轴向力学性能;具有较好的耐腐蚀性,设计得当的情况下,可以在酸碱、氯盐和潮湿环境中长期使用;具有良好的可设计性,可以通过调整纤维含量和铺设方向设计出各方向强度指标、弹性模量及特殊性能要求的产品,产品成型方便、形状设计加工灵活。

代表性纤维增强复合材料与钢材轴向力学性能参数对比　　　　　　　　表2-1-5

纤维类别	相对密度	拉伸强度(GPa)	弹性模量(GPa)	延伸率(%)	比强度	比模量
玻璃纤维	2.5	3.2~4.9	68~110	3.2~5.7	1.2~2.0	27~38
碳纤维	1.7~2.2	2.2~5.6	230~390	0.3~1.7	1.01~3.1	134~180
芳纶纤维	1.45	2.9~3.6	77~165	1.3~4.2	2.0~2.5	55~114
钢材	7.8	0.21~2.0	210	3.5~18	0.027~0.25	26

FRP虽然具有优越的轴向力学性能和耐腐蚀性,但却存在两个突出的不足,成为其在工程应用中需要突破的瓶颈问题。一是材料属各向异性,沿纤维方向的强度弹性模量很高,垂直于纤维方向的强度和弹性模量很低,剪切强度、层间拉伸强度仅为其抗拉强度的5%~20%,这使得FRP构件的连接及锚固成为非常突出的问题,也难以应用于三向受力的场合。二是FRP制品力学性能对制备工艺、基体材料如树脂的依赖性很强,不同制备工艺、不同的基体材料得到的产品性能存在较大差别。近几十年以来,大量研究、技术开发及工程实践均围绕着如何克服这两个缺陷而展开,虽然取得了一定的成果,但总体来说,其技术成熟度目

前尚不足以支撑大规模工程应用。

目前,FRP 的产品主要形式有纤维布、纤维片、筋材、板材、型材、管材等各种形式,也有诸多试验工程,但多为荷载不大的人行桥,既有 FRP 梁桥和拱桥,也有以 FRP 拉索作为承重构件的斜拉桥,结构形式也承袭了传统混凝土结构、钢结构的形式。FRP 在工程中最常用的方式是采用碳纤维布和碳纤维板加固既有混凝土结构,以发挥其强度高、耐久性好的优势。总的来说,在可预见的几十年中,FRP 尚不足以担当主要新建桥材料的大任。

1.2.2 结构理论

结构理论是现代桥梁创新发展的核心,也是现代桥梁走出近代桥梁半经验、半理论窠臼的主要推动力量,更是现代桥梁工程进入科学理论引领、加快技术创新迭代、提升工程创新能力的强大引擎。第二次世界大战以后,在力学、材料科学、计算机科学与技术等学科的支撑下,现代桥梁工程设计计算理论迅速发展成熟,比较全面地揭示了桥梁结构的力学行为,提升了结构设计计算的科学性,规范了结构分析与结构设计的基本方法,增强了桥梁结构抵御自然灾害的能力,提高了建桥材料的利用效率与能效水平,推动现代桥梁工程实现了从依赖工程经验向依托理论分析计算的根本转变。

现代桥梁结构理论体系非常庞大,内容非常丰富,并还在不断发展完善之中,现将近 80 年以来的结构理论创新成果简要罗列如表 2-1-6 所示。以下从有限单元法及结构分析方法、结构设计理论及极限状态法、结构防震理论及振动控制理论、桥梁抗风理论与试验手段等四个方面,粗线条的将其发展脉络勾勒出来。

现代桥梁工程结构理论创新成果简表 表 2-1-6

成　　果	奠基年代	主要创建者
结构设计理论	20 世纪 50 年代	Eugène Freyssinet、Gudtav Magnel、Franz Dischinger、Eduardo Torroja、林同炎
有限单元法	20 世纪 60 年代	Richard Courant、J.H.Argyris、Ray.W.Clough、O.C.Zienkiewicz、张佑启
极限状态设计方法	20 世纪 50 年代	N.S.Streletski 等
结构抗震理论及分析方法	20 世纪 40 年代	George W.Housner、末广恭二、Nathan M. Newmark、Ray.W.Clough、武藤清、刘恢先、R.Park、T.Paulay 等
结构振动控制理论	20 世纪 80 年代	Yao.J.T.P、Leipholz H.H.E 等
桥梁抗风理论与试验手段	20 世纪 60 年代	Theodore von Kármán、K.Klöppel、Alan Garnett Davenport、Christopher Scruton、Robert Harris Scanlan

注:奠基年代是指该理论的框架基本确定的大致时间。

(1) 有限单元法及结构分析方法

1943 年,在世界上第一台电子计算机问世的前夕,波音公司工程师 Richard Courant 提出了单元概念,以便将工程结构进行离散化分析,但并未引起重视。1945—1955 年,J.H.Argyris 发展出结构矩阵分析方法,奠定了利用计算机进行结构数值分析的基础。1956 年,美国加利福尼亚大学伯克利分校的 Ray.W.Clough 等人将结构矩阵分析思路引入弹性力学分析,系统研究了离散的杆、梁、三角形单元的刚度表达式。1960年，Ray.W.Clough在美国土木工程师学会（ASCE）年会上首次提出了"有限元法"的名称，阐述了有限元法的思想，即把连续体近似地用有限个在节点处相连接的单元组合体来代替，从而把连续体的受力行为分析转化为单元分析。1963年，E.L.Wilson研制了世界上第一个解决平面弹性力学问题的通用程序，成为通用分析软件的鼻祖。1967年，O.C.Zienkiewicz、张佑启出版了有限元法的经典著作《The Finite Element Method in Structural Mechanics》，并多次修订再版，推动了有限元方法的发展和完善。

进入20世纪70年代末期，以美国加利福尼亚大学伯克利分校SAP（Structure Analysis Program）为代表的一大批大型商业通用分析软件相继问世，逐渐成为工程结构分析、设计计算的必备工具，结构分析能力不再成为制约大型复杂桥梁设计和建造的因素，计算力学的发展、结构分析软件的问世，极大地促进了斜拉桥悬索桥等复杂结构、节段施工法等先进工法的推广应用。此后，基于现代控制论、系统论的基本原理，结合大跨径桥梁的材料特性、受力特点和施工方法，发展出结构优化设计、结构非线性稳定、结构振动控制、桥梁施工控制等非线性问题的分析方法，逐步成为大跨径桥梁精细化设计、施工与运营的主要保障。与此同时，非线性数值方法与有限元法结合，使得工程实践中的结构大位移、弹塑性、初应力等非线性问题得以基本解决，整个土建工程领域的结构分析能力与水平得以显著提升。进入20世纪90年代，结合相关国家的设计规范，一大批专业桥梁专用设计软件经过市场的洗礼，逐步成为现代桥梁创新发展得力的工具之一。

（2）结构设计理论及极限状态法

工程结构设计的核心问题是解决结构外部作用与内部抗力的矛盾。外部作用可借助于有限单元法等结构分析工具进行计算，内部抗力则由结构设计理论来确定，经历了从最初容许应力法、破损阶段法、极限状态法的发展历程。与其他工程结构类似，桥梁结构抗力也具有高度不确定性，这种不确定性包括客观世界的模糊性与随机性，以及主观认知的不完备性。其中，随机性包括物理不确定性、统计不确定性、模型不确定性等，这些不确定性可以通过概率统计理论和随机过程理论来应对，并构建基于可靠度理论的结构设计方法。

第二次世界大战后，在Eugène Freyssinet、Gudtav Magnel、Franz Dischinger、林同炎等人的推动下，人们逐步掌握了钢筋混凝土构件的受力机理，发展完善了混凝土的强度理论，阐明了混凝土收缩徐变以及其对结构行为的影响，并逐步发展出部分预应力、体外预应力、无黏结预应力混凝土的设计理论。到了20世纪70年代，混凝土结构理论基本成型，在混凝土结构理论的指引下，各国设计规范不断完善，混凝土桥梁特别是预应力混凝土桥梁得到了广泛应用。与此同时，随着钢箱梁进行推广应用阶段，欧美国家20世纪70年代初发生的几起钢箱梁腹板局部失稳事故和疲劳损伤现象，催生了具有初始几何或结构缺陷钢板屈曲理论的成熟，发展出薄壁箱梁空间分析理论，提出了基于断裂力学的疲劳设计理论，促进了钢结构桥梁的健康发展。此外，进入20世纪90年代，随着钢与混凝土复合形式的发展，依托钢筋混凝土基本理论，钢-混凝土组合梁、钢管混凝土、纤维混凝土等新结构的设计理论也逐步成熟，推动了钢-混凝土组合结构的广泛应用。但是，由于混凝土材料的非匀质性、时变性和桥梁结构受力行为的复杂性，结构设计理论的完善与改进仍在不断探索之中。

另一方面,1955年,随着N.S.Streletski等人提出的极限状态设计方法被引入到苏联建筑规范中,各种作用在桥梁上的荷载及其取值方法被逐步纳入可靠度的框架下,推动了世界各国从容许应力法转向极限状态设计法。进入20世纪80年代,世界上大多数国家均采用结构可靠性理论来指导结构设计规范的修订,1994年,美国国家高速公路和交通运输协会(AASHTO)颁布了基于荷载与抗力系数的设计规范(Load and Resistance Factor Design, LRFD);2010年,欧盟开始全面实施体系庞大、内容丰富、规定了6种承载力极限状态的欧洲结构规范,标志着结构设计理论进入了新的发展阶段。目前,基于可靠度理论的极限状态设计法是主流的设计方法,依据设计思想中概率理论的应用程度可分为半概率(水准Ⅰ)、近似概率(水准Ⅱ)、全概率(水准Ⅲ)、风险设计(水准Ⅳ)四个水准,主流设计规范处于从水准Ⅱ向水准Ⅲ发展、个别规范处于从水准Ⅲ向水准Ⅳ发展的过渡阶段。在这个进程中,伴随着发达国家地区设计规范的修订完善,一些扩充性的结构设计理论,如车桥耦合振动理论、船舶撞击理论、耐久性分析理论、全寿命设计理论等也逐步被纳入设计规范的框架体系下,进入了工程应用阶段。总的来说,现代结构设计理论基本成型,能够比较系统科学地回应工程实践中的相关需求,但在许多方面仍存在不少需要深入研究的问题,在工程实践中还常常需要借助于经验公式或工程经验的积累。

(3)结构防震理论及振动控制理论

地震是各种自然灾害包括洪涝灾害、风灾、地质灾害中最难预防、导致生命财产损失最大的灾害,严重危害桥梁结构安全,影响震后救援工作的开展。结构防震理论主要包括抗震理论、隔震理论、减震理论及振动控制理论等。结构抗震理论发轫于20世纪30年代,壮大于20世纪50年代,推广应用于20世纪70年代,在George W.Housner、末广恭二、Nathan M. Newmark、Ray.W.Clough、武藤清、刘恢先、R.Park、T.Paulay等人的推动下,经历了抗震强度设计(1940—1970年)、抗震延性设计(1970年至今)两个发展阶段。20世纪40年代提出的反应谱理论将结构振动解耦为各个振型的单自由度体系振动,在设计反应谱下,求得各单自由度体系最大响应,再以合适的方法加以组合,比静力理论有了很大的进步。20世纪70年代, R.Park、T.Paulay等新西兰学者提出了利用结构延性并结合能力保护设计的抗震设计理论,引入了地震折减系数来考虑延性变形的有利影响,以合理设计各构件的刚度来保证结构的破坏发生在预期的延性构件上。通过数十年的努力,明确了桥梁抗震设防目标,推动了结构弹塑性时程分析方法的普遍应用,提出了抗震延性设计方法,在历次地震震害调查结果的基础上,基本构建了桥梁抗震理论体系。在美国、日本、新西兰等国家地震频发区域的需求牵引下,抗震理论及相应的结构体系得到了极大的发展和广泛的工程应用,一定程度地提高了桥梁的抗震能力,化解了地震给人类带来的灾难。

进入20世纪80年代,人们从历次震害中逐渐认识到结构抗震理论的局限与不足,在Yao.J.T.P、Leipholz H.H.E等人的带动下,一是发展出结构隔震、结构减震耗能等防震新对策,二是提出了基于性能的抗震设计方法,三是提出了结构振动控制理论与技术,结构防震理论进入了多路径协同发展的新阶段。鉴于目前人类对地球科学、地震工程、桥梁结构动力行为等方面尚存在诸多认知局限,工程实践及历次震害调查表明,三水准的"小震不坏、中震可修、大震不倒"设防目标存在诸多问题,需要转变为四水准的"小震弹性、中震不坏、大震可修、巨震不倒"设防目标。与此相应,发展出包括性能目标多级性、性能目标可选性、结构抗震性能可控性在内的基于性能的抗震设计方法,拓展了地震危险性分析、易损性分析、概率性决策分析等新的分析方法,但由于地震动、结构损伤状态及性能指标的复杂性,目前还很难达到对复杂桥梁结构进行完全的性能设计,仍存在诸多需要在理论上厘清、在分析方法上完善、在工程应用上探索的问题。另一方面,由于地震动输入的不确定性及桥梁结构响应的复杂性,新的桥梁防震对策如隔震、减震与振动控制理论在实施过程中仍存在诸多瓶颈,难以完全满足设防目标与工程实践的要求。因此,围绕着功能可恢复桥梁结构、智能结构、半主动控制、自适应减震隔震等新型防震技术或结构体系就成为当前研究的热点。

(4)桥梁抗风理论与试验手段

抗风性能是大跨径柔性桥梁建设与安全运营的主要制约因素。1940年塔科马海峡桥风毁事件,拉开了大跨径柔性桥梁抗风理论研究的序幕,Theodore von Kármán、Christopher Scruton等人率先开展了桥梁模型风洞试验,发现了扁平流线钢箱梁优越的抗风性能,推动了大跨径柔性桥梁的发展。进入20世纪60年代,Alan Garnett Davenport采用统计数学方法来进行风工程研究,创造性地解决了随机抖振问题,并将风效应表示成等效风荷载的形式,奠定了结构与桥梁风工程理论的基础。随后,Robert Harris Scanlan建立了桥梁颤振理论及考虑颤振作用力的颤抖振理论,从科学层面基本弄清了桥梁风致振动现象,揭示了风致振动的机理。此后,大气边界层理论、线性准定常计算方法、气动参数实验识别方法等逐渐成熟,对于防止发散性振动、控制限幅振动起到了重要的理论指导作用。在此基础上,工程界开发出分体式箱梁结构、半漂浮结构体系、液压阻尼器、电磁阻尼器等新的制振措施,一定程度上克服了风致振动对大跨径柔性桥梁建设与运营的制约。与此同时,随着斜拉桥的广泛应用,人们在20世纪80年代发现了斜拉索的尾流弛振、风雨振等新的振动现象,并逐渐揭示了振动的形成机理,开发了相应的制振技术。

进入20世纪90年代,随着计算流体力学的发展,数值风洞逐渐成为桥梁风工程重要模拟手段之一。目前,桥梁抗风尚处在半试验、半理论的水准上,虽然在参数识别、截面选型、抑振措施等方面能够满足基本工程实践需求,但在工程实践中,还时不时出现桥梁风致振动的事故,在理论研究方面,近地风特性、风致结构损伤及失效机理、基于使用性能的抗风可靠性设计等方面仍有诸多问题亟待进一步深入研究。

1.2.3 施工方法

桥梁施工就是运用相应的施工技术和装备,通过施工运筹管理,按照设计文件建造桥梁的过程。桥梁施工技术是建造桥梁的工艺和方法的总称,不同的结构体系在不同的地形地貌、水文地质、气象气候等环境条件下需采用因地制宜的施工方法。施工方法不仅是设计意图实现的保障,关系到桥梁结构的安全和质量,而且往往是大跨径桥梁建设的瓶颈,直接影响着桥梁建设的经济性能指标,控制着桥梁结构设计参数。桥梁施工装备是建造桥梁的工具,包括制造设备、打桩设备、运输设备、起重设备、工程船舶等,施工装备是施工技术实施的重要保证。另一方面,结构恒载受力状态与施工方法关系密切,施工方法和施工工序不同,则恒载受力状态也明显不同,桥梁最终受力状态主要取决于施工方法。通常,大跨径桥梁恒载效应占比高达70%以上,施工方法和施工工序对恒载效应的影响更为突出。此外,施工阶段往往是桥梁结构最薄弱的阶段,容易发生各类事故,从历史上桥梁事故发生占比来看,施工事故占比高达40%左右,这从另一个角度说明了施工方法、施工技术的重要性。上述几个方面的问题,需要在概念设计阶段就要进行通盘考虑,以求通过合理可靠的施工方法、施工技术保障设计目标的达成。

第二次世界大战以后,随着预应力技术的普及、建桥材料的发展、混凝土连续梁连续刚构及斜拉桥等新结构体系的成熟,节段施工方法得到了迅速发展和广泛应用,基本上破解了大跨径混凝土桥梁的施工难题,大幅度降低了混凝土桥梁的造价、缩短了施工工期,增强了混凝土桥相对于钢桥的竞争优势。随后相继问世的顶推法、转体法及大型块件安装法也在一些场合下弥补了节段施工方法的局限,拓展了混凝土桥梁的适用范围,提高了桥梁建设的效率和品质,使得梁桥、拱桥的施工方法不再成为其向大跨径发展的瓶颈,而推陈出新的劲性骨架施工法,则大大提升了混凝土拱桥的竞争力。总的来说,施工方法的发展对于结构体系的演化、设计方法的完善起到了重要的促进作用,并正在推动桥梁建造向桥梁制造转变。

需要特别指出的是,在梁桥、拱桥、斜拉桥、悬索桥四种结构体系中,施工方法与结构体系是相辅相成、密不可分的,各类桥型与常用施工方法的匹配关系见表2-1-7。其中,悬索桥的施工方法在第二次世界大战之前就已经成熟,并建成了以金门大桥为代表的多座千米级桥梁,第二次世界大战后并没有大的发展。斜拉桥自20世纪50年代诞生以来,借助于斜拉索的弹性支承,悬臂施工法自然而然就成为斜拉桥的主要工法。与此相比,梁桥和拱桥这两种传统而古老的结构形式,无支架施工方法反而成为制约其发展、控制其经济指标的瓶颈因素,当跨径增大时尤为突出。甚至可以简略说,现代桥梁施工方法的发展演化,很大程度上就是针对混凝土梁桥和混凝土拱桥这两种量大面广桥型的无支架施工方法而展开的。以大跨径混凝土拱桥为例,它既是一种比较经济、适应性强的结构体系,也是施工难度较大、施工风险较高的一种桥型,当跨径超过100m时,采用支架施工法就会令拱桥失去竞争优势。因此,混凝土拱桥的无支架施工方法一直是工程界探索的重点之一,但这一进程非常缓慢,直到20世纪70年代,在欧美等发达国家,仍有零星的大跨径拱桥支架施工法的案例。

各类桥型与常用施工方法的匹配关系 表2-1-7

施 工 方 法	适用跨径(m)	简支梁桥	连续梁/刚构桥	拱桥	斜拉桥	悬索桥
支架现浇法	5~50	可	可	可	—	—
节段施工法	50~400	—	常	常	常	
顶推施工法	40~100	—	常	可	可	可
米兰法(劲性骨架法)	200~500	—	—	常	—	—
转体法	50~500	—	常	常	可	
大型块件安装法	20~2000	常	可	可	可	常

注:表中"可"表示可以采用该方法,"常"表示通常采用该方法,"—"表示不宜采用该方法。

现代桥梁施工方法的主要创新成果可以汇总如表 2-1-8 所示,从中可以看出施工方法的发展演化历程。该表中所列的 10 多项成果,主要源于节段施工法、顶推法及转体法这三种基本工法,并有许多因地因时制宜的发展和创新。

现代桥梁施工方法的主要创新成果简表　　　　　表 2-1-8

时间(年)	施工方法	提出者	首次工程应用
1950	悬臂节段现浇工法	乌立希·芬斯特沃尔德 (Ulrich Finsterwalder)	联邦德国巴尔杜因斯泰因桥 (Balduinstein Bridge)
1955	拱桥的竖向转体工法	里卡尔多·莫兰迪 (Riccardo Morandi)	南非暴雨河桥 (Storms River Bridge)
1959	移动模架现浇工法	海尔马特·霍姆伯格 (Hellmut Homberg)	联邦德国勒沃库森 (Leverkusen)桥
1959	顶推施工法	弗里茨·莱昂哈特 (Fritz Leonhardt)	奥地利阿格(Ager)桥
1961	移动模架拼装工法	Hans Wittfoht	联邦德国克拉恩堡 (Krahnenberg)桥
1962	悬臂节段拼装工法	让·穆勒 (Jean Muller)	法国舒瓦齐勒罗瓦桥 (Choisy-le-Roi Bridge)
1964	预制节段架桥机拼装工法	让·穆勒 (Jean Muller)	法国奥莱龙(Oléron)高架桥
1966	拱桥的悬臂节段浇筑工法	艾黎佳·斯图佳定诺维奇 (Ilija Stojadinovic)	南斯拉夫希贝尼克 (Sibenik)拱桥
1964	拱桥的悬臂节段拼装工法	Rendel,Palmer & Tritton 公司	英国塔非川(Taf Fechan)桥
1968	拱桥的悬臂节段拼装工法	郑皆连	中国广西灵县三里江桥
1973	悬索桥主缆的 PWS 工法	村上己里	日本关门大桥
1977	拱桥的水平转体施工方法	张联燕	中国四川遂宁建设大桥
1997	大件预制块件吊装法	丹麦 COWI 公司/让·穆勒 (Jean Muller)	丹麦大带(Great Belt)海峡西桥/ 加拿大联邦(Confederation)大桥

概括来说,经过近 80 年的发展演化,现代桥梁施工方法、施工技术呈现出以下四个基本特征。

一是无支架施工方法不断迭代升级。无支架工法以其较强的适用性、较好的经济性、较高的能效水平和良好的环境兼容性,逐渐成为大中跨径桥梁施工方法的主流,支架法的应用范围逐渐被局限在中小跨径的混凝土矮桥或异形桥梁中,适用情况不断收窄。

二是更加强调施工方法的当时当地属性。根据桥梁结构体系的特点,强化施工方法、施工技术的因地制宜,以最大限度地强化结构体系与桥址所在地区的材料、运输、人工、制造加

169

工水平等方面的适应匹配性，从而充分利用当地的自然资源，降低施工临时措施费用，改善桥梁建设的经济指标。

三是正在从桥梁建造向桥梁制造转型。标准化设计、预制化装配、工业化制造、数字化质量管控正日益成为桥梁建设的标准范式，大型施工装备已经成为桥梁建造的基本配置，以数字孪生为基础的桥梁智能建造与智能运营维护技术正在快速发展，由此推动桥梁建设品质的不断提升。

四是从传统的设计指导施工模式，逐步向设计施工一体化融合发展，在一些情况如大型跨海桥梁的建设中，出现了施工引导设计的建设模式，从而克服特殊情况下的建桥困难，提升了桥梁建设的能效水平。

1.2.4 结构体系

结构体系是桥梁结构抵抗外部作用的构件组成方式，是结构功能、外形与受力形态的统一，结构体系本质上反映了建桥材料性能的利用方式和利用效率，暗含着合理可行的施工方法，基本决定了桥梁的跨越能力和经济性能，从侧面深刻揭示了桥梁工程演化发展的内在规律。其中，力学属性是不同桥梁形式成为自身并使其同其他结构形式区别开来的内部规定性，是结构体系承受外荷载时表现出来的最重要特征。就桥梁结构而言，主要可以分为四种结构体系，即梁桥、拱桥、斜拉桥、悬索桥。此外，当各种体系之间相互组合，还可以衍生出各种形式的协作体系，如拱梁组合体系、斜拉-悬索协作体系等。受力形态是结构体系的核心，是结构体系抵抗外部作用的关键，是结构内部荷载的传递方式及其平衡时的内力状态，也是现代桥梁工程创新的主阵地。第二次世界大战后的近80年中，现代桥梁结构体系的主要创新成果可以罗列如表2-1-9所示，从中可以粗线条地反映现代桥梁发展的脉络。

现代桥梁结构体系的主要创新成果简表 表2-1-9

序号	时间(年)	创新成果	提 出 者	首次工程应用
1	1946	预应力混凝土梁式桥	尤金·弗雷西奈 (Eugène Freyssinet)	法国马恩河吕章西(Luzancy)刚架桥
2	1948	钢箱梁	弗里茨·莱昂哈特 (Fritz Leonhardt)	德国科隆道伊泽尔(Deutz)桥修复工程
3	1950	正交异性板	弗里茨·莱昂哈特 (Fritz Leonhardt)	联邦德国曼海姆库法尔茨(Kurpfalz)桥
4	1952—1954	斜拉桥	阿尔贝·卡科(Albert Caquot)/ 弗朗兹·迪辛格(Franz Dischinger)	法国栋泽尔—蒙德拉贡(Donzère-Mondragon)公路桥(1952)/ 瑞典斯特桑德(Skarnsund)桥(1954)
5	1962	多跨斜拉桥	里卡尔多·莫兰迪 (Riccardo Morandi)	委内瑞拉马拉开波湖桥

续上表

序号	时间(年)	创新成果	提出者	首次工程应用
6	1963	提篮拱桥	弗里茨·莱昂哈特（Fritz Leonhardt）	联邦德国费曼恩(Fehmarnsund)海峡桥
7	1965	扁平流线型钢箱梁	吉尔伯特·罗伯茨(Gilbert Roberts)/威廉·布朗(William Brown)	英国塞文桥(Severn Bridge)
8	1967	密索斜拉桥	海尔马特·霍姆伯格（Hellmut Homberg）	联邦德国波恩弗里德里希·艾伯特(Friedrich Ebert)桥
9	1972	混合梁斜拉桥	弗里茨·莱昂哈特（Fritz Leonhardt）	联邦德国曼海姆—罗德维希港(Mannheim Ludwigshafen)桥
10	1973	脊骨梁（展翅梁）	林同炎	美国旧金山机场高架桥
11	1974	连续刚构桥	克里斯蒂安·梅恩（Christian Menn）	瑞士弗尔泽瑙(Felsenau)桥
12	1977	单索面混凝土斜拉桥	雅克·马迪瓦(Jacques Mathivat)/让·穆勒(Jean Muller)	法国布鲁东(Brotonne)桥
13	1980—1988	索辅梁桥*（部分斜拉桥）	克里斯蒂安·梅恩(Christian Menn)/雅克·马迪瓦(Jacques Mathivat)	瑞士甘特(Ganter)桥、葡萄牙Socorridos桥
14	1985	公铁两用悬索桥	日本本州四国联络桥公团	日本大鸣门桥
15	1986—1987	波形钢腹板箱梁	雅克·孔布（Jacques Combault）	法国科尼亚克(Cognac)桥、曼普(Maupré)河谷桥
16	1990	钢管混凝土拱桥	吴清明(四川省公路规划勘察设计研究院)	中国四川旺苍东河桥
17	1992	公铁两用钢-混凝土连续组合梁桥	弗里茨·莱昂哈特（Fritz Leonhardt）	委内瑞拉卡罗尼河二桥(Second Caroni River Bridge)
18	1992	无背索斜拉桥	圣地亚哥·卡拉特拉瓦（Santiago Calatrava）	西班牙塞维利亚阿拉米罗(Alamillo)桥
19	2012	多塔悬索桥	杨进(中铁大桥设计院)/韩大章（江苏省交通规划勘察设计研究院）	中国江苏泰州长江大桥
20	2016	斜拉-悬索协作体系	让-佛朗索瓦·克莱因(Jean-François Klein)/米歇尔·维洛热(Michel Virlogeux)	土耳其博斯普鲁斯海峡第三大桥（亚武兹·苏丹·塞利姆大桥）

注：*关于索辅梁桥的概念及其由来，详见本篇4.3节。

从桥梁结构的力学行为来看，影响结构体系的主要因素可以归纳为三个方面。一是结构体系与外界的约束关系，如结构体系是否是静定将决定温度、收缩徐变、墩柱沉降等作用对结构内力是否有影响。二是结构内部主要受力构件间的连接与传力方式,如斜拉桥塔、梁、墩三者的连接方式,将直接影响到结构体系内部传力机制和传力路径,又如装配式梁桥的截面形式和横向连接构造直接决定外荷载作用的横向分布结果。三是主要构件的受力分配关系,如拱梁组合体系按照刚度来分配受力大小,有刚性梁柔性拱、刚性拱柔性梁、刚性梁刚性拱等多种形式,并进一步衍生出了连续梁拱、连续刚构拱等新的结构形式。在梁桥、拱桥、斜拉桥、悬索桥四种基本体系之下,还可以根据上述三个因素进一步细分,将结构受力特征描述得更加细致,如梁桥可以细分为简支梁、连续梁、连续刚构、索辅梁桥等,构成了丰富多彩、受力性能各异的桥梁结构形式。

从桥梁结构的经济性能来看,经济指标是力学行为的外在体现。工程的经济性是工程实践活动与社会经济发展的纽带,任何工程的实施都必须在经济上为社会所接受、所认可,桥梁工程也不例外。经济指标不仅内在反映了当时人们的工程理念、工程观念和技术水平,也是桥梁工程力学行为、施工方法与材料利用方式的外在体现,还是评价工程创新的主要尺度,更是理解桥梁工程演化规律的一把钥匙。但是,受工程实践活动的唯一性和当时当地性的约束,如何评价经济性能却十分复杂,难以形成一致的、严谨的评价方法和评价指标,为了尽可能消除工程当时当地性、通货膨胀、建设规费等因素对经济性能指标的影响,桥梁工程界常用一些指标如折合每平方米桥面材料用量、材料总用量来进行中观的比较分析,进而由此评价技术创新、工程创新的价值与意义,也呼应了熊彼特、邓文中等人所提出的创新概念与评价尺度。

第二次世界大战结束以后,随着高速公路的兴起、城市化进程的加速,欧美各国开启了持续30年的大规模交通基础设施建设,桥梁结构体系由此得到了极大的发展和进步,基本奠定了现代桥梁结构体系发展的框架。进入20世纪90年代,随着东亚经济的腾飞,现代桥梁工程实践活动的中心逐步从欧美国家向日本、中国、韩国等国转移,工程实践规模体量急剧增大,工程创新扩散效应不断扩大。在近80年的发展进程中,结构体系的发展演化主要表现在以下四个方面。

一是丰富发展了近代桥梁工程原有的梁桥、拱桥、悬索桥结构体系,拓展了上述桥型的应用场景和适用范围,促进了钢筋混凝土、预应力混凝土的普遍应用,混凝土桥梁逐渐占据了新建桥梁的主流。

二是创新发展出以斜拉桥、正交异性板、扁平流线型钢箱梁、多塔悬索桥为代表一系列新体系、新结构,有效破解了桥梁建设的难题,极大地提升了桥梁的跨越能力,改善了桥梁建设的经济技术效益。

三是推动了工程创新的扩散,法国的预应力混凝土技术、德国的斜拉桥技术、英国的钢箱梁技术凭借其先进的能效水平,迅速在全世界得以推广,桥梁建设的难点和挑战逐渐从跨越江河转向跨越江海和跨越山谷。

四是各类桥梁的跨越能力显著提升,进步速度不断加快,梁桥、拱桥、斜拉桥、悬索桥因对材料强度有效利用程度的差异,跨越能力呈现出1:2:4:8的级差,四种结构体系的经济跨径范围不断增大,工程适应性不断增强,跨径纪录屡屡刷新,详见表2-1-10。需要指出的是,经济跨径范围是由工程的当时当地性所决定的,与桥梁工程所处的自然环境、社会条件相关,在一些情况下呈现出个别性与差异性。

现代桥梁结构体系经济跨径简表　　　　表 2-1-10

结构体系	经济跨径(m)	已建成的最大跨径桥梁概况
梁桥	5~250	重庆石板坡长江大桥复线桥,跨径330m,2006年建成
拱桥	5~500	广西平南三桥,跨径575m,2020年建成
斜拉桥	200~1000	俄罗斯岛大桥(Russky Island Bridge),跨径1104m,2012年建成
悬索桥	600~2400	土耳其1915恰纳卡莱大桥(Çanakkale Bridge),跨径2023m,2022年建成

1.3 本篇内容简介

在本篇中,作者以现代桥梁结构体系的发展为主线、以工程哲学的基本观点为辅线、以时间为隐线、以各类结构体系的力学性能与经济指标为载体,从技术的内部要素出发,系统分析阐述结构体系、结构理论、建桥材料、施工方法这四大支柱在桥梁工程创新中的相互支撑作用,结合30个典型案例的剖析,粗线条、写意式地勾勒出现代桥梁结构体系的发展脉络,阐述分析桥梁使用性能、经济指标对结构体系发展的约束和筛选作用。之所以以结构体系作为主线,是因为结构体系是桥梁工程的灵魂,是桥梁工程区别于其他工程结构最主要的标志,可以透过结构体系的发展演化,深入洞察桥梁工程技术要素之间的相互作用、相互制约机制,也可以比较清晰、全面深入地把握现代桥梁工发展演化的进程,但这样进行剖析,存在不够严谨、机械分割的问题。

特别需要说明的是,本篇不对建桥材料、结构理论等方面的内容进行系统、详细、严谨地阐述,也不采用复杂的公式符号体系,一方面是因为篇末所列的相关书目已经论述得比较全面深入了,本篇不做重复论述,以免篇幅过长,而是取其精髓,概念式地加以说明和引用,用相对短的篇幅勾勒出现代桥梁工程发展演进的脉络。所谓脉络,一般是指事物发展演化的基本轨迹、内在规律及主要趋势,是一种相对中观的观察视角,因此在阐述时并不过多着墨在具体的行为、拘泥于事物的细节,以便能够迅速地理清条理、抓住要害、把握全貌。另一方面,本篇宗旨是论述近80年来现代桥梁结构体系的发展脉络,故采用取其要义、述其梗概的方式,以便于读者在技术层面之上,结合对典型案例的理解,从中宏观层面来感悟桥梁工程创新进程中的各种内在与外在矛盾冲突,领会现代桥梁结构体系发展的内在逻辑,感悟工程哲学的基本观点。

打个比喻,本篇不是一幅关于现代桥梁工程的"工笔画",而是一幅横跨近80年、关于现代桥梁工程的"写意图",重在展示剖析现代桥梁结构体系发展的脉络、历程和神韵,意在让读者能够登高望远,站在更高的维度、更广的视野去了解现代桥梁发展的概貌轮廓,领悟工程技术发展的自身逻辑,感受工程思维的内在魅力,了解相关技术从哪里来、要到哪里去、其间经历了什么波折,以便从技术创新、工程创新的发展进程中汲取养分,系统把握桥梁工程的建构性、实践性和社会性,感悟工程艺术的真谛,提升概念设计能力和水平,从而沿着"能、会、美、雅"的技术境界,拾级而上,将桥梁设计建造技术与结构艺术在理解和运用上融会贯通,不断提升桥梁建造的品质。在这里,所谓"能",是指遵循桥梁工程的相关规范规程,正确地完成桥梁结构设计和施工;所谓"会",是指能够融会贯通运用技术原理、因地因时制宜地设计建造出最适宜的桥梁结构;所谓"美",是指将桥梁结构的内在美与外在美完美地结合起来,创造出新的结构艺术;所谓"雅",是指创造性地运用结构设计艺术,形成新的设计风格乃至技术/艺术流派。虽然现实情况是大多数工程师都处在"能"和"会"的境界,但这并不影响工程师们对"美"和"雅"境界的向往和孜孜不倦的追求。另一方面,随着现代桥梁工程建设规模的扩大、技术难度的增大,桥梁设计建造涉及的学科领域越来越广、专门理论和知识技能越来越深、分工越来越细、协作水平越来越高,以致再也很难出现像尤金·弗雷西奈(Eugène Freyssinet)、弗朗兹·迪辛格(Franz Dischinger)、弗里茨·莱昂哈特(Fritz Leonhardt)那样集理论研究、技术开发与工程设计咨询于一体的全能型工程大师了,大多数工程师及技术研究开发者的视野都被局限在一个幽深而狭窄的业务空间中,甚至形成了难以逾越的职业壁垒,从这个角度来看,通过一本能够掌握现代桥梁结构体系的发展脉络、了解桥梁工程技术的发展沿革及演化规律,从而在"了解全局"的基础上去"谋一域",更好地从事工程设计建造与技术开发,无疑具有方法论的价值,不仅十分必要,而且非常有益。

对于工程哲学辅线,则基于上一篇工程哲学的基本观点,采用夹叙夹议的方式,根据工程创新机制的五个要素即社会需求推动、科学技术支撑、自然与社会筛选、技术自我进化、工程大师点化,采用大的历史尺度来分析考查桥梁工程的发展演化规律,将工程哲学的观念、思想和方法,融合渗透到桥梁工程技术的内部,达到"随风潜入夜、润物细无声"的效果,进而促进一线工程师对工程哲学的领悟,催化工程智慧的沉淀和结晶。通过工程技术和工程哲学两个不同思维方式的碰撞与融合,期望能够促进工程师站在中宏观高度,构建完善自己的工程观,系统、思辨、全面地对桥梁工程创新进行再认识、再思考,在此基础上,启迪工程创新思维的养成,推动工程创新实践的展开。

此外,本篇梳理总结了不再适用于工程、基本退出工程应用的结构形式和构造,以便工程师了解这些曾经在工程发展过程上起到过重要作用,但最终消失在历史长河中的结构形式和典型构造,促使人们辩证、历史地看待这些"不成功"工程创新,把握它们对工程实践活动的推动作用和时代意义,领悟工程创新的历史局限性和时代性,感受技术创新与工程创新的异同,在大的历史尺度下理解工程、思考工程,将桥梁工程的经济指标与力学性能置于更加恰当的位置,并从哲学层面把握桥梁工程演化的推动力量和筛选因素。正如马克思在《路易·波拿马的雾月十八日》一文所指出的,"人们自己创造自己的历史,但是他们并不是随心所欲地创造历史,……而是在直接碰到的、既定的、从过去承继下来的条件下创造"(人民出版社2018年版,第9页),从这个角度来看,谁对工程历史理解得更为深刻透彻,谁就可能更好地把握未来工程,取得工程创新的成功。

以下就按照梁桥、拱桥、斜拉桥、悬索桥四种结构体系,对现代桥梁结构体系的发展脉络及主要工程创新成果进行全景式的描绘、粗线条的阐述,以便工程师能够将桥梁工程创新的历史、现状与未来联系起来,形成连续的技术图谱,整体把握技术创新、工程创新与工程演化的进阶之路。

第 2 章 梁 桥

2.1 概述

梁桥是所有桥梁体系中最基本、最成熟的形式,具有结构简单、施工方便、经济适用等技术经济优势,占到已建成桥梁总数的80%以上。梁桥的主梁结构由上缘、下缘和腹板构成,视腹板形式的不同,可以分为板式腹板梁桥和桁式腹板梁桥两种不同的结构形式。20世纪初期,钢桁梁进入了发展建设的高峰期,钢筋混凝土板梁、T梁、Π梁得到了普遍应用。其中,钢板梁、钢筋混凝土梁是中小跨径梁桥的主要形式,钢桁梁是大跨径梁桥的主要形式。

在大跨径梁桥中,1917年建成的、主跨548.6m的加拿大魁北克桥,1936年建成的、主跨426.7m的美国奥克兰海湾东桥是这一时期钢桁梁桥的代表,受计算能力的制约,这些大跨径钢桁梁桥都采用了静定的悬臂梁体系。在中小跨径梁桥中,自20世纪30年代,尤金·弗雷西奈(Eugène Freyssinet)、弗朗兹·迪辛格(Franz Dischinger)等工程大师开始探索预加应力的作用方式,克服混凝土抗拉强度过低的缺陷,展开了预应力混凝土结构的理论研究与工程实践。其中,弗朗兹·迪辛格在1937年建成了德国奥厄(Aue)车站跨线桥,成为预应力混凝土梁桥的最早工程实践(图2-2-1a)。与此同时,工程师们进一步探索钢材与混凝土的复合形式,先后提出了钢管混凝土、钢-混凝土组合梁、劲性混凝土梁等新的复合形式,并在地铁、房建、桥梁工程中开始了一些零星的工程实践活动。此外,巴西工程师E.H.鲍姆加特(E.H.Baumgart)借鉴钢桥的悬臂拼装施工方法,采用悬臂浇筑工法、于1930年建成了跨径为23.67m+68.50m+26.76m巴西佩奇(Peixe)河桥,在没有施加预应力的情况下实现了大跨径混凝土梁桥的无支架施工(图2-2-1b)。

a)德国奥厄车站跨线桥　　　　　　　　b)巴西佩奇河桥

图 2-2-1　混凝土梁桥早期工程实践的两座典型桥梁概貌

第二次世界大战以后,随着预应力技术的发展和成熟,混凝土梁桥以其优越的经济技术优势、相对简单的维护要求迅速兴起。新技术呈现出强烈的自我迭代进化态势,随着混凝土材料性能的改良、高强度钢筋的开发和悬臂施工方法的成熟,以及结构设计理论、分析计算手段的发展和迭代,相继发展出混凝土简支梁、T形刚构、连续梁、连续刚构、斜腿刚构、V形刚构、混凝土桁架梁、索辅梁桥等新的预应力混凝土梁桥的结构形式。在这个演化进程中,综合受力行为、使用性能、工程造价、施工简便程度及维护工作量等多个方面,钢筋混凝土及预应力混凝土简支梁占据了中小跨径梁桥的主导地位,预应力混凝土T形刚构、连续梁、连续刚构逐渐在大跨径梁桥中占据主流。20世纪50年代后,随着钢箱梁桥、组合梁桥的问世和发展,特别是随着斜拉桥的问世和推广应用,丰富了大跨径桥梁的结构形式,改善了大跨径桥梁建设的经济指标,在一些发达国家地区钢板梁桥逐渐淡出了工程领域,钢桁梁桥的竞争力不断下降、应用空间进一步被压缩,逐步退化为缆索承重桥梁的加劲梁或主梁。

从力学特性来说,梁桥的力学本质是将外荷载通过梁体的弯矩、剪力(对于桁架梁桥来说是轴力)传递给桥墩桥台。因此,从结构体系演化规律来看,梁桥的发展脉络基本上围绕着如何有效减小控制截面所承担弯矩剪力(对于桁梁来说是轴力)、改进无支架施工方法这两个核心技术问题在不断发展演化。在受力性能层面,从简支梁、连续梁向连续刚构、V形刚构、索辅梁桥发展,实质上都是在设法削减降低跨中截面、支点截面的内力峰值,使梁体内力分布更为均匀,以便更有效地发挥材料的性能,从而达到降低造价的目标。例如,量大面广的恒载简支、活载连续的装配式混凝土T梁和小箱梁便是这一技术思想的典型代表;对于超静定梁式桥,从等截面到变截面也是遵循同样的技术逻辑。在施工方法层面,预制拼装法、节段施工法、顶推施工法、转体施工法等无支架施工方法不仅提高了梁桥的施工效率和施工质量,而且有效降低了施工临时材料用量,显著改善了梁桥的经济指标。

从经济指标来看,经济性能和使用性能是内在力学特性的外在表现。梁桥经济性能主要与结构体系、建桥材料、施工方法、设计计算理论等密切相关,也存在一定的地域差异,从钢板梁、钢桁梁桥逐步演变为钢筋混凝土梁、预应力混凝土梁及组合梁桥,经济指标一直是最主要的筛选量。另一方面,使用性能体现为挠度、转角、频率、振幅、裂缝等,影响到行车的平顺性、舒适性和耐久性等,有些情况下也会成为某种结构体系推广应用的制约因素。梁式桥经过几十年的发展演化,其经济跨径如表2-2-1所示。

几种常用梁式桥经济跨径简表 表2-2-1

类别	梁桥形式	经济跨径(m)	制约跨径、影响经济指标的主要因素
混凝土梁桥	简支梁桥	5~50	①受力不够合理;②跨径增大时运输吊装困难
	连续梁桥	20~150	①对基础沉降比较敏感;②多跨一联时对支座、伸缩缝要求较高;③相比连续刚构需要进行体系转换
	连续刚构	100~250	①对温度、收缩徐变比较敏感,墩高较小时不宜采用;②跨径增大时恒载产生的内力所占比例过高
	V形刚构	100~150	

续上表

类别	梁桥形式	经济跨径(m)	制约跨径、影响经济指标的主要因素
组合梁桥	简支梁	30~60	①跨径增大时受力不够合理;②运输吊装困难,或需要临时支架,不够经济
	连续梁	40~100	①负弯矩区混凝土拉应力较大,容易开裂,影响耐久性;②支点截面下缘压应力过大,难以发挥钢材的优势
钢梁桥	钢桁梁	100~300	①跨径增大时钢压杆的材料强度难以充分利用;②节点构造比较复杂
	钢箱梁	100~200	跨径增大时钢箱梁底板腹板受压屈曲问题比较突出,材料强度难以充分利用
	钢板梁	20~60	①横向整体性、抗扭刚度相对于钢箱梁而言较差;②需要单独设置桥面系

以下根据材料构成,从钢梁桥、混凝土梁桥、组合梁桥三个方面,以力学行为、经济指标为核心,结合施工方法与分析计算理论,简要阐述第二次世界大战以后梁桥发展演化的历程。

2.2 钢梁桥

钢梁桥的结构形式主要有三种,即钢箱梁桥、钢桁梁桥和钢板梁桥。其中,钢板梁桥因整体性较差、用钢量较大,作为一种独立的结构形式现已很少采用。

(1) 钢箱梁桥

1948年,在德国科隆道伊泽尔桥(Deutz Bridge,原桥跨径布置为92.3m+184.5m+92.3m的自锚式悬索桥,建成于1915年)修复工程中,弗里茨·莱昂哈特(Fritz Leonhardt)首次采用了钢箱梁结构,重建的钢箱梁桥利用原有桥墩,采用铆接焊接并用的变截面连续梁结构,重建后的跨径布置调整为132m+184.5m+121m,用钢量仅为原桥的61%,这对第二次世界大战后资源紧缺的德国意义非同寻常。道伊泽尔新桥之所以能够大幅度降低用钢量,关键在于钢箱梁受力整体性好,抗扭刚度大,能够比较充分地发挥钢材的力学性能,提高了材料的利用效率。此后,1950年在联邦德国曼海姆库法尔茨(Kurpfalz)桥建设中,莱昂哈特借鉴船舶甲板的构造形式,首次采用了正交异性板桥面,钢箱梁的力学性能得以进一步优化,用钢量进一步降低,折合每平方米桥面面积用钢量仅为390kg,节省钢材用量约1/3,技术经济优势得以显现,钢箱梁遂成为钢桥发展和应用的主流。接下来的几十年里,联邦德国、巴西、日本、南斯拉夫建造了一大批跨径在200~300m的大跨径钢箱梁桥,如1951年建成的、跨径206m的联邦德国诺伊斯莱茵河(Neuss Rhine)桥,1966年建成的、跨径259m的动物园(Zoo)桥,1974年建成的、跨径300m的巴西里约—尼泰罗伊(Rio-Niterói)桥,在跨径100~300m的范围内,钢箱梁桥成为钢桁梁桥主要竞争者。

在巴西里约—尼泰罗伊桥建成后,钢箱梁桥的跨径一直没有超过300m,建设数量也不是很多。一方面是因为斜拉桥、混凝土连续梁连续刚构等新桥型的兴起和发展,压缩了钢箱梁桥的应用空间;另一方面是因为在支点截面附近,钢箱梁桥的底板及腹板受压,钢板的局部稳定性控制设计,高强度钢材性能难以充分发挥,加上超厚钢板制造加工也存在一定的困难,导致其经济指标恶化,在市场上没有什么竞争力。此外,大跨径钢箱梁桥因阻尼比比较小,容易产生涡激振动,往往需要采用调频质量阻尼器(Tuned Mass Damper,TMD)等振动控制装置,也是制约其发展的一个因素,如1995年建成的、主跨240m的日本东京湾大桥,结构形式为单箱三室的10跨钢箱连续梁,在设计阶段、风洞试验时就观测到明显的涡激振动现象;建成后在风速13～18m/s的情况下,观测到振幅高达50cm的涡振现象。为此,采用了16个TMD对该桥的第一阶、第二阶竖弯模态进行控制,最终将涡振振幅控制5～6cm以内。俄罗斯的伏尔加河大桥、我国的上海崇启长江大桥等多座钢箱连续梁桥也存在类似的涡振问题,采用TMD后方才使钢箱梁桥满足了正常使用要求。因此,在巴西里约—尼泰罗伊桥建成后的数十年间,钢箱梁桥作为一种独立的结构形式就再没有产生大的发展,应用也不算广泛,而是逐步退化为斜拉桥的主梁、悬索桥的加劲梁。总的来说,受工程当时当地性的影响,当跨径在200m左右时,欧美、日本倾向于采用钢箱梁桥,而我国则因国情不同,多采用预应力混凝土连续刚构桥。

(2)钢桁梁

钢桁梁是梁式桥最古老的结构形式,在19世纪末、20世纪初欧美铁路大建设时代就得到了广泛的应用,发展出Warren式(华伦式,即三角形桁架)、Howe式(豪式,即N形桁架)、K形桁架等多种形式,结构体系也由简支桁架梁演变为悬臂桁架梁及连续梁桁架梁,成为大跨径桥梁的主要形式。在第二次世界大战之前建成的比较著名的桁架桥有美国梅特罗波利斯(Metropolis)铁路桥(跨径215.8m的简支钢桁梁,1917年建成)、加拿大魁北克桥(主跨548.6m,1917年建成)、奥克兰海湾东桥(主跨426.7m的悬臂钢桁梁桥,1936年建成)等。

第二次世界大战以后,就结构体系而言,钢桁梁桥没有什么大的发展。在中等跨径,钢桁梁让位于预应力混凝土梁桥;在大跨径,钢桁梁让位于预应力混凝土连续梁和斜拉桥。之所以如此,主要原因在于钢桁梁桥存在数量众多的受压杆件,钢材材料性能难以得到充分发挥,导致其经济指标欠佳。因此,近几十年大跨径桁架梁桥的建设比较少,只是在一些特殊情况下偶有应用,更多的以斜拉桥及悬索桥的加劲梁的方式出现在工程中。比较有代表性的钢桁梁桥有中国成昆铁路三堆子金沙江铁路桥(跨径192m的简支钢桁梁,1969年建成)、美国巴里准将(Commodore Barry)公路桥(跨径501.1m的悬臂钢桁梁,中间挂孔跨径为250.5m,1974年建成)、日本东京门户(Tokyo Gate)大桥(跨径440m的连续钢桁梁,2012年建成),等等。

值得一提的是,2020年建成的宁波三官堂大桥颇具特色,为适应河口地形、避免水中基础、减小引桥工程规模,该桥采用了全焊连续钢桁梁桥,跨径布置为160m+465m+160m,采用两片变高度N形桁架、正交异性钢桥面,桥面全宽45.9m,跨中桁高14.5m、边墩处桁高15.0m、中墩处桁高42.0m、标准节间15.0m;桁架主体采用Q420qE钢,桥面采用Q345qD正交异性钢桥面系。为控制温度产生的次内力及变形,主桁共设置4个合龙点,并在中跨合龙后将边支座顶升 800mm,以调整主桁和支座内力,确保大桥按设计意图的精确合龙。同时,在梁端设置 4 根直径 65mm 的高强拉杆,以承担可能出现的支座负反力,并提高抗倾覆稳定性,见图 2-2-2。

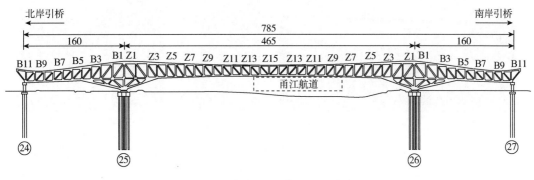

图 2-2-2 宁波三官堂大桥总体布置(尺寸单位:m)

案例 2-2-1

张弦梁
——一种应对非常规的跨径布置的结构形式

在梁式桥的设计建造中,常常会因地质、地形、水文等实际情况的制约,使得跨径划分布置超出了合理区间,由此导致梁体内力分布不合理、结构设计困难。面对这一问题,张弦梁不失为一种解决不合理跨径布置的工具。张弦梁是一种由刚性上弦构件、柔性拉索、中间连以撑杆形成的自平衡结构体系,具有结构体系简单、受力明确、结构形式多样、施工简捷方便、充分发挥了刚柔两种材料特点等优势,最早应用于 1859 年建成的皇家阿尔伯特桥(Royal Albert Bridge),后来由日本学者 M.Saitoh 进一步明确其概念内涵。目前,在大跨空间结构、屋盖结构中应用较多,但在活荷载较大的桥梁中应用相对较少。以下列举三个在桥梁工程中应用张弦梁的实例。

德国耐卡(Neckar)桥建成于 1978 年,是德国 A81 高速公路的一座跨谷桥,桥面高出谷底 127m,由于边跨的地质条件较差,存在滑坡的隐患,不能设置桥墩。为此,设计者弗里茨·莱昂哈特不得不突破连续梁中边跨比的合理区间,在边跨采用大跨,边跨中跨之比达 1.89,跨径布置为 233.62m+3×134.32m+253.2m=889.8m,采用高度 6m 的等截面钢箱梁。对于这一不合理的跨径划分方式,莱昂哈特采用了张弦梁结构,利用钢丝绳、钢压杆给边跨跨中提供弹性支承,以减小边跨跨中的正弯矩。张弦梁这种特殊的体外预应力束应用方式,反映了设计者对拉索弹性支承作用、调整梁体内力的深刻洞察和灵活应用,体现了因地因时制宜的工程观念。此外,该桥为 6 车道,桥面宽度为 31.5m,为减小高墩尺寸、节省下部结构的材料用量,形成通透、纤细的景观效果;该桥采用了大挑臂截面,钢箱梁底宽仅为 10.0m,用钢管斜撑来支撑悬挑长度 10.75m 的钢箱梁翼板。该桥的总体布置、局部构造见图 2-2-3。耐卡桥设计既因地制宜、顺应自然,又非常前卫大胆、构思巧妙,即使在几十年之后的今天,仍有许多值得借鉴之处。

a)总体布置

b)张弦梁及大挑臂局部构造

图 2-2-3 耐卡桥总体布置及局部构造

1993 年建成的、由约格·施莱希设计的德国克莱姆跨线桥(Kirchheim Overpass),为跨径 17.64m+34.44m+17.64m 的预应力混凝土斜腿刚构,为顺应高速公路两侧地形、减少引道路基填土量,该桥混凝土梁高仅为 0.4m,高跨比达 1/86。显然,面对这一高跨比,采用常规的预应力混凝土斜腿刚构难以满足受力要求,于是设计者采用张弦梁的形式来应对过小的高跨比。在实施过程中,为增强拉索的耐久性,又采用混凝土将体外索包裹起来,创造了结构造型与力学图式的完美融合,给人形成了稳健有力、轻巧纤细、简洁流畅的强烈感受。

由建筑大师贝聿铭设计、1997 年建成的日本美秀美术馆桥(Miho Museum Bridge),是一座跨径 114m 的斜拉人行桥。该桥属于美秀美术馆的配套工程,跨越风景秀丽的山谷,前接隧道、后接美秀美术馆,为实现桥梁结构与环境协调、减少工程体量、将结构融于自然环境的总体目标,该桥采用拱形索塔的斜拉桥、将背索锚固在隧道上。面对跨径较大与锚固点高度不足、斜拉索夹角过小的冲突,设计者采用了张弦梁这种结构来应对非常规的跨径布置,实现了技术与艺术的高度和谐统一。

以上两座张弦梁桥概貌见插页彩图 10。这种由刚性梁、柔性拉索、中间撑杆形成的自锚式结构体系,广义上属于索辅梁的一种(索辅梁的概念详见本篇 4.3 节)。柔性拉索帮助刚性梁受力,分担了一定比例的内力,通过柔性拉索将梁体受弯转换为梁体受压,很好地克服了因地形地质造成的不合理跨径布置的困难,有效降低了梁高。目前,张弦梁在欧洲、日本、美国得到了一定的应用,已建成的各类张弦梁多达 30 余座,主梁材料包括钢梁、混凝土梁、建筑玻璃等多种,用途包括人行桥、车行桥等。但遗憾的是,在我国当遇到连续梁桥、连续刚构桥跨径划分不合理的情况时,工程师更愿意尝试其他方案,尚无采用张弦梁的工程案例。

案例 2-2-2

日本东京门户大桥
——特殊建设条件下结构造型的创新

日本东京门户大桥(Tokyo Gate Bridge)位于东京湾,桥梁位于东京羽田国际机场的航线下方,桥梁高度必须限制在98.1m以下,而桥下通航净宽要求为300m、通航净高为55m,因此必须采用大跨径桥梁,但不能采用斜拉桥或悬索桥等桥型。面对这一特殊的建设条件,钢桁梁桥虽然在跨越能力方面不存在困难,但要将桥梁跨越能力与体现技术进步、构建新的城市景观协调起来却并非易事。经反复比较,有关方面推陈出新,对传统的钢桁梁进行了大胆革新,兼顾受力要求、架设方法、艺术造型等多个方面,最终选用了跨径布置为160m+440m+160m的钢桁架-箱梁组合的主桥结构,如图2-2-4所示。

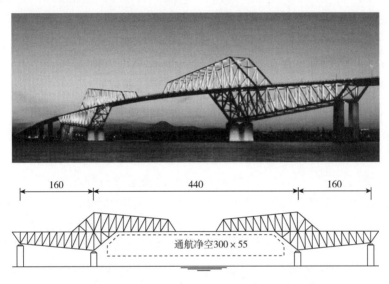

图 2-2-4　日本东京门户大桥总体布置及概貌(尺寸单位:m)

该桥桁梁高度87.8m,钢材用量约36000t,在造型、构造、材料、架设方法等方面都颇具特色,是日本大跨径钢桥的代表,该桥于2012年建成。在造型上,两岸四组巨大的桁架犹如两只隔海相望的巨型恐龙,形成了独特、新的城市景观,桁高变化既很好地顺应了结构内力的变化规律,又兼顾展示了艺术表现力,构建了简洁现代、孔武有力的桥梁造型,给人一种强烈的力度感;在构造上,采用了Z形节点构造、I形风撑等,以增强钢桁架的通透性;在材料上,该桥采用了屈服强度为570MPa的高性能钢材,以减小构件截面尺寸、提升结构的加工焊接性能;在施工方法上,采用了大节段组拼、整体吊装的施工架设方法,主桥分三次架设,最大吊装质量达7400t,最大限度地减少桥梁施工对航运的干扰。

2.3　混凝土梁桥

混凝土梁桥是应用最广的桥梁形式,具有造价低廉、施工方便、耐久性相对较好等优势,占据到既有桥梁数量的70%左右,在我国,这一比例更高。混凝土梁桥的主要力学指标可归结为:主梁的弯矩、剪力和刚度,桥墩的轴力、弯矩和剪力。对于主梁,以受弯为主、受剪次之,不均匀分布、过大的弯矩会显著降低材料的利用效率,总体上将导致材料的浪费和经济指标的恶化。对于桥墩,轴力往往不是控制因素,而弯矩过大则可能导致桥墩的开裂或整体倾覆。混凝土梁桥主要形式有简支梁、连续梁、T形刚构、连续刚构、V形刚构等,混凝土梁桥的典型受力图式见图 2-2-5。以下根据混凝土梁桥典型受力图式、力学行为及材料用量，简要梳理现代梁桥的发展脉络。

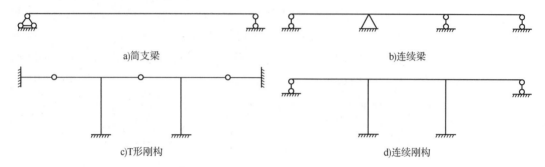

图 2-2-5 混凝土梁桥的典型受力图式

（1）简支梁

简支梁是梁桥最简单、最常用的中小跨径桥梁结构形式。简支梁属静定结构，在纵向，结构内力不受地基基础变形、环境温度变化、收缩徐变及预应力次内力的影响，具有较好的环境适应性；在横向，一般分为若干片梁肋或小箱，以便于进行标准化预制、运输、架设和拼装。另一方面，由于简支梁只承受正弯矩的作用，跨中截面的弯矩较大，通常控制设计，当跨径增大时，恒载产生的弯矩占比迅速升高（对于公路简支梁桥，跨径 20m 时，恒载产生的弯矩约占总弯矩的 40%；跨径 50m 时，恒载产生的弯矩约占总弯矩的 65%）。由于恒载、活载产生的弯矩大致与跨径的平方成正比，随着跨径的增大，恒载产生的跨中弯矩、支点剪力急剧增大，导致梁体能够承受活荷载的能力显著下降。此外，起吊运输能力、混凝土抗裂能力也是制约简支梁的因素之一。因此，钢筋混凝土简支梁的合理跨径一般在 20m 以下，预应力混凝土简支梁的合理跨径一般在 50m 以下。表 2-2-2 给出了目前我国常见跨径公路简支梁几种主要截面形式（空心板、T 梁、小箱梁）材料用量的代表值，从中可以大致反映出其经济性能。

公路混凝土简支梁常见跨径材料用量（折合每平方米桥面）　　表 2-2-2

跨径(m)	截 面 形 式	混凝土(m^3)	普通钢筋(kg)	预应力筋(kg)	资 料 来 源
13	钢筋混凝土空心板	0.68	148.2	—	实际工程施工图
16	钢筋混凝土 T 梁	0.41	80.1	—	实际工程施工图
20	预应力混凝土 T 梁	0.46	87.4	8.8	交通运输部标准图
20	预应力混凝土空心板	0.68	95.1	16.1	交通运输部标准图
30	预应力混凝土 T 梁	0.53	98.2	14.9	交通运输部标准图
30	预应力混凝土小箱梁	0.57	91.4	20.3	广东省标准图
40	预应力混凝土 T 梁	0.66	112.4	23.8	交通运输部标准图
40	预应力混凝土小箱梁	0.64	104.8	27.7	广东省标准图
50	预应力混凝土 T 梁	0.81	130.4	35.7	实际工程施工图

注：1.表中材料用量包含梁体预制部分、现浇部分及整体化层的数量。
　　2.材料用量随着设计荷载、钢筋强度、桥宽及装配方式等因素会有一些变化。

为克服简支梁的受力缺陷,在公路桥梁设计时,人们常常采用先简支、后连续的施工方法来削减简支梁跨中截面的弯矩峰值。具体做法有三种。一是桥面连续措施,即通过强化桥面铺装的连续作用,起到降低活载内力、改善行车性能的效果,但在计算时仍采用简支图式。二是结构连续措施,即在架设后将相邻梁体用预应力束联结起来,使结构在恒载作用下处于简支状态,在活载作用下的受力图式转变为连续梁。三是在桥墩高度较大的山区桥梁中,除了将相邻梁体用预应力束联结起来,还将桥墩和梁体固结为一体,使结构在活载作用下的受力图式转变为连续刚构。

近20年来,为了增强公路简支梁的横向整体性、降低墩台基础的施工难度、减小建造费用、加快施工进度,在跨海长桥的引桥中常常采用箱形截面形式,采用标准化设计、工厂化整孔预制、运架一体的千吨级架桥机或浮吊进行施工,以提高施工效率、提升工程品质。例如,我国东海大桥、杭州湾大桥等跨海桥梁均采用了跨径60~70m的预应力混凝土简支箱梁,丹麦大带海峡西桥采用了跨径82~110m的大节段预制混凝土箱梁,并专门研制开发了梁场移梁装备,以及集梁体运输和架设于一体的大型浮吊,采用整孔架设方法,使结构在一期恒载作用下处于简支状态,在二期恒载及活载作用下处于连续状态。

与此同时,在铁路桥梁特别是高速铁路桥梁建设中,为增强梁体的受力整体性、增大简支梁的刚度,普遍采用混凝土简支箱梁。以我国为例,在高速铁路(客运专线)及城际铁路的建设中,为节约铁路建设占地、减小线路沉降,常常采用以桥梁代替路基的工程措施。截至2019年底,我国高速铁路运营里程达3.5万km,其中桥梁总长度超过1.6万km,桥梁长度占高速铁路线路长度超过45%,而32m预应力混凝土简支箱梁桥又占高铁桥梁总长度的85%以上。32m整孔箱梁重约820t(其中,混凝土用量327.6m^3,普通钢筋用量60t,钢绞线用量11t),具有横向竖向刚度大、动力性能好、架设方便、造价比较低廉等诸多优势,是我国现有高铁桥梁的最主要、最成熟的结构形式。此外,我国已经成功研制开发40m跨径的高铁简支箱梁标准图以及配套的施工架设装备,40m预应力混凝土简支箱梁重925t,跨越能力较32m箱梁增加了25%,但重量仅增加了12.8%,桥墩数量减少了约20%,技术经济优势非常明显。借助于500吨级梁场提梁机、1000吨级"昆仑号"运架一体架桥机进行架设,已在郑州—济南高速铁路、福州—厦门高速铁路的建设中得到了规模化应用。

另一方面,高速铁路中普遍采用无砟轨道形式。相比于无砟轨道,有砟轨道虽然具有弹性好、后期线型可调整量大等特点,但是稳定性差、维护工作量大、最高运行速度为250km/h。无砟轨道具有稳定性好、运行舒适、耐久性好、养护维修工作量小、有效避免道砟飞溅等特点,运行速度可达350km/h,是我国高速铁路主要轨道类型。无砟轨道的采用,要求桥梁具有较大的横向、竖向刚度,良好的动力性能以及稳定可控的徐变变形和温度变形,在竖向荷载作用下,梁体挠跨比不得大于计算跨径1/1900~1/1400(随着运营速度的提高趋于严格),相邻两孔梁之间转角不得大于3‰,桥台与桥梁之间转角不得大于1.5‰;在列车横向摇摆力、离心力、风力和温度的作用下,梁体水平挠度不大于计算跨径的1/4000;在各种轨道不平顺的激励下,车辆的竖向加速度、横向加速度不得大于1.3m/s^{2}及1.0m/s^2。为此,围绕混凝土简支箱梁长期性能的优化和无砟轨道的运营要求,普遍采用预应力技术将跨中截面上下缘应力差控制在 3~4MPa,以使梁体截面在使用过程中长期处于均匀受压状态,实现将箱梁的徐变变形控制在 10mm 以内的目标,以利于无砟轨道的铺设和运营;围绕箱梁的施工,采取工厂集中预制的质量保证手段,并研发了提、运、架全套大型施工设备,一套设备每天可运架箱梁 2~4 孔,施工速度非常快。

(2) T 形刚构

当跨径大于 50m 时,由于简支梁桥受力不够合理,材料利用效率不高,加上单片梁体的重量较大,运输及吊装存在一定困难,简支梁桥的竞争力迅速降低。1953 年,乌立希·芬斯特沃尔德(Ulrich Finsterwalder)在联邦德国尼伯龙根(Nibelungen)桥的建设中,创造性地利用预应力技术进行平衡悬臂浇筑施工,克服了制约大跨径混凝土梁桥发展的施工困难。该桥为主跨 114.20m 的 T 形刚构,截面为窄箱梁,因其受力图式简洁、设计施工简便,一经问世便受到了工程界的欢迎。1965 年,随着联邦德国本多尔夫桥(Bendorf Bridge,主跨 208m、跨中设铰的 T 形刚构)的建成,标志着大跨径预应力混凝土桥悬臂施工技术、箱梁三向预应力逐步成熟,设计计算理论基本完善。T 形刚构是一种墩梁固结、桥墩参与梁体受弯、具有悬臂特点的梁式桥,因其施工计算图式与运营计算图式高度一致,计算简便,无须体系转换,无须设置支座,因而得到了比较广泛的应用。此后十多年间,桥梁界相继发展出跨中设铰的 T 构、跨中带挂孔 T 构等多种结构体系,施工方法从悬臂浇筑法发展到悬臂拼装法,材料用量和经济指标得到了进一步的优化。

然而,T 形刚构在结构刚度、变形连续性、动力性能、行车性能等方面存在一些先天缺陷,导致其使用性能欠佳,在应用二十多年后这些问题逐渐显现。进入 20 世纪 80 年代,随着混凝土连续梁、连续刚构的兴起,T 形刚构逐步退出了大跨径混凝土梁桥的行列,在一些特殊地形地质情况下还偶有应用。目前,全世界建成的跨径大于 100m 的 T 形刚构超过 100 座,最大跨径者为 1981 年建成的重庆石板坡长江大桥,主跨跨径为 174m。

(3) 连续梁

为了克服 T 形刚构的缺点,在 T 形刚构发展的同时,人们利用悬臂施工法、顶推法开始建造混凝土连续梁桥的尝试。混凝土连续梁桥奠基之作是由弗里茨·莱昂哈特设计、1963 年建成的委内瑞拉卡罗尼河桥(Caroni River Bridge),该桥跨径布置为 48m+4×96m+48m,采用顶推法施工。稍后于 1965 年建成的、由让·穆勒(Jean Muller)设计法国舒瓦齐勒罗瓦桥(Choisy-le-Roi Bridge,主跨为 55m 的连续梁)首次采用了悬臂节段拼装工法。顶推法和悬臂拼装法的诞生,有效缩短了大跨径混凝土梁桥的施工工期,强化了预应力混凝土连续梁的竞争优势,标志着预应力混凝土梁桥进入成熟期。

相对于 T 形刚构,连续梁有两个显著的比较优势:一是依赖于跨中正弯矩的分配作用,支点负弯矩减小了 30%~40%,梁体受力更为均匀,材料利用效率更高;二是结构刚度大幅度提升,行车性能、动力性能比较优越,在活载作用下跨中挠度仅为 T 形刚构的 30% 左右。相对于简支梁,连续梁也有两个优势:一是由于支点负弯矩的卸载作用,跨中正弯矩显著减小,减小幅度可达 40%~60%,弯矩分布比较均匀,这就意味着材料的性能可以得到更为有效的发挥;二是连续梁可以采用悬臂节段法、顶推法、转体法等多种工法进行施工,受运输、吊装等条件的约束限制程度大为降低,结构的适应性大大增强。

连续梁属超静定结构,基础不均匀沉降、环境温度变化、混凝土收缩徐变、预应力等均会产生次内力,一般多采用三跨一联或五跨一联,当跨径大于150m或联长较大时,连续梁的支点负弯矩、剪力峰值会急剧增大,对伸缩缝和支座的制造安装要求较高。正是这些原因,当跨径大于150m时,其技术经济优势不再明显,让位于连续刚构等结构形式。目前,在跨径20~150m的范围内,连续梁均有显著的经济技术优势。全世界建成的大跨径混凝土连续梁数量非常多,国外跨径最大者为1974年建成的瑞士摩萨尔(Mosel)桥,主跨跨径为192m;国内跨径最大者为2001年南京长江二桥北汊桥,跨径布置为90m+3×165m+90m。当中跨部分采用钢箱梁时,混凝土连续梁的跨越能力还可以进一步提升,如主跨2×202m的佛山龙翔大桥,受主墩高度较小等因素的制约,采用了连续梁体系,为增强跨越能力,在主跨跨中采用了长75m的钢箱梁。

(4) 连续刚构

为了适应更大跨径混凝土梁式桥建设的需要,1974年,克里斯蒂安·梅恩(Christian Menn)结合T形刚构和连续梁的优点、创新设计的瑞士弗尔泽瑙(Felsenau)连续刚构桥建成,该桥全长1176m,跨径布置为94m+144m+144m+94m,在主跨采用双薄壁墩,在边跨采用单薄壁墩,巧妙地克服了T形刚构和连续梁的不足。与连续梁相比,由于连续刚构的桥墩参与梁体受弯,减小了跨中弯矩和挠度,降低幅度可达5%~9%,且省去了支座的安装与维护费用;与T形刚构相比,连续刚构的结构刚度大为增加,桥墩弯矩峰值大幅降低,截面得以减小,活载作用下跨中挠度仅为同等跨径T形刚构的20%~30%。但因连续刚构墩梁固结,桥墩具有一定的纵向抗推刚度,温度变化、混凝土收缩徐变都会产生墩身附加弯矩,不太适合桥墩较矮、跨径较小的情况。为此,如何匹配墩梁刚度就成为连续刚构设计的关键,常用的对策是采用双薄壁墩。双薄壁墩不仅可以削减25%左右墩顶截面的梁体负弯矩,而且在同等截面面积的情况下,其抗推刚度仅为单壁墩的1/4,可以有效减小纵向抗推刚度,增大抗扭刚度,提高施工期间的抗风能力。当联长较大,墩高差异较大时,也可以采用连续刚构-连续梁混合体系予以应对,即对高墩采用墩梁固结方式,削减梁体的支点负弯矩峰值;在矮墩上设置支座,释放温度、收缩徐变产生的变形。

连续刚构具有受力性能优越、行车性能良好、结构构造简单等诸多优点,在1980年后在世界各地得到了迅速发展,澳大利亚于1986年建成了主跨260m的门道(Gateway)桥,葡萄牙于1991年建成了主跨250m圣约翰(Sãojoão)双线铁路桥(这是连续刚构第一次在大跨径铁路桥中的应用)。我国从1988年开始,相继建成了主跨180m的广州洛溪大桥、主跨245m的黄石长江大桥等数十座大跨径连续刚构桥,并在1997年建成了创纪录的、主跨270m的虎门大桥副航道桥(该桥支点截面弯矩高达$4×10^9 N·m$,是迄今为止世界上弯矩最大的构件),等等。当连续刚构跨径达到300m时,恒载产生的弯矩占总弯矩的比例高达90%以上,梁体抗弯承载能力能够提供给活载利用的空间变得非常小,虽然在主跨跨中区域采用轻集料混凝土可以一定程度降低恒载内力占比,如主跨301m的挪威斯托马(Stolma)连续刚构桥,为了减小支点弯矩,在主跨中部182m长的区段内采用了密度约$1.6t/m^3$轻质混凝土,但连续刚构的经济技术优势已不再明显,加上预应力混凝土结构的长期受力性能不易准确把控,不得不让位于拱桥、斜拉桥等结构体系。目前,全世界建成跨径大于 200m 的连续刚构超过 100 座,其中 60% 以上在中国,最大跨径者为 2006 年建成的重庆石板坡长江大桥复线桥,主跨跨径为 330m。为降低恒载弯矩,该桥在中跨 110m 范围内采用了钢箱梁。这种中跨部分采用钢箱梁的连续刚构桥也被称之为钢-混凝土混合梁桥,近年来在大跨径连续刚构中得到了一定应用,如泉州成功大桥(主跨 300m)、晋江安海湾大桥(主跨 300m)、福州三江口大桥(主跨 240m)、温州瓯越大桥(主跨 200m)等,在中跨都采用了长度不一的钢箱梁节段。此外,针对连续刚构桥长期挠度大、箱梁开裂等不足,近年来我国在西部山区桥梁建设中进行了空腹式连续刚构的创新尝试,建成了多座跨径接近 300m 的空腹式连续刚构桥,取得了很好的技术经济效益,值得进一步推广。

(5) V 形刚构、斜腿刚构

在连续刚构的基础上,为了减小计算跨径,人们在工程实践过程中,又进一步发展出 V 形刚构、斜腿刚构。V 形刚构、斜腿刚构缩短了主梁的计算跨径,减小了内力峰值,降低了梁体高度,节省了梁体的材料用量,在造型上也比较有特色。但由于 V 形刚构、斜腿刚构存在 V 形墩或斜腿施工比较复杂、临时费用较高,以及纵向抗推刚度较大、在温度及收缩徐变作用下产生的附加内力较大的问题,应用条件较为严苛,适用跨径范围多在 100~200m 之间,竞争优势相对有限,总体上应用不是很广泛。

总的来说,梁桥的内在力学特性,决定了其外在的使用性能和经济指标。为便于理解简支梁、T 形刚构、连续梁、连续刚构四种典型结构的力学性能与使用性能的差异,现以典型三跨梁式桥为例,将其控制截面弯矩罗列如图 2-2-6、表 2-2-3 所示。另一方面,为便于比较经济指标,现根据我国近 30 年建成的若干座大跨径公路混凝土梁桥的公开资料,将连续梁、连续刚构两种典型梁桥结构的材料用量加以呈现,如表 2-2-4 所示,从中可以较为全面、客观地把握大跨径公路混凝土梁桥建设的经济指标。

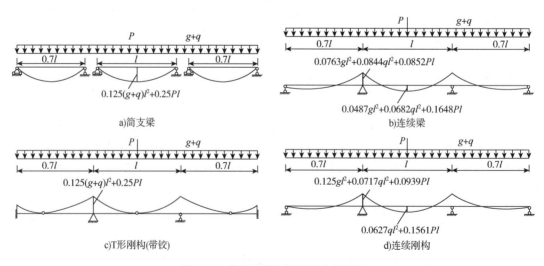

图 2-2-6 典型三跨梁式桥弯矩分布简图

典型混凝土梁桥结构体系的力学性能指标简表 表 2-2-3

力学指标		简支梁桥	连续梁桥	T形刚构(带铰)	连续刚构
恒载	跨中正弯矩	$0.125gl^2$	$0.0487gl^2$	0	0
	支点负弯矩	0	$0.0763gl^2$	$0.125gl^2$	$0.125gl^2$
活载	跨中正弯矩	$0.125ql^2+0.25Pl$	$0.0682ql^2+0.1648Pl$	0	$0.0627ql^2+0.1561Pl$
	支点负弯矩	0	$0.0844ql^2+0.0852Pl$	$0.125ql^2+0.25Pl$	$0.0717ql^2+0.0939Pl$
	跨中挠度	$\dfrac{0.0130ql^4+0.0208Pl^3}{EI}$	$\dfrac{0.0059ql^4+0.0102Pl^3}{EI}$	$\dfrac{0.0189ql^4+0.0425Pl^3}{EI}$	$\dfrac{0.0055ql^4+0.00094Pl^3}{EI}$

注:1. 表中 l 为跨径,g 为恒载集度,q 为活载集度,P 为活载集中力,EI 为梁体抗弯刚度。
2. 计算模型取三跨等截面梁,并假设边中跨比例为0.7。
3. T形刚构、连续刚构采用悬臂节段施工方法。

若干座典型大跨径公路混凝土梁桥材料用量简表 表 2-2-4

结构体系	桥名	跨径组合(m)	建成时间(年)	混凝土用量(m^3/m^2)	钢材用量(kg/m^2)	造价(万元/m^2)
连续梁	广西柳州柳江二桥	9×60	1984	0.72	91.1	
	广州珠江三桥(广州大桥)	80+110+80	1985	0.83	135.9	—
	湖北沙洋汉江公路大桥	63+6×111+63	1985	0.88	124.4	
	常德沅水大桥	84+3×120+84	1986	0.85	155.2	
	云南六库怒江大桥	85+154+85	1991	1.73	176.0	
	黄浦江奉浦大桥	85+3×125+85	1995	0.91	171.2	
	广东佛开高速公路九江大桥	50+100+2×160+100+50	1996	1.79	194.6	
	南京长江二桥北汊桥	90+3×165+90	2001	0.96	199.5	
连续刚构	广州南沙港高速公路海星沙大桥	138+250+138	2004	3.31	550	0.8757
	福建宁德下白石大桥	145+2×260+145	2003	3.54	555.1	1.04
	云南红河大桥	58+182+265+194+70	2003	2.60	636.5	0.604
	广州琶洲大桥(V形刚构)	70+135+160+135+70	2003	0.953	284.2	0.98
	重庆石板坡长江大桥复线桥	87.75+4×138+330+133.75	2006	2.64	673.6	2.04
	重庆嘉华嘉陵江大桥	138+252+138	2007	2.94	510.7	1.01
	Raftsundet桥(挪威)	86+202+298+125	1998	2.02	482.2	—
	Stoma桥(挪威)	94+301+72	1998	2.74	440.2	—

注:1. 以上资料主要来源于《面向创新的中国现代桥梁》。
2. 作为参照,表中列出来挪威两座连续刚构的材料用量。

随着混凝土梁桥跨径增大,恒载产生的荷载效应占比越来越高,当跨径达到300m时,恒载产生的内力占比通常在90%左右,能够提供给活载利用的空间仅余10%左右,导致混凝土梁桥建设的经济指标不断劣化。此外,大跨径混凝土梁式桥的徐变变形估计计算、箱体开裂与预应力损失的交织影响等长期结构行为问题一直未能得到彻底解决,导致大跨径连续梁、连续刚构不同程度地存在梁体下挠、箱梁开裂等缺陷,也一定程度影响了混凝土梁桥的发展。因此,当跨径达到300m左右时,梁桥因在受力性能上不够合理、在使用性能上不够理想、在经济性能上缺乏竞争力,而逐步让位于其他结构体系。

案例 2-2-3

空腹式连续刚构
——传统结构体系改良的工程实践

连续刚构根部梁高一般为 $L/20\sim L/15$(L 为跨径,下同),跨中梁高为 $L/60\sim L/50$,当跨径在 250~300m 时,根部的梁高一般为 13~17m,外观显得过于笨重,负弯矩峰值也非常大,悬臂根部箱梁底板厚度一般在 1.5m 以上,导致混凝土收缩徐变效应比较突出,且不太容易准确分析计算,常常产生跨中下挠、梁体开裂等各种缺陷或隐患,结构长期行为并不令人满意,成为影响大跨径混凝土梁桥持续发展的主要因素之一。

基于上述原因,2013年,中交第二公路勘察设计研究院在贵州水盘高速公路北盘江大桥建设中,采用了跨径布置为 82.5m+220m+290m+220m+82.5m 空腹式连续刚构,即将连续刚构支墩附近的实腹梁体分解为桥面箱梁和V形斜撑,把传统的、厚重的实腹梁段改造成空腹式三角形梁段,将梁式截面受力模式转变为框架的受力模式,形成一种改良的连续刚构新的结构形式。其中,空腹区域的下弦为偏心受压结构,主要起承压作用,上弦为偏心受拉结构,以平衡下弦的水平力,上、下弦汇合后成为实腹梁,其受力特性与常规连续刚构相似。空腹式连续刚构主要特点是:①通过将根部总高度增大至 $L/9\sim L/7$,使结构呈现出一定的梁-拱组合的力学效应,从而提高了结构承载效率,增大了连续刚构的刚度与跨越能力;②对于梁体而言,由于下弦的支撑作用,减小了跨中实腹梁段的长度,减小了跨中梁段的内力和挠度,主梁内力得以明显优化,跨中梁高得以减小,通常仅为 $L/70\sim L/50$;③对于墩柱而言,由于下弦的设置,减小了墩柱高度,改善了高墩的稳定性和受力性能。

空腹式连续刚构的适用跨径较常规的连续刚构有所增大,最大跨越能力可达到400m,非常适合山区大跨高墩梁式桥。空腹式连续刚构可采用平衡悬臂施工方法,但挖空三角区的施工稍显复杂。此外,空腹式连续刚构的设计参数多、可选范围大,外观造型也显得轻巧灵动,对建设条件的适应性较强,工程造价也较连续刚构有所降低。在贵州水盘高速公路北盘江大桥建成后,我国又先后建设了贵州黄平高速公路甘溪大桥、重庆礼嘉嘉陵江大桥、湖北鹤峰云南庄大桥等多座空腹式连续刚构。其中,2020年建成的贵州黄平高速公路甘溪大桥跨径布置为 155m+300m+155m,创造了该类桥型的跨径纪录,该桥总体布置及挖空三角区施工示意见图2-2-7。

空腹式连续刚构的工程实践表明:经过数百年的发展演变,虽然桥梁结构只有梁桥、拱桥、斜拉桥、悬索桥四种基本体系,但对传统结构体系进行因地制宜改良的空间始终存在,结构形式、结构构造的改良改进永远是工程创新的主渠道。

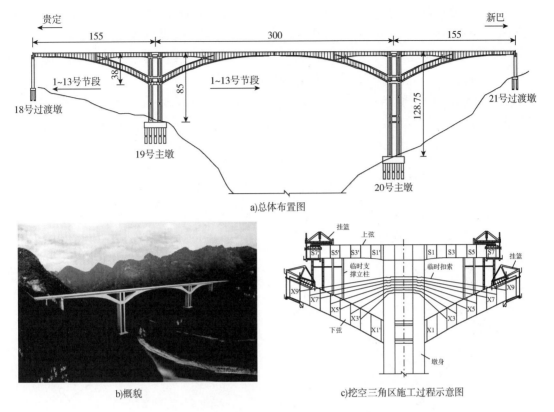

图 2-2-7 贵州黄平高速公路甘溪空腹式连续刚构大桥概貌(尺寸单位:m)

案例 2-2-4

小半径曲线连续梁桥变形的约束与释放
——设计思想如何顺应结构受力机理

在城市立交桥建设中,小半径混凝土曲线连续梁是一种常用的结构形式,也是病害隐患比较多见的结构形式。由于小半径曲线连续梁存在明显的弯扭耦合作用,在温度、收缩作用下会产生径向变形,在徐变及预应力作用下会产生切向变形,在活载作用下会产生扭矩及离心力,导致梁体内外侧受力产生明显的差异,从而引起支座或墩柱产生较为复杂的横桥向、纵桥向的变形,如图 2-2-8a)、b)所示。此外,支座反力及桥墩桥台的内力状态受外部环境及约束方式的影响较大,上下部结构匹配对受力行为也有明显的影响,布置不当时会在梁体或墩柱中产生较大的次内力,严重时甚至会产生病害。

从我国多座城市立交桥的运营情况来看,曲线梁桥的病害十分普遍,常见病害有以下几种:①梁体、帽梁开裂。曲线梁桥常设置双支座抗扭,一侧支座脱空后,另一侧支座受力过大而引起梁体及帽梁局部开裂。②梁体侧移、转动。梁体结构产生难以恢复的径向变位,外移量逐年增加,当径向变位累积到一定量后,梁体存在爬行、脱落、失稳的可能。③支座破坏。在恒载活载作用下曲线梁桥梁端内、外侧支座受力不均,内侧支座可能产生脱空现象,外侧支座可能产生过大的、难以恢复的变形。④下部结构开裂。由于预应力的径向力及活载扭矩的作用,使梁体产生扭转变形,如果墩梁联结方式不当或下部结构刚度过大,就会导致墩柱开裂甚至产生破坏现象。近20年来我国工程实践表明,上述病害得不到及时发现处理时,往往会演化为工程事故,轻者导致曲线梁爬移,影响行车的舒适性,严重时会导致曲线梁整体倾覆倒塌,例如2000年发生的深圳华强北立交A匝道爬行470mm的运营事故,又如杭州某非机动车匝道桥2017年发生整体侧倾事故等,这些事故造成了很大的社会负面影响,引起了桥梁界的高度重视。

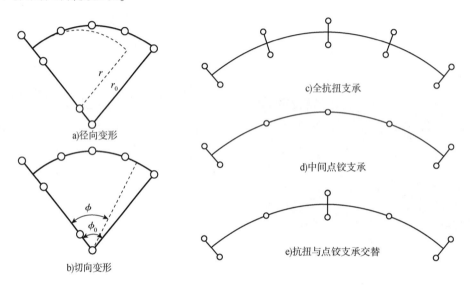

图 2-2-8　曲线连续梁变形的约束与释放示意图

曲线梁桥产生病害或工程事故产生的原因比较复杂,属于典型的多因一果,既有设计缺陷错误,也包括施工偏差乃至施工错误,还与检测养护不到位相关。一般而言,支承方式不当或支座设计安装错误、施工偏差是曲线梁桥产生上述病害的主要原因。就设计而言,对于曲线连续梁桥,当采用点铰支承时,在活荷载作用下梁端将产生较大的扭转变形,从而在梁端与桥台墙背间产生上下的相对变形,这将导致伸缩缝破坏。为了保证伸缩缝正常工作,一般在两端的桥台设置能够抵抗扭矩的支座,中间支承可以采用抗扭支承或点铰支承,或交替使用两种支承形式,如图 2-2-8c)~e)所示。研究表明:对于曲线半径较小的梁桥,不论中间支承采用何种形式布置,对曲线梁弯矩和扭矩的分布和峰值影响均不大,仅对梁端扭矩分布有一些影响;但当曲率半径较大时,仍应尽量避免独柱墩的形式,否则,活载偏心所产生的扭矩大部分传递到相邻孔,所有中间孔的扭矩最终累积到梁端的抗扭支承上,梁端一侧支座可能产生上拔力,导致支座脱空引起梁体"蠕动"式倾覆。

在经历对小半径混凝土曲线连续梁因受力行为把握不准、约束不当、上下部结构不匹配而产生隐患或发生事故之后,工程界总结经验教训,逐渐掌握了曲线梁桥的受力规律,提出了系统的改进对策。概括来说,主要有以下几条:

①把握温度变形约束与释放的基本原则,即根据曲线半径、曲线梁长度、桥墩结构刚度、

墩梁联结形式等因素，合理布置点铰支座与抗扭支承，以便既能够对活荷载产生的扭矩进行适当的约束，将扭矩顺畅传递给桥台或专门设置的抗扭支承，又要设法保障曲线梁的纵向自由伸缩、允许径向位移的发生，将温度产生的变形予以释放，从而减小温度所产生的墩台的水平作用力。

②在主梁设计时，采用空间分析方法来掌握曲线梁的力学行为，优先采用钢筋混凝土结构，当采用预应力混凝土结构时，宜按照"少股多束，长短结合"的原则进行配索，并加强横隔板、防崩钢筋等构造措施。

③在下部结构设计时，要根据曲线梁的半径、桥宽、墩高等因素，统筹考虑优化下部结构的形式，并通过加大双支点间距、预偏心等措施来减少由扭矩产生的支座反力差异。对于温度变形的约束，只有在独柱墩较高、抗推刚度较小的情况下，才可以采用墩梁固结的方式进行约束。

④优化细部构造，对于墩柱截面形式、支座形式、限位挡块等细部构造，根据曲线梁具体情况进行完善，优化选用。

小半径混凝土曲线连续梁工程经验与教训表明：面对温度效应、收缩徐变等难以准确计算的内外部影响因素，以及比较复杂的弯扭耦合空间受力行为，设计者要顺势而为，因势利导，根据实际情况精心分析，因地制宜地采取约束或释放的技术对策。可喜的是，在经历曲线梁病害高发期之后，近年来有关我国曲线梁工程事故的报道明显减少。

2.4 组合梁桥

组合梁桥是钢材与混凝土组合在一起的梁式桥，能够充分发挥两种材料的力学特性，也被称之为结合梁、叠合梁。第二次世界大战结束之后，钢-混凝土组合结构的采用，加快了欧洲战后恢复重建的速度。因为抗震性能良好，非常适应日本地震频发的国情，日本在20世纪60年代后，大力在高层建筑、超高层建筑和桥梁结构中发展组合结构。组合梁桥的结构形式比较多，主要包括钢梁-混凝土板组合梁桥、波形钢腹板组合梁桥、钢桁腹杆组合梁桥等。近年来，围绕超高性能混凝土（UHPC）应用，又出现了钢梁-超高性能混凝土板组合梁桥、钢格子梁-超高性能混凝土板组合桥面板等新的结构形式，以减轻结构自重、改善结构受力行为。

(1) 钢梁-混凝土板组合梁桥

钢梁-混凝土板组合梁桥兼有混凝土梁桥和钢桥的特点，主要有两种形式，即工字钢梁加混凝土桥面板组合梁（又被称为钢板组合梁）、槽形钢梁加混凝土桥面板组合梁（又被称为钢箱组合梁），这种组合方式能够充分发挥钢、混凝土两种材料的力学特性，具有施工方便、建筑高度小、节省材料等特点，跨径在30~100m之间时，有很强的技术经济竞争力。早在20世纪50年代，钢板组合梁桥在铁路桥梁中就有应用，但多采用简支结构，钢梁常采用并排布置的多纵梁式钢板梁，在钢板梁之间设置横梁、水平支撑及竖向支撑，纵梁间距较小，施工不够简便，用钢量也偏高。受结构形式、设计理论的制约，钢-混凝土组合梁的优势尚未完全发挥出来，致使其推广应用受到一定制约。

当跨径超过 50~60m 时,工程上多采用由槽形钢梁、预制混凝土桥面板组成的连续组合箱梁,以改善结构弯矩分布、发挥钢材及混凝土的材料性能,节省支架及模板费用。但当连续组合梁跨径超过 100m 后,因近支点段的负弯矩较大,钢梁底板及腹板的压应力随之增大,钢板的材料性能发挥效率受到制约、上缘混凝土拉应力常常超限,导致其技术优势不再明显、经济指标有所降低,耐久性也存在一定隐患,因此在工程中应用就比较谨慎了。对此,南斯拉夫、联邦德国一些工程师尝试了在钢梁底板上浇筑混凝土,形成所谓双组合梁的构造,来满足大跨径连续组合梁的受力要求,但因施工工序较多、构造相对复杂,在工程中的应用并不广泛。

进入 20 世纪 80 年代,随着组合梁桥构造形式的发展完善、设计计算理论的成熟,组合梁桥的经济技术优势进一步显现,法国、联邦德国、日本、西班牙等国家大力推动组合梁桥的技术开发研究,修建了大量的连续组合梁桥,组合梁桥进入了快速发展时期。在结构形式方面,对传统的多主梁钢板组合梁进行了大幅度简化,形成了以双主梁钢板组合梁为主流的结构形式,创新发展出钢桁组合梁桥、钢箱组合梁桥等新的结构形式。在材料及构造方面,开发出螺栓连接件、槽齿式连接件、PBL 剪力键,以及钢-混凝土组合桥面板等。在设计计算理论方面,针对剪力连接件、钢梁局部稳定、桥面板开裂等方面进行了系统的研究,发展出允许混凝土板开裂、用裂缝宽度限值代替拉应力限值的设计方法。采用上述技术对策后,钢-混凝土连续组合梁的跨径发展到 200m 以上,梁高/跨径之比控制在约 1/30,折合每平方米桥面的用钢量可以控制在 400kg 左右,并进一步突出了施工快捷简便、装配化程度高、节省人工等组合梁的特点,经济技术优势得以强化。

基于钢-混凝土连续组合梁的技术经济优势,在欧洲,钢-混凝土连续组合梁成为大中跨径桥梁最有竞争力的结构形式,应用范围不断扩大,在梁桥中的应用占比不断提高。以法国为例,跨径 40~100m 范围内的公路桥梁中 85% 都是组合梁桥,高速铁路桥梁中组合梁桥占到了 45%。20 世纪 90 年代,德国、法国相继建成了以 Nantenbach 美因河铁路桥[跨径 208m 的变截面连续钢桁组合梁桥,图 2-2-9a)]、Neuötting 桥[跨径 154m 的连续钢箱组合梁桥,图 2-2-9b)]为代表的一大批的钢梁-混凝土板组合梁桥,标志着组合梁桥的设计施工技术基本成熟,在发达国家进入了推广应用的高峰期。与此同时,德国、法国的组合梁设计施工技术向全世界扩散,建成了主跨跨径为 213.75m 的委内瑞拉卡罗尼河二桥(Second Caroni River Bridge,公铁两用连续组合梁桥,详见第 3 篇第 5 章)。

在我国,受钢结构造价相对较高、桥梁用钢偏紧等国情的制约,直到 20 世纪 90 年代末,钢-混凝土组合梁桥才开始在城市高架桥建设中得到了比较广泛的应用,建成了数百座钢箱组合梁桥,以便加快施工进度、减小桥梁施工对地面交通的干扰,结构形式以钢箱组合梁为主,跨径以中等跨径(40m<L<90m)连续梁居多。进入 21 世纪,在跨江跨海长大桥梁的建设中,为减小下部结构数量、提升施工效率,钢-混凝土连续组合梁综合优势得以显现,应用开始加速,如 2009 年建成通车的上海长江大桥引桥采用跨径 105m 的连续组合梁,采用整孔吊装法施工;2012 年建成的杭州九堡大桥,引桥采用跨径 85m 的连续组合箱梁,采用顶推法施工;2018 年建成的港珠澳大桥的非通航孔,采用跨径 85m、110m 的连续组合箱梁整孔吊装法施工;2021 年建成的福建莆炎高速公路三明沙溪大桥,主桥采用 100m+176m+176m+100m

的钢桁架与混凝土桥面板组合的连续刚构体系(图 2-2-9c),钢桁梁采用全焊接、免涂装耐候钢 Q500qDNH、Q420qDNH、345qDNH,墩顶负弯矩区采用 UHPC,有望克服常规预应力混凝土连续刚构桥结构自重大、施工周期较长、易出现后期跨中下挠与腹板开裂等病害问题,具有良好的应用前景,等等。

a) 钢桁组合梁桥——Nantenbach 美因河铁路桥

b) 钢箱组合梁桥——德国 Neuötting 桥概貌

c) 钢桁组合连续刚构桥——福建莆炎高速公路三明沙溪大桥

图 2-2-9　钢-混凝土连续组合梁的几种典型构造实例

另一方面,组合梁作为斜拉桥的主梁或悬索桥的加劲梁,具有梁高较小、节省材料、施工简便、易于安装等特点,在跨径 300~600m 范围内经济技术优势非常明显。从 20 世纪 70 年代的印度加尔各答胡格利二桥(Second Hooghly Bridge)设计开始,全世界建成了近百座组合梁斜拉桥及组合梁悬索桥,比较有代表性的如表 2-2-5 所示。组合梁作为主梁或加劲梁的构造形式主要有三种:第一种是由双主梁和横梁组成钢格子梁,在其上布设预制混凝土板,在桥宽较大的情况下,又可以采用分离式加劲梁与四索面匹配的构造形式,因其受力简洁明确、施工简便快捷,这种构造的应用较为广泛,当主梁梁高较大时,亦可采用钢箱梁取代工字钢主梁,如 2021 年建成的湖北赤壁长江公路大桥即采用双侧箱形梁、钢横梁、小型钢纵梁和混凝土桥面板组成的组合梁结构;第二种是在钢箱梁上布设混凝土板,形成的钢箱组合梁,由于未能充分发挥钢箱梁正交异性板的优势,应用相对较少;第三种是由钢桁梁与混凝土板形成的板桁组合结构,多用于双层桥面或公铁两用桥梁。对于单层公路组合梁斜拉桥,据不完全统计,折合每平方米桥面用钢量多介于 125~300kg 之间,平均值为 213kg,每平方米主梁的自重(含混凝土板的质量)介于 700~1000kg 之间,平均值为 850kg,用钢量上部结构重量大幅度降低,经济技术优势非常明显。

采用组合梁作为主梁或加劲梁的部分大跨径缆索支承桥梁的简表　　表 2-2-5

桥　名	跨径(m)	建成时间(年)	结构体系	主梁或加劲梁形式
西班牙兰迪海峡大桥	400.14	1977	斜拉桥	双主梁组合梁
加拿大安纳西斯桥	465	1986	斜拉桥	双主梁组合梁
美国阳光桥	366	1982	斜拉桥	双主梁组合梁
中国上海南浦大桥	423	1991	斜拉桥	双主梁组合梁
印度加尔各答胡格利二桥	457.2	1992	斜拉桥	三主梁组合梁
中国上海杨浦大桥	602	1993	斜拉桥	双主梁组合梁
美国休斯敦市哈特曼桥	381	1995	斜拉桥	分离式双主梁组合梁
英国塞文二桥	456	1996	斜拉桥	双主梁组合梁
中国香港汀九大桥	448+475	1997	多跨斜拉桥	分离式双主梁组合梁
中国香港汲水门大桥	430	1997	斜拉桥	钢桁组合梁
中国芜湖长江大桥	312	2000	部分斜拉桥	钢桁组合梁
法国 Chavanon 桥	300	2000	悬索桥	钢箱组合梁
丹麦—瑞典厄勒海峡大桥	490	2000	斜拉桥	钢桁组合梁
泰国曼谷拉玛八世桥	300	2002	斜拉桥	双主梁组合梁
希腊 Rion-Antion 桥	3×560	2004	多跨斜拉桥	双主梁组合梁
中国东海大桥主航道桥	420	2005	斜拉桥	钢箱组合梁
中国武汉二七长江大桥	2×616	2011	多跨斜拉桥	双主梁组合梁
墨西哥巴鲁阿特大桥	520	2013	斜拉桥	双主梁组合梁
中国福建泉州湾跨海大桥	400	2015	斜拉桥	双主梁组合梁
中国安徽望东长江大桥	638	2016	斜拉桥	钢箱组合梁
英国昆斯费里大桥	2×650	2017	多跨斜拉桥	钢箱组合梁
中国山东济齐黄河公路大桥	410	2017	斜拉桥	钢箱组合梁
中国江西赣州赣江大桥	300	2018	斜拉桥	钢箱组合梁
中国山东泰东高速公路黄河大桥	430	2019	斜拉桥	钢箱组合梁
中国云南双河特大桥	356	2019	斜拉桥	钢箱组合梁
中国南京江心洲长江大桥	2×600	2020	多跨斜拉桥	钢箱组合梁
中国湖北赤壁长江公路大桥	720	2021	斜拉桥	双侧钢箱组合梁

(2)波形钢腹板组合梁桥

波形钢腹板组合梁桥是用波形钢腹板取代混凝土腹板而形成的一种新型组合梁桥,具有自重小、预加应力效果明显、节省材料等优势。1986年,法国著名工程师雅克·孔布(Jacques Combault)在科尼亚克(Cognac)桥的建设中,首次提出了采用波形钢腹板取代混凝土腹板的组合梁创新方案。与混凝土箱梁相比,波形钢腹板箱梁可以减小结构自重20%~30%,由于波形钢腹板的褶皱效应,提高了预应力施加效率;同时,由于波形钢腹板具有较大的面外刚度及抗剪强度,梁体的抗剪刚度几乎不受影响,抗扭刚度稍有削弱,但降幅不大。与钢箱梁相比,波形钢腹板箱梁既可以大幅度降低钢材用量和加工费用,又避免了钢箱梁桥面铺装的困难,经济技术优势比较显著。随后,在1987年法国曼普(Maupré)桥的建设中,雅克·孔布对波形钢腹板箱梁又做了进一步改进,采用钢管代替混凝土底板,并与两块波形钢腹板及混凝土顶板形成了三角形箱梁截面(图2-2-10),该桥跨径布置为40.95m+42.75m+53.55m+50.40m+42.75m+44.10m+40.95m=324.5m,梁高3.0m,桥宽10.75m,桥面混凝土板厚20cm,在箱内布置两组预应力索,主梁自重7.7t/m,仅为同等跨径预应力混凝土连续梁桥的2/3。该桥采用顶推法施工,折合每平方米桥面用钢量约为155kg、混凝土用量为0.27m³,材料用量与同等跨径的预应力混凝土梁桥接近,实现了结构合理、造型美观、造价低廉的完美统一。

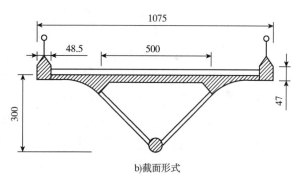

a)概貌　　　　　　　　　　　　　　b)截面形式

图2-2-10　法国曼普组合梁桥概貌(尺寸单位:cm)

进入21世纪,波形钢腹板组合梁桥以其突出的经济技术优势,引起了国际桥梁界的广泛关注,在德国、日本、韩国、中国得到了广泛应用。仅以我国为例,近十年来建成了山东甄城黄河大桥等200余座波形钢腹板连续组合梁桥,最大跨径达到了190m,部分桥梁概况如表2-2-6所示。当跨径大于150m时,可以进一步融合索辅梁桥的设计理念,以波形钢腹板组合梁作为主梁、采用部分斜拉桥的结构形式,近年来先后建成了南昌朝阳赣江大桥、山西运宝黄河大桥等多座波形钢腹板组合梁部分斜拉桥。综合我国已建成的200余座波形钢腹板组合梁桥,上部结构自重平均降低了20%左右,既便于施工及后期维护,也有利于防震。总体来说,波形钢腹板组合梁桥在100~200m跨径范围内具有较强的技术经济优势,当跨径超过200m时,梁高及腹板的高度随着跨径的增大而增加,波形钢腹板的高度达到10m以上,其抗屈曲稳定性能成为设计施工的主要制约因素,导致钢板性能难以完全充分发挥,从而影响其经济指标,导致现阶段其造价与混凝土连续梁、连续刚构相比仍略微偏高,相信随着大规模应用,其造价还会进一步降低。

近年来我国建成的波形钢腹板组合梁桥　　　　表 2-2-6

桥　　名	跨径布置(m)	桥宽(m)	建成时间(年)	结构体系
山东甄城黄河大桥	70+11×120+70	27.0	2009	连续梁桥
郑州桃花峪黄河大桥	75+135+75	16.55	2013	连续梁桥
珠海前山河大桥	90+160+90	15.75	2016	连续梁桥
宁夏叶盛黄河公路大桥	70+5×120+70	15.25	2017	连续梁桥
邢台七里河紫金特大桥	88+156+88	13.75	2018	连续梁桥
深圳东宝河新安大桥	88+156+88	16.25	2018	连续梁桥
郑州朝阳沟特大桥	58+118+188+108	35.0	2014	部分斜拉桥(索辅梁桥)
南昌朝阳赣江大桥	79+5×150+79	37.0	2015	部分斜拉桥(索辅梁桥)
山西运宝黄河大桥	110+2×200+110	34.0	2019	部分斜拉桥(索辅梁桥)
兰州绕城高速公路八盘峡黄河大桥	85+175+265+175+110	36.0	2020	部分斜拉桥(索辅梁桥)

(3)钢桁腹杆组合梁桥

钢桁腹杆组合梁由混凝土顶底板、钢腹杆以及体内体、外预应力钢丝束等构成。钢腹杆可采用型钢或钢管,对受压力较大的钢管,可在管内灌注混凝土形成抗压强度高的钢管混凝土。钢桁腹杆组合梁能够将实腹式梁体的受弯受剪转化为顶底板及腹杆的拉压受力,这种结构形式最早是由法国工程师米歇尔·普拉西迪(Michel Placidi)等人提出并率先进行工程实践,在 1985 年即建成了跨径 40.4m 的厄波斯(Arbois)桥。钢桁腹杆组合梁具有自重小、刚度大、施工块件小型化、造型美观等技术优势。与传统混凝土箱梁相比,由于用钢腹杆系代替厚重的混凝土腹板,可降低箱梁自重 20%～40%,降低下部结构造价。与传统的钢桁架梁相比,钢桁腹杆组合梁用钢筋混凝土板代替钢桁架的上下弦,能够节省钢材用量,减小截面高度。与钢梁-混凝土板组合梁桥相比,钢桁腹杆组合梁具有结构形式多、设计参数灵活、构件小、预应力布索方便、混凝土板预加应力效果显著等优势,因而跨越能力及适应性更强。与波形钢腹板箱梁相比,腹杆屈曲强度高,适用于截面高度较大的连续梁桥、连续刚构桥等桥型。在结构受力上,通过混凝土板、体内体外预应力索、钢腹杆三类构件的组合,将截面承受的剪力转化为腹杆的轴力,将截面承受的弯矩转为顶板及底板轴力,钢桁腹杆组合梁各板件(杆件)以承受轴力为主,充分发挥了钢腹杆质轻、抗剪屈服强度高的优点。在施工方法上,钢桁腹杆组合梁多采用悬臂节段施工,每拼装或浇筑完成一个节段混凝土后,张拉布设在顶底板的纵、横向体内预应力筋,以承担的主梁自重,使节段形成整体,在合龙后再张拉其他体内体外预应力索,承受活载效应。在构造上,避免了在混凝土腹板内预埋管道的繁杂工艺,减小了预应力索用量,对降低造价、缩短工期非常有利,实现了主梁的轻型化,增大了梁桥的跨越能力。与此同时,钢桁腹杆组合梁桥节点构造相对复杂、施工工期较长、施工较为烦琐等方面的不足,需要因地制宜进行改良改进。

在厄波斯(Arbois)桥建成之后,随后法国相继修建了主跨110m的Echinghen大桥、Boulonnais高架桥、普莱支流河大桥(见插页彩图11)等钢桁腹杆组合梁桥。此后,德国、西班牙、葡萄牙、日本等国家也建成了一批各具特色的钢桁腹杆组合梁桥。目前国内外建成的钢桁腹杆组合梁桥近百座,桥型包括连续梁桥、悬臂梁桥、连续刚构桥及斜拉桥。其中,以连续梁或连续刚构桥居多,跨径分布范围为40~150m,多采用等截面形式,以简化施工、提高节点的标准化程度,高跨比一般在1/20~1/12.5,比混凝土箱梁高跨比(1/20~1/15)稍大。采用悬臂梁桥仅有法国的普莱支流河大桥,跨径为280.772m,固端梁高为17.4m(参见本书第1篇案例1-6-1)。采用斜拉桥结构形式的有葡萄牙Europe桥等;主跨708m的上海闵浦大桥在边跨采用了钢桁腹杆组合梁,以便在降低用钢量的情况下与主跨双层桥面钢桁梁衔接。在法国以外,出于减小上部结构重量、提升抗震性能的考虑,日本是修建钢桁腹杆组合梁桥最多的国家,日本于2003年修建了首座钢桁腹杆组合梁桥——木之川高架桥,之后该类型桥梁得到迅速发展,相继修建了本八场桥、本青云桥等十多座钢桁腹杆组合梁桥,发展完善了其设计和施工技术,取得了较为丰硕的成果。日本经验表明:60~100m是波形钢腹板组合梁桥的适宜跨径,而80~150m是钢桁腹杆组合梁桥的适宜跨径。在我国,基于在钢管混凝土结构方面所积累的技术优势,钢桁腹杆组合梁在近年来发展迅猛,已建成钢桁腹杆组合梁桥数十座,最大跨径达到210m(为2019年建成的四川南充将军路嘉陵江大桥),一定程度上弥补了大中跨径混凝土桥梁结构形式单调、施工周期偏长的不足,形成与波形钢腹板组合梁桥相互竞争、相互补充的发展态势。

总体来说,钢桁腹杆组合梁桥是波形钢腹板组合梁桥的一种改进形式。由于钢腹杆比钢腹板屈曲强度高,在截面高度增大的情况下自重不会明显增大,但仍能较好地发挥抗剪作用,使钢腹杆形式更适于截面高度较大的桥梁。在大中跨径的桥梁中,钢桁腹杆组合梁桥能够有效减轻自重,从而带来明显的经济性,而在中小跨径桥梁中,钢桁腹杆组合梁桥的优势不明显。

案例 2-2-5

槽形组合梁桥
——技术与艺术的统一

槽形组合梁是一种由预应力混凝土梁作为下弦杆、钢腹板组合在一起的开口式组合梁,具有刚度大、梁高小、视野开阔、承载能力较强等优势,在桥面高程要求、建筑高度受限的情况下具有一定的竞争优势。其相对于钢桁梁,具有用钢量小、造型优美、结构简洁通透等特点,在铁路桥梁中具有较强的竞争力。

早在1997年,设计大师约格·施莱希(Jörg Schlaich)在主跨80m的柏林汉威公路桥(Havel Bridge Berlin)设计时,就采用了变腹板高度的钢槽形梁,较好地顺应了桥面高程约束严、建筑高度小、桥宽非常大的建设条件,取得了很好的美学效果和经济效益。稍后的2001年,在德国因戈尔斯塔特高速铁路桥(Ingolstadt High-Speed Rail Bridge)设计中,该桥位于因戈尔斯塔特市区的纽伦堡至慕尼黑的高速铁路线上,跨越多瑙河,为和1869年建成的下承式钢桁架梁双线铁路桥在跨径布置、结构形式上呼应协调,同时体现技术进步与时代要求,约格·施莱希采用了简洁新颖、节省材料、与老桥跨径相近的槽形组合梁结构,跨径布置为13.42m+19.0m+22.3m+55.15m+54.72m+19.5m=184.09m,桥面宽5.9m,支点梁高5.35m,采用预应力混凝土梁作为下弦杆,采用剪力钉将钢腹板与混凝土下弦杆连接起来,槽形梁的腹板高度则根据组合梁的弯矩大小呈曲线变化,类似于连续梁的弯矩图。该桥共用结构钢仅390t,平均每延米用钢量仅为2.12t,非常节省材料。为了展示力与美的统一,设计者特意将腹板的加劲肋展现出来,在保障受力要求的同时,形成了有规律的波纹状图案,淡淡留存于水天之间,实现了技术与艺术的和谐统一。

需要指出的是,在国外,当桥面高程受到严格约束的情况下,为了取得较大的刚度、良好的受力性能及开阔通透的视野,采用槽形组合梁来已经是一种比较常见的做法,在不增加造价或增加很少造价的情况下,不断有因地制宜的新作品问世,几座变高度槽形组合梁桥概貌见插页彩图12。在我国,近年来在城市桥梁、铁路桥梁的建设中,为满足桥面高程、建筑高度等因素的约束,也采用了一些槽形组合梁,虽然解决了相应的工程问题,但在艺术表现力方面大部分差强人意,没有将结构与艺术当作一个有机的整体来进行设计构思。

案例 2-2-6

钢管混凝土桁架梁桥
——结构形式与施工方法的二次融合创新

钢管混凝土具有抗压强度高、延性好、易施工等特点,其在弹性阶段、弹塑性阶段、强化阶段和破坏阶段的力学特性与钢材相似,属于延性材料。近30年来,我国桥梁界对钢管混凝土的力学行为、工作性能、结构形式进行了卓有成效的探索,建成了460多座钢管混凝土拱桥,在国际桥梁界产生了很大影响。近年来,在高烈度地震山区梁桥建设中,四川桥梁界又开发出钢管混凝土桁式桥墩、钢管混凝土组合桥墩、钢管混凝土桁架梁桥等新的结构形式,以满足高烈度地区桥梁抗震减震的需求。

所谓钢管混凝土桁式桥墩,是由竖向主钢管和横向支钢管连接组成,在竖向主钢管内灌注C70以上混凝土所形成的桁架式桥墩(图2-2-11a),与钢筋混凝土桥墩相比,钢管混凝土桁式桥墩具有自重轻、承载能力大、整体刚度高、结构延性好、抗震性能优异等特点,既解决了高烈度地震区桥墩设计与建造的困难,又能大幅度减小材料用量,且施工比较简便,非常好地顺应了山区桥梁建设和运输条件,具有较好的技术经济优势。

当桥墩高度大于80m左右时,受水平地震力影响,钢管混凝土桁式桥墩的水平刚度无法满足抗震位移的需求,此时采用强度等级不高于C30、厚度为40~50cm的钢筋混凝土腹板代替桁式桥墩的横向支钢管,形成钢管混凝土组合桥墩(图2-2-11b)。与钢桥墩相比,钢管混凝土组合桥墩的水平刚度提高了3倍左右,抗震性能得以明显改善;与钢筋混凝土桥墩相比,混凝土腹板作为抗剪连接墙体,强度提高了80%,自重及地震内力减少20%~50%,且混凝土腹板在罕遇地震作用下作为可牺牲性构件,开裂后桥墩刚度大幅度降低,能够满足不同阶段高墩抗震要求。

另一方面,为减轻上部结构自重、减少地震惯性力对下部结构的影响,四川桥梁界又开发了钢管混凝土桁架梁。钢管混凝土桁架梁由钢管混凝土桁式主梁、钢-混凝土组合桥面板以及无黏结预应力束组成,其施工方法是在工厂内完成桁式主梁的加工制造,拆分成节段运输至现场进行匹配还原,采用架桥机整孔架设,然后再现浇桥面板混凝土,完成主梁全部施工(图 2-2-11c)。与预应力混凝土主梁相比,钢管混凝土桁梁虽然用钢量有所增大,但总重减小了 30%~40%,造价和预应力混凝土梁桥基本相当;与钢结构相比,钢管混凝土桁梁的用钢量大幅度降低,但竖向刚度却提高了 2 倍以上,在高烈度地震区的技术经济优势非常显著。

a)桁架式桥墩

b)钢管混凝土组合桥墩

c)钢管混凝土桁架梁

图 2-2-11 钢管混凝土结构的新形式

采用上述结构体系及相应的施工方法,近年来建成的钢管混凝土桁架梁桥、采用钢管混凝土组合桥墩的预应力混凝土连续刚构的基本情况见表 2-2-7,由表可见,这些桥梁建设条件非常恶劣,设计建造难度很大。对此,设计者推陈出新,通过对钢管混凝土结构形式、施工方法的二次融合创新,不仅克服了特殊情况下的桥梁建设困难,而且开发出非常有竞争力的结构体系,赋予了钢管混凝土结构新的使命。

几座典型的钢管混凝土桁架梁的基本情况 表 2-2-7

结构形式	桥 名	规 模	设防地震烈度	备 注
钢管混凝土桁式桥墩+钢管混凝土桁架连续梁	四川雅西高速公路干海子大桥	全长 1811m 的曲线连续梁	9 度	墩高 5~107m
	四川汶川克枯大桥	长 6.43km 的中等跨径长桥	9 度	距汶川地震震中映秀镇 50km
钢管混凝土组合桥墩的预应力混凝土连续刚构	四川雅西高速公路腊八斤大桥	主跨 200m,全长 1140m	8 度	主墩高度 183m
	四川雅西高速公路黑石沟大桥	主跨 200m	8 度	主墩高度 157m
	四川凉山金阳河大桥	主跨 200m,全长 757.5m	9 度	主墩高度 196m

2.5 梁桥主要施工方法及施工装备

随着混凝土梁桥的广泛应用,采用分片预制、逐片运输架设的预制拼装成为中小跨径混凝土梁桥的常用施工方法,支架法仅在桥下净空较小、跨径不大的异形桥梁的施工中有一些零星的应用。但对于大跨径混凝土梁桥,施工方法仍是其发展的制约因素,也是其经济指标的控制因素,现代桥梁施工方法的发展演化,很大程度上就是围绕着混凝土梁桥无支架施工方法而展开的。第二次世界大战以来的近80年里,混凝土梁桥的无支架施工方法取得了诸多突破和创新,并逐步推广应用于拱桥、斜拉桥的建造,其中最具代表性的是节段施工法和顶推施工法、大件预制吊装法以及与此配套的大型施工装备,现将其发展脉络简述如下。

2.5.1 节段施工法

节段施工法是分节段、逐节进行施工的预应力混凝土桥梁的建造方法,是几种长大跨径混凝土桥梁无支架施工方法如悬臂浇筑法、悬臂拼装法、预制节段架桥机拼装法、大件预制吊装法的总称,广泛应用于混凝土梁桥、拱桥、斜拉桥等各种结构形式,是混凝土桥梁的主要施工方法。节段施工法大致可以划分为萌芽发轫阶段(1946—1965年)、壮大成熟阶段(1965—1995年)和多样化时阶段(1995年至今)三个阶段。

(1) 萌芽发轫阶段(1946—1970年)

节段施工法始于1946年建成的法国马恩河上吕章西(Luzancy)桥,该桥由弗雷西奈设计,为跨径55m的双铰刚构桥。为适应起吊能力的约束,宽8m的截面由3片并列的箱梁构成,采用湿接缝进行节段拼装,施工时先借助于吊架拼装端部8m长的部分,然后利用吊架和临时塔架和扣索,架设中间39m长、重40t的梁段,最后穿束张拉,将节段梁体串联成整体。在1946—1950年间,弗雷西奈又利用同样的工法修建了5座预应力混凝土梁桥,开创了混凝土桥梁无支架施工的新纪元。

1950年,联邦德国的乌立希·芬斯特沃尔德(Ulrich Finsterwalder)借鉴法国的预应力技术及巴西佩奇河桥的悬臂施工方法,创造性地利用挂篮、预应力技术进行悬臂浇筑施工,建成了跨径62m的巴尔杜因斯泰因(Balduinstein)桥,标志着悬臂浇筑工法的诞生。随后,芬斯特沃尔德在1953年又进一步发展出对称平衡悬臂浇筑施工技术,建成了主跨为114.20m联邦德国尼伯龙根(Nibelungen)桥。到了1965年,随着联邦德国主跨208m的T形刚构桥——本多尔夫(Bendorf)桥的建成,标志着大跨径预应力混凝土桥悬臂浇筑施工方法逐步成熟。1968年,紧跟世界桥梁建设的发展潮流,我国第一座采用挂篮悬臂浇筑施工的柳州市柳江一桥建成,该桥为主跨124m的T形刚构,采用双箱双室截面和三向预应力配束。

与此同时,在预应力混凝土的发源地法国,节段施工法汲取了联邦德国悬臂浇筑工法的优点、沿着弗雷西奈预制拼装的思想继续前进,发展出混凝土桥梁悬臂节段拼装工法。1962年,由桥梁大师让·穆勒(Jean Muller)设计的法国舒瓦齐勒罗瓦(Choisy-le-Roi)桥建成,该桥跨越塞纳河,为跨径37.5m+55m+37.5m的连续梁桥,桥宽28.4m,采用分离式四箱、梁高

2.5m 的等截面结构,预制节段长度 2.5m,节间采用环氧树脂接缝,利用挂篮悬臂拼装,成为世界上第一座悬臂拼装施工的桥梁。悬臂拼装法的出现,使混凝土梁桥的施工速度得以加快,施工工期得以缩短,混凝土浇筑养护质量得以提高。此后数年间,让·穆勒等人采用短线法,对悬臂节段拼装工法进行了改进,降低了对预制场地的要求,提高了预制效率,增强了节段施工法对桥梁几何外形和曲线线路的适应性。1965 年,采用短线法施工的、主跨 84m 的法国 Pierre-Benite 桥建成,标志着预制节段施工法基本成熟(节段施工法的发展过程可见第 1 篇的案例 1-4-3,即预应力混凝土的诞生——创新过程中弗雷西奈、迪辛格、芬斯特沃尔德的点化作用)。

进入 20 世纪 70 年代,悬臂节段工法逐渐成为世界各地的大跨径混凝土 T 形刚构、连续梁桥、连续刚构及斜拉桥的主流工法,并拓展应用至混凝土拱桥、斜拉桥。在此过程中,衍生出移动托架拼装工法、拱桥的悬臂节段拼装工法等工法工艺,因地制宜地对挂篮构造形式、三向预应力技术、混凝土材料配比等方面进行了不断的改进改良。

(2)成熟壮大阶段(1965—1995 年)

悬臂节段工法虽然成为大跨径混凝土梁桥、拱桥、斜拉桥的主要施工方法,但在中等跨径混凝土长桥($L=40\sim80m, \sum L \geqslant 2000m$)的施工中,无论是悬臂浇筑工法还是悬臂拼装工法,均存在工期长、挂篮数量多的问题,直接影响到桥梁建设的经济指标和社会效益。对此,人们在悬臂节段拼装工法的基础上,发展出节段预制、利用架桥机逐跨拼装的施工方法。

1966 年建成的法国 Oléron 高架桥,在混凝土桥梁建设史上具有里程碑意义,该桥跨径布置为 28.75m+7×39.50m+59.25m+26×79m+59.25m+9×39.50m+28.75m=2862m,位于法国近海,由让·穆勒设计,最大限度地采用了标准化设计和节段块件预制,并创造性地采用了上行式架桥机进行节段拼装、逐跨架设。该桥采用的架桥机具有自行能力、起吊能力,最大起吊能力约为 80t;该桥梁高 2.5~4.5m,全桥共用混凝土 24900m^3,钢筋 2700t,采用短线法预制,由质量为 42t、73t 的 871 个预制节段构成,由于采用了先进的造桥设备,成桥速度达到了每月 270m,建造工期缩短到了创纪录的 2 年,推动了节段拼装工法再上新台阶,有效弥补了悬臂拼装工法的不足,显现出预制节段架桥机拼装工法在中等跨径长桥建设中的技术经济优越性。Oléron 高架桥概貌见图 2-2-12。

a)概貌　　　　　　　　　　　　b)拼装施工过程

图 2-2-12　Oléron 高架桥概貌及节段拼装

此后,在一些情况下,视跨径、桥宽、工期、预制场地等多种因素,也会选用架桥机整孔架设的施工方法。架桥机整孔架设具有整体质量好、架设速度快、对周边环境影响小等竞争优势,特别是在跨径不大、桥宽相对较小的轨道桥梁中,架桥机整孔架设方法得到了比较广泛的应用,逐渐成为中等跨径混凝土长桥的主要施工方法。到了20世纪80年代,采用架桥机逐跨节段拼装施工技术日趋成熟,预制节段架桥机拼装工法在世界各地的中等跨径长桥的建设中得到了普遍应用,如美国长礁桥(主跨35.97m,全长3701m)、七英里桥(主跨43.2m,全长10931m)、英国第二塞文河桥引桥(主跨98.12m,全长4178m)、科威特巴比延桥(主跨40.16m,全长2503.05m)等,均采用架桥机进行逐跨拼装,施工速度大大加快,最快每天可以拼装1跨,满足了中等跨径长桥建设的技术、经济、工期与环保要求,成为桥梁工业化建造的先声。

与此同时,节段拼装工法的挂篮、架桥机等装备不断更新,施工吊装机具也从架桥机发展到起重机、桥面起重机、海上浮吊等,技术经济优势更加明显。另一方面,节段拼装工法的工艺不断进步,预应力体系从体内预应力逐步发展到体内-体外预应力混合体系,接缝构造及界面材料日趋多样化、性能不断改良、适应性不断提升、应用范围不断拓展,不仅适用于中等跨径长桥,而且也适用于曲线梁、城市高架桥、轨道交通桥梁等,如图2-2-13所示。

a)架桥机整孔架设的新加坡大士西延长线(Tuas West Extension)

b)施工中的泰国曼谷Bang Na Expressway

图2-2-13　中小跨径梁桥的预制架设实例

(3) 多样化阶段(1995年至今)

进入21世纪,随着人们对环保的更加重视,对施工进度要求的提高,采用短线法预制拼装桥梁数量越来越多、规模越来越大、架设方法越来越灵活,如2001年建成的泰国曼谷Bang Na Expressway全长54km,共1300跨,全部40000个节段均采用短线法预制;又如2020年建成的郑州四环路高架桥,预制主线桥梁长度约93.3km,预制匝道长度约46.4km,全线预制主梁及匝道节段数约5万榀,是目前世界上最大规模节段拼装桥梁。

随着节段拼装桥梁工法成熟、运输吊装能力的增强,预制节段长度越来越大,施工效率越来越高,在丹麦大带海峡西桥、加拿大联邦大桥等跨海桥梁的建设中,一种新的工法——大件预制吊装法便应运而生了。其中,1997年竣工的加拿大联邦大桥(Confederation Bridge),孔跨布置为14×93m+165m+43×250m+6×93m=12940m,便是这一工法的代表性工程。该桥的基座、桥墩、梁体全部采用预制的大型混凝土构件,最大预制构件长度192.5m,质量 7800t，采用起吊能力 8700t 的天鹅号运输吊装，不到 2 年即全桥合龙，其规模之大、速度之快，令国际桥梁界为之瞩目（该桥设计、施工详细情况见第 3 篇第 8 章）。此后十多年间，我国的上海长江大桥、上海东海大桥、杭州湾大桥、平潭海峡大桥，以及韩国釜山—巨济大桥、科威特海湾大桥均受加拿大联邦大桥施工方法的影响，采用大件预制或整跨预制、大型浮吊运输吊装的工法进行建造，典型大件预制、整跨预制的工程实例如图 2-2-14 所示。

a)港珠澳大桥110m钢箱梁整孔吊装

b)平潭海峡公铁大桥88m钢桁梁整跨吊装

图 2-2-14 典型大件预制、整跨预制的工程实例

在上部结构装配化施工同时，下部结构的预制化、装配化、大型化施工也取得了极大的进展。在跨海长桥的建设中，丹麦大带海峡西桥、丹麦—瑞典厄勒海峡大桥、日本东京湾横断桥和我国的东海大桥、杭州湾大桥、胶州湾大桥、港珠澳大桥等不同程度采用了桥墩、承台的预制拼装建造技术，以提高施工质量、加快施工进度，其中又以港珠澳大桥装配化施工程度最高、墩台规模及重量最大。港珠澳大桥依据整体预制墩台设计理念，将跨海桥梁常用的高桩承台改良为水下埋置式承台，采用将墩身与承台工厂化整体预制、整体运输和安装的施工方案，取消了承台与桥墩的湿接头，极大地缩短了海上施工时间、提高了施工效率、增强了墩台的耐久性，有效地减小墩台的阻水率、顺应了弱水动力条件下的防洪要求。港珠澳大桥整体预制的墩台共 185 个，预制墩台重 2019~3380t，预制墩台高 18.5~26.95m，平均海上安装时间仅为 7d，如图 2-2-15 所示。

图 2-2-15 港珠澳大桥的整体预制墩台及安装方式

近年来,随着欧美等发达国家交通基础设施的老化,需要改造或替换的桥梁日益增多。桥梁改造替换所造成的长时间封道、改道,会对公共运输造成严重的负面影响,增大了社会间接成本,有时候间接成本甚至会超过桥梁工程自身的成本。为应对这一挑战,ABC 工法(Accelerated Bridge Construction)在欧美应运而生,在大中跨径桥梁建造的工程实践也非常活跃。从本质上来说,ABC 施工法是缩减现场施工工期、减少现场施工作业的技术体系,核心是增强预制节段工法的适应性,主要措施是大量采用模块化的梁体、墩台装配式构件,采用高性能材料,开发新的接缝材料及运输架设装备等。可以说,ABC 工法是预制节段工法的升级版,是基于快速桥梁建造或更换技术要求,对桥梁建造的材料、构造、建设模式、设计标准化的一次系统性的革新,是桥梁智能建造技术的先声。目前,采用 ABC 工法施工的混凝土梁桥最大跨径已达 60m,在一些情况下也用于大型桥梁的快速重建,如主跨 240m 的加拿大新尚普兰斜拉桥(Samuel De Champlain Bridge)就是采用 ABC 工法施工的。总体来说,ABC 工法相应的技术体系、管理模式、细部构造、施工装备等正在研发完善之中,正处在推广应用的前夜。

总体来说,受桥梁工程建设的当时当地性制约,悬臂浇筑工法、悬臂拼装工法以及由此衍生出来的其他一些施工方法各有其优势及适应场合,难以相互取代,需要结合具体情况、建设条件进行综合分析选用。一般来说,悬臂浇筑工法因作业面受限、工期较长、需要人工多,但无需预制场地及大型运输吊装装备,线形也容易控制,在一些情况下仍具有不可替代性。而悬臂拼装工法以及由其衍生而来的架桥机节段拼装工法、架桥机整孔架设工法、大件预制吊装法、ABC 工法等是节段施工方法的主流发展方向,具有预制质量好、施工效率高、对环境干扰小、便于标准化设计施工、跨径适应范围广等诸多优势,是从桥梁建造向桥梁制造发展进程中的必由之路,但同时也对预制场、架桥机、模板、运输码头等方面提出了较高的要求,在多数情况下都具有明显的竞争力,当桥梁建设规模较大时其竞争优势更为明显。

节段施工方法的发展,深刻影响了预应力混凝土桥梁的结构设计理论,形成了设计理论与施工方法相互促进、协同发展的良性循环,具体表现在以下三个方面:一是随着节段拼装工法的发展,体外预应力的张拉方便、调整灵活等优势得以显现,体内体外混合配束逐渐成为节段拼装施工的主流配筋方式;二是大挑臂翼板和与之配套的无黏结预应力束得到了普遍的应用,以减小箱梁顶板和翼板的厚度,减轻混凝土结构自重,改善桥面板的抗裂性能;三是接缝构造不断创新发展完善,力学性能、可施工性、耐久性能得到了显著的提升。

2.5.2 顶推施工法

顶推施工法是逐段预制、张拉预应力束、利用液压千斤顶和滑动装置将梁体沿桥轴线方向推出使其就位,然后再落梁、更换支座的一种施工方法。当多跨大中跨径梁桥长度较大时($L=40\sim100\text{m}$,$\sum L\geqslant 500\text{m}$),采用悬臂浇筑或悬臂拼装工法往往需要多套挂篮设备,不够经济,工期也比较长。此时,顶推法就往往成为适宜的、比较有竞争力的施工方法。

顶推法是由联邦德国弗里茨·莱昂哈特(Fritz Leonhardt)借鉴钢桁梁桥施工的拖拉法发明的,1959 年首次应用于奥地利 Ager 桥。该桥全长 280m,是一座 4 跨 1 联预应力混凝土连续梁桥,最大跨径为 85m,施工时在桥台一侧的预制场地分节段预制梁,节段长 8.5m,采用

0.5m混凝土湿接缝将全桥拼接后进行顶推施工。1963年,在委内瑞拉卡罗尼河桥(Caroni River Bridge)建设过程中,弗里茨·莱昂哈特使用了钢导梁与临时墩,使梁体在顶推施工过程中的受力情况得到明显改善。该桥跨径布置为48m+4×96m+48m=480m,采用梁高4.5m的预应力混凝土等截面箱梁,预制节段长9.2m,在一侧的岸上预制,采用钢导梁单向顶推施工,为减小顶推过程各截面的弯矩,在河中设置了4个临时墩,顶推就位后予以拆除,如图2-2-16所示。顶推法在Ager桥、卡罗尼河桥的成功应用,为大中跨径混凝土梁桥、组合梁桥的无支架施工开创了新途径。

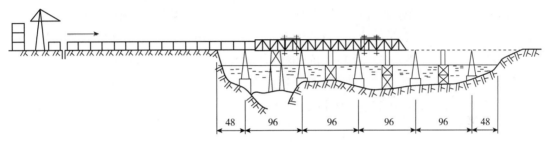

图2-2-16 委内瑞拉卡罗尼河桥顶推过程示意图(尺寸单位:m)

顶推法施工的桥梁主要特点是施工过程中结构体系不断发生改变,顶推前端主梁承受比较大的正负弯矩,施工时结构体系与成桥后结构体系有较大差别,施工过程的主梁内力会控制设计。为减小梁体在顶推过程中最大悬臂状态下的负弯矩,一方面需要优化钢导梁刚度及构造,将其自重控制在主梁的1/10左右,刚度控制在主梁刚度的1/10~1/5;另一方面还需合理划分预制节段,优化主梁内配置的先期永久束、先期临时束和后期束,以兼顾预制方便性、避开峰值弯矩控制截面、顶推过程受力三个方面不同的要求。其中,先期临时束用量往往较大,为便于拆除,多采用直短束布置在梁体跨中部位的上缘和支点部位的下缘。

顶推法具有施工快捷、节省人工、施工质量好、不需要大型运输吊装装备、设计灵活等优势,但有时候也会存在临时束用钢量多、临时墩工程量较大的不足,导致其经济指标不够理想,需要根据具体情况综合分析选用。到了20世纪80年代,顶推法的技术工艺、装备装置、监测手段在欧美发达国家快速发展、迅速成熟,应用范围不断扩大,适应性不断增强,可应用于除悬索桥以外的所有桥型,很好地顺应了发达国家人工昂贵、环保要求高的建设条件。此后,这一技术创新开始向发展中国家扩散,成为大中跨径长桥的比较有竞争优势的施工方法之一。在我国,1984年建成的广西柳州柳江二桥是第一座采用顶推法施工的桥梁,该桥主桥为9×60m的等高度连续梁桥,采用多点顶推技术。此后,我国又采用顶推法建成了多座连续梁桥,但总的来说,受我国劳动力相对低廉、长期重视节约钢材的国情影响,顶推法的应用不是很广。目前,世界上采用顶推法建成的桥梁有1000多座,其中我国占百余座。

在顶推法发展成熟的过程中,工程界因地制宜,从实际情况出发对顶推系统、工艺材料等方面进行了不断完善,使其施工工艺不断完善、能效水平不断提升、适用范围不断扩大、施工精度日益提高,具体体现在以下三个方面。

(1)不断改进完善顶推系统

从单点顶推发展到多点顶推,从单向顶推发展到双向顶推,从间歇式顶推发展到连续顶推,并对顶推系统的滑动构造、顶推装置、液压系统、同步控制技术等进行了不断升级迭代,技术日益成熟简便,形成了以步履式装置为代表的标准化的成套装备。目前,在选用顶推法施工时,顶推系统已不再是制约因素了。

(2) 拓展顶推工法的适应范围

从直线梁桥推广至曲线梁桥,从等高度梁桥逐步拓展至变高度梁桥、系杆拱桥、斜拉桥等各种结构体系。在这个过程中,探索出加强顶推结构、减轻顶推重量、加快顶推速度的各种改进方式,如采用混凝土叠合梁来减小顶推重量,采用钢-混凝土连续组合箱梁、板桁组合结构来满足顶推过程跨越能力的需求,等等。这些因地制宜的措施,使顶推法的应用更加灵活方便,技术经济指标不断优化,适用范围不断扩大。采用顶推法施工比较知名的桥梁如2004年建成的法国米约(Millau)高架桥,该桥为204m+6×342m+204m的多跨钢箱梁斜拉桥,为减少施工工序、缩短施工工期、降低工程造价,采用顶推法顺利地跨越了宽约2.5km、最高桥墩高达245m的米约山谷,成为顶推施工法的又一个里程碑(该桥设计、施工详细情况见第3篇第12章)。

(3) 优化临时设施

由于顶推施工过程中,临时设施数量较大、费用相对较高,一些情况下甚至会影响顶推工法的选用,为克服顶推法的不足,工程界更加注重临时墩数量、刚度与强度优化,加强顶推施工过程监测控制,对不利工况进行精细化模拟分析与改进,以减少临时预应力束布置的用量,降低临时材料用量,提升顶推施工法的竞争力。

2.5.3 大型施工装备

长大跨径桥梁施工方法、施工质量、施工进度等方面高度依赖于大型施工装备,施工装备是桥梁建造水平、建设效率的集中展现,是设计意图实现的关键,对桥梁的建设质量、经济指标都有直接的影响,很多时候甚至会影响到设计方案、改变施工模式,呈现出施工引导设计的态势。使用大型施工装备的价值意义主要有以下三个方面:一是提高了施工操作的效率,缩短了工期,克服了极端自然条件下施工困难,适应了特定情况下的建设条件;二是大型施工装备具有起重能力大、吊运距离长、定位精度高等特点,能够搬运重量较大的桥梁节段到高空拼装就位,能够推动桥梁构件工厂化制造、大型化拼装的普及;三是利用设备感知人工难以直接观测到的一些结构参数,克服人工操作普遍存在的、受人的技能和熟练水平的差异所产生的不稳定性,提高了施工精度与施工质量,提升了结构加工安装质量,提高施工监测控制能力。

在现代桥梁发展进程中,施工装备经历了机械化、自动化两个阶段,创造出一大批大型、复杂、先进、专门的施工设备,成为从桥梁建造向桥梁制造转型的关键支撑。在大型施工装备的支撑下,预制化装配、工业化制造、数字化管控日益成为桥梁建设的标准范式,在这其中,以大型浮吊、架桥机、打桩船、移动模架为代表的大型施工装备已经成为桥梁建设的关键装备,成为行业乃至国家竞争力的标志。现将这几类大型施工装备简要介绍如下。

(1) 大型浮吊

大型浮吊的发展是围绕着跨江跨海长桥施工需求而不断进步的,是大型块件吊装法的主要装备,是克服特殊条件下桥梁建设困难的利器,丹麦、日本、中国等国家均拥有各具特色的大型浮吊。其中,早在 1990 年,日本就采用 3000 吨级的浮吊架设了主跨 490m 的生口斜拉桥主梁的中段,2012 年建成的东京门大桥,浮吊吊装最大质量达 7400t,成为大型浮吊施工的又一范例。国际上最知名的浮吊是丹麦的天鹅号(Svanen),天鹅号原为大带海峡西桥建设而在 1990 年专门建造的,船体全长 102.8m,全宽 71.8m,吃水 4.5m,可以在 15m/s 的风速、1m 的浪高条件下工作,设计起吊能力 6500t,起重高度 48.5m,是集吊装、运输能力于一体的自行浮吊,可以提起沉箱、桥墩、主梁等各种构件并自行运输架设,无须其他驳船的配合。1994 年,为吊装加拿大联邦大桥(Confederation Bridge)的构件,对天鹅号进行了改造,最大起吊能力达到了 8700t,最大起吊高度为 76m,在天鹅号的帮助下,不到 2 年即建成了自然条件极为恶劣、长达 12.94km 的联邦大桥。1997—1999 年间,天鹅号又吊装施工了丹麦—瑞典厄勒海峡大桥,该桥主桥是跨径 490m 的组合梁斜拉桥,引桥为跨径 140m 的钢桁连续组合梁,主桥、引桥均采用钢桁-混凝土板组合结构。由于有了天鹅号的支持,组合梁在工场完成钢桁梁与混凝土板的组合后,主桥采用大节段架设拼装,引桥采用整孔吊装,最大吊装质量为 6900t,极大地提高了施工效率。

在我国跨海大桥的建设过程中,大型浮吊得到了普遍的应用。2002 年,在东海大桥的建设中,就先后研制了"四航奋进"号、"小天鹅"号两艘大型浮吊,起吊能力分别为 2600t、2500t,起吊高度分别为 80m、41m,有效满足了东海大桥非通航孔 70m 跨混凝土箱梁吊装架设的需求。此后,在杭州湾大桥等跨海大桥的建设中,我国又研制了"天一"号吊运一体的大型浮吊,起吊能力达到了 3000t,起吊高度为 53m(图 2-2-17a),随后研制的"大桥海鸥"号起吊船,起吊能力达 3600t。这几艘浮吊在随后的上海长江大桥、港珠澳大桥、平潭海峡大桥等跨海大桥的建设中发挥了重要作用。特别值得一提的是,在港珠澳大桥沉管隧道施工过程中,我国研制的"振华 30"号浮吊,最大起吊质量达 12000t,并在起吊质量 7000t 的情况下,具有 360°的回转能力,作业能力大为提高,成为海洋工程、桥隧建设、海上打捞救助的重器,见图 2-2-17b)。

a)"天一"号架梁　　　　　　　　　　b)"振华30"号浮吊吊装沉管隧道接头

图 2-2-17　我国建造的代表性大型浮吊

(2) 架桥机

架桥机是一种能利用已经建好的桥墩和主梁向前延伸、逐孔架梁的专门设备。架桥机大致可以分为两类。一类是用于悬臂节段拼装的架桥机,一般采用桁架式结构,起重能力多在 50~150t 之间,主要用于中等跨径长桥($L=40~80m$)节段的起吊与拼装,对起吊能力要求不高,但对于加快悬臂拼装进度的意义非凡。另一类是用于整片或整孔梁体架设的架桥机,主要用于中小跨径($L=30~50m$)装配式 T 梁、空心板的整片架设,起重能力多在 150~300t 之间,架桥机多采用梁式结构,预制梁常常借助于已建好的桥孔运输、架设。两者在起吊能力、结构形式、液压控制系统等方面存在较大的差异,但为了能够从已架设完成的桥孔跨过待架设桥孔,架桥机的主梁一般都超过两孔的长度,并具有适应曲线线形变化的自行能力。

近 10 年来,随着高速铁路桥梁、跨海大桥建设的发展,横向分片、梁上运梁、逐孔架设的施工方法很难满足结构受力、施工进度及施工工期的要求。同时,装配式梁桥的整体受力性能偏差、结构振动响应较大,于是对 32m 跨径或更大跨径的混凝土箱梁采用整体预制、梁上运输架设施工方法便成为技术进步的必然选择。此外,在一些跨海大桥的浅滩区,由于浮吊难以到达,适当增大简支梁的跨径,采用工场预制、整孔架设也是提高施工质量、加快施工进度的必由之路。整孔架设的挑战主要有两个方面:一是梁体质量大,以 32m 高速铁路简支箱梁为例,其质量高达 820t,如何运输梁体就成为一个关键问题;二是整孔箱梁宽度较大,如何顺利地穿过架桥机?面对这些挑战,意大利、法国和我国研发了形式各异的架桥机,主要有无导梁式架桥机、有导梁式架桥机和运架一体架桥机三种,起吊能力达到了 1000 吨级,适用范围逐步拓展至 40m 跨径的箱梁,操控性能、架设精度也不断提升完善,并开发了配套的运梁车。运梁车多采用轮胎式,以增大与道路的接触面积,将箱梁运送、喂入架桥机,并在长距离转场时托运架桥机,如图 2-2-18 所示。我国高铁铁路大规模桥梁施工实践证明:对于长度 10~20km 的中小跨径长桥,采用工场集中预制、整孔架设是最经济、最快捷、最环保的施工工法。

a)箱梁整孔架设　　　　　　　　　　　b)运梁车

图 2-2-18　整孔运梁及架设示意图

(3) 移动模架

移动模架是将模板与移动装置相结合,在浇筑完成一跨后不完全解体的情况下将模板转运至下一跨迅速组拼、继续浇筑混凝土施工的空中作业平台,其最大优点是在确保混凝土浇筑质量的情况下,使模板、支架移动、再组拼的时间大大缩短。移动模架主要构件是可在桥墩间向前滑行的主梁,承担了模架、混凝土的全部重量,并配有先进的自动控制系统、液压系统、混凝土养护系统等,是一个可移动的高空混凝土作业车间,如图 2-2-19 所示。最早应用移动模架现浇工法是 1959 年建成的联邦德国 Levekusen 桥,20 世纪 60 年代以后,在欧洲、日本等发达国家的中等跨径梁桥($L=40\sim60m$)建设中得到了一定的应用,具有施工质量好、无须大型吊装运输设备等优势,我国在 20 世纪 90 年代应用移动模架建成了厦门高集海峡大桥等中等跨径长桥。但是,移动模架存在施工效率较低、施工进度较慢的不足,施工一孔梁通常需要 12~15d,制约了其推广应用。对此,桥梁界对其进行了改良,将节段拼装工艺与移动模架结合,形成了移动支架拼装工法,施工效率大为提高,最快速度为 3d 架设一孔。但总的来说,随着工厂化预制程度的提升,节段拼装法、整孔架设法的发展,移动模架法、移动支架法因施工效率较低,其应用受到了一定限制,但在一些特殊情况下如桥址处预制运输条件较差、桥下净空较高曲线梁、城市高架桥的建设中,移动模架现浇工法、移动支架拼装工法仍有一定的竞争优势。

(4) 打桩船

为缩短工期、提高施工效率,在海上建造长大桥梁时多采用打入桩,打桩船成为桥梁工业化建造的必备装备之一。以杭州湾大桥为例,该桥共有直径 1.5m、1.6m 的钢管桩 5144 根,最大桩深 88m,如此大量的钢管桩必须有大型高效的打桩设备才能完成。近年来,为满足跨海大桥建设的需要,我国建造了几艘具有世界先进水平的打桩船,其基本特点是:桩架高,普遍都在 90m 以上,可以打入 80m 左右长度的桩;直径大,最大沉桩直径可达 2.0~3.0m;效率高,采用全自动液压调节装置,每天每条船可沉桩 10~15 根;精度高,一般均配备 GPS(全球定位系统)桩位定位系统,定位精度在 50~60mm;智能化程度高,操作方便,可以打入斜桩,如图 2-2-20 所示。目前,打桩船除了应用于桥梁工程之外,在人工岛构筑、海洋工程中也得到广泛应用。

图 2-2-19　移动模架概貌

图 2-2-20　打桩船概貌

案例 2-2-7

杭州九堡大桥
——施工方法对结构体系创新的促进作用

杭州九堡大桥跨越钱塘江,在统筹考虑建设条件、施工方法,以及钱塘江杭州段已建成桥梁的造型、形成新的城市景观的基础上,该桥主航道桥采用了3×210m的连续拱梁组合体系,其中拱肋采用钢结构,净跨188m,桥面系采用钢-混凝土组合结构,全宽37.7m。为解决钢拱肋的面外稳定问题,采用了主拱肋外倾12°、与稳定拱及横撑一起组成了空间受力体系;为了减少水中基础,引桥采用了跨径85m的钢-混凝土连续组合箱梁,全桥跨径布置为55m+2×85m+90m+3×210m+90m+9×85m+55m,在结构形式上非常有特色。

结构形式选定后,采取何种施工方法来实现设计意图就成为关键因素。在比选了拱桥各种常用的施工方法如斜拉悬臂拼装法、转体法之后,该桥设计者另辟蹊径选取了顶推施工法,以最大限度地降低临时材料用量、加快施工进度。在顶推施工时,连续拱梁组合体系仅设置1个临时墩,采用改进型步履式顶推装置、多点同步顶推法施工;为提高结构整体性、充分利用拱肋和钢系杆的承载能力,采用临时杆件将桥面系与钢拱肋连接起来,以便在顶推过程中共同受力,每拼装好1孔顶出1孔,直至3孔全部顶推就位。顶推完成后,张拉吊杆并拆除拱梁间的临时杆件,再铺设预制的混凝土桥面板,形成钢-混凝土组合桥面系,完成后续施工。对于跨径85m的引桥,设计采用了钢-混凝土连续组合箱梁,断面由槽形钢梁和混凝土桥面板组成,顶推时不设临时墩,先将槽形钢梁顶推就位,然后再安装混凝土桥面板,以大幅度降低结构自重,减小顶推过程中钢梁的内力。

杭州九堡大桥由上海市政设计研究总院邵长宇等人设计,于2012年建成通车,该桥顶推过程见图2-2-21。顶推法在杭州九堡大桥的应用,不仅解决了钱塘江涌潮区域的施工困难,变江上施工为岸上施工,加快了施工进度,而且将组合结构截面二次形成的优势充分发挥,降低了工程造价,产生了显著的经济效益,对我国组合结构的设计施工、推广应用起到了良好的示范作用。

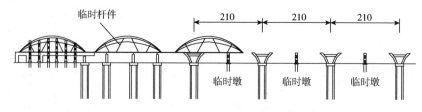

图2-2-21 杭州九堡大桥顶推过程示意图(尺寸单位:m)

2.6 不再适用于工程的梁桥结构形式

在梁桥发展演化过程中,产生了一些曾经推动桥梁发展、解决技术困难,但因种种原因逐步退出工程应用的梁桥体系。受当时当地的建设条件的制约,以及人们认知水平的局限,这些梁桥在运营一段时间后,它们或因受力性能不佳,或因经济指标偏高,或因施工工序过于烦琐,或因行车性能不良,或几者兼而有之,最终被新一代的结构体系所取代,消失在桥梁工程演化的历史长河之中。现将第二次世界大战以后,不再适用于工程、基本退出工程应用的梁桥结构形式简要汇总,如表2-2-8所示。

不再适用于工程的梁桥结构形式简表 表2-2-8

序号	应用时段	结构体系	解决的主要问题	存在的主要局限
1	20世纪60年代以前	悬臂梁桥	①悬臂平衡施工; ②计算能力不足; ③适用于地质条件较差情况	①受力不合理,材料利用效率不高,经济指标较差; ②行车性能不佳
2	20世纪70年代以前	钢板梁桥	①加工制造运输安装比较方便; ②对桥宽、跨径适应性强	①抗扭刚度小,受力整体性差; ②经济指标较差
3	20世纪70年代以前	半穿式桁架梁桥	①制造运输安装比较方便; ②节省材料	①抗扭刚度小,受力整体性差; ②振动过大
4	1950—1980年	混凝土T形刚构桥	①大跨径预应力混凝土悬臂施工; ②计算能力不足	①受力不合理,材料利用效率不高,导致经济指标较差; ②跨中铰或牛腿构造复杂、维护困难,行车性能不佳
5	1970—1990年	混凝土桁架梁桥	在节省材料同时,提供较大的刚度,构件小型化、便于运输吊装	①施工环节多; ②节点构造复杂,结构整体性较差

第3章 拱　　桥

3.1 概述

拱桥是桥梁体系中最古老、应用最广的结构形式,具有经济适用、造型美观、承载潜力大等技术经济优势,占到已建成桥梁总数的10%左右。在近代桥梁工程发展过程中,随着Jean-Rodolphe Perronet在1770年发现了拱结构压力线的连续作用,石拱桥、铁拱桥、钢桁拱桥一度是铁路桥梁的主要形式,著名工程师古斯塔夫·埃菲尔(Gustave Eiffel)设计建成了加拉比特铁路桥(Garabit Viaduct,主跨165m的锻铁拱桥,1885年建成)、皮亚马里亚铁路桥(Pia Maria,主跨158m的锻铁拱桥,1877年建成)等多座划时代的铁拱桥。1874年,由詹姆斯·布坎南·伊兹(James Buchanan Eads)设计的世界上第一座钢桥——美国圣路易斯钢拱桥(跨径布置为153m+158m+153m)建成,标志着钢桥时代的来临。到了19世纪末、20世纪初,在冶金技术进步的支撑下,在大规模铁路建设的推动下,钢桁拱桥已经得到普遍应用,钢筋混凝土拱桥开始了工程实践尝试,近代拱桥典型结构体系如无铰拱、双铰拱、三铰拱、桥面加劲拱等结构形式基本成熟,拱梁组合体系如刚性系杆柔性拱、刚性系杆刚性拱、刚性拱柔性系杆、系杆拱等新的结构体系正在探索。1892年,奥匈帝国的著名工程师约瑟夫·米兰(Joseph Melan)提出了混凝土拱桥施工的"米兰法"(在我国也称之为劲性骨架施工法,即把钢铁桁架放入混凝土作为施工骨架,由桁架承受模板及混凝土自重,建成后钢铁桁架与混凝土共同受力的施工方法),对大跨径混凝土拱桥的发展起到了重要的推动作用。进入20世纪上半叶,随着钢材的大规模应用、设计计算理论的成熟,以及钢筋混凝土材料的发展,拱桥的跨越能力快速增长,在欧美建成一大批经典拱桥,代表性拱桥如表2-3-1所示。在跨径500m以内,钢桁拱、混凝土拱桥与钢桁梁桥三种桥型占据主流地位。

20世纪上半叶代表性拱桥概况表　　　　表2-3-1

序号	桥　　名	建成时间(年)	跨径(m)	结 构 形 式	施工方法
1	美国狱门桥	1917	298	钢桁双铰拱	悬臂拼装法
2	瑞士萨尔金娜山谷桥	1930	90	混凝土三铰拱	支架法
3	法国普卢加斯泰勒桥	1930	3×180	混凝土无铰拱	支架法
4	美国贝永桥	1931	504	钢桁双铰拱	悬臂拼装法
5	澳大利亚悉尼海港大桥	1932	503	钢桁双铰拱	悬臂拼装法
6	西班牙埃斯拉桥	1939	210	混凝土无铰拱	米兰法

第二次世界大战以后,拱桥的结构形式空前繁荣,工程实践日新月异,随着高强度钢材的开发、施工装备的大型化发展以及混凝土拱桥无支架施工方法的突破,钢拱桥、钢筋混凝土拱桥由此得到了迅速发展,建成了以联邦德国费曼恩海峡桥、美国新河谷桥、南斯拉夫克尔克(Krk)桥为代表的大跨径拱桥,在很多情况下,与斜拉桥、预应力混凝土梁桥相比,拱桥仍具有一定的竞争优势。进入20世纪90年代,钢管混凝土拱桥在我国异军突起,再辅以转体施工法或劲性骨架施工法,成为连续刚构、钢拱桥及斜拉桥的有力竞争者,先后建成了以四川万县长江大桥(今万州长江大桥)、广东广州丫髻沙大桥为代表的大跨径钢管混凝土拱桥,受到了国际桥梁界的广泛赞誉。近十年来,随着铁路桥梁、特别是高速铁路桥梁建设需求的剧增,在跨径150~500m范围内,钢拱桥、钢管混凝土拱桥、钢筋混凝土拱桥、连续梁拱、连续刚构拱等结构体系所具有的刚度大、振动小、行车平顺、承载能力高的优势得以显现,很好地顺应了铁路桥梁活载比重大、刚度要求高、运营条件严的需求,在大跨径铁路桥梁中得到了一定的应用。

从内在力学特性来说,拱桥的本质是将外荷载通过行车道系传递给主拱,并通过主拱的轴力、弯矩最终传递给桥墩桥台,在竖向荷载作用下拱脚存在水平推力。正是这个水平推力,大大减小了主拱弯矩,使主拱成为偏心受压构件,从而可以充分利用主拱的材料强度,增大跨越能力。对于组合体系拱桥或系杆拱,虽然传力路径略有不同,但都是着眼于如何减小水平推力、增强拱桥对不良地质条件的适应性这一目标展开的。另一方面,经济指标和使用性能是拱桥内在力学特性的外在表现,由于拱桥可以充分发挥钢筋混凝土、钢管混凝土抗压性能好的优势,在中等跨径($40m<L<100m$),混凝土拱桥的经济指标常常与混凝土梁桥不相上下,选用与否更多地取决于地形地质情况、工期约束与景观要求;对于大跨径拱桥($100m<L<500m$),如果施工方法得当,钢管混凝土拱桥、钢筋混凝土拱桥经济指标常常要比同等跨径的斜拉桥低30%~40%,与同等跨径的混凝土梁桥相比则因地而异(主要取决于地质情况),使用性能、可维护性也有一定的比较优势,拱桥的竞争优势比较明显。当跨径超过500m时,拱桥的施工难度、施工临时费用急剧增大,远不如斜拉桥、悬索桥来得简便经济,因此一般情况下就比较少采用拱桥,而代之以斜拉桥等跨越能力更强的结构形式。

以下根据拱桥的材料构成,针对钢拱桥、混凝土拱桥及钢管混凝土拱桥,主要从各种拱桥的力学行为、经济指标、施工方法三个方面,简要论述现代拱桥发展演化的路径。

3.2 钢拱桥

第二次世界大战以后,由于斜拉桥、连续刚构、钢管混凝土拱桥等新结构体系的相继出现和快速崛起,现代钢拱桥的跨径与近代相比,没有产生大的发展。由于受压构件的局部稳定性能常常控制设计,高强度钢材的力学性能难以充分发挥,从而影响了钢拱桥的经济性能,因此在钢拱桥的建设中,材料以345MPa级钢材为主,很少采用高强度钢材。在中等跨径桥梁中,钢拱桥逐步让位于预应力混凝土梁桥,在大跨径桥梁中,钢拱桥的应用空间受到了斜拉桥、钢管混凝土拱桥的压制。总体来说,受经济性能、材料用量指标的影响,大跨径钢拱桥在现代桥梁工程中应用比例有所下降,但在轨道交通桥梁中,为满足刚度要求,相对于斜拉桥、悬索桥等结构形式,大跨径钢拱桥仍有一定的竞争优势。

大跨径钢拱桥在截面形式上主要有两种,即钢桁拱和钢箱拱。钢桁拱是大跨径钢拱桥的主要形式,具有节省材料、制造与运输架设比较方便简单、质量容易保证等优势,但也存在不够简洁现代、视角转换后稍显凌乱的不足。钢箱拱具有便于大节段制造运输、造型简洁美观、现代感强等特点,但存在钢材性能难以充分发挥、制造运输安装难度较大、经济指标欠佳的缺点,跨径增大时一般较少采用。

另一方面,与近代钢拱桥相比,现代钢拱桥在材料、工艺、构造等技术层面产生诸多迭代升级,工程品质不断得以提升。在材料方面,耐候钢、高强度板材、大厚度板材、变厚度板材等逐步得到广泛应用;在结构体系方面,空间拱结构、系杆拱、钢箱拱得到了普遍的应用;在连接方式方面,整体结点取代了传统的结点板,全焊结构逐步取代了栓焊连接以及早期的铆接;在制造安装方面,工厂化制造、大节段运输吊装逐步成为主流,构件的制造质量、工艺水平不断得以提升,等等。

受经济性能的制约,目前全世界已建成的、跨径超过400m的大跨径钢拱桥数量只有10座,第二次世界大战以后建成的、比较典型的若干座大跨径钢拱桥基本情况见表2-3-2。

几座典型大跨径钢拱桥基本情况　　　　　　　　　　表2-3-2

桥名及建成通车时间	跨径布置(m)	交通荷载	结构形式	主 要 特 点
德国费曼恩(Fehamarnsund)海峡桥,1963年建成通车	主跨248.5m的尼尔森体系提篮拱	单线铁路+3车道公路	下承式钢箱提篮系杆拱	①工厂焊接、工地铆接;②采用正交异性板桥面;③用钢量为396kg/m²
美国弗里蒙特(Fremont)桥,1973年建成通车	137.7 + 382.6 + 137.7	6车道公路	三跨连续刚性梁柔性拱	①工厂焊接、工地高强螺栓连接;②杆件均为箱形截面,由三种不同的钢材焊接而成;③中跨6000t的大节段采用提升法架设
美国新河谷(New River Gorge)桥,1977年建成通车	518.16	6车道公路	上承式有推力桁架拱	①采用耐候钢制造;②桁架弦杆为箱形截面,腹板厚达100mm;③采用50t工地缆索吊装配
中国上海卢浦大桥,2003年建成通车	100+550+100	6车道公路+双侧人行道	中承式三跨飞鸟式钢箱系杆拱	①拱肋为全焊箱形结构,最大板厚65mm;②施工复杂,多次体系转换;③用钢量为1483kg/m²,经济指标欠佳
匈牙利多瑙河新城(Dunaújváros)桥,2005年建成通车	75 + 12×82.5 + 307.9+4×75	6车道公路+双侧人行道	中承式钢箱系杆提篮拱	①拱肋内倾16.5°;②采用全焊箱形结构、S460M钢材,最大板厚50mm;③枯水期船上拼装,洪水期平转就位

续上表

桥名及建成通车时间	跨径布置(m)	交通荷载	结构形式	主要特点
中国佛山东平大桥,2006年建成通车	95.5+300+95.5	8车道公路+双侧人行道	变异的中承式飞鸟式钢箱系杆拱	①采用主副拱肋结合的方式;②采用钢-混凝土组合桥面板;③采用竖转+平转的转体施工法;④用钢量为751kg/m²
中国重庆朝天门大桥,2009年建成通车	190+552+190	上层6车道公路,下层2条轻轨及2车道公路	三跨连续钢桁系杆拱	①主桁采用变高度N形桁式、拼装式节点、高强螺栓连接;②上下层桥面系均采用正交异性钢桥面板;③钢结构系杆和预应力系杆相结合;④用钢量为4.9万t
中国南京大胜关长江大桥,2011年建成通车	108+192+2×336+192+108	京沪高铁、沪汉蓉城际铁路、南京地铁共6条轨道交通	六跨连续钢桁拱	①采用三片主桁承重结构,上下弦杆为全焊箱形结构;②以Q420qE钢材为主,最大板厚52mm;③采用正交异性钢桥面板;④用钢量为7.8万t
中国宁波明州大桥,2011年建成通车	100+450+100	8车道公路+双侧人行道	变异的双肢中承式飞鸟式钢箱系杆拱	①采用全焊钢箱形截面,上肢拱2.8m×3.0m,下肢拱3.5m×(3.8~6.0)m,桥面为正交异性板;②采用临时塔架+扣索悬拼法施工,最大节段质量为250t
中国南广高铁广东肇庆西江大桥,2013年建成通车	450	双线高铁	中承式铁路钢箱提篮拱桥	钢箱拱肋截面尺寸为15m×5m
中国秭归长江公路大桥,2019年建成通车	530	6车道公路	中承式钢桁架拱桥	拱肋采用空间变截面桁架式结构
中国云南大瑞铁路怒江大桥,2020年建成通车	490	4线干线铁路	提篮式上承钢桁拱桥	①拱上建筑采用14×32.7m连续钢箱梁;②铺设道砟桥面;③用钢量4.6万t
中国沪苏通长江大桥天生港航道桥,2020年建成通车	336	6车道公路、4线高铁	刚性梁柔性拱	采用3片主桁结构,公路、铁路桥面均采用正交异性钢桥面板
中国广州南沙明珠湾大桥,2021年建成通车	420	双向八车道	钢桁系杆拱	上层桥面宽43.2m,下层桥面总宽37.2m;拱肋采用Q420qD钢、Q370qD钢
印度Chenab大桥,预计2023年建成通车	465	双线干线铁路	钢桁架拱	弦杆为箱形截面,在拱脚处填充混凝土

案例 2-3-1

天津海河大沽桥
——结构与艺术造型的完美结合

天津海河大沽桥由天津城建设计院与林同棪国际公司联合设计,建成于 2005 年,位于天津市中心,是海河景观桥梁群中一座重要桥梁,该桥概貌如插页彩图 13 所示。

该桥跨径布置为 24m+106m+24m,为三跨连续的空间异形拱梁组合体系,钢箱梁高 1.06m,车行道桥面 24m 宽,人行道宽度在 3.0~11.5m。主跨由敞开式大小拱组成。其中,大拱圈拱高 39m,向外倾斜 18.43°,面向东方,象征着太阳;小拱圈拱高 19m,向外倾斜 24.44°,面向西方,象征着月亮。敞开式大小拱创造了轻盈纤细、别具一格的结构造型,塑造了日月同辉、振臂高呼的意象,具有特别的景观效果和象征意义。拱肋采用变宽度梯形截面,固结在中支点的横梁上,以增大拱脚的刚度、减小拱脚的转角。吊杆采用四索面的空间形式,大拱内侧设 25 根吊杆、外侧设 23 根吊杆,小拱内侧设 25 根吊杆、外侧设 15 根吊杆,4 根吊杆使钢横梁形成了三跨连续梁结构,有效降低了横梁高度。在钢箱梁兼作刚性系杆作用的基础上,为平衡拱的水平推力,在主跨范围内另外布置 4 组柔性系杆。由于大拱矢跨比大,推力相对较小,该侧的系杆张拉力为 6000kN;而小拱矢跨比小、推力相对较大,该侧系杆张拉力为 10500kN。

该桥采用为先梁后拱拼装的施工方法,总用钢量 6000t,造价 1.6 亿元,折合每平方米桥面造价 1.7 万元,在造价不算太高的情况下,借助于设计者丰富的想象力,营造出新的城市景观,取得了结构与艺术造型的完美结合,成为天津市的新地标性建筑之一。

案例 2-3-2

德国莱茵河三国桥
——技术美学的工程实践

德国莱茵河三国桥是一座跨越莱茵河的行人、自行车的单跨空间组合拱桥,连接法国南格和德国威尔,距离瑞士边界处也仅有 200m,因而被命名为三国桥(Three Countries Bridge),建成于 2007 年。该桥总长度为 248m,桥宽为 5.5m,跨径为 229.4m,矢高 24.25m,矢跨比为 1/10.6,为尼尔森体系的系杆拱,该桥概貌如插页彩图 14 所示。

该桥的主要特点体现在以下三个方面。一是采用主副拱结构,即垂直的主拱肋承担全桥 2/3 以上的荷载,由两个六边形钢箱断面组成,倾斜的副拱为稳定拱,受力较小,截面为空心钢管,主拱与副拱之间用轻巧的 I 撑相连;为平衡水平推力,在两端采用了比较强劲的三角形钢框架,以顺畅承接系梁传来的水平拉力;由于主副拱刚度较小,在活载作用下最大竖向挠度达 1275mm。二是该桥根据各构件的受力要求,采用了 5 种不同强度等级的钢材,并大量采用变厚度钢板,钢材之间采用全焊连接,对于高强度钢板材的合理应用、连接方式进行了有益的探索。三是该桥材料用量非常省,全桥共耗费钢材 1020t、混凝土 1798m³,总造价约 900 万欧元,折合每平方米用钢量 680kg、造价为 0.6 万欧元,取得了结构性能、经济指标与结构造型的三赢,成为技术美学成功实践的又一范例。

3.3 混凝土拱桥

在近代拱桥发展过程中,混凝土拱桥以良好的受力性能、低廉的造价得到了一定应用,建成了以法国普卢加斯泰勒拱桥(Plougastel Arch Bridge,跨径 3×180m)、西班牙埃斯拉拱桥(Esla Arch Bridge,主跨 210m)为代表的大跨径混凝土拱桥,但受施工方法、结构体系等因素的制约,混凝土拱桥发展并不是很快,应用也不是很广。概括来说,制约混凝土拱桥发展的因素主要有三个方面。

①在结构体系上,如何平衡水平推力、有效减小拱圈控制截面所承担弯矩,进而发挥混凝土材料的力学性能,增强拱桥对软弱地基的适应性,扩大拱桥的适用范围。

②在施工方法上,如何结合结构形式采用无支架施工方法,以降低施工临时设施费用,改善拱桥建设的经济指标。

③如何提升拱肋的稳定性,进而推动肋拱桥的应用。

第二次世界大战以后,针对上述制约因素,国际工程界在以下几个方面进行了卓有成效的探索和工程实践,使混凝土拱桥这一传统结构形式焕发出新的活力。围绕拱桥水平推力的平衡以及拱桥适应范围的拓展,发展出飞鸟式自平衡系杆拱、刚架系杆拱等多种形式的拱桥体系;围绕降低混凝土拱桥的施工难度、减小施工临时费用,对拱圈结构进行预制化、小型化、拼装化改造,发展出桁架拱桥、双曲拱桥、刚架拱桥和钢管混凝土拱桥,创造出转体法、悬臂拼装法、悬臂浇筑法等新的无支架施工方法,并对传统的米兰法因地制宜进行了改进;围绕增强拱圈与桥面结构系的联合作用、改善拱圈受力行为,在简支梁拱组合体系的基础上,发展出连续梁拱、连续刚构拱等组合体系;围绕肋拱稳定性能的增强和解决途径的拓宽,发展出提篮拱桥、斜靠式拱桥、空间组合拱桥等新的结构形式,在有效增强拱肋稳定性的同时,使拱桥的艺术表现力得到极大提升。

总体来说,受工程建设的当时当地性制约,欧美国家在中小跨径桥梁建设中,倾向于采用钢板梁桥、组合梁桥和预应力混凝土梁桥,在大中跨径桥梁建设中,常常采用斜拉桥等新的结构体系,采用混凝土拱桥的总体来说数量不多,但在技术上颇多创新。受经济条件、建设理念、文化传统、政治环境等因素的制约和影响,我国 20 世纪 60—80 年代在桥梁建设中,经济性能良好、造型美观的拱桥占据了主导地位,一度形成了"无桥不拱"的潮流,并基于"化整为零、集零为整"的思想,创造出双曲拱、桁架拱和刚架拱等具有我国特色的拱桥结构形式,发展丰富了转体法、悬臂节段拼装法、劲性骨架施工法等无支架施工方法,因地制宜解决了国家经济条件困难、桥梁建设用钢紧张情况下的桥梁建设问题。近 30 年来,在西部山区桥梁建设、铁路桥梁建设中,混凝土拱桥以其造价低、刚度大、承载潜力大、符合国情等优势,在我国得到了进一步的发展和广泛应用。

以下根据混凝土拱桥的结构形式,从钢筋混凝土箱(肋)拱桥、双曲拱、桁架拱及刚架拱桥、梁拱组合体系三个方面,简要阐述混凝土拱桥结构形式的发展演化历程。

3.3.1 混凝土箱(肋)拱桥

第二次世界大战以后,随着钢筋混凝土设计计算理论的成熟,利用木拱架、钢拱架或土牛拱胎修建中等跨径钢筋混凝土拱桥的技术已经比较成熟,进入了推广应用阶段,混凝土拱桥与预应力混凝土梁桥、钢板梁桥成为中等跨径桥梁的主要形式。在跨径40~50m时,拱桥混凝土用量略低于同等跨径的混凝土梁桥,而钢筋用量仅为同等跨径混凝土梁桥的1/3~1/2,这使得混凝土拱桥在钢材匮乏的情况下非常有竞争优势;跨径50~80m时,混凝土拱桥在材料用量方面的优势更加明显,但施工难度也随之增大。我国常见跨径混凝土箱(肋)公路拱桥每平方米桥面的材料用量指标见表2-3-3。

我国常见跨径混凝土箱(肋)公路拱桥每平方米桥面的材料用量指标　　表2-3-3

跨径(m)	截 面 形 式	混凝土(m^3/m^2)	普通钢筋(kg/m^2)
40	钢筋混凝土肋拱	0.50	23.5~41.4
50		0.41	30.2~31.9
60		0.49	53.1
60	钢筋混凝土箱拱	0.41	52.9
70		0.51	85.7
80		0.61	99.6

注:表中数据主要来源于人民交通出版社《公路桥涵设计手册　拱桥(下)》,反映了20世纪90年代前我国拱桥建设概况。

对于大跨径混凝土拱桥,由于施工难度较大、临时材料用量较多,导致其竞争优势明显降低,修建数量并不是很多,欧美、日本及我国修建的一些比较典型的大跨径钢筋混凝土拱桥概况如表2-3-4所示。从表中可以看出,大跨径混凝土拱桥的革新主要围绕施工方法的创新而展开,相继发展出混凝土拱桥的缆索吊装拼装法、悬臂桁架拼装法、斜拉悬臂拼装法、斜拉悬臂浇筑法、转体法等无支架施工方法,有效降低了施工临时设施费用,增强了混凝土拱桥的施工期间的安全性,使得大跨径混凝土拱桥在某些情况下仍有竞争优势。另一方面,在此期间欧美、日本及我国修建的混凝土拱桥所用混凝土强度等级逐渐从C40发展到C60,目前仍以C60混凝土为主,更高强度等级的混凝土应用并不广泛,这说明刚度和稳定性仍是制约大跨径混凝土拱桥发展的因素。此外,在工程实践中,由于大跨径拱桥拱上建筑联合作用比较微弱,而产生的荷载效应比较显著,因此,各国都比较重视桥面系的改良。桥面系的整体化、连续化、轻型化是主要发展趋势,多采用连续的钢-混凝土组合结构或连续的钢结构,以便降低恒载效应;或将靠近拱脚的拱上建筑设计成单独的连续结构,借助于拱脚立柱而非拱圈将荷载传递给地基基础;或采取相应措施、增强桥面系与拱圈的联合作用,使桥面荷载的传力途径更加均匀分散。

国内外典型大跨径钢筋混凝土拱桥基本情况　　　　　表2-3-4

桥　名	建成时间(年)	设计参数及主要特点	施工方法
葡萄牙波尔图阿拉比达（Arabuda）桥	1963	主拱圈为跨径270m的分离式双箱，每箱为单箱双室，矢高50m	在钢拱架上逐次现浇拱箱及剪刀撑
澳大利亚格莱兹韦尔（Gladesville）桥	1964	跨径305m的素混凝土箱形拱桥，在跨径的$L/3$处利用千斤顶调整混凝土拱圈的应力	在钢管支架上逐组拼装拱箱
克罗地亚希贝尼克（Sibenik）桥	1966	跨径246.40m，矢高30.8m	首创斜拉悬臂浇筑法施工
克罗地亚克尔克（Krk）桥	1980	跨径390m的上承式拱桥，矢高67m	悬臂桁架法拼装施工
中国四川涪陵乌江大桥	1989	主跨200m的钢筋混凝土肋拱桥	水平转体施工法
中国四川宜宾金沙江南门大桥	1990	跨径243m的中承式钢筋混凝土拱，采用型钢桁拱作为施工劲性骨架	半劲性骨架施工法
中国广西邕宁邕江大桥	1996	跨径312m的中承式钢筋混凝土拱，采用钢管桁架作为施工劲性骨架	劲性骨架施工法
中国万州长江大桥	1997	跨径420m的上承式钢筋混凝土箱型拱，采用钢管混凝土桁架作为施工劲性骨架	劲性骨架施工法
日本宫崎县天翔（Tensho）大桥	2000	跨径260m的上承式钢筋混凝土箱拱，中间82m采用劲性骨架施工	悬臂桁架法浇筑+劲性骨架法
葡萄牙亨里克（Henrique）桥	2002	跨径280m的刚性梁柔性拱，拱轴线由几段直线组合而成，主拱圈为高1.5m的等高变宽箱形截面	悬臂桁架法拼装施工
日本冈山县头岛（Kashirajima）大桥	2003	跨径218m的上承式钢筋混凝土箱拱，中间部分采用型钢桁架作为劲性骨架	斜拉悬臂浇筑法+劲性骨架法
美国胡佛大坝桥	2010	跨径323m的上承式拱，桥面系采用钢-混凝土组合梁	斜拉悬臂浇筑法
日本冲绳县Warumi-Ohashi大桥	2010	跨径210m的钢箱-钢筋混凝土箱型拱，采用钢箱和型钢构件组成劲性骨架内填外包混凝土	悬臂拼装钢箱后，先内填箱内混凝土，再外包形成箱形截面
西班牙Almonte大桥	2016	主跨384m的上承式钢筋混凝土铁路拱桥，为提高横向稳定性，从跨中单箱演变为拱脚双箱	斜拉悬臂浇筑法

续上表

桥　　名	建成时间(年)	设计参数及主要特点	施 工 方 法
中国云桂铁路南盘江特大桥	2016	主跨416m上承式劲性骨架钢筋混凝土拱桥	劲性骨架法
中国沪昆高铁贵州北盘江大桥	2016	主跨445m的上承式劲性骨架钢筋混凝土箱形拱桥	劲性骨架法
瑞士塔米纳河谷桥	2017	主跨265m的不对称钢筋混凝土箱拱,用倾斜立柱支承连续梁桥面系	斜拉悬臂拼装法

在我国,20世纪70年代随着混凝土拱桥缆索吊装工法的成熟,混凝土箱拱在四川、贵州、广西等地山区得到了广泛的应用,跨径也发展到150m左右。进入20世纪80年代,随着转体施工法、劲性骨架施工法的发展和成熟,钢筋混凝土拱桥因造价低廉、易维护、用钢量小、受力性能好、承载潜力大,非常符合我国当时的国情,很有竞争优势,一直是大中跨径桥梁的主要形式之一,产生了很多因地制宜的工程创新,形成了独特的发展路径。20世纪90年代以后,随着钢管混凝土拱桥在我国的异军突起,在公路及市政桥梁中,大跨径钢筋混凝土拱桥逐渐被钢管混凝土拱桥所取代,但在铁路桥梁,特别是高速铁路桥梁中,钢筋混凝土拱桥所具有的承载能力强、刚度大、振动小的特点,仍是大跨径桥梁建设经常采用的方案。

案例 2-3-3

澳大利亚格莱兹韦尔桥
——利用千斤顶调整拱桥内力的典范

澳大利亚格莱兹韦尔(Gladesville)桥建成于1964年,由J.A.L.Shaw等人设计,弗雷西奈担任审核咨询,这是设计大师弗雷西奈参与咨询的最后一项工程。该桥位于悉尼市,为跨径305m的素混凝土箱形拱桥,如插页彩图15所示。主要设计参数为:矢高39.4m,矢跨比1/7.8,桥宽25.6m,拱圈截面为单箱四室,各室在拱脚处尺寸为6.1m(宽)×7.01m(高),在拱顶处为尺寸6.1m(宽)×4.27m(高),拱箱上下翼缘厚38cm,腹板厚30.5cm,横隔板间距15.21m,厚61cm。

该桥既无普通钢筋,也无预应力筋,采用素混凝土结构,设计非常大胆,最突出的特点是利用56组、最大可以提供58MN总压力的弗氏扁千斤顶来调整拱圈内力,以使压力线与拱轴线吻合。具体做法是:①预制拱圈块件,采用50t起重机在钢管满堂支架上拼装第一组拱箱;②待第一组拱箱组拼完成后,在$L/3$处拱箱所预留的加力缝中,利用预先埋置的弗氏扁千斤顶主动加载,使混凝土拱箱产生3cm的压缩量,产生6MPa的压应力,并使拱圈脱离钢管支架;③将钢管支架横移6m,拼装施工下一组拱箱,然后利用千斤顶调整拱圈应力,依次完成四组拱圈的拼装及应力调整;④四组拱圈全部拼装完成后,为克服各拱圈混凝土龄期不同产生的徐变差异,再次采用千斤顶加载,对全桥的应力进行调整,以使全桥的远期收缩徐变能够协调一致。

虽然该桥施工工期较长、施工临时措施费用较高,但所秉承对认知混凝土收缩徐变规律的审慎态度,所采用的主动调整拱圈应力、改善混凝土结构长期受力性能的做法,即便在对混凝土收缩徐变规律认知水平大幅度提高的今天,仍值得工程师效仿和借鉴。

案例 2-3-4

瑞士塔米纳河谷桥
——用传统演绎创新

瑞士塔米纳大桥主跨长 265m,跨越塔米纳河谷,建成于 2017 年,由莱昂哈特-安德拉合伙人咨询公司(LAP)设计,是一座非对称的混凝土上承式拱桥,即根据地形,采用不同跨径和矢跨比的两个半拱组合形成一个大拱,主拱圈与连续梁桥面系、立柱构成了整体框架,形成了独特的设计风格,如插页彩图 16 所示。

为适应受力要求、增强拱圈在施工过程中的稳定性,该桥采用了变截面拱圈,拱圈一般截面高度为 2.75m,近拱脚处加高至 4.5~5.0m,宽度从拱顶处的 5.0m 变化为拱脚处的 6.95m。该桥桥面系为预应力混凝土连续梁。为了获得通透简洁的美学效果、减少立柱数量,设计者创造性的采用了倾斜立柱,从而使桥面系连续梁最大跨径从 89m 减小到了 62.7m,以有效削减桥面连续梁的内力。但由此也带来新的问题,即立柱必须和连续梁桥面系、拱圈两端固结,导致短立柱的弯矩显著增大。为解决这个新的问题,设计者采用在短立柱的顶端和底端设置"混凝土铰"的解决方案,即在拟设铰位置,将截面尺寸大大缩小,以保证立柱在传递轴力的同时,弯矩得以大幅度削减,在受力上实现铰的功能。该桥采用斜拉悬拼施工法,混凝土拱圈节段通过临时塔架及斜拉扣索锚固在河谷两岸的岩壁上,主拱合龙后,进行拱上立柱及连续梁桥面系的施工。

该桥通过现代技术和施工方法,采用了拱上斜立柱的拱桥方案,为传统拱桥结构赋予了新的生命力,又一次阐明了改进改良才是工程创新的主要手段。

案例 2-3-5

四川宜宾金沙江南门大桥改造工程
——工程缺陷消除的曲折过程

四川宜宾金沙江南门大桥于 1990 年 7 月建成通车,是当时我国跨径最大的混凝土拱桥。该桥主桥为 243.367m 的中承式钢筋混凝土肋拱桥,拱肋净矢高 48m,矢跨比为 1/5,两条分离式钢筋混凝土拱肋用 K 撑和 X 撑连接,采用半劲性骨架法施工。主桥中部 180m 范围内设置 17 对吊杆,吊杆间距 10.14m,桥面系采用"横梁+空心板"的构造,吊杆上端锚固于拱肋,下端锚固于横梁,横梁为预应力混凝土结构,在其上布设预应力混凝土桥面板,形成以横梁为主的桥面系。

由于该桥存在吊杆锚固处无法检查、抗腐蚀性差等先天缺陷,加上当时我国工程界对温度效应、吊杆应力腐蚀机理的认识也不够到位，"横梁+空心板+吊杆"简支桥面系存在冗余度不足、整体性较差的隐患，导致该桥短吊杆在应力腐蚀作用下发生断索，桥面系在2001年11月7日发生了局部垮塌事故，如图2-3-1a)、b)所示。随后，在桥面恢复工程中，将原有吊杆全部更换为PES7成品索，锚固构造为镦头锚，上下端分别锚于拱肋上缘和横梁下缘，于2002年7月恢复通车。

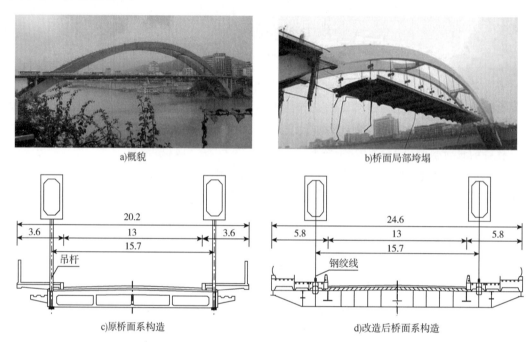

图2-3-1 宜宾金沙江南门大桥改造加固情况（尺寸单位：m）

由于该桥主要隐患在桥面恢复工程中并未得到根除，"横梁+空心板+吊杆"简支桥面结构体系受力的整体性较差、结构强健性不足的问题依然存在，在汽车荷载作用下单根吊杆的应力幅较大，容易出现疲劳损伤。至2018年，经过近20年的运营，该桥的部分吊杆再次出现了钢丝腐蚀损伤，吊杆下锚头螺母、螺纹锈蚀等安全风险。为消除上述安全风险，有关方面决定对该桥的桥面系进行改造加固，改造加固要点如下。

①采用纵横钢格子梁+混凝土桥面板的整体结构，将桥面系由简支结构改造成连续结构，以解决桥面系的强健性不足、安全可靠度偏差的问题，如图2-3-1c)、d)所示；

②采用钢-混凝土组合桥面板，大幅度减轻桥面系的恒载，原桥面系重量为323.5kN/m，改造后重量为195.3kN/m，自重减轻了39.6%，从而增大了主拱肋的承载能力储备和安全系数，相关计算结果见表2-3-5；

③对桥面每侧加宽2.2m，将非机动车道与机动车道分离，增加机动车车道数，提高其通行能力；

④更换吊杆，采用1860MPa级钢绞线整束挤压吊杆，上锚点采用挤压锚，设置于拱圈上缘，下端采用销接式构造，位于桥面上，以便于吊杆的张拉、调索、检查和更换；

⑤改造门架立柱、伸缩缝，以保证桥面系的连续性。为此，将近拱脚处支承桥面系的原

有门架盖梁切除,采用劲性骨架混凝土横梁来降低高程,将伸缩缝从拱肋与横梁交界桥面处移至桥面系端部,以改善短吊杆受力状况,使钢格子梁组合桥面体系在主桥范围内连续。

改造前后拱肋控制截面内力及安全系数比较,见表2-3-5。

改造前后拱肋控制截面内力及安全系数比较　　　　表2-3-5

改造阶段	截面	轴力(N)	剪力(N)	弯矩(N·m)	安全系数
改造前	拱脚	-6.88×10^7	-1.37×10^6	-4.76×10^7	2.08
	拱肋1/4	-5.38×10^7	-1.09×10^6	-3.76×10^6	1.39
	拱顶	-4.99×10^7	-0.69×10^6	1.59×10^7	1.27
改造后	拱脚	-5.56×10^7	-2.32×10^6	-5.29×10^7	2.35
	拱肋1/4	-4.29×10^7	-0.72×10^6	-1.83×10^6	1.78
	拱顶	-3.99×10^7	-0.45×10^6	1.12×10^7	1.63

通过上述改造措施,使得拱肋控制截面的内力得以有效减小,结构的强健性与冗余度得以显著提升,结构的可检查性、可维护性得以明显改善,对同类工程的加固改造具有普遍的借鉴意义。

宜宾金沙江南门大桥改造工程表明:工程建造和运行过程中存在的各类未确知性和不确定性,常常超出人们当时的认知能力。对此,只有适度提高工程的容错性、增大工程的冗余度,才有可能最大限度地规避、防范、化解工程风险。

3.3.2 双曲拱桥、桁架拱桥及刚架拱

双曲拱桥是由我国苏松源于1965年发明的,由多条拱肋、拱波及拱上建筑组成,采用"化整为零、集零为整"的思想,解决了起吊运输能力严重不足情况下的建设中小跨径拱桥的主要矛盾,因其具有预制构件小、对运输起吊机具要求低、运输方便、材料用量省、造价低廉、易于推广等优点,比较适合于中小跨径拱桥的建设,在我国桥梁发展史上发挥了一定作用。然而,在当时的社会思潮、内外部环境的影响下,这种桥型被推广用于建造大中跨径公路桥梁,虽然建成了数百座大中跨径双曲拱桥,但双曲拱桥存在施工过程中稳定性不足、断面整体性差及耐久性不足等缺点,且始终难以克服;当跨径增大时,这些缺点显得更加突出,以至出现了各种安全隐患,影响了桥梁的使用寿命。进入20世纪80年代,随着国外预应力混凝土技术的引进和本土化发展,双曲拱桥逐渐退出了工程应用。在双曲拱桥推广应用的二十多年中,我国建成的跨径最大者为河南嵩县前河桥(跨径为150m),规模最大者为1972年建成的湖南长沙湘江大桥,由8孔76m和9孔50m的双曲拱桥组成,目前仍在正常使用,如插页彩图17所示。

为了克服双曲拱桥在构造上的弱点,同济大学创造了一种适合软土地基的桁架拱桥新桥型,桁架拱兼有拱结构和桁架梁的受力特点,具有预制构件小、造价低、运输吊装容易等特点,在中小等跨径桥梁建设具有一定竞争优势和适用性,20世纪70年代在浙江、江苏、河南等地先后建成一批公路桥。进入20世纪80年代,我国贵州交通运输行业在桁架拱的基础

上,进一步发展出桁式组合拱桥,解决了当地大跨径拱桥建设的困难,建成了以剑河大桥(主跨150m,1985年)、贵州江界河大桥(主跨330m,1995年,插页彩图18)为代表的40余座大跨径拱桥。但桁架拱桥、桁式组合拱桥普遍存在节点构造复杂、整体性较差、耐久性不足等问题,应用于大跨径桥梁时存在一些难以弥补的先天不足。

刚架拱是20世纪70年代末期由交通部科学研究院开发的新型拱桥体系,是肋拱与斜腿刚构的组合,具有结构轻盈、施工简便、材料用省、水平推力小、经济指标好等优点,在跨径30~100m跨径范围内有一定的竞争力,非常适用于平原软基地区,在我国江西、湖北、广东等地得到了一定应用。

进入20世纪80年代末期,随着预应力混凝土梁式桥在我国的推广应用,以及钢管混凝土拱桥的兴起,加上双曲拱、桁架拱及刚架拱普遍存在整体性差、刚度小、振动大、耐久性不足等使用性能方面的问题,逐渐退出工程应用。双曲拱桥、桁架拱桥及刚架拱的兴衰反映了特殊时期外部社会环境对工程建设的影响,从一个比较独特的视角反映了工程演化、技术进步的规律。

案例 2-3-6

贵州花鱼洞大桥重建工程
——用"新"拆"旧"的匠心之作

贵州花鱼洞大桥旧桥位于G320线贵阳清镇市内,全桥孔跨布置为5×15m+150m+4×15m,跨越红枫湖,主跨为150m预应力混凝土桁式组合拱桥,设计荷载等级为汽车-20级,挂车-100,人群荷载为3.5kN/m²,建成于1991年。到了2019年,经过近30年的运营,由于桁式组合拱桥的先天缺陷及后期车辆荷载的增长,该桥出现了严重的病害,经过两次检测加固,又出现了诸如混凝土拱箱底部碳纤维布开裂、桥墩混凝土大面积脱落等现象,表明该桥的承载能力、结构强度已不能满足原设计规范的要求,不得不拆除重建。

由于附近已建成两座桥梁,桥位资源紧缺,经过比选决定在原位重建新桥。同时,该桥位于风景区及饮用水源地,拆除不能采用爆破法或支架法施工方案,新桥设计必须同时考虑旧桥的拆除方案,因此旧桥拆除方案就成为工程设计的关键。经反复比较,贵州省交通规划勘察设计研究院股份有限公司改变以往先拆再建的思路,逆向思维,采用了先建后拆的方式,即用新建拱桥"包住"旧桥,待新建拱桥的拱肋具有一定承载能力后,再利用新桥拱肋作为支架来拆除旧桥,然后完成新桥的后续施工。为此,设计者采用了主跨180m中承式钢管混凝土提篮拱桥,主拱肋由四根弦管组成,拱脚弦管高5.5m,拱顶弦管高3.5m,拱肋向内倾斜10°,如图2-3-2所示。

该桥主要施工步骤是:①先用缆索吊装钢管拱肋,灌注管内混凝土,形成钢管混凝土肋拱,利用其所具有的强度和刚度,设置临时扣索拉住旧桥拱肋;②张拉各临时扣索,将桁式组合拱桥的结构恒载均匀分配到新建的钢管拱结构上后,在不破坏原结构受力的情况下,拆除旧桥非结构受力部分如桥面铺装、人行道等,尽可能对旧桥进行减载;③解除桁式组合拱桥拱顶连接,将桁架拱结构体系转化为悬臂桁架体系,按照原桥悬臂施工架设的逆过程,采用倒装法逐段拆除桁式组合拱桥各构件;④待旧桥拆除工作完成后,进行新桥吊杆、桥面系施工。

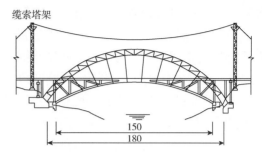

图 2-3-2 贵州花鱼洞大桥拆除重建示意图(尺寸单位:m)

贵州花鱼洞大桥总造价约 1.1 亿元,采取用"新"拆"旧"的技术策略后,节省造价约 2200 万元,并大幅度缩短了施工工期。花鱼洞大桥重建工程再次表明:构思是工程设计的灵魂,该桥巧妙利用了新建钢管混凝土拱肋,采用倒装法拆除旧桥,不仅满足景区和饮用水源的环保要求,同时显著提升了既有拱桥拆除施工的安全性,对既有桥梁的改造改建具有普遍的借鉴价值。

3.3.3 梁拱组合体系

梁拱组合体系是一种比较传统又富于变化的结构形式。早在第一次工业革命期间,梁拱组合体系就有应用,如英国著名工程师布鲁内尔(I.K.Brunel)在 1849 年设计建成的跨径 62m 大西铁路温莎(Windsor)铁路桥,就是一座刚性系杆刚性拱的系杆拱桥,但受制于分析计算水平的限制,梁拱组合体系此后并未得到广泛应用。第二次世界大战以后,梁拱组合体系得以发展完善,在简支梁拱组合体系的基础上,发展出悬臂梁拱组合体系、拱桁组合体系、连续梁拱组合体系、连续刚构拱组合体系等。其中,在公路桥梁中应用比较广泛的是简支梁拱组合体系、刚架梁拱组合体系、连续梁拱组合体系,在铁路桥梁中应用比较广泛的连续梁拱组合体系、连续刚构拱组合体系,其受力图式见图 2-3-3。

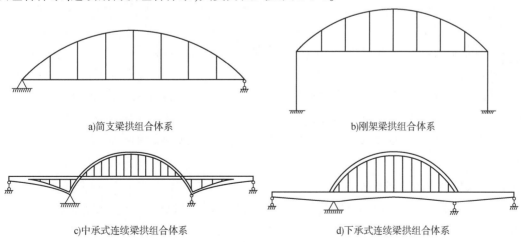

图 2-3-3 几种典型的梁拱组合体系受力简图

(1) 公路梁拱组合体系桥

简支梁拱组合体系为外部静定、内部超静定结构,兼有拱桥跨越能力较大和简支梁桥对地基适应能力强的两大特点。当桥面高程受限或墩台基础地质条件不良,又需要一个大跨径单跨桥梁时,该体系是一个非常合适的桥型。简支梁拱组合体系最常用的形式是刚性系梁柔性拱,一般采用预应力混凝土系梁、混凝土肋拱或钢管混凝土肋拱,梁拱端节点刚结,从而达到改善梁体内力分布、增大结构刚度的目的。从受力行为来看,刚性系梁柔性拱相当于在预应力简支梁上增设加强拱肋,恒载作用下拱、梁内力可以通过吊杆的张拉力来进行调整,活载作用下内力按刚度分配,系梁所受的轴向拉力可以通过分阶段张拉预应力束来平衡,最终使系梁和拱肋都处于比较合理的压弯受力状态,以充分发挥混凝土或钢管混凝土的材料性能,因而在60~100m跨径范围内具备较强的竞争优势。

连续梁拱组合体系是在预应力混凝土连续梁上增设肋拱来辅助受力,从而改善梁体受力状态、提高结构刚度、增大跨越能力。在工程实践中,连续梁拱组合体系应用方式非常多,最常用的是刚性梁柔性拱,该体系具有跨越能力强、造型美观、刚度大、便于施工等优势,一般多采用"先梁后拱"的施工方法,以降低施工临时材料用量。在刚性梁柔性拱的结构体系中,常用的主要有中承式连续梁拱组合体系、下承式连续梁拱组合体系两种。

中承式连续梁拱组合体系多采用飞鸟式布置形式。飞鸟式是采用一个全拱、两个半拱以及水平系梁构成的无推力拱桥,它具有结构布置合理、对地基基础适应能力强、造型美观等特点,经济跨径在100~200m之间,在我国得到了比较广泛的应用,并衍生出多种结构形式,拱肋既可以采用钢管混凝土结构,也可以采用钢筋混凝土结构,系梁多采用等高度预应力混凝土梁。与连续梁相比,该体系可以利用拱肋、吊杆来减小梁体跨中、支点截面的弯矩和剪力峰值,从而有效降低梁体高度;与飞鸟式系杆拱相比,该体系在利用预应力系梁来平衡拱肋推力、使拱肋和系梁都处于比较理想的受力状态的同时,可以提供较大的竖向刚度,行车性能较好,结构赘余度也较高。但相对于连续梁或飞鸟式系杆拱,中承式连续梁拱组合体系受力不够简洁明确,施工工序比较多,拱肋与梁的结点构造也比较复杂。

下承式连续梁拱组合体系一般采用柔性肋拱来加强连续梁的中跨,由于拱对中跨的加劲,在很大程度上阻止了中跨与边跨之间荷载的相互传递和相互影响,中支点几乎成为中跨与边跨的阻隔点,受力主要取决于跨内荷载情况。拱的加强作用,不仅使中跨的弯矩明显减小、刚度显著增大,也使边跨跨中正弯矩、边支点支反力由此而得以减小,结构内力分布更加均匀,经济指标较好。在下承式连续梁拱组合体系中,梁体多采用变高度梁,梁体自重由连续梁自身来承担,拱肋一般采用钢管混凝土结构,并通过布设在梁体内的预应力束来平衡拱的水平推力。二期荷载及活载由梁、拱根据其相对刚度进行分配承担,设计比较灵活,施工比较方便。

(2) 铁路梁拱组合体系桥

在高速铁路(客运专线)、城际铁路大跨径桥梁设计中,基于下承式连续梁拱体系具有刚度大、振动小、线形平顺、行车舒适性好等优势,近年来在跨径100~200m的高速铁路桥梁中应用较为广泛,建成了30多座下承式大跨径连续梁拱桥,部分桥梁概况见表2-3-6。与公路桥梁不同,大跨径铁路桥梁,特别是高铁桥梁设计关键在于取得合理的刚度,保证在温度、风、徐变、运营列车荷载的作用下,梁体的变形及梁端转角、振动满足运营的安全性与行车舒适性要求。一般而言,由于桥梁的变形随跨径的增大而增大,但高速铁路无砟轨道对变形与振动响应的要求不随跨径而变化,因此就对大跨径混凝土桥梁的徐变、竖向变形、梁端转角及振动响应的控制提出了极高的要求。在跨径大于100m的情况下,如采用连续梁或连续刚构则会因竖向刚度不足、长期变形性能不易控制,难以满足行车安全性与舒适性的要求;如采用斜拉桥则因其横向刚度较小,为了满足结构刚度及行车舒适性要求,不得不增大主梁的宽度,导致其经济指标恶化。因而,当跨径超过100m后,连续梁拱、连续刚构拱等新型组合结构体系就成为我国高速铁路桥梁的主要解决方案。

我国建成的连续梁拱组合体系铁路桥梁(部分) 表2-3-6

桥名	跨径(m)	线路类型	轨道类型	建成时间(年)
青藏铁路拉萨河桥	36+72+108+72+36	Ⅰ级铁路	有砟轨道	2003
温福铁路跨甬台温高速桥	64+136+64	客运专线	有砟轨道	2005
京津城际跨北京四环桥	60+128+60	客运专线	无砟轨道	2007
广深港跨沙湾水道桥	76+160+76	客运专线	无砟轨道	2007
京沪高铁镇江京杭运河桥	90+180+90	高速铁路	无砟轨道	2008
京沪高铁阳澄湖桥	70+136+70	高速铁路	无砟轨道	2008
西宝客运专线跨西宝高速公路桥	63.4+136+63.4	客运专线	无砟轨道	2009
合福铁路跨合宁高速公路桥	90+180+90	高速铁路	无砟轨道	2010
兰渝铁路广元嘉陵江桥	82+172+82	Ⅰ级铁路	有砟轨道	2009
成渝客运专线跨郑家坝沱江桥	78+168+78	高速铁路	无砟轨道	2010
成渝客运专线跨资阳沱江桥	90+180+90	高速铁路	无砟轨道	2010
莞惠城际跨东江水道桥	100+180+100	客运专线	无砟轨道	2014
川南城际跨三元沱江桥	70+3×144+70	城际铁路	无砟轨道	2016
商合杭铁路淮河特大桥	112+228+112	高速铁路	无砟轨道	2019
连徐铁路东海特大桥	40+168+40	高速铁路	无砟轨道	2020
盐通高铁通榆河特大桥	110.7+228+110.7	高速铁路	无砟轨道	2020

近年来我国高铁桥梁建设的实践表明:大跨径铁路连续梁拱的支点梁高宜取主跨跨径的 1/20~1/15,跨中梁高与支点梁高之比宜取 0.4~0.5,视桥宽需要采用单箱单室或单箱双室截面;拱肋一般采用钢管混凝土柔性拱,拱肋与连续梁的抗弯刚度比宜取 1/25~1/15,矢跨比为 1/6~1/5,吊杆间距 6.0~9.0m。连续梁拱的恒载内力可根据受力要求,通过张拉吊杆予以适当调整,活载依据二者的刚度比值分担。设置柔性拱肋后,主梁支点截面的弯矩、剪力可削减 35%~50%,跨中截面弯矩可削减 50%以上,徐变上拱可以控制在 $L/5000$ 及

20mm 以内，在活载作用下竖向挠跨比可以控制在 1/7000～1/3000 之间，横向变形与跨径之比可控制在 1/10000 以下，梁端转角控制在 0.01% 以内，变形得以有效削减，仅为同等跨径连续梁的一半左右，能够很好地满足高速铁路无砟轨道平顺性对大跨径桥梁变形的严苛要求。

当墩高较大、水平抗推刚度较小时，亦可采用连续刚构拱组合体系。连续刚构拱组合体系受力特点与连续梁拱组合体系类似，只是由于桥墩参与主梁受弯，墩顶负弯矩峰值可以得到进一步削减，梁高可以进一步降低。例如 2007 年建成的宜万铁路宜昌长江大桥就采用连续刚构拱组合体系，主桥跨径为 130m+2×275m+130m，主梁采用变截面连续刚构，主墩采用双薄壁墩，拱肋采用钢管混凝土。与同结构尺寸的连续刚构相比，连续刚构拱在活载作用下，墩顶的弯矩峰值降低达 50% 以上，中跨跨中弯矩值降低了 65%，中跨跨中活载挠度仅为同等跨径连续刚构的 1/3.5。由此可见，因为拱的存在，使得连续刚构的刚度大幅度提高，主梁受力显著改善，梁拱组合效应十分明显。又如 2019 年建成的汉十高铁崔家营汉江大桥，采用跨径为 135m+2×300m+135m 的四跨连续刚构-拱组合结构，借助于吊杆来调整主梁受力、控制主梁应力，将中跨徐变变形控制在 17mm 以内，成功解决了大跨径混凝土梁桥徐变控制的难题。以上两座连续钢构拱桥的概貌见插页彩图 19。

案例 2-3-7

连续梁拱组合体系在铁路桥梁的应用
——刚度控制设计

在铁路桥梁特别是高速铁路或客运专线桥梁的建设中，对于变形要求十分严苛，采用无砟桥面时，梁的工后徐变值一般不得超过 10mm，以保障行车安全性与乘客的舒适性。在跨径大于 150m 时，常采用连续梁拱组合体系，从控制弹性变形入手，以达到控制梁体收缩徐变长期变形的效果。连续梁拱组合结构一般采用先梁后拱的施工方法，主梁常采用悬臂浇筑法施工，主梁兼有系杆的作用，承担由拱肋产生的水平推力。

以广东莞惠城际铁路为例，设计荷载为 0.6UIC，即采用国际铁路联盟（UIC）活载标准的 60%，均布荷载集度为 48kN/m，设计运行速度 200km/h。其中，东莞水道特大桥为跨径 100m+180m+100m 的连续梁拱，建成于 2016 年，如图 2-3-4 所示。连续梁中支点梁高 10.0m，跨中及边支点梁高 4.5m，采用单箱双室截面，截面顶宽 11.9m、底宽 9.8m、腹板总厚度 1.2～1.65m，底板厚度 0.4～1.3m，中支点处局部加宽加厚，顶宽 15.0m、底宽 12.8m、腹板总厚度 6.9m，拱肋采用钢管混凝土结构，采用等高度哑铃形截面，截面高度为 3.1m。在采取严格材料配比、合理调配工序、严格保证混凝土应力不超

图 2-3-4　广东莞惠城际铁路东莞水道特大桥

过强度0.4倍等措施后,最终使徐变变形控制在7mm左右,梁端转角为0.008%,最大静活载挠度为29.4mm,活载挠跨比为1/6122,在列车摇摆力作用下,横向最大变形为0.96mm,为跨径的1/187500,从而保证无砟轨道的平顺,满足列车安全性和旅客舒适性的要求。

从该桥的截面尺寸可以看出,为满足严苛的刚度要求,连续梁拱组合体系材料用量较大,导致其造价较高(折合每线铁路每延米造价约27万元)、工期较长,虽然刚度极大、满足了城际铁路严苛的运营要求,但也明显降低了其竞争力,因此,在公路桥梁建设中很少采用连续梁拱组合体系。

案例 2-3-8

简支梁拱组合体系的改良
——增设小边跨产生的大效果

当桥面高程受限或墩台基础地质条件不良,且需要一个大跨径单跨桥梁时,简支梁拱组合体系是一个非常合适的桥型。简支梁拱组合体系具有受力合理、适应性强、经济美观等优点,但也存在刚度小、挠度大、动力性能偏差的缺点。针对此,大连理工大学张哲提出了增加短边跨来改进传统简支梁拱组合体系的思路,由于边跨的存在,主梁的受力类似于三跨连续梁,边跨可有效限制主梁的转角和位移,提高结构刚度,改善行车平稳性和舒适性,从而使简支梁拱组合体系更适用于大跨径桥梁。相关研究表明,由于拱对连续梁的加强和调节作用,梁拱组合体系的边跨可以比连续梁桥更小,跨径布置也更加灵活。

以辽宁庄河干沟大桥为例(图2-3-5),该桥跨径布置为10m+250m+10m,建成于2013年,采用单肋系杆拱梁组合体系,截面为钢箱拱肋,矢高55.5m,矢跨比约为1/4.5,主梁为预应力混凝土箱梁,中跨梁高3m,边跨梁高3.5m,边跨长度为10m,边中跨比仅为0.04。通过合理配置主梁、拱肋与吊杆的相对刚度,并采用边跨压重、张拉吊杆等调节措施,在其他设计参数不变的情况下,结构体系的刚度得到了大幅度的改善,相关力学指标的对比分析如表2-3-7所示。由此可见,在不明显增加造价的情况下,设置很小跨径的边跨,能够非常有效约束拱脚的转动,减小主梁挠度,增大结构刚度,改善动力性能,起到了"四两拨千斤"的效果。

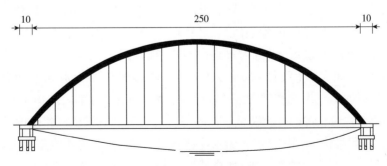

图2-3-5 辽宁庄河干沟大桥总体布置(尺寸单位:m)

简支拱梁体系与连续体系刚度比较 表 2-3-7

结 构 体 系	梁端转角(rad)	中跨跨中竖向挠度(mm)	自振频率(Hz)
简支体系	1.93×10⁻³	44.8	0.4173
连续体系	0.04×10⁻³	34.9	0.6776

辽宁庄河干沟大桥的实践再一次证明:对于传统工程领域,渐进性创新如工法、工艺、装备、构造等方面的小改进、小革新,大多数都属于"从 1 到 N"的量变阶段,虽然并不特别令人振奋,但却是工程创新的主渠道。

3.4 钢管混凝土拱桥

早在第二次世界大战之前,钢管混凝土就在地铁工程、房建工程、桥梁工程的中有零星的应用,在这些零散的应用中,大多数以短柱的形式出现,但一直没有能够形成经济合理的结构体系。1990 年,四川省公路规划勘察设计研究院吴清明设计建成了四川旺苍东河桥,该桥采用跨径 115m 的刚架系杆拱,拱肋截面为哑铃形(由两根直径 80cm 的钢管组成),结构性能、施工工法及经济指标均优于同等跨径的混凝土连续梁桥,取得了极大的成功,揭开了钢管混凝土拱桥在我国建设的序幕。在受力机理上,混凝土受钢管约束具有较大的承载能力,而混凝土又增强了钢管的稳定性,钢管同时具备支架、模板和组合结构的一部分共同受力的三重作用。在结构形式上,可以采用混凝土拱桥的各种体系,并根据跨径变化、受力要求等,灵活选用钢管混凝土的直径或钢管肢数,形成轻巧、纤细、力量感十足的承重结构。在施工方法上,钢管混凝土拱桥具有得天独厚的优势,在中等跨径时,可以采用整体吊装钢管,形成钢管结构体系后再泵送混凝土的方法;跨径增大时,可以采用斜拉扣挂法来悬臂拼装钢管桁架,或采用转体法、大节段提升法形成钢管桁架,然后再逐段或逐管泵送混凝土,形成钢管混凝土结构,施工方法灵活多变、适应性极强,因而经济指标良好,造价与同等跨径的混凝土连续梁连续刚构不相上下,仅为同等跨径斜拉桥的 60%～70%,具有很强的技术经济竞争优势。

钢管混凝土拱桥一经问世,迅速在我国各地推广应用,相当程度上代替了传统的钢筋混凝土拱桥,并在 100～500m 范围内对连续梁、连续刚构、斜拉桥保有很强的竞争力。目前,我国已建成的钢管混凝土拱桥 460 多座,其中跨径大于 200m 的钢管混凝土拱桥 50 多座,跨径大于 400m 的钢管混凝土拱桥 10 座,在设计计算理论、施工工法工艺、结构形式、材料制备与泵送装备等方面形成了成套技术,成为最具中国特色的桥型。比较有代表性的钢管混凝土拱桥如重庆巫山长江大桥(跨径 460m,2005 年建成通车)、四川泸州波司登大桥(跨径 530m,2013 年建成通车)、湖北秭归香溪长江公路大桥(跨径 531.2m,2019 年建成通车)、广西平南三桥(跨径 575m,2020 年建成通车)等。其中,广西平南三桥在建设中提出了基于影响矩阵原理的"过程最优,结果可控"扣索一次张拉控制方法,采用智能张拉技术,实现大跨径拱桥主拱圈线形控制技术的新突破,使拱肋合龙精度在 3mm 内,塔架顶部偏位控制精度达到 0.01%,并研发了 C70 自密实无收缩复合膨胀混凝土,创新采用真空辅助连续四级泵送工艺,确保管内混凝土灌注施工质量,成为钢管混凝土拱桥建设的又一座里程碑。近十年来,我国这一工程创新也扩散至国外,日本、越南、法国等国家也有了一些零星的钢管混凝土拱桥建设的工程实践,其中跨径最大是日本新西海大桥,跨径为235m。但总体而言,钢管混凝土拱桥在国外应用数量不多,跨径也不大。

一般情况下,人们将钢管混凝土拱桥可以看作一种新的、适合于抗压的复合材料,有些时候,人们也将钢管混凝土看作劲性骨架施工法的变革,即采用外露的钢管作为劲性骨架来取代内置的型钢劲性骨架,在获得更大的骨架刚度的同时,降低钢材用量。因此,采用强度很高的钢管和混凝土是不必要、不合理的。早期大部分钢管混凝土拱桥常采用Q235钢材配以C30或C40混凝土,目前主流做法是Q345钢材配C40或C50混凝土,体积含钢率一般控制在5%左右。近年来,围绕降低结构自重、减小地震响应,也有一些在高烈度地震区采用Q370、Q420钢管,内填C60~C80混凝土的实践探索,但总体上占比不高。总的来说,钢管混凝土拱桥是建桥材料、施工方法、力学性能与结构形式四者有机融合的新体系,结构形式丰富多彩,便于因地制宜。在地质情况良好的山区,上承式、中承式钢管混凝土有推力拱得到了一定的应用,在平原软基地区,中承飞鸟式自平衡系杆拱、下承式刚架系杆等无推力拱的应用较为广泛。在这些结构体系中,以中承飞鸟式系杆拱、下承式刚架系杆拱应用最为广泛。

中承式飞鸟自平衡系杆拱桥是采用一个全拱、两个半拱及柔性水平系杆构成的无推力拱桥,对地基基础适应能力较强,适用跨径范围较广,从100m左右到500m均可采用。跨径在100m左右时,可采用单管或哑铃形截面;跨径大于150m时,可采用由4根钢管或6根钢管组成的桁架,其中又以4根钢管最为常见,设计非常灵活。钢管拱肋产生的水平推力可以通过张拉系杆予以平衡,水平系杆多采用独立的预应力系杆,也可将其与桥面系合二为一,形成系梁,演化为传统的梁拱组合体系。桥面系早年多采用由纵横梁组成的格子梁体系,并在拱肋与桥面相交处断开,以便于施工,但由于存在桥面系刚度较小、振动响应大、结构冗余度小的不足,现已较少采用。此外,为增强桥面系受力整体性及强健度、降低恒载重量,近年来多采用钢-混凝土组合结构的桥面系,并将桥面系连续化,以减小振动响应、改善行车使用性能。就施工方法而言,飞鸟自平衡系杆拱桥一般采用先组拼形成钢管桁架、泵送混凝土形成钢管混凝土拱肋、然后利用拱肋施工桥面系,并同步张拉系杆、控制水平推力,施工简便快捷,造价比较低廉。因此,中承式飞鸟自平衡系杆拱在我国得到了广泛的应用,我国建成的部分大跨径中承式飞鸟自平衡系杆拱桥见表2-3-8。

我国建成的钢管混凝土飞鸟式自平衡系杆拱桥简况(部分) 表2-3-8

桥 名	跨径布置(m)	建成时间(年)	备 注
广东南海三山西大桥	45+200+45	1995	
广东中山二桥	41+125+41	1996	钢箱(内填混凝土)
广州丫髻沙大桥	76+360+76	2000	

续上表

桥 名	跨径布置(m)	建成时间(年)	备 注
广西梧州桂江大桥	49+175+40	2000	
江西筠州大桥	42+156+42	2003	
东莞水道特大桥	50+280+50	2004	
湖南南县茅草街大桥	80+368+80	2005	
江西赣州市章江大桥	48+158+48	2008	变异的飞鸟式拱
长春市伊通河大桥	51+158+51	2009	变异的飞鸟式拱
昌九城际铁路永修特大桥	31.75+128+31.75	2010	铁路桥
寿光金光街弥河大桥	40+150+40	2020	变异的飞鸟式拱
舟山岱山新江南大桥	45.5+208+45.5	2020	
四川合江长江三桥	80.5+507+80.5	2021	

刚架系杆拱桥是钢管拱肋与下部结构刚结,利用张拉预应力索来抵抗拱肋的恒载水平推力的一种新桥型。从结构受力来说,恒载水平推力可以通过张拉系杆予以完全平衡,活载产生的水平推力按抗拉刚度分配。当跨径超过200m之后,活载产生的水平推力较大,下部结构、地基基础为承受这一推力,不得不增大结构尺寸或改变构造形式,导致刚架系杆拱的经济指标劣化。此外,随着跨径的增大,刚架系杆拱的拱肋面外稳定比较突出,设置强大的横向联系虽可解决这一技术问题,但会明显影响结构的通透性与艺术表现力。因此,刚架系杆拱桥的经济合理跨径通常在100~200m之间,截面也以单管、哑铃形双管为主。从施工角度来说,刚架系杆拱桥因桥墩与拱肋固结,可以与有推力拱一样,采用钢管拱肋整体吊装、斜拉悬拼等各种无支架施工方法组拼拱肋,并同步张拉系杆,控制恒载水平推力,施工方法比较灵活,施工难度小于拱梁组合体系。我国建成的部分钢管混凝土刚架系杆拱简况见表2-3-9。

我国建成的钢管混凝土刚架系杆拱简况(部分) 表2-3-9

桥 名	跨径(m)	建成时间(年)	拱肋横向联系
四川广元旺苍大桥	115	1991	有风撑
广东高明大桥	110	1993	有风撑
河南安阳文峰路立交桥	135	1995	有风撑
四川峨边大渡河桥	138	1995	有风撑
四川成都青龙场立交桥	132	1997	有风撑
四川乐山沙湾大渡河大桥	150	1999	有风撑
广东深圳北站彩虹大桥	150	2000	有风撑

续上表

桥　　名	跨径(m)	建成时间(年)	拱肋横向联系
湖北武汉汉江五桥	240	2000	有风撑
甘肃兰州雁盐黄河大桥	127	2003	有风撑
广东东莞大汾北水道特大桥	128	2005	有风撑
广东潮州韩江金山大桥	85+114+160+114+85	2008	斜靠式拱桥
湖北郧阳汉江大桥	65+200+65	2012	有风撑

大量工程实践表明,由于内填混凝土收缩、温度变化及混凝土灌注工艺质量等因素的影响,钢管混凝土拱肋中钢管与混凝土常常会出现脱黏、脱空的现象,在拱肋顶部位尤为明显,严重时会演变成工程隐患,我国早年建成的部分钢管混凝土拱桥拱肋脱空实桥调查检测概况见表2-3-10,调查检测结果表明:脱空现象比较普遍,脱空量值多在几毫米到几十毫米不等,需要采取化学灌浆等二次补强措施。这一问题是钢管混凝土拱桥发展的最大瓶颈,因而备受工程界的关注。对此,我国工程师从以下三个方面进行防范和补救,目前已基本上解决这一困扰工程界多年的问题。一是采用真空辅助泵送混凝土工艺,以提高管内混凝土灌注的密实性,必要时根据钢管弧长及混凝土灌注量,分为若干级泵送,以减小泵送阻力、降低混凝土需要保持高流动性的持续时间。二是开发高流态、高稳定性及膨胀收缩可控的自密实混凝土,通过塑性膨胀解决混凝土凝结时的收缩问题,通过化学减缩、补偿收缩和内养护技术解决干燥收缩问题,从而保证分阶段、全过程的收缩抑制,实现管内混凝土膨胀收缩的可设计、可控制。三是采取事后补救措施,对于已出现的拱肋脱空现象,视脱空间隙大小,采用化学灌浆、水泥灌浆等措施予以补救。

我国早年建成的钢管混凝土拱桥拱肋脱空实桥调查检测概况(部分)　　表2-3-10

桥　　名	跨径(m)	钢管尺寸(直径×管厚)(mm)	建成时间(年)	最大脱空间隙(mm)
广东佛山佛陈大桥	112	1000×14	1994	30~100
重庆武隆峡门口乌江二桥	140	700×14	1996	20
重庆彭水高谷乌江大桥	150	600×10	1997	19.8
广东深圳北站彩虹大桥	150	750×12	2000	0.5
湖南湘西王村大桥	208	750×12	2000	2.4
四川资江三桥	114	1300×14	2001	14
重庆奉节梅溪河大桥	288	920×14	2001	2.5
浙江三门健跳大桥	245	800×16	2001	1~2
浙江宁波慈城大桥	100	600×10	2003	2.9
湖南南县茅草街大桥	368	1000×18	2006	3.9

续上表

桥　名	跨径（m）	钢管尺寸（直径×管厚）(mm)	建成时间（年）	最大脱空间隙（mm）
重庆巫山长江大桥	460	1220×22	2005	6.2
辽宁朝阳东大桥	120	700×14	2005	3.0
四川合川嘉陵江大桥	200	760×14	2002	1~2
湖南益阳康富南路跨线桥	120	1000×12	2006	18

案例 2-3-9

钢管混凝土拱肋面外稳定解决方案的探索创新
——技术与艺术融合的工程实践

采用下承式、中承式的大中跨径钢管混凝土拱桥,拱肋的面外稳定问题常常是设计的控制因素。对此,一些设计者沿用传统应对面外稳定的对策,采取增设 I 形、K 形 X 形风撑的做法,这样虽然可以有效解决拱肋面外稳定的问题,但同时带来了桥面不够通透、视觉比较凌乱、过桥时压抑感比较明显等问题,没有很好地兼顾结构造型与受力要求。

对于这一问题,我国一些桥梁设计者勇于创新,在寻求中等跨径(80~150m)钢管混凝土拱桥面外稳定的解决途径中,进行了多方面的探索和实践,实现了技术与艺术的融合,形成了新的城市景观和设计语言。梳理起来,主要探索成果大致包括四类:①跨径较小时,利用吊杆非保向力的有利作用,直接取消了风撑,形成了无风撑系杆拱或刚架拱,如广州解放大桥(跨径 83.6m 的刚架系杆拱,1998 年建成);②采用圆端形截面,以形成比较大的横向惯性矩和侧向刚度来满足拱肋面外稳定性要求,如浙江温州南塘河大桥(跨径 76.5m 的刚架系杆拱,1996 年建成)就采用了高 1.2m、宽 2.0m 的圆端形钢管混凝土截面;③采用斜靠式结构,即设置专门的稳定拱斜靠在主拱上,并通过调整施工工序,降低稳定拱参与受力的程度,从而可以利用轻巧的空心钢管来满足主拱肋受力稳定性的要求,如广东潮州韩江金山大桥(跨径 160m 的 V 形刚构系杆拱,2008 年建成),采用稳定拱及其与主受力拱之间密布的 I 撑,既解决了拱肋稳定问题,又营造了开阔通透的视觉感受;④采用空间组合拱肋结构,拱肋之间相互支撑约束,从而有效提高稳定性,如吉林长春伊通河大桥、江西赣州章江大桥(均为跨径 158m 的刚架系杆拱,2009 年和 2010 年建成),采用主受力拱与两条稳定拱、I 形横撑构成的"月亮拱"空间体系,宛如一轮新月,景观效果非常突出。以上几座代表性钢管混凝土拱桥概貌如插页彩图 20 所示。

大中等跨径钢管混凝土拱肋面外稳定解决新途径的探索尝试,不仅使肋拱桥这种传统结构形式焕发出新的生命力,丰富了拱桥的设计语言,创造出新的城市景观,而且再一次阐明了工程处于科学、技术、艺术的交叉点上,工程实践的使命在于不断创新。

3.5 拱桥主要施工方法

在梁桥、拱桥、斜拉桥、悬索桥四种结构体系中,拱桥的施工问题是最突出的,施工难度是最大的。施工方法是大跨径混凝土拱桥发展的主要制约因素,不仅直接关系到结构安全,而且控制着拱桥建设的经济指标。第二次世界大战以来特别是近40年的工程实践中,拱桥无支架施工方法取得了诸多突破和创新,并逐步推广应用于梁桥、斜拉桥的建造,其中最具代表性的是劲性骨架施工法、节段施工法和转体施工法,现将其发展脉络简述如下。

3.5.1 劲性骨架施工法

混凝土拱桥劲性骨架施工法又被称之为米兰法,是奥匈帝国著名工程师约瑟夫·米兰(Joseph Melan)在1892年提出的,主要做法是先架设钢铁骨架,然后利用骨架来吊装模板,浇筑混凝土形成拱圈,钢铁骨架既是施工过程的支架,又是永久配筋的一部分,劲性骨架施工法属于典型的截面增大法,可有效利用先期合龙的骨架来承受后期截面增大过程的荷载。伴随着混凝土拱桥的发展,早在20世纪20年代,米兰法就比较成熟了,在欧美许多国家得到了广泛的应用,建成了一批大中跨径混凝土拱桥,如1929年建成的、跨径130m的德国Echellbech拱桥,1939年建成的、主跨210m的西班牙Esla拱桥,等等。由于米兰法用钢量偏高、有些情况下与支架施工法相比并不占明显优势,导致其应用受到一定限制,第二次世界大战以后在欧美沉寂了几十年,直至20世纪80年代,欧美国家才重新采用米兰法建造了一些混凝土拱桥。

20世纪70年代以后,日本采用改进的米兰法建成了20余座跨径超过100m的混凝土拱桥,显现出一定的技术经济优势。日本主要做法是:采用悬臂桁架法或悬臂扣挂法、预制拼装近拱脚的1/6~1/3跨长的拱段,然后再采用米兰法架设中段劲性骨架、浇筑拱圈,从而有效降低劲性骨架的用钢量。如跨径218m日本冈山县头岛(Kashirajima)大桥、跨径260m宫崎县天翔(Tensho)大桥(图2-3-6)等拱桥,都是采用这种混合方法进行施工的。总的来说,欧美、日本采用米兰法修建的混凝土拱桥,体积含钢率多在3%以上,经济优势尚未完全显现,工程应用因此也受到一定限制。

a)头岛大桥

b)天翔大桥

图2-3-6 日本两座大跨径混凝土拱桥的混合施工方法

在我国，混凝土拱桥因造价低廉、承载潜力大等优点，一直受到桥梁界的欢迎，20世纪60—80年代更是从钢材匮乏的国情出发，修建了许多中等跨径的拱桥。随着跨径的增大，施工方法逐渐成为制约拱桥发展的瓶颈因素。1981年，跨径60m的辽宁宽甸县蚂蚁沙桥的建成，揭开了米兰法在我国应用的序幕。此后，我国又先后采用米兰法建成了数十座大跨径混凝土拱桥，如四川宜宾金沙江南门大桥、四川万县公路长江大桥等。

在应用米兰法的过程中，我国桥梁界因地制宜对米兰法进行了卓有成效的改进。一是发展出混凝土分环浇筑方法，即在劲性骨架拼装完成后，先浇筑箱拱的底板混凝土，待混凝土达到强度后与劲性骨架共同承受下一环的混凝土重量，以此类推，直至完成后最后一环混凝土的浇筑，从而大幅度降低劲性骨架的用钢量。二是采用钢管混凝土作为劲性骨架，在提高劲性骨架刚度的同时，劲性骨架的用钢量得以进一步减小，体积含钢量多控制在2%左右，外包混凝土与劲性骨架重量之比达到了15左右，非常合理经济。三是改良混凝土材料特性，改进混凝土浇筑施工工艺，发展了适合泵送、免振捣的混凝土。

目前，劲性骨架法成为我国建造跨径200m以上混凝土拱桥的主要施工方法，30多年来，采用劲性骨架建成了4座跨径超过400m、9座超过300m的大跨径拱桥，尤其是近年来采用劲性骨架法建成了多座跨径在400m左右的高速铁路拱桥，经济指标良好、施工便捷快速，在国际桥梁界产生了很大影响。现将几座不同建成时间采用劲性骨架施工法施工的混凝土拱桥的基本情况罗列如表2-3-11所示，从中可以看出劲性骨架法的优势。

几座采用劲性骨架施工法施工的混凝土拱桥的基本情况　　　　表2-3-11

桥　名	建成时间（年）	跨径（m）	劲性骨架总重(t)	外包混凝土（m³）	外包混凝土与劲性骨架重量比	体积含钢率（%）
宜宾金沙江南门大桥	1990	240	300	3010	25.08	1.28
广西邕宁邕江大桥	1996	312	851	5000	14.69	2.18
万州长江大桥	1997	420	2091	11000	13.15	2.44
四川昭化嘉陵江大桥	2013	350	1866	11300	15.14	2.12
云桂铁路南盘江铁路大桥	2016	416	4000	24000	15.00	2.14
沪昆高铁北盘江大桥	2016	445	4180	26500	15.85	2.02
黔渝铁路夜郎河大桥	2017	370	5531	29370	13.28	2.41
郑万铁路梅溪河大桥	2019	320	2545	14210	13.96	2.30

关于劲性骨架施工法的分环、分段浇筑的具体做法，可参见本书第3篇第6章万州长江大桥、第3篇第18章云桂铁路南盘江铁路大桥的介绍。

3.5.2 节段施工法

1964年，英国Rendel，Palmer & Tritton公司借鉴了梁桥的悬臂节段施工方法，率先建成了跨径68m的Taf Fechan拱桥,显现了悬臂节段施工法在拱桥中的适用性。此后,欧洲的一些国家逐步完善形成了大跨径拱桥的悬臂节段工法,建成了一些影响深远的大跨径拱桥如南斯拉夫希贝尼克(Sibenik)桥、克尔克(Krk)桥,解决了大跨径混凝土拱桥的施工难题。与混凝土梁桥的悬臂施工方法类似,拱桥的悬臂节段工法也分为悬臂浇筑法和悬臂拼装法,应用比较广泛的是悬臂拼装工法。拱桥的悬臂拼装工法主要有两种,一种是悬臂桁架法,即采用临时系杆与拱圈、拱上立柱形成悬臂桁架结构,逐段拼装,直至成拱合龙;另一种是悬臂斜拉法,即采用临时塔架、斜拉扣索与拱圈形成悬臂挂扣体系,逐节拼装预制拱圈,直至拱圈成型,然后再施工拱上立柱及桥面系,如图2-3-7所示。

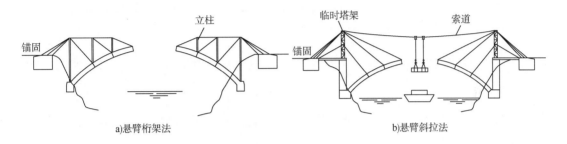

图 2-3-7　拱桥的两种悬臂拼装工法示意图

　　1980年,由艾黎佳·斯图佳定诺维奇(Ilija Stojadinovic)设计的克尔克(Krk)桥建成,标志着拱桥悬臂施工技术的成熟。该桥位于亚得里亚海边,由主跨390m(通常称之为Krk Ⅰ桥)、副跨244m(通常称之为Krk Ⅱ桥)的两座上承式钢筋混凝土拱桥组成。其中,Krk Ⅰ桥矢高67m,桥面宽11.4m,主跨拱结构为等截面三次抛物线无铰拱,截面为高6.5m、宽13m的单箱三室。施工采用悬臂桁架法,具体方法是在施工过程中让拱圈块件、立柱和钢索系杆构成悬臂桁架,钢索系杆索锚固在桥台后方,主拱圈合龙后再拆除。为便于预制块件的运输吊装,基于化整为零的思想,将拱圈截面分成若干预制板件进行组拼,采用分室、分节、分块的方式组装方式。所谓分室,即先组拼中间箱室,待中间拱圈合龙后再采用拼装与现浇混合的方法加宽左右两箱,使其形成整体;所谓分节,是指按5m一节进行组装;所谓分块,是指箱室各板件分别预制,预制板件最大质量仅为20t,采用平底船运至桥下,利用两台10t缆索起重机进行组装。为便于混凝土拱圈内力线形调整,该桥在跨中埋设了70个300t的千斤顶,相机调整,以确保拱轴线与压力线相吻合。该桥混凝土用量仅为5500m³,折合每平方米桥面混凝土用量仅为1.23m³,施工过程钢系杆用材563t,缆索用钢265t,无论是永久材料用量还是临时用钢量都非常节省,开创了大跨径混凝土拱桥的新纪元。Krk桥悬臂拼装架设及截面形成过程如图2-3-8所示。需要指出的是,由于该桥施工接头较多、浇筑不够方便,导致工期相对较长、耐久性能也显得不足。Krk桥是采用小型设备修建大跨径拱桥的杰作,是迄今为止施工难度最大的拱桥(工程界常用难度系数L/f定性分析拱桥的施工难度,见表2-3-12),对后续很多大跨径混凝土拱桥的设计施工产生了深远的影响。

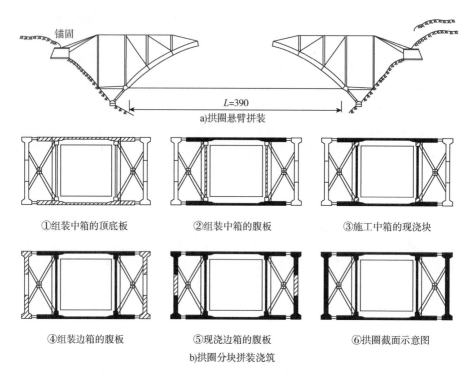

图 2-3-8 Krk 桥悬臂拼装及截面形成过程示意图

几座大跨径钢筋混凝土拱桥的施工难度系数对照表　　表 2-3-12

桥　　名	建成时间(年)	跨径 L(m)	矢跨比	难度系数 L/f	施工方法
克罗地亚克尔克(Krk)Ⅰ桥	1980	390	1/6.5	2535	悬臂拼装法
澳大利亚格莱兹维尔(Gladesville)桥	1964	305	1/7.8	2379	支架法
中国万州长江大桥	1997	420	1/5.0	2100	劲性骨架法
克罗地亚希贝尼克(Sibenik)桥	1966	246.4	1/8.0	1971	悬臂浇筑法
葡萄牙阿拉布达(Arabuda)桥	1963	270	1/5.4	1458	支架法
克罗地亚克尔克(Krk)Ⅱ桥	1980	244	1/5.2	1268	悬臂拼装法
美国胡佛大坝桥	2010	323	1/3.8	1227	悬臂浇筑法

1968 年,在与国际桥梁界完全隔离的情况下,我国广西公路工程局郑皆连等人从西部山区实际情况出发,在双曲拱桥节段小型化预制的基础上,利用临时塔架、斜拉钢丝绳扣索,逐节拼接、扣紧成拱,建成了跨径 46m 的广西灵县三里江桥,开启了我国混凝土拱桥无支架施工法的新篇章。此后,斜拉扣挂法在我国不断发展,形成了成熟规范的 5 段合龙法、7 段合龙法,建成了数百座钢筋混凝土双曲拱桥、桁架拱桥、刚架拱桥及肋拱桥,满足了特殊时期我国桥梁建设的需求。1992 年,在跨径 312m 的南宁邕江大桥的建设中,郑皆连等人进一步发展了斜拉扣挂法,即利用千斤顶主动施加扣索索力,进而调整劲性骨架的内力线形,合龙后再解除扣索,使得大跨径拱桥悬拼节段数量不再受限,施工临时设施大为减少,施工精度和施工效率得以显著提高,施工安全性得到了大幅度提升,经济指标得到了明显改善。此后,斜

拉扣挂法成为我国大中跨径钢筋混凝土拱桥、钢管混凝土拱桥的主要施工方法之一。近年来,郑皆连等人又不断完善钢管悬拼单元的构成方式,优化施工工序与结构应力控制方法,并利用斜拉扣挂法来削减劲性骨架的瞬时应力峰值,解决了劲性骨架瞬时应力过大等瓶颈问题。目前,采用斜拉扣挂法建成的大跨径拱桥包括跨径530m四川泸州波司登大桥(图2-3-9)、跨径575m广西平南三桥等数十座拱桥。

有些时候,在一些山区建造混凝土拱桥时,由于自然条件比较恶劣、缺乏预制场地、运输条件比较困难,导致悬臂桁架法、悬臂斜拉法等施工方法均难以适应。于是,人们借鉴预应力混凝土斜拉桥的悬臂浇筑施工方法,形成了混凝土拱桥的悬臂浇筑施工工法。具体做法是利用临时塔架、缆索、扣索系统及特制挂篮,逐节浇筑混凝土,并同步张拉扣索、调整拱圈内力和线形、逐节推进、合龙成拱,然后再施工拱上建筑及桥面系。目前,在国内外采用悬臂浇筑法施工的大跨径拱桥总体上数量不多,但有效解决了特殊建设条件下的混凝土拱桥施工难题,增强了混凝土拱桥的适应性。最早采用悬臂浇筑法施工的拱桥是1966年南斯拉夫建成的跨径246.4m的希贝尼克(Sibenik)拱桥,最大跨径者为2010年美国建成的跨径323m的胡佛大坝拱桥。近年来,我国也采用悬臂浇筑法建设了十多座混凝土拱桥,如四川西攀高速公路攀枝花白沙沟大桥(主跨150m,2007年建成,图2-3-10)、攀枝花新密地金沙江大桥(主跨182m,2013年建成)、四川盐边县鳡鱼河大桥(主跨200m,2015年建成)、贵州沙坨大桥(主跨240m,2019年建成)等。需要指出的是,相对于拱桥的悬臂桁架法、悬臂斜拉法、劲性骨架法等施工方法,悬臂浇筑施工工法存在工期长、临时费用高、经济性差等不足,当跨径超过200m时,其竞争优势逐渐丧失,不宜盲目推广应用。

图2-3-9 悬臂拼装过程中的四川泸州波司登大桥

图2-3-10 悬臂浇筑施工的攀枝花白沙沟大桥

3.5.3 转体施工法

转体施工法是利用地形或少量支架先将半桥预制拼装完成,然后由半桥结构及施工临时设施组成机构,借助于转盘滑道和牵引系统,将预制拼装的半桥结构整体旋转、就位合龙的一种施工方法,具有施工用材少、施工装备简便、施工快捷安全、对通航行车干扰影响小等特点。相对于悬臂桁架法、悬臂斜拉法等工法,转体法不仅可以解决特殊建设条件下的拱桥施工困难,而且可以大幅度降低施工费用。据不完全统计,采用转体施工法的大中跨径拱桥,其施工费用一般可以节省 15%~20%,具有明显的技术经济优势。

1955 年,设计大师里卡尔多·莫兰迪(Riccardo Morandi)在南非暴雨河拱桥(Storms River Bridge,主跨 100m)的建设中,创造性地采用了竖向转体施工法,开启了混凝土拱桥转体施工法的新纪元。20 世纪 60 年代后,拱桥的竖向转体工法在欧美、日本得到了一定的应用,如 1983 年联邦德国建成的主跨 150m 的 Argentobel 拱桥,1988 年日本建成的主跨 82m 的城址桥,均采用竖向转体施工法。欧美、日本竖向转体法的技术要点是利用竖直支架、采用滑模技术垂直浇筑混凝土拱肋或拱箱,待混凝土拱肋成形后,借助于事先敷设的锚索-千斤顶系统逐步放松拱肋,将半拱向下旋转至设计高程合龙,然后再施工拱上建筑、桥面系等。由于这种方法所节省的拱架材料数量有限,经济技术优势并不突出,因此在欧美、日本的应用也不是很广泛。

1977 年,我国四川省交通科学研究所张联燕等人首次采用水平转体施工法,建成了跨径 70m 的钢筋混凝土拱桥——四川遂宁建设大桥。该桥转体重量(含平衡重)约 1200t,开创了混凝土拱桥施工建造的新途径。在水平转体工法应用的早期,转体施工法主要应用于大中跨径钢筋混凝土拱桥的建设,结构形式包括双曲拱、桁架拱、刚架拱、箱肋拱、连续梁拱组合体系等各类拱桥,基本上解决了大中跨径混凝土拱桥无支架施工的难题。1989 年,主跨 200m 涪陵乌江大桥采用水平转体法建成(图 2-3-11),标志着水平转体法的成熟。

进入 20 世纪 90 年代,转体施工法在我国得到了广泛应用,建成的桥梁达 100 多座,并在转体方法、转动牵引系统、位移监测控制体系等方面有了长足的进步,应用对象、适用范围也不断扩大,成为最具我国特色的施工方法创新。在转体方法方面,从有平衡重转体法发展为无平衡重转体法,从水平转体法逐渐发展为水平转体与竖向转体相结合的转体施工法,并对欧美采用的竖向转体工法进行了大胆的改进,使转体施工法的适应性大为增强(欧美多采用垂直浇筑拱肋,然后放松锚索的转体方式;我国则采用平卧浇筑拱肋,然后收紧扣索拉升拱肋的转体方式,以更好地利用地形、节省支架材料)。在转动牵引系统方面,从早年由简易混凝土转盘、环行滑道、千斤顶等组成的转动牵引系统,发展到由不锈钢转盘、液压千斤顶同步联动、自动反馈控制组成的转动牵引系统,转体施工的可靠性、安全性得以显著提升。在位移测控体系方面,从早年的卷扬机-扣索体系,发展到全液压自动监测、实时修正的计算机位移控制体系,转体施工的精度、可控性大幅度提升。在应用范围方面,随着转体技术尤其是平转技术的成熟,转体施工法从早期的拱桥,逐步拓展至 T 形刚构、混凝土连续梁、连续刚构、斜腿刚构、斜拉桥,在跨越既有道路、铁路站场时显示出独特的优势。由于梁桥、斜拉桥等结构本身就是自平衡的受力体系,可以先采用悬臂施工法形成结构,再转体至最终位置,且水平转体施工方法几乎不增加材料用量,在跨越 V 形河(山)谷、既有道路、铁路站场等障碍时,竞争优势十分明显。此外,在一些大跨径体育场馆建设中,也有应用转体施工法的报道。

近年来,我国的转体施工法的工艺构造不断改进,测控技术日益先进,转体质量屡创新高,最大转体质量高达 45600t(河北保定乐凯大街南延线跨京广线斜拉桥,2020 年竣工,

图 2-3-12),适应性也不断增强,目前已普遍应用于除悬索桥以外的各种桥型,成为一种安全高效、经济快速的常规施工方法。

图 2-3-11 转体施工中的涪陵乌江大桥

图 2-3-12 转体施工中的保定乐凯大桥

案例 2-3-10

广州丫髻沙大桥
——转体施工方法的里程碑

广州丫髻沙大桥位于广州环城高速公路上,跨越珠江后航道及江上的丫髻沙岛。综合考虑桥址处地形、地质及通航要求,该桥主航道桥跨径布置为 76m+360m+76m,结构形式为钢管混凝土飞鸟式自平衡系杆拱,是当时国内外最大跨径的钢管混凝土拱桥。其中,拱肋由 6 根直径 750mm 钢管混凝土组成,桥面系为工字钢组成的纵横梁格体系,系杆采用高强钢绞线。丫髻沙大桥在结构设计上非常新颖,在材料用量上也非常节省,引领示范了我国后续多座大跨径钢管混凝土拱桥的设计施工。在建设过程中,关键问题在于采用什么施工方法成拱,并尽可能降低造价、减小施工对珠江航道的影响。

在技术设计阶段,该桥设计单位中铁工程设计咨询集团有限公司(简称中铁咨询公司)曾考虑斜拉悬臂法、大段吊装提升法等多个施工方案,但要么因临时工程量太大、要么因对航道干扰太多而未获通过。此后,在施工图设计阶段,中铁咨询公司联合四川省交通厅公路规划勘察设计研究院创造性地提出了"竖转+平转"的转体施工方案。该方案具有临时工程量小、工期短、对航运基本没有影响等优点,但需要克服转体机构重量大、结构尺度长、精度要求高、控制难度大等诸多挑战。经反复比选,丫髻沙大桥采用了先竖转、再平转的工法,其中,主拱竖转质量为 2058t,平转体质量为 13850t,转体机构长 258.1m、宽 39.4m、高 86.3m。

转体主要工序如下:①制作转盘系统,竖向转体采用 $\phi1500\times50$mm 的钢管混凝土铰,水平转体的转盘由直径 33m 的环道支承和中心支承组成;②采用卧拼方式,在支架上拼装主跨拱肋,以最大程度地减小支架材料用量;③设置临时塔架、扣索,利用临时塔架及扣索、采用液压同步提升技术,将主跨钢管半拱逐步提升,完成主跨拱肋的竖转;④竖转就位后,中跨、边跨、塔架与扣索形成了一个稳定的施工结构,然后利用水平转盘构造、大吨位钢绞线张拉牵引系统进行平转,两岸转体机构合龙成拱。为确保上述工序顺利实施,该桥进行了转体阶段转体机构的静力、动力、稳定性及抗风性能的分析,对转体系统的材料及构造进行了多次试验,在此基础上,编制了转体过程结构行为测控、转体操作规程、保障措施等方面的作业指南。

经过近1年的准备,1999年10月24日,丫髻沙大桥水平转体施工正式开始,水平转体过程历时不足24h,各项监测指标均在预期范围之内,施工精度达到了厘米级,转体施工非常顺利,该桥转体过程见图2-3-13。丫髻沙大桥竖转与平转相结合的施工控制技术是大跨径拱桥施工技术的一个重大突破;该桥所提出的转体施工结构、转体构造、转体过程抗风行为、结构行为测控等方面的成套技术,成为转体施工法的典范,是转体施工法的又一座里程碑,在国际桥梁界产生了很大影响。借助于合理的结构体系和先进的转体施工方法,该桥大幅度降低了材料用量、临时工程量和工程造价,全桥钢材用量为7498t,混凝土用量为49333m³,折合每平方米桥面造价为1.35万元,在国内外相近跨径的拱桥中材料用量是最省的。

图2-3-13 广州丫髻沙大桥转体过程

3.6 不再适用于工程的拱桥结构形式

在拱桥发展演化过程中,受当时当地的建设条件、建设理念的制约,以及人们认知水平的局限,产生了一些曾经解决技术困难、推动桥梁发展的结构体系。这些拱桥在运营一段时间后,因受力性能不佳、行车性能不良,或整体性耐久性差,最终被新一代的结构体系所取代,工程应用日渐式微。现将第二次世界大战以后,不再适用于工程、基本退出工程应用的拱桥结构体系简要汇总如表2-3-13所示。

不再适用于工程的拱桥结构体系简表　　　　表2-3-13

序号	应用时段	结构体系	主 要 优 点	存在的主要局限
1	20世纪80年代前	石拱桥	就地取材、运输方便、节能环保、承载潜力大	①需要在拱架上施工,造价竞争力不强; ②砌筑工艺要求比较高

续上表

序号	应用时段	结构体系	主 要 优 点	存在的主要局限
2	1960—1980年	双曲拱桥	在缺乏大型施工机具的情况下"化整为零、集零为整",从而便于施工、降低造价	①结构受力的整体性差; ②结构耐久性差
3	1970—1995年	桁架拱桥	构件小、材料用量省、运输吊装容易,兼有拱和桁架的受力特点,造价低	①节点构造复杂; ②整体性较差,耐久性不足
4	1970—1990年	刚架拱桥	兼有拱与斜腿刚构的特点,施工简便、材料用量省、水平推力小、经济指标较好	结构整体性差,刚度偏小、行车性能不佳
5	1960—1980年	悬臂梁拱组合体系	结构静定,施工方便,对软土地基适应性强	刚度小、变形不平顺、后期养护维修工作量大

第4章 斜 拉 桥

4.1 概述

斜拉桥是四种桥梁体系中最年轻、发展最快的结构形式,具有跨越能力强、造型美观、设计灵活、施工简便、造价比较合理等技术经济优势,是大跨径桥梁的主要结构形式。

在近代桥梁工程的发展过程中,人们一直在探索利用拉索吊住桥面、形成斜拉桥的实现方式,从1817年建成的、第一座带有永久斜拉索的英国草甸(King's Meadow)桥算起,斜拉桥从构想到成熟大约经历了150年(参见第1篇案例1-4-1,现代斜拉桥的诞生与发展——技术创新与工程创新的相互促进)。受拉索材料强度低、理论分析计算手段弱、拉索布置构造不够妥当等多方面因素的限制,近代桥梁工程中针对斜拉桥的尝试均未获得成功,但促使人们逐步认识到张拉斜拉索、主动承担荷载的重要性,开始探索开发高强度线材及相应的张拉锚固系统。20世纪40年代,德国著名工程师弗朗兹·迪辛格(Franz Dischinger)首次完整阐述了这种以斜拉索为主结构体系的优越性,阐明了斜拉索的力学特征,明确指出斜拉索应采用高强钢材、且必须保持足够的张拉力,奠定了现代斜拉桥发展的理论基础。稍后的1954年,弗朗兹·迪辛格在瑞典斯特桑德桥(Strömsund Bridge,主跨183m)的建设中,采用了钢主梁及斜拉索体系,并采用千斤顶主动、有目标的张拉斜拉索,被视为现代斜拉桥的开山之作。在现代斜拉桥70年的发展历程中,大致可以两个阶段,即早期探索阶段(1952—1967年)和全面发展成熟阶段(1967年至今)。

在斜拉桥早期探索阶段,欧洲所建成的数十座钢斜拉桥、混凝土斜拉桥最显著的特征是采用稀索体系,主梁与斜拉索共同承担荷载,仅用一对或几对索来给梁体提供弹性支承,其主要受力及构造特点是:拉索数量少、间距大、单根索力大、锚固构造复杂,主梁无索区长,梁高大、梁体仍以受弯为主、梁高与主跨跨径之比一般在1/100~1/50。在斜拉桥早期探索阶段,弗里茨·莱昂哈特(Fritz Leonhardt)作出了卓越的贡献,他在1957年设计建成了联邦德国第一座斜拉桥——杜塞尔多夫跨越莱茵河的西奥特—霍伊斯(Theodor-Heuss)桥,将斜拉桥的跨越能力提升到260m,该桥的建成清晰地释放出斜拉桥拥有巨大跨越潜力的信号,鼓舞了全世界桥梁界;仅仅两年后,他又设计建成了塞弗林(Severin)桥,该桥为跨径302m的独塔空间索面、全漂浮体系的斜拉桥,这意味着联邦德国已经具备建造跨径600m的双塔斜拉桥的能力。总的来说,稀索体系反映出人们当时对斜拉桥的认知水平仅仅停留在利用少量拉索来替代梁式桥的中间支墩,另一方面也受到当时计算能力、计算手段的制约,并未能够充分发挥斜拉体系的优势,经济优越性也未完全彰显。

1967年,由海尔马特·霍姆伯格(Hellmut Homberg)设计的联邦德国波恩弗里德里希·

艾伯特（Friedrich Ebert）桥建成，标志着密索体系时代的来临。该桥跨径布置为120.1m+280m+120.1m，主梁为4.2m高的钢箱梁，采用索距4.5m、由80根拉索构成的单面密索体系，在索塔处的主梁下不设支座、塔梁分离，并运用计算机对82次超静定问题进行分析计算。该桥将斜拉桥主梁受力小、便于安装施工、拉索可更换等优势显现出来，斜拉桥由此进入了全面成熟阶段。此后，密索体系占据了斜拉桥的主流，其主要受力特征是：①斜拉索成为主要承力构件，结构整体刚度主要由斜拉索体系提供；②主梁逐步退化为传递荷载构件，其刚度对结构整体刚度的贡献弱化，受力属性从受弯构件逐步演变为压弯构件，对其抗弯要求大大降低，梁高与跨径之比可以大幅度降低，主梁日益轻薄化，一般多在1/300~1/100之间。

在斜拉桥进入全面成熟阶段后，其设计施工技术得到了全方位、多样化的发展，并呈现出加速迭代和不断升级的态势，主要体现在以下四个方面。

①在建桥材料上，钢斜拉桥、混凝土斜拉桥、组合梁斜拉桥、混合梁斜拉桥竞相发展，形成了丰富多彩的工程创新成果，拉索材料、锚固构造不断完善改进，更好地适应了桥梁建设需求与经济约束条件。

②在结构体系上，从独塔两跨、两塔三跨发展到多塔多跨，从自锚式发展到部分地锚式，对于塔梁墩关系，因地制宜地提出固结体系、支承体系、刚构体系和漂浮体系，并发展出斜拉-刚构协作体系、斜拉-悬索协作体系、部分斜拉桥等新的结构形式，对地形、地质、水文、航运等约束条件的适应性更强。

③在适用性上，在跨径增大的同时，结构刚度不再成为斜拉桥的制约控制因素，铁路斜拉桥、公铁两用斜拉桥不断拓展适用范围，为满足交通需求提供了更加丰富的选择。

④在分析计算理论上，非线性分析理论、倒退分析法及通用分析软件得到了普遍的应用，并成为斜拉桥设计计算的基础性工具。

正是因为这些技术创新，斜拉桥的工程实践非常活跃，技术经济优势得以不断彰显，在跨径300~800m范围内占据主导地位，跨径超过1000m时，斜拉桥也成为悬索桥强有力的竞争桥型。总的来说，现代斜拉桥开创于德国，拓展于法国和日本，推广应用于北美，壮大于中国，现代斜拉桥诞生70年以来，全世界建成的各类斜拉桥数量多达600多座，其中约有1/3在我国；跨径400m以上的斜拉桥多达120多座，其中超过一半在我国。现将比较有代表性的斜拉桥结构体系创新及其首次工程实践应用的情况汇总如表2-4-1所示。

现代斜拉桥结构体系创新的主要成果简表　　　表2-4-1

序号	时间(年)	成果简述	设计者	首次工程实践应用
1	1954	现代斜拉桥的诞生	弗朗兹·迪辛格(Franz Dischinger)	瑞典斯特桑德桥，主跨183m
2	1959	空间索面漂浮体系	弗里茨·莱昂哈特(Fritz Leonhardt)等	联邦德国科隆塞弗林(Severin)桥，主跨302m
3	1962	多跨斜拉桥	里卡尔多·莫兰迪(Riccardo Morandi)	委内瑞拉马拉开波湖桥，主跨5×235m

续上表

序号	时间(年)	成果简述	设计者	首次工程实践应用
4	1967	密索斜拉桥	海尔马特·霍姆伯格(Hellmut Homberg)	联邦德国波恩弗里德里希·艾伯特(Friedrich Ebert)桥，主跨280m
5	1972	组合梁斜拉桥①	约格·施莱希(Jörg Schlaich)	印度加尔各答胡格利二桥(Second Hooghly Bridge)，主跨457.2m，1993年建成
6	1972	混合梁斜拉桥	弗里茨·莱昂哈特(Fritz Leonhardt)	联邦德国曼海姆-罗德维希港(Mannheim Ludwigshafen)桥，主跨287m
7	1977	单索面混凝土斜拉桥	雅克·马迪瓦(Jacques Mathivat)/让·穆勒(Jean Muller)	法国布鲁东(Brotonne)桥，主跨320m
8	1979	铁路斜拉桥	尼古拉·哈丁(Nikola Hajdin)	南斯拉夫Sava河桥，主跨254m
9	1980	板拉桥	克里斯蒂安·梅恩(Christian Menn)	瑞士甘特(Ganter)桥，主跨174m
10	1985	斜拉-刚构组合体系	霍戈·斯文生(Holger Svensson)	美国亨廷顿东大桥，主跨274.3m
11	1988	部分斜拉桥②	雅克·马迪瓦(Jacques Mathivat)	葡萄牙Socorridos桥，主跨106m，1993年建成
12	1992	无背索斜拉桥	圣地亚哥·卡拉特拉瓦(Santiago Calatrava)	西班牙塞维利亚阿拉米罗(Alamillo)桥，跨径200m
13	2004	斜拉桥的顶推施工	米歇尔·维洛热(Michel Virlogeux)	法国Millau斜拉桥，跨径204m+6×342m+204m
14	2004	加筋土隔震基础	雅克·孔布(Jacques Combault)	希腊里翁—安蒂里翁(Rion-Antirion)桥，跨径286m+3×560m+286m
15	2009	三索面高铁斜拉桥	中铁大桥设计院秦顺全等	中国武汉天兴洲大桥，主跨504m
16	2016	斜拉-悬索协作体系	让-佛朗索瓦·克莱因(Jean-François Klein)/米歇尔·维洛热(Michel Virlogeux)	土耳其博斯普鲁斯海峡第三大桥，主跨1408m

注：①关于该桥设计施工过程可参见本书第1篇"案例1-3-1"。
②部分斜拉桥的诞生、发展沿革详见本篇4.3节。

4.2 常规斜拉桥

斜拉桥力学特性决定了其经济性能和使用性能。经济性能是其竞争优势的集中反映，主要表现为材料用量；使用性能体现为在常遇荷载作用下主梁挠度、转角、频率、振幅以及塔顶的水平位移等，影响到行车平顺性、舒适性、结构耐久性和结构适用性等。

从静力特性来说，斜拉桥的传力路径为：荷载→主梁→拉索→索塔→墩台→地基，斜拉索与主梁、索塔构成了稳定的三角形结构来承受荷载。正是由于三角形结构形式的构建，索塔、主梁参数的可调整性以及斜拉索的可张拉性，使得斜拉桥的设计参数多、可变范围大、调整方式灵活、具有实现目标的路径多样性,是一种设计灵活度大、艺术表现力强、创作空间广阔的结构形式。

从动力行为来说,随着斜拉桥跨径的增大,结构柔性显著增大,结构非线性行为突出,结构体系刚度的构成与组合优化更加复杂,动力行为特别是风致振动问题变得日益突出,逐渐成为斜拉桥设计、施工和运营的控制因素。斜拉桥风致振动简要情况如表2-4-2所示。理论分析、试验研究与工程实践经验表明:在成桥状态下,采用钢桁主梁时,抗风稳定性一般不控制设计;采用箱梁、肋板式主梁,当梁高与梁宽之比小于1/10~1/8时,成桥阶段的抗风稳定性也不会控制设计;在施工阶段,斜拉桥的单悬臂长度不超过主梁宽度的20倍时,抗风性能不会成为控制性问题。总体来说,随着跨径的增大,斜拉桥的抗风性能明显优于悬索桥,抑制颤振的工程措施、技术对策比较成熟,可以满足工程应用的需求,但主梁及斜拉索的限幅振动还时有发生。

斜拉桥风致振动情况简表 表2-4-2

类型	振动形式	作用机理	断面特征	振动性质	破坏性	构造物
颤振	弯扭耦合颤振	气动负阻尼效应	平板	自激	发散	梁
	扭转颤振	气动负阻尼效应	钝体	自激	发散	梁
弛振	挠曲弛振	气动负阻尼效应	钝体异形	自激	发散	塔、索
	尾流弛振	形状激振阻尼效应	钝体异形	自激	发散	索
涡振	挠曲涡振	旋涡脱落引起的涡激力	钝体	自激	限幅	塔/梁/索
	扭转涡振	旋涡脱落引起的涡激力	钝体	自激	限幅	梁
抖振	挠曲抖振	紊流风作用	平板	强迫	限幅	梁/索

由于斜拉桥结构形式多样,组合变化非常丰富,工程案例个性化突出,为便于把握斜拉桥的力学行为,以下以典型的两塔三跨斜拉桥为例,从构件层面、体系层面来简要分析斜拉桥的静力、动力特性。

4.2.1 构件层面

从体系构成上来看,斜拉桥主要构件包括主梁、索塔、拉索和基础,对于边跨/中跨比不在合理范围内的斜拉桥,常常还需要设置辅助墩。主梁、索塔、拉索及辅助墩对斜拉桥受力行为呈现出复杂的相互影响与匹配优化关系。

(1)主梁

随着密索体系的普遍应用,主梁梁高与跨径之比H/L一般在1/300~1/100之间,退化为传力构件,对其抗弯要求不断降低,但其承受的轴力随着跨径的增大而显著增大,逐渐演变为压弯构件。主梁的选型不仅影响自身受力行为,还会对斜拉索的布置方式、锚固构造方式、索塔及基础的受力产生明显的影响。一般情况下,主梁截面选型需要考虑自身重量、结构刚度、施工便利性与抗风性能等多方面的要求,综合比较确定。主梁是影响大跨径斜拉桥经济指标最明显的构件,减轻自重与提高抗风能力是主梁选型主要发展方向。目前,主梁主要有钢箱主梁、钢桁主梁、混凝土主梁、钢-混凝土组合梁及钢-混凝土混合梁,简述如下。

①钢箱主梁。

钢箱主梁重量轻、强度高、施工方便、工期短,但加工费用高、价格比较昂贵,正交异性板及桥面铺装也容易出现疲劳损坏问题。就主梁自身而言,正交异性板钢桥面板的造价大致是 25cm 厚混凝土桥面板的 4 倍。在斜拉桥发展早期,钢箱主梁占据主导地位,以适应稀索体系对主梁较高的抗弯要求。随着钢-混凝土组合梁的兴起,以及混凝土悬臂浇筑法、悬臂拼装法的成熟,混凝土主梁逐渐占据了中等跨径($200m<L<500m$)斜拉桥的主流,钢-混凝土组合梁跨径在 300~600m 范围内优势明显,钢箱主梁的竞争优势便显得不太突出了,逐渐退让至大跨径领域,以有效降低上部结构的重量、减小下部结构特别是基础的工程量。综合上述几个方面,目前,钢箱主梁多应用于跨径大于 600m 的情况。

②钢桁主梁。

钢桁主梁具有结构刚度大、便于组拼、能够提供多个行车空间等特点,在铁路斜拉桥、公铁两用斜拉桥及山区大跨径斜拉桥的建设中独具优势。1997 年建成的中国香港汲水门大桥,2000 年建成的中国芜湖长江大桥、丹麦—瑞典厄勒海峡大桥等,均采用板桁组合结构。近年来,随着高速铁路的发展,钢桁主梁所具有的刚度大、变形及梁端转角小的优势得以显现,成为大跨径铁路及公铁两用斜拉桥主梁、悬索桥加劲梁的首选。另一方面,在山区大跨径斜拉桥的建设中,受运输、吊装等条件的制约,钢桁主梁可以将大节段化整为零,其所具有的构件小型化制造运输、工地拼装的优势显现出来,逐渐成为山区大跨径主梁的主要形式。部分采用钢桁主梁的斜拉桥的概况见表 2-4-3。

部分采用钢桁主梁的斜拉桥简表　　　　表 2-4-3

桥　名	建成时间(年)	主跨跨径(m)	钢桁梁高(m)	结构形式	交通荷载
中国香港汲水门大桥	1997	430	7.47	钢框架结构	上层 6 车道公路+下层双线轻轨+4 车道公路
丹麦—瑞典厄勒海峡大桥	2000	490	10.2	板桁组合结构	上层 4 车道公路+下层双线铁路
中国芜湖长江大桥	2000	312	13.5	板桁组合结构	上层 4 车道公路+下层双线铁路
中国武汉天兴洲大桥	2009	504	15.2	三主桁的板桁组合结构	上层 6 车道公路+下层两线高铁+两线干线铁路
中国京广高铁郑州黄河大桥*	2009	5×168	14.0	三主桁的板桁组合结构	上层 6 车道公路+下层两线高铁
中国重庆东水门大桥*	2014	445	11.74	板桁组合体系	上层 4 车道公路+下层双向轻轨
中国重庆千厮门大桥*	2014	320	11.74	板桁组合体系	上层 4 车道公路+下层双向轻轨
中国铜陵长江大桥	2016	630	15.5	三主桁的板桁组合结构	上层 6 车道公路+下层两线高铁
中国贵州都格北盘江大桥	2016	720	8.0	双主桁,正交异性板桥面	双向 4 车道高速公路
中国贵州鸭池河大桥	2016	800	7.0	双主桁,正交异性板桥面	双向 4 车道高速公路
中国沪苏通长江大桥	2020	1092	边跨 16.0,中跨 16.308	三主桁 N 形桁架结构	上层 6 车道公路+下层四线高铁
中国常泰长江大桥	在建	1176	15.5	板桁组合体系	上层 6 车道公路+下层 4 车道公路及双线城际铁路

注:*表示部分斜拉桥。

③混凝土主梁。

混凝土主梁造价低、刚度大、受压稳定性较好,但存在结构自重大、施工工期较长、收缩徐变作用下次内力问题较为突出等问题。混凝土主梁是中等跨径($L=200\sim500m$)斜拉桥的首选,主梁的建造成本明显低于钢梁,全桥造价仅为钢箱主梁斜拉桥的70%左右,且后期维护工作量小,具有明显的技术经济优势。混凝土主梁截面形式主要有两种,即肋板式、箱式。肋板式主梁一般与双索面相匹配,高度多在1.0~2.0m,视主梁刚度需求和锚固要求可将板的两侧局部加高,以便于拉索锚固,也可在板的两侧设置混凝土小箱、增设横梁,形成梁板式结构。1978年建成的美国帕斯科—克内维克(Pasco-Kennewick)桥,其所采用三角形边箱、中板构造(又称之为PK型截面),对后来的混凝土斜拉桥主梁选型产生了很大影响。箱形截面梁高一般3~4m,具有刚度大、拉索布置方式灵活、对桥宽的适应性强等优点,1977年,主跨320m单索面混凝土斜拉桥——法国布鲁东(Brotonne)桥建成后,箱形主梁逐渐成为混凝土斜拉桥的主流。与此同时,随着短线预制、悬臂拼装技术的发展进步,在一定程度上克服混凝土斜拉桥工期长、现场工作量大的问题,截面形式多为扁平流线型单箱多室,以满足抗风性能的要求。目前,混凝土主梁在中等跨径($200m<L<500m$)斜拉桥中经济优势明显,占据主导位置,最大跨径者为1991年建成的、主跨530m的挪威Skarnsundet桥,该桥布设双向4车道,桥宽13.0m,梁高2.15m,高跨比为1/246.5,宽跨比为1/40.7,高宽比为1/6。为克服该桥宽跨比较小、高宽比较大带来的施工及运营阶段的抗风问题,该桥采用了顶板厚23cm、底板厚15~18cm的三角形箱形截面,扭转与弯曲频率之比较高,抗风性能非常优越,颤振临界风速高达139m/s。

④组合梁。

组合梁具有节省材料、自重较小、施工便利、充分发挥钢材、混凝土两种材料优势的特点,但存在负弯矩区桥面板容易开裂、连接区耐久性稍差的问题。组合梁斜拉桥最初是因地制宜、考虑发展中国家钢结构加工制造水平的一种主梁形式,由德国著名桥梁工程师约格·施莱希(Jörg Schlaich)在1972年设计印度加尔各答胡格利二桥(Second Hooghly Bridge)时首次提出。该桥截面由3片工字钢纵梁、横梁及混凝土板组成,但因种种原因,该桥直到1993年才建成。在此期间,国际桥梁界借鉴胡格利二桥的设计思路,完善了混凝土桥面板的抗裂对策,改进了剪力连接件的构造形式,使得组合梁的经济技术优势不断得以显现,建成了一批跨径在200~600m范围内的组合梁斜拉桥,如西班牙兰迪海峡大桥,加拿大安纳西斯桥,中国南浦大桥、杨浦大桥、汀九大桥,英国塞文二桥等。通常,组合梁多采用双主梁+横梁+预制混凝土板的构造,主梁为工字钢板梁,梁高1.5~2.5m,混凝土预制板厚20~25cm。为进一步减轻主梁的自重、改善桥面板的疲劳性能与耐久性能,也可以采用钢-混凝土组合桥面板或正交异性板-混凝土组合桥面板,将桥面板的厚度控制在10~15cm之间。目前,在300~600m的跨径范围内,组合梁常常是最经济的主梁形式。

⑤混合梁。

混合梁斜拉桥是在中跨采用较轻的钢箱梁、边跨采用较重的混凝土箱梁的主梁形式,目前多用于特大跨径且边跨跨径较小的斜拉桥。1972年,在跨径布置为287m+60m+65m的联邦德国曼海姆—罗德维希港（Mannheim Ludwigshafen）独塔斜拉桥建设中，针对边跨跨径较小、易出现较大的负反力，设计者弗里茨·莱昂哈特提出了混合梁斜拉桥的结构形式，采用了梁高4.5m的混凝土箱梁边跨与中跨钢箱梁的组合，以保证在恒载作用下中边跨产生的索塔内力基本平衡，索塔在恒载作用下弯矩较小。此后，混合梁斜拉桥在大跨径斜拉桥中得到了一定的应用，如法国诺曼底大桥、中国香港昂船洲大桥、湖北鄂东长江大桥、荆岳长江大桥、俄罗斯岛大桥等10多座。在混合梁的应用过程中，又有诸多因地制宜的改进，主要体现在两方面：一是结合具体情况对钢与混凝土的结合位置进行优化，使斜拉桥整体受力更加合理，如主跨跨径856m的诺曼底斜拉桥采用钢箱梁长度为中跨范围内的624m，而主跨跨径890m的多多罗大桥则将钢箱梁延伸至边跨、钢箱梁的长度为1312m；二是围绕钢-混凝土结合部的可靠性与耐久性，对其传力机理、细部构造、材料工艺进行了优化完善，结合部从早期单一的承压模式逐步发展为目前的传剪为主、承压为辅的受力模式，剪力连接件从全部采用剪力钉转变为剪力钉与PBL剪力键的组合使用。

主梁在逐步退化为荷载传递构件的过程中，其在斜拉索作用下轴向受压的稳定性问题、在风荷载作用下的横向受力问题日益突出，甚至成为大跨径斜拉桥设计的控制因素。因此，如何在有效降低主梁自重的同时，满足横向受力、轴向稳定性及具有良好抗风性能就常常成为主梁设计的关键问题。经过几十年的工程实践，人们根据建桥条件、跨径大小、边中跨比、工期约束等要求，探索出不同主梁斜拉桥的经济跨径范围，大致可以汇总如表2-4-4所示。需要指出的是，经济跨径范围是由工程的当时当地性所决定的，在一些情况下呈现出个别性与差异性，并不是一成不变的。

几种常用主梁经济跨径简表　　　　　　表2-4-4

主梁形式	经济跨径(m)	常用梁高(m)	影响经济指标及施工进度的主要因素
混凝土肋板梁	200~300	0.5~2.0	①施工简便、材料用量省；②跨径增大时侧向刚度、抗扭刚度不足；③仅适用于双索面体系
混凝土箱梁	300~500	2.0~4.0	①自重较大、恒载内力占比高；②抗扭刚度、侧向刚度大；③适用于单索面、双索面体系
钢-混凝土组合梁	300~600	2.0~3.0	①施工简便、材料用量省；②跨径增大时侧向刚度、抗扭刚度不足；③仅适用于双索面体系
钢-混凝土混合梁	500~1000	3.0~4.0	①施工简便、材料用量省、抗扭刚度大；②可有效改善内力分布，对跨径适应能力强
钢箱梁	600~1000	3.0~4.0	①抗扭刚度大；②造价较高；③对跨径适应能力强；④桥面使用性能、耐久性能存在一些问题
钢桁-混凝土板组合梁	300~1000	8.0~15.0	①竖向、侧向及抗扭刚度大；②造价较高；③便于制造、运输、安装，对跨径适应能力强；④多用于双层桥面或轨道交通

另一方面，不同主梁因活载与恒载集度的比值不同，使合理的边中跨比值也有所差异，边跨缩短时，边跨对索塔的锚固作用增大，结构整体刚度增大，但边跨平衡活载上拔力的能

力随之降低；边跨增大时，锚墩负反力随之减小，但结构的整体刚度也随之降低；当边跨过长时，某些斜拉索在特定情况下甚至会退出工作。影响边中跨比的主要因素是恒活载集度比、辅助墩设置情况等，集中反映在端锚索的拉应力限值和疲劳性能。以典型的两塔三跨公路斜拉桥为例，不同形式主梁的合理经济的边中跨比如表2-4-5所示。对于铁路斜拉桥或公铁两用斜拉桥而言，合理经济的边中跨比确定比较复杂，边跨跨径小，虽然可以提高结构体系的刚度，但在活载作用下会产生边支座受力上拔、梁端转角过大等问题，对结构受力及列车走行的安全性影响较大。为此，一般多采用设置辅助墩，形成多跨连续长边跨结构体系的技术对策，在防止边支座受力上拔的同时，确保结构体系刚度不削弱，但由此也会带来主梁长度较大、在某些情况下不够经济的问题。目前，我国已建成的几座公铁两用斜拉桥如主跨504m武汉天兴洲长江大桥、主跨1092m沪苏通长江大桥，均采用五跨一联的钢桁主梁，边跨边中跨比取值在0.52~0.58，并采取边跨适当压重等措施，以便有效控制边跨支座反力、梁端变形，确保列车走行安全性与平稳性。

不同形式主梁公路斜拉桥边中跨比值的合理范围　　　　　表2-4-5

主梁形式	活载集度/恒载集度之比	边中跨比的合理范围
混凝土梁	0.125	0.40~0.45
钢-混凝土组合梁	0.20	0.40~0.50
钢-混凝土混合梁	0.20	0.30~0.45
钢箱梁	0.40	0.30~0.40
钢桁梁	0.35	0.30~0.35

为便于把握主梁对斜拉桥经济性能的影响，现将近年来我国建成的几座大跨径公路斜拉桥的主桥的钢材用量及经济指标罗列如表2-4-6所示。由该表可见，主梁的材料、截面形式对斜拉桥总体造价影响很大，不同主梁形式有自身的经济跨径及适用范围。

若干座国内大跨径公路斜拉桥主桥的钢材用量及经济指标　　　　　表2-4-6

主梁形式	主跨跨径(m)	建成时间(年)	钢材用量(t)	造价(亿元)	折合每平方米桥面造价(万元)
钢箱梁	628	2001	48600	16.83	4.05
	1088	2008	170000	36.0	4.87
	730	2009	73811	11.35	2.48
钢桁梁	708	2010	83700	12.69	2.41
	720	2016	25000	10.28	2.09
混合梁	926	2010	64000	27.5	5.10
	816	2010	51123	23.4	4.63
	618	2000	22350	16.02	5.12
混凝土肋板梁	460	2006	10745	2.60	1.42
	450	2001	15870	3.29	1.27

续上表

主梁形式	主跨跨径(m)	建成时间(年)	钢材用量(t)	造价(亿元)	折合每平方米桥面造价(万元)
混凝土箱梁	338	2002	13377	3.60	2.01
	348	2001	11556	5.86	2.72
钢-混凝土组合梁	605	2002	20539	6.24	1.95
	590	1997	38521	8.33	2.15

注：表中数据主要来源于人民交通出版社《面向创新的中国现代桥梁》。

此外，随着斜拉桥跨径的增大，主梁的抗风性能日益显得突出，往往成为大跨径斜拉桥设计、主梁选型的主要控制因素。主梁风致振动主要有两种，即颤振和涡激振动。桥梁颤振是一种十分危险的风致自激发散振动，引发颤振的力是风与大跨柔性桥梁相互作用的一种非定常的气动自激力，一般通过风洞试验的手段，通过截面选型、气动布局优化来提高颤振临界风速的方式予以防止。桥梁涡激振动是一种带有强迫和自激双重性质的风致限幅振动，虽然不会像颤振一样导致桥梁产生灾难性的破坏，但发生的风速低、频率高，有可能导致杆件产生裂纹或疲劳破坏，影响行车的舒适性和安全性。抗风性能除了取决于截面气动外形、主梁自身动力特性如频率阻尼比外，也与结构体系密切相关。工程界抑制主梁风致振动的主要对策是：①优化截面气动外形及抑流板、导流板的布置方式，增大主梁宽度与跨径之比，为此，工程界在扁平流线型钢箱梁的基础上，发展出颤振临界风速更高的分体式钢箱梁、三角形钢箱梁，如2009年建成的、主跨1018m的香港昂船洲大桥就首次采用了中间开槽14.3m的分体式钢箱梁，有效提高了该桥的抗风性能；②增大主梁的刚度，如适度增加钢箱梁的梁高，或采用刚度较大、透风性好的钢桁主梁；③在索塔与主梁的结合部位设置各类限位装置和阻尼器，以增大结构体系的附加阻尼，在主梁上安装TMD等抑振装置，以控制涡激振动的发生，如港珠澳大桥江海直达斜拉桥就在钢箱梁内设置了TMD。应该说，这些措施防止了主梁颤振的发生，避免了发散性振动的出现，但对于涡激振动，在设计计算阶段、风洞试验过程中很难发现并采取相应制振对策，导致工程实践中主梁涡激振动还时有发生，需要进一步研究、开发、改进现有的抑振对策。

(2) 索塔

索塔主要承受轴力，属压弯构件，纵向弯矩主要来自不均衡的活载分布，横向弯矩主要来自静风作用。桥面以上索塔高度与跨径之比一般在 1/5~1/4 之间，索塔高度的变化直接决定了拉索的水平夹角，从而改变结构的竖向刚度，影响塔、梁、索的内力状态和变形状况。研究表明：较大的塔高跨径比可以有效增大长索的水平夹角，提高斜拉索的效率，减小主梁轴力与荷载效应，减小索塔的纵向弯矩与位移，但同时也降低了索塔的屈曲稳定性。另一方面，随着斜拉桥向高塔、大跨径发展，拉索索力与早期斜拉桥相比显著变大，索塔锚固区成为将索力传递至索塔的关键构造。

索塔形状主要取决于拉索索面布置方式、结构体系的纵横向刚度需求及美观造型等方面。对于中等跨径（200m<L<500m）斜拉桥，索塔宜采用立柱式或框架式塔柱；对于大跨径斜拉桥，索塔宜采用框架式或宝石形塔柱，以提高主梁的抗扭刚度；对于多跨斜拉桥

或竖向刚度要求较高的铁路斜拉桥,可在顺桥向采用人字形,以使索塔获得较大纵向抗推刚度,等等。索塔的形式非常丰富多变,典型索塔形式如图2-4-1所示。此外,常规斜拉桥的两座索塔一般是对称等高度的,但在有些时候,受地形、地质、航道等因素的制约,也会采用不等高的"高低塔、大小伞"方案,以更好地契合建设条件,降低工程造价。在此基础上,基于艺术景观要求,可以演化出丰富多彩、个性鲜明的索塔造型。索塔从材料上可分为混凝土索塔、钢索塔、钢-混凝土混合索塔及钢壳混凝土索塔,其中,混凝土索塔是最经济、应用最广泛的。

图2-4-1 几种典型索塔形式

混凝土索塔是最常用的,具有造价低、刚度大、易施工等特点,混凝土抗压强度高的优势可以充分发挥,非线性所产生的二阶效应并不突出,在塔高300m以内均具有突出的竞争优势。混凝土索塔存在两个不足,一是虽然混凝土滑模爬模浇筑技术、混凝土泵送技术已经比较成熟,施工效率不断提升,但索塔施工工期仍然相对较长,成为制约全桥工期的主要因素;二是锚固区应力分布复杂、容易开裂,成为主要制约因素。对此,早期多采用施加环向预应力、交叉锚等对策予以化解,但因构造比较复杂、应力分布杂乱、难以采用结构分析方法来全面把握其受力行为,且随着跨径的增大,预应力束吨位、塔柱壁厚度和预应力钢绞线数量都会迅速增加,不太适用于大跨径斜拉桥的索塔,近年来已逐渐被钢锚梁、钢锚箱组合构造取代(图2-4-2)。钢锚梁、钢锚箱与混凝土索塔在拉索锚固区形成组合结构,充分发挥钢结构抗拉强度高和混凝土结构抗压性能较好的特点。

钢索塔因需要增设较强的加劲构造才能提高板件的局部稳定性,导致其材料利用效率较低、造价较高,加上其阻尼较小、容易发生涡激振动,一般情况下并不常用。近年来,钢索塔主要用于强震区或地质条件差的桥址区,以利于增强索塔的抗震延性、减小基础工程的规模,此外,在有些情况下,为了缩短工期、突出索塔艺术造型,也有一些采用钢索塔或钢壳混凝土索塔的案例。

钢-混凝土混合索塔下塔柱采用混凝土结构、上塔柱采用钢结构，便既发挥钢索塔锚固方便、安全耐久、施工快捷的优势，又发挥混凝土结构刚度大、造价低的特点，近年来在一些大跨径斜拉桥中得到了一定的应用，但存在钢混结合处构造复杂等问题，技术经济优势并不明显。

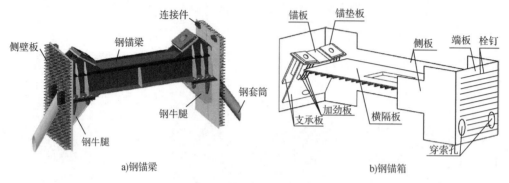

图 2-4-2　钢锚梁、钢锚箱构造示意图

此外，索塔特别是高度较大的索塔在施工过程易发生涡激振动和弛振，成为大跨径斜拉桥设计施工过程中必须要妥善应对的问题。弛振可以理解为结构准定常气动力对攻角的负斜率引发的一种发散性振动，大型细长结构如高耸的索塔、细长斜拉索极易诱发弛振现象。对此，工程界主要对策是：①设计时尽量不采用阻尼比较小的钢索塔，并通过风洞试验优化塔柱截面的气动外形、增设倒角等构造措施，提高索塔的抗风性能；②在施工过程中，在塔顶及主梁的悬臂端部设置 TMD 等阻尼器，以削减涡激振动的振幅，或采用临时拉索将塔顶与相邻桥墩联结起来，以增强拉索对索塔的弹性约束，如我国香港昂船洲大桥在施工过程中在塔顶设置平动型 TMD，将索塔的涡激振动幅度从 10~12cm 减小至 1~2cm。总的来说，虽然索塔涡振、弛振的机理研究仍有待深入，但是在工程层面抑振措施则比较成熟。

（3）斜拉索

斜拉索是主要传力构件，将索塔、主梁连接在一起，使其形成平衡对称的内部高次超静定结构体系，主梁恒载和大部分活载都通过斜拉索传递给索塔。斜拉索属于典型的非线性构件，在自重作用下会产生垂度效应，斜拉索的抗拉刚度主要取决于截面面积及初始张拉力，对斜拉桥体系刚度有决定性的影响。斜拉索刚度几乎全部来自预张力的几何刚度，预张力基本决定了斜拉索刚度。因此，拉索材料强度越高，允许的初张力就越高，由非线性引起的拉索刚度损失就越小，这正是不断提高斜拉索钢丝强度的内在原因。

目前，斜拉索普遍采用强度 1860MPa 以上的高强度成品索。常用的构造有两种，一种是平行钢丝-冷铸墩头锚系统，具有质量可靠性好、锚固空间小、没有蠕变等特点，但对施工精度、防腐防护的要求较高；另一种是钢绞线-群锚系统，可以单根安装张拉，对施工设备要求低，但拉索刚度较小、面积较大、需要较大的锚固空间。斜拉桥早期采用的封闭线圈式钢索因弹性模量低、抗拉强度小、易产生蠕变等不足，现已基本退出工程应用。

早期的斜拉索的立面布置形式主要有扇形、竖琴式、放射形及星形4种。随着密索体系取代稀索体系,目前斜拉索主要有两种布置方式,即扇形、扇形-竖琴式。其中,扇形主要用于中等跨径斜拉桥,但需要在塔顶增设锚固装置如钢锚箱;大跨径斜拉桥斜拉索基本上为扇形-竖琴式布置方式,以增大拉索水平夹角、提高拉索的利用效率、满足密索体系在索塔上的锚固要求。此外,在横桥向,常采用双索面与钢箱梁、组合梁、混凝土箱梁或混凝土肋板梁的匹配方式,双索面具有拉索刚度大、便于张拉锚固、易于与主梁匹配、利于控制主梁的扭转变形等优势,一般多与H形、门形、宝石形等索塔形式相匹配。进入20世纪90年代,单索面、三索面、四索面的斜拉桥工程实践开始活跃起来。其中,单索面可以很好地发挥箱梁,尤其是混凝土箱梁抗扭刚度大的特点,也有利于降低桥墩、基础及索塔的工程规模,在某些情况下经济技术优势比较明显。四索面则主要应用于桥宽较大、主梁采用分离式肋板梁或钢板组合梁的情形,以便减小横梁(横隔板)的跨径,达到削减横梁弯矩量值、降低材料用量的目的。而三索面多与三主桁的钢桁主梁相匹配,以缩小横向受力的跨径,从而降低桁架构件受力、减小桁架构件尺寸。另外,在一些情况下,也有采用独柱塔、空间扭转索面的布置方式(近索塔处拉索夹角大,远索塔处拉索夹角小),以获得独特的景观效果,但这种拉索布置方式受力并不十分合理,仅适用于跨径不大于200~300m的景观斜拉桥。

斜拉索刚度几乎全部来自预张力的几何刚度,加上其阻尼非常小,极容易发生风雨振、参数振动等振动现象,早年甚至发生了拉索相互碰撞的极端事件。1984年,在日本名港西大桥上的斜拉索首次观测到风雨振动形式后,中外学者通过现场观测、风洞试验、理论分析、数值计算等途径研究了斜拉索风雨振的发生条件、发生机理、影响因素、制振措施等,虽然对其产生的机理尚未形成统一的认识,但工程界采取了一系列行之有效的工程措施,防止了斜拉索风雨振的发生。这些对策措施主要是:①采取机械措施,在拉索与主梁锚固部位增设阻尼器,早期阻尼器主要是摩擦阻尼器、液压阻尼器,现已发展出高阻尼橡胶、磁流变等多种阻尼器;②采取气动措施,设置螺旋线、压制凹坑、优化斜拉索聚乙烯(PE)防护套的表面构造,改变斜拉索的气动外形;③采取结构措施,用辅助索将斜拉索连接交叉起来,约束其振动。总体来说,斜拉索振动以及由此带来的拉索疲劳、应力腐蚀等耐久性问题,虽然相应工程措施基本可以应对,但其产生的机理与预防措施仍需进一步研究。

4.2.2 体系层面

斜拉桥的力学性能不仅与索塔、主梁、拉索等构件相关,也与其结构体系,包括内部连接方式及外部约束条件密切相关。内部连接关系、外部约束条件对斜拉桥体系的受力特性、结构整体刚度、动力行为等方面的影响十分显著。

(1)外部约束条件

斜拉桥体系从外部约束来看,可以根据边跨斜拉索锚固形式的不同,分为地锚式斜拉桥、部分地锚式斜拉桥及自锚式斜拉桥;根据设置辅助墩的数量,可以分为无辅助墩斜拉桥和有辅助墩斜拉桥。

自锚式斜拉桥是最常用的结构形式,除跨中无索区外,主梁都承受拉索产生的压力,施工方便、造型简洁,占据已建成斜拉桥的绝大多数,通常情况下,边中跨比在0.3以上均可设计成自锚式斜拉桥。但是,在一些情况下,受地形地质等条件的制约,会出现边跨比例较小的情况,此时,地锚式斜拉桥或部分地锚式斜拉桥就成为一种合理的选择,以便利用锚碇来平衡中跨的索力,增大主跨的跨越能力,减小梁体承受的轴力和索塔承受的弯矩,而锚碇可依托地形建造,建造规模与修建难度远较悬索桥小。如1983年建成的西班牙Barrios de Luna桥,为避免深水基础,索塔布置在岸上,跨径布置为67m+440m+67m,边中跨比仅为0.152,采用了部分地锚式体系。此外,在超大跨径斜拉桥中,有时为了提高结构整体刚度、减少斜拉桥体系的静动力响应,也有采用部分地锚式斜拉桥的方案,以便在比较经济的情况下增大结构刚度。

辅助墩是斜拉桥外部约束条件中最常见的一种,当边中跨比小于合理范围时经常采用。辅助墩的作用是增大结构体系刚度,减小主梁及拉索在活载作用下的内力,改善端锚索的疲劳性能。设置辅助墩后,一般情况下主梁的跨中位移、主塔的塔顶位移可以减小50%以上,主梁及拉索的活载应力可以减小30%以上,并能显著增强施工过程中大悬臂结构的稳定性,是一种十分有效、经济的内力调整方式。辅助墩一般设置1~3个,可以综合全桥整体刚度、结构受力、地形地质、边孔通航等情况,形成跨径50~100m的等跨或不等跨的连续支承体系,也可以将引桥与主桥在结构上连续,让引桥桥墩兼作主桥的辅助墩。设置辅助墩后,一般情况下需在墩顶设置大吨位拉压支座,以满足极端活载作用下的抗拔受力要求。

(2)内部连接方式

从内部连接方式系也就是塔梁墩在竖向、横向、纵向的连接方式来看,主要可以分为漂浮体系、支承体系、固结体系及刚构体系四种,见图2-4-3。内部连接方式的差异,对斜拉桥的受力特性和使用性能会产生较大影响。下面以典型的两塔三跨斜拉桥为例简要阐述。

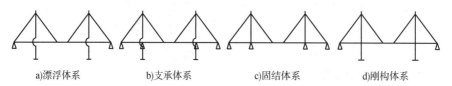

图2-4-3 斜拉桥体系中塔梁墩的4种基本连接方式

漂浮体系除主梁两端有刚性支承外,全部由拉索提供弹性支承,成为在纵向可稍做摆动的连续梁,在温度及混凝土收缩徐变作用下结构响应较小,在地震及风荷载作用下,主梁可以纵向摆动,如辅以适当的纵横向约束装置或阻尼器,可以大幅度削减结构动力响应。因此,漂浮体系是大跨径斜拉桥内部连接的主要方式,但过大的纵向变位会导致梁端伸缩缝、支座的设计制造困难,因此在工程实践中,又发展出有一定限位约束功能的半漂浮体系。

支承体系是塔墩固结、塔梁分离、在主墩墩顶设置支座的结构体系。相对于拉索的弹性支承刚度,支座的竖向支承刚度和纵向抗推刚度均较大,约束刚度产生的突变会导致主梁局部出现较大的弯矩峰值,温度及混凝土收缩徐变产生的内力也较大,通常需要加强支承区段的主梁截面,使得结构受力不够合理。因此,这种体系目前已较少采用。

固结体系的塔梁固结后支承在桥墩上，从受力性能上来看，相当于施加了大偏心体外预应力索的连续梁。主梁和索塔的受力与塔梁弯曲刚度及其比值有关，下塔柱演变为普通桥墩，在温度等附加作用下内力较小，但随着跨径的增大，支座常常达到万吨级，加工制造比较复杂。因此，这种体系仅适用于跨径较小的斜拉桥。

刚构体系是塔梁墩全固结的结构形式，具有结构整体刚度大、塔柱和主梁变形小等特点，同时，其在温度及混凝土收缩徐变引起的次内力大，往往控制设计。该体系较适合于独塔斜拉桥，在墩高较大、采用双薄壁的情况下，也可用于双塔斜拉桥。

以上四种结构体系的力学性能汇总如表 2-4-7 所示。

四种结构体系的力学性能简表 表 2-4-7

比较项目	漂浮体系	支承体系	固结体系	刚构体系
塔梁墩连接方式	塔墩固结、塔梁分离	塔墩固结、塔梁分离	塔梁固结、塔墩分离	塔梁墩固结
支承情况	无竖向支承，但需设横向、纵向约束	反力较小，需设置中小型支座	反力较大，需设置大型支座	无
力学特点	主梁内力较为均匀，温度等附加内力较小	主梁内力会出现峰值，温度等附加内力较大	索塔及主梁内力较小，但支反力较大	结构整体刚度大，温度等附加内力较大
主要适用场合	除独塔斜拉桥以外的各种场合	早期有应用，现已基本不用	中等跨径斜拉桥	墩高较大的情况

随着斜拉桥跨径的增大，以及斜拉桥广泛应用于铁路桥梁和高烈度地震区域，在纵向阵风、活载、列车制动力、地震、温度等荷载作用下，漂浮体系或支承体系的主梁会产生较大的纵向位移，塔顶会产生较大的纵向水平位移，如果对主梁纵向不加以约束，将不利于索塔受力和伸缩缝的布置。但若采用纵向完全固定约束后，温度、地震荷载及收缩徐变产生的次内力又将在索塔中产生很大弯矩，在近索塔的主梁中产生较大的负弯矩，对索塔和主梁受力极为不利。因此，对于大跨径的公路斜拉桥以及大中跨径的铁路斜拉桥，既不宜采用全漂浮体系，也不宜采用纵向完全固定的刚构体系，而应采用具有一定限位约束功能的半漂浮体系，以便既能释放温度变形，又能减小结构地震响应，还能适当限制主梁在运营过程中的位移量。目前，根据约束装置提供的刚度及阻尼的不同，主要可以分为弹性约束、阻尼限位约束、锁定限位约束三大类。

弹性约束体系的弹性恢复力是塔梁相对位移的函数，一般采用水平拉索和黏滞型阻尼器的组合来实现，弹性刚度的大小是调节结构反应的关键。阻尼限位约束体系一般由刚性限位装置、黏滞型阻尼器组成。锁定限位约束体系是在阻尼限位约束的基础上增加动力锁定装置，主要参数包括额定行程、约束体系的弹性刚度与锁定力大小，以兼顾削减静力作用下的主梁及塔顶的纵向水平位移、控制地震荷载作用下的结构反应的需求。表 2-4-8 列举了若干座大跨径斜拉桥塔梁墩约束方式，从中可以看出近 30 年来斜拉桥内部约束体系的发展演化进程。

若干座大跨径斜拉桥塔梁墩约束方式简表　　　　　　　　　　表 2-4-8

桥　　名	建成时间（年）	主跨跨径（m）	主梁形式	结构体系和主梁约束方式
中国上海杨浦大桥	1993	602	组合梁	漂浮体系,索塔处设 0 号索
日本鹤见航道桥	1995	510	钢箱梁	支承体系,竖向支承、纵向设水平拉索和阻尼器
法国诺曼底大桥	1995	856	混合梁	塔梁墩固结体系
日本名港中大桥	1996	590	钢箱梁	半漂浮体系,索塔处设纵向钢绞线约束
日本多多罗大桥	1998	890	混合梁	支承体系,索塔处设橡胶支座、竖向支承、纵向弹性约束
中国南京长江二桥	2000	628	钢箱梁	支承体系,索塔处设钢支座、竖向支承、纵向滑动
中国福建青州闽江桥	2001	605	组合梁	支承体系,索塔处设橡胶支座、单侧索塔设水平拉索约束
希腊里翁—安特里翁大桥	2004	3×560	组合梁	半漂浮体系,索塔处设纵横向阻尼器及限位装置
中国香港昂船洲大桥	2007	1018	混合梁	半漂浮体系,索塔处设液压缓冲限位装置
中国苏通长江大桥	2008	1088	钢箱梁	半漂浮体系,索塔处设刚性限位装置和阻尼器
中国武汉天兴洲大桥*	2009	504	钢桁梁	半漂浮体系,塔梁处设两组阻尼器
中国鄂东长江大桥	2010	926	混合梁	半漂浮体系,索塔处设置了纵向阻尼器
中国重庆韩家沱长江大桥*	2013	432	钢桁梁	半漂浮体系,塔梁处设阻尼器及锁定装置
中国重庆江津粉房湾长江大桥*	2014	464	钢桁梁	半漂浮体系,塔梁处设阻尼器
中国贵州都格北盘江大桥	2016	720	钢桁梁	半漂浮体系,索塔处设横向抗风支座、纵向阻尼器
中国武汉青山长江大桥	2019	938	钢箱梁	全漂浮体系,索塔处设 0 号索
中国沪苏通长江大桥*	2020	1092	钢桁梁	半漂浮体系,桥塔处设置支座、阻尼约束和限位装置

注：* 者为铁路桥或公铁两用桥。

大量试验研究、数值分析与现场监测表明:斜拉桥约束体系可以显著改善结构的静、动力反应,具体改善情况和程度与约束类型有关。设置合适的约束体系后,相对于漂浮体系,其主梁、索塔在地震作用下的纵向位移响应峰值可以削减 30%~60%,墩底内力也有所减小,在风荷载及列车制动力作用下,主梁的梁端、塔顶位移响应可以减小 50%~70%。因此,选择适当的结构体系对大跨径斜拉桥静力反应、动力响应的调节至为关键,对改善主梁与索塔在风、温度、地震等荷载作用下的内力和位移反应非常重要。

以苏通长江大桥为例,考虑到桥位风速大、风况复杂、抗震要求高,为防止"体系温度+极限风"静力组合及地震作用所产生的超大位移,该桥采用±750mm 额定行程量的刚性限位和动力阻尼组合的装置系统,即在每侧索塔设置 4 个黏滞型阻尼器,单个阻尼器的弹性刚度为 100MN/m,锁定力为 10MN,阻尼装置出力的输出方程为 $F=CV^{\alpha}$(F 为阻尼力,C 为阻尼系数,取值 15000,V 为速度,α 为速度指数,取 0.4),以满足温度及风等静力作用下缓慢变形,以及地震作用下快速变形对阻尼器出力的不同需求,如图 2-4-4 所示。相对于漂浮体系,阻尼限位约束体系在静力作用下,梁端位移幅减小了 46%,塔顶水平位移幅减小了 53%,塔根弯矩幅减小了 27%,显著地改善了极端静力工况下的结构反应;在地震作用下,梁端、塔顶水平位移减小了 70%左右,塔根弯矩也有所减小。

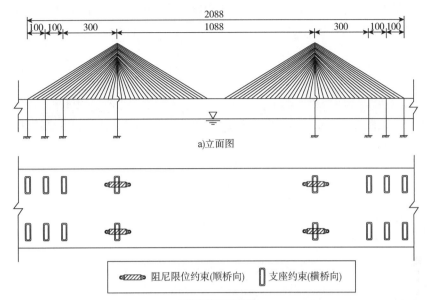

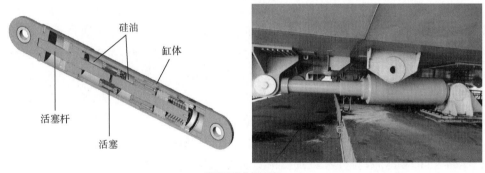

图 2-4-4 苏通长江大桥约束体系(尺寸单位：m)

再以正在施工中的常泰长江公铁两用大桥为例,桥址处江面宽阔,根据长江航道江苏段非常繁忙的通航要求,以及公铁两用斜拉桥对刚度、梁端转角的严苛约束,该桥采用钢桁梁斜拉桥,主梁采用跨径布置 142m+490m+1176m+490m+142m 的五跨连续结构,主梁连续长度达 2440m,导致该桥的活载效应、温度效应都远远超过已建成的斜拉桥。分析计算表明:采用常规半漂浮体系,该桥在温度、风荷载作用下,主梁端纵向位移为 2.8m,塔根弯矩达 $10.3 \times 10^9 N \cdot m$,由此导致伸缩缝设计及维护非常困难、索塔截面体量巨大。对此,设计者突破了常规双塔斜拉桥半漂浮体系的束缚,创造性地采用了温度自适应塔梁约束体系。所谓温度自适应塔梁约束体系,是采用碳纤维水平拉索,将主跨跨中与索塔下横梁直接连接起来,改变了温度内力的传递路径。当温度上升时,梁体的伸长所产生的内力通过水平拉索直接传递给下塔柱,而不再通过斜拉索传递给上塔柱,使主梁的纵向变形受到有效约束,不会导致索塔弯矩大增。由于碳纤维的线膨胀系数仅为钢材的 1/20,具有较明显的温度变形惰性,因此这种连接方式并不会引起水平拉索产生过大的温度内力增量。计算表明,采用温度自适应体系后,主梁端纵向位移降低了23%,塔根弯矩降低了39%,效果十分明显。常泰长江大桥温度自适应体系如图2-4-5所示。

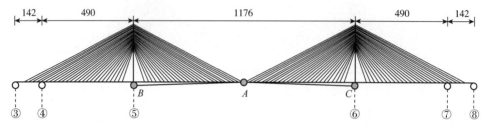

图2-4-5 常泰长江大桥温度自适应体系示意图(尺寸单位:m)

案例 2-4-1

美国帕斯科—克内维克桥
——混凝土肋板主梁改进的范例

自1962年委内瑞拉马拉开波湖桥建成以来,混凝土斜拉桥因造价低廉、性能良好,逐渐占据了大中跨径斜拉桥的主流。随着斜拉桥向密索体系发展,混凝土主梁所承受的弯矩大幅度减小,截面也由最初的箱梁逐渐转变为肋板梁。当跨径在300~400m时,混凝土肋板梁是常用的截面形式,肋板高与跨径之比多在1/200~1/100。肋板梁的主要构造形式有板式、矮肋板、Ⅱ形板等。与箱梁相比,肋板梁具有构造简单、施工简便等优势,造价仅为钢箱梁的一半左右,但存在抗弯抗扭刚度小、抗风性能不理想等问题。

1978年建成、由著名工程师霍戈·斯文生(Holger Svensson)设计的美国帕斯科—克内维克(Pasco-Kennewick)桥是混凝土斜拉桥发展史上又一个里程碑。该桥位于华盛顿州,跨越哥伦比亚河,设计风速为44.4m/s,主桥跨径布置为123.9m+299m+123.9m,引桥跨径在37.8~45.1m之间,桥宽24.33m。为增强主梁的抗扭能力、提升抗风性能、提高行车舒适性,该桥主桥主梁与引桥连续梁均采用梁高2.13m的混凝土板梁,形成了8跨连续结构。其中,主桥主梁采用了三角形边箱、中板式构造,高跨比为1/140,横隔板间距2.74m,为无底板开口截面,引桥为单箱五室箱形截面,与主桥具有相同的高度和外形,见图2-4-6。为缩短工期,引桥与主桥主梁均采用短线法预制,预制节段长8.23m,与拉索锚固间距相同,节段质量约270t,主桥采用悬臂拼装法施工,最快拼装进度可达100m/月左右,引桥在支架上拼装或现浇。为增大拉索的水平夹角,使拉索更有效地提供弹性支承,该桥在混凝土塔顶设置钢塔头,拉索采用扇形布置方式。

帕斯科—克内维克(Pasco-Kennewick)桥概貌见插页彩图21,其所采用的敞口截面又被称之为PK型截面,有效提升了斜拉桥的抗风性能、简化了箱梁构造、减少了材料用量、缩短了施工工期,取得了轻巧纤细、整体协调的艺术效果,对后来全世界的混凝土斜拉桥主梁选型产生了很大影响。另一方面,将引桥与主桥的结构连续化,以增大主梁抗扭能力、提升抗风性能的对策,则充分地反映了设计者的工程系统观。

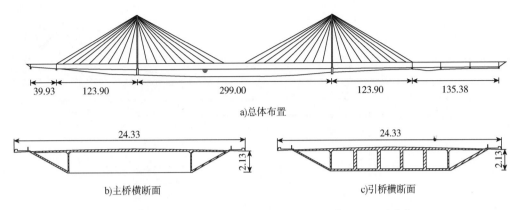

图 2-4-6　帕斯科—克内维克(Pasco-Kennewick)桥的总体布置(尺寸单位:m)

案例 2-4-2

德国上阿根桥
——顺应自然、因地制宜的张弦梁斜拉桥

上阿根(Obere Argen)桥位于德国 A96 高速公路上,跨越 Obere Argen 峡谷,建成于 1990 年。由于该桥桥位一侧山坡的地质较差、地表层为厚 16m 的滑泥土层,年滑移量约为 10cm,滑泥层沿桥轴线长约 250m,会对桥墩产生约 30MN 的挤压力,故不宜在滑泥层上建造桥墩。

对于这一特殊的建设条件,经反复比选,设计大师约格·施莱希(Jörg Schlaich)最终选取了 42m+5×55.8m+50m+86m+258m 的非常规孔跨布置,即选用 258m 的单跨钢箱梁斜拉桥来"跨越"滑泥层,鉴于山谷比较平缓,在斜拉桥之外的其余桥跨采用了跨径 42~55.8m 的混凝土连续箱梁。面对这一极端的跨径组合,设计者采用了地锚式斜拉桥及张弦梁结构来予以应对,具体对策是在 258m 的主跨中,设置 2 根拉索,其中一根为 2ϕ126mm 普通斜拉索,其在钢箱梁上锚固间距为 43m,将另一根 8ϕ126mm 的拉索延伸锚固至下一墩顶的钢箱梁上,使斜拉桥的主跨演变成张弦梁结构,在张弦梁区段,设置 3 根钢撑杆为钢箱梁提供弹性支承,钢撑杆间距 43m,视其高度分为 I 形和 V 形两种。斜拉索为螺旋封闭索,单根 ϕ126mm 最大张拉力为 7MN。这样,就将 258m 的主跨,通过张弦梁的方式演化为 6×43m 的弹性支承的连续梁。上阿根桥的总体布置如图 2-4-7 所示。

由于索塔位于山坡顶,无须边跨,为便于将主跨荷载通过索塔传递给锚碇,采用了高 55m 的倒 Y 形索塔,两条塔腿固结在混凝土端横梁上,端横梁宽 5m、高 7.5m、腹板厚 1.0m,刚度非常大,以确保将主跨钢箱梁、索塔牢靠地固结在其上。斜拉桥 12ϕ126mm 的背索直接锚固在 55m 之外的地锚中,竖向分力由地锚自重平衡,水平分力由两根支撑地梁直接传递到端横梁上,这样,由锚碇、支撑地梁、背索、索塔、主跨形成了平衡体系,大幅度减少了锚碇的工程量。

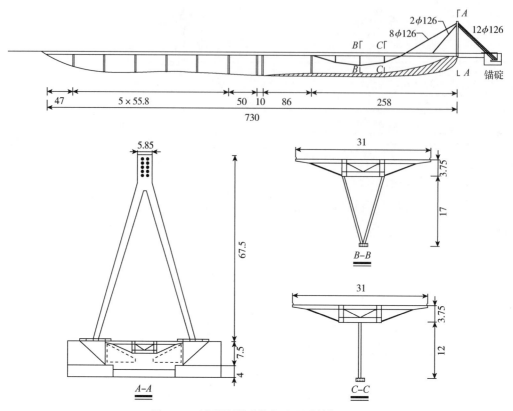

图 2-4-7 上阿根桥的总体布置(尺寸单位:m)

该桥在全桥 730m 范围内,均采用高 3.75m 箱梁。其中钢箱梁总长 344m,箱梁顶宽 31.0m、底宽 9.4m,通过钢斜撑形成大挑臂结构,以减小桥墩截面尺寸和工程量。施工方法为在间距 50m 左右的临时墩上大段拼装,钢箱梁拼装完成后再安装、张拉两根拉索,并考虑预留了拉索更换方式。混凝土箱梁总长为 376m,采用分幅式布置、顶推法施工。在钢箱梁与混凝土箱梁交界处设置双支墩,梁体各伸出 5m,形成结合部,全桥伸缩缝设在钢箱梁与混凝土箱梁的交界处。该桥总用钢量为 6850t(斜拉索 250t、钢板材 3500t、钢筋 3100t),折合每平方米桥面仅为 323.6kg,非常经济。

上阿根桥建设条件特殊复杂,设计构思巧妙、富于创造力,反映了设计者对斜拉桥本质的深刻洞察,对拉索受力特性的个性化灵活应用,体现了设计者尊重自然、顺势而为、因地制宜的工程观,直至今日仍值得学习借鉴。

案例 2-4-3

美国切萨比克—特拉华运河桥
——预制拼装混凝土斜拉桥的典范之作

切萨比克—特拉华运河(Chesapeake & Delaware)桥位于美国东北部,总长 1417m,主桥长503m,主桥跨径布置为3×45.7m+228.6m+3×45.7m的单索面混凝土斜拉桥,引桥采用跨径46m的等截面连续梁,桥面全宽38.8m,建成于1995年,由尤金·C.菲戈(Eugène C.Figg)和让·穆勒(Jean Muller)设计。该桥最突出的特点是:主桥混凝土主梁、引桥主梁及桥墩均为短线法预制,工期短、造价低、外形美观,全桥总造价仅为5800万美元,即便在预制拼装技术非常成熟的今天,仍然十分经济。切萨比克—特拉华运河桥总体布置、截面形式见图2-4-8,主要设计施工要点如下。

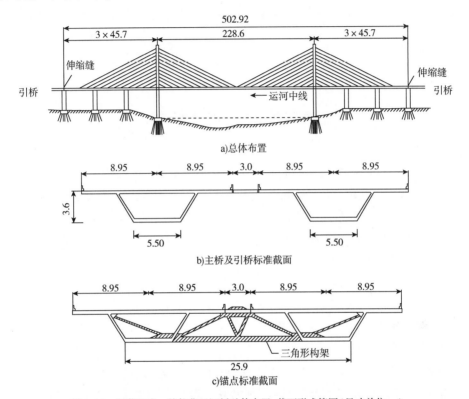

图2-4-8 切萨比克—特拉华运河桥总体布置、截面形式简图(尺寸单位:m)

①主桥与引桥统一采用两片梁宽18m、高3.6m的倒梯形混凝土箱梁,采用短线法预制,标准节段长3m、重63.5t,引桥两片箱梁单独受力,在主桥则通过预制的三角构架将两片箱梁联结为整体,以提高预制构件的标准化水平及设备的使用效率。

②在主桥中,利用预制三角构架、现浇中央分隔板将两片箱梁连接成整体、共同受力,全桥共用72个三角构架,预制的三角构架不仅为斜拉索提供锚固空间,也增大了主跨主梁的抗扭刚度。

③除主墩以外,引桥、过渡跨桥墩、桩基均采用预制构件,桥墩标准节段为2.44m×5.49m×2.05m空心矩形截面,全桥共用463个预制箱墩节段、912根预应力混凝土打入桩,开创了大规模预制施工下部结构的先河,为后来多座跨海大桥的建设所借鉴。

④施工方法为采用架桥机拼装完成引桥及过渡跨,然后采用单悬臂法从索塔向跨中架设主跨,混凝土箱梁节段和三角构架由运梁车通过引桥及过渡跨运输至悬臂端部,利用起重

机安装,然后浇筑中央分隔带混凝土,安装张拉斜拉索,并同步张拉混凝土主梁内的纵向、横向预应力束,以减小对航运的影响。由于用逐跨施工法代替了速度较慢的平衡悬臂施工法,主跨架设仅用时108d,非常快捷。

切萨比克—特拉华运河桥是大跨径斜拉桥预制拼装施工的成功范例,是混凝土桥梁工业化制造、装配化施工的先声,其所体现的标准化预制、装配化施工、逐跨拼装、施工引导设计等先进理念,对于超大规模的混凝土桥梁保证施工质量、加快施工进度、降低工程造价具有普遍的指导意义,对近20年来世界各国的混凝土长桥、宽桥及跨海大桥的设计施工产生了深远的影响。

案例 2-4-4

美国弗里德·哈特曼桥
——宽桥抗风设计的新尝试

弗里德·哈特曼(Fred Hartman)桥位于美国得克萨斯州,跨越休斯敦航道,孔跨布置为38.9m+146.9m+381m+146.9m+38.9m,采用肋板式钢-混凝土组合梁,由霍戈·斯文生(Holger Svensson)设计,建成于1995年。该桥设计建造最大的挑战是如何提升宽幅桥的抗风性能。一方面,该桥百年一遇的设计风速在桥位9m高处是49m/s、在桥面处为71m/s,此外,在塔柱上还需考虑15%的局部阵风荷载系数;另一方面,该桥交通流量需求非常大,需要提供12个车道。

面对这一自然条件及交通需求,设计者霍戈·斯文生创造性地提出了双菱形塔柱、扇形四索面、分幅式主梁的斜拉桥体系来满足严苛的建设条件,总体布置见图2-4-9,主要特点如下。

①采用双菱形塔柱,双菱形塔柱构成的框架相对于H形塔柱侧向抗弯刚度更大,有效提升了结构体系的刚度,减小了塔柱的弯矩,使混凝土塔柱主要承受轴向力,而水平分力由预应力系梁来承担,因此塔柱可以设计得很轻巧纤细,在截面尺寸仅为2.13m×4.57m、壁厚0.305m的情况下,能够有效抵抗和传递飓风荷载,并将其传递到基础;同时,向内收缩的下塔柱大幅度减小基础工程的规模。

②采用分幅式钢-混凝土组合梁梁,以减小桥面系横梁的跨径、大幅度节省材料用量。该桥主梁由两个分离的组合梁构成,以与四索面体系匹配、构成了总宽52.32m桥面。每个主梁采用双工字钢形式的组合梁,组合梁梁高1.6m。其中,桥面板为总厚30cm的混凝土叠合板,由10cm的预制板和20cm厚的现浇混凝土复合而成,通过强迫位移法、调整施工工序有效地减小了桥面板和工字钢梁的应力。

③拉索采用扇形布置的四索面体系,在主梁的腹板上设置钢锚箱及锚固横梁,以便顺畅传递斜拉索力。

美国弗里德·哈特曼桥概貌见插页彩图22。该桥设计方案大胆巧妙、严谨科学而富有创意,同时是所有预选方案当中最经济的,建成后的景观效果也非常突出,在如此严苛的建设条件下,实现了结构功能、经济性能与景观效果的三赢,再次说明设计是工程实践的灵魂,方案构思是工程设计的核心,值得桥梁设计界借鉴。

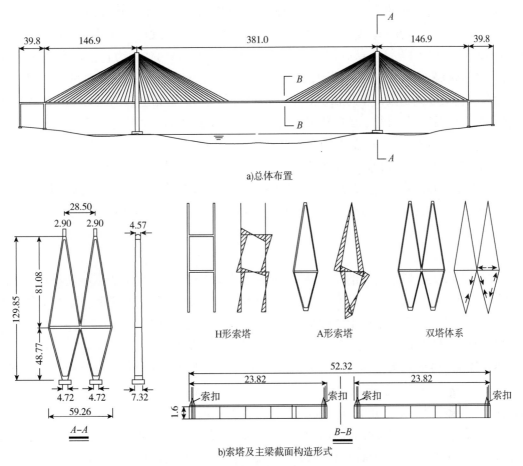

图 2-4-9 弗里德·哈特曼桥的总体布置(尺寸单位:m)

4.3 部分斜拉桥

(1) 发展历程

部分斜拉桥是介于梁式桥与斜拉桥之间的一种过渡结构形式。部分斜拉桥概念最早由法国工程师雅克·马迪瓦(Jacques Mathivat)在1988年在设计阿勒特达雷(Arrêt Darré)高架桥时提出,其主要思想是:在主跨100m左右的预应力混凝土连续箱梁中,设置低矮的索塔,斜拉索穿过索塔的索鞍,给梁体施加较大的预加应力。在雅克·马迪瓦的概念中,斜拉索更接近于预应力混凝土梁的体外索,而索鞍相当于体外索的转向块,这些拉索的应力幅值与一般的斜拉桥拉索相比大幅度减小,因而可以不考虑拉索疲劳问题而提高容许拉力值,这些拉索的索力除了对梁体产生水平压力外,其垂直分力还大幅度地减小了梁体的弯矩,从而可以有效降低梁高。因此,雅克·马迪瓦将其命名为 Extra-Dosed Beam,直译为"超配量"梁桥或"超剂量"梁桥。雅克·马迪瓦在构思这种桥型时,关注的是混凝土梁和拉索的内力分担比例,但从根本上还是梁的属性,只是由于种种原因,这个构思在当时没能被接受应用于工程。

1993年,完全按照雅克·马迪瓦设计理念的"超剂量"梁桥率先在葡萄牙Socorridos桥中建成,该桥跨径为106m,成为世界上第一座超配量预应力梁桥。与此同时,日本在获悉Arrêt Darré高架桥的设计信息后,对这种桥型进行了深入的研究,认为它在技术、经济两方面都有很多优势,旋即开发这种桥型,于1994年建成了跨径为74m+122m+74m的小田原港桥,随后又相继建成了数十座跨径100~275m的同类桥梁,显现出突出的经济技术优势,并积极向更大跨径发展,引起了国际桥梁界的关注。进入20世纪90年代末,雅克·马迪瓦所提出的Extra-Dosed Beam构思,开始在全世界开始推广应用。该桥型引进至我国时,由于其索塔相对较矮,有人从桥梁外形角度出发,将其称之为矮塔斜拉桥,但由于未反映出该桥型的本质,容易引起误解,也会束缚设计者的思路,对此,严国敏借鉴类比"部分预应力混凝土"概念的内涵,对其重新定义,称之为部分斜拉桥(Partially Cable-stayed Bridge),大意是指这种桥型部分程度的具有斜拉桥特性,基本上反映了雅克·马迪瓦的思想,从而在我国被沿袭下来,得到了比较普遍的认可。

这种以梁为主、以索为辅的结构体系,邓文中在2006年将其称之为索辅梁桥(Partially cable-supported girder bridge),更能反映这一结构体系的本质,体现拉索弹性支承与梁体抗弯的协作关系,是一个洞察结构本质的概念,也便于设计者跳出既有概念框架的束缚、因地制宜地分配主梁与拉索的受力比例。事实上,在雅克·马迪瓦提出Extra-Dosed Beam概念出现之前,就有一些索辅梁工程实践的案例,如克里斯丁·梅恩(Christian Menn)在1980年建成的瑞士甘特(Ganter)桥中,就设置了高约10m的索塔,利用斜拉索将主跨174m的混凝土箱梁的根部梁高从11.1m降低至5.0m,跨中梁高降低至2.5m,就体现了拉索弹性支承与混凝土主梁抗弯能力合理分配的设计思想,只是人们比较关注该桥采用混凝土包裹斜拉索的防护方式,将其命名为索板桥(Cable-Panel Bridge)而已,其结构外形和受力原理很像后来的Extra-Dosed Beam。又如2000年建成的中国芜湖长江大桥,主跨312m,桁高13.5m,受航空线路高度的限制,桁梁中心线以上塔高约42m,桁高/跨径比为1/23,塔高/跨径比为1/7.4,主桁承担了相当部分的荷载,也可以看作索辅梁的一个例子。

总之,部分斜拉桥或索辅梁桥是梁式桥与斜拉桥之间的一种过渡结构形式,目前并没有严格的定义。但采用索辅梁这个概念后,可以更好地把握结构的本质,更加灵活、主动地分配主梁与拉索承担竖向荷载的比例,并将部分斜拉桥、张弦梁等索梁组合体系看作索辅梁的一个特例。索辅梁桥的出现和发展,可以理解为斜拉桥早期稀索体系的一种回归和升华,也可以视为常规斜拉桥设计理念的改良、调和的结果,反映了在某一跨径范围内如何抓住主要矛盾、提高材料利用效率的设计思想,体现了在工程问题解决方案多样性、实现路径多元化的情况下,寻找优化解的曲折发展历程。从事物发展演化规律来说,混凝土结构从普通钢筋混凝土、预应力混凝土发展到部分预应力混凝土。部分预应力混凝土的出现填补了普通钢筋混凝土和全预应力混凝土之间的空白;同样,从连续梁、斜拉桥到部分斜拉桥,其发展历程与混凝土结构十分相似,蕴含的演化机理也基本一致,部分斜拉桥是介于连续梁(连续刚构)

与斜拉桥之间的一种桥型,其出现和发展填补了刚性桥型与柔性桥型之间的空白。

目前,在跨径100~300m的范围内,部分斜拉桥(亦可称之为索辅梁桥)这种结构形式能使主梁、拉索的承载能力都得到充分发挥,且具有设计自由度大、参数可调节性强、经济指标优越等特点,经济技术优势比较明显,得到了广泛应用,建成数量超过数百座,既有公路桥,也有铁路桥和公铁两用桥。

(2)受力特点

对于大跨径斜拉桥,主梁是传递荷载的构件,其受力属性逐渐演变为以受压为主、受弯为辅,梁的受弯属性逐渐退化,结构竖向刚度主要由拉索系统提供。但对于中小跨径($L=100~300m$)斜拉桥,依据对主梁技术定位的差异,存在两种截然不同的技术路线。一种是沿用大跨径斜拉桥的设计思路,增强拉索系统、减小主梁高度和恒载集度,主梁完全退化为传力构件,如主跨215m的希腊的Evripos桥,主梁采用0.45m厚的混凝土板,梁高与跨径之比达1/478,主梁几乎不承受弯矩。另一种则为索辅梁体系,即通过适当增大梁高,演变为以主梁受弯为主、拉索受力为辅的结构体系,主梁承载能力不足的部分则利用斜拉索的弹性支承来予以弥补,主梁不仅传递荷载,自身受弯的属性比较突出,承担了60%以上的荷载,提供了大部分结构刚度。主梁刚度、抗弯能力的增大,不仅提高了主梁材料利用效率,而且降低了对拉索及索塔的要求,索塔可根据受力、造型景观要求灵活设计,这便是索辅梁体系或部分斜拉桥发展的技术逻辑。这种以梁为主、以索为辅的结构体系,主梁弯矩分担见图2-4-10。

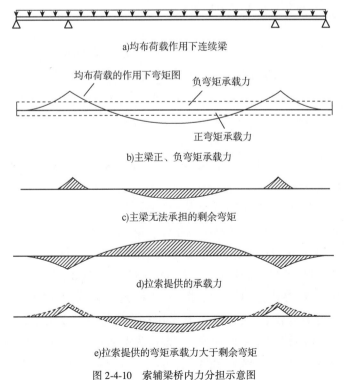

图2-4-10 索辅梁桥内力分担示意图

索辅梁桥或部分斜拉桥的受力特点主要有以下三个方面。

①主梁是主要受力构件,而拉索、索塔则是辅助受力构件。索辅梁或部分斜拉桥结构中,内部受力构件相对刚度的改变,使得主梁和拉索承受荷载的分配比例也随之改变。因此,可以用索梁活载比来界定部分斜拉桥与常规斜拉桥。所谓索梁活载比,是指在满布竖向均布活载作用下,索塔拉索分担的荷载与主梁分担的荷载之比,体现了塔、梁、索刚度的相对关系。一般认为,索梁活载比大于0.3时为常规斜拉桥,小于0.3时为部分斜拉桥或索辅梁体系。当索梁活载比小于0.3时,意味着主梁刚度较大、抗弯能力较为突出,承受大部分活载,也意味着采用稀索体系的合理性。

②斜拉索应力变化幅度小,抗疲劳能力强。常规斜拉桥在活载作用下,斜拉索应力幅大多在100MPa以上,为此,容许应力取0.4倍的极限应力,安全系数为2.5;而在部分斜拉桥中,由于主梁刚度较大,斜拉索主要承受恒载,斜拉索应力变化受主梁刚度、边界条件及索塔高度的影响,活载索力占总索力的比例很小,应力幅多在50MPa左右,远小于常规斜拉桥中拉索的应力幅,斜拉索基本不存在疲劳问题。因此斜拉索的容许应力取值可与体外预应力索的相同,取0.6倍的极限应力,安全系数为1.67。

③结构刚度主要取决于主梁,塔高及塔身的变化对结构刚度的影响不明显。相关研究及工程实践表明:部分斜拉桥70%以上的刚度来源于主梁,主梁的刚度基本上决定了结构体系的刚度,虽然依靠增加塔高的方法来增大结构刚度有一定效果,但远不如常规斜拉桥那样显著有效、经济可行。另一方面,部分斜拉桥的整体刚度大、变形及振动小,非常适用于活载大、刚度要求高的铁路桥梁或多塔斜拉桥。

(3) 结构参数

部分斜拉桥的孔跨布置可分为单塔双跨、双塔三跨、三塔四跨、多塔多跨等布置形式,已建成的部分斜拉桥以双塔三跨居多。从结构体系上,部分斜拉桥是由塔、梁、墩和索4种基本构件组成的组合体系,不同的组合方式产生不同的结构体系,变化非常丰富,一般情况下,主要结构参数如下。

①主梁。

部分斜拉桥主梁可以采用混凝土箱梁、钢桁梁、钢箱梁、波形钢腹板组合梁等多种形式,其中以混凝土箱梁最为常用。

采用混凝土箱梁时,梁高介于梁式桥与斜拉桥之间。当跨径小于150m时,一般采用等高度混凝土箱梁,以便于施工,梁高/跨径之比在1/40~1/30,大约是同跨径梁式桥的1/2。当跨径大于150m或应用于铁路桥梁时,多采用变高度箱梁,以减轻自重、提高材料利用效率、增大结构刚度,公路桥梁支点梁高为$L/35 \sim L/33$(L-跨径)、跨中梁高为$L/60 \sim L/50$。铁路桥梁因活载占比大、刚度要求高,梁高约为公路桥梁的1倍。当跨径超过250m时,为了减轻跨中恒载重量,也可考虑采用钢-混凝土混合梁结构,如日本的木曾川桥(主跨3×275m)和揖斐川桥(主跨4×271.5m),为改善结构受力状态、加快施工进度,在跨中区域采用了钢箱梁大段吊装法施工,是早期采用钢-混凝土混合梁结构的部分斜拉桥。

采用波形钢腹板箱梁可以有效降低主梁自重,改善梁体受力状态。波形钢腹板的部分斜拉桥与同跨径混凝土部分斜拉桥相比,自重及主梁内力可以减小15%~20%,主梁受力更加均匀,近年来在200m左右跨径的部分斜拉桥中得到了一定的应用,如南昌朝阳赣江大桥(主跨5×150m)、山西运宝黄河大桥[主跨2×200m,图2-4-11a)]等。波形钢腹板主梁部分斜拉桥主梁的抗弯、抗剪性能介于波形钢腹板连续刚构桥和斜拉桥之间,主梁作为主要受力构件,承担了70%以上的竖向荷载,而斜拉索可以看作偏心距较大的体外预应力索,起到纵向加劲的作用。

a)中国山西运宝黄河大桥

b)中国重庆东水门大桥

c)克罗地亚佩列沙茨桥

图 2-4-11 几座典型的斜拉桥概貌

当跨径增大时,采用钢箱梁可以进一步降低主梁自重,加快施工进度,增强部分斜拉桥的适用性与竞争力,2021年建成的克罗地亚佩列沙茨桥(Pelješac Bridge)便是一个典型的案例。该桥位于高地震烈度(1/475地震基本加速度为0.34g)和强风(基本风速为33.7m/s)地区,桥下通航净空要求为200m宽、55m高。为应对这一严苛的建设条件,该桥桥跨布置为84.0m+108.0m+108.0m+189.5m+5×285.0m+189.5m+108.0m+108.0m+84.0m(图2-4-11c),中间部分为6塔7跨单索面流线型钢箱梁部分斜拉桥,除塔墩梁结合段采用预应力混凝土外,其余均采用单箱三室正交异性桥面钢箱梁,梁高4.5m,高跨比为1/63.3,全宽22.5m。施工采用悬臂拼装与大节段吊装混合施工方法,有索区节段长度12m,海上部分采用大节段吊装,节段长度为36m、52m和56m。该桥是世界最大连续长度的部分斜拉桥,也是欧洲近年来较大规模的桥梁工程,全桥用钢量为3.47万t,钢箱梁节段在我国国内工厂加工制造,长途海运至桥位架设。

采用钢桁主梁的部分斜拉桥多用于具有双层桥面的公铁两用桥。为满足轨道交通的净空要求,桁高通常较大,因此钢桁梁为受力主体,拉索退化为辅助受力构件,用以改善钢桁梁受力状况,使其内力分布更为均匀,材料利用效率更高。如2014年建成的重庆东水门大桥,主跨445m,上层桥面为双向四车道公路交通,下层为双线城市轨道交通,标准桁高11.74m,主梁为板桁组合结构,桁高与跨径之比为1/37.9;为取得优美挺拔的造型、提高斜拉索的效率,索塔采用了"天梭"造型,两座索塔高度分别为174m、162m,塔高跨径比为1/2.55,突破了常规斜拉桥的塔高跨径比常用范围。由于桁梁承担了大部分荷载,全桥由36根斜拉索组成单索面,拉索与桁梁分担的竖向荷载比例约为3∶7,属于典型的索辅梁体系,如图2-4-11b)所示。

部分斜拉桥的边跨与主跨的跨径比值较常规斜拉桥要大,斜拉桥的边中跨比值一般小于0.5,多在0.4左右,而部分斜拉桥与连续梁相似,为避免端支点出现负反力,边跨与主跨的跨径之比一般会大于0.5,合理的比值在0.6左右。此外,部分斜拉桥梁上无索区较常规斜拉桥要长,而且除了主孔中部和边跨端部的无索区之外,还有较明显的塔旁无索区段。

②索塔。

常见的公路索辅梁桥或部分斜拉桥塔高较小,多在主跨的1/12~1/8之间,塔高与同等跨径的悬索桥相近,大致为常规斜拉桥塔高的1/2左右。铁路部分斜拉桥的塔高与跨径之比为1/8~1/6,比公路部分斜拉桥略大,以提供更大的竖向刚度。由于桥塔矮、刚度大,一般不需要考虑失稳问题。但在一些情况下,为了增大拉索水平夹角、提高斜拉索的竖向荷载分担率、降低主梁的高度、形成优美挺拔的造型,也可增大索塔高度,使塔高与跨径之比达到1/5~1/4,甚至采用更高的索塔。

③拉索。

为使索塔高度得到充分利用,斜拉索大多呈扇形布置、尽量集中通过索塔上部。斜拉索可锚固于索塔上,也可采用索鞍形式通过桥塔。由于部分斜拉桥的塔身矮、刚度大,塔顶的水平位移较小,因此无须设置端锚索,这与常规斜拉桥相比差异明显。另一方面,由于部分斜拉桥主要由主梁来承担荷载,拉索只是起到协助主梁受力的作用,所以其拉索的用量较常规斜拉桥要节省很多。

④结构体系。

部分斜拉桥常见的结构体系主要有三种,即塔梁固结、塔墩分离,塔墩固结、塔梁分离,塔梁墩固结。一般来说,当跨径小于200m时,可以采用塔梁固结、塔墩分离方式,约束方式类似于连续梁或常规斜拉桥的固结体系,但该体系整体刚度较小且需要设置较大墩位支座。当跨径大于200m时,宜采用塔墩固结、塔梁分离或塔梁墩固结体系,以提高结构的整体竖向刚度、增强行车稳定性和安全性。具体可以根据跨径大小、刚度需求来灵活设置,其中以塔梁固结、塔墩分离的固结体系最为常用。

目前,我国已经建成了100多座索辅梁桥,几乎占全世界总量的一半。近年来我国建成的若干座部分斜拉桥主要结构参数见表2-4-9。

近年来我国建成的若干座部分斜拉桥主要结构参数简表　　　　表2-4-9

截面形式	桥名	梁高(m)	主跨跨径(m)	梁高/跨径比	备注
混凝土箱梁	福建台江大桥	等截面2.8	2×110	1/39.3	塔梁固结体系
	沈阳三好桥	等截面2.4	2×100	1/41.7	拱形索塔
	福平铁路乌龙江特大桥*	支点15.5，跨中5.5	288	跨中1/52.4 支点1/19.2	刚构体系
	广佛城际铁路东平水道特大桥*	支点9.6，跨中5.6	176	支点1/18.3 跨中1/31.4	塔梁固结体系
	成昆铁路金沙江大桥*	支点11.3，跨中6.8	208	支点1/18.4 跨中1/30.6	塔梁固结体系
波形钢腹板箱梁	郑州朝阳沟大桥	支点7.0，跨中4.5	188	支点1/26.9 跨中1/41.8	单箱五室截面
	南昌朝阳赣江大桥	等截面4.7	5×150	1/31.9	等高双层结构
	山西运宝黄河大桥	支点7.0，跨中3.0	2×200	支点1/28.6 跨中1/66.7	塔墩梁固结体系
	安徽五河淮河桥	支点7.0，跨中4.5	180	支点1/25.7 跨中1/40	单箱五室截面 塔墩梁固结体系
钢桁梁	上海闵浦大桥	9.0	708	1//78.7	双层公路交通
	京广高铁郑州黄河大桥*	14.0	5×168	1/12	上层6车道公路+下层两线高铁
	重庆东水门大桥*	11.74	445	1/37.87	上层4车道公路+下层双线轻轨
	重庆千厮门大桥*	11.74	320	1/27.25	

注：*为铁路桥或公铁两用桥。

案例 2-4-5

福平铁路乌龙江部分斜拉桥
——大跨径铁路斜拉桥的新尝试

福平铁路是连通福州至平潭岛的客货共线双线铁路，设计活载为中-活载，旅客列车最高设计速度200km/h，线路在福州东侧跨越乌龙江，通航净空为120m×8m，乌龙江大桥是福平铁路的控制工程。在概念设计阶段，满足桥下通航净空要求，同时兼顾景观效果，充分考虑结构刚度、稳定性及动力特性，并结合经济性、安全性、耐久性和技术先进性等因素，比较分析了钢桁梁柔性拱、连续刚构柔性拱、连续刚构部分斜拉桥三种桥式方案。经反复比选，最终选取了144m+288m+144m的连续刚构部分斜拉方案，如图2-4-12所示。该桥采用塔梁墩固结,边墩设置纵向活动支座的结构体系,拉索与预应力混凝土箱梁分担的竖向荷载比例大约为 2∶8。

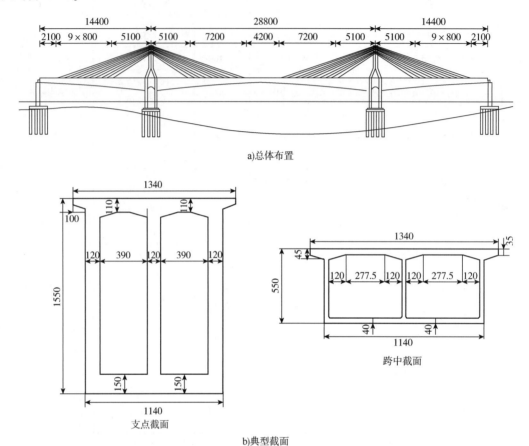

图 2-4-12 福平铁路乌龙江部分斜拉桥总体布置(尺寸单位:cm)

在施工图设计阶段,经过反复比较计算,最终确定的连续刚构部分斜拉桥主要结构参数如下:①主梁采用 C60 混凝土单箱双室截面,中支点梁高、跨中梁高分别为 15.5m、5.5m,分别为主跨的 1/19.2 和 1/52.4,箱梁顶板宽 13.4m,底板宽 11.4m,箱梁两侧腹板为直腹板,以便双索面的斜拉索采用箱外锚固形式;②索塔采用 H 形桥塔,桥面以上塔高 40m,塔高跨径比为 1/7.2,顺桥向×横桥向尺寸为 5.6m×2.8m,塔上部设一道横梁;③斜拉索采用空间双索面体系,一个索塔设置 10 对斜拉索,梁上索距 8.0m,塔上索距 1.0m,索塔锚固装置采用分丝管索鞍,张拉端设置于主梁上,塔旁无索区长 51m,跨中无索区长 42m;④桥墩采用双壁薄壁墩,墩高 21.5m,两墩壁纵向中心距 7.0m,墩壁厚 2.8m。

刚度验算表明:该桥刚度较大,中跨跨中最大静活载挠度 181.2mm(为跨径 1/1589),边跨跨中最大静活载挠度 43.7mm(为跨径 1/3295),梁端最大竖向转角为 1.47‰;在列车摇摆力+横向风力作用下,主梁横向水平位移 24.1mm(为跨径 1/11935);在后期徐变作用下,边跨跨中上拱 13.1mm(挠跨比 1/10992),中跨跨中下挠 27mm(挠跨比 1/10667),能够满足设计规范要求,确保了行车安全性和走行平顺性的要求。此外,经验算该桥的动力性能、抗风抗震性能等均良好状况,结构受力状态比较理想。

应力验算表明:在主力+附加力工况下,主梁最大压应力-17.12MPa,最小压应力-1.09MPa,最大主压应力为-19.4MPa,最大主拉应力为1.89 MPa,最小安全系数为2.28,抗裂安全系数为1.31;斜拉索最大活载应力幅为50.21MPa,最大拉应力815.8MPa,最小安全系数2.28。与同等跨径的连续刚构相比,部分斜拉桥由于斜拉索的体外加劲作用,提高了连续刚构的跨越能力,同时减小了主梁工程数量。从对成桥内力的影响来看,设置斜拉索后,支点处恒载产生的负弯矩减小了21%,活载产生的弯矩减小22%,跨中活载位移由228mm减小为185mm,竖向挠跨比由1/1263变为1/1557,由此可见,斜拉索对连续刚构的竖向刚度有较突出的加强作用。

与同等跨径的连续刚构柔性拱方案相比,部分斜拉桥的刚度显得稍弱;连续刚构柔性拱的跨中最大活载位移为82mm,活载位移较小,但梁端转角为1.94‰,则大于部分斜拉桥。在经济性能方面,连续刚构部分斜拉桥可以做到永临结合,节约施工临时钢材用量约1600t,施工工期亦可缩短6个月,具有一定的综合优势。

从以上的对比分析可见:部分斜拉桥具有良好的受力性能、合理的经济指标、较短的建造工期,较好地顺应了铁路桥梁活载大、刚度要求高的特点,与连续梁拱、连续刚构拱一起,成为大跨径铁路桥梁的主要桥型,在150~300m的跨径范围内具有较强竞争力。

4.4 多跨斜拉桥

(1)发展历程

多跨斜拉桥是指具有两个以上主跨的斜拉桥,在结构外形上,表现为多索塔、多主跨,因此也被称之为多塔斜拉桥。多跨斜拉桥常用于跨越宽广的河口、湖泊、海湾、山谷,当水面较宽,或地形要求需要多个大跨径主跨时,是一种非常经济、合理的桥型,在减小主桥跨径、满足跨越要求的同时,可以大幅度节省造价,极具技术经济竞争优势,因而在近30年得到了迅速的发展。

多跨斜拉桥的起源可以追溯到斜拉桥发展的早期,1962年建成的委内瑞拉马拉开波湖桥(主跨5×235m混凝土多跨斜拉桥)是斜拉桥发展史上一个里程碑。为解决多跨斜拉桥的刚度偏小、温度效应较大等问题,设计者里卡尔多·莫兰迪(Riccardo Morandi)创造性地采用了X形墩柱、A形索塔、5m高的混凝土主梁与一对刚性拉索形成了稳定的稀索体系,以提供较大的竖向刚度;为解决多跨之间受力的相互影响及温度效应,在每跨设置长46m的挂孔,将多跨斜拉桥受力问题解耦,各跨独立受力,基本不存在多跨间刚度匹配问题。但这种处理方式存在结构冗余度不足、强健性偏弱的隐患。此后,莫兰迪采用这种体系又建成了主跨202.50m+207.90m+142.65m的意大利热那亚波尔切维拉高架桥(Polcevera Viaduct)等几座多跨斜拉桥。此后30年间,这种采用高度较大的主梁、相对稀疏的斜拉索体系的多跨斜拉桥在世界各地有一定的应用,如我国澳门新澳氹大桥(主跨2×112m)、台湾光复桥(主跨2×134m),西班牙Colindres大桥(主跨5×105.3m)等,但总的来说,多跨斜拉桥应用并不是很广泛。

20世纪70年代初,随着密索斜拉桥的发展,国际桥梁界开始了多跨斜拉桥密索体系的尝试。在丹麦大带海峡桥、加拿大联邦大桥、印度恒河大桥的方案竞赛中，乌立希·芬斯特沃尔德、弗里茨·莱昂哈特、约格·施莱希、尼尔斯·吉姆辛等人提出了多种密索多跨斜拉桥的设计方案，这些方案虽然跨径相差甚大、构思各异，但在力学性能上却极为相似，即采用刚性索塔、柔性主梁来满足结构体系刚度的要求，并设置多个伸缩缝或挂梁来应对温度效应。20 世纪 80 年代，J.P.Teyssandier、米歇尔·维洛热、约格·施莱希等人结合加拿大联邦大桥、希腊里翁—安蒂里翁大桥等桥的方案设计，进行了多年的概念设计和分析研究，提出了多种不同于莫兰迪(Morandi)体系的多跨斜拉桥方案，包括设置交叉索或稳定索、采用双肢桥墩或在跨中设置可以纵向滑动的刚性铰等各种构造措施，来提高多跨斜拉桥体系刚度、适应温度变形。由于技术成熟度不足这些方案都没有实施，但研究提出的各种提高体系刚度措施，为多跨斜拉桥的发展奠定了理论基础。

1993 年，墨西哥建成了世界上第一座密索体系三塔斜拉桥——Mezcala Bridge，该桥跨径布置为 57m+80m+311.5m+299.5m+84m+68m+39.5m，主梁为钢-混凝土组合梁，索塔为不等高的三塔形式，索塔下肢为板式、上肢为 H 形，为提高结构体系刚度，采用了设置辅助墩、塔墩固结、塔梁分离的半漂浮体系，以便将活载变形和主梁温度变形解耦。1997 年建成的中国香港汀九桥是一座三塔两主跨组合梁斜拉桥，跨径布置为 127m+448m+475m+127m，为增大竖向及纵向刚度，采用三塔不等高的独柱式索塔，通过对中塔加装稳定索来提高索塔的纵向刚度，并辅以加密布置的边跨端锚索等措施来提高全桥的刚度。此后，多跨斜拉桥以其优越的技术经济竞争优势在国内外得到了一定的应用，全世界已建成的多跨斜拉桥多达数十座。在我国，自 2000 年建成第一座三塔斜拉桥——岳阳洞庭湖大桥（跨径布置为 130m+310m+310m+130m）后，多跨斜拉桥受到了桥梁界的青睐，近 20 年间陆续又有夷陵长江大桥、贵州平塘大桥 10 多座多跨斜拉桥先后建成，成为跨越宽阔河口、深沟山谷最具竞争力的桥型。总体来说，这些多跨斜拉桥主梁梁高与跨径之比多在 1/200~1/100 之间，梁上索间距多在 5~8m 之间，桥面以上索塔高度与跨径之比在 1/5~1/4 之间，在外形上与典型的两塔三跨斜拉桥没有明显区别，但在受力特性上存在较大差异。

(2) 受力特点

在力学特性上，多跨斜拉桥具有塔多联长的特点，与典型的双塔三跨斜拉桥存在较大差异，受力行为较为复杂，主要表现在以下两个方面。

①结构体系刚度明显降低。由于多跨斜拉桥结构刚度主要由缆索体系提供，中间索塔失去了锚索的约束，两侧既无辅助墩和过渡墩，两侧拉索所产生的不平衡拉力会使中塔承受巨大的弯矩，产生很大的塔顶水平位移，迫使已经是柔性结构的斜拉桥柔度更大，并使活载影响线范围增大，在非对称车辆荷载作用下主梁的挠度由此急剧增大，中塔与主梁的受力状态明显恶化，导致多跨斜拉桥的主梁挠度、斜拉索的疲劳应力幅和塔底内力比常规斜拉桥要大得多。因此，多跨斜拉桥设计的首要问题就是采用经济的方式来提高结构体系刚度，具体方法包括选择合理的结构体系、选取合适的边中跨比、选择合理的主梁形式、优化结构体系参数、改变拉索体系等，以保证多跨斜拉桥在各种极端活荷载分布的作用下，结构都具有适当的刚度。

②温度效应比较突出。由于主梁连续长度增大后,温度效应的影响会显著增大,对主梁和斜拉索来说,过大的温度变形不仅影响结构的合理性与安全性,也会影响结构的使用性能。对索塔而言,温度效应处理不当将导致边塔塔底内力过大,增大索塔、基础等主要受力构件的设计难度。因此,如何采用合理的结构体系或构造措施来规避温度效应、满足主梁的纵向温度变形能力需求就成为多跨斜拉桥设计的制约因素,需要从结构体系、内部约束方式、主梁特殊构造等方面予以应对。

(3)提高多跨斜拉桥体系刚度的对策

对于如何提高多跨斜拉桥结构体系刚度,分析研究及工程实践表明:提高多跨斜拉桥体系刚度的对策很多,但效果差异很大,一些适用于常规双塔三跨斜拉桥的对策未必适用于多跨斜拉桥,如增大主梁高度和拉索截面面积,对提高多跨斜拉桥刚度的作用非常有限,设置边跨辅助墩能够在一定程度上增大结构体系的刚度,但效果不如在双塔三跨斜拉桥上明显,等等。20世纪90年代开始,在相关工程建设需求的推动下,桥梁界开始了积极实践,在十多种提高多跨斜拉桥体系刚度的对策中,逐步筛选出优化跨径布置、增大索塔刚度、改变缆索体系三种主要的对策。

①优化跨径布置。

优化多跨斜拉桥跨径划分布置是最常见的提高体系刚度的措施,具体包括优化边中跨比值、设置辅助墩、优化索塔高度等多个方面,在设计时可以根据实际情况灵活组合。

一是设置辅助墩对提高结构体系刚度仍然有一定的作用,特别在三塔两主跨斜拉桥中,设置辅助墩后中塔在活载作用下的位移和内力降幅均较大。以湖北夷陵长江大桥为例,设置2个辅助墩后,中跨主梁挠度降为原来的68%,中塔塔顶位移降为原来的73%,边塔塔顶位移降幅为原来的36%,中塔塔根弯矩降为原来的65%,边塔塔根控制弯矩降为原来的42%,效果十分明显。最终,根据分析计算结果,夷陵长江大桥采用了38.08m+38.5m+43.5m+348m+348m+43.5m+38.5m+38.35m八跨一联的跨径组合,通过在边跨设置2个辅助墩,边跨索距由标准索距8.0m减小为5.5m等措施来提升结构刚度。

二是多跨斜拉桥的跨径布置逐次递减,主跨和次主跨可按1∶0.8的比例进行跨径布置,塔高亦由中间塔向边塔递减,中塔塔高可采用边塔高度的1.25倍,采用较矮的边塔对提高体系刚度有所帮助,是一种比较经济合理的处理方式,在桥跨布置时宜优先考虑。已建的多座三塔四跨斜拉桥如香港汀九桥、马鞍山长江大桥右汊主桥等均采用此种处理方式。

三是多跨斜拉桥在不设辅助墩时,边跨中跨比值尽量取普通双塔三跨斜拉桥的下限值,一般来说,边中跨的比例越小,边跨主梁的刚度越大,边跨拉索较短、刚度也相对越大,边跨对索塔的锚固作用也就越大,从而使主跨的刚度增大,并可减小拉索应力幅。通常情况下,双塔三跨斜拉桥边中跨比值见表2-4-5,针对多跨斜拉桥受活载效应影响较大的特点,在满足跨越需求并兼顾桥梁景观的前提下,宜根据主梁材质尽可能取较小的边中跨比。

②增大索塔刚度。

索塔作为锚固拉索并与基础直接相连的压弯构件,控制着塔顶纵向水平位移量值,对减小主梁的挠度、活载内力幅及降低塔身的压弯效应均有重要意义,因而增大索塔刚度则是改善体系刚度最直接的措施。故多跨斜拉桥的索塔,特别是中塔,应考虑采用较大的索塔刚度,以有效减小塔顶水平位移,提高多跨斜拉桥的体系刚度。但另一方面,中塔刚度的增大也会带来基础、墩柱造价的增大。一般情况下,应综合考虑经济性和适用性,从墩柱、塔柱、塔高三个方面入手,形成刚性索塔,以承受更大的不平衡弯矩、增加施工中的安全性,取得增大体系刚度和控制造价的平衡。

刚性索塔在桥面以下可采用分离式双肢柔性墩、在桥面以上采用人字形索塔,两根斜塔柱可以提供足够大的纵桥向抗弯刚度,如法国米约(Millau)高架桥下部结构采用双肢墩,双支点间距15.4m,索塔采用人字形,较好地满足了结构刚度的要求。当需要更大的索塔刚度时,也可以设计成多根斜塔柱组成的空间刚性索塔,如希腊里翁—安蒂里翁(Rion-Antirion)斜拉桥,该桥桥墩顶面为边长40m的正方形,在其上浇筑由四根斜塔柱组成的空间索塔,构成了纵横向刚度极大的刚性塔架,在主梁连续的情况下,各跨之间受力基本独立、相互影响较小,这种处理方式可以看作莫兰迪(Morandi)体系的一种回归和升华(详见第3篇第11章)。又如2019年建成的中国贵州平塘大桥,主桥为249.5m+2×550m+249.5m三塔钢混组合梁斜拉桥,桥梁全长2135m,中塔塔高332m,也采用了增大中塔刚度、优化中塔及边塔外部约束体系的技术路线。值得一提的是,在有些情况下,对于跨径不大的多跨斜拉桥,适当减小中塔高度,形成边高中低的索塔布置方式,在塔身截面不变的情况下也可以起到增大中塔刚度的目的,如英国Mersey Gateway大桥就采用这种索塔布置方式。从多座已建成的多跨斜拉桥来看,增大索塔刚度是提高多跨斜拉桥体系刚度最直接、最有效的措施,具体实现方式可根据实际情况统筹考虑、灵活设计,具有很大的创新发展空间。

③改变缆索体系。

在理论上,通过改变缆索体系、提高多跨斜拉桥体系刚度的对策很多。但在综合力学性能、造价约束、美观要求等多种因素后,在工程实践中,改变缆索体系的措施主要有两种。

一种是设置专门的稳定索,即采用锚固于相邻桥墩的稳定索来增强柔性索塔的刚度,在活载作用下,稳定索相当于常规斜拉桥的边跨锚索,对中塔起到了锚固作用,从而可以有效减小中塔塔顶的水平位移,1997年建成的中国香港汀九桥即采用这种方式,在中塔上设置了纵桥向、横桥向的稳定索,以减小在活载及静风荷载作用下的中塔塔顶位移(该桥详细情况见本书第3篇第7章)。

另一种是在跨中区段设置交叉拉索,当单跨加载时,可以通过交叉拉索将荷载传递给其他索塔共同受力,从而提高斜拉桥体系的整体竖向刚度。这种方案最早由尼尔斯·吉姆辛结合丹麦大贝尔特多跨斜拉桥方案设计提出。研究表明:将斜拉索在桥跨中央区段交叉布置,对提高结构整体刚度有一定帮助,交叉拉索对中塔塔顶水平位移的限制是比较有效的,约束效果与交叉索段长度、拉索的抗拉刚度等因素相关。在参数相同的情况下,交叉拉索对中塔塔顶所提供的水平约束刚度相当于常规斜拉桥边跨锚索刚度的1/3左右。

2017年建成的英国昆斯费里(Queensferry)大桥就采用了交叉拉索布置方式,该桥主桥主跨为2×650m的单索面钢箱组合梁斜拉桥,三座索塔高度均为210m,各自具有较强的横向抗弯能力。为增大竖向刚度、减小不平衡活载产生的索塔弯曲变形、提高中塔的纵向稳定性,斜拉索在两主跨跨中约25%、长160m的范围内采用了交叉布置方式,并在中塔处采用塔梁墩固结的措施,以此作为全桥纵向约束的原点;此外,为增强主梁的抗扭能力,除采用钢箱组合梁以外,还将主桥主梁与引桥结构连续,只在南北两个桥台处设置伸缩缝。昆斯费里大桥也被称之为福斯三桥,在方案设计阶段也曾研究过主跨1000m左右的斜拉桥,出于适用需求及经济性能的多重考虑,最终选取了2×650m的主跨,与1890年建成的福斯铁路桥(主跨521m的悬臂钢桁梁)、1964年建成的福斯公路桥(主跨1006m的钢桁悬索桥)比邻而居、相映生辉(见插页彩图23),反映了时代的风貌、技术的进步以及英国工程界对桥梁合理跨径的认识,值得工程界借鉴学习。

值得一提的是,2021年建成的京港高铁安庆至九江段鳊鱼洲长江铁路大桥搭载4线铁路(两线350km/h高铁和两线200km/h客货共线),主桥采用双塔双索面混合梁斜拉桥,跨径布置为50m+50m+224m+672m+174m+50m+50m+50m,如图2-4-13所示。由于桥址处江面较窄、航运繁忙,出于减少施工阶段对航道影响,该桥放弃了铁路斜拉桥通常采用的钢桁梁截面形式,而是采用刚度相对较小的钢箱主梁,以便于辅助跨钢箱梁的顶推施工及主跨大节段吊装架设,从而缩短工期,减少对长江航运的影响。为弥补钢箱斜拉桥刚度相对较小的不足,采取了在主跨跨中72m的范围内布置交叉拉索、在边跨采用了混凝土箱梁的技术对策。在不过多增加主梁和拉索材料用量的情况下,主梁最大挠跨比为1/687,列车横向与竖向振动加速度分别为0.78m/s^2、1.26m/s^2,脱轨系数0.29,轮重减载率0.54,取得了增大结构刚度、减少振动响应、改善行车性能的良好效果,成为世界第一座采用交叉拉索钢箱混合梁铁路斜拉桥,从另一个角度揭示了交叉拉索对结构体系刚度的增强作用。

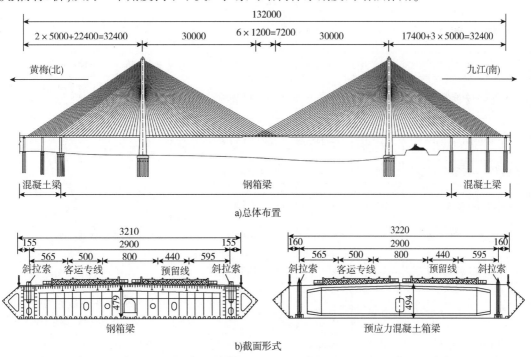

图2-4-13 鳊鱼洲长江铁路大桥概貌及总体布置(尺寸单位:cm)

除了上述三种增大多跨斜拉桥体系刚度的对策之外,在有些情况下,通过设置固定墩、将多跨斜拉桥拆解为两座串联的两塔三跨斜拉桥也是解决刚度问题的有效方式。固定墩能够有效传递水平力和竖向力,提供足够大的刚度,虽然固定墩自身材料用量不小,但从整体来看,增设固定墩这种方式是最传统、最有效的,经济性能也是最好的。如2005年建成的委内瑞拉奥里诺科河二桥(Second Orinoco River Bridge),为公铁两用斜拉桥,主桥长约1200m,设计时根据河床情况,将四塔斜拉桥通过固定墩拆分为两座跨径布置为180m+300m+120m的斜拉桥。其中,固定墩由三角形混凝土框架构成、与上部结构连为一体,两座斜拉桥锚索的斜拉力在此交会传递,有效增大了结构体系的刚度,满足了公铁两用斜拉桥对刚度较为严苛的要求。该桥总体布置如图2-4-14所示。

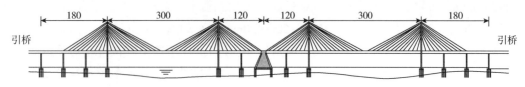

图 2-4-14 委内瑞拉奥里诺科河二桥主桥总体布置示意图(尺寸单位:m)

根据近年来的工程实践,现将提高多跨斜拉桥结构体系刚度的主要措施汇总如表2-4-10所示。

提高多跨斜拉桥结构体系刚度的主要措施(部分) 表2-4-10

桥　名	建成时间(年)	主跨跨径(m)	主　梁	提高刚度主要措施
墨西哥 Mezcala Bridge	1993	311.5+299.5	钢板组合梁	采用高低塔、设置辅助墩、加大边跨拉索截面等
中国香港汀九大桥	1997	448+475	钢板组合梁	采用高低塔、增设辅助稳定索
中国岳阳洞庭湖大桥	2001	2×310	混凝土箱梁	采用高低塔、增大主梁高度、减小边跨索距等
中国夷陵长江大桥	2001	2×348	混凝土箱梁	采用高低塔、增设辅助墩、减小边跨索距等
希腊里翁—安蒂里翁大桥	2004	3×560	钢板组合梁	设置刚性索塔
法国米约大桥	2004	6×342	钢箱梁	采用人字形索塔、增大索塔刚度、增大主梁高度
中国武汉二七大桥	2011	2×616	钢箱组合梁	增大索塔刚度,设置辅助墩
中国浙江嘉绍大桥	2013	5×428	钢箱梁	增大索塔刚度,设置X形托架,跨中设刚性铰
中国湖南赤石大桥	2016	3×380	混凝土箱梁	中塔梁墩固结体系,两边塔采用塔墩固结、塔梁半漂浮体系(设双排支座)
英国昆斯费里大桥	2017	2×650	钢箱组合梁	增设跨中交叉索

续上表

桥　　名	建成时间（年）	主跨跨径（m）	主　梁	提高刚度主要措施
英国默西门户大桥	2017	294+318	混凝土箱梁	采用高度较低的中塔,增大主梁高度
中国贵州平塘大桥	2019	2×550	钢箱组合梁	增大中塔刚度,采用中塔塔梁铰接、边塔竖向支承的结构体系
中国蒙华铁路洞庭湖大桥	2020	2×406	钢箱-钢桁组合结构	采用钢箱-钢桁组合结构,增大主梁刚度,设置中塔稳定索
中国南京长江五桥	2020	2×600	钢-UHPC组合梁	增大中塔刚度,顺桥向采用人字形索塔
中国宁波舟山港主通道主通航孔桥	2021	2×550	钢箱梁	增大索塔高度及刚度,增大主梁高度,约束中塔处主梁纵向位移
中国广东黄茅海跨海大桥	在建	2×720	分体式钢箱梁	在常规拉索体系在外,增设5对辅助索
中国珠海珠机城际金海大桥（公铁合建）	在建	3×340	钢箱梁	两个中间塔塔墩梁固结,两边塔塔梁固结、塔墩分离,形成刚构-连续支承体系
中国马鞍山公铁两用长江大桥	在建	2×1120	钢桁梁	纵桥向采用人字形索塔,增大中塔刚度,增大主梁高度

(4) 削减多跨斜拉桥温度效应的对策

多跨斜拉桥的典型特征是塔多联长,温度效应对塔、梁、索的影响较大,采用何种构造措施来削减温度效应是事关多跨斜拉桥结构安全、合理设计的关键。一般而言,放松体系局部自由度或降低某一方向的刚度可以缓解温度的影响,比如设铰、设挂梁、采用薄壁墩等措施,都可以有效削减多跨斜拉桥的温度效应。早期的莫兰迪(Morandi)体系在跨中设有挂梁是其一个典型的特征,是减缓温度效应影响的重要措施,但在设置挂梁后,带来主梁变形不连续、行车舒适性较差、结构强健性不足等问题,现在已很少采用。目前建成的、主梁长度超过2000m的多跨斜拉桥仅有6座,分别是法国米约高架桥2460m、希腊里翁—安蒂里翁大桥2252m、中国浙江嘉绍大桥2680m、中国贵州平塘大桥2135m、英国默西门户(Mersey Gateway)大桥2250m、克罗地亚佩列沙茨桥2414m,这几座大桥对长主梁温度效应问题的处理具有典型性。此外,前文述及的常泰长江公铁两用大桥虽为典型的两塔三跨斜拉桥,但其主梁连续长度达2440m,所采用的温度自适应塔梁约束体系对于多跨斜拉长桥温度效应的处理方法,也具有方法论层面的指导价值。

多跨斜拉桥的边塔或次边塔距离温度变形中心较远,导致温度效应较大,在与收缩徐变效应叠加后,往往造成边塔内力大,加大了塔柱和基础的设计难度,使得多跨斜拉桥经济指标恶化。如法国米约(Millau)高架桥为七塔八跨单索面连续钢箱梁斜拉桥,最大桥墩高达245m,墩柱采用双肢墩后水平刚度大为降低,通过自身挠曲变形可满足主梁高达30~40cm的纵向变形需求;同时,在塔墩之间设置双排支座,形成半漂浮体系,桥墩及支座布置形式很好地适应了较大的主梁温度变形,有效缓解多塔斜拉桥温度效应。又如珠海珠机城际金海大桥采用刚构-连续体系,两个中塔采用塔梁墩固结形式,两个边塔采用塔梁固结、墩梁分离，梁底纵向设双排支座，既提供了较大的竖向刚度，又有效削减了温度效应。

希腊里翁—安蒂里翁大桥在前期的方案设计中，也考虑过在跨中设挂梁的方案，由于该桥地震响应非常大，挂梁的设置会导致结构冗余度、安全性及适用性严重降低，因而改为全连续结构。为了克服在强震作用下塔顶过大的水平位移和塔根的弯矩，塔柱采用了截面尺寸为 4m×4m 的四柱金字塔形，将上塔柱的弯矩转换为轴力。由于该桥温度效应远小于地震效应，因此能满足地震组合要求的索塔就可以抵抗温度的影响，但这种通过提高索塔自身抗力来直接承受主梁温度内力的处理方式，会增大索塔和基础的规模，用于低烈度地震区时并不合理。

案例 2-4-6

浙江嘉绍大桥
——创新关键构造的多跨斜拉桥

浙江嘉绍大桥是嘉兴至绍兴公路跨越钱塘江口的一座特大型桥梁，东距杭州湾跨海大桥约 50km，西距杭州钱江六桥约 60km。技术标准为公路—Ⅰ级，按双向 8 车道高速公路标准建设，总长为 10.137km。该桥建设条件非常严苛，主要体现在：①桥区水文十分复杂，钱塘江涌潮造成河床冲淤变化剧烈，主槽摆幅达 2.3km；②两岸滩涂发育，低潮位时两岸滩涂较宽，水深不到 2m，大型施工船机设备无法进入施工现场。

面对这一建设条件，多跨斜拉桥无疑是最适宜的方案。经过反复比选，在施工决定设计理念的指引下，该桥最终确定的设计方案为：主航道采用六塔独柱分幅钢箱梁斜拉桥，跨径布置为 70m+200m+5×428m+200m+70m＝2680m，如图 2-4-15a）所示，以顺应摆动不定的主河槽；引桥采用跨径 50～70m 的多跨连续梁，采用栈桥架设，尽可能化水上施工为陆地施工，将恶劣环境下结构的可实施性和经济合理性置于结构设计之上。这样，就带来了两个比较突出的问题：①如何提高多跨斜拉桥的体系刚度？②如何降低多跨斜拉桥的温度效应？

对于如何提高多跨斜拉桥的体系刚度，该桥在设计中主要采取了如下两条对策：①采用独柱型索塔及与其匹配的分体式钢箱梁，适当加大索塔及钢箱梁的尺寸，索塔塔底截面尺寸为 18m×14m，6 座索塔采用等高索塔，上塔柱高 120m，塔高与跨径之比为 1/3.57，大于常见斜拉桥塔高跨径比的 1/5～1/4，主梁单幅梁宽 24m，梁高 4.0m，主梁高跨比为 1/107，接近常规斜拉桥主梁高跨比的下限值；②采用 X 形托架式索塔，在托架上设置了间距 46m 的双排支座，有效缩减了主梁的跨径，约束了主梁和下索塔之间的相对转动自由度，在活载作用下由主梁传递给上塔柱的荷载比例下降，上塔柱的受力由此得到减小，同时主梁的刚度也得到了显著提高。计算表明，设置双排支座后，主梁最大变形从 1.127m 降低到 0.864m，降幅约 24%，总体上提高主梁竖向刚度约 30%，挠跨比为 1/495，满足了规范挠跨比 1/400 的最低要求；中塔塔根纵向弯矩从 $2.17×10^6$kN·m 降低到 $1.96×10^6$kN·m，降幅约为 10%。该桥 X 形托架式索塔如图 2-4-15b）所示。

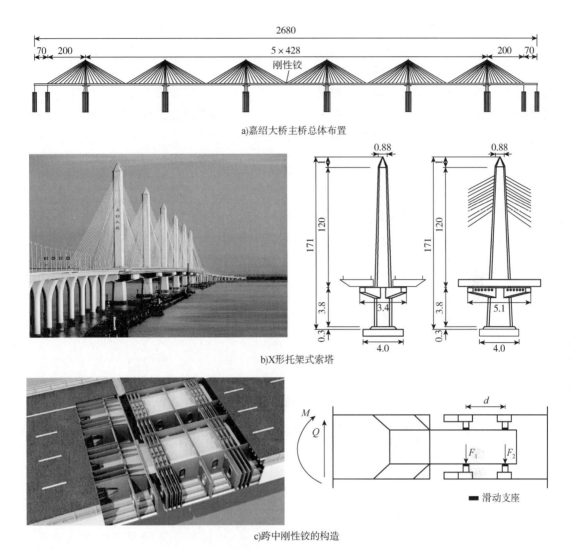

图 2-4-15 浙江嘉绍大桥主桥总体布置与构造(尺寸单位:m)

对于如何降低多跨斜拉桥的温度效应,由于该桥主梁连续长度达 2680m,采用其他对策很难解决长主梁的温度变形问题,故在设计中创造性地采用了刚性铰构造,将解决对策由下部结构转化到上部结构。全桥在两个中塔之间的主梁跨中位置设置伸缩缝,在伸缩缝处钢箱梁内部设置刚性铰构造,刚性铰又被称为抽屉梁或插接梁,是处理长大跨径桥梁温度效应的一种特殊构造,最早应用于日本大鸣门桥,后来世界各国的工程师对其进行了诸多改进。中跨跨中设置刚性铰后,放松了主梁纵向约束,主梁温度变形长度缩减了一半,使得受温度变形影响的索塔内力、梁端变形等大幅度降低,其作用类似跨中设挂梁,但与挂梁不同的是,刚性铰在释放主梁两端的纵向相对位移的同时,可以约束主梁转角和剪切位移,能够承受主梁竖向弯矩剪力、侧向弯矩剪力及扭矩,在满足温度变形需求的同时避免了挂梁的不足,确保了行车的舒适性,跨中刚性铰的构造如图 2-4-15c)所示。计算表明,设置刚性铰后,索塔温度效应(塔身剪力及弯矩)降低了一半左右,索塔名义应力降低了30%以上,主梁的梁端纵向变形从 0.584m 降低到 0.318m。由此可见,设置刚性铰能有效降低索塔附加内力,提高索塔的安全度,减少基础规模。

浙江嘉绍大桥于 2013 年建成,创造性地采用了 X 形托架式索塔、中跨跨中设刚性铰的技术对策,另辟蹊径地解决了多跨斜拉桥的刚度问题、温度效应问题。可以说,浙江嘉绍大桥是对莫兰迪(Morandi)体系的扬弃和推陈出新,是因地制宜解决工程问题的典范,取得了受力性能、工程造价及景观效果的三赢。

案例 2-4-7

英国默西门户(Mersey Gateway)大桥
——优化中塔高度、独具匠心的三塔斜拉桥

英国默西门户(Mersey Gateway)大桥位于 Mersey 河口,水面宽度约 1000m,是一座三塔四跨单索面混凝土斜拉桥,主桥跨径布置为 181m+294m+318m+205m,采用悬臂浇筑法施工,引桥为跨径 60～70m 连续梁,采用移动模架法施工。该桥建成于 2017 年,总体布置如图 2-4-16 所示。

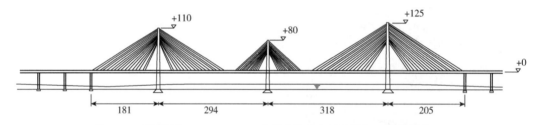

图 2-4-16 默西门户(Mersey Gateway)大桥总体布置(尺寸单位:m;高程单位:m)

为提高多跨斜拉桥结构体系的刚度,该桥采取了不等高的索塔,三座主塔的高度是由其对应跨径以及平衡主梁悬臂施工的需求所决定。其中,两座边塔桥面以上高度分别为 110m、125m,而中塔高度为 80m,下塔柱为八角形截面,与主梁相交处变成矩形;上塔柱截面宽度按照 1:80 的比例随着高度的增大而减小,在索塔顶部减小到 5m。主梁采用了梁高 4.6m 的单箱单室混凝土大挑臂箱梁,高跨比为 1/69,突破了常见混凝土斜拉桥主梁高跨比 1/300～1/100 的范围。该桥拉索采用单索面,在主梁的斜拉索锚固部位设有横向三角钢架,以便将拉索的水平分力流畅地传递到混凝土顶板中,将垂直分力传递到腹板底部。为利用中塔的刚度来控制主梁的弯曲变形,在中塔处采用塔梁墩固结的约束方式,并以此作为全桥的温度中心点,边塔与主梁则采用塔墩固结、塔梁分离的方式。为改善行车性能、增大主梁抗扭能力,将伸缩缝设在引桥的末端,主桥、引桥形成了 2250m 长的连续结构。

该桥打破了混凝土斜拉桥常规设计指标的约束,独具匠心地采用了高低塔及大高度主梁的方案,有效提高了多跨斜拉桥的刚度,降低了造价,方便了施工,实现了结构功能与结构造型的和谐统一。

4.5 不再适用于工程的结构形式

现代斜拉桥 70 年的发展历程在桥梁发展史上并不算长,但所取得的突破和成就却是最大的。在这个过程中,与其他桥型一样,斜拉桥的结构体系或一些构件的布置方式也经历了技术创新—工程创新—技术迭代—退出应用的螺旋式升级的过程,只是随着斜拉桥在全世界工程实践活动规模的增大,技术迭代升级的速度相比于其他桥型更快、更迅速。其中,一部分结构构造或因受力性能不佳,或因耐久性差,或因造价高昂,而被新一代的结构体系或结构构造所取代,退出了工程应用,反映了技术创新、工程创新、工程演化的历史规律。目前,斜拉桥结构体系、结构构造仍在不断演化之中。现将斜拉桥 70 年发展历程中,不再适用于工程、基本退出工程应用的结构体系简要汇总如表 2-4-11 所示。

不再适用于工程的斜拉桥结构体系简表　　　　表 2-4-11

序号	应用时段	结构体系	主 要 优 点	存在的主要局限
1	1952—1970 年	稀索斜拉桥	计算分析简便,设计得当时可以有效发挥主梁的抗弯作用	①弹性支承间距较大、梁高大;②结构冗余度不足
2	1952—1990 年	星形、竖琴式拉索布置方式	便于拉索在塔梁上的锚固,造型比较简洁	①斜拉索利用效率较低;②不利于密索体系的拉索布设
3	1980—2000 年	板拉桥	能够给主梁提供弹性支承,并保护斜拉索	①难以防止混凝土板的开裂;②行车视界受阻、不美观
4	1985—2000 年	斜拉-刚构协作体系	两种结构组合后,便于形成适当的跨越能力	①结合处受力较为复杂;②经济指标不如双塔(高低塔)好
5	1980—1990 年	混凝土斜拉桁架桥	利用预应力混凝土拉杆提供较大的刚度,减小主梁高度	①难以防止混凝土拉杆的开裂;②结点构造复杂

第5章 悬索桥

5.1 概述

1883年,由罗布林父子(John.A.Roebling、Washington.A.Roebling)设计的、主跨486m纽约布鲁克林(Brooklyn)桥建成以来,近代悬索桥进入了快速发展时期。在这一时期,美国成为世界悬索桥发展的领导者,在多个方面取得了突破,形成了美式悬索桥的风格,具体表现在以下几个方面。

①在建桥材料上,平行钢丝索取代了传统的眼杆链式主缆,并发明了主索鞍、散索鞍、散索套、中央扣等铸钢构件,改进了索夹及主缆防护的构造,桥面板普遍采用预制的钢筋混凝土板。

②在结构形式上,索塔多采用铆接或焊接的钢格室构造,加劲梁多采用钢桁梁以提供双层桥面,基础多采用沉箱或沉井基础,锚碇多采用后锚式重力锚。一些悬索桥还根据近远期交通需求,采用分期上下层安装桥面系的对策。

③在施工方法上,创造出空中纺线法(Air Spinning,简称AS法)来编制架设主缆,发明了紧缆机、缠丝机等施工装备,克服了眼杆式悬索桥主缆的架设困难和构造缺陷。

④在设计计算理论上,随着约瑟夫·米兰(Joseph Melan)的"挠度理论"的问世和推广应用,人们逐渐认识到主缆初应力对悬索桥体系刚度的贡献(后来被称之为重力刚度或几何刚度),大跨径悬索桥开始向轻型化发展,加劲梁梁高与跨径之比不断得以减小,经济技术优势得以不断显现。

⑤在工程实践方面,在第二次世界大战战前短短的二十多年间,相继建成了纽约曼哈顿大桥、乔治·华盛顿大桥、奥克兰海湾西桥、旧金山金门大桥等十多座大跨径悬索桥,形成了悬索桥发展历史上的第一个高峰,实现了人类跨越了千米障碍的梦想。与此同时,涌现出以奥斯玛·安曼(Othmar Ammann)、戴维·B.斯坦因曼(David B.Steinman)、约翰·施特劳斯(Joseph B.Strauss)为代表的一批设计大师,在这些大师的帮助和推动下,美式悬索桥的工程创新迅速向全世界扩散。

1940年11月,华盛顿州塔科马桥(Tacoma Narrows Bridge)毁于一场时速69km的中风,该桥气动外形及加劲梁的抗扭能力等方面都存在当时不为人知的严重缺陷,美式悬索桥的发展也由此停滞了10多年。在此期间,悬索桥的抗风性能引起了工程界的广泛关注,桥梁界对风致振动的基本机理及其危害有了一些基本认识,但对如何改进抗风性能的认知水准及探索路径并不一致,在工程实践中一度出现了增大加劲桁梁高度、增加恒载集度的思潮,退回到近代悬索桥完全依赖重力刚度技术路径。如1964年建成的、主跨1298m的纽约韦拉扎诺(Verrazzano-Narrows)桥,采取了增加自重、增大桁架刚度、增强桥面系等措施来提升结构刚度、改善抗风性能;该桥恒载集度达到了538.77kN/m,是江苏镇江五峰山大桥建成以前自重最大的悬索桥(2020年建成的江苏镇江五峰山大桥,在搭载4线高速铁路、8车道高速公路的情况下,恒载集度为819.1kN/m)。

直到1965年,主跨988m英国塞文桥建成,标志着现代悬索桥抗风新途径的诞生。该桥首次采用扁平流线型箱梁,梁高仅为3.05m,高跨比为1/324,与毁于风致振动的塔科马桥非常接近,但具有极大的抗扭刚度与良好的空气动力稳定性。扁平流线型箱梁的问世和推广应用,标志着现代悬索桥发展进入了"翼形截面"新阶段。在英国塞文桥建成之后,因扁平流线型钢箱梁具有的动力性能好、经济效益显著的技术经济优势,在全世界得以迅速推广,形成了悬索桥的英国流派,此后,相继建成了土耳其博斯普鲁斯海峡大桥(主跨1074m,1973年建成)、英国亨伯尔桥(主跨1410m,1981年建成)等著名桥梁。与此同时,随着日本本四联络线建设的启动,一大批公路或公铁两用悬索桥相继建成,如大鸣门桥(主跨876m的公铁两用悬索桥,1985年建成)、南备赞濑户大桥及北备赞濑户大桥(主跨分别为1100m、990m的公铁两用悬索桥,1988年建成),形成了悬索桥发展的第二个高峰。

进入20世纪90年代,日本、丹麦、中国等国家在旺盛的建设需求推动下,建成了中国香港青马大桥、日本明石海峡大桥、丹麦大带海峡东桥、中国江阴长江大桥等多座千米级大跨径悬索桥,其中日本明石海峡大桥以1991m的主跨保持跨径纪录20余年。在这个过程中,日本、丹麦、中国等国家的桥梁界对美式、英式悬索桥的特点进行了改进与融合,逐渐形成了现代悬索桥的以下主要特征。

①在满足抗风要求的情况下,视交通需求采用扁平钢箱梁或钢桁梁作为加劲梁,并发展出诸如分体式钢箱梁、钢桁-钢箱组合梁等新一代加劲梁,改进了加劲梁的纵横向约束方式,结构抗风性能、侧向受力性能得以显著改善。

②在长大跨径悬索桥建设中,对传统的两塔悬索桥体系不断进行改进,发展出串联悬索桥、多塔悬索桥、悬索-斜拉协作体系等新的结构体系,以适应宽阔的海峡或河口地形、公铁两用桥梁对跨越能力或使用性能的要求。

③在中小跨径领域,自锚式悬索桥的技术优势被重新发现,并得以发扬光大,在跨径100~400m的范围内,与斜拉桥、拱桥形成了竞争局面,在全世界建成了近百座造型各异、颇具特色的自锚式悬索桥。

④在悬索桥的设计施工中普遍采用混凝土索塔,以降低钢材用量;采用预制平行钢丝索股工法(Parallel Wire Strands,简称PWS法)编制架设主缆,以缩短施工工期;采用钢桥面板及沥青混合料桥面铺装,以减小恒载集度。

现将比较有代表性的现代悬索桥结构创新成果及其首次工程实践应用的情况,汇总如表2-5-1所示。

现代悬索桥结构创新的主要成果及其首次工程实践应用　　　　　　表2-5-1

序号	时间(年)	成果简述	设计者/设计单位	首次工程实践应用
1	1959	混凝土索塔/连续钢桁加劲梁	尼古拉·埃斯基杨(Nicolas Esquillan)/雅克-拉姆塞·罗宾逊(Jacques-Ramsay Robinson)/马塞尔·于埃(Marcel Huet)	法国坦卡维尔(Tancarville)桥,主跨608m
2	1965	扁平流线型钢箱梁/斜吊杆	吉尔伯特·罗伯茨(Gilbert Roberts)/威廉·布朗(William Brown)	英国塞文桥,主跨988m
3	1973	主缆的PWS架设工法	村上己里	日本关门大桥,主跨712m
4	1985	铁道缓冲梁、插接梁等构造	日本本州四国联络桥公团	日本大鸣门桥,主跨876m
5	1988	主缆AS架设法的低张拉工艺	日本三菱重工等	土耳其博斯普鲁斯海峡第二大桥,主跨1090m
6	1998	三角形空腹构架式重力锚碇	丹麦科威(COWI)公司	丹麦大带海峡东桥,主跨1624m
7	1998	悬索桥主缆除湿装置	日本本州四国联络桥公团	日本明石海峡大桥,主跨1991m
8	1997	流线型钢框架加劲梁	万隆工程师顾问香港有限公司	中国香港青马大桥,主跨1377m
9	2009	分体式钢箱加劲梁	中交公路规划勘察设计研究院有限公司	中国西堠门大桥,主跨1650m
10	2012	三塔两主跨的悬索桥	中铁大桥勘察设计研究院有限公司/江苏省交通规划勘察设计研究院有限公司	中国泰州长江大桥,主跨2×1080m
11	2016	斜拉-悬索协作体系	让-佛朗索瓦·克莱因(Jean-François Klein)/米歇尔·维洛热(Michel Virlogeux)	土耳其博斯普鲁斯海峡第三大桥,主跨1408m

近十多年来,我国在大跨径悬索桥的结构体系、建桥材料等方面取得了诸多重大突破,引领了世界悬索桥发展的潮流,如2009年建成的西堠门大桥首次采用分体式钢箱梁,2012年建成的泰州长江大桥首次采用了三塔两主跨的结构体系,2020年建成的镇江五峰山长江大桥则成为首座应用于高速铁路的千米级悬索桥,等等。

纵观现代悬索桥近几十年的发展历程,可以简单概括为:其起源于美国,突破在英国,革新在日本,崛起于中国。第二次世界大战后的70多年中,全世界建成的各类悬索桥数量多达100多座,其中约有1/4在我国;全世界建成的跨径超过1000m的悬索桥共有40多座,其中超过半数在我国。就工程实践而言,第二次世界大战以后,随着斜拉桥、拱桥技术创新与工程实践的快速发展,悬索桥的应用空间逐步被限制在超大跨径桥梁中。目前,在跨径400~800m的情况下,与斜拉桥、拱桥相比,悬索桥经济技术指标已不再占据明显优势;当跨径超过800m之后,斜拉桥也是悬索桥强有力的竞争桥型,二者在经济技术上各具优势,需要结合具体情况分析比较。但毋庸置疑,悬索桥仍是跨越能力最大、建造技术最成熟的桥型,跨径越大,悬索桥的优势越明显,制约悬索桥跨径发展的主要因素是其抗风性能。可以预见,随着人类跨越海峡、河口、山谷需求的增大,悬索桥在大跨径桥梁建设中仍然担任重要角色,其主要优势体现在以下四个方面。

①在悬索桥中,加劲梁虽然材料用量较大、在全桥材料用量的占比较高,但加劲梁仅是传力构件,只承受局部弯曲,其截面不需要随着跨径增大而改变。

②悬索桥的主缆仅承受拉力,相对于受弯、受压构件,材料利用率最高,跨越能力由此得以增强。

③悬索桥构造简单,主缆、锚碇、索塔这三个主要承重构件,可以根据跨径需要,比较容易扩充其承载能力。

④悬索桥施工架设技术成熟,施工方便,风险较小,临时材料用量少。

5.2 常规悬索桥

从静力特性来说,常规悬索桥的传力路径为:车辆荷载→加劲梁→吊索→主缆→索塔→桥墩及锚碇→地基。主缆是悬索桥最主要的承重构件,在恒载作用下具有很大的初始张拉力,提供后续结构的几何刚度,通过自身的弹性变形、几何形状改变影响体系平衡,表现出大位移非线性的力学特征。加劲梁是保障车辆行驶的传力构件,在一期恒载作用下仅承受节间自重弯矩,在二期恒载及活载作用下加劲梁整体受弯,但由于主缆强大的重力刚度,大部分荷载都分配给了主缆承担。正是由于主缆的重力刚度,且重力刚度随着跨径的增大而增大,主缆分担的荷载比例也随之增大,这是悬索桥区别于其他桥型最主要的特征,也是悬索桥加劲梁尺寸不受跨径影响的根本原因。

从动力特性来说,随着悬索桥跨径的增大,结构柔性显著增大,结构非线性行为显著,动力行为尤其是风致振动问题变得日益突出,成为悬索桥设计、施工、运营的主要控制因素。总体来说,悬索桥抗风性能要比斜拉桥复杂一些、困难一些,跨径增大后,主缆、吊索对加劲梁横向变形的约束能力显著下降,悬索桥横向刚度的不足不仅会在静风作用下产生过大的横向变形,也会导致悬索桥动力特性、抗风性能的劣化,颤振临界风速的降低。此外,气动外形的变化、阻尼比的降低也容易引发加劲梁的涡激振动。

总体来说,悬索桥的静动力性能主要取决于其竖向、横向刚度,从保证行车的平顺舒适性及安全性的角度出发,兼顾支座、伸缩缝的工作性能与安装要求,一些规范规程对悬索桥的刚度提出了相应的要求,但限值差异较大,仍需不断完善优化。大跨径悬索桥设计的核心任务在于采用科学合理的结构体系及约束方式,以取得合理的结构刚度,保障行车的安全性及舒适性,并削减风致振动响应。就大跨径公路悬索桥的工程实践而言,竖向挠跨比一般在 1/560~1/249,横向挠跨比一般在 1/335~1/143(但明石海峡大桥仅为 1/74),梁端转角一般在 $(1.8~2.5)\times10^{-2}$rad,存在比较大的差异,这既体现了刚度是控制大跨径悬索桥设计的主要因素,也反映出国际工程界对如何表征大跨径悬索桥的刚度尚未达成共识。现将国内外若干座跨径大于 1000m 的公路悬索桥的竖向、横向挠跨比罗列如表 2-5-2 所示,从中可以粗略地看出刚度指标对大跨径悬索桥发展的制约。另一方面,对于铁路悬索桥或公铁两用悬索桥,由于其对梁端转角控制的要求极高,工程实践时间相对较短、案例较少,列车荷载集度及运行速度差异较大,在结构刚度方面的应对措施呈现出明显的个性化特点,评价指标体系正在形成过程之中(主要技术特点可参见第3篇相关案例)。

国内外若干座跨径大于1000m的公路悬索桥的竖向、横向挠跨比 表2-5-2

桥 名	主跨跨径(m)	加劲梁形式	竖向挠跨比	横向挠跨比
土耳其1915恰纳卡莱大桥	2023	钢箱梁	1/325	1/335
日本明石大桥	1991	钢桁梁	1/249	1/74
中国武汉杨泗港大桥	1700	钢桁梁	1/452	1/335
中国浙江西堠门大桥	1650	钢箱梁	1/569	—
丹麦大带海峡大桥	1624	钢箱梁	1/464	—
中国湖南洞庭湖大桥	1480	钢桁梁	1/592	—
中国江苏江阴长江大桥	1385	钢箱梁	1/500	1/421
美国金门大桥	1280	钢桁梁	1/390	1/152
中国湖南矮寨大桥	1176	钢桁梁	1/560	1/205
中国贵州坝陵河大桥	1088	钢桁梁	1/872	1/292
土耳其博斯普鲁斯海峡大桥	1074	钢桁梁	—	1/176
英国福斯公路桥	1006	钢桁梁	1/244	1/143

由于悬索桥结构形式多样,工程案例个性化突出,为便于把握悬索桥的力学行为,以下以典型的两塔三跨地锚式大跨径悬索桥为例,根据悬索桥的组成及体系参数,简要分析悬索桥的力学特性。

(1)主缆

主缆是悬索桥最主要的受力构件。一般情况下,一期恒载全部由主缆承担,在二期恒载及活荷载作用下,主缆分担的比例往往在80%上下,且跨径越大,分担比例越高。由于悬索桥加劲梁的恒载集度通常是活载集度5~8倍(表2-5-3),因而恒载所产生的主缆内力往往起控制作用,占比通常在80%~90%,跨径越大、占比越高。因此,主缆的成桥状态基本上决定了悬索桥的受力行为,活载对主缆的内力、线形的影响较小。同时,悬索桥属柔性结构,是依靠主缆初应力刚度来抵抗变形的二阶结构,加劲梁的挠度从属于主缆,主缆的刚度基本上决定了结构体系的刚度。

国内外若干座公路悬索桥的活载恒载比值 表2-5-3

桥 名	主跨跨径(m)	建成时间(年)	活载集度(kN/m)	加劲梁恒载集度(kN/m)	活恒载比
日本关门桥	712	1973	24.60	190.4	0.129
英国塞文桥	988	1965	23.36	122.6	0.190
英国福斯桥	1006	1964	23.36	153.3	0.152
美国乔治·华盛顿桥*	1067	1931/1962	117.0	569.0	0.206
土耳其斯普鲁斯海峡大桥	1074	1973	19.47	142.6	0.136
土耳其博斯普鲁斯海峡第二大桥	1090	1988	57.40	219.1	0.262

续上表

桥　　　名	主跨跨径(m)	建成时间(年)	活载集度(kN/m)	加劲梁恒载集度(kN/m)	活恒载比
中国云南龙江大桥	1196	2016	20.69	193.34	0.107
美国金门大桥	1280	1937	58.40	310.8	0.188
美国韦拉扎诺桥	1298	1964	70.05	538.77	0.130
英国亨伯桥	1410	1981	35.06	139.2	0.252
中国杭瑞洞庭湖大桥	1480	2018	19.71	182.46	0.108
中国广州南沙大桥坭洲水道桥	1688	2019	16.50	179.24	0.092
日本明石海峡大桥	1991	1998	32.50	420.13	0.008

注：*所列美国乔治·华盛顿桥数据为1962年安装下层桥面后的情况。

影响主缆刚度的主要因素是垂跨比，垂跨比越大，悬索桥竖向刚度越小，减小垂跨比可以提高结构竖向刚度，但也会增大主缆及索塔的受力，从而导致悬索桥整体造价的增加，需要考虑多方面因素综合确定。已建成的悬索桥垂跨比多在1/11~1/9之间，其中以1/10最为常用。主缆用钢量与加劲梁用钢量比值一般在1:2~1:1之间，主缆的用钢量仅次于加劲梁，视加劲梁的长度、截面构造有一定差异。目前，悬索桥的主缆普遍采强度1860MPa以上高强钢丝制作，多采用双主缆布置方式；在编制架设方法上，欧美国家偏爱采用AS法进行架设，日本及我国多采用PWS法进行架设，两种方法工艺都比较成熟，在工期、质量控制、起吊牵引设备方面各有优势。

(2)加劲梁

加劲梁的主要作用是传递荷载、产生恒载集度和提供足够的抗扭刚度，其用钢量常常占到悬索桥总用钢量的1/2~2/3。加劲梁虽然仅仅是传力构件，但却是影响大跨径悬索桥经济指标最明显的构件。抗风性能是悬索桥设计运营的关键，也是加劲梁截面选型及参数优化的首要控制因素，交通布置需求、制造加工运输等因素也不同程度影响加劲梁的截面选型。在初步确定截面形式之后，须利用风洞试验测定各种参数、优化气动外形、完善导流板或扰流板的构造，以提高加劲梁的颤振临界风速，避免涡激振动的发生。加劲梁自身主要参数包括宽跨比、高跨比、高宽比等，这些参数对悬索桥横向刚度和抗扭刚度影响较大，进而影响悬索桥的抗风性能，但对悬索桥的竖向刚度几乎没有影响。此外，加劲梁在纵桥向的布置方式、在索塔处的支承方式、在跨中与主缆的连接方式等因素对其静动力受力行为也会有一定影响。

①加劲梁截面形式。

加劲梁主要形式有钢箱梁、钢桁梁两种。目前，在公路悬索桥中，钢箱梁占据主流，梁高一般在3.0~4.5m之间，高跨比大致在1/400~1/300，梁高与跨径关联程度较弱，但适度增大梁高可以提高抗扭刚度，有利于增强悬索桥的抗风性能。桥面一般采用正交异性板和沥青混合料铺装，以减小二期恒载集度。但正交异性板的疲劳、桥面铺装层的耐久性等问题比较突出，一直没有得到系统、彻底解决。在铁路或公铁两用悬索桥中，由于悬索桥刚度小、变形及梁端转角较大，为保障列车安全平稳运行，钢桁梁占据主导地位(只有采用斜拉-悬索体系的土耳其博斯普鲁斯海峡第三大桥等几座桥采用钢箱梁),桁高一般在8.0~14.0m之间,高跨比一般在1/200~1/100,多采用正交异性板桥面或钢-混凝土组合桥面板,以最大限度地减轻二期恒载。此外,在山区悬索桥中也常常采用钢桁加劲梁,以便于发挥钢桁加劲梁化整为零、构件小型化制造运输和工地拼装的优势。在有些情况下,设计者会将钢箱梁与钢桁梁的优势结合起来,以进一步改善加劲梁的抗风性能,如中国香港青马大桥就采用了独创的流线型钢框架加劲梁。当悬索桥跨径较小时,为增大悬索桥的重力刚度、减小活载作用下的变形,也可采用自重较大的混凝土箱梁、混凝土板梁或钢箱组合梁作为加劲梁,如主跨452m的中国汕头海湾大桥就采用了混凝土箱梁作为加劲梁、主跨300m的法国沙瓦农(Chavanon)桥采用了钢箱组合加劲梁,等等。现将世纪之交,国内外建成的若干座大跨径悬索桥主缆、加劲梁的材料用量罗列见表2-5-4,从中可以看出主缆用钢量、加劲梁材料用量与交通活载的大致关系。

国内外建成的若干座大跨径悬索桥的主缆、加劲梁材料用量及交通荷载情况简表 表2-5-4

桥名	建成时间(年)	跨径布置(m)	加劲梁形式	主缆用钢量(t)	加劲梁用钢量(t)	折合每延米加劲梁用钢量(t/m)	交通荷载
中国西陵长江大桥	1996	255+900+255	钢箱梁	4000	8000	8.66	4车道公路
中国虎门大桥	1997	320+888+348.5	钢箱梁	7611	11538	12.99	6车道公路
瑞典高海岸桥	1997	317.5+1210+287.5	钢箱梁	8000	15000	11.67	4车道公路
日本明石海峡大桥	1998	960+1991+960	钢桁梁	50500	74400	19.02	6车道公路
丹麦大带海峡桥	1998	535+1624+535	钢箱梁	20000	29700	11.03	4车道公路
中国香港青马大桥	1997	355+1377+300	钢框架	24700	50000	27.80	6车道公路+双向轻轨
中国江阴长江大桥	1999	369+1385+309	钢箱梁	16800	18000	12.70	6车道公路
日本来岛二桥	1999	250+1020+245	钢箱梁	6847	20866	16.42	4车道公路
日本来岛三桥	1999	260+1030+280	钢箱梁	6754	16871	16.37	4车道公路
中国宜昌长江大桥	2001	246+960+246	钢箱梁	6670	10390	10.82	4车道公路
中国润扬长江大桥	2005	470+1490+470	钢箱梁	21000	21000	14.09	6车道公路
土耳其博斯普鲁斯海峡第三大桥	2016	378+1408+378	钢箱梁	12822+8816	45500	33.45	双线铁路,8车道公路
中国江苏镇江五峰山大桥	2020	84+84+1092+84+84	钢桁梁	72000	33000	50.42	4线高铁,8车道高速公路

注:1.表中主要数据来自《面向创新的中国现代桥梁》《悬索桥手册》及《现代悬索桥》。
　　2.土耳其博斯普鲁斯海峡第三大桥为斜拉-悬索协作体系,缆索材料用量为12822t(主缆)+8816t(斜拉索)。

另一方面,加劲梁属于长细柔性构件,在风载、地震作用下主缆对其横向变形的约束能力较弱,加劲梁的宽度与跨径之比、高度与宽度之比,需要综合交通需求、抗风性能及经济指标等方面的因素来统筹考虑,工程界往往借助于已有工程经验和交通需求来选择桥宽及截面形式,再通过抗风设计及风洞试验予以检验验证。目前,绝大多数已建成的悬索桥加劲梁的宽跨比处于1/60~1/40之间,钢箱加劲梁的高度与宽度之比处于1/11~1/7之间,钢桁加劲梁的高度与宽度之比处于 1/4~1/2 之间，如表 2-5-5 所示。需要特别指出的是，当采用箱形加劲梁时，为减小风阻，一般倾向于采用梁高较小的流线型截面，但梁高太小会导致加劲梁抗扭刚度削弱过多，容易诱发涡激振动和抖振，因此，扁平流线型钢箱梁还应保持一定的梁高与宽度之比。20 世纪 90 年代，意大利墨西拿海峡大桥分体式钢箱梁设计方案就是在这样背景下综合考虑多因素诞生的；该方案主跨跨径为 3300m，钢箱加劲梁宽度为 60.4m，宽跨比为 1/54.6，虽然墨西拿海峡大桥的设计方案并未实施，但对后续建设的一些悬索桥和斜拉桥如中国西堠门大桥、中国香港昂船洲大桥的设计建造产生了深远的影响。

国内外若干座悬索桥加劲梁的宽跨比与高宽比　　　　表 2-5-5

截面形式	桥　　名	建成时间（年）	主跨跨径（m）	梁高(m)	梁宽(m)	宽跨比	高宽比
钢桁梁	日本明石海峡大桥	1998	1991	14.0	35.5	1/56.1	1/2.54
	日本南备赞濑户大桥	1988	1100	13.0	30.0	1/36.7	1/2.31
	美国维拉扎诺大桥	1964	1298	7.35	30.6	1/42.4	1/4.17
	美国金门大桥	1937	1280	7.62	27.4	1/42.7	1/3.59
	英国福斯公路桥	1964	1006	8.37	23.8	1/42.3	1/2.84
	中国湖北四渡河大桥	2009	900	6.50	26.0	1/34.6	1/4.0
	中国贵州坝陵河大桥	2009	1088	10.0	28.0	1/38.9	1/2.8
	中国湖南矮寨大桥	2010	1176	7.5	27.0	1/43.6	1/3.6
	中国武汉杨泗港大桥	2019	1700	10.0	28.0	1/60.7	1/2.8
钢箱梁	中国西陵长江大桥	1996	900	3.0	20.6	1/43.7	1/6.9
	中国虎门大桥	1997	888	3.0	35.6	1/24.9	1/11.9
	瑞典高海岸桥	1997	1210	4.0	22.0	1/55.0	1/5.5
	中国香港青马大桥	1997	1377	7.7	41.0	1/33.6	1/5.3
	丹麦大带海峡桥	1998	1624	4.0	31.0	1/52.4	1/7.8
	中国江阴长江大桥	1999	1385	3.0	33.1	1/41.8	1/11.0
	日本来岛二桥	1999	1020	4.3	30.0	1/34.0	1/7.0
	日本来岛三桥	1999	1030	4.3	30.0	1/34.0	1/7.0
	中国宜昌长江大桥	2001	960	3.0	24.4	1/39.3	1/8.1
	中国润扬长江大桥	2005	1490	3.0	35.8	1/41.6	1/11.9
	中国浙江西堠门大桥	2009	1650	3.5	35.0	1/47.1	1/10
	中国四川南溪长江大桥	2012	820	3.0	29.8	1/27.5	1/9.93
	中国云南龙江大桥	2016	1196	3.0	33.5	1/35.7	1/11.2
	中国广州南沙大桥坭洲水道桥	2019	1688	4.0	49.7	1/34.0	1/12.43

②加劲梁纵桥向布置方式。

在纵桥向，加劲梁的布置方式主要有三种，即单跨简支、三跨简支和三跨连续体系

(图2-5-1),一些特殊情况下也会采用两跨连续的体系。其中,单跨简支和三跨简支具有相似的力学特性,主要表现为在二期恒载及活载作用下加劲梁受力图式简单、弯矩包络图均匀、吊索受力均衡、温度荷载效应容易应对处置等优点,是大跨径公路悬索桥最常用的加劲梁纵向布置方式,在加劲梁长度较大的情况下优势明显,但简支体系存在支点处转角大、在侧向静风荷载作用下跨中横向变形大等不足,并不适用于铁路或公铁两用悬索桥。三跨连续体系的竖向、横向刚度相对较大,变形平顺,但由于支承刚度的突变,会在索塔支座处会产生很大的负弯矩峰值,造成局部截面的高应力,这对加劲梁的设计与制造提出了较高的要求。对于铁路或公铁两用悬索桥,为减小加劲梁的变形及梁端转角,满足轨道交通运营的严苛要求,加劲梁常采用三跨连续体系,有些时候,还会采取将加劲梁外伸,设置短边跨,形成五跨连续的加劲梁结构,如江苏镇江五峰山长江大桥加劲梁跨径布置就采用 84m+84m+1092m+84m+84m 的五跨连续结构(关于该桥详细情况可参见第3篇第21章)。此外,三跨连续体系在温度荷载或不对称活载作用下,边跨端部会产生较大的纵向位移,会使边跨短吊索发生较大的转角,对短吊索的疲劳行为及耐久性产生比较明显的不利影响。对此,工程界不断探索、又发展出无竖向支承的结构体系,即在塔梁之间设置竖向弹性约束,如丹麦大带海峡桥取消了下塔柱之间的传统横梁,以弹性吊索取代了加劲梁的竖向支座,以削减加劲梁的负弯矩峰值;又如南京长江四桥在塔梁之间设置弹性支承,既减小加劲梁的负弯矩,又改善相邻长吊索的受力行为,等等。

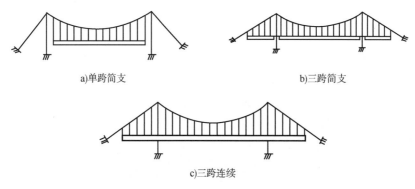

a)单跨简支　　　b)三跨简支

c)三跨连续

图 2-5-1　加劲梁的主要纵向布置方式

③加劲梁边中跨比。

影响加劲梁材料用量及结构整体刚度的另一个因素是边中跨比。通常,合理的边中跨比在 0.2~0.4 之间,以兼顾主缆、索塔受力及锚碇布置的不同需求。采用较小边跨是提高悬索桥结构整体刚度最经济、最有效的方法,据统计,全世界已建成的100多座大跨径悬索桥,绝大部分悬索桥的边中跨比都在 0.20~0.32 之间。随着边中跨比的增大,塔底截面的弯矩快速增大,体系刚度明显降低,主缆及加劲梁的用钢量显著增大,悬索桥受力状态趋于不利。但有些时候,受地形、地质及锚碇位置的制约,也有一些悬索桥不得不采用较长的边跨,边中跨比超过了0.4,此时,需要进行专门研究或采取一些辅助措施,如美国纽约布鲁克林桥的边中跨比达到了0.59,就在边跨布置了斜拉索,以及支撑在主缆与加劲梁之间的短柱来给加劲梁提供辅助支承,以克服超长边跨所产生的不利变形。

④加劲梁约束方式。

在温度、风荷载及活荷载作用下,加劲梁会产生较大的纵向位移。过大的纵向位移会影响悬索桥的运营安全性与耐久性,给伸缩缝、短吊杆等局部构件的设计与运营带来较大的挑战,需要在塔梁之间采取适当措施来约束这种纵向变形。通常的做法是在索塔处安装速度型阻尼器或弹性限位装置,允许缓慢变形如温度变形的发生,但对活载、风荷载产生的纵向位移提供有效约束,以减少伸缩缝的规模、提高伸缩缝的使用寿命,改善边跨短吊索的受力状态。对于铁路悬索桥而言,梁端纵向位移、转角是控制其设计和运营的关键指标,需要专门研究与处理,目前比较成熟的措施包括设置铁道缓冲梁、插接梁等特殊构造。此外,在主跨跨中设置半刚性中央扣,加强主缆对加劲梁约束能力,也可一定程度地提高悬索桥体系刚度,减小加劲梁的竖向挠度和纵向位移,跨径越小,效果越显著,同时也有利于悬索桥抗风抗震。

在横桥向,加劲梁和主缆要承受风载、地震等作用。对于这些侧向力,主缆显然不能像在竖向荷载作用下提供有效的多点支承。因此,在横向荷载作用下,加劲梁会产生较大的横向弯矩、位移和扭转角。研究表明,增大加劲梁横向刚度的主要措施包括增大宽跨比、形成多跨连续体系以及在索塔处设置横向支承等,都可以一定程度改善加劲梁的横向受力状况。其中,在索塔处设置横向抗风支座或抗扭支座、限制加劲梁的横向变形,从而提高悬索桥抗风稳定性是目前比较常用、有效的措施。

(3) 索塔

悬索桥索塔为压弯构件,自桥面以上高度一般为跨径的 1/10 左右。相对于斜拉桥的索塔而言,悬索桥的索塔高度较小、构造简单、形式变化较少。在 20 世纪 60 年代以前,悬索桥索塔均采用钢结构,截面也多采用十字形或 T 形截面的多格室形式,以便于拼装施工和调整截面大小,钢材的材料性能并未得到充分发挥,经济指标也不佳。在 1959 年法国坦卡维尔(Tancarville)桥建成之后,混凝土滑模、爬模浇筑技术迅速发展成熟,施工进度显著加快,混凝土索塔的经济技术优势得以显现,逐渐取代了钢索塔,成为悬索桥索塔的主流。混凝土索塔多采用单室或双室空心截面,在立面上布置成具有多层横梁的刚构形式。为提高索塔特别是裸塔的抗风性能,常常对空心截面的四边加以变化、四角加以修饰,常见的有 D 字形截面或削角的矩形截面,以抑制涡激振动的发生。但在日本等国家,从满足悬索桥抗震性能等国情出发,在 20 世纪 80 年代后期修建的多座大跨径悬索桥中,仍采用钢索塔,同时对近代悬索桥的索塔截面形式、连接方式进行了一些改进,如普遍采用大格室截面,在两根塔柱之间设置若干组相互交叉的斜杆,形成桁架式钢索塔。

悬索桥索塔在承受以恒载为主的主缆竖向分力的同时,还要承受纵向弯矩和横向弯矩。在纵桥向,在恒载作用下主缆水平分力可以通过预设鞍座预偏量、顶推鞍座等方式予以调整,使主缆水平分力在索塔两侧基本平衡,不会对索塔产生大的弯矩;在活载作用下索塔两侧主缆会产生不平衡拉力,塔顶会产生纵向水平位移。当位移量达到一定值时,索塔两侧的主缆水平力会达到新的平衡。由于索塔水平抗推刚度相对较小,塔顶水平位移主要由中、边跨主缆平衡条件决定,塔内弯矩大小取决于索塔的抗弯刚度。一般情况下,增大索塔纵向尺寸反而会增加塔底截面应力,因此,为了降低塔底弯矩,多采用柔性索塔的方案。在横桥向,索塔承受风荷载、地震等作用,与平面内受力不同,索塔失去了主缆的约束作用,索塔的横向受力常常会比纵向受力显得薄弱,可能发生面外失稳,一般的应对措施是加强两根塔柱的横向联系,形成刚架结构或桁架结构。

(4) 锚碇

锚碇是地锚式悬索桥锚固主缆必不可少的重要结构物,一般可分为重力式锚碇、岩锚两大类。岩锚又可以分为岩洞锚与岩孔锚两种,岩洞锚是将主缆索股集中在一个岩洞内锚固,岩孔锚是将主缆先分散在各个岩孔内,最后再进入锚固室,具体可根据地质情况选用。在大多数情况下,由于没有坚固的山体岩壁可利用,因而常常采用重力式锚碇。无论是重力式锚碇还是岩锚,主缆在进入锚室或岩洞之前必须经过散索鞍或散索套将原来捆紧的主缆散开,以一股一股的索股为单元,逐股分开锚固。在悬索桥发展的早期,美式悬索桥占据主流,锚碇多采用后锚式重力锚,它是将用 AS 法编制的索股采用套接的方式与索靴相连,将索靴用眼杆锚固在混凝土后锚梁上,并通过垫片来调整索股的长度与松紧,形成了比较成熟稳定的工艺,第二次世界大战之前建成的华盛顿大桥、金门大桥等均采用这种锚固方式,如图 2-5-2a) 所示。

自英国塞文桥开始,针对近代悬索桥采用的索靴-眼杆锚固系统施工工艺复杂、调节不够方便、经济性能较差等缺点,工程界将传统的后锚式改为前锚式,即设置前梁、固定梁、拉杆、锚梁等组成的传力构架,采用预应力高强螺杆来代替眼杆,将各索股的拉力传递到混凝土锚块中,并依靠千斤顶及螺母来调整索股的长度与松紧,如图 2-5-2b) 所示。前锚式重力锚可以看作是一种特殊的预应力锚固方式,相对于后锚式而言,构造比较简单可靠、调整比较灵活、维护比较方便,与现代悬索桥主缆架设的预制平行钢丝索股工法(即 PWS 法)匹配性较好,因而得到了普遍的应用,并结合具体桥梁特点、锚碇构造,进行了诸多因地制宜的改进。同时,前锚式也普遍应用于岩洞锚、岩孔锚中,成为现代悬索桥锚碇的构造范式。

20 世纪 90 年代,在丹麦大带海峡东桥的建设中,丹麦科威(COWI)公司首次提出了三角形空腹构架式重力锚,在锚碇构造、传力途径、施工方法等方面均有突破创新。该锚碇是在长 121.5m×宽 54.5m×厚 12m 的扩大基础上布设两个平行的三角形空腹式构架,三角形构架由厚 10m 的底板、前支腿与后支腿等组成,平面中心线与主缆中心线吻合。其中,前支腿宽约 10m,用于支承散索鞍;后支腿宽约 10m、斜长约 100m,上部 70m 范围内为散索室,下部 30m 范围为索股的锚块,前后支腿与底板固结,顶部设有横系梁,如图 2-5-2c) 所示。整个三角形构架在船坞浇筑预制,然后拖运至桥址安放就位。为增强锚碇抗滑移能力,采取了以下对策:一是采用碎石压浆混凝土来加固地基,形成锯齿状的复合地基;二是在锚碇后支腿上布设引桥桥墩,以借助于引桥的重量来增大锚碇的抗力。丹麦大带海峡东桥首创的三角形构架式锚碇,具有受力合理、施工简便、节省材料、造型简洁等诸多优势,对后来许多悬索桥的设计施工产生了深远的影响,如我国厦门海沧大桥、大连星海湾跨海大桥、广州南沙大桥、深中通道伶仃洋大桥等多座悬索桥也采用了三角形构架式锚碇。

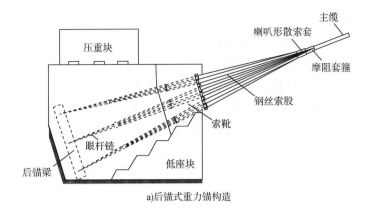

a) 后锚式重力锚构造

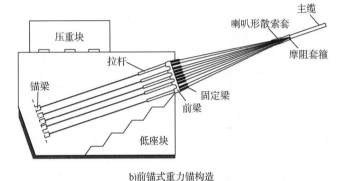

b) 前锚式重力锚构造

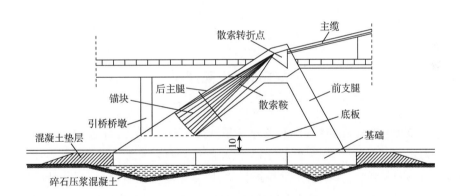

c) 丹麦大带海峡东桥三角形构架式重力锚构造

图 2-5-2 几种典型锚碇构造示意图（尺寸单位：m）

此外，悬索桥的锚碇多采用地下连续墙基础。地下连续墙是一种特殊的桥梁基础形式，具有挡土、防水、支护等多种功能，最初由意大利在 20 世纪 50 年代开发，早期作为水利水电工程的临时结构，20 世纪 50—60 年代在意大利、法国、日本等国家得到了迅速发展，扩散到建筑结构地下室、地铁工程的外墙结构。20 世纪 70 年代，日本在原有地下连续墙的基础上，采用墙用接头的形式在平面上连接成一个封闭的矩形、八角形或圆形结构，作为一种特殊的桥梁基础，并成功应用于东北新干线、阪神高速公路、东京湾跨海大桥、明石海峡大桥等几十座桥梁，引领示范了全世界地下连续墙基础的工程应用。在悬索桥的锚碇基础中，由于地下连续墙具有刚度大、埋深大、造价低、施工便捷、施工风险小、施工精度高、对地层适应性强等优点,应用非常广泛。目前,大约有60%以上的锚碇基础采用地下连续墙结构,且地下连续墙的尺寸规模、结构形式、入土深度、施工方法等一直在不断发展之中。以2005年我国建成的润扬长江公路大桥为例,该桥北锚碇基础采用矩形地下连续墙基础,基坑尺寸(长×宽×高)为69m×50m×48m,地下连续墙平均入土深度为53.2m,平均嵌岩深度约为4m,三纵四横隔墙将箱体结构分为20个隔仓,分区填充混凝土、砂、水,见图2-5-3。

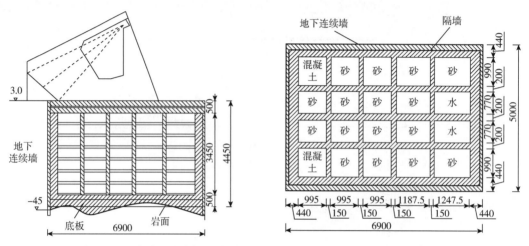

图2-5-3 润扬长江公路大桥北锚碇地下连续墙基础(尺寸单位:cm;高程单位:m)

案例 2-5-1

法国沙瓦农高架桥
——独居匠心的组合梁悬索桥

沙瓦农高架桥(Chavanon Viaduct)位于法国A89高速公路上,跨越Chavanon河,桥面高出谷底约100m,桥位地形为典型V形河谷,比较陡峭。经过对可设置墩台的位置分析后,合理的跨径应在300m左右,如果采用梁桥或拱桥,则需在陡坡上布设墩台,会对周边环境及边坡稳定产生一定的影响,因此,比较合理的桥型只能是斜拉桥或悬索桥,但如果采用斜拉桥,则边跨绝大部分要采用地锚,索塔高度也比较大,不够合理经济。基于上述情况,设计者让·穆勒最终确定了跨径布置为30m+300m+30m的组合梁悬索桥。该桥的设计施工特色主要体现在以下三个方面。

① 采用组合梁以增大恒载集度、提供足够大的重力刚度,为减小加劲梁在活载作用下的变形、满足高速行车的要求,在纵向上采用三跨连续体系。组合梁梁高3.0m、宽22.04m,截面为底宽6.0m、带钢管斜撑的大挑臂钢箱梁,混凝土桥面板为厚22cm、施加横向预应力的预制板。

② 主缆采用中央单索面,两根主缆横向间距为1.1m,每根主缆由61束索股组成,每股61丝,钢丝直径5.43mm;吊索纵向间距10m,长度6.15~37.8m;为满足中央单索面的布置方式,吊索和主缆连接采用特制的吊耳、构造比较特殊;索塔高75m,采用三角形钢筋混凝土实

心截面,向内倾斜20°,三角形索塔与单索面形成挺拔、独特、优雅的造型。

③采用顶推法施工,由于Chavanon河流量很小,没有水运条件,加劲梁施工无法利用主缆来吊装,因此该桥采用了无临时墩柱的顶推法施工,具体做法是先将钢梁在两岸拼装好,安装两根分别距索塔20m和30m临时吊索,张拉一根,放松一根,给加劲梁提供弹性支承,逐次交替,完成顶推,待钢结构合龙后再安装永久吊索、铺设预制桥面板形成组合梁,施工方案非常有创意。

该桥于2000年建成,是世界上首座单索面地锚式悬索桥,结构总体布置及顶推过程示意图如图2-5-4所示。沙瓦农高架桥的设计施工技术再次表明:想象力是技术创新的培育温床,工程的解决方案是灵活多变的,各种桥型的适用范围和施工方法不是一成不变的,关键在于如何因地因时制宜。

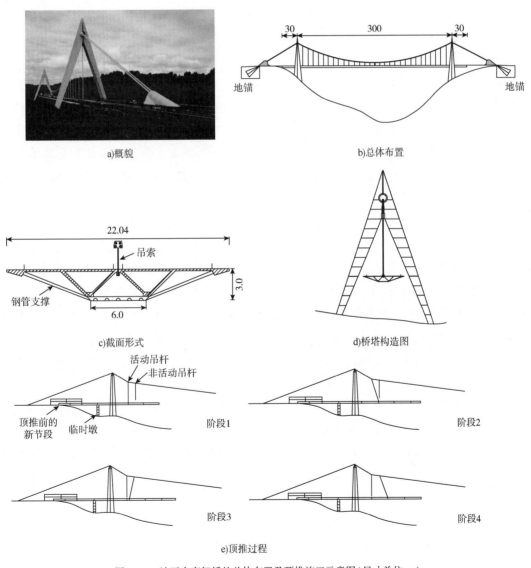

图2-5-4 沙瓦农高架桥的总体布置及顶推施工示意图(尺寸单位:m)

| 案例 2-5-2

日本明石海峡大桥加劲梁截面选型过程
——技术路径多样性与复杂性

日本明石海峡大桥是本四联络线的神户—鸣门通道的控制工程,1988年开工建设,1998年建成,跨径布置为960m+1990.8m+960m,为三跨双铰简支钢桁加劲梁悬索桥,是当时世界上跨度最大的桥梁,总造价约40亿美元。抗震、抗风性能是该桥的设计的控制因素。其中,该桥设计采用的基本风速为46m/s,钢桁加劲梁的设计风速为60m/s,索塔的设计风速为67m/s。该桥建成二十多年来,除了出现长吊索的局部振动外,没有出现其他风振问题,抗风性能经受住了时间的检验。实际上,在该桥设计阶段,曾经花费了很长时间、下了很大功夫来进行截面选型,选择的原则不仅抗风性能最优,而且兼顾造价较低、施工方便。

日本明石海峡大桥设计过程中一共研究了4种截面形式,如图2-5-5a)~d)所示。第一种方案是分体式箱梁,它具有造价低、颤振临界风速容易满足要求的优点,但即使增加稳定板,也还会产生涡激振动,于是舍弃了这一方案。第二种方案是扁平桁架+流线型风嘴,该方案在较低风速下会发生涡激振动,颤振临界风速也达不到要求。第三种方案是变高度钢箱梁,该方案在靠近索塔处采用高度7.05m的钢箱梁,在跨中部分采用高度4.25m的钢箱梁,两者结合后可以满足全部抗风要求,而且价格也不高,于是将其列为备选方案。第四个方案是采用桁高14.0m的桁架方案,增设上、下稳定板后可以满足颤振要求,也没有涡振问题,与变高度箱梁方案相比,造价大致相当,但制造和架设更为方便。于是,利用风洞试验对变高度钢箱梁与桁架梁进行了重点而深入的研究,两种加劲梁形式各有利弊,但总的来说,桁架形式抗风性能要更好一些,确保抗风稳定性的自由度相对要大一些,在架设过程中的抗风措施也比较容易实现,加上日本此前已有南备赞濑户大桥、北备赞濑户大桥等多座千米级悬索桥采用钢桁加劲梁的成功经验。最终日本本州四国联络桥公团综合抗风性能、施工便利性、造价及过往工程经验等多方面的因素,选取了桁架形式的加劲梁,实施方案的主要构造及概貌如图2-5-5e)、f)所示。

日本明石海峡大桥截面选型历程说明:在面对全世界兴起的扁平流线钢箱加劲梁潮流,日本工程界坚持从本国实际情况出发,不盲目跟随潮流;坚持从工程的综合性、集成性出发,在大量扎实研究的基础上,走出了自己独特的道路,这种务实严谨的工程理念在今天仍然值得借鉴学习。

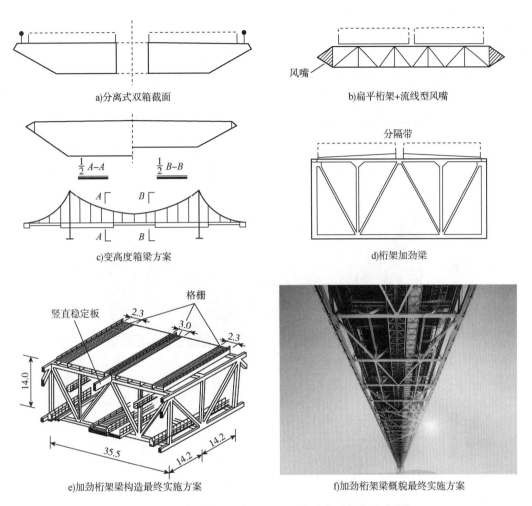

图 2-5-5 明石海峡大桥加劲梁截面选型四种方案的示意图(尺寸单位:m)

案例 2-5-3

中国云南丽香高速公路虎跳峡金沙江大桥
——因地制宜的单塔地锚式悬索桥

云南丽(江)香(格里拉)高速公路虎跳峡金沙江大桥位于虎跳峡景区内,跨越金沙江峡谷。丽香高速公路勘察过程中,在跨越金沙江峡谷时曾比选过 9 个桥位,综合考虑规划建设中的龙盘水电站、丽香铁路、地质地形、环境保护等刚性约束条件,以及高速公路线位、桥梁建设经济指标等柔性约束条件,在合理可行桥位资源比较稀缺的情况下,最终选择了现行桥位。该桥位于丽香铁路金沙江大桥上游 600m,位于龙盘水电站上游约 3000m,龙盘水电站蓄水后水面宽约 700m,桥位处河谷深切,香格里拉岸山势陡峭,最大坡度 60°,基岩裸露,岸边有通往虎跳峡景区的公路;丽江岸平均坡度 45°,覆盖层深厚。

在选定桥位、考虑龙盘水电站建成后的运营要求后,桥梁跨径基本上确定下来,即需要采用 600~800m 的跨径跨越峡谷。对于这一跨径需求,能够实现的只有悬索桥和斜拉桥。但由于两岸山势非常陡峭,如采用斜拉桥,则边跨非常短,需要采用地锚式,且索塔高度较大,不够经济合理,因此,可行的方案只有悬索桥。对此,经过反复比较,充分考虑两岸地质条件及环保要求,该桥取消了香格里拉岸的索塔,采用了主跨 766m 的独塔单跨地锚式悬索桥,引桥为 6×41m 的钢-混凝土组合梁桥,如图 2-5-6a)、b)所示(作为参照,2022 年竣工的丽香铁路金沙江大桥也采用了跨径 660m 的悬索桥,桥梁两侧紧接隧道,采用隧道锚)。取消香格里拉岸的索塔、采用隧道锚之后,可以减小 5 万 m³ 的开挖量,减小边坡高度 40m,节省建安费 3000 万元,降低桥梁造价约 4%,并大幅度减少桥梁施工对环境的破坏,工程价值非常明显。

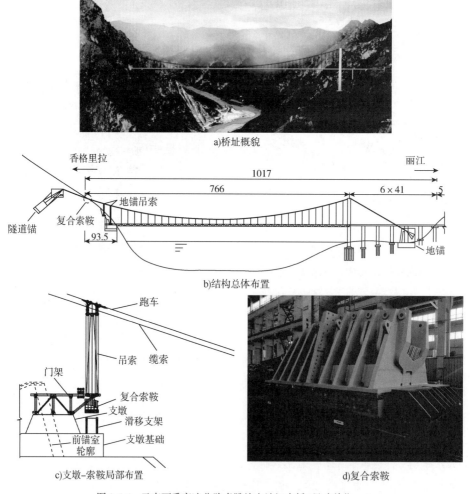

图 2-5-6 云南丽香高速公路虎跳峡金沙江大桥(尺寸单位:m)

该桥主要设计参数:中跨跨径 766m,垂跨比 1/10,加劲梁采用桁高 6m 的钢桁梁,全长 671m;全桥设 2 根主缆,每根主缆设通长索股 97 束,每束索股由 127 丝 $\phi5.4$mm 的高强平行钢丝组成;丽江岸采用混凝土索塔,全桥共设 57 对吊索,香格里拉岸取消索塔、在较矮的支墩上布置鞍座,加劲梁端距鞍座的支墩中心距离为93.5m。这样,就带来两个新的问题:一是主缆存在107m长的无吊索区,需要布置2对地锚吊索,优化张拉力,以适当约束主缆在活载作用下的变形;二是由于主缆仅通过索鞍转向、散索后锚于锚碇,且支承在纵向刚度极大的支墩上,支墩因高度很小,并不具备常规索塔所具有的柔性,导致该索鞍在功能和受力上要同时满足主索鞍及散索鞍的要求(图2-5-6c)。在功能方面,锚跨侧主缆经过鞍座后要能够沿竖向和水平向均匀散开,且允许索鞍在纵向可以产生有限度的移动,以释放鞍座两侧不平衡的主缆水平力,实现主缆的大转角转向;在受力方面,由于索股竖弯转角大,导致竖向力大,受力特性与主索鞍相近,同时,水平方向由于索股平弯会对鞍座的侧壁产生水平压力,受力特性与散索鞍相近。面对这一新的问题,需要开发集主索鞍与散索鞍功能受力为一体的新型复合索鞍。

索鞍与支墩之间实现运动的方式有摆动式、滑动式与滚动式3种。综合考虑该桥索鞍竖向压力、施工运营期间对鞍座移动的要求,以及索鞍制造运输条件等因素,提出了滚轴式新型复合索鞍。滚轴式新型复合索鞍由鞍体、辊子组、承板、格栅等组成,其中,鞍体承担支索、转索和散索的多重功能;辊子组连接于鞍体与支墩之间,当中跨主缆拉力发生变化时,辊子发生滚动,消解两侧不平衡水平力;承板布置在辊子组的顶面和底面,与辊子组接触、分散巨大的接触应力;格栅预埋在支墩顶面,将索鞍传来的竖向荷载均匀地分布到混凝土中(图2-5-6d)。分析计算表明:在设计竖向力为130MN的情况下,鞍体内最大应力为152MPa,辊子与承板最大接触应力为578MPa,应力不均匀系数为1.158,均能够满足相关规范要求。但鉴于这种新型复合索鞍尚无工程应用先例,设计单位又先后进行了1:4整体模型试验,以检验新型复合索鞍在主缆架设、加劲梁安装及活载作用下的受力性能及工作性能;进行了1:2.5辊子模型试验,以检验滚轴系统的力学性能与受力均匀性,验证应力不均匀系数计算结果;进行了1:1辊子试件试验,以检验设计荷载、超载、偏载情况下辊子的受力、变形及复位情况。试验结果表明:新型复合索鞍兼具主索鞍与散索鞍的功能,受力状况良好。

丽香高速公路虎跳峡金沙江大桥由云南省交通规划设计研究院设计,已于2021年底建成。该桥因地制宜、创造性地采用了单塔地锚式悬索桥,很好地顺应了地形地质等建设条件及环境保护要求,节省了工程造价,开发了集主索鞍与散索鞍功能于一体的新型复合索鞍,并为陡峭山区大跨径无塔地锚式悬索桥的建设奠定了基础。目前,这一创新成果已推广应用至云南绿汁江大桥,该桥位于云南玉溪—楚雄高速公路的易门县绿汁镇,跨越绿汁江,两岸山坡陡峭、峡谷深切,玉溪岸自然坡度32°~55°,平均坡度45°,楚雄岸自然坡度70°~90°,平均坡度接近80°,受边坡稳定性等地质条件的制约,桥位选择、索塔建造十分困难,经反复比选、沿用了丽香高速公路虎跳峡金沙江大桥构思,采用了主跨780m的独塔单跨地锚式钢箱梁悬索桥,取得了工程的安全性、经济性的最佳平衡,大幅度减少了边坡开挖,该桥结构总体布置如图2-5-7所示。丽香高速公路虎跳峡金沙江大桥的结构设计、结构构造的创新再次阐明一个基本原则:所谓工程创新,就是为解决实际问题提供更好方案。

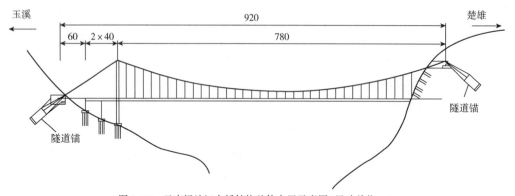

图 2-5-7　云南绿汁江大桥结构总体布置示意图（尺寸单位：m）

5.3 自锚式悬索桥

（1）发展历程

在 20 世纪 20 年代，随着大跨径悬索桥建设高潮的兴起，欧美一些国家也尝试了自锚式悬索桥的建设，建成了以德国科隆道伊泽尔（Deutz）桥为代表的多座自锚式悬索桥，但由于刚度偏小、造价偏高等原因，并未占据悬索桥的主流。在此后的 60 多年里，随着斜拉桥的兴起与大跨径拱桥的发展，自锚式悬索桥建设陷于停顿。直到 20 世纪 90 年代，自锚式悬索桥的工程实践与理论研究再度活跃起来，先后建成了日本大阪此花（Konohana）大桥、韩国永宗（Youngjong）大桥两座悬索桥（主跨均为 300m），自锚式悬索桥在跨径 200~400m 的技术优势和艺术表现力得以显现，逐渐引起了工程界的重视，自锚式悬索桥进入复兴阶段。进入 21 世纪，随着主跨 385m 的美国旧金山—奥克兰海湾大桥东桥开工建设，自锚式悬索桥成为国际桥梁界的关注的热点，进入发展壮大阶段。仅在中国，近 20 年来建成的自锚式悬索桥就多达数十座，跨径多在 100~400m 之间，最大跨径达到了 600m（重庆鹅公岩轨道大桥）。现将 100 年以来自锚式悬索桥代表性桥梁汇总如表 2-5-6 所示。

100 年以来自锚式悬索桥代表性桥梁　　　　表 2-5-6

阶段	时间（年）	代表性桥梁名称	跨径布置（m）	备 注
发源阶段	1915	德国科隆道伊泽尔（Deutz）桥	92.3+184.5+92.3	毁于第二次世界大战，1948 年用钢箱连续梁替代
	1926	美国第七街（Seventh Street）桥	67.5+134.8+67.5	矢跨比 1/8.1，钢梁
	1929	德国科隆米尔海姆（Mülheim）桥	91+315+91	矢跨比 1/9.1，钢梁
复兴阶段	1990	日本大阪此花（Konohana）大桥	120+300+120	单索面、斜吊索
	1999	韩国永宗（Youngjong）大桥	125+300+125	公铁两用桥梁
	2002	中国大连金石滩金湾大桥	24+60+24	混凝土主梁
壮大阶段	2008	中国广东广州猎德大桥	167+219	独塔、空间缆索
	2009	中国浙江杭州江东大桥	85+220+85	空间缆索
	2012	美国旧金山—奥克兰海湾大桥东桥	180+385	空间缆索
	2016	韩国丹东（Dandeung）大桥	400+280	独塔、空间缆索
	2019	中国重庆鹅公岩轨道大桥	50+210+600+210+50	轻轨专用

(2) 力学特性

与地锚式悬索桥不同,自锚式悬索桥因主缆锚固于主梁,省去了巨大的锚碇,解决了悬索桥对地基要求较高的问题,形成了自平衡的缆索支承结构体系,与斜拉桥存在诸多相似之处。自锚式悬索桥具有设计自由度大、造型美观等优越性,如结构布置可采用独塔双跨、双塔单跨、双塔三跨、多塔多跨等多种体系,缆索系统可采用双索面、单索面及空间索面等多种形式,垂跨比也可在 1/12~1/5 之间灵活选择,因而在中等跨径($L=100\sim400\mathrm{m}$)具有一定的竞争优势。但自锚式悬索桥在受力特性、材料利用效率、施工方法等方面表现出与地锚式悬索桥较大的差异,适用范围比较受限。在受力方面,自锚式悬索桥与地锚式悬索桥有三个显著的不同点。

①自锚式悬索桥重力刚度较小。主缆初应力对结构体系的刚度几乎没有提高作用,自锚式悬索桥的刚度主要依赖于梁、索组合体系的刚度,成桥后的几何非线性小于同跨径的地锚式悬索桥。主梁兼有承担荷载与传递荷载双重功能,梁高与跨径之比多在 1/100~1/50 之间,主梁刚度、高跨比相对于同等跨径的地锚式悬索桥和斜拉桥而言较大,作为纯粹缆索支承桥梁加劲梁的性质有所退化,跨径越小,退化程度越明显。因此,在中小跨径时,常常采用混凝土主梁,以提供足够大的刚度;在大中跨径时,多采用钢箱梁或钢箱组合梁。但随着跨径的增大,自锚式悬索桥的刚度下降较快,当跨径达到 500m 时,自锚式悬索桥主梁的活载挠度、塔顶位移均要比地锚式大 20%左右,主梁的内力也明显大于同跨径的地锚式悬索桥。

②自锚式悬索桥主梁属压弯构件。自锚式悬索桥主梁更接近于斜拉桥的加劲梁,主梁除承受弯矩之外,还要承受主缆传递过来的巨大轴力,轴力随跨径增大而迅速增大。为了抵抗主梁中的轴力、防止主梁失稳,不得不增大主梁的截面,或采用钢-混凝土混合主梁,导致跨径增大后自锚式悬索桥经济指标明显劣化。如 1929 年建成的德国科隆米尔海姆(Mülheim)自锚式悬索桥,跨径为 91m+315m+91m,耗用钢材 12800t;1951 年重建时修改为地锚式悬索桥,跨径稍有调整,变为 85m+315m+85m,耗用钢材仅 5800t,两者用钢量相差 1 倍以上。

③自锚式悬索桥刚度较小、动力性能偏差。由于自锚式悬索桥刚度小于同等跨径的地锚式悬索桥或斜拉桥,导致其在纵向地震作用下的耗能方式发生了相应的改变,主塔和主梁在纵向地震输入下各种反应均呈现出不同程度的增大,抗震性能要弱于地锚式悬索桥。

在施工方面,由于自锚式悬索桥省去了锚碇,导致其与地锚式悬索桥施工存在两个显著差异。

①自锚式悬索桥施工临时费用较高。自锚式悬索桥一般都采用"先梁后缆"的施工方法,常常需要设置临时支架或墩柱来拼装或顶推主梁,待主梁就位后,再张拉吊索,进行体系转换,难以有效利用主缆来进行主梁的组拼,导致临时工程量较大,若跨径较大,施工措施费用还会显著增大,不够经济合理。例如主跨 600m 的重庆鹅公岩轨道大桥,虽然采用了五跨连续钢箱梁加劲梁,在施工时不得不借鉴斜拉桥的施工方法,采取"先斜拉、后悬索"的施工

方式,经过多次体系转换才最终成桥,施工工序工艺十分复杂。

②自锚式悬索桥需要进行体系转换。体系转换方法主要有张拉吊索法、落梁法、顶升法,其中以张拉吊索法最为常用。体系转换是自锚式悬索桥最重要的施工环节,对其最终的合理成桥状态至关重要,但体系转换目标的确定、张拉程序的优化要受到多方面因素的制约,也存在着多种路径,加上自锚式悬索桥对施工误差敏感性较强,而施工误差对体系转换结果的影响较大,因此体系转换往往需要经过多轮张拉调整,比较费时费工。

总之,自锚式悬索桥比较适合中等跨径、地质条件较差的情况,经济合理跨径范围在100~400m之间,在这个跨径范围内,与斜拉桥、无推力系杆拱桥相比各具特色,有一定的竞争优势。自锚式悬索桥与地锚式悬索桥的特性对比可归纳为表2-5-7。

自锚式悬索桥与地锚式悬索桥的特性对比 表2-5-7

项目	自锚式悬索桥	地锚式悬索桥
适用条件	无须锚碇,适用于地质条件较差的情况	需要修建大体积锚碇,适用于地质条件较好的情况
跨越能力	较小	大
材料的利用效率	加劲梁属压弯构件,使用钢箱梁时材料利用率不够高	锚碇工程量大,但加劲梁材料用量较自锚式省
制约跨径的因素	主缆重力刚度与主梁轴力,跨径增大时受力不合理,造价明显增加	刚度和抗风性能,地质条件较差地区的锚碇
受力特性	主缆重力刚度较小,属于梁-索组合体系,受力比较复杂	主缆重力刚度很大,传力路径简洁明确,受力简单
施工方法	一般采用"先梁后缆"的施工方法,需要大量的临时支架,跨径增大时不够经济	先架设主缆、后挂梁,施工方法简单成熟,施工临时费用小
内力调整	类似于斜拉桥,可灵活地进行内力调整和优化	可以调整,但可调参数及调整效果受到一定限制

案例 2.5-4

广州猎德大桥
——集城市景观与结构艺术于一体的自锚式悬索桥

广州猎德大桥位于广州城市新中轴线上,跨越珠江前航道,毗邻城市CBD商务区,桥址处水面宽约400m,其上下游已建成的桥梁包括梁式桥、斜拉桥和拱桥等各类桥型,需要推陈出新、修建一座造型比较独特、展现城市魅力和时代风貌的跨江桥梁。经过方案竞赛,最终由四川西南交大土木工程设计有限公司中标,设计方案为独塔自锚式悬索桥,跨径布置为

47m+167m+219m+47m=480m，主梁全宽36.1m，横向布置为双向6车道、双侧人行道。该桥于2008年建成，该桥总体布置见图2-5-8，主要特色体现在以下四个方面。

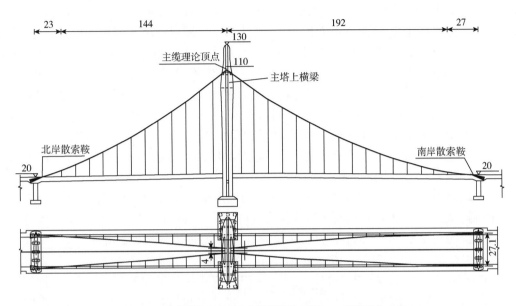

图2-5-8 广州猎德大桥总体布置图（尺寸单位：m；高程单位：m）

①采用预应力混凝土贝壳形索塔，外观似两个贝壳状弧形壳体相扣，内外轮廓分别由椭圆曲面组合而成，顶部装饰采用空间网架结构形成基本轮廓后用6mm厚的钢板包裹而成，造型新颖独特，受力复杂，优雅挺拔，建构了"珠江之贝、城市之门"的文化意蕴，将广州的历史底蕴、地域文化、时代风貌写意地承载起来并有机融入其中，与高600m广州塔一起构成了广州新地标，形成了新的城市景观。

②采用空间缆索，主跨主缆的竖向、横向矢跨比分别为1∶12.5、1∶106，两根主缆在索鞍处间距为4.0m，在主梁锚固处的间距为27.1m，采用较小的垂跨比和空间缆索，在获得较大抗弯抗扭刚度的同时，与索塔共同形成了丰富多变的空间意象，烘托了城市会客厅的现代感。

③采用不对称跨径布置，以更好地顺应地形、水文情况，减小主桥长度。但由于主跨、副跨的跨径差异，导致施工阶段索塔两侧的主缆水平分力不平衡，为此，需要设置索鞍的预偏量，并在施工阶段对索鞍进行多次顶推，以释放不平衡水平推力，以保证不平衡水平推力在主塔可以承受的安全范围内。

④在营造城市景观与降低造价方面取得了平衡，鉴于自锚式悬索桥的刚度主要来源于主梁。该桥主梁采用了高3.38m的扁平钢箱梁（锚固跨为混凝土箱梁，并伸入主跨约15m），高跨比为1/64.8，梁高相对较大，采用顶推法架设。全桥造价约2.8亿元，折合每平方米桥面造价1.61万元，与同等跨径的斜拉桥、拱桥大体相当，在经济指标比较理想的情况下，营造了新的城市景观（见插页彩图24）。

5.4 多塔悬索桥

在悬索桥中,绝大多数都是单跨、双跨或三跨的。通常,工程界将三塔或四跨以上的悬索桥称之为多塔多跨悬索桥或多塔悬索桥。多塔悬索桥具有锚碇少、主缆小、经济性好、抗风性能优越等明显优势,与两塔悬索桥相比,虽然都是以缆索为承重结构的桥梁,但因为多了一个中塔和一个主跨,结构受力特征明显不同,最突出的问题是各跨之间的变形相互影响,结构体系刚度明显小于常规悬索桥。早在 1840 年,法国工程师马克·塞昆(Marc Seguin)就进行了多塔悬索桥的实践尝试,其设计的法国卢瓦河夏托纳夫桥,跨径布置为 49m+3×59m+49m,采用了在索塔之间设置水平索的方式来增大中塔的纵向刚度,从而提高结构体系刚度的方式,此后几年里,马克·塞昆还设计建造了两座多塔悬索桥,最大跨径达到了 88m。但是,由于水平拉索垂度较大、对提高结构整体刚度的作用非常有限,设置水平索的方式显然不适用于大跨径多塔悬索桥。

近现代以来,在一些跨海桥梁工程中,有时因地形地质情况的约束,需要修建大跨径多塔悬索桥,比较著名的多塔悬索桥工程实例有 3 座。早在 20 世纪 30 年代,在美国奥克兰海湾大桥西桥的建设中,设计师查尔斯·亨利·伯塞尔(Charles Henry Purcell)就研究过多塔悬索桥的可行性,提出了 393m+1035m+1035m+393m 的三塔四跨悬索桥方案,在用钢量增加了 2.7 倍情况下,三塔悬索桥方案的挠度还是比双塔双联悬索桥方案的挠度大 2 倍以上,最后不得不放弃三塔悬索桥方案,而利用共用锚碇将两座主跨 704.3m 的两塔三跨悬索桥串联起来,形成串联悬索桥,见图 2-5-9。在串联悬索桥中,由于两座悬索桥主缆的恒载水平拉力互相平衡,中央锚墩在体积上远小于边跨的锚碇,比较经济,也一定程度上解决了深水大悬索桥建设的困难,但从受力本质上来说,其与常规悬索桥并无大的差异。美国奥克兰海湾大桥西桥是串联悬索桥的首次工程应用,此后几十年里,随着斜拉桥的兴起,多塔悬索桥的工程实践陷入停顿状态,直到日本本四联络线建设中多塔悬索桥再次得到应用。1988 年建成的日本南备赞濑户大桥(主跨 1100m)、北备赞濑户大桥(主跨 990m),也借鉴奥克兰海湾大桥西桥的设计思路、采用了共用锚碇的方式,因此该桥也被称之为南北备赞濑户大桥或南北备赞大桥。1999 年建成的日本来岛海峡大桥,总长 4150m,采用了两个共用锚碇,将主跨 600m 的来岛一桥、主跨 1020m 的来岛二桥及主跨 1030m 的来岛三桥连接为一体,成为多塔悬索桥建设的里程碑。

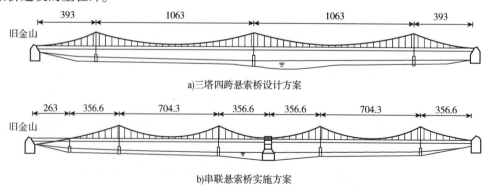

a) 三塔四跨悬索桥设计方案

b) 串联悬索桥实施方案

图 2-5-9 美国奥克兰海湾大桥西桥的总体布置(尺寸单位:m)

进入 21 世纪以来,随着大跨径悬索桥加劲梁向轻柔化方向发展,悬索桥的抗风性能逐渐成为设计施工的控制因素,在加劲梁长度相同的情况下,多塔悬索桥抗风性能明显优于常规的双塔悬索桥。为此,工程界开始探索多塔悬索桥这种结构体系的可行性,以便在同等桥长的情况下减小悬索桥的跨径,提升抗风性能。另一方面,由于多塔悬索桥具有主缆用钢量节省、锚碇规模小等优势,在增加一个索塔后,主缆及锚碇基础的材料用量明显小于同等加劲梁长度的常规悬索桥,在跨越宽阔的江面、河口及海湾时,具有相当突出的经济性。具体来说,多塔悬索桥的主要优势有以下三个方面。

①多塔悬索桥可以有效减小跨径,增加一个索塔后将双塔悬索桥转换为跨径仅为一半的三塔两主跨悬索桥,在加劲梁长度相同的情况下,可以大幅度减小主缆的拉力,提高结构的整体刚度,从而节省主缆及锚碇材料用量,跨径越大,节省幅度越大,节省率一般在50%左右。

②在满足交通需求及抗风性能要求的情况下,跨径减小后有利于保持加劲梁合理的宽跨比,获得较大的侧向刚度,从而大幅度减小加劲梁的宽度,节省加劲梁的材料用量,改善抗风性能。

③相对于串联式悬索桥,多塔悬索桥可以避免深水锚碇,大幅度降低锚碇、基础的工程量,增强悬索桥对地形地质的适应性。

但是,多塔悬索桥受力行为比较复杂,各跨之间相互影响较大,索塔、主缆的结构行为相互制约,工程界一度认为多塔悬索桥是一种不合理、需慎用的结构体系,其力学行为与传统的两塔三跨悬索桥存在显著差异,主要表现为在以下两个方面。

①主缆对中塔的约束能力显著下降。由于多了一个主跨,主缆对中塔塔顶的约束较边塔弱得多,中塔的约束条件、工作环境与边塔有显著差异。当一个主跨满布荷载、另一个主跨空载时,如果中间主塔刚度很大,则中塔承担主缆水平力增量的主要份额,中塔所承受纵向弯矩剪力大,中塔两侧主缆轴力差值较大,可能导致主缆与鞍座产生相对滑移;如果中间主塔刚度小,则中塔会产生较大的塔顶纵向位移,非加载跨加劲梁产生较大的向上伴随挠曲变形和弯矩。

②结构柔性显著增大。与双塔悬索桥相比,在同等跨径情况下,多塔悬索桥的结构柔性显著增大,固有频率明显降低,各跨之间相互影响的程度加剧,如图2-5-10所示。因此,采取何种技术对策使多塔悬索桥获得合适的竖向刚度,将加载跨的竖向挠度控制在一定范围之内,以保证在最不利工况作用下,由活载引起的桥面变形可以控制在合理的范围内,确保使用功能满足要求,就成为多塔悬索桥设计的关键问题。

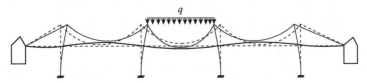

图 2-5-10 多塔悬索桥变形示意图

如何增大多塔悬索桥结构体系的刚度,从理论上来说,可以采用减小垂跨比、设置双主缆体系及增大中塔刚度三种方式予以应对。经过多年理论研究与实践探索,目前,比较经济合理、具有工程应用价值的对策是增大中塔刚度。

减小垂跨比可以在一定条件下提高多塔悬索桥的竖向刚度。垂跨比越小,几何刚度越大,挠度就越小,但减小垂跨比对提高结构竖向刚度的效果并不显著,而且会大幅度增加主缆的恒载缆力。另一方面,随着垂跨比的减小,由荷载产生的主缆内力迅速增大,由主缆弹性变形所产生的加劲梁变形随之增大,为解决这个问题,往往需要增大主缆面积。因此,减小垂跨比会衍生出许多新的技术经济问题,这种措施的工程应用价值非常有限。

双主缆体系亦即在铅垂面上设置垂度不同的双层缆索,进而利用缆索来提高结构体系的刚度。双层缆索在加载后,邻跨的双层主缆之间会产生内力重分配,顶缆缆力增大,底缆缆力减小,使得索塔分担的剪力和塔底弯矩都要远小于单缆体系,可以有效降低索塔不平衡水平分力的量值,增大主缆对索塔的纵向约束刚度,从而增大多塔悬索桥结构体系的刚度。但双层缆索需要建造较高的索塔,以形成较大的顶、底主缆的垂度差,导致缆索、索塔、基础材料的用量要增加20%左右。受此因素制约,双主缆体系的工程实践目前仅见诸2020年开工建设的湖北燕矶长江大桥(又名鄂黄第二过江通道工程),该桥采用1650m的主跨一跨跨越长江,上层为高速公路,下层为城市快速路,受通航要求、地质条件、航空限高、主缆直径等因素的约束,该桥采用了四主缆、不同垂度的单跨双铰双层悬索桥方案。

目前,具有工程价值的技术路线是增大中塔刚度。对于常规悬索桥,索塔水平抗推刚度相对较小,塔顶水平位移主要由中、边跨主缆平衡条件决定,塔身弯矩大小主要取决于索塔的抗弯刚度,因此多采用柔性索塔来降低塔底弯矩。对于多塔悬索桥,增大中塔刚度可以减小塔顶水平变形,以及由此所引起的加劲梁伴随挠曲变形,常用的方式是将中塔在纵桥向设计成A形塔,具体视中塔刚度大小又可分为刚性塔和半刚性塔。一方面,由于加劲梁的变形从属于主缆,增大中塔刚度可以有效限制主缆的纵向变形,从而减小加劲梁的挠曲变形。增大中塔刚度虽然会对主缆的活载拉力产生一定的影响,但由于活载产生的主缆拉力占比通常仅为10%~20%,主缆拉力并不会因此而产生显著变化,然而,过大的中塔刚度将导致塔底截面弯矩的增大和基础工程量的增加。另一方面,当主缆两侧不平衡水平分力超过鞍座与主缆之间的摩阻力时,主缆可能会在鞍座内发生滑移,需要采取专门措施予以应对。因此,在工程实践中,需要结合上述两个互相矛盾的方面统筹考虑、综合平衡,既保证中塔有足够的抗弯刚度,以提高多塔悬索桥结构体系的竖向刚度;又要保证中塔既有恰当的可挠曲性,以减小中塔两侧主缆的不平衡拉力。从理论上来说,在设计得当的情况下,多塔悬索桥的竖向刚度完全可以和常规的两塔三跨悬索桥大致相当。

解决中塔刚度与主缆鞍座抗滑移这一对矛盾的技术路线有两条,一是增大中塔刚度,将传统的柔性塔改良为"半刚性塔",这一技术路线可以绕开主缆鞍座滑移问题;二是设法增大主缆鞍座抗滑移能力后,采用刚性中塔。

2012年,主跨2×1080m的两跨三塔的泰州长江大桥建成通车,开创了多塔悬索桥的新纪元。泰州长江大桥桥位处河床呈W形,需要两个主通航孔,经反复比较,选定了三塔两主跨悬索桥方案。为取得适宜的中塔刚度,选取了"人"字形的半刚性索塔,采用弹性较好的钢材作为中塔材料,边塔则采用混凝土结构。计算结果表明,该桥最大竖向挠度4.17m,挠跨比为1/259,满足规范规定的最大允许挠跨比限值,刚度稍低于同等跨径的两塔三跨悬索桥(关于该桥详细情况,见第3篇第17章)。此后,我国又采用同样技术路线建成了马鞍山长江大桥和武汉鹦鹉洲长江大桥两座三塔悬索桥。这三座悬索桥中塔采用了钢塔或钢-混凝土混合塔,在其中一跨满布活载作用下,通过对桥塔纵向刚度的参数分析,选取了合适的中塔纵向刚度,从而在满足主缆与鞍座间滑移安全要求的前提下,将主跨挠度控制在合理范围内。

2019年建成的韩国天使大桥(Cheonsa Bridge,又名千四大桥)则采用加大中塔截面的做法,即在中塔、边塔均采用混凝土门形索塔的情况下,为了让中塔塔身有足够的刚度,又不会影响鞍座的抗滑移性能,通过对塔身的刚度参数进行研究来确定最佳的截面刚度特性。优化后的中塔截面尺寸为12m×8m,边塔截面尺寸为7m×7.15m。此外,为防止主缆顶层索股发生滑移,该桥还采用了在主鞍座上增设顶盖板并加压的措施,以增大顶层索股的摩擦力。

2022年建成的温州瓯江北口大桥则采用了设置刚性中塔、增大鞍座与主缆抗滑移能力的技术路线。即在采用A形刚性索塔的同时,通过设置高摩擦性能鞍座,来化解中塔刚度和鞍座-主缆滑移的矛盾。具体来说,高摩擦性能鞍座通过在鞍座内增设隔板提高鞍座侧摩阻力,鞍座名义摩阻系数可达到0.392,在最不利受力状态下(单跨满载、另一跨空载)、主缆不平衡水平分力达35811kN的情况下,抗滑安全系数为3.37,保障了在极端加载条件下也不会产生索股滑移。温州瓯江大桥的创新实践,破解了中塔刚度与鞍座抗滑移能力的矛盾,为提高多塔悬索桥的整体刚度提供了新的途径。

目前,多塔悬索桥已成为大跨长桥的一种可供选择的结构形式,工程实践活动逐步活跃,在跨越河口、海口的长大桥梁设计方案中经常出现。但另一方面,工程界多塔悬索桥与多塔斜拉桥的优劣之争仍在继续中,相信通过实践不断检验完善,多塔悬索桥的工程应用会得到进一步的发展。

现将国内外建成的几座多塔悬索桥的主要设计参数汇总如表2-5-8所示。

几座多塔悬索桥的主要设计参数　　　　　　表2-5-8

桥　　名	建成时间(年)	跨径布置(m)	主缆垂跨比	中塔处理方式
中国泰州长江大桥	2012	390+2×1080+390	1/9	"人"字形钢塔,中塔高出边塔20m
中国马鞍山长江大桥	2013	360+2×1080+360	1/9	钢-混凝土混合塔,上塔柱为钢结构,下塔柱为预应力混凝土结构
中国武汉鹦鹉洲大桥	2014	250+2×850+200	1/8	下塔柱为混凝土,上塔柱为"人"字形钢塔,中塔高出边塔18m

续上表

桥　　名	建成时间(年)	跨径布置(m)	主缆垂跨比	中塔处理方式
韩国天使(Cheonsa)大桥	2019	225+650+650+225	1/8	H形桥塔,中塔截面12m×8m,边塔截面7m×7.15m,中塔高出边塔12.8m,中塔鞍座采用顶盖板加压方式
中国湖北襄阳凤雏大桥	2020	2×378	1/10	门式桥塔,下塔柱采用混凝土结构,上塔柱采用钢结构
中国济南凤凰黄河大桥（三塔自锚式悬索桥）	2022	2×428	1/6.15	门式桥塔,下塔柱采用混凝土结构,上塔柱采用钢结构
中国温州瓯江北口大桥	2022	230+2×800+348	1/10	采用纵向A形混凝土刚性中塔,设置了纵向摩擦板的中鞍座
智利查考(Chacao)大桥	在建	324+1055+1155+220	小跨1/10,大跨1/9.2	混凝土倒Y形索塔,采用在中塔鞍座设置竖向隔板、顶盖板加压方式,来增加抗滑移能力

案例 2-5-5

温州瓯江北口大桥
——多塔悬索桥主缆抗滑移的新尝试

温州瓯江北口大桥位于瓯江入海口处,北侧为乐清县,南侧为瑞安县,是甬台温高速公路复线和南金公路合建项目。桥址处瓯江分南北两个航道,南侧为主通航孔,单孔双向通航3万吨级集装箱货轮,北侧为副通航孔,单孔单向通航3000吨级杂货船和3万吨级修造船,南北两通航孔的净空分别为474m×53.5m和274m×53.5m;瓯江北口大桥桥位距离温州龙湾机场8.5km,处于航空限高区,要求塔顶高程不超过154m;同时,该地区台风多发,设计基本风速为43.2m/s,属海洋环境,对结构耐久性要求高。经综合考虑、反复比选,该桥选取了主跨2×800m三塔两主跨悬索桥方案,两主跨分别跨越两个通航孔,北塔基础置于岸上,南塔位于规划码头前沿线之后,既满足了高度限制,又满足了水利与环保的要求,同时还降低了基础施工难度和船撞风险。

该桥设计单位为浙江省交通规划勘察设计研究院及中铁大桥勘测设计院有限公司,主要设计参数为:跨径布置为230m+2×800m+348m=2178m,如图2-5-11a)所示,矢跨比为1/10,主缆横向间距41.8m,单根主缆由长约2300m的169根通长索股组成,重约54t,加劲梁采用板桁组合式整体钢桁梁,桁高12.5m,桁间距36.2m,双层桥面、上下共12个机动车道,共110个吊装梁段,最大梁段吊重约813t。该桥估算总造价为47.5亿元,比主跨1600m的常规悬索桥降低了11%,其中,主缆用钢量为9126t,仅为跨径1600m悬索桥的主缆用钢量的一半左右。

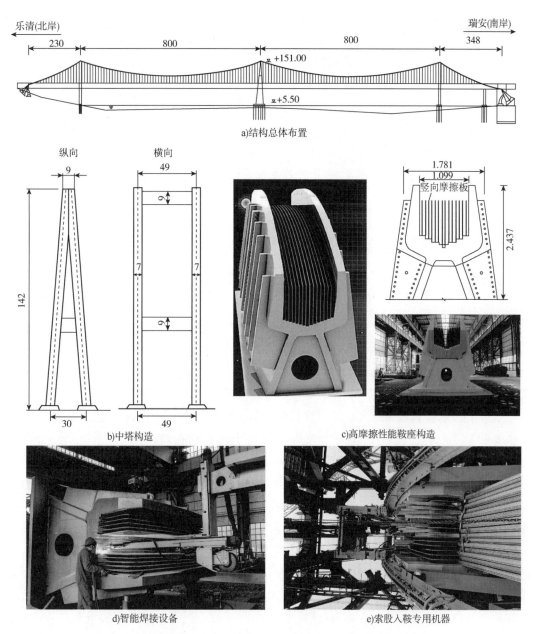

图 2-5-11 温州瓯江北口大桥总体布置及索鞍构造（尺寸单位:m;高程单位:m)

为解决多塔悬索桥整体刚度不足的问题,在设计该桥时另辟蹊径,创造性地采用了刚性中塔、设置高摩擦性能鞍座的技术路线,即通过刚性塔的小变形来抵抗主缆的不平衡力,减小加劲梁的伴随挠度,并对中塔鞍座进行特殊设计来提高主缆与鞍槽之间的摩擦力。中塔采用四柱式钢筋混凝土索塔,塔顶高程 147.5m,塔高 142m,纵向为 A 形,横向为门形,经反复优化索塔刚度,索塔塔根分叉间距为 30m,以便将索塔的弯矩转换为轴力。中塔基础采用矩形沉井,尺寸为 66m×55m×68m,塔柱截面的横向尺寸在高程 55.8m 以上为 7m 等宽,高程 55.8m 以下为 7~9m 变宽(图 2-5-11b)。设置刚性中塔之后,主缆最大不平衡力达 35811kN,

约为同类桥梁如泰州长江大桥、武汉鹦鹉洲长江大桥的3倍左右,但中塔塔顶水平位移仅为0.15m,为上述悬索桥的1/10~1/5,在最不利活载作用下加劲梁最大竖向挠度1.36m,约为上述桥梁的1/2左右,挠跨比达到了1/588,与梁式桥的允许挠跨比1/600十分接近(表2-5-9),这说明采用刚性中塔对于提高结构整体刚度十分有效。另一方面,该桥中塔采用混凝土索塔,与全钢中塔、钢-混凝土混合索塔相比,混凝土中塔结构刚度大(不同材料的中塔纵向刚度分别为:全钢塔53378kN/m,钢-混凝土混合塔68515kN/m,混凝土塔476644kN/m),施工方便,结构耐久性显著提高,很好地顺应了桥址海洋环境的要求,且混凝土索塔相对于钢索塔可节约索塔造价1.3亿元,技术经济优势十分显著。我国几座三塔两主跨悬索桥刚度比较见表2-5-9。

我国几座三塔两主跨悬索桥刚度比较 表2-5-9

桥　　名	主跨跨径(m)	主缆不平衡力(kN)	活载下加劲梁最大竖向挠度(m)	挠跨比	中塔顶最大纵向位移(m)
温州瓯江北口大桥	2×800	35811	1.36	1/588	0.15
泰州长江公路大桥	2×1080	10390	4.17	1/259	1.71
马鞍山长江公路大桥	2×1080	12470	3.00	1/292	1.36
武汉鹦鹉洲长江大桥	2×850	11450	2.212	1/402	0.65

采用刚性中塔虽然对提升整体刚度、抗风性能和结构耐久性十分有利,但另一方面,却意味着中塔鞍座处主缆的抗滑移问题变得更加突出。为此,在设计该桥的同时,开发了高摩擦性能鞍座,在主缆与鞍槽滑移机理、新型鞍座结构形式与制作工艺上开展一系列技术攻关。高摩擦性能鞍座是在常规鞍座的基础上,采用铸焊结构,通过增设竖向摩擦板,将索股和摩擦板间的侧向摩擦力传递到鞍槽底部,从而提高索股钢丝与鞍槽之间的摩擦力。经过理论分析与模型试验,该桥中塔鞍座在鞍槽内设置了14道竖向摩擦板(图2-5-11c),摩擦板采用Q3454C钢,板厚12~16mm、高726~907.5mm、横向净距61mm。在编缆过程中,索股会对摩擦板产生侧压力,随着索股高度的增加,侧压力逐渐增大,侧压力产生的摩擦力也逐渐增大,从而达到了提高鞍座的抗滑性能的目的。试验结果的分析表明:在最保守的情况下,将钢丝与鞍座间摩擦系数取0.15、钢丝间摩擦系数取0.2进行计算,得到主缆整体名义摩擦系数为0.392,抗滑安全系数为3.37,说明主缆在极端加载条件下也不会有索股发生滑移。

采用高摩擦性能鞍座后,鞍座抗滑移能力显著提升,但却带来了两个新的、实施性的问题。一是窄深空间的摩擦板如何焊接?二是深索槽索股如何入鞍?对于摩擦板焊接,研发了专用智能焊接设备(图2-5-11d),实现了窄深空间(摩擦板间距61mm、高度726~929.5mm)摩擦板与鞍槽之间的连续自动化焊接,提出了相应的装焊工艺,实现了竖向摩擦板的焊接变形量小于2mm的精度要求。对于索股入鞍问题,通过反复试验,研发出一套自动化主缆索股入鞍专用机器,入鞍机器人由行走系统、设备框架、顶推压杆、导引小车等部件组成,能够顺利实现索股入鞍,见图2-5-11e)。

温州瓯江北口大桥概貌见插页彩图25,该桥摒弃了以往的半刚性塔,采用了混凝土A形刚性中塔,并配以高摩擦性能鞍座来应对不平衡主缆水平力的全新解决方案,使得多塔悬索桥整体刚度大幅度提升,中塔刚度与鞍座抗滑移能力的矛盾得以完美解决。该桥已于2022年5月建成通车,其工程创新再次表明:工程创新就是要敢于打破常规、另辟蹊径,在多种可能的途径中寻求最适宜、切中要害的解决方案,由此实现改善结构受力性能、提高建设效益的目标。

5.5 不再适用于工程的结构构造

第二次世界大战后的70多年中,悬索桥设计施工技术从美国向全世界扩散,建成的各类悬索桥数量多达100多座,在抗风性能、防震性能、结构分析理论与分析方法等方面取得了巨大的进步。但总的来说,在近代悬索桥发展进程中,悬索桥的结构体系、构造形式、施工工法已经比较成熟,而脱胎于近代悬索桥的现代悬索桥,虽然在抗风理论、防震理论与工程实践方面取得了巨大的突破,但总体上以传承为主。在这个过程中,技术迭代升级的速度相对缓慢,退出工程应用的结构构造并不多见。归纳起来,大致体现在以下三个方面。一是混凝土索塔取代钢索塔成为主流,以降低用钢量和工程造价,钢索塔虽仍有应用,但仅限于高烈度地震区悬索桥或需要提供较大索塔刚度的多塔悬索桥中。二是在采用钢索塔时,钢结构的制造、运输、安装技术取得了长足的进步。如大格室截面取代了近代悬索桥常用的多格室组拼截面或空间桁架塔柱,以提高材料的利用效率;又如高强螺栓或焊接连接取代了早期的铆接,索塔大节段制造、运输、安装成为常用施工方法。三是经过塞文桥、博斯普鲁斯海峡大桥、亨伯桥三座桥的工程实践,斜吊索虽然能够增大悬索桥的结构阻尼,对抑制结构风致振动、车桥共振有利,但其抗疲劳性能较差,并不适用于悬索桥,退出了工程应用。

第6章 桥梁结构体系的发展趋势

现代桥梁工程经过近80年的快速发展,突破了建桥材料、结构体系、计算理论、施工方法等方面的各种瓶颈,跨越障碍能力得到了极大提高,桥梁建设的规模体量、能效水平、建设质量等方面取得了巨大的进步和辉煌的成就,成为经济发展、社会进步的基础性物质载体,不仅满足了生产生活的基本需求,而且引领了社会经济的发展,登上了人类3000年工程史的巅峰。站在这一新的起点,基于大的工程历史尺度,从工程哲学的高度分析现代桥梁工程的发展特征,剖析桥梁结构体系的发展趋势,探讨桥梁工程未来所面临的技术挑战,对于与时俱进地构建符合时代要求的工程观念、因地制宜地探索工程创新和技术创新无疑是十分必要的。

6.1 现代桥梁工程的发展特征

就总体建设规模、建设品质而言,现代桥梁工程取得了巨大的成就,基本上满足了经济社会发展、工业化进程的需求。就桥梁跨越能力而言,短短的80多年间,跨径从旧金山金门大桥的1280m发展到土耳其1915恰纳卡莱大桥(Çanakkale Bridge)的2023m,并正在向更大跨度攀升。就技术迭代升级而言,以斜拉桥、正交异性板、扁平流线型钢箱梁、多跨悬索桥为代表的新结构、新体系,极大增强了桥梁的跨越能力,提升了桥梁建设的能效水平等。因此,有必要在技术层面之上、站在认识论的高度来分析现代桥梁工程的发展特征,概括来说,主要体现在以下四个方面。

一是桥梁建设总体上实现了从"能不能"向"好不好""耐久不耐久"转变。在社会经济发展对桥梁建设旺盛需求的推动下,虽然有时候在跨越某些障碍,特别是深水海峡、山区峡谷时还会面临一些技术上的挑战,但总体来说,桥梁建设已经基本不存在难以突破的技术壁垒了,很多时候桥梁建设也不再是国家层面上的大事了。现代桥梁工程发展的核心问题逐渐演变为:在跨越障碍的同时,如何回归工程本质属性、更新工程理念、加快技术迭代、提升建设品质,将桥梁建造得更合理、更安全、更经济、更耐久。

二是桥梁建设更加强调当时当地性。当时当地性主要表现为经济社会发展对桥梁建设的要求呈现出多样性和时代性,桥梁建设的自然条件复杂多变,环境约束和使用条件的要求更加严格,经济指标逐渐占据了核心的位置,这些多元化的要求、多样性的建设条件,推动桥梁建设技术不断升级迭代。如跨海长桥对桥梁工程的设计、施工与管理模式提出了新的要求,城市桥梁和高架桥对美观因素更加重视,高速铁路的兴起对桥梁的刚度变形等使用条件提出了严苛的要求,等等。

三是技术自我进化机制不断完善。在超大规模桥梁建设进程中,推动桥梁工程创新发展、技术迭代升级的相互作用机制日趋完善,桥梁工程创新的综合集成性日趋显著,具体表现为结构体系、施工方法、建桥材料、结构理论这四大技术要素的相互作用关系日趋紧密,技术创新与工程创新"源与流"的关系日益显现,工程创新扩散速度显著加快,人们更加重视桥梁工程实践活动的能效水平的提高、经济社会效益的提升和艺术价值的升华。

四是桥梁工程正在从建造向制造转型发展。随着环境保护要求的约束强化、工程建设理念的转变、设计施工标准化水平的提升、工程机械装备制造水平的提高,以及智能建造与智能运维技术萌芽,桥梁工程的标准化设计、装配化施工、工业化建造、智能化运维的能力得以不断增强,应用日益普及,桥梁建设的能效水平不断提升,逐步从桥梁建造向桥梁制造转变,桥梁建设工业化的春天正在向工程界走来。

6.2 桥梁结构体系的发展趋势

就结构体系而言,经过数百年的发展,梁桥、拱桥、斜拉桥、悬索桥四种基本桥型已趋成熟,这些体系既有其相应的适用范围,超出了这一范围,就会出现不经济、不安全等问题;也有通过不同体系之间的组合与协作,扩大其适用范围、适用条件的广阔空间,这正是解决不断发展的建设需求与基本桥型固化之间矛盾的创新空间。桥梁结构体系的创新可以从根本上改变结构性能,提升桥梁建设的能效水平,从而突破结构体系固化的瓶颈。总的来说,现代桥梁结构体系的创新发展呈现出如下四个趋势。

一是更加强调因地因时制宜,以回归工程的本质属性。作为工程领域的一个分支,桥梁工程虽然具有建设难度大、资金投入高、对经济社会发展影响深远等个性特点,但依然蕴含着工程的本质属性,即桥梁建设具有的唯一性和当时当地性,不同的桥梁工程项目具有不同的建设目标、自然条件、经济技术约束因素和实现路径。因此,结构体系选型必须立足于当时当地性,回归工程实践活动的本质属性——建构性与实践性。在此基础上,发挥工程师的主观能动性与创造力,寻求当时当地条件下的合理优化解。以混凝土简支箱梁为例,用于对刚度、振动要求并不高的公路桥梁时是一种不合理的结构形式,但应用于对刚度、振动要求极为严苛的高铁桥梁,却是解决高速铁路安全舒适运行问题的不二法门。又如美国、日本等发达国家,钢桥占既有公路桥梁的比例约为50%,而我国公路桥梁中,钢桥占比不足1%,这既体现了不同国家工业化进程的差距,也反映了工程核心要素——经济指标筛选的结果,具有一定的规律性。随着时间的推移,这种情况还会在其他发展中国家重现。

二是更加强调结构体系的改进、组合与协作,以不断提升桥梁工程建设的能效水平。作为工程领域中比较传统、成熟的一个分支,经过数百年的发展演化,桥梁结构体系已无取得颠覆性创新的空间,因此创新的主要表现形式是改进和融合。改进和融合是在传承的基础上,通过不同结构体系的组合与协作,通过结构体系细部和构造的优化完善,以改善桥梁工程建设的经济指标和使用性能,提高桥梁建设的能效水平。随着桥梁建设规模的扩大,既有桥梁保有数量的增大以及相关缺陷隐患的显现,小的技术改进也往往能够获得巨大的效益,这正是渐进性创新的用武之地。例如,自锚体系斜拉桥增加到一定跨径,会因梁内轴压力过大增加主梁的失稳风险,也会导致主梁截面增大而削弱其经济性,于是出现了减小主梁轴压力的部分地锚斜拉桥。又如跨径100~300m高铁桥梁,为满足严苛的刚度要求、控制徐变变形,采用混凝土梁桥、拱桥或斜拉桥均很难满足刚度要求,于是,连续梁拱、连续刚构拱、索辅梁桥等组合结构体系便应运而生。

三是不断强化结构体系、建桥材料、施工方法、结构理论四者的融合发展,以实现更好跨越。现代桥梁工程创新发展历程表明:工程创新历来是多种技术要素相互交织、相互促进的,单一技术要素的工程创新是比较少见的,这既反映了工程的系统性和集成性本质属性,也揭示了工程创新的曲折性和复杂性。在桥梁工程技术迭代升级的进程中,结构体系、建桥材料、结构理论、施工方法是四个相互支撑、相互促进的支柱。其中,结构体系是灵魂,建桥材料是基础,结构理论是核心,施工方法是保障。例如,从材料性能来看,高性能混凝土(HPC)、超高性能混凝土(UHPC)已经达到了工程化应用的条件,但由于没有适合的结构形式来充分发挥它们的性能,以致其应用于实际工程时,经济指标并不占优,因而难以推广应用,导致目前占据结构混凝土材料主流的仍是C60~C80混凝土。又如钢管混凝土拱桥的技术经济优势非常显著,在中国建成的钢管混凝土拱桥多达460多座,但在国外却只有零星的应用,跨径也不大,究其原因大致有两个:一是欧美国家近30年来新建桥梁数量不多,工程实践驱动的理论研究偏少,没有形成相应的技术规范规程,难以指导设计施工;二是分环浇筑的劲性骨架施工方法在国外应用很少、积淀不足,而采用其他施工方法如悬臂拼装法则难以发挥钢管混凝土截面逐步形成、节省钢材的优势。

四是更加注重结构形式的艺术表现力,以担当桥梁工程的社会属性。桥梁工程处在工程、技术、艺术的交叉点上,在满足预定使用功能之外,还应展现出人类跨越障碍的精神追求,承载精神建构和文化传承的使命,有些时候还要延续人们的历史文化记忆。因此,必须高度重视桥梁工程功能、结构体系与艺术造型的和谐统一,展现创造出艺术价值,满足桥梁工程社会属性。另一方面,从结构艺术的4E原则,亦即高效(Efficiency)、经济(Economy)、优雅(Elegance)、环境(Environment)来看,只有高效使用材料,选用优雅而富有创造力的结构形式,才有可能获得良好的经济性能,顺应自然环境及时代要求,创造出新的美学价值。例如,美国奥克兰海湾大桥东桥,出于交通、美观等多方面的需求,并根据旧金山湾区居民的意愿,最终采用了塔高160m、主跨385m的独塔自锚式悬索桥方案,完美地展现了结构功能与艺术表现力的统一。但是,这一方案并不适宜用于高烈度地震区。对此,设计者推陈出新,将独柱塔一分为四,在四个塔柱之间设置了120根剪力键,剪力键作为可牺牲构件,在地震作用下率先屈服,以便于耗散地震能量输入,提出了新的索塔形式及细部构造(关于该桥详细情况,可参见第3篇第16章)。

6.3 未来桥梁工程面临的挑战

总体来说,经过近80年的高速发展及技术迭代,现代桥梁工程已经基本不存在大的、难以突破的技术壁垒了,但在未来,在跨越某些障碍时仍面临一些技术上的挑战。其中,有些挑战需要借助于新的科学发现才可能取得突破,有些挑战则需要不断提升技术开发的成熟度,有些挑战需要依托相关学科领域的新方法新理论,有些挑战则源于工程规模增大所衍生的建设模式的嬗变。概括来说,未来桥梁工程主要技术挑战大致包括长大跨径桥梁的结构体系、深水基础形式及其施工方法、桥梁防震技术、桥梁智能建造与智能运维技术等。

(1) 长大跨径桥梁的结构体系

单纯从材料性能利用角度来看,现有结构体系在采用 2000MPa 级高强钢丝的情况下,根据邓文中等人的估算,悬索桥理论最大跨径可以达到 10000m,斜拉桥的理论最大跨径可以达到 5500m,而桁架梁桥的理论最大跨径也可以达到 1000m;国内外其他学者如瑞士的 V.Meier、美国的林同炎也对各种结构体系的最大跨径进行过估算,虽然结果略小于邓文中的估算,但理论最大跨径远远超过已建成各类桥型的跨径纪录,也基本覆盖了过去几十年全世界曾经规划建设的各种长大跨径桥梁的需求。因此,单纯从建桥材料的角度来说,长大跨径桥梁建设基本上不存在原则性、不可逾越的技术障碍。但是,可能的并不意味着也是合理的,理论可能性与工程可行性之间也存在很大差距。

长大跨径桥梁的结构体系的开发主要有两类:一类是以传统斜拉桥为基础,研究开发自锚-地锚式斜拉桥、斜拉-悬索协作体系等,以减小斜拉索产生的主梁轴向压力、降低索塔高度,研究表明,2000m 级的斜拉桥是具备工程可行性的;另一类是以悬索桥为基础,研究各种适用于超大跨径的改进结构体系,这方面的研究成果较多、工程实现的制约因素相对较少,因而也最具工程可行性。超大跨径悬索桥主要制约因素在于横向刚度,横向刚度的不足不仅会在静风作用下产生过大的横向变形,也会导致悬索桥动力特性、抗风性能的劣化,以及颤振临界风速的降低。因此,超大跨径悬索桥结构体系发展的本质仍然是围绕抗风性能的改善提升。一般而言,增大悬索桥结构体系的横向刚度可从增大加劲梁横向刚度、优化悬索桥结构体系及改进主缆布置方式等方面入手。

通过增大加劲梁横向刚度来改善悬索桥结构体系横向刚度的方式存在诸多局限。由于吊杆对加劲梁的约束能力十分有限,加劲梁在横向相当于是一座梁式桥,如果梁的宽度不小于跨径的 1/60,横向刚度问题并不突出。但对于超大跨径悬索桥,在布置 8 车道的情况下,加劲梁的宽度一般不超过 40m,因此要保持 1/60 的宽跨比,桥宽就明显超出了交通需求,同时也会迅速恶化超大跨径悬索桥的经济指标。因此,对于超大跨径悬索桥而言,采用增大加劲梁宽度来提高其横向刚度、改善抗风性能,既不合理,也不可行。

通过优化悬索桥结构体系、改进主缆布置方式是提高超大跨径悬索桥竖向横向刚度、改善超大跨径悬索桥抗风性能的主要途径。从悬索桥受力特性及组成构件来看,对于悬索桥,主缆是主要受力构件,当跨径增大时,主缆的横截面面积会随着跨径增大而增大,但单位长度的加劲梁、附属设施的重量不会随着跨径增大而产生很大的变化,而活载集度则随着跨径增大有所减小。相关分析估算结果表明:跨径 2000m 级的公路悬索桥,活载产生的主缆拉力约占主缆总拉力的 8%;跨径 3000m 级的公路悬索桥,活载产生的主缆拉力约占主缆总拉力的 4%;跨径 5000m 级的公路悬索桥,活载产生的主缆拉力约占主缆总拉力的 2%。另一方面,主缆的恒载拉力大部分来自其自身,跨径 5000m 或更大时,加劲梁自重、二期恒载的重量产生的主缆轴力大约只占 25%,主缆的轴力及竖向、横向刚度主要来自自身。因此,从 20 世纪 50 年代开始,不少桥梁设计大师都做过系统的分析研究,提出了各种颇具特色的构思方案,集中反映在一些超大跨径悬索桥的概念设计方案之中,受制于技术成熟度,这些方案大多都未能付诸实践。归纳来说,优化悬索桥结构体系、改进主缆布置方式大致有以下几种方式。

①斜拉-悬索协作体系。

斜拉-悬索协作体系即把斜拉桥与悬索桥组合起来,在跨中区域敷设悬索桥的吊索,兼具斜拉桥与悬索桥的受力特性,能够有效减小跨中挠度。2016年建成的主跨为1408m的土耳其博斯普鲁斯海峡第三大桥[图2-6-1a],详见第3篇第19章],为获得较大的竖向刚度,满足公铁两用桥梁对挠度及梁端转角的严苛要求,便采用了斜拉-悬索协作结构体系,使得斜拉-悬索协作体系再次走进国际桥梁界的视野、重新焕发了生命活力。如正在施工的我国甬舟铁路西堠门大桥、湖北荆州李埠公铁合建长江大桥分别采用了主跨1488m、1120m的斜拉-悬索协作体系,此外,近年来一些大跨径桥梁的竞标过程中不时出现斜拉-悬索协作体系方案。从工程实现的技术成熟度来说,斜拉-悬索协作体系是最具工程可行性的结构形式。

②悬索桁架梁桥。

悬索桁架梁桥是把钢桁架梁与悬索桥结合起来,以取得更大的刚度。如林同炎为直布罗陀海峡大桥所做的悬索桥方案,在桥墩两侧的1000m范围内加劲梁由斜拉索和斜撑组成的桁架悬吊支持,从而将5000m的跨径转换为3000m,如图2-6-1b)所示。又如弗朗兹·迪辛格(Franz Dischinger)早在20世纪40年代比照金门大桥所提出的悬索桁架梁桥方案,即在桁架梁的上缘加上一条大缆,对大缆施加张力把桁架吊起来,使桁架能够达到更大的跨径的方案,如图2-6-1c)所示。

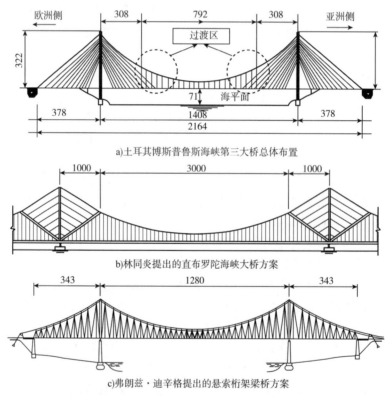

a)土耳其博斯普鲁斯海峡第三桥总体布置

b)林同炎提出的直布罗陀海峡大桥方案

c)弗朗兹·迪辛格提出的悬索桁架梁桥方案

图2-6-1 几种协作体系的悬索桥方案(尺寸单位:m)

③改变主缆布置方式。

常规悬索桥一般采用两根平行的主缆及竖直吊索,加劲梁的扭转频率往往成为抗风性能的控制因素,为此,可通过改变主缆布置方式来增大加劲梁的扭转频率。如采用空间主缆或三主缆、四主缆的方式,以增大主缆对加劲梁横向约束,如图2-6-2a)所示;由莱昂哈特提出的采用单根主缆、吊索与加劲梁形成三角形的单缆方式,以利用加劲梁重力产生的面外恢复力,来提高悬索桥的整体扭转刚度,如图 2-6-2b)所示;又如采用双主缆单鞍座方式,即将两根主缆在索塔附近集束成一根主缆,并配套采用 A 形塔、单鞍座及空间吊索,以增大扭转频率、提高颤振临界风速,如图 2-6-2c)所示,2018 年建成的、主跨 1145m 的挪威哈罗格兰德大桥(Hålogaland Bridge)就采用 A 形塔、空间双主缆及空间吊索,来破解加劲梁宽跨比过小、横向受力性能及风振问题比较突出的矛盾,等等。这方面的构思非常多,都具有一定的可行性,但也存在自身的问题,需要结合具体工程实践深化研究来解决。

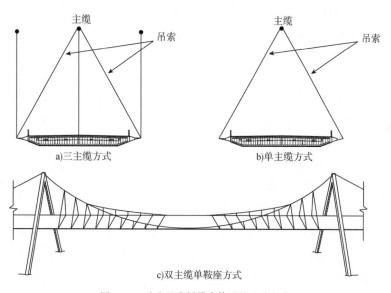

图 2-6-2 改变悬索桥缆索体系的几种方式

④改变吊索布置方式。

传统悬索桥多采用竖直平行吊索,为增大横向刚度,可采用交叉吊索布置方式。如在竖断面上采用交叉吊索布置方式、在斜断面上适当位置布置交叉吊索方式、在主缆上增设交叉拉索的方式,等等,如图 2-6-3 所示。研究表明,这些措施都可以不同程度地提高加劲梁颤振临界风速,但也会带来新的问题。

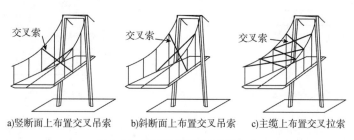

图 2-6-3 改变吊索布置的几种方式

⑤开发纤维材料主缆。

碳纤维、芳纶纤维等纤维材料具有高强轻质的优点,比强度为钢材的 10~20 倍,可以大幅度降低主缆自身重量以及由此产生的主缆拉力,如能工程化应用,对于超大跨径悬索桥的发展无疑十分有利。但在目前,纤维材料和钢材相比,存在各向异性、剪切强度低、不耐热、制备工艺对性能影响大等不足,也无法承受主缆在锚头、索夹、索鞍等部位的三维应力,尚难以应用于悬索桥的主缆,但针对纤维材料改良、锚固方式改进的相关研究开发与试点工程一直都在探索当中。

(2)深水基础形式及其施工方法

目前,在跨越内河、湖泊、海湾的桥梁中,水深一般不超过50~60m,相应的基础形式有沉井、沉箱、桩基础、设置基础及复合基础等。经过上百年的发展演变,总体上来说技术比较成熟,可以应对大多数情况下的水文地质条件,没有原则性的困难。但对于水深超过80m的情况,就目前人类的工程能力而言,无疑会面临巨大的技术挑战,推动人们在深水基础的设计原理、结构形式、施工方法、施工装备等方面不断探索。

沉箱和沉井是最早应用的深水基础。沉箱基础则因施工风险大、气压压差高、施工进度慢等原因,逐渐退出了工程应用,被桩基础和设置基础所取代。沉井基础具有沉降小、承载能力大、抗震及抗船舶撞击能力强等优势,在超大跨径桥梁的深水基础中得到了广泛应用,有些情况下还会根据地质情况特点、与桩基础一起构成"沉井+桩基础"的复合基础,一直是克服深水施工困难的主要手段。如2020年建成、跨径1092m的沪苏通长江大桥的6个主墩均采用沉井基础,沉井高达110.5m,入土深达70m,主索塔的桥墩基础平面面积达5000m²;又如正在施工、主跨1176m的常泰长江大桥突破以往工程界对沉井基础的认知,采用了台阶形沉井基础,底阶尺寸为95m×57.8m,顶部尺寸为77m×39.8m,在距沉井顶部29m的位置在四个方向向内收缩9m,有效缩减了沉井规模及沉井高度,减少基础冲刷,降低沉井基底土体应力,如图2-6-4所示。

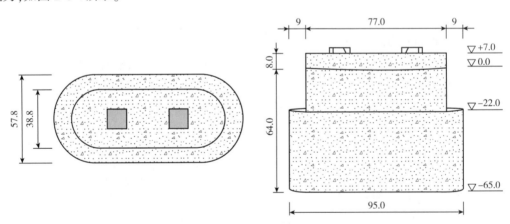

图2-6-4 常泰长江大桥台阶形沉井基础示意图(尺寸单位:m;高程单位:m)

桩基础,特别是钻孔灌注桩具有地质适应性强、成孔速度快、造价低廉等诸多优势,在20世纪70年代后逐步成为深水基础的主要形式,桩径从早期的1.5m左右发展到现在的5.0~6.0m。目前,钻孔灌注桩的形式、施工工艺与施工装备不断改进,发展出变径桩、扩底桩、挤扩支盘桩、钢管复合桩、大直径钻埋空心桩等多种桩的类型和桩底压浆工艺,研制出冲击钻、旋转钻、旋挖钻、套管钻等多种钻孔机械设备,单桩承载能力不断提高,桩基成孔工艺日益完善,施工工期不断缩短。以我国为例,武汉天兴洲长江大桥桩径为3.4m,浙江嘉绍大桥桩径为3.8m,平潭海峡大桥桩径为4.9m,而正在施工的浙江甬舟铁路西堠门大桥,桩径达到了6.3m。总的来说,在水深不大于30~40m情况下,钻孔灌注桩的施工方法、构造形式、施工机具基本能够应对地质、水文的挑战,满足工期与造价的要求。

设置基础是设置沉井基础和设置沉箱基础的总称,有时候也称之为重力式设置基础,是在船坞中预制沉箱或沉井、拖拽至桥址处直接设置、下沉安装的施工方法。设置基础将大量现场水上作业转化为岸上工厂预制,大幅度减小了施工难度、加快了施工进度,是现代桥梁深水基础的主要形式之一。设置基础一般需要借助于大型船坞、大型拖带设备、大吨位锚碇及定位系统、海床整平设备等大型施工装备,对施工装备要求非常高,在欧美、日本等发达国家的海上风电工程、海上石油钻井工程、桥梁工程建设中常有应用,积累了比较丰富、系统的工程经验。设置基础的基本形式有设置沉井沉箱基础、设置钟形基础两种,日本的南备赞濑户大桥、北备赞濑户大桥、明石海峡大桥、希腊的里翁—安蒂里翁大桥等均采用设置沉井基础,美国旧金山—奥克兰海湾大桥、葡萄牙塔古斯大桥采用了钢制井筒沉箱基础,而加拿大联邦大桥、丹麦—瑞典厄勒海峡大桥则采用了设置沉箱基础。设置基础的发展与应用,体现了桥梁施工工业化的能力。

现将部分已建成的国内外水深较大的桥梁罗列如表2-6-1所示,从中可以粗略地看出各类深水基础的应用情况。

部分国内外深水桥梁基础简况表　　　　　表2-6-1

桥　　名	桥墩处最大水深(m)	基础形式	备　　注
中国湛江海湾大桥	25	钻孔灌注桩	
中国苏通长江大桥	30	钻孔灌注桩	钢套箱承台,2.8m的变直径桩,桩长117m
中国港珠澳大桥	37	钢管打入桩	
丹麦小带海峡大桥	40	设置沉箱基础	
中国平潭海峡大桥	45	钻孔灌注桩	桩径4.9m
中国南京长江三桥	46	钻孔灌注桩	桩径3.0m,桩长97m
日本明石海峡大桥	60	设置沉井基础	
美国麦金纳克大桥	64	钢制井筒沉箱基础	
希腊里翁—安蒂里翁大桥	65	设置沉箱基础	见本书第3篇第11章
美国旧金山—奥克兰海湾大桥	67	钢制井筒沉箱基础	
美国塔科马海峡大桥	68		
葡萄牙塔古斯大桥	79.2		
中国四川庙子坪岷江大桥*	60	钻孔灌注桩	在汶川地震中严重受损
中国重庆忠县长江大桥*	67	钻孔灌注桩	
中国四川汉源大渡河大桥*	80	钻孔灌注桩	
中国重庆奉节长江公路大桥*	95.8	钻孔灌注桩	

注:*对应桥梁建成、水电站蓄水后桥墩最大水深。

然而，即便采用设置基础、钢制井筒沉箱基础与大型施工装备，就目前人类的工程实施能力而言，仅能应对水深不超过 80~90m 的情况。但在未来，人类需要跨越一些海峡如直布罗陀海峡、墨西拿海峡、台湾海峡等，水深常常达到百米乃至数百米，如采用桥梁工程跨越这些海峡，无疑会面临巨大的技术挑战，深水基础的设计原理、结构形式、施工方法、施工装备都可能发生颠覆性的变革。对此，一些学者进行过各种构想与研究，应对这一挑战可能的技术路线有两种：一种是借鉴海上石油平台设计施工方法，采用重力式设置基础；另一种是采用浮式基础。

重力式设置基础是借鉴海上石油平台的设计建造方法的深水基础。20 世纪 70 年代，美国菲利普斯石油公司发明了海上石油平台，具有钻井、储油、勘探等多种功能，可以用于水深数百米的深海。重力式设置基础施工要点是先在干船坞浇筑沉箱基础的底板、侧缘和室壁下部，然后拖拽至水深较大的近海，逐节浇筑室壁的上部，逐步完成沉箱的施工，最后拖拽至设计安装区域，在逐渐下沉的同时，采用滑模技术，进行墩身的逐节浇筑施工，并最终将沉箱基础的侧缘插入预定的海床位置，其施工过程简图见图 2-6-5。目前，采用这种施工方法完成的海上石油平台数量达数十座，最大排水量高达 150 万 t，最大水深达 305m，而安装误差可控制在 10cm 以内，施工工期可控制在 2~3 年，技术相对成熟，经过数十年的工程应用检验，应对 100~300m 的深水基础没有困难；但海上石油平台设计施工非常复杂，涉及洋流波浪作用、流固耦合机理、海床整平加固、负压下沉锚固、精准监测定位等多项复杂特殊的工程技术，对大型施工船舶的要求也很高，目前仅有美国、英国、挪威、法国等少数几个国家掌握这一技术。

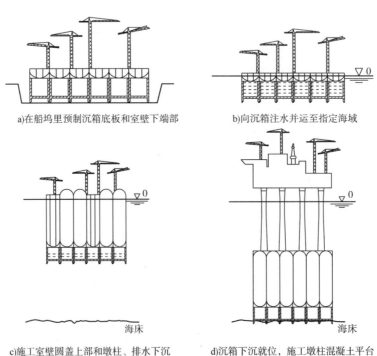

a)在船坞里预制沉箱底板和室壁下端部 b)向沉箱注水并运至指定海域

c)施工室壁圆盖上部和墩柱、排水下沉 d)沉箱下沉就位，施工墩柱混凝土平台

图 2-6-5 海上石油平台施工过程示意图

浮式基础是采用巨大的钢浮箱或混凝土浮箱以及锚固于海底的锚索,将浮箱固定在水中,由锚索为浮箱提供三维约束,然后在浮箱上建造桥梁下部结构,这种浮式基础在北美、北欧地区已经有近百年的工程应用,以应对地质条件极差或水深超过百米的建设条件,取得工程造价与使用性能的平衡。例如,早在20世纪40年代,美国西雅图市就采用混凝土浮箱,建造了总长2020m的Lacey V Murrow浮桥,以应对海峡水深较大、海床地基承载力不足的建设困难,20世纪60年代美国华盛顿州又修建了总长1988m的胡德水道(Hood Canal)浮桥等数座浮桥,在此期间,其他一些国家如挪威、瑞典也采用混凝土浮箱修建了多座跨越海湾的浮桥。经过几十年的使用检验,说明浮式基础在工程上是可行的,在一些特殊情况下具有一定的竞争优势。最近,在挪威比约纳夫海峡大桥(Bjørnafjorden Bridge)的建设中,丹麦COWI公司的一个设计方案非常具有想象力,该方案为1385m+1325m+1385m三主跨四塔悬索桥,为应对水深分别为450m和550m两座中塔的深水基础,采用浮式张力腿基础(Tension Leg Platform,TLP)。TLP基础是由巨大的浮筒及设置在其底部多根系索组成,该浮筒耗钢量约为12.7万t、混凝土约6.7万m³,如图2-6-6所示。TLP具有一定的竖向刚度,可以给索塔提供了相对稳定的竖向支承条件,但横向位移较大,在TLP和上部缆索系统共同提供保向力的约束下,上部结构产生的横向位移接近30m。由于浮式基础技术成熟度不足,应用于大跨径桥梁时还存在一些问题,比约纳夫海峡大桥最终采用了独塔斜拉桥+浮桥的方案。但相关研究表明,采用浮式基础来应对深水基础的挑战在技术上具有一定的可行性,可以成为未来应对深水基础挑战的对策之一。

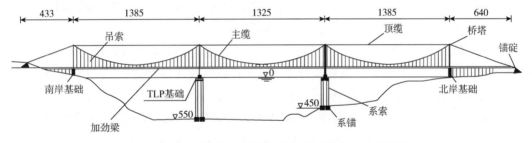

图2-6-6 挪威比约纳夫海峡大桥设计方案(尺寸单位:m;高程单位:m)

(3)桥梁防震技术

就人类工程实践活动3000年的历史而言,地震是各种自然灾害包括洪涝灾害、风灾、地质灾害中最难预防、导致生命财产损失最大的灾害,是群灾之首,严重危害人民生命安全与社会稳定。就世界各国防震理论和防震技术而言,普遍存在历史欠账较多、防震水准不高的缺陷。就桥梁结构而言,地震在自然灾害中对桥梁安全服役威胁最大,常常控制着桥梁设计施工。桥梁是交通生命线工程的重要节点,同时也是地震灾害的薄弱环节,其破坏不仅会导致自身的经济损失,还会影响整个路网或区域的震后救援恢复,导致更大的间接经济损失。由于人类对地球科学、地震工程尚存在诸多认知局限,导致地震难以预测、地震烈度难以准确确定,历次震害调查表明:地震造成的大灾难往往发生在设防不足的低烈度区域。因此,面对地震输入的高度不确定性,为提高桥梁结构的安全性、保障震后救援工作的顺利开展,必须研究开发性能更优越、使用更可靠的桥梁防震技术。现阶段,桥梁防震技术对策包括抗震、隔震、减震耗能及主动控制等多种技术,其中比较成熟的是抗震、隔震和减震技术。

近30年来,针对中小跨径桥梁,隔震技术在世界各国的桥梁建设与抗震加固改造中得到了广泛的应用,据不完全统计,全世界隔震桥梁约15000座,其中我国约4700座,约占1/3。从我国工程实践来看,在7°输入情况下,隔震桥梁造价较传统抗震桥梁高2%~4%,而在8°、9°输入及以上的情况下,隔震桥梁相对于抗震桥梁,造价降幅高达10%~40%。因而,在面对地震烈度存在极大不确定性的情况下,桥梁结构隔震体系不仅更为安全合理,而且更为经济有效。在隔震技术推广应用的同时,新一代的桥梁隔震减震体系如摇摆式自复位桥墩、体外预应力装配式桥墩、钢管混凝土组合桥墩等低损伤、免修复或微修复的桥梁结构体系正在研发,其中一些新的隔震体系已经进入工程应用阶段。

另一方面,对于大跨径斜拉桥和悬索桥,由于其自身刚度较小、自振周期较长,比较适宜的对策是结构减震技术。桥梁结构减震体系的基本思路是增加阻尼,其本质是通过设置减震装置,将结构阻尼比大幅度提高,从而耗散外部能量输入,减小振动响应或变形量值。一般而言,减震体系多采取震-振双控的策略,统筹兼顾地震响应、风荷载及车辆荷载作用下的振动响应和变形控制。设置减震(振)装置后,大跨径柔性桥梁的阻尼比成倍增大,结构振动响应被有效削减,某些情况下还可以改善静力行为。此外,采用防屈曲支撑、黏滞阻尼器、金属阻尼器、电磁阻尼器进行既有梁桥和拱桥的抗震加固也比较普遍,必要时还可以专门设置可牺牲性构件或改变结构体系,以保证在极罕遇地震作用下结构体系的完整。从工程实践来看,桥梁减震(振)技术应用比较广泛,全世界减震(振)桥梁约9400座,其中我国约1700座、占1/5。需要指出的是,在减震(振)桥梁体系中,减震(振)装置发挥作用的前提是结构在地震或风荷载作用下要发生预定的动力响应,产生一定相对速度或相对变形,减震(振)装置才能发挥作用;对于设置防屈曲支撑等耗能构件或牺牲性构件的桥梁,只有在发生预定的破坏模式下,耗能构件才能发挥预想的作用。因此,在工程实践中,对于以控制风振及车-桥耦合振动位移量为主要目标的桥梁,减振技术及装置开发因得到不断实践检验而发展较快、相对比较成熟;对于以减小地震响应为主要目标的桥梁,由于地震输入存在极大的不确定性以及大跨径桥梁地震响应的复杂性,减震技术及装置开发进展相对较慢,经受地震考验的减震桥梁也比较少。从这个角度来看,减震技术成熟度尚不够理想,仍需结合大跨径桥梁建设和运营需求,加强研究与装置开发,加快技术开发迭代。

总体来说,桥梁防震技术正在快速迭代发展之中,一些新结构、新技术,如韧性结构、智能结构、半主动控制技术、自适应减隔震技术等正处在形成工程化技术的前夜。相信这些新体系、新结构、新技术在快速发展迭代之后,能够满足工程实践对桥梁防震技术的新需求。

(4)桥梁智能建造与智能运维技术

随着现代桥梁工程建造从标准化、大型化进入工业化、数字化阶段,桥梁建造借鉴工业化产品的制造方式,通过数字化智能化提高桥梁构件的加工质量和制造精度、增强既有桥梁的管养能力、提升既有桥梁的防灾水准已经成为桥梁工程的主要发展潮流。在这个进程中,集用户定制需求、个性化设计、模块化加工、集成化安装、数字化管养、智慧化防灾等手段为一体的智能建造技术与智能运维技术正在萌芽发展之中,以应对桥梁工程高效建造、有效管养、长效服役的社会需求。目前,新一轮科技革命和产业转型正在兴起,全球科技创新呈现出智能化、信息化的新发展趋势,新一代信息技术正在改变人类的生活方式,给包括桥梁工程在内的传统产业带来了革命性的变化。由于人工智能等基础性、工具性技术的发展,桥梁工程中许多经验出现了"软化",可以更好地描述诸多信息不确定和不确知的现象;同时,桥梁工程建造运维过程中的许多经验可以收集起来,形成新的工程知识,出现了工程经验的"硬化"。面对这一发展趋势,桥梁建设者应抓住时代机遇,实现桥梁建设、管理养护技术与新一代信息技术的全面融合,促进智能桥梁(Intelligent Bridge)的落地生根、开花结果,促进桥梁产业的全面转型升级。

目前,关于智能桥梁尚无确切的定义。顾名思义,智能桥梁的核心是桥梁建设和养护技术的智能化,智能桥梁是利用现代信息技术构建桥梁建设和养护全过程信息通道,进一步融合人工智能等技术所形成的新一代桥梁建设管养技术。智能桥梁大致包含三个基本要素:①桥梁建设和养护技术,这是智能桥梁的前提,如果建设和养护技术达不到智能化水准,则桥梁工程中的智能化技术就举步维艰;②信息技术,科学统一的信息体系奠定了智能桥梁的基础,主要包括建立规模庞大、自上而下、有组织的信息网络体系,并依托信息网络体系进行科学决策;③智能化技术,这是解决桥梁建设和养护难题的根本途径,从根本上推动桥梁设计施工技术的升级换代。与传统桥梁相比,智能桥梁具有三个基本特征——产业化、信息化和智能化。其中,产业化为桥梁建设和养护提供了完整的产业体系,实现了桥梁勘察设计、建造和管养全过程的管理标准化;信息化为桥梁建设和养护全过程构建信息通道,实现了桥梁全寿命期的信息标准化和数字化;智能化为桥梁建设和养护全过程建立智能决策系统,从而减少对人的经验的依赖。简而言之,智能桥梁借助于智能勘察设计、智能建造、智能管养、智能运营等环节,实现桥梁工程的高效建造、有效管养、长效服役的目标,与桥梁产业的痛点高度契合,代表了桥梁工程的发展方向,也是桥梁工程技术创新、工程创新的主阵地。

从工程历史尺度来看,需求永远是桥梁工程发展的第一动力。近年来,国内外桥梁建设需求的变化给智能建造与智能运维技术提出了新的要求,推动桥梁工程的发展站在了新的起点上。智能桥梁不是简单的"智能化技术+传统桥梁建设和养护技术",而是在智能化技术指导下重组技术体系,通过信息智能化技术与建桥材料、建桥装备和勘察设计软件等基本技术的融合,通过在各种技术环节与现代智能信息技术建立接口,为智能化技术和桥梁建设技术创造深度融合的条件,涉及桥梁建设的各个维度,需要材料、结构、设备和信息等多个领域技术协同发展,需要勘察、设计、制造、施工、运营和养护各个环节共同发力,以实现桥梁工程全寿命周期的风险感知、快速响应和智能管理。目前,有关桥梁智能建造与智能运维技术的探索非常活跃,智能材料研发、新兴技术工具开发、智能勘察检测手段升级等方面取得了一定的进展,但总的来说,这些研究探索与技术开发尚处在形成突破的前夜,距离智能桥梁建造与智能运维技术成熟和普遍应用还存在很大差距,在未来几十年里仍有很大的提升空间,进展相对较快的技术主要集中在以下几个领域。

①智能材料。

材料迭代升级历来是工程演化的主要因素,智能材料就是指具有感知环境刺激,对之进行分析、处理、判断并进行适度响应的材料。目前,有望应用于桥梁工程的智能材料主要有光导纤维、形状记忆合金、压电材料及碳纤维混凝土等。通过智能材料的应用,可以实现结构响应的自我感知与自我调节,使桥梁结构性能一直处在最佳状况。例如,自修复混凝土是在混凝土传统组分中的复合特性组分,从而在混凝土内部形成智能型仿生自愈合神经网络系统,以模仿动物的骨组织结构及受创伤后的再生、恢复机理。又如形状记忆合金(Shape Memory Alloys,SMA)同时具有感知和驱动功能金属材料,具有形状记忆效应、超弹性效应、阻尼效应、电阻特性等特殊物理性能,利用这些特性研发新型桥梁防震装置,当地震发生时,形状记忆合金能快速做出反应,降低地震对桥梁结构的损伤。这些智能材料在桥梁工程中的应用探索已经比较普遍,多用于一些中、小跨径人行桥梁,但作为主要结构材料的工程实践则仍不多见,制约其进一步发展的因素主要有三个方面:一是大部分智能材料的价格仍比较高,缺乏市场竞争优势,难以为工程实践活动所选择;二是智能材料的性能尚不够理想,需要借助于大规模工程实践来迭代完善;三是智能材料开发、性能提升与桥梁结构体系、施工工艺的结合不够紧密,普遍存在单兵突进的现象。

②智能勘察设计技术。

智能化勘察设计技术是利用信息技术、人工智能等作为基本工具,辅助工程师进行工程勘察设计的总称。智能勘察设计技术的价值主要体现在以下两个方面:一是提升桥梁工程勘察设计的效率和精度,减轻工程设计人员的工作量,并更好地存储传递设计数据,从而为桥梁工程智能建造、智能监测管养提供完备的数据基础;二是将工程师从繁杂重复劳动中解放出来,将更多精力投入到概念设计、方案构思、艺术表现力展现等能够体现人的情感追求、文化价值的创造性劳动中,更好地从全局上谋划把握桥梁规划、设计、建造、管理、养护等系统性社会事务,使设计构思在工程建设中能够更好地起到起始性、渗透性和贯穿性等引领作用,提升设计品质。目前,在建筑信息模型(Building Information Modeling,BIM)、计算机集成制造(Computer Integrated Manufacturing,CIM)、地理信息系统(Geographic Information System,GIS)、专业计算软件等多种信息技术加持下,桥梁工程勘察设计的智能化、信息化水准不断提升,勘察设计的精细化水平和设计工作效率明显提高,并可模拟桥梁工程建设的详细过程,优化设计方案,提高设计方案的可实施性,预判勘察设计中的不足,解决施工中可能存在的问题,为智能建造与智能管养奠定数据基础。但总的来说,工程设计将工程建造运行所需的物质(物料、设施、工具等)、技法(技术、方法、技能等)、管控(目标链、物质流、能量流、信息流等)等方面有机组织衔接起来,形成严谨细致的、可操作性强的设计成果,具有突出的创造性(Creativity)、复杂性(Complexity)、选择性(Choice)和妥协性(Compromise),既是一种高度集成、建构性技术,更是一种满足多目标、多约束的平衡和妥协艺术,从这个角度来讲,智能勘察设计技术刚刚起步,距离工程应用仍然任重道远。

③智能建造技术。

在桥梁工程从建造到制造、从传统管养手段到智能化运营维护技术的转型过程中,智能建造技术是一个关键的转换平台。智能建造技术是建立在工厂化、数字化、物联网等智能技术基础之上的施工建造技术,将传统施工技术与信息技术、人工智能技术、机械电子技术的深度融合,以提高桥梁工程的施工质量、建造精度与劳动效率,降低复杂艰险作业环境下的风险,并为智能管养奠定基础。目前,以数字孪生技术为纽带的智能建造技术正在快速发展,主要集中在功能各异的机器人等智能设施、工程项目系统化管控研发等方面,应用场景包括但不限于钢结构加工焊接探伤等、隐蔽工程中如桩基础清孔作业、工程建造服务管理与流程再造等方面,如2018年建成通车的港珠澳大桥42.5万t的钢桥自动化生产线就是智能建造技术初步应用的一个实例。另一方面,随着欧美等发达国家交通基础设施的老化,需要改造或替换的桥梁日益增多,桥梁改造替换所产生的社会直接成本与间接成本大幅度增加,促使快速施工工法如ABC(Accelerated Bridge Construction)工法、大型智能施工装备不断发展,提升了桥梁建造的智能化水平。此外,基于BIM技术、虚拟现实技术(Virtual Reality,VR)技术施工过程的仿真,能够有效提升作业人员对施工作业要点的理解,优化施工工序,预防桥梁工程建造的安全风险,已经有了一定的应用。如借助于三维(3D)扫描技术,可以发现短线法施工时预制拼装节段的缺陷,以便采取纠偏控制对策,提高预制拼装节段的质量。总体来说,智能建造技术的探索、尝试和发展是比较迅猛的,经济社会效益是比较明显、容易衡量的,因而有可能率先在一些关键结点上取得实质性突破和大规模工程应用,并在不断迭代中发展完善。

④智能检测与维护技术。

智能检测与维护技术包括智能检(监)测、智能防灾减灾等多个方面,是智能桥梁研究比较活跃的一个分支,具有广阔的应用和发展前景。随着深度学习的快速发展,人工智能技术融入桥梁检(监)测的研究与技术开发正在加速,混凝土桥梁无损检测、钢桥疲劳裂纹探测、水下桩基础检测、高清摄像损伤识别、无人机、缆索检查机器人等一系列智能检测装备与技术,以及数据挖掘、计算机图像识别等众多大数据智能算法应用不仅使得桥梁检(监)测手段不断丰富,实现对桥梁各类复杂、隐蔽、高空部位的检测,而且解决了由于人工原因造成的检测效率低、检测不到位、检测范围小等问题,有效提高了检测精度和效率,丰富了桥梁运营维护过程中检测、分析和评价手段,最大程度保证了检测数据及结果的可靠性,为智能运营维护技术提供了有力的支撑。总的来说,智能检测维护技术的市场需求比较旺盛,应用场景比较明确,工程目标比较单一,相关学科的支撑技术发展较快,能够突破传统检测维护技术的局限,有望在工程实践活动中获得比较普遍的应用。

案例 2-6-1

全球未来几座富有挑战性的桥梁工程案例

近30年来,随着日本本四联络线工程、丹麦联岛工程、中国舟山联岛工程、中国港珠澳大桥等几座举世瞩目的近海交通土建工程的实施,人类跨越障碍的能力得到空前增强,大型跨海桥梁、海底隧道建设不再是交通基础设施建设的拦路虎。然而,相对于已经取得的建设成就,人类在未来要面临的桥梁工程挑战性的实例还有很多,以下简要介绍三个挑战性的实例。

(1) 意大利墨西拿海峡大桥

墨西拿海峡位于意大利半岛与西西里岛之间,最宽处约31km,最窄处约3.3km,但墨西拿海峡的海底与两岸的连接坡度非常陡,最浅的海床水深也达到了110m,潮流的速度达到了3m/s。从20世纪50年代起,意大利政府就有建设半岛与西西里岛联络线的计划,并从1969年起,先后数次面向全球征集设计方案,直到1992年,意大利政府选定了墨西拿海峡(Stretto di Messina,SM)公团的设计方案。该桥设计的环境条件主要包括:距海面高度70m的风速为60m/s,地表最大水平加速度峰值为0.6g,持续时间25s。设计难点有三个:一是采用何种结构体系,以解决或避免深水基础;二是采用超大跨径悬索桥时,如何满足抗风要求;三是如何减小地震响应。

经过数次修改完善,以英国著名工程师威廉·布朗(William Brown)为技术核心的墨西拿海峡公团的推荐方案为跨径960m+3300m+810m悬索桥成为拟实施方案。该方案设计要点如下:两侧锚碇均位于岸上,采用重力式锚碇;索塔位于岸边,采用376m高的H形钢框架,索塔基础为圆形,基础底面在海面以下约20m;矢跨比为1/11,两侧主缆间距52m,每侧设2根直径为1.271m主缆,主缆安全系数为2.12;加劲梁宽60.4m,宽跨比为1/54.6,在纵向上采用三跨连续结构体系,在横向上采用分体式加劲梁截面,其中中间箱梁布置双线铁路,两侧箱梁分别布置3车道公路;吊索采用垂直形式,间距30m,如图2-6-7所示。经试验验算,该方案能够抵御2000年一遇地震,颤振临界风速可达90m/s,能够满足建设条件的要求,在技术上是可行的。该桥主要用钢量:索塔用钢量约5万t,加劲梁用钢量约12万t,主缆用钢量约16万t,总用钢量33万t,约为明石海峡大桥的3倍,工程预算约50亿美元,施工工期约7年。

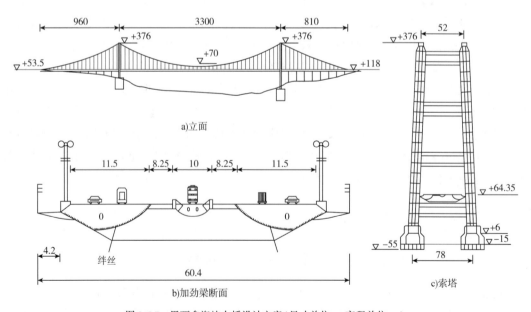

图2-6-7 墨西拿海峡大桥设计方案(尺寸单位:m 高程单位:m)

该桥在设计方案拟定下来的30年里,数度传出开建的消息,但最终均未动工,主要原因可能是工程建设资金筹措问题,但超大规模、超高难度的技术挑战也是原因之一。虽然墨西拿海峡大桥的设计方案并未实施,但其在方案竞赛、方案设计所提出的一些构思和技术对策,如分体式加劲梁截面形式,对于超大跨径悬索桥的建设仍起到重要的推动作用,对后续建设的一些悬索桥和斜拉桥,如我国浙江舟山西堠门大桥、香港昂船洲大桥的设计建造产生了深远的影响。

(2) 中国台湾海峡大桥

台湾海峡处于中国东海大陆架上,南北长约400km,海峡北部窄、南部宽,南口宽约400km,北口宽约200km,最窄处为130km,水深不超过80m。台湾海峡是世界上最宽的海峡之一,是我国沿海和国际航运的重要通道。自20世纪80年代以来,我国许多设计单位、科研院所针对台湾海峡通道提出了若干个构思方案,线路走向主要有北线、中线、南线三种,设计构想包括桥梁方案、桥隧结合方案、隧道方案等,相关部门也多次召开学术研讨会议。2017年,京台高速公路、京台高铁被列入国家综合交通运输体系发展规划,标志着台湾海峡大桥建设进入了国家视野。在诸多方案构想中,以北线平潭—新竹桥梁方案最具可行性,该线路桥梁总长约130km,其中平潭海峡公铁大桥长16.34km,设计荷载为双线Ⅰ级铁路、双向6车道公路,历经7年建设,已于2020年建成通车,三个航道(元洪航道、鼓屿门航道、大小练岛航道)分别为主跨532m、364m、336m的钢桁组合梁斜拉桥,深水高墩区采用80m、88m简支钢桁梁,浅水及陆地区采用40m、48m预应力混凝土简支箱梁。该桥钢材用量达124.3万t(其中临时钢结构61.3万t),混凝土用量294万m^3(其中临时工程混凝土用量47万m^3),工程体量居世界之首,工程总造价约88亿元,可视为台湾海峡大桥先期工程,为台湾海峡大桥的建设奠定了良好的基础。

台湾海峡大桥主要挑战有四个方面,即线路长、水深大、风浪急、桥址位于地震带。在平潭—新竹方案中,水深普遍在60~80m之间,受海峡地形及洋流影响,海峡每年超过6级以上的大风天气超过300d,7级以上的大风200多天,是全世界三大风口海域之一。受风力的影响,海峡区域浪高、流速大、潮汐明显,海峡北部的平潭海峡公铁大桥百年一遇最大风速为44.8m/s、最大浪高为9.69m、最大流速为3.09m/s、最大潮差为7.09m,气象及海况等施工条件十分恶劣。此外,桥址位置位于环太平洋地震带,台湾地区高烈度地震频发,地震对深水大跨桥梁受力行为的影响机理尚不清楚。

在诸多桥梁方案中,由林元培等人提出的方案构思最具代表性。该方案在主要航道上布置多跨3500m跨径的悬索桥,从安全、适用性、便于实施等角度出发,对加劲梁在风力作用下变位的控制、索塔基础抗震、索塔深水基础设计与施工、主缆防腐与换索等问题,提出了相应的构思及对策。其中,基础采用沉井-桩基础,索塔采用空间人字形结构,并设置横桥向的稳定索对索塔进行加劲,主缆系统采用直径2.5m、高差20m的双层主缆,并采用倾斜吊索、设置风缆撑杆等对策,以提升悬索桥的抗风性能;加劲梁采用宽57m、高7.2m的扁平混凝土箱梁,并将行车道从桥面移至箱梁内,以克服浓雾、强风对正常运营的影响;在桥面设置太阳能、风能发电设施,以提供桥梁正常运营所需的动力,如图2-6-8所示。从上述构思方案可见,台湾海峡大桥从技术上来说是基本可行的,相关技术难题也都可以应对克服,但工程所涉及的线路布局走向、桥隧结合形式、建造方式、安全运营、防灾减灾、维护管养等问题仍非常具有挑战性。

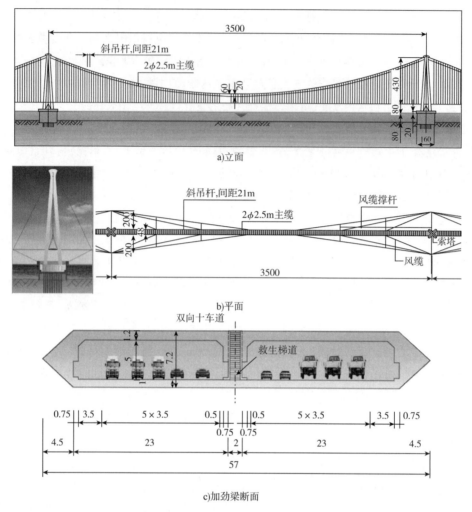

图 2-6-8 中国台湾海峡大桥主跨方案构思(尺寸单位:m)

(3) 直布罗陀海峡大桥

直布罗陀海峡两侧为西班牙和摩洛哥,建设跨越海峡大桥的构想可以追溯到 19 世纪,20 世纪 90 年代后开始可行性研究。跨越海峡的线路有两条,一条是"海峡线路",两岸距离为 14km,这条线路最突出的问题是水深大,最大水深达 900m,因此一开始就放弃了隧道方案,所幸的是桥梁基础可以架设在水深为 450～500m 海峡中部的海山上。有关方面倾向于采用两主跨 5000m、两边跨 2500m 的四跨悬索桥方案,该方案采用 4 根直径 1.09m 的主缆,加劲梁为宽度 58m 的分体式箱梁,主塔高程 646m,主塔基础分别在水面以下 95m、480m、415m,锚碇基础分别在水面以下 70m、80m。在"海峡线路"的桥梁方案中,以林同炎提出的悬索桁架梁桥最具代表性(图 2-6-1b)。另一条线路是"大陆架线路",线路总长约 28km,水深相对较浅,最大水深约 300m,因此考虑了隧道和桥梁两种方案,其中桥梁方案倾向于采用三主跨 3500m、两边跨 1500m 的五跨悬索桥方案,主塔基础在水面以下 140～315m,锚碇基础在水面以下 55m。从以上基本数据可以看出,直布罗陀海峡大桥建设难度极大,超出了人类目前的工程实施能力。

本篇参考文献[1]

[1] 弗里茨·莱昂哈特.桥梁建筑艺术与造型[M].徐兴玉,高言洁,姜维龙,译.北京:人民交通出版社,1988.

[2] MENN C. Prestressed concrete bridges[M].Basel,Swiss:Birkhäuser Basel,1990.

[3] 伊藤学,川田忠树,等.超长大桥梁建设的序幕:技术者的新挑战[M].刘健新,和丕壮,译.北京:人民交通出版社,2001.

[4] 张联燕,程懋方,谭邦明,等.桥梁转体施工[M].北京:人民交通出版社,2001.

[5] 严国敏.现代悬索桥[M].北京:人民交通出版社,2002.

[6] 吉姆辛.缆索支承桥梁:概念与设计[M].金增洪,译.北京:人民交通出版社,2002.

[7] 陈宝春.钢管混凝土拱桥实例集(一)[M].北京:人民交通出版社,2002.

[8] 武际可.结构力学简史——结构工程是人类文明的脊梁[C]//中国力学学会结构工程专业委员会,湖南大学土木工程学院,中国力学学会《工程力学》编委会,清华大学土木工程系.第十一届全国结构工程学术会议论文集第I卷.《工程力学》期刊社,2002:104-109.

[9] 周孟波,刘自明,王邦楣.悬索桥手册[M].北京:人民交通出版社,2003.

[10] 刘自明,王邦楣,陈开利.桥梁深水基础[M].北京:人民交通出版社,2003.

[11] 王伯惠.斜拉桥结构发展和中国经验 上册[M].北京:人民交通出版社,2003.

[12] 王伯惠.斜拉桥结构发展和中国经验 下册[M].北京:人民交通出版社,2004.

[13] TASSIN D M. Jean M. Muller: bridge engineer [J].PCI Journal,2006,51(2):88-101.

[14] 钱冬生.谈桥梁[M].成都:西南交通大学出版社,2008.

[15] 王应良,高宗余.欧美桥梁设计思想[M].北京:中国铁道出版社,2008.

[16] 陈宝春.钢管混凝土拱桥实例集(二)[M].北京:人民交通出版社,2008.

[17] 胡建华.现代自锚式悬索桥理论与应用[M].北京:人民交通出版社,2008.

[18] 项海帆,潘洪萱,张圣城,等.中国桥梁史纲[M].上海:同济大学出版社,2009.

[19] 中国公路学会桥梁和结构工程分会.面向创新的中国现代桥梁[M].北京:人民交通出版社,2009.

[20] 刘高,吴宏波,黄李骥,等.长大桥梁关键技术综述[J].公路,2009(5):53-64.

[21] 金立新,郭慧乾.多塔斜拉桥发展综述[J].公路,2010(7):24-29.

[22] HÄBERLE U.Tri-Countries Bridge between Weil am Rhein, Germany and Hüningen,France[J]. Structural Engineering International, 2010, 20(3):321-324.

[23] 项海帆,等.桥梁概念设计[M].北京:人民交通出版社,2011.

[24] 孙树礼.高速铁路桥梁设计与实践[M].北京:中国铁道出版社,2011.

[25] 葛耀君.大跨度悬索桥抗风[M].北京:人民交通出版社,2011.

---

[1]部分案例资料数据来源于"桥梁杂志""西南交大桥梁""iStructure""说桥"等公众号、网络链接或非正式发表文献,无法一一注明来源,特致谢忱;如有侵权,请与作者联系。

[26] 肖汝成,等.桥梁结构体系[M].北京：人民交通出版社,2013.

[27]《中国公路学报》编辑部.中国桥梁工程学术研究综述.2014[J].中国公路学报,2014,27(5):1-96.

[28] 邓文中.桥梁话语：邓中文选[M].北京：人民交通出版社股份有限公司,2014.

[29] 赵人达,张双洋.桥梁顶推法施工研究现状及发展趋势[J].中国公路学报,2016,29(2):32-43.

[30] 张喜刚,刘高,马军海,等.中国桥梁技术的现状与展望[J].中国公路,2017(5):40-45.

[31] 赵人达,张正阳.我国钢管混凝土劲性骨架拱桥发展综述[J].桥梁建设,2016,46(6):45-50.

[32] 陈宝春,韦建刚,周俊,等.我国钢管混凝土拱桥应用现状与展望[J].土木工程学报,2017,50(6):50-61.

[33] 邵旭东,邱明红,晏班夫,等.超高性能混凝土在国内外桥梁工程中的研究与应用进展[J].材料导报,2017,31(23):33-43.

[34] 李建中,管仲国.桥梁抗震设计理论发展：从结构抗震减震到震后可恢复设计[J].中国公路学报,2017,30(12):1-9,59.

[35] Zheng J L, Wang J J. Concrete-filled steel tube arch bridges in China[J]. Engineering, 2018, 4(1): 143-155.

[36] 滕锦光.新材料组合结构[J].土木工程学报,2018,51(12):1-11.

[37] Holger Svensson.斜拉桥——世界范围内40年的理论和技术[M].张戎令,王学伟,王亚,等,译.北京：人民交通出版社股份有限公司,2018.

[38] 李亚东.亚东桥话[M].北京：人民交通出版社股份有限公司,2018.

[39] 周绪红,张喜刚.关于中国桥梁技术发展的思考[J].Engineering,2019,5(6):1120-1130,1245-1256.

[40] 葛耀君,袁勇.桥岛隧组合跨海通道的最新建设技术[J].Engineering,2019,5(1):35-49.

[41] 高宗余,阮怀圣,秦顺全,等.我国海洋桥梁工程技术发展现状、挑战及对策研究[J].中国工程科学,2019,21(3):1-4.

[42] 毛伟琦,胡雄伟.中国大跨度桥梁最新进展与展望[J].桥梁建设,2020,50(1):13-19.

[43] 陈良江,周勇政.我国高速铁路桥梁技术的发展与实践[J].高速铁路技术,2020,11(2):27-32.

[44] 刘晓光,卢春房,鞠晓臣,等.我国铁路钢结构发展回顾与展望[J].中国工程科学,2020,22(23):117-124.

[45] 李军堂,秦顺全,张瑞霞.桥梁深水基础的发展和展望[J].桥梁建设,2020,50(3):17-24.

[46] 陈宝春,刘君平.世界拱桥建设与技术发展综述[J].交通运输工程学报,2020,20(1):27-41.

[47] 中共中央马克思恩格斯列宁斯大林著作编译局.路易·波拿巴的雾月十八日[M].北京：人民出版社,2018.

第 3 篇

现代桥梁工程的经典创新案例

第1章 引　　言

第二次世界大战以后的近80年间,在"锐意进取、改造自然"工程观的引领下,人类的工程能力得到了迅猛的提升。伴随着工业化和城市化进程的加速、高速公路以及高铁建设高潮的兴起,桥梁工程得到了极大的发展。在旺盛且持续的社会需求的推动下,在相关科学发现的指引下,在第二次、第三次工业革命成果的支撑下,桥梁工程实践的规模不断扩大,技术创新速度不断加快,工程创新成果层出不穷,产业聚集效应日益显著,新的建设管理模式不断涌现,桥梁建设总体上实现了从"能不能"向"好不好"的根本转变,基本满足了经济社会发展的需求。

在这个进程中,以美国、德国(联邦德国)、英国、法国为代表的西方发达国家,在20世纪80年代就基本完成了桥梁等基础设施的大规模建设,创造出以预应力混凝土技术、斜拉桥技术为代表的新技术并迅速向全世界传播,桥梁工程创新呈现出全球扩散的态势。日本、丹麦、韩国等发达国家以及中国、巴西、印度等发展中国家加快了桥梁等基础设施的建设。人类历史上最大规模的工程建设活动正在展开。第二次世界大战以后建成的桥梁数量高达数百万座,超越了此前3000年人类工程历史的总和。在这样一场建设规模空前、建设速度迅猛、创新技术不断涌现的工程实践活动中,工程创新起到了无可替代的主导作用。总体来说,桥梁工程创新呈现出如下三个特点。

①就桥梁工程创新规律而言,科学发现、技术开发对桥梁工程创新的引导作用与支撑力度空前。工程创新是一种科学、技术和工程实践的相互渗透、相互交替、相互作用的复杂过程,是在特定的经济、技术、环境、文化等边界条件下,科学合理地集成先进技术与方法,提出解决实际工程问题的优化方案,并在技术的某些方面有所突破的实践过程及其结果的总和,桥梁工程也是如此。经济尺度、能效尺度与艺术尺度是工程创新的外部推动力,工程建设者,特别是工程设计者的价值理性和精神追求是工程创新的内在动力。随着桥梁工程实践规模的增大、工程建设资源的全球化配置,工程创新的作用、价值日益显现,并由此带动工程创新的扩散、工程行业产业的聚集与发展。

②就桥梁工程创新机制而言,一些桥梁工程强国如德国(联邦德国)、美国、英国、法国、日本、丹麦、瑞士逐步构建了比较完备的创新机制。工程创新机制的五个要素即社会需求推动、科学技术支撑、自然与社会筛选、技术自我进化、工程大师点化呈现出相互作用、相互支撑的趋势,工程创新成果不断涌现并向全球扩散,产业聚集效应日益显著,但在相当多的国家或地区,工程创新机制并未形成,正如熊彼特所说:"创新不是孤立事件,并且不在时间上均匀地分布,而是相反,它们趋于群集,或者说成簇地发生。"

③就桥梁工程创新成果而言,现代桥梁工程近80年的发展进程中成效显著,建设能效

水平大幅提升。然而,拉长时间轴观察,虽然每座桥都是独一无二的人工创造物,都具备创造特性,但绝大部分只具有传承属性,并无创新特质。在第二次世界大战以后的近80年间,重要的、"从0到1"的、经过历史与工程实践检验的、留存下来的工程创新成果不过数十项,大多数技术创新及工程创新虽然在当时获得了高度的认可,但最终却淹没在工程历史的长河中。这既反映了工程创新的历史局限性,也揭示了大多数工程创新"不成功"的必然性。

面对现代桥梁工程取得的巨大成就,以及大浪淘沙式的工程创新实践成果,有些时候,通过回望工程历史,将经典工程创新案例放在历史的尺度下,才有可能对其价值理性、工具理性认识得更加透彻、更加客观全面,从而领悟工程大师的思想方法与思维方式,强化工程思维的批判性,提升工程问题的洞察力,走向工程创新的新天地。这正是本篇在第1篇阐述若干工程哲学认识、第2篇介绍现代桥梁发展演化脉络之后,进行经典创新案例研究剖析的目的所在。

1.1 案例研究意义

案例研究(Case Study)是一种理论与实践活动相结合的研究方法,也是一种行之有效的教学方法。自创立以来,案例研究方法已经在法学、工学、医学、管理学、军事学、经济学、教育学等实践性较强的学科领域中广泛使用,取得了丰硕的研究效果,对培养受教育者的思维方法、创新能力起到了积极的推动作用。特别是在20世纪20年代以后,随着管理学科、工程学科等学科的发展,以及这些学科对社会经济推动作用的显现,案例教学被广泛应用于企业经营人才、工程技术及管理人才的培养,逐渐成为综合性、实用性、创新性人才培养的得力工具,特别是在创新能力培育中显现出独特的价值和巨大的功效。

工程实践活动是在特定的经济、社会、技术、自然等条件约束下,同体异质的技术要素和非技术要素的集成与整合,集科学性、创造性、集成性、建构性、实践性、经验性等本质属性为一体。虽然人们已从诸多途径和不同视角展开关于工程创新的研究,但越来越深刻地认识到案例研究对于工程创新具有重要的、理论研究所不可替代的价值意义。工程案例研究是对工程创新经验教训的深刻反思,有助于揭示工程创新的客观规律;是对工程创新思想方法的深入阐发,有助于探究工程创新者的思维方式;是对工程创新具体过程的生动再现,有助于培育工程创新人才的品格特质。因此,工程案例研究对于工程创新,无论从理论上还是从理论与实践的结合上,都具有重要的现实意义和长远价值。正如殷瑞钰所说:"案例研究可以成为直接沟通理论与实践的'桥梁',它不但可以成为抽象理论的'落实'过程,同时又可以成为实现理论'起飞'的基地。"概括来说,工程案例研究的意义价值包括但不限于以下四个方面。

(1)揭示工程创新的客观规律

工程创新凝聚着全人类的智慧和世世代代持之以恒的努力,工程史上每一个划时代的成就都是对以往成果的总结和提升,并为今后的工程创新奠定坚实的基础,是传承性和创新性的辩证统一。作为工程历史规律,工程创新的与时俱进属性是建立在巨大的包容性和高度不确定性之上。因此,通过案例研究来揭示工程创新的客观规律,可以不断深化对工程创新的认识。工程创新是一种科学、技术、艺术和工程实践的相互渗透、相互交替、相互作用的复杂过程;工程创新的必然性建立在工程实践主体对众多选择的有机整合之中,是选择性和创新性的辩证统一;工程创新的发展受经济、社会、历史、文化等外部因素的制约,也受工程实践活动本身内部因素的制约,在工程创新过程和实现环节中,往往出现壁垒、陷阱、超前、滞后、隐患、缺陷等事先难以预计的情况,存在着高度不确定性。通过案例研究,可以更好地阐明工程创新的客观规律,总结工程实践活动的经验教训,提升工程实践主体,特别是工程师的认知水平。

(2) 领悟工程大师的工程观念

作为"认识世界、改造世界"终极学问,工程哲学是对人类依靠自然、顺应自然、合理改造自然的工程实践活动的总体性思考,是探究工程实践活动的根本观点、普遍规律和思想方法的结晶。在工程哲学转化为实践行动的过程中,工程观念是一个承上启下的重要载体,也是在中宏观层面上认识工程、思考工程、改进工程,进而进行工程创新的重要工具,更是一个联结工程理念与工程设计、建造、运营、维护方法的转换平台,具有跨时空、跨技术领域的穿透能力。工程观念主要包括工程系统观、工程社会观、工程伦理观、工程生态观及工程文化观等,是一个互相依托、有机统一的整体。然而,工程观念是抽象的、高度概括的,并不能直接转变为工程设计、实施运营的具体措施;工程观念也是演化发展的、与时俱进的,并不是一成不变的教条,其演化发展既受工程的社会性、系统性与实践性的约束,也深受工程的经济性能、技术性能等能效指标的影响;工程观念还是互相冲突的,并不是专业知识、工程经验的简单组合应用,在工程实践活动中常常存在自相矛盾之处。只有结合工程演化发展当中的经典案例,通过由表及里、抽丝剥茧、去伪存真的剖析,才有可能从浩瀚复杂的工程实践活动中透过现象直抵工程实践活动背后的本质,才有可能结合工程案例体会感悟工程大师工程观念的独到之处,才有可能从工程大师的思想中汲取养分,进而转化为认识工程、改进工程的强大思想武器。

(3) 探究工程创新群体的思维方式

从工程历史来看,任何工程创新都是依靠人来突破的,工程创新不但是物化的建造过程,也是全方位体现工程创新群体的思想、知识、经验、价值观、审美观等思想要素和精神内涵的过程。那么,工程创新群体思维方式、思想方法有什么特质特征?这些特质特征的形成需要具备什么条件?对后来的工程实践者有何启迪意义?因此,借助于工程创新案例研究,探究创新群体的思维方式、思想方法就具有跨越时空的价值理性,也具有普遍通用的工具理性。具体来说,案例研究主要意义体现在以下三点。

①案例研究有助于对工程创新思维方式——整体思维方式进行探索。正如马克思、恩格斯所强调的,"每一个时代的理论思维,包括我们这个时代的理论思维,都是一种历史的产物,它在不同的时代具有完全不同的形式,同时具有完全不同的内容"(《马克思恩格斯文集(第九卷)》,人民出版社 2009 年版,第 436 页)。决定工程思维方式演变的主要因素包括科学发现水准的高低、相关工程领域的支撑程度、所在区域的经济社会发展状况以及历史文

化传统等,自然科学的发展现状、相关工程领域的发展水平,乃至不同的经济社会发展水准及历史文化传统都会对工程思维方式产生深远的影响。追溯历史,通过案例来研究工程思维的性质、内容、形式、特点和作用,揭示其演变发展的历程,有助于展示创新者在"系统整体论框架"下的思维方式及其图景,摆脱"机械还原论框架"思维方式的束缚与影响。

②案例研究有助于对工程创新思维方式——形象思维方式的深入认识。形象思维是相对于抽象思维而言的,常常运用想象、联想、比喻、类比等形式,使人看得见、摸得着、想得到,因而具有强大的穿透力和说服力,但却又难以进行提炼总结。正如钱学森所言:"工程师处理问题,别人看来不明白是怎么回事,譬如总工程师最后下了决心,大家就这么干。一干对了,究竟怎样对的?为什么要这样干?谁也不知道是怎么回事。……我觉得,这里头最根本的是形象思维,或者叫作直感思维。"形象思维最大的特点就是寓抽象的事物于具体的形象之中,深入浅出、容易明白,蕴涵着创造性,兼有形象性和概括性的特点,在工程实践活动中是人们经常运用的思维方式,但长期以来,学术界对之却视而不见,工程师群体也存在"日用而不知"的现象。因此,非常有必要通过经典案例研究来发掘形象思维在工程创新中的作用,加强工程师对形象思维的理解和运用。

③案例研究有助于对工程创新思维方式——实践思维方式的深入理解。每个工程项目都具有唯一性和当时当地性,具有不同的实践活动目标、自然条件、经济技术约束因素、社会推动力量和实现手段方法,工程建设越来越普遍地与社会的、经济的、环境的影响联系在一起,工程实践活动甚至工程创新的成败受其直接制约。这些问题的解决单纯依靠工程技术的手段是远远不够的,必须综合自然、社会、经济、技术、文化等各种影响因素,而前人已有的工程实践恰恰具有这种优势,已经从正反两个方面将经济、技术、社会、文化的影响予以实证化。通过案例研究,揭示工程实践活动的底层逻辑和背后蕴藏的经济社会规律,建立原本似乎互不相关的多种事物之间深层次的联系,这对工程实践主体,特别是设计工程师突破壁垒、躲避陷阱具有普遍的启发作用。

(4) 培育工程创新人才的品格特质

从大的工程历史尺度来看,在具备了旺盛的社会需求、坚实的科学基础和技术支撑力量后,工程创新总会发生,但如果没有创新群体的长期积淀,没有工程大师的"点石成金",工程创新往往会滞后若干年,工程创新的路径或许会改变。工程创新既存在"时势造英雄"的现象,也存在"群雄并起、各领风骚"的时代特点。因此,通过典型案例研究,发掘工程创新群体所具有的善于创新、勇于实践、勤于总结的品格,探究工程创新群体所具有的特质特征,无疑具有重大的现实意义。另一方面,案例研究为工程实践主体特别是工程师提供一个逼真的、具体的工程情景,工程师通过对工程案例的分析和研究,在反复品鉴体会中,举一反三、由此及彼、由表及里、去粗存精,经过不断对比、归纳、思考、领悟,甚至将自我代入,逐步建立起一套于适合自己的、有效的工程思维方式,形成善于创新、追求卓越的品格,从而提升工程创新能力,造就优秀的、数量庞大的工程创新群体。这既是案例研究的重要功能,又是它的理论使命。

1.2 本篇内容简介

在本篇中,选取20个典型案例,从技术背景、方案构思及解决问题的对策、主要技术特点、工程创新扩散等多个方面,多维度、中尺度、相对宏观地剖析经典创新案例的特点,尽可能全面再现工程创新成果的产生背景、技术场景及后续影响,探究技术创新的应用背景与工程创新的历史渊源,以克服现有相关书目见物不见人、见结果不见过程、见分析不见构思的局限,进而尽可能地揭示工程创新思维的形成过程,领悟工程大师的思想方法和思维方式,汲取工程大师的工程智慧。虽然时代在变、技术在进步、工程的体量规模在增大,但面对具体工程问题时,工程大师的思想方法、思维方式、思维艺术等内化于心的工程智慧却仍然能够穿透时空、历久弥新,对读者工程观念的建构、工程思想的养成、工程创新思维的培育、概念设计能力的提升仍会有所启发。

从工程历史来看,工程创新成果主要依附于特定的个体或群体。在不同历史时期都会涌现出一批工程大师,这些大师总能够在技术限定的可能性空间中推陈出新,在工程的可行性空间中化繁为简。那么,工程创新为什么会依附于特定的群体之中?这些工程大师在面对具体的工程难题时又是如何进行思考分析,进而实现工程创新的?他们所处的外部环境、内部条件有何特点?他们的思想方法、思维方式有何不同之处?对后来者有何启迪?……显然,这是一个在方法论、认识论层面值得深入探讨的问题,也是一个对工程界具有普遍启迪意义的问题。但遗憾的是,工程大师们在面对具体工程难题的思考方法、思维方式大多都淹没在工程历史的尘埃之中,留存下来的文献多为总结性、分析类的论文,后人能够看到的往往是思维的结果,却无法深入了解大师们的思维过程。特别是日本、中国的工程设计成果,可能是受东方文化的影响,概念设计、方案构思的成果多是以集体名义出现的,主导方案构思的灵魂人物常常隐匿在相关文献之后,现有文献中也很少剖析概念设计的酝酿、构思、形成过程。正如爱因斯坦所言:"结论几乎总是以完成的形式出现在读者面前,读者体验不到探索和发现的喜悦,感觉不到思想形成的生动过程,也很难达到清楚地理解全部情况。"从这个角度来看,有必要在数以百万计的已建成桥梁中,选取若干开创性突出、启发性明显的典型桥梁工程创新案例,尽可能地穿透历史的尘埃,分析还原工程大师在工程创新过程中所处的主客观条件,复盘探究工程大师的思维背景,感受领悟工程大师的思维方式和思想方法,从而助推工程创新思维的培育,催生新的工程智慧。因此,典型工程创新案例研究不仅是穿越时空、与工程大师对话的"桥梁",也是从工程历史中汲取养分的重要载体,更是提升工程素养、催生工程智慧的重要介质。

思维活动是宇宙中最复杂、最奇妙的现象之一。思维能力是人类最重要、最具特征性的能力,但经常处于遮蔽状态,难以用语言准确表达,作为思维类型之一的、高度复杂的工程思维更是如此。工程思维是以价值目标为导向,以工程规律、工程规则为基础,以工程方法、技术手段为支撑,以自然条件、经济指标为约束的思维过程及其结果。工程思维是工程实践活动的灵魂。工程思维对工程实践活动的成败、品质有决定性的影响,是工程实践主体主观能动性和创造力的集中展现。工程思维的核心是工程问题的解构及集成,即通过解构,将一个复杂的、系统的,甚至相互制约的工程问题细化为一系列技术或非技术子问题并逐一解决。在此基础上,再将这些技术或非技术子问题的解决方案在一定条件约束下进行有机整合、妥协、优化和集成,形成工程问题的全局优化解,以实现工程实践活动的目标,彰显工程的价值导向。由此可见,工程思维是工程实践活动最宝贵的财富,是一种介于工程本质与工程方法之间的过程性、思想性活动,具有一定的稳定性和传承性。从工程创新要素角度来看,工程创新思维是工程创新最重要、最关键的要素,工程思维的创新程度基本决定了工程创新的成败。因此,挖掘、复原、再现工程思维过程无疑具有重大的思想理论价值与现实指导意义。

因此,走进工程历史,探寻工程先辈思想方法、思维轨迹无疑是一条培育工程创新思维的有效途径。有些时候通过回望历史,将经典工程创新案例放在历史的尺度下,才能全面感受经典工程案例背后的工程思想、体会工程大师的思维轨迹、领悟工程大师的工程智慧,才会对经典案例的价值理性、工具理性理解得更加深刻,从而在面对当前的实际工程问题的瓶颈时,才能更加深刻地思考工程、认识工程、把握工程,并由此启迪新的工程创新思维,催生新的工程智慧。然而,由于思维活动具有认识主客观一体的特殊性,处于一种"日用而不知"的不自觉状态,加上相关文献资料很少谈及方案酝酿、设计构思的过程,导致挖掘、再现工程大师们的思维过程是一项非常具有挑战性的工作。但如果能够在纷繁芜杂的资料中,基于邓文中所提出的 3W(Why? Why not? What if ……?)创新思维模式,在"是什么、为什么"、洞察工程问题的本质的基础上,探究一下工程前辈"是怎么想的,为什么会这样想",从而琢磨揣度工程大师的思维过程、缩短穿越历史时空鸿沟的宽度、拉近读者与工程大师思维方式的距离、启迪读者工程创新思维的训练,本篇的尝试就算不负作者"踏遍青山、踏破铁鞋、寻章摘句"一片苦心了。毋庸讳言,这样的尝试是非常富有挑战的,只能设法逐渐逼近,难以还原思维过程,有些时候难免以偏概全、以点代面,还望读者海涵指正。

为了达成这一目标,作者在浩瀚如海的已建成桥梁中,遵循工程创新的 5I 特征及结构艺术的 4E 原则,综合进行典型创新案例筛选。所谓工程创新的 5I 特征,具体包括三个层面,即工程创新的判据是有无价值的提升(Increase in value),创新的主要表现形式是发明(Invention)、改进(Improvement)、融合(Incorporation),创新的目的是为了得到经济或精神上的回报(Incentive)。所谓结构艺术的 4E 原则,即高效(Efficiency)、经济(Economy)、优雅(Elegance)、环境(Environment)。高效是指使用最少材料、确保结构安全地执行其功能,反映了工程的工具理性;经济是指避免结构在全寿命期的建设维护成本过高,体现了工程的价值理性;优雅是指基于工程内在规律,表现出工程创造力,展现出工程的创造性与建构性;环境是指把工程置于其所在的自然条件及时代环境下,具有一定的美学价值与艺术性,体现了工程的社会性与系统性。除此之外,案例筛选时还考虑了以下三个方面的因素。

①开创性。所选案例在结构体系、建桥材料、结构理论、施工方法的某一方面或某几个方面具有突出的开创性,创造性地解决了当时桥梁工程发展的某个技术瓶颈问题,如提出并实践了新的结构形式、应用了新的建桥材料、开创了新的施工方法,对桥梁工程技术的自我进化、迭代升级机制有较大的推动作用,促进了桥梁设计与建造技术体系化发展,实现了工程创新的扩散,示范引领了后续桥梁工程的建设。

②完整性。所选案例均为已经实施的、完整的、实际的工程,具有真实完整的工程背景及作用价值,蕴含着解决某一类实际工程问题方法的本质属性,涵盖了问题的提出、方案构思、解决途径、技术要点、施工方案、经济社会效益等方面,有些案例还包括了衍生问题及其弥补方案、工程理念的抽象和概括等,能够比较全面地反映工程的系统性,以避免后来者在学习借鉴过程中出现"淮南为橘、淮北为枳"的现象。

③启发性。所选典型案例在现代桥梁工程发展演化过程中比较经典,具有里程碑意义和方法论价值,能够引人深思,拓展出解决某一类问题的新思路、新方法、新工具,能够加深读者对工程本质属性的理解,能够启迪读者构建正确的工程观念,能够启发读者对现实工程问题的深入思考,能够将这些方法移植嫁接到当前的工程实践活动中。

除此之外,工程规模、跨径纪录、结构形式、建成时间及地域空间分布等相关因素,虽然一定程度上反映了桥梁工程项目的难度和特点,反映了工程的社会属性,但将其放在大的工程历史的尺度下,并不一定揭示工程创新的特质、反映工程的本质属性,因此就不作为案例遴选的依据。另外,在本书第1篇、第2篇中简要介绍过的工程案例,本篇不再重复介绍。所选20个经典案例工程创新要点汇总见表3-1-1,涉及结构体系、设计理论、施工方法、应用场景、材料开发、结构艺术等多个方面,一些案例还兼有多个方面的特征。从表3-1-1中可以看出,应用范围拓展、施工方法创新占据近半数。这表明现代桥梁工程的应用领地一直在不断扩大,工程禁区一直在不断缩小,将过往的"不可能"转化为现实中的工程,揭示了现代桥梁工程发展的主线是从"能不能"向"好不好"转变。同时,结构形式创新也占据所选案例近半数,表明现代桥梁工程创新主要集中在结构体系、设计理论、材料开发等方面。在所选的20个案例中,梁桥3座、拱桥2座、斜拉桥8座、悬索桥7座,反映了现代桥梁工程发展的根本宗旨在于高效(Efficiency)、经济(Economy)地实现预定功能;此外,瑞士阳光桥、湖南张家界大峡谷玻璃悬索桥两个案例主要体现了结构造型、结构艺术的价值意义,揭示了桥梁工程处在科学、工程与艺术的交叉点上,因此,优雅(Elegance)、与环境(Environment)协调在某些情况下也是工程创新的重要评价尺度。

经典案例工程创新要点的汇总简表　　　　表 3-1-1

序号	桥　　名	建成时间(年)	工程创新要点
1	英国塞文桥	1965	开辟了缆索承重桥梁抗风的新途径
2	法国布鲁东桥	1977	探索出单面索混凝土斜拉桥的新结构
3	日本大鸣门桥	1985	开启了大跨径悬索桥应用于干线铁路的先河,提出了铁道缓冲梁等新构造
4	委内瑞拉卡罗尼河二桥	1992	破解了大跨径连续组合梁设计施工的技术瓶颈
5	中国万州长江大桥	1997	创立了钢管混凝土劲性骨架分环成拱的新方法
6	中国香港汀九桥	1997	探索出提高多跨斜拉桥体系刚度新途径
7	加拿大联邦大桥	1997	创立了大型块件整体预制、架设安装的新工法
8	瑞士阳光桥	1998	开创了部分斜拉桥发展的新阶段,成为工程艺术的代表作

续上表

序号	桥　　名	建成时间(年)	工程创新要点
9	丹麦—瑞典厄勒海峡大桥	2000	开创了跨海桥梁的桥-岛-隧新布局,采用了大节段整跨吊装架设的施工方式
10	希腊里翁—安蒂里翁大桥	2004	首创以加筋土隔震地基、刚性索塔等新结构跨越活动地震断层
11	法国米约高架桥	2004	首创多跨斜拉桥的顶推施工方法
12	中国湖北武汉天兴洲大桥	2009	首创适用于高速铁路的大跨径三主桁斜拉桥
13	西班牙兰迪海峡大桥扩建工程	2010	采用独特的构造形式拓宽既有大跨径斜拉桥
14	中国四川雅西高速公路干海子大桥	2012	开发了钢管混凝土的桁架结构,开创了桥梁防震的新途径
15	美国奥克兰海湾大桥东桥	2012	提出剪力键作为牺牲性构件,开创了独塔自锚式悬索桥防震的新途径
16	中国江苏泰州长江大桥	2012	首创多塔悬索桥的结构形式,采用人字形半刚性塔解决多塔悬索桥中塔刚度问题
17	中国云桂铁路南盘江铁路大桥	2016	开创了大跨径混凝土拱桥应用于高速铁路的先河
18	土耳其博斯普鲁斯海峡第三大桥	2016	首次采用斜拉-悬索协作体系的公铁两用大桥
19	中国湖南张家界大峡谷玻璃悬索桥	2016	采用玻璃钢加劲梁的空间缆索人行桥,缔造了新的人文旅游景观
20	中国江苏镇江五峰山长江大桥	2020	开创了大跨径悬索桥应用于高速铁路的先河

以下就以建成时间为顺序,比较简要地介绍现代桥梁工程的20个经典工程创新案例的基本情况。

第2章 英国塞文桥

英国塞文桥(Severn Bridge)是一座跨径987.6m的悬索桥,建成于1965年。其所采用的扁平流线型钢箱梁,开创了现代悬索桥抗风的新途径,开启了缆索承重桥梁"翼形截面"的新时代,对大跨径斜拉桥、悬索桥的设计施工产生了深远的影响。

2.1 技术背景

第二次世界大战之前,美国成为世界悬索桥发展的领导者,在设计计算理论、结构形式、主要构造、施工工法、施工装备等多个方面都取得了突破,形成了美式悬索桥的风格,相继建成了纽约曼哈顿大桥、乔治·华盛顿大桥、旧金山金门大桥等十多座大跨径悬索桥,形成了悬索桥发展历史上的第一个高峰。1940年11月,美国华盛顿州塔科马桥风毁事件,对美国悬索桥建设形成了一定冲击。此后的10多年里,悬索桥建设陷于停顿状态。在西奥多·冯·卡门(Theodore von Kármán)、詹姆斯·基普·芬奇(James Kip Finch)、弗雷德里克·伯特·法库哈森(Frederick Burt Farquharson)等流体力学专家的帮助下,美国桥梁界开始对风致振动,特别是颤振的基本机理及其危害有了一些基本认识。到了20世纪50年代中期,美国悬索桥建设再度活跃起来,先后建成了主跨655m的特拉华纪念Ⅰ桥(Delaware Memorial Bridge)、主跨1158m的麦金纳克海峡桥(Mackinac Straits Bridge)等多座大跨径悬索桥。为改进抗风性能,这些悬索桥共同的特点是:加劲桁梁高度较大,桁高/跨径之比多在1/100以内,采用改善桁架梁透风性能、增设中央扣等一系列气动抗风措施,抗风性能比较优越。进入20世纪60年代,美国又先后修建了主跨655m的纽约航海路大桥、主跨548m的斯罗格莱克桥、主跨1298m的纽约韦拉扎诺桥(Verrazzano-Narrows Bridge),以及由美国桥梁大师戴维·斯坦因曼设计的、主跨1013m的葡萄牙里斯本塔古斯桥(Tagus River Bridge)等。这些悬索桥除韦拉扎诺桥采取了增加自重、增大桁架刚度、增强桥面系的技术路线外,其他桥梁都采取了增大加劲桁梁高度、增强透风性能的技术路线。这表明美国工程界虽然对改进大跨径悬索桥的抗风性能进行了卓有成效的探索和工程实践,但在增强悬索桥抗风性能的技术路线方面并未形成一致的认识,由此也对悬索桥建设的技术指标、经济指标产生了一定的干扰和影响。

在欧洲,1959年建成了主跨608m的法国坦卡维尔(Tancarville)桥。该桥虽然开创性地采用混凝土索塔、连续钢桁加劲梁等新技术,但在抗风性能方面仍沿用美式悬索桥增大桁高的技术路线。1964年,主跨1006m的英国福斯公路桥建成。该桥也承袭了美国悬索桥的风格,但进行了一些技术改良,如在钢索塔拼装施工中以焊接取代了铆接,以节省用钢量;在桥面系中以正交异性板代替了钢筋混凝土板,以减轻恒载,等等。总的来说,在塞文桥建设之前,欧洲的悬索桥建造技术承袭了美国的技术路线,并无根本性的突破。在这个过程中,欧洲桥梁界对于提升悬索桥抗风性能的探索一直没有停歇。值得一提的是，1960年在葡萄牙里斯本塔古斯桥的国际设计竞赛中，联邦德国斯图加特大学教授、著名工程师弗里茨·莱昂哈特（Fritz Leonhardt）借鉴了飞机机翼的形式，首次提出了扁平流线型钢箱加劲梁、A形索塔、单根主缆的设计方案，以借鉴航空工程的成功经验，借助于加劲梁自重的自复位能力，提升加劲梁的抗风性能，但遗憾的是，由于设计构思太过超前，并未获得葡萄牙政府的采用。稍后的1961年，在联邦德国埃默里希（Emmerich）莱茵河桥的概念设计中，莱昂哈特再次提出了扁平流线型加劲梁的方案。由于第二次世界大战后联邦德国的大型风洞属于盟军禁止建设的项目，于是莱昂哈特委托英国国家物理实验室（National Physical Laboratory）进行了风洞试验。虽然结果表明其抗风性能能够满足设计要求，但最终还是采用了传统的钢桁架作为加劲梁，这可能是扁平流线型钢箱加劲梁最早见诸工程设计方案的尝试。

2.2 方案构思

早在第二次世界大战结束后，为适应公路交通发展，英国政府制定了《干线公路法案》。按照这一法案，需要在福斯海湾、塞文河口建设跨径在1000m左右的悬索桥。第二次世界大战后英国虽然财力拮据，但还是在20世纪50年代中期将塞文桥、福斯桥的建设提上了议事日程。凑巧的是，这两座桥的设计工作都由Freeman Fox & Partners公司负责，福斯桥先行设计施工。为学习美国悬索桥设计建造经验，福斯桥的业主聘请了经验丰富的美国罗布林公司进行技术指导。Freeman Fox & Partners公司是英国最著名的桥梁设计公司，在此之前完成了以澳大利亚悉尼港大桥、赞比西维多利亚瀑布桥为代表的多座著名桥梁设计，拥有拉尔夫·弗里曼（Ralph Freeman）、吉尔伯特·罗伯茨（Gilbert Roberts）、威廉·布朗（William Brown）等著名的桥梁设计大师。他们三人都毕业于英国帝国理工学院，其中拉尔夫·弗里曼、吉尔伯特·罗伯茨早在20世纪30年代就承担过澳大利亚悉尼港大桥的设计工作，对大跨径桥梁的设计建造非常有经验，对国际桥梁界的技术发展动态非常了解。

福斯桥、塞文桥的设计工作几乎同时展开，但塞文桥的开工日期要比福斯桥晚2年。福斯桥跨越福斯湾，距离苏格兰爱丁堡约14km，与1890年建成的、主跨521m的福斯铁路桥比邻而居。福斯湾水深浪急，采用大跨悬索桥跨越海湾无疑是一个合理的选择。于是，跨径定在1000m左右。而塞文桥位于塞文河入海口，连接布里斯托和加的夫两个城市。塞文河口水面宽2km左右，最窄处约1600m，综合航运、水文、地质、地形等情况，也需要采用主跨1000m左右的悬索桥。在当时，千米级悬索桥建造技术在美国已经比较成熟，跨径1067m的乔治·华盛顿桥已经运营近30年，工程界的主要困扰就是如何在比较经济的情况下确保悬索桥具有良好的抗风性能。

20世纪60年代，风洞试验已经成为检验悬索桥抗风性能的主要手段，英国国家物理实验室拥有的风洞工作段长18.3m、宽18.3m、高2.44m，是欧洲为数不多的大型风洞。在塞文桥、福斯桥设计过程中，实测得出的福斯桥桥址风速为44.4m/s，塞文桥桥址风速要稍小一些，为43.3m/s。因此，最初将两座桥的截面形式确定为钢桁梁，加劲桁梁桁高8.38m，桁高与跨径之比约为1/120,如图3-2-1所示。由于塞文桥开工相对较晚,在进行风洞试验时又增加了平板截面模型,以模拟扁平钢箱梁的气动性能。关于平板模型思路的来源,现有文献均语焉不详,其中一说是参考了1961年弗里茨·莱昂哈特在埃默里希(Emmerich)莱茵河桥概念设计的思路(该团队也委托英国国家物理实验室进行了风洞试验)。需要说明的是,扁平钢箱梁、钢板梁当时在欧洲的大跨径斜拉桥中的应用已经积累了一定的工程经验,联邦德国当时已建成的跨径较大的几座斜拉桥如西奥特—霍伊斯(Theodor-Heuss)桥、易北河(Norderelbe)桥均采用了翼板宽度较大、梁高较小的钢箱梁或钢板梁作为主梁。在英国,与塞文桥相接、同期建设的瓦伊河(Wye River Bridge)斜拉桥(主跨234.5m)也采用了扁平钢箱梁。因此,客观分析推断,扁平钢箱梁的问世可能有多个源头。

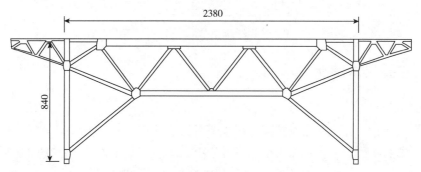

图3-2-1 福斯桥和塞文桥最初选定的钢桁加劲梁截面(尺寸单位:cm)

试验是在英国国家物理实验室进行的,由英国空气动力学家克里斯托弗·斯克尔顿(Christopher Scruton)负责,包括1/22、1/32节段模型试验和1/100全桥气动模型试验等多种模型。其中,平板模型是以胶合木板来模拟钢箱梁的顶板和底板,在其两边配置不同形状的边棱来模拟箱梁的翼板。试验过程中测试了4种平板模型、3种桁架加劲梁模型。节段模型试验和全桥气动模型试验表明:①对于平板模型,气流被边棱分为上下两部分,各自顺着光滑的顶板和底板流过,很少产生涡流,扭转振动得到了有效抑制,这意味着扁平加劲梁是提升悬索桥抗风性能的一条新途径;②加劲梁的刚度、宽高比、阻尼比对抗风性能均有一定的影响,试验得出了这些因素的影响规律;③检验得出了桁架加劲梁的颤振临界风速为140mile/h(约62.6m/s),平板加劲梁的颤振临界风速为160mile/h(约71.5m/s),均能满足福斯桥、塞文桥的抗风要求。

根据风洞试验结果,吉尔伯特·罗伯茨、威廉·布朗参照已建成斜拉桥钢箱主梁的截面,拟定了悬索桥钢箱加劲梁的断面,由梁高为3.05m、22.86m宽的钢箱及两侧各3.66m的翼板构成。为反映风洞节段模型试验中平板边棱对气流的分割作用,将钢箱梁翼板位置下沉,形成像鱼鳍一样锐利的悬臂板,并置于主缆外侧,兼作人行道,如图3-2-2所示。然而,对于扁平加劲梁的综合性能究竟如何,业主还有一些顾虑,本着审慎严谨的态度,要求Freeman Fox & Partners公司按照福斯桥上部结构(钢桁加劲梁、垂直吊索)的形式,做了一个钢桁加劲梁方案进行对比。经初步估算,相对于钢桁加劲梁,钢箱加劲梁可以节省钢材接近20%,降低工程造价大约15%。这对财政拮据的英国很有意义。于是,相关各方就决定采用扁平钢箱梁作为塞文桥的加劲梁。这样,梁高/跨径之比为1/324、与塔科马高跨比非常接近的扁平钢箱加劲梁就问世了。

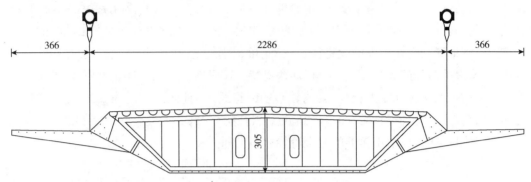

图 3-2-2 塞文桥选定的加劲梁截面形式(尺寸单位:cm)

2.3 主要技术特点

(1) 主要设计参数

设计荷载:四车道,计算整体效应时每车道车道荷载按 5.84kN/m 取值。

跨径布置:304.8m+987.6m+304.8m,以满足 915m×36.6m 的通航净空,如图 3-2-3a)所示。

主缆:矢跨比为 1/12,以适当弥补加劲梁轻型化后重力刚度的降低,主缆间距 22.86m,由 19×438 丝直径 4.978mm 的镀锌钢丝编制而成,主缆直径 0.511m、总质量 4291t;钢丝抗拉强度为 1544MPa,屈服强度为 1205MPa,设计允许应力为 709MPa。按屈服强度计算,主缆的安全系数为 1.70(按抗拉强度计算,主缆的安全系数为 2.18)。

加劲梁:采用宽 31.86m、高 3.05m 的扁平钢箱梁,宽跨比为 1/43.2,顶板采用正交异性板,厚 11.5mm,其上铺 38mm 厚的沥青,底板厚 9.5mm,纵肋、横肋厚 6.4mm,每延米质量(不含二期恒载)为 7.2t,加劲梁节段长 18.29m,质量约 131t,钢箱加劲梁节间采用焊接,总用钢量为 11500t。

索塔:高 121.9m,采用 5.18m×(2.9~3.66)m 的大格室矩形单箱截面,从塔顶向下逐渐加宽,以充分发挥钢材的强度,两塔柱之间采用 I 形横撑,索塔总用钢量为 2400t,如图 3-2-3b)所示。

吊索:采用 φ51 的钢绞线,由 178 丝直径 3.0~3.5mm 的钢丝组成,上下两端采用锚杯及销钉连接,为增大阻尼,采用斜置方式。

锚碇:该桥采用重力式锚碇,锚碇构造如图 3-2-3c)所示。整个锚碇呈桥台状。针对近代悬索桥采用的索靴-眼杆锚固系统施工工艺复杂、调节不够方便、经济性能较差等缺点,将传统的后锚式改为前锚式,通过设置由前锚板、76 根螺杆及后锚梁等组成的传力构架,将每根主缆约 105000kN 的拉力传递到混凝土锚块中。此外,在张拉完成之后,张拉工作室不予封闭,而是改作检查室之用。

该桥概貌如插页彩图 26 所示。

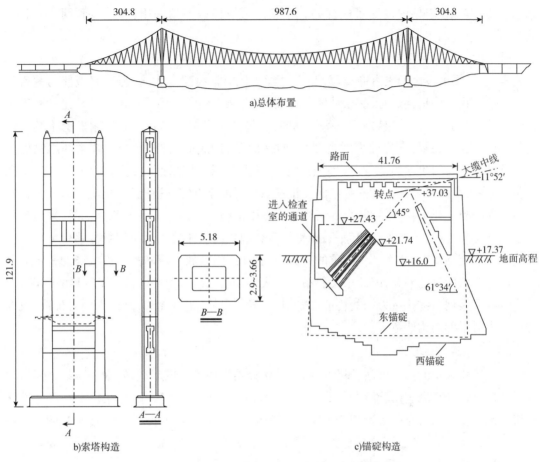

图 3-2-3 塞文桥的总体布置(尺寸单位:m;高程单位:m)

(2)主要技术创新

①首创全焊扁平流线型钢箱加劲梁。根据风洞试验拟定的加劲梁截面,具有极大的抗扭刚度,抗风性能、强度验算、刚度验算均不控制设计,需要重点考虑的是钢箱梁的制造和拼装。为节省加工制造工时,顶板、底板均按照2.44m×18.29m的尺寸预先加工成板件,然后将板件运输至船厂的滑道旁,按18.29m的长度进行钢箱梁节段拼装,梁段拼装焊接完成后,用厚度5mm的钢板封闭端口,将其滑到水中存放。全焊接工艺的采用,有效地提升了加工效率,很好地顺应了扁平钢箱梁的制造要求。

②首创单箱矩形塔柱截面。在塞文桥之前,钢塔柱一般采用十字形或T形截面的多格室形式,并在两根塔柱之间设置若干组相互交叉的斜杆,形成桁架式钢索塔。这种构造方式便于拼装施工,也利于根据索塔受力情况调整截面大小,但存在钢材的材料性能难以充分发挥、材料用量较大的不足。在塞文桥中,首次采用了大格室矩形单箱截面,截面纵向尺寸为5.18m,横向尺寸从顶端的2.90m渐变到底端的3.66m,节段间采用高强螺栓连接,较好地兼顾了受力要求与施工便利性。同时,该桥取消了两根塔柱交叉斜撑,而代之以水平布置的

I形撑，I形撑与塔柱之间采用高强螺栓连接，施工非常方便；此外，为满足施工和运营期间检修的需要，首次在塔柱内设置了电梯井。单箱矩形塔柱截面的采用，有效地利用了钢材强度，减小了索塔的用钢量。

③首次采用斜吊索。由于以往钢结构节段间都是用铆接或栓接，而塞文桥采用了全焊加劲梁，各箱梁节段之间没有摩擦阻尼，设计者因此对该桥阻尼大小、振动衰减能力是否足够等问题存在一些担忧。对此，设计者另辟蹊径，在塞文桥中采用了斜吊索。从定性的理论分析来看，采用斜吊索后，悬索桥发生振动时，主缆与加劲梁在其每一斜吊索的上下两点产生相对位移，导致斜吊索的轴力发生变化，时张时弛，造成能量耗散，会有效增加结构的阻尼。从针对该桥斜吊索的试验研究结果来看，悬索桥在振动过程所蓄积的能量，约有7%是在斜吊索中，而斜吊索在一张一弛中的能量耗散率不低于0.75，这样斜吊索就会为全桥提供相当可观的阻尼能力，有望弥补全焊结构带来的阻尼损失。但令人意想不到的是，采用斜吊索增大结构阻尼后，带来了新的问题，即斜吊索会因主缆与加劲梁纵向相对位移较大而产生过大的应力变化幅度，从而产生严重的疲劳问题，在跨中区域的短吊索和近索塔的长吊索受力性能呈现出明显的差异，因此采用斜吊索增大结构阻尼的措施并未得到工程界的认可。

④首次采用前锚式重力锚的构造形式，具有简单可靠、调整灵活、维护方便等优势，成为现代悬索桥锚碇的构造范式。

(3) 技术经济优势

塞文桥所采用的技术革新，不仅探明了大跨径柔性桥梁抗风新途径，扁平流线型钢箱加劲梁的抗风性能在风洞试验阶段及成桥运营阶段均经受住了考验，而且在技术经济方面具有极大的优势。该桥合同造价仅为801.4万英镑（含东引桥），工程造价降低了15%。该桥折合每平方米桥面用钢量为455kg，在设计活载、材料强度均相同的情况下，比同期规划建设的福斯桥低约16%，详见表3-2-1。

塞文桥与福斯桥材料用量对比简表　　　　表3-2-1

项　目	塞　文　桥	福　斯　桥
主缆用钢量(t)	4291	7520
加劲梁用钢量(t)	11500	14000
索塔用钢量(t)	2400	5500
总用钢量(t)	18191	27020
主桥桥面面积(m×m)	1597.2×25.0	1822.6×27.28
折合每平方米桥面用钢量(t)	0.455	0.543

2.4　加固补强

塞文桥设计活载标准较低，每车道仅为5.84kN/m；其加劲梁恒载集度为122.6kN/m，恒载集度是比较小的，活恒载比高达0.190，这在千米级悬索桥中是比较高的。建成运营后，交通量不断增大，货车数量及货车重量逐渐超过原设计荷载，甚至超过了1978年颁布的

BS5400活载标准。另一方面,建设时由于过分强调节省材料,如正交异性板面板的厚度明显小于同期建设的福斯桥,给该桥安全耐久运营留下了隐患。运营数年后,分别于1971年、1977年在桥面板中发现了3种正交异性板的疲劳裂纹:①纵肋与横梁角焊缝连接处;②纵肋下缘与浮运隔板焊接处;③纵肋腹板与盖板连接角焊缝。同时,斜吊索疲劳问题日益严重,不得不在1985年进行全面的加固,加固要点如下。

①更换斜吊索。采用特别设计制造的吊索及销接构造,来替代更换原有斜吊索,全面提升斜吊索的抗疲劳性能。

②补强加劲梁。由于该桥主缆安全系数偏小(按屈服强度计,主缆的安全系数仅为1.70;按抗拉强度计,主缆的安全系数为2.18),加劲梁补强的难点在于不能过多增加恒载重量,否则会进一步降低主缆的安全储备。为此,采取了以下三条加固对策:a.切除位于慢车道的顶板,采用增设箱内肋梁、加厚正交异性桥面板等方式予以补强,以增大正交异性板的刚度、改善应力分布、适应日益增长的货车轴重,桥面板补强增加的钢结构重量约为原桥面重量的3.3%;b.在加劲梁与索塔相交处,设置特殊设计的缓冲梁,以改善加劲梁在温度、冲击荷载作用下的受力性能;c.更换桥面铺装,将沥青铺装层厚度由原来的38mm增加为46mm;在桥面设置风屏障,以改善行车运营性能;等等。

③补强索塔索鞍。加劲梁恒载增大及活载变异导致该桥实际荷载超过了原设计荷载,必须同步对索塔进行结构加固补强。加固方式是在塔柱钢箱四周增设4根钢管立柱,采用分段运进索塔箱内、逐段接长的方式,并同步设置侧向支撑。立柱拼接就位后,在柱顶与主索鞍之间设置支承钢架梁,然后利用千斤顶进行反顶,使新设的钢管立柱与原塔柱共同受力。此外,为提高主索鞍的承载能力,采用高强度水泥砂浆填塞索鞍的空腔。

由于不能影响既有交通,加上索塔内作业空间狭小,经过7年艰苦的加固工作,耗费约2000万英镑(约为原造价的2.5倍)资金,方才使该桥的承载能力赶上了运输的需要。但无可奈何的是,该桥的主缆无法加固补强,只能任其安全系数从1.70降低为1.65。究其原因,一是在于该桥在设计时对运营车辆荷载演变的态势估计不足,过分强调经济指标;二是对工程风险与工程创新始终相伴相生的客观规律认知不够全面,在工程创新的同时留下了隐患,这也许是工程创新的一部分。

2.5 工程创新扩散

英国塞文桥建成后,其所首创的四项工程创新成果特别是扁平流线型钢箱加劲梁,以及所呈现出的技术经济优势引起了全世界的关注,标志着现代悬索桥进入了"翼形截面"的发展新阶段,形成了悬索桥的英国流派。丹麦小带海峡桥在获悉塞文桥的建设成果后,在招标时就将钢桁加劲梁变更为钢箱梁,从而降低工程造价15%。此后,扁平流线型钢箱梁迅速在欧洲、中国、日本得以推广,土耳其博斯普鲁斯海峡大桥、英国亨伯尔桥等均采用钢箱加劲梁,并在实践过程中吸取塞文桥的教训,对钢箱加劲梁的构造形式进行了不断的改进,如表3-2-2所示。此后,钢箱加劲梁成为大跨径公路悬索桥、斜拉桥的首选截面形式,并孕育出新一代加劲梁形式——分体式钢箱梁(由塞文桥设计者之一的威廉·布朗于20世纪90年代在墨西拿海峡桥的方案设计时首次提出)。另一方面,塞文桥首创的大格室索塔截面,在后续采用钢索塔的悬索桥、斜拉桥中得到了普遍应用,成为钢索塔的主要截面形式;所采用的前锚式重力锚的构造,成为现代悬索桥锚碇的构造范式。只有斜吊索在亨伯尔桥等3座桥应用之后,疲劳问题比较突出、争议较大,未见推广应用。

20世纪采用扁平流线型钢箱加劲梁的悬索桥简表(部分)　　　　表3-2-2

桥　名	建成时间(年)	主跨跨径(m)	其　他
丹麦小带海峡桥	1970	600	招标时将钢桁梁变更为钢箱梁,降低造价约15%
土耳其博斯普鲁斯海峡大桥	1973	1074	由吉尔伯特·罗伯茨和威廉.布朗设计,仍采用斜吊索
英国亨伯尔桥	1981	1410	
土耳其博斯普鲁斯海峡第二大桥	1988	1090	由威廉·布朗设计,改用竖直吊索
中国湖北西陵长江大桥	1996	900	我国第一座钢箱加劲梁悬索桥
中国广东虎门大桥	1997	888	
瑞典高海岸桥	1997	1210	
丹麦大带海峡桥	1998	1624	
中国江苏江阴长江大桥	1999	1385	六车道公路
日本来岛二桥	1999	1020	四车道公路
日本来岛三桥	1999	1030	

英国塞文桥的工程创新,是桥梁建设史上工程经验与科学发现的一次直接对垒。虽然科学发现的来龙去脉淹没在工程历史的长河之中,但却深刻阐明了科学发现对技术发明的决定意义,揭示了技术创新对工程创新的关键支撑作用,显现了经济指标对工程创新的筛选作用,反映了工程创新是同体异质的技术要素和非技术要素的综合集成。纵然,塞文桥在工程创新过程中过分看重经济指标、过于追求节省材料,加上忽视了交通流量、货车数量的现状与增长趋势,导致该桥在建成运营20年后不得不进行加固补强,这其中正反两方面的经验和教训,对于工程师们进行工程创新仍具借鉴意义。

第3章　法国布鲁东桥

法国布鲁东桥（Brotonne Bridge）是一座主跨为320m的单面索混凝土斜拉桥，建成于1977年。其所采用的塔梁固结、墩梁支承的结构体系，单索面斜拉索以及配套的单箱单室混凝土主梁截面，丰富了斜拉桥的结构形式，推动了大跨径混凝土斜拉桥的发展。

3.1　技术背景

自1954年弗朗兹·迪辛格设计的瑞典斯特桑德（Strömsund）桥建成以后的20多年中，采用钢主梁、双索面斜拉索一直是斜拉桥主要形式。在此期间，组合梁斜拉桥、混凝土梁斜拉桥虽然也有一定的发展，但总的来说并不占据主流，钢主梁主要有钢箱梁、钢板梁与钢桁梁，具有重量轻、强度高、工期短、施工方便等优势，但也存在加工费用高、价格昂贵、正交异性板及桥面铺装容易疲劳损坏等问题。双索面具有拉索刚度大、便于张拉锚固、易于与主梁匹配、利于控制主梁的扭转变形等优势，几乎成为斜拉桥结构的标准形式。由于双索面一般需与H形、门形、宝石形等索塔形式相匹配，这就导致桥墩、基础的规模体量比较大，在一些情况下并不经济，在造型上也不一定简洁美观。

1962年建成的委内瑞拉马拉开波湖桥为主跨5×235m预应力混凝土斜拉桥，因其造型独特、受力明确、造价较低，在钢斜拉桥占据主流的情况下突出重围，成为斜拉桥发展史上一个里程碑，促进了混凝土斜拉桥在全世界的推广应用。此后，在斜拉桥的发源地欧洲，混凝土斜拉桥虽然有一定应用，也发展出组合梁、混合梁等新的主梁形式（其中，组合梁是约格·施莱希1971年针对印度的建设条件而专门设计的，混合梁是弗里茨·莱昂哈特1972年针对联邦德国曼海姆—罗德维希港桥极不对称的跨径布置而设计的），但却并未改变钢斜拉桥的主流地位。对于混凝土主梁，工程界当时的主要疑虑大致包括：自重较大、恒载内力占比较高、工期较长、施工不如钢结构方便、长期行为不易准确把握等。因此，欧洲当时在大跨径斜拉桥中很少采用混凝土主梁。此外，对于双索面以外的其他拉索形式，工程界主要的担忧是：抗扭性能如何？在偏载活载作用下主梁的弯曲-扭转变形会不会影响其使用性能？人们尚未充分认识双索面以外的其他索面形式的优势及适应性，单索面、多索面斜拉桥的工程实践仍比较少见。

3.2　方案构思

布鲁东桥（Brotonne Bridge）是改善法国塞纳河鲁昂（Rouen）和勒阿弗尔（Le Havre）两岸交通的一个重要的节点工程，连通法国A13和A15高速公路。该段塞纳河宽约300m。在招标阶段，为保证鲁昂港的船只自由通行，当局要求大桥在河中不能设桥墩，并要求最高水位时通航净空不得小于50m，因此，比较适宜的方案为一跨过河、跨径不小于300m的斜拉桥。作为预应力混凝土结构的发源地，当局建议投标人的设计方案宜包括钢结构、预应力混凝土结构两种结构类型，以便比较选择。收到的标书中有10个方案采用钢结构、4个方案采用预应力混凝土结构，且所有预应力混凝土结构明显比钢结构造价低。中标方案为单索面预应力混凝土斜拉桥，总造价是投标方案中最低的，为5175万法郎，而最经济的钢斜拉桥方案需要5800万法郎，比中标方案要高出12%。这表明对于大跨斜拉桥而言，预应力混凝土结构会比钢结构经济很多。

中标方案为主跨320m的单索面预应力混凝土斜拉桥，概念设计由让·穆勒(Jean Muller)完成，结构设计由雅克·马迪瓦(Jacques Mathivat)、雅克·孔布(Jacques Combault)等人承担，设计团队阵容十分强大。其中，让·穆勒是享誉国际的桥梁大师，他早在20世纪40年代末便在预应力混凝土先驱尤金·弗雷西奈(Eugène Freyssinet)指导下从事混凝土桥梁的设计。1962年以来，他创造出悬臂节段拼装施工法，建成了法国舒瓦齐勒罗瓦(Choisy-le-Roi)桥、Oléron高架桥等著名桥梁，在节段施工、混凝土斜拉桥、跨海长桥等方面有诸多开创性的贡献。雅克·马迪瓦、雅克·孔布后来也成为享誉国际的设计大师。其中，雅克·马迪瓦提出了部分斜拉桥(Extra-Dosed Beam)的概念，推动了斜拉桥的发展；雅克·孔布后来提出了波形钢腹板组合梁桥的结构形式，设计了希腊里翁—安蒂里翁大桥等著名桥梁。应该说，这个设计团队结构合理、经验丰富、具有非凡的创造力，对预应力混凝土结构、钢结构、钢-混凝土组合结构的优势与局限有着深刻的、超出当时工程界的认知水平。

在布鲁东桥的竞标中，在招标要求确定的跨径大于300m的情况下，采用单索面混凝土主梁体系所带来的益处是显而易见的。采用单索面后，索塔可以将常用的H形索塔或门形塔向桥轴线收拢，形成独柱塔。相应的，桥墩也可以采用体量较小、造型优雅的独柱墩、箱形墩或板式墩，在取得简洁优美造型的同时，大幅度减少了下部结构的工程量，这也是中标方案造价最低的原因之一。但单索面混凝土斜拉桥也会带来三个新的问题，需要妥善解决。

一是该体系抗扭刚度是否足够？一般而言，混凝土箱梁的梁高与跨径合理比值在1/100左右，即箱梁高度在3~4m之间，这样的混凝土箱梁无论是单箱单室还是单箱多室，其抗弯、抗扭刚度足够大，完全可以抵御极端活载偏载的作用。因此，就抗扭能力而言，将双索面向桥轴线收拢、形成单索面后，依靠箱梁来抗扭是完全没有问题的。此外，采用混凝土箱梁后，活载与恒载集度之比仅为1/8左右，活载效应占比较小，会进一步削减极端活载偏载作用的不利影响，而将主梁外伸、增设辅助墩、与引桥一起形成8跨连续结构，则进一步增大了结构体系的抗扭能力，改善了混凝土主梁的受力行为。

二是采用单索面后，混凝土箱梁采用何种构造形式才能更顺畅、更均匀地传递索力，不致产生过大的扭转、翘曲、畸变等箱梁效应？常见的方式是增加腹板和横隔板，变成单箱多室截面。这种方式虽然能够削减箱梁效应，但因新增腹板比较靠近截面形心，对增大抗扭刚度的作用有限，而结构自重增加较多，材料利用率不高。于是，设计团队舍弃了这些传统对策，而采用了在单箱内设置混凝土斜撑杆的做法，既便于斜拉索锚固、削减箱梁效应，又大幅度减少了材料用量。

三是为了保证单索面斜拉桥具有适宜的刚度,需要将塔梁固结、在墩顶设置大吨位支座,支座的设计制造有无原则性困难？在当时,大吨位球型钢支座已经比较成熟,盆式橡胶支座设计制造则具有一定的挑战,但并非不可克服。这些主要问题解决之后,采用单索面、混凝土主梁、塔梁固结的新的斜拉桥结构形式就问世了。

3.3 主要技术特点

(1)主要设计参数

跨径布置：主桥58.5m+58.5m+143.5m+320m+143.5m+70m+55.5m+39.0m=888.5m,为8跨一联的连续体系,主塔位于岸上,采用塔梁固结、墩梁支承的结构体系。

主梁：桥宽19.2m,双向各布置6.50m宽的行车道,中央分隔带宽3.20m,两侧人行道宽1.50m,主梁高3.8m,采用单箱单室预应力混凝土截面,在拉索锚固截面内设混凝土斜撑；主梁上的大部分预应力由拉索力的水平分量提供,主跨中间部分的120m和边跨近桥墩的30m范围,另配置预应力束来控制混凝土的拉应力。

桥墩及索塔：主墩高约50m,采用横桥向宽2.6m、顺桥向4.8m的混凝土箱形截面；桥面以上索塔高70.5m,塔高跨径之比为1/4.54,索塔采用横桥向宽2.6m、顺桥向4.8~2.84m的变截面混凝土箱形截面。

斜拉索：斜拉索布置在桥轴线平面内,长度84~340m不等,拉索由39~60根钢绞线组成,塔上索距1.80m,斜拉索采用索鞍形式通过索塔,在塔内最小弯曲半径为3m；最大张力超过$1×10^7$N,张拉控制应力为750MPa,为极限抗拉强度的42%,应力幅为80MPa,较低的应力幅是因为结构自重较大并且挠度较小(该桥跨中最大挠度为0.19m,挠跨比为1/1684,而同等跨径的钢斜拉桥最大挠度为0.8m)。

支座：采用盆式橡胶支座。

法国布鲁东桥的概貌见插页彩图27,总体布置见图3-3-1。

(2)技术创新与经济优势

法国布鲁东桥首创了单索面混凝土主梁斜拉桥的新形式,采用了塔梁固结、墩梁支承的结构体系,发展和丰富了斜拉桥的结构形式,拓展了混凝土斜拉桥的适用范围,创造了混凝土桥梁的新纪录。该桥造型简洁,入选了20世纪最美的15座桥梁,同时,结构形式的新突破,大幅度节省了材料用量,降低了工程造价。该桥主桥主要材料用量为：混凝土6000m³、斜拉索用钢量522t、预应力钢筋177.4t,即使在预应力技术非常成熟的今天,这一材料用量指标仍是非常节省的,经济技术优势非常显著。

3.4 工程创新扩散

1977年,法国布鲁东桥建成,单索面混凝土斜拉桥所呈现出的经济技术优势迅速在全世界扩散,混凝土斜拉桥逐渐成为斜拉桥的主流,在中等跨径(200m<L<500m)斜拉桥中经济优势明显；单索面也成为一种与双索面相对应的索面布置方式。稍后的1979年,联邦德国

建成了主跨367.24m、桥宽41.7m的独塔单索面混合梁斜拉桥——杜塞尔多夫弗雷埃（Flehe）桥，这意味着双塔斜拉桥的跨越能力已经超过700m，在跨径为600～800m的情况下，斜拉桥已经可以与传统的悬索桥一争高下了。同时，法国布鲁东桥的建成，显现了斜拉桥具有设计参数灵活多变、适应性强等优势，可以采用四索面、三索面等新的索面布置方式，更好地与主梁截面形式、索塔造型相匹配。正是这些优势的揭示和开发利用，推动了斜拉桥在全世界的广泛应用。

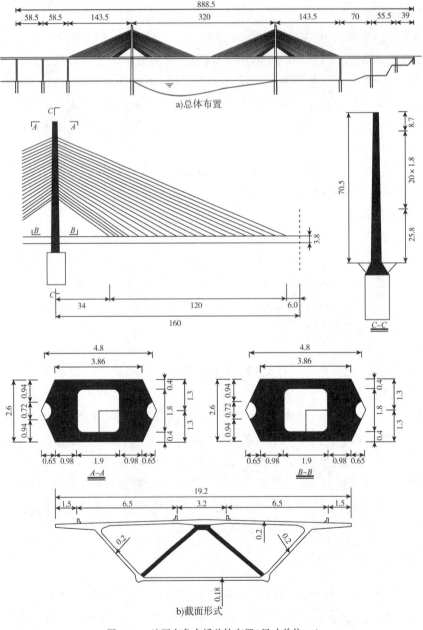

图 3-3-1　法国布鲁东桥总体布置（尺寸单位：m）

以美国为例,让·穆勒在20世纪80年代将业务重心转移至北美后,采用单索面混凝土斜拉桥结构体系,先后中标设计了几座大跨径混凝土斜拉桥,如佛罗里达阳光航线桥、詹姆斯河桥、切萨比克—特拉华运河桥等。这些桥梁都是在布鲁东桥的基础上,将单索面混凝土箱梁运用在宽度接近40m的宽桥上,对截面选型、细部构造、施工方法等进行进一步完善,增强了混凝土斜拉桥的市场竞争优势,促进了大跨径预应力混凝土斜拉桥的发展。再以我国为例,以混凝土箱梁或肋板梁作为主梁的斜拉桥,在跨径 $200m<L<500m$ 的范围内,造价仅为钢箱主梁的 $1/2 \sim 2/3$,非常适宜我国钢结构单价相对较高、人工相对便宜的国情。自20世纪80年代以来,我国先后建成了广州海印桥、杭州钱塘江三桥、广东珠海淇澳大桥等多座单索面混凝土斜拉桥,而采用混凝土箱梁或肋板梁作为主梁的双索面斜拉桥数量更是多达数十座。

法国布鲁东桥的工程创新,突破了以往人们对斜拉桥结构体系的认知,丰富了斜拉桥的结构体系与拉索的空间布置方式,有效降低了斜拉桥的工程造价,在现代斜拉桥70年的发展历程中,具有承前启后的历史意义。法国布鲁东桥的工程创新实践再一次揭示:所谓创新,就是体现出价值的提升、技术方法的迭代,让·穆勒将上下部结构作为一个整体来统筹考虑,在采用单索面的情况下,不仅发挥出混凝土箱梁抗扭刚度大的优势,而且大幅度减少了下部结构的工程量,增强了结构的艺术表现力,创造出混凝土斜拉桥的新形式。实际上,斜拉桥从双索面演化为单索面,进而发展到三索面及四索面,从钢箱梁演化为混凝土箱梁,进而再衍生出组合梁及混合梁,都是因地制宜围绕改进桥梁力学性能、改善桥梁建设的经济指标这一核心问题而展开的。随着核心问题的统筹解决,拓展了斜拉桥的适用范围,丰富了斜拉桥的结构类型,催生了一个又一个工程创新,促进了工程演化。

第4章 日本大鸣门桥

  日本大鸣门桥（Ohnaruto Bridge）是日本本州岛和四国联络线中神户—鸣门线的一座公铁两用悬索桥，主跨为876m，建成于1985年6月，开创了大跨径公铁两用悬索桥建设的先河。其所提出的铁道缓冲梁、插接梁等细部构造，破解了悬索桥应用于干线铁路的瓶颈，引领示范了大跨径铁路及公铁两用悬索桥发展。

4.1 技术背景

  第二次世界大战以后，随着美式悬索桥向全世界扩散以及英式悬索桥的崛起，大跨径公路悬索桥的建设在全世界得到了迅猛的发展。截至1980年，全世界已建成或在建的千米级悬索桥达十余座，最大跨径超过了1400m（英国亨伯尔桥，主跨1410m，1981年建成），跨径600m以上时悬索桥占据明显优势。与此同时，斜拉桥作为一种先进高效的结构形式，发展非常迅速。到1980年，已建成的双塔斜拉桥最大跨径突破了400m（西班牙兰迪海峡大桥，主跨400.14m，1977年），独塔斜拉桥最大跨径突破了350m（联邦德国杜塞尔多夫弗雷埃桥，主跨367.24m，1979年）。这意味着斜拉桥的跨越能力达到了700~800m，且发展态势良好。悬索桥的革新与斜拉桥异军突起，基本上扫清了人类跨越千米的障碍。

  但另一方面，到了20世纪80年代，在大跨径铁路桥梁或公铁两用桥梁中，结构形式仍以连续钢桁梁、钢桁拱为主，缆索承重桥梁因结构刚度小、振动响应大，应用仍比较少见。由于建设需求不足，铁路或公铁两用缆索承重桥梁的工程实践进展非常缓慢，虽然有一些铁路斜拉桥的工程实践，如1977年阿根廷建成的主跨330m的Parana Buenos Airos桥，1979年南斯拉夫建成的主跨254m的Sava河桥，1980年我国广西建成的主跨96m的来宾红水河混凝土斜拉桥等，总体来说，铁路或公铁两用斜拉桥跨越能力局限在400m以下。而对于悬索桥，国际工程界普遍认为悬索桥柔度过大，竖向、横向变形及加劲梁端的转角较大，在列车走行安全性、平稳性方面存在先天不足，难以满足铁路正常运营的要求，因此，铁路或公铁两用悬索桥的工程实践在数十年的时间内陷于停滞。虽然也有一些大跨径悬索桥，如美国早期建成的纽约布鲁克林桥、通行城市轻轨的曼哈顿桥，但由于列车活载仅为国际铁路联盟（UIC）标准的1/4左右、最高行驶速度仅为60~80km/h，工程界普遍认为城市轻轨与干线铁路对缆索承重桥梁的要求存在较大差异。在工程实践方面，比较典型的案例是1966年建成开通公路交通的主跨1013m的葡萄牙塔古斯悬索桥，因出于对铁路运营要求、受力性能的担忧及控制投资规模的需要，建设时按公路、铁路的最大荷载设计施工索塔及基础，并预留了采取悬索-斜拉协作体系的改造空间，以便将来增设铁路线路时提高结构体系的刚度。但实际情况是，直到1998年才采取新增主缆及锚碇、更换下层桁架等措施，完成了改造扩建，增设了下层铁路。其中,铁路运营速度为客车60km/h、货车40km/h,铁路最大荷载约为16500kN,加载长度为184.3m。

制约铁路或公铁两用悬索桥发展应用的主要瓶颈因素是刚度问题,具体体现在以下两个方面。一是悬索桥属柔性结构,在荷载集度较大的列车活载作用下加劲梁跨中变形及梁端转角较大,对于列车安全运营非常不利。以千米级公路悬索桥为例,挠跨比允许限值一般为1/250,这就意味着最大跨中挠度将超过4m,梁端转角会达到3‰左右,超过了列车安全运营的限值。由于悬索桥是依靠主缆初应力刚度来抵抗变形的二阶结构,加劲梁的挠度从属于主缆,主缆的重力刚度基本上决定了结构体系的竖向刚度,增大加劲梁刚度对提高结构竖向刚度的作用非常有限。因此,在很难提高结构竖向刚度的情况下,采取何种措施来提升列车运营的安全性与平稳性一直困扰着国际桥梁界。二是车-桥耦合振动与舒适度问题。由于悬索桥纵向及侧向刚度均较小,在列车荷载作用下结构振动,特别是横向振动响应较大,桥梁结构及铁路车辆的振幅、加速度响应可能会超过允许限值,难以满足乘车人员舒适度要求,这一问题随着铁路运营速度的提高、设计荷载的提高会变得更加突出。此外,对于单纯的铁路悬索桥,由于桥宽需求要比公铁两用桥梁小很多,悬索桥的横向刚度问题会变得更加棘手。

4.2 方案构思

日本本州岛与四国岛联络线项目(Honshu-Shikoku Bridge Project)跨越濑户内海,连接本州岛和四国岛,共有3条线路,是人类工程史上规模最大的跨海工程。线路总长172.9km,东线为神户—鸣门通道,中线为儿岛—坂出通道,西线为尾道—今治通道。为实施这一超级工程,日本交通省在1970年成立了本州四国联络桥公团。该工团是为建设本四联络线专门成立的特殊法人社团,具有规划、设计、建设、运营等全链条业务能力,拥有小西一郎、伊藤学、川田忠树等享誉国际的桥梁专家或技术顾问,是日本当时最具实力的交通基础设施建设实体。1988年4月,联通高速公路及干线铁路的中线儿岛—坂出通道建成开通;1998年,神户—鸣门通道建成开通;1999年,尾道—今治通道全面建成通车。历经近30年的建设,直到1999年,整个本四联络线才全面竣工。在本四联络线上,共有千米级悬索桥、斜拉桥10多座,其中包括大鸣门桥、南备赞濑户大桥、北备赞濑户大桥、下津井濑户大桥4座千米级的公铁两用悬索桥,以及明石海峡大桥、多多罗大桥等创世界纪录的缆索承重公路桥梁。另一方面,本四联络线上的桥梁大多跨越水深浪急的海峡,且位于高烈度地震区及台风频发区,防震及抗风要求极高,设计施工难度空前。在这其中,大鸣门桥作为本四联络线东线的一期工程最早开工建设,搭载日本新干线铁路及高速公路,具有显著的先导与示范意义。

大鸣门桥位于日本鸣门市与南淡路市之间,跨越鸣门海峡。鸣门海峡宽约2.0km,最大水深约90m,桥址处海床呈V形,潮流非常复杂(日本著名旅游景点鸣门旋涡即在本桥桥址处)。为避免深水基础,主塔基础选在水深较浅的海域。这样,主跨跨径需求就在900m左右。经过反复比较,最终确定的悬索桥跨径布置为93m+330m+876m+330m=1629m,主墩处水深11~14m。当时公路斜拉桥的最大跨越能力在700m左右,铁路斜拉桥的跨越能力不超过400m，要实现900m的跨越能力，可能的桥型只有悬索桥。该桥为搭载新干线的公铁两用桥梁。参照此前日本已建成的关门桥（主跨712m，1973年建成）、因岛桥（主跨770m，1983年建成）等大跨径公路悬索桥的成功经验，该桥的建设方——本州四国联络桥公团选取了钢桁梁作为加劲梁，上层布置四车道公路，下层布置双线新干线铁路。

该桥钢桁加劲梁长度达1629m，为了削减温度效应、降低加劲梁弯矩峰值，采取了三跨双铰的布置方式。三跨双铰加劲梁布置方式在公路悬索桥中经常应用，具有受力图式简单、加劲梁弯矩包络图均匀、吊索受力均衡、温度荷载效应容易处理等优点，但这种加劲梁的布置方式相对于三跨连续加劲梁，应用于公铁两用悬索桥时加劲梁的柔度及梁端转角却会进一步增大。对此，该桥的设计方主要采取的应对措施包括以下三个方面。一是增大桁高和桁宽，桁高由关门桥、因岛桥的9m增大为12.5m，桁宽由关门桥的30m、因岛桥的26m增加到34m，借此增大加劲梁的侧向和竖向刚度。由于增大加劲梁桁高对改善结构竖向刚度的作用非常有限，经计算，在列车荷载作用下索塔处的加劲梁竖向转角高达3‰，远大于日本新干线铁路运行允许转角0.35‰，因此，设计方采取了第二个、也是最关键构造措施——增设铁道缓冲梁。所谓铁道缓冲梁，是指在主受力结构桁梁的梁端专门增设的、起缓冲作用的过渡梁，能够将相对较大的梁端转角比较平缓地分散在一个较长的区间内，以利于桥上轨道结构布设、列车平稳运行，其构造原理如图3-4-1所示。第三个问题是，即便采用三跨双铰的加劲梁布置方式，梁端伸缩量仍高达±90cm。对于高达180cm的变位需求，设计方提出了插接梁的构造方式予以应对。所谓插接梁，后来也被工程界称之为抽屉梁，是指能够传递弯矩和剪力、但不承受轴力的嵌套式梁构造，能够实现大位移伸缩量，并保障轨道结构的平顺线形，如图3-4-2所示。

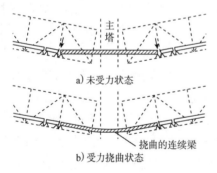

图3-4-1 铁道缓冲梁的构造示意图

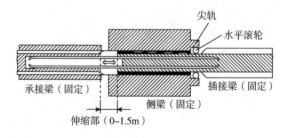

图3-4-2 插接梁的构造示意图

4.3 主要技术特点

(1) 主要设计参数

设计荷载：①铁路采用日本新干线荷载标准，双线铁路，每线荷载集度为38kN/m×370m，列车总重量不大于14000kN（用于限制列车长度），运营速度为160~180km/h，最高运行速度为210km/h；②公路布置为双向四车道；③桥面处设计风速为73m/s（150年一遇、10min平均风速）；④设计地震加速度峰值为0.18g。

跨径布置:93m+330m+876m+330m=1629m。

主缆:每根主缆由154根索股组成,每根索股包含127丝φ5.37mm平行钢丝,主缆直径0.84m。

加劲梁:采用桁高12.5m、桁宽34m的钢桁梁,加劲梁纵向布置形式为三跨两铰式。

铁路桥面系:采用纵横梁桥面系。

索塔:索塔高125.93m,桁架式,出于防震需求,采用了钢索塔。

基础:采用管柱基础,直径4.0~7.0m。其中,对于最大直径达7.0m的管柱,施工时采用先沿周边钻一圈直径1.5m的小孔,然后在芯部钻直径4.0m大孔,最后插入直径7.0m的钢管,修整成孔,压注水泥浆,下钢筋笼。这种成孔方式创造了管柱基础的直径纪录。

锚碇:采用重力式锚碇。

该桥概貌见插页彩图28,总体布置、加劲梁及主墩管柱基础构造如图3-4-3所示。

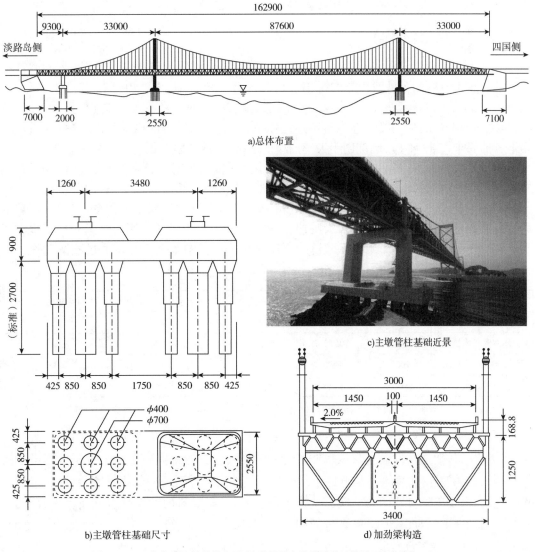

图3-4-3　日本大鸣门桥总体布置、加劲梁及主墩管柱基础构造(尺寸单位:cm)

(2)技术经济优势

日本大鸣门桥是第一座搭载干线铁路的千米级悬索桥,在难以提高悬索桥竖向刚度的情况下,通过设置铁道缓冲梁、插接梁等新型构造,解决了大跨径悬索桥应用于铁路的瓶颈问题。实测结果表明:①该桥一阶竖向弯曲频率为0.173Hz,一阶扭转频率为0.334Hz,振动响应较小。②在最大竖向荷载作用下,挠跨比为1/302。③在车辆横向摇摆力及风力(风速取25m/s)作用下,横向挠跨比为1/384,静动力性能可以满足速度160~180km/h新干线的运营要求;在极端强风作用下(此时铁路停运),变形偏大,横向挠跨比达1/96,这主要由其所采用的三跨两铰式加劲梁布置形式所致。

日本大鸣门桥于1976年开工,历时9年于1985年建成。该桥主要设计单位有日本本州四国联络桥公团、川崎重工业株式会社、株式会社神户制钢所、三菱重工业株式会社等。该桥的主要材料用量:加劲梁36000t,缆索12000t,索塔16800t,合计钢材用量64800t,混凝土21.6万m^3,是20世纪80年代国际瞩目的超级工程之一。

4.4 工程创新扩散

日本大鸣门桥建设期间,本四联络线的南备赞濑户大桥、北备赞濑户大桥、下津井濑户大桥等几座千米级的公铁两用悬索桥相继开工,并于1988年建成。由于有了大鸣门桥的实践基础,日本后续几座公铁两用悬索桥在传承的基础上,对一些结构构造进行了持续的改进,如将三跨两铰的加劲梁改进为三跨连续体系,以增大悬索桥的横向刚度、更好地适应铁路运营的要求(表3-4-1),但首创于大鸣门桥的插接梁、铁道缓冲梁等构造仍得以推广,并在南备赞濑户大桥、北备赞濑户大桥发展演变为轨道伸缩缓冲桁架装置,最大允许变形达到5.0m。近年来,随着我国大跨径铁路悬索桥,如连镇铁路五峰山长江大桥、丽香铁路金沙江大桥的开工建设,铁路悬索桥合理结构刚度指标的制订、梁端局部变形的分散、列车荷载加载方式的确定等问题,都借鉴了自大鸣门桥以来的日本大跨径公铁两用悬索桥的工程实践经验,并据此逐步制定了千米级悬索桥的合理刚度标准,为铁路悬索桥的发展扫清障碍。

几座日本公铁两用悬索桥的刚度 表3-4-1

桥　　名	主跨(m)	建成时间(年)	竖向挠跨比	横向挠跨比(列车+风)	横向挠跨比(强风)
大鸣门桥	876	1985	1/302	1/384	1/96
下津井濑户大桥	940	1987	1/387	1/588	1/199
南备赞濑户大桥	1100	1988	1/364	1/385	1/130
北备赞濑户大桥	990	1988	1/381	1/446	1/151

注:"列车+风"荷载组合的桥面风速取25m/s(10级风)。

日本大鸣门桥的工程创新表明:创新就是有价值的提升,主要表现形式是发明、改进和融合,大鸣门桥通过开发设置铁道缓冲梁、插接梁等新型构造,突破了悬索桥不能用于干线铁路桥梁的认知障碍,实现了从0到1的跨越。虽然这些新型构造还不够完美,此后也被多次改进,但却是工程实践的第一次。从这个角度来看,面对新的工程难点或技术挑战时,敢于走出因循守旧的窠臼,有勇气去直面问题、大胆探索、小心验证、勇于创新才是最重要的。这既是工程师的使命,也是工程实践活动价值理性的必然要求。

第5章　委内瑞拉卡罗尼河二桥

委内瑞拉卡罗尼河二桥(Second Caroni River Bridge)是一座跨径213.75m的公铁两用连续组合梁桥,建成于1992年。其所采用的双组合梁截面、PBL剪力键(开孔板连接件)以及强迫位移法调整结构应力等措施,破解了大跨径连续组合梁支点截面应力过大、钢材性能难以发挥的瓶颈,促进了大跨径连续组合梁的发展和广泛应用。

5.1　技术背景

钢-混凝土组合梁桥兼有混凝土梁桥和钢桥的特点,具有施工方便、建筑高度小、节省人工及材料等特点。早在20世纪50—60年代,采用双工字钢主梁的钢板组合梁桥在铁路桥梁中就有零星的应用,跨径多在40~60m之间,结构形式也以简支梁为主,以填补预应力混凝土简支梁(适用跨径20~50m)与简支钢桁梁(适用跨径一般大于60m)合理跨径之间的空白。当跨径超过60m后,也有采用连续组合梁的工程尝试,但应用并不广泛。当连续组合梁跨径超过100m后,因近支点段负弯矩较大,混凝土上缘的拉应力、底板钢梁的压应力随之增大,使得上缘混凝土拉应力常常超限,下缘钢板的材料性能难以发挥作用,导致其技术优势不再明显,经济指标明显降低,耐久性也存在一定隐患,因此在20世纪80年代之前,在桥梁工程实践中对连续组合梁的应用比较谨慎。

另一方面,在20世纪50—60年代,随着联邦德国诺伊斯莱茵河桥(跨径206m)、动物园桥(跨径259m)等连续钢箱梁的建成与运营,连续钢箱梁的力学性能、构造形式虽然得以不断优化,但连续钢箱梁的主要缺点仍难以克服,即支点截面附近的底板压应力过大,致使钢材性能难以充分发挥,超厚钢板制造加工困难较大,导致连续钢箱梁经济指标明显恶化,在市场上竞争力急剧下降。这个问题在活载相对较小的公路桥梁中尚可接受,但对于活载较大、刚度要求较高的铁路桥梁则比较突出。与此同时,由于人们对预应力混凝土连续梁长期行为把握不准,加上铁路桥梁对线路的平顺性要求较高,在铁路桥梁中很少采用跨径大于150m的混凝土连续刚构桥。因此,到了20世纪80年代,在跨径150~200m的铁路桥中,仍以钢桁梁为主,结构形式包括悬臂钢桁梁、连续钢桁梁、钢桁-拱组合体系等,虽然能够满足跨越能力的需求,但存在用钢量大、结点构造复杂、结构造型笨重呆板等不足。

针对这一情况,南斯拉夫、联邦德国一些工程师尝试了在钢梁底板上浇筑混凝土,形成双组合梁的构造,来满足大跨径连续组合梁的受力要求,如1968年南斯拉夫建成的奥威斯基(Orasje)公路桥。该桥跨径布置85m+134m+85m,是世界上第一座主梁上下翼缘都采用组合截面的连续组合梁桥,由南斯拉夫著名结构工程专家尼古拉·哈丁(Nikola Hajdin)设计,支点截面腹板高5.5m,中跨跨中腹板高3.0m。为减小中支点附近区域的下翼缘钢板的应力,采用了由混凝土底板、钢腹板与行车道板组成的箱形截面;在跨中区域则采用了由行车道板与钢板梁组成的开口截面,并施加预应力束以抵抗正弯矩,如图 3-5-1 所示。这种布置方式虽然增加了结构的自重,构造与施工工序也稍显复杂,但却有效增大了结构的整体刚度,大幅度减少了用钢量,取得了很好的经济技术效益。

概括来说,跨径增大后,连续组合梁存在的主要问题是如何设法削减支点区域的负弯矩,由此降低截面上缘混凝土拉应力,以确保混凝土在正常使用状态下不开裂,降低支点截面区域截面下缘的钢板压应力,以提高钢板受压状态下的材料利用效率。

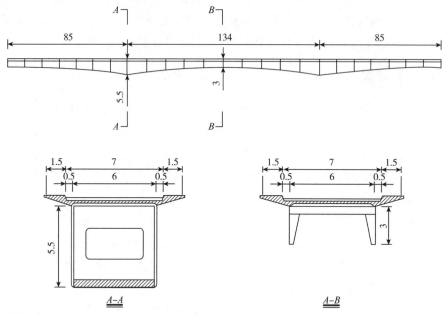

图 3-5-1　奥威斯基公路桥总体布置(尺寸单位:m)

5.2　方案构思

委内瑞拉卡罗尼河在拟建桥址处遇到裸露玄武岩,河面宽度收缩为 250m 左右,低水位时水深达 60m,高低水位相差达 12.5m,水流流速达 4m/s,因此在该处建桥必须设法减少水中基础。经反复研究比选,在桥址处采用 200m 左右的大跨径连续梁或连续刚构是较合理的选择。连续梁或连续刚构较好地兼顾了结构刚度、施工方法、经济性能等要求,可以实现 200m 跨径的结构形式有四种,即钢桁连续梁、钢箱连续梁、预应力混凝土连续刚构及钢-混凝土连续组合梁。钢桁连续梁能满足跨越能力的要求,但要布设单线铁路、四车道公路及双侧人行道,如采用平层布置则会导致桁宽较大、横向受力问题比较突出、经济性较差,如采用双层布置则会显著增大引桥或引道的工程数量,导致工程规模大增;钢箱连续梁虽然也能够实现这一跨径,但经济性能相对较差,对钢结构加工制造要求较高,这显然不太适合工业化水平较低的委内瑞拉;预应力混凝土连续刚构在跨越能力方面没有问题,但因其施工工期较长、长期性能的演化机理尚未完全摸清,欧美等发达国家当时对预应力混凝土连续刚构应用于铁路桥梁持审慎态度。因此,比较可行的只能是钢-混凝土连续组合梁桥。在钢-混凝土连续组合梁桥中,可以采用钢桁连续组合梁桥或钢板梁-混凝土连续组合梁桥。稍早前,联邦德国建成的钢桁连续组合梁桥——Nantenbach美因河铁路桥,跨径达到了208m,但钢桁连续组合梁桥结构构件加工复杂、造价较高,并不适合当地的建设条件。于是,适应当地建设条件、受力比较合理的结构形式就只有钢板梁-混凝土连续组合梁桥了。

20世纪80年代末期,在委内瑞拉卡罗尼河二桥(Second Caroni River Bridge)的国际竞标中,以弗里茨·莱昂哈特、Reiner Saul为核心的设计团队提出了主跨跨径为213.75m的钢板梁-混凝土连续组合梁桥方案,通过优化截面构造、调整施工工序、开发PBL剪力键、采用顶推施工方法及强迫位移法调整连续梁内力等措施,一举破解了制约连续组合梁发展的瓶颈,使钢板梁-混凝土连续组合梁桥的跨径突破了200m。实际上,在卡罗尼河二桥建设之前,弗里茨·莱昂哈特早在1963年采用顶推施工法建成了委内瑞拉卡罗尼河一桥(Caroni River Bridge)。该桥为跨径布置48m+4×96m+48m=480m的预应力混凝土连续梁桥,这就使得他对于顶推法的拓展应用,以及委内瑞拉当地的建设条件有着非常深刻的认识。

弗里茨·莱昂哈特是20世纪最富创造性的桥梁大师,在理论研究、工程实践、工程教育等多个领域都具有开创性的贡献。他于1938年获得斯图加特大学的博士学位,1939年在慕尼黑开设了自己的咨询公司。第二次世界大战以后,在德国(联邦德国)科隆道伊泽尔桥(Deutz Bridge)修复工程中,弗里茨·莱昂哈特首次采用了钢箱梁结构;在联邦德国曼海姆库法尔茨(Kurpfalz)桥建设中,弗里茨·莱昂哈特首次采用了正交异性板桥面;他发明了顶推施工法,并在1959年首次应用于在奥地利Ager桥;他和弗朗兹·迪辛格(Franz Dischinger)一起,为斜拉桥早期发展作出了重要的贡献;此外,弗里茨·莱昂哈特还长于桥梁结构的理论分析与试验研究,提出了斜拉桥的倒退分析法,发明了冷铸锚具、PBL剪力键等新型构造,同时他对桥梁结构造型与艺术性造诣颇深,开创桥梁美学研究方向,出版了《桥梁:美学与设计》《桥梁建筑艺术与造型》等影响深远的著作。他和他的公司在世界各地设计了140多座各种类型的桥梁、电视塔、体育场馆,其中不少技术属第一次工程应用。

根据卡罗尼河二桥的建设条件以及当时当地的技术水准,弗里茨·莱昂哈特以他卓越的洞察力与务实的精神,提出了别具特色的连续组合梁设计方案与施工工法。由于此前弗里茨·莱昂哈特积累了关于钢结构、顶推施工法、倒退分析法等方面丰富工程经验,在卡罗尼河二桥的设计中,就自然而然地在奥威斯基公路桥双组合梁的基础上,因地制宜进行改进,根据该工程的主要问题提出了三条主要技术对策,来突破设计施工中的瓶颈。具体来说,一是充分利用组合梁截面形成过程、形成顺序对结构受力状态影响较大的特点,采用双组合梁构造、利用强迫位移法调整内力、优化施工工序来应对支点截面上下缘应力过大的挑战。二是通过采用三片工字形主梁、发明PBL剪力键,来应对当地工业化水平低、钢结构加工能力比较有限、难以进行钢箱梁加工和剪力钉焊接的实际状况。其中,PBL剪力键利用穿过孔中的混凝土榫来抵抗剪力流,除具备抗剪能力强、抗疲劳性能良好外,还具有无须采用专用电弧栓焊机的技术经济优势(电弧栓焊机是将栓钉端头置于陶瓷保护罩内与母材接触并通以直流电,使栓钉和母材之间激发电弧,融化栓钉和母材,将栓钉压入母材局部融化区内的一种专用焊机),以适应当地工业化水平不高的建设条件。三是依据卡罗尼河一桥的建设经验,采用顶推施工法来降低大跨径变截面连续组合梁施工临时设施费用,加快施工进度。

5.3 主要技术特点

(1) 主要设计参数

设计荷载:单线铁路、四车道公路及双侧人行道,其中铁路采用国际铁路联盟(UIC)的标准,均布荷载集度80kN/m。桥面采用平层布置,中间为单线铁路,两侧10.8m为公路及人行道。

跨径划分:45m+82.5m+213.75m+82.5m+45m 的五跨连续梁。为避免深水基础、满足通航要求,中跨跨径较大,次边跨/中跨跨径之比仅为0.386;为克服边支点的负反力,在边跨填充了压重混凝土,并设置预应力摆式拉压支座。

截面形式:截面顶板全宽30.4m,支点梁高13.8m,高跨比为1/15.5,跨中梁高4.76m,高跨比为1/45,截面为三主梁双结合截面,具体参数为:

①钢结构采用含铜0.3%的耐候钢,由三片工字形主梁、间距3.75m的横梁及横向连接系组成,主梁上下翼缘根据受力要求,由变宽变厚钢板拼接而成,上翼缘尺寸为600mm×30mm~3000mm×80mm,下翼缘尺寸为750mm×(30~85)mm,腹板厚12~24mm。

②由于腹板高度较大,为防止腹板发生屈曲失稳,腹板配有纵向加劲肋及竖向加劲肋。在梁高较小的区域,加劲肋高300mm;在梁高较大的区域,加劲肋自上而下增大至850mm,并嵌固于主梁的下翼缘。

③混凝土桥面板厚24cm,支承在间距3.75m横梁和钢腹板上,负弯矩区混凝土桥面板配置了含筋率高达4.8%的普通钢筋,以承受活载产生的拉应力。

④为帮助钢主梁下翼缘受压,在主跨支点区域及次边跨的下翼缘140m的范围内浇筑了20~85cm厚的混凝土,并施加横向预应力。

⑤工字形钢梁与混凝土桥面板采用PBL剪力键连接,以取代传统的栓钉。

该桥概貌见插页彩图29,总体布置、截面形式及PBL剪力键构造见图3-5-2。

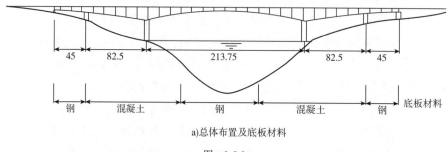

a)总体布置及底板材料

图 3-5-2

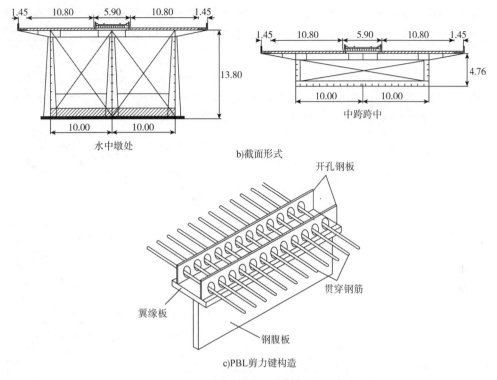

图 3-5-2 卡罗尼河二桥结构形式与细部构造(尺寸单位:m)

(2) 施工工序

组合梁截面形成过程、形成顺序对其最终受力状态影响很大,因此,可以利用施工工法、施工工序的调整优化来改善控制截面的应力分布。在这方面,卡罗尼河二桥进行了系统性的尝试。其主要工序如下。

①钢结构顶推。由于两岸场地条件不同,两半桥的拼装与顶推方法也有一定差异。圣费利克斯侧采用 3 段长 82.5m 的节段进行组拼和顶推,采用支承在主梁上的、高 38m 的临时塔架及端部拉索来调整悬臂结构的受力状况,分为 42 个顶推状态。奥尔达斯港侧则借助平衡梁腋的辅助支架进行全长组拼,分为 33 个顶推状态。顶推过程中不设临时墩,主梁在顶推过程中始终处于静定状态,可以方便地进行内力及变形验算、监测与控制。

②施加强迫位移进行应力调整。钢主梁顶推就位后,在圣费利克斯侧临时塔架底部施加 11.2MN 的力,将索塔整体顶升 0.95m,并使钢主梁悬臂端高程提升 1.55m;在奥尔达斯港侧,则利用设置在钢主梁端部专门的张拉连接装置施加 4.0MN 的力,将悬臂端高程提高 1.69m,同时使圣费利克斯侧悬臂端高程降低 0.48m,通过施加强迫位移在钢箱梁内产生正弯矩,用以削减钢主梁支点区域的负弯矩,从而减小底板钢结构的压应力。

③混凝土底板和桥面板浇筑施工。施加强迫位移后,逐段浇筑下翼缘、上翼缘的混凝土。混凝土浇筑顺序是经过反复优化后确定的,优化目标是让支点截面的混凝土上翼缘在恒载作用下应力最小。下翼缘混凝土底板浇筑分为 10 段,每段均按 14m 长、分 9 个工序进行浇筑,浇筑顺序为先岸侧再水中侧,圣费利克斯侧与奥尔达斯港侧浇筑工序一致。由于两侧钢箱梁的支承条件不一致,根据计算结果,两侧上翼缘混凝土桥面板浇筑时工序也有所不

同,圣费利克斯侧按每段 15m 长、共分 17 个工序进行,浇筑顺序为先从中支点至桥台,然后再浇筑中支点至主跨跨中;奥尔达斯港侧按每段 30~90m 长、共分为 9 个工序进行,浇筑顺序为从中支点至桥台,然后再浇筑中支点至主跨跨中。

④安装支座。为保障强迫位移调整应力效果,根据计算结果,中支座、次边支座在顶推完成后安装,边支座在下翼缘混凝土浇筑完成后、上翼缘混凝土浇筑之前安装。

卡罗尼河二桥主要施工工序如图 3-5-3、图 3-5-4 所示。

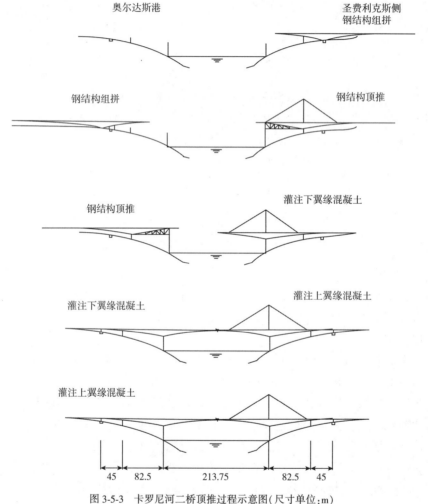

图 3-5-3 卡罗尼河二桥顶推过程示意图(尺寸单位:m)

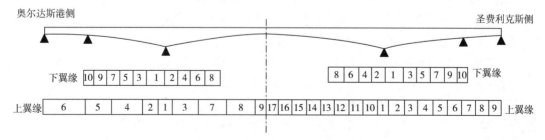

图 3-5-4 卡罗尼河二桥混凝土浇筑过程示意图

(3) 经济技术优势

委内瑞拉卡罗尼河二桥于1992年建成,创造了连续组合梁桥新的跨径纪录。其所采用的双组合梁构造、强迫位移法调整应力、PBL新型剪力键等很好地破解了大跨径连续组合梁的技术瓶颈,克服了工业化程度不高地区的建桥困难,具有明显的技术经济优势。该桥主要材料用量:钢板材7273t,混凝土7110m³,折合每平方米桥面用钢量约为510kg、混凝土用量为0.5m³。对于公铁两用桥梁而言,这个材料用量是比较节省的。

5.4 工程创新扩散

进入20世纪90年代末期,随着组合梁桥设计计算理论的成熟、构造形式的发展完善,组合梁桥的经济技术优势不断显现,法国、德国、日本及中国等修建了大量的大跨径连续组合梁桥,其所具有的施工快捷简便、装配化程度高、节省人工等特点得以不断强化,成为大中跨径桥梁($100m<L<200m$)最有竞争力的结构形式。在诸多工程实践案例中都可以看出卡罗尼河二桥的影响。该桥所提出的优化施工工序、施加强迫位移来调整组合梁控制截面应力的技术对策在组合梁设计施工得到了广泛的应用,所开发的PBL剪力键也成为组合梁桥常用的剪力连接件形式。只是在下翼缘浇筑混凝土的双组合梁构造,由于施工比较麻烦,未能得到普遍的推广应用,但相关工程实践的探索一直没有停止。例如将于2023年建成的我国菏泽—宝鸡高速公路山西临猗黄河大桥,采用了跨径布置为$112m+28\times128m+120m$的连续组合梁桥的方案,为削减中支点负弯矩区钢箱梁底板过大的压应力,在中支点两侧20~28m范围内的底板上浇筑了厚50~60cm混凝土,将钢箱梁底板压应力从304.7MPa削减为212.6MPa,成为双组合梁又一成功的工程实践。

卡罗尼河二桥的工程创新,揭示了工程创新具有突出的当时当地性,也说明了即便是对于结构受力性能相对简单的连续梁桥,概念设计和方案构思也具有极其重要的、决定性的影响。因此,借鉴国际先进工程经验、发挥设计者的想象力一贯是孕育创新设计方案的关键,只有这样,才能进行因地制宜的改进,突破设计施工中的瓶颈问题。

第6章　中国万州长江大桥

万州长江大桥(原名万县长江大桥)是一座主跨420m的钢筋混凝土拱桥,建成于1997年。其所提出的劲性骨架安装及拱圈施工过程控制方法、拱圈混凝土浇筑的"多点平衡法",解决了大跨径钢筋混凝土拱桥施工难题,极大地推动了大跨径混凝土拱桥的发展。

6.1　技术背景

大跨径混凝土拱桥具有造型美观、造价低廉、承载潜力大等优点,但也存在施工难度大、临时工程材料用量较多等局限,随着跨径的增大,施工难度及施工费用急剧增大,导致其竞争优势明显降低。在第二次世界大战以后的几十年里,大跨径混凝土拱桥发展相对缓慢、修建数量不多,工程创新主要围绕着施工方法的革新而展开,相继发展出悬臂桁架拼装法、斜拉悬臂拼装法、斜拉悬臂浇筑法、缆索吊装法、转体施工法等无支架施工方法。这些施工方法虽然一定程度降低了大跨径混凝土拱桥的施工临时设施费用,增强了混凝土拱桥施工期间的安全性,使得大跨径混凝土拱桥在某些情况下仍葆有竞争优势,但总的来说,无支架施工方法仍是制约大跨径混凝土拱桥发展的主要瓶颈因素。

到了20世纪80年代,混凝土拱桥的无支架施工方法取得了一定的突破,拱桥建设开始加速。国外代表性的混凝土拱桥及其施工方法主要有:日本采用劲性骨架法建成了主跨235m的别府拱桥,南斯拉夫采用悬臂桁架拼装法建成了主跨390m的Krk拱桥。其中,Krk拱桥基于化整为零的思想,将拱圈截面分成若干板件进行预制组拼,采用分室、分节、分块的方式进行组装,成为混凝土拱桥发展的里程碑,对大跨径混凝土拱桥的设计施工产生了深远的影响。在我国,采用无支架施工方法建造混凝土拱桥的主要集中在西南山区的四川、贵州、广西等省(自治区),工程实践非常活跃,如采用半劲性骨架建成了主跨240m的四川宜宾金沙江南门大桥(体积含钢率为1.28%),采用转体施工法建成了主跨200m的四川涪陵乌江大桥,采用缆索吊装、节段拼装的工法建成了主跨150m的四川宜宾马鸣溪金沙江大桥,等等。在这些工程实践中,虽然积累了宝贵的工程经验,但仍未取得无支架施工方法的关键性突破,当跨径超过300m时,施工工法仍然是混凝土拱桥建设的瓶颈。

6.2　方案构思

万州长江大桥位于重庆市万州区(原四川省万县)上游7km,是国道318线跨越长江的一座特大公路桥梁。该桥前期规划勘察工作自1983年开始,由四川省交通厅公路规划勘察设计研究院(现"四川省公路规划勘察设计研究院",简称四川公路院)负责,经过了预可行性研究、工程可行性研究、技术设计、施工图设计四个阶段。在预可行性研究、工程可行性研究阶段,选取了 4 个桥位、6 种桥型(钢悬索桥、钢拱桥、钢斜拉桥、混凝土连续刚构桥、混凝土斜拉桥、混凝土拱桥)进行比选,提出了 8 个总体布置方案。由于桥梁位于峡谷地段,航道狭窄,水深流急,江中不能设墩,故需一孔跨越江面,因此,桥梁最小跨径被确定为 400m。在 6 种桥型方案中,钢筋混凝土拱桥造价最低,明显低于混凝土斜拉桥、混凝土连续刚构桥等各种桥型,造价降低幅度在 7%~39% 之间,这对经济欠发达的四川省来讲意义非同一般。因此,工程可行性研究阶段确定了主跨 420m 的钢筋混凝土拱桥方案进行技术设计。

技术设计阶段的关键是采用何种无支架施工方法,在临时费用较低的情况下保障施工阶段结构的安全可靠。在当时,劲性骨架法、转体施工法、节段拼装法三种拱桥的无支架施工方法在我国都有一定的工程实践基础,也积累了一些经验与教训,但采用劲性骨架法施工的最大跨径仅为 240m(宜宾金沙江南门大桥),采用其他无支架施工方法建成的拱桥最大跨径仅为 150m。要实现从 240m 到 420m 的跨越,无疑是一个严峻的挑战,需要在分析借鉴国内外拱桥先进施工方法基础上,根据当地的施工水平、前期积累做出科学的抉择与大胆的创新。经分析,劲性骨架法既是大跨径混凝土拱桥无支架施工的发展方向,在当地也具有较好的工程实践基础,已经建成的主跨 120m 的四川新龙坳拱桥、主跨 160m 的四川攀枝花倮果大桥均采用钢管混凝土作为劲性骨架进行施工,因此,采取相应改进措施与工法创新是可以应对这一严峻挑战的。此外,宜宾金沙江南门大桥采用型钢半刚性骨架,虽然用钢量省,但刚度小、施工过程中难以准确达到设计的几何线形,也出现过险情。故向更大跨径发展则风险较大,用钢也不省。于是四川公路院决定舍弃型钢半刚性骨架,采用刚度大、用钢省的钢管混凝土作为劲性骨架。

四川公路院是一支立足四川、面向全国、经验丰富的设计队伍,拥有以杨稚华、谢邦珠、吴清明为代表的一大批桥梁工程设计大师,在当时,已经积累了比较丰富的拱桥设计与施工经验,在钢筋混凝土肋拱桥、钢筋混凝土箱拱桥以及拱桥的转体施工方法等方面的创新颇多,并已展开了钢管混凝土拱桥的工程实践探索,在 20 世纪 90 年代初就设计建成了跨径 115m 四川旺苍东河桥、跨径 100m 的广东高明桥等多座钢管混凝土桥梁。钢管混凝土拱桥的实践,对万州长江大桥以钢管混凝土作为劲性骨架无疑具有一定的帮助和推动作用。钢管对混凝土具有套箍、模板、支架三种作用,较好地解决了用钢量省、施工安装重量轻与承载力大之间的矛盾,既是大跨径拱桥的新材料,又是性能优异的劲性骨架。需要说明的是,在万州长江大桥设计施工过程中,以杨稚华、谢邦珠为核心的设计团队是将钢管混凝土视为一种施工方法而非新材料进行工程实践探索的。

确定了结构形式、施工方法及技术路线之后,施工工序就成为特大跨径劲性骨架钢筋混凝土拱桥建设成败的关键之一,因为拱圈应力与拱圈形成历程、形成方法直接相关。四川公路院通过理论分析、数值模拟及模型试验,确定了"步步为营"的拱圈截面成型做法,以最大限度地降低劲性骨架用钢量,提高劲性拱架施工过程的稳定性。简单来说,拱圈截面成型分为三大阶段,即先采用缆索吊装法拼装钢管骨架,然后采用泵送方法灌注混凝土形成钢管混凝土劲性骨架,最后再分环分段浇筑混凝土箱形截面。在实施过程中,又根据施工阶段钢管混凝土桁架(或钢管混凝土桁架-混凝土板结构)的稳定性、承载能力及拱圈应力等控制目标,提出了"六工作面"同步对称浇筑方法,按横向分块、纵向分环、先中室后边室的方式逐步形成拱圈截面。经反复优化,混凝土拱圈形成过程共分为 8 个工序、9 个阶段,各工况混凝土浇筑量在 499~1909m³ 之间,劲性骨架的最小稳定系数为 4.0。施工过程中劲性骨架的内力变形基本无波动,内力增量比较均匀,在阶段末达到最大值,并明显小于其他施工加载工序的最大值。

6.3 主要技术特点

(1) 主要设计参数

公路等级:四车道高速公路,净宽 2×7.5m 行车道+2×3.0m 人行道,总宽 24m。

荷载等级:汽车-超 20 级,挂车-120,人群-3.5kN/m²。

通航标准:在三峡水库正常蓄水位 175m 以上时,通航净空为 24m×300m,双向通行三峡库区规划的万吨级航队。

桥孔布置:主跨 420m,拱上建筑为 14×30.668m,全桥总长 856.12m,拱圈净跨 420m,净矢高 84m,矢跨比为 1/5,拱圈高 7m、宽 16m,横向分为三箱。桥梁概貌见插页彩图 30,主要尺寸如图 3-6-1 所示。

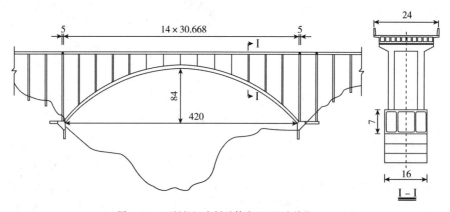

图 3-6-1 万州长江大桥总体布置(尺寸单位:m)

劲性骨架:经反复计算比选,采用上下弦杆为 φ402mm×16mm 钢管组成 5 片桁片,横向间距为 3.8m,采用角钢组成的 H 形断面作为腹杆,以达到刚度大、用钢省、便于节点焊接处理等目的。骨架在桥轴方向长划分为 36 节桁段,每节段长约 13m、高 6.8m、宽 15.6m,节段之间由上、下弦杆的法兰盘螺栓连接,每节段重约 61t,在工厂制作完成,船运至工地起吊安装。拱脚节段的下弦端面设临时铰,以便安装时调整骨架几何线形。劲性骨架构造见图 3-6-2。

(2) 施工方法

①安装劲性骨架:采用缆索吊装方式逐段安装劲性骨架,安装就位、线形调整完毕后封闭拱脚的临时铰。然后,采用泵送混凝土技术工艺,按照先中间后两边、先下弦后上弦的原则,在 10 根钢管内灌注 C60 混凝土,形成钢管混凝土劲性骨架。

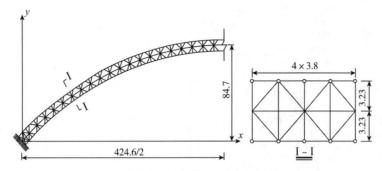

图 3-6-2 劲性骨架构造(尺寸单位:m)

②浇筑混凝土拱圈:混凝土拱肋浇筑工序是成拱的关键。钢管混凝土桁架(或钢管混凝土桁架-混凝土板结构)的稳定性是最主要控制因素,在初步拟定的 8 种加载工序中,经反复分析比较,最终选取将主拱圈浇筑混凝土分为 8 个阶段、9 个工况的施工加载路径,如表 3-6-1 所示。在主拱圈横截面上,三室箱形截面分 8 次浇筑形成,即:浇筑中箱底板混凝土→浇筑中箱下 1/2 腹板混凝土→浇筑中箱上 1/2 腹板混凝土→浇筑中箱顶板混凝土,形成中箱混凝土截面→浇筑两侧边箱底板混凝土→浇筑边箱下 3/4 腹板混凝土→浇筑边箱上 1/4 腹板及顶板混凝土,形成边箱混凝土截面。每环段浇筑后间隔一定龄期,使混凝土达到 70% 以上的强度,以便与劲性骨架共同受力、承受下一阶段混凝土的重量和施工荷载。在主拱圈的纵向,混凝土浇筑采用"六工作面"法,即半拱圈沿纵轴线等分为 6 个工作面,每工作面底板混凝土为 13 个工作段,顶板混凝土为 12 个工作段,腹板混凝土分为 6 个工作段,以便于同步、对称、均匀地浇筑混凝土,给钢管混凝土桁架(或钢管混凝土桁架-混凝土板结构)施加荷载,将最大施工荷载控制在 4000kN 以内。以中箱底板混凝土浇筑施工的工况"2-1、2-2"为例,主拱圈沿桥跨纵向分别分为 144 小节、62 小节,如图 3-6-3 所示。各工作面要求对称,均衡浇筑,最多允许有一个工作段的快慢差别,并结合施工中对拱架变形及内力的监控随时调控各工作面的进度。通过以上加载工序优化,确保按理想压杆进行线弹性稳定性分析时,结构的整体稳定安全系数大于 4.0,按第二类稳定性问题(极值点失稳)分析时,结构的整体安全系数大于 1.58。

③拱上建筑施工:主拱圈成形后,借助于缆索系统,采用常规施工方法完成拱上建筑及桥面系的施工。

浇筑混凝土拱圈顺序及稳定性分析结果　　　　　表 3-6-1

工况	浇筑混凝土截面	混凝土浇筑量 (m³)	稳定安全系数	跨中最大竖向位移(m)	超极限承载力的杆件数量
1	1520cm / 645cm	499	4.0	-0.3094	0

续上表

工况	浇筑混凝土截面	混凝土浇筑量 (m³)	稳定安全系数	跨中最大竖向位移(m)	超极限承载力的杆件数量
2-1	430cm, 40~80cm	930	4.5	-0.3831	0
2-2	860cm, 40~80cm	605	4.0	-0.4736	0
3	30cm, 302.5cm	1111	7.0	-0.5364	0
4	605cm	1120	7.5	-0.5830	0
5	375cm	1668	6.5	-0.6330	4根；下平斜撑，位于左右拱趾边箱处
6	1620cm	1393	8.5	-0.6615	4根；下平斜撑，位于左右拱趾边箱处
7	161.25cm	1781	7.5	-0.6942	4根，但已与混凝土板硬结，应视为不失稳
8	350cm	1909	7.5	-0.7220	8根，但已与混凝土板硬结，应视为不失稳

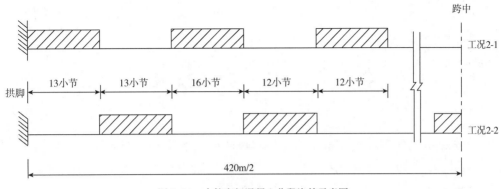

图 3-6-3 中箱底板混凝土分段浇筑示意图
(图中阴影表示混凝土浇筑加载)

(3) 经济技术优势

万州长江大桥对大跨混凝土拱桥的新理论方法、新工艺技术、新材料应用、新结构措施等方面进行了卓有成效的探索,针对钢管混凝土-混凝土拱圈复合结构逐步形成的特点,提出了劲性骨架安装及拱圈施工过程控制方法,发展了拱圈混凝土浇筑的"多点平衡法",开发了C60级高强混凝土工艺技术,揭示了几何非线性与徐变对混凝土拱圈长期行为的影响,等等。这些技术突破有力保障了大桥的建设。该桥于1994年开工,1997年建成,主要材料用量为:钢材5299t(其中钢管骨架2191t),混凝土46392m^3,折合每平方米桥面用钢量为289kg、混凝土用量为2.34m^3。该桥工程竣工造价1.675亿元,折合每平方米桥面造价为8178元,与相近跨径的各种桥型相比是最经济的。

6.4 工程创新扩散

万州长江大桥的工程创新成功地解决了大跨径混凝土拱桥设计施工中的主要技术难题,形成了一套比较完善的大跨径混凝土拱桥设计施工技术,不仅推动了我国大跨径混凝土拱桥、大跨径钢管混凝土拱桥的发展,而且也引起了国际桥梁界的广泛关注。在万州长江大桥建成后的20年内,我国的钢筋混凝土拱桥、钢管混凝土拱桥建设取得了令世界瞩目的成就,其中跨径大于200m的超过50座,占据全世界同类拱桥的75%以上。在这些拱桥工程实践中,或多或少都受万州长江大桥成拱方法、截面构造、计算理论等方面的影响。

万州长江大桥的工程创新,揭示了结构体系、建桥材料、结构理论、施工方法是四个相互依托的支柱,在技术迭代升级过程中存在着相互作用、协同发展的内在机制,从而推动技术创新与工程创新永不停歇的发展。在这个演化进程中,技术创新是源,工程创新是流,源远才能流长。在未来,钢筋混凝土拱桥、钢管混凝土拱桥以其承载能力强、刚度大的优势必将不断向更大跨径发展,发展的关键主要取决于更经济合理的构造形式及其施工方法。在设计方面,主要是应用精细化分析方法;在构造方面,主要是研发不同形式的钢混组合结构拱;在施工方面,主要是综合各种无支架方法的优点,让一部分材料先形成拱,以便降低施工技术难度和建造成本。

第7章 中国香港汀九桥

中国香港汀九桥(Ting Kau Bridge)是一座跨径布置为127m+448m+475m+127m三塔四跨斜拉桥,建成于1997年,其所采用的独柱式索塔、加装中塔稳定索、四索面布置的技术对策,为多跨斜拉桥提高结构体系刚度探索出新途径。

7.1 技术背景

在斜拉桥发展的早期就有多跨斜拉桥探索的实践,一般采用高跨比较大的主梁及稀索体系,必要时设置挂孔,将多跨斜拉桥复杂的刚度问题、温度效应解耦,主梁连续长度较短,各跨独立受力,基本不存在多跨间刚度匹配问题,也不存在明显的温度效应问题。如设计大师里卡尔多·莫兰迪(Riccardo Morandi)设计的委内瑞拉马拉开波湖桥(主跨5×235m),林同炎设计的中国台湾光复桥(主跨2×134m)、约格·施莱希(Jörg Schlaich)设计的中国澳门新澳氹大桥(主跨2×112m)等。总体来说,由于稀索多塔斜拉桥主梁梁高较大,在受力性能上更接近梁式桥,斜拉桥最突出的特点——利用密布的拉索来传力的优势没有发挥出来,因此,多跨斜拉桥应用并不是很广泛,工程实践也不是很活跃。进入20世纪70年代,随着密索斜拉桥的发展,国际桥梁界开始尝试多跨斜拉桥的密索体系,国际设计大师弗里茨·莱昂哈特、约格·施莱希、尼尔斯·吉姆辛等人结合印度恒河大桥、加拿大联邦大桥、丹麦大贝尔特大桥、希腊里翁—安蒂里翁大桥等桥梁的方案设计,围绕提高结构体系刚度、降低温度效应两个核心问题,进行了多年的概念设计,分析研究了各种提高体系刚度的措施,虽然这些研究方案因技术成熟度不足而没有实施,但却奠定了多跨斜拉桥的理论基础。进入20世纪90年代,随着世界各地桥梁工程跨越宽阔、深水(谷)障碍的需求提上日程,多跨斜拉桥在与悬索桥、大跨径拱桥的竞争中,其技术优势逐渐显现,工程实践开始活跃起来。1993年,墨西哥率先建成了世界上第一座密索体系的三塔斜拉桥——Mezcala大桥,该桥跨径布置为57m+80m+311.5m+299.5m+84m+68m+39.5m,为提高结构体系刚度,采用了塔梁分离、不等高索塔、设置辅助墩等技术对策,拉开了多跨斜拉桥工程实践的大幕,但国际桥梁界对提高多跨斜拉桥体系刚度的技术对策并未取得一致的认识。

另一方面,对于桥宽较大的斜拉桥,由霍戈·斯文生(Holger Svensson)设计的美国弗里德·哈特曼(Fred Hartman)桥1995年建成以后,国际桥梁界逐渐认识到多索面、分幅式主梁在桥宽较大情况下的经济技术优势。多索面、分幅式主梁可以大幅度减小横梁跨径、降低横梁弯矩、有效降低横梁的高度、节省材料用量,在提供同等桥面宽度、满足交通需求的情况下,具有更好的抗风性能,在桥面较宽的情况下非常有竞争力(详见第2篇案例2-4-4)。然而无须否认,弗里德·哈特曼桥采用的菱形索塔,虽然可以有效降低塔柱的弯矩,使混凝土塔柱主要承受轴向压力，但也存在防撞能力弱、纵向刚度小、视觉稍显凌乱的不足，并不适用于多跨斜拉桥。

7.2 方案构思

香港汀九桥是香港3号干线最重要的桥梁，跨越蓝巴勒海峡，南接青衣岛及北大屿山干线，是新界等地前往新机场、香港岛的便捷通道，交通需求为近期按双向6车道布置，远期可以拓展至双向8车道。蓝巴勒海峡水域宽约920m，航道最大水深为25m，通航净空要求为240m×62m，如果有桥墩位于海峡中央，则需增设桥梁防撞系统，以确保在22万t船舶撞击下桥梁不产生明显损伤。因此，该桥最小跨径应超过300m，但受航空净空限制，索塔最大高度不得超过220m。汀九岸地质情况非常良好，地面下2~3m处即为花岗岩，蓝巴勒岸则存在厚达26m的海洋沉积层，其下为火山凝灰岩。此外，香港属台风多发地区，200年一遇设计风速为83.3m/s。

根据上述建设条件，为引导和约束设计方案国际竞标，业主香港路政署委托相关顾问工程公司进行了该桥的可行性研究与初步设计。可行性研究的方案：140m+420m+140m的双塔混凝土斜拉桥，引桥为预应力混凝土连续刚构。该方案可以满足各方面的要求，但建造人工岛的费用较高。针对这一问题，香港路政署会同初步设计方又进一步提出了3个方案：方案Ⅰ为140m+900m+140m的钢桁加劲梁悬索桥；方案Ⅱ为146m+900m+140m的钢箱-混凝土箱混合梁斜拉桥；方案Ⅲ是在方案Ⅱ的基础上，在海峡中央利用相对较浅的水域、修筑人工岛并设置索塔，将主跨一分为二，为146m+450m+450m+140m的三塔四跨混凝土箱梁斜拉桥。3个方案都比较新颖，反映了当时国际桥梁界最先进的技术水平。于是，业主就依据上述资料向全球招标。

香港路政署招标收到了7份投标书，结构形式全部都是斜拉桥，按照报价从低到高，罗列于表3-7-1,7个方案都具有可行性，大部分标价都低于业主之前估算的工程造价。其中，最低报价的方案为127m+448m+475m+127m三塔四跨组合梁斜拉桥，与业主在初步设计中的方案Ⅲ非常类似，但在总体布置上优化了主跨、边跨的布置，在结构体系、索塔造型、主梁选型等方面进行了大胆的改进。该方案的主桥及引桥总长为1875m，造价为17.38亿港币，工期为34个月，主导设计工作的是约格·施莱希。

香港汀九桥国际竞标方案的主要参数　　　　　　　　　　表3-7-1

序号	主桥跨径布置(m)	结构体系	索塔形状	主梁截面
1	127+448+475+127	三塔四跨	混凝土独柱塔	组合梁
2	180+360+151.5	双塔三跨	A形混凝土塔	组合梁
3	129+382.5+129	双塔三跨	钻石形钢塔	组合梁
4	200+565+150.5	双塔三跨	混凝土H形索塔	混凝土梁
5	144+390+390+144	三塔四跨	钻石形混凝土塔	组合梁
6	180+410+180	双塔三跨	钻石形混凝土塔	组合梁
7	148+435+435+148	三塔四跨	混凝土斜腿门式塔	组合梁

从表 3-7-1 可以看出,大多数方案均选择组合梁作为主梁,采用三塔四跨的斜拉桥方案也为数不少,这说明国际桥梁界对多塔组合梁斜拉桥的技术优势达成了共识。那么,约格·施莱希的方案何以能够达成造价最低、造型新颖的目标?答案在于约格·施莱希的方案在横桥向的布置与众不同,即采用独柱塔、分幅式主梁、四索面的布置;同时,为增大三塔四跨斜拉桥的整体刚度,在中塔塔顶增设纵横向稳定索。独柱塔与 H 形索塔、钻石形索塔相比,可以大幅度减少塔柱及基础的材料用量,缩短施工工期,建构简洁挺拔的艺术造型,而稳定索的采用对中塔起到了有效的锚固作用,在材料用量较少的情况下有效增大了多跨斜拉桥结构体系的刚度;此外,塔梁分离、分幅式主梁及四索面的布置方式,可以显著改善主梁的横向受力行为,满足斜拉桥抗风性能的要求,这一点在美国弗里德·哈特曼桥的实践中已经得到了证明。

约格·施莱希是享誉国际的结构工程师和工程教育专家,是驰名国际土木界斯图加特学派的灵魂人物之一,他设计的塔和桥梁以轻盈、纤细、新颖、大胆而著称,是当代结构艺术的代表人物之一,他的设计思想对国际桥梁界产生了深远的影响。早在 1971 年,他就设计了印度加尔各答胡格利二桥,开创了组合梁斜拉桥的先河。他的涉猎范围较广,代表性桥梁作品有:主跨 215m、主梁高跨比达 1/478 的希腊厄波斯(Evripos)斜拉桥,梁高/跨径之比达 1/86 的德国克莱姆斜腿刚构跨线桥,采用张弦梁的德国上阿根斜拉桥,采用槽形梁的德国因戈尔斯塔特高速铁路桥,等等,这些桥梁虽然结构形式不同、规模各异,但在受力行为、结构形式、艺术造型方面均有独到之处。从这些代表性作品来看,约格·施莱希对组合结构的特性、对斜拉桥结构体系有着自己独特的理解与演绎,对结构轻型化有着持之以恒的追求。同时,从 20 世纪 60 年代末,他就对多跨斜拉桥进行了深入的研究,在多个项目中均提出过多跨斜拉桥的设计方案,只是因为种种原因,没有能够付诸实践。因此,在香港汀九桥业主提出 3 个引导性方案、特别是三塔四跨斜拉桥方案之后,依据多年设计经验的积累,他对引导性方案进行了独具匠心的改进,形成了中标实施方案。

7.3 主要技术特点

(1) 主要设计参数

跨径布置:127m+448m+475m+127m=1177m,中塔位于人工岛上,边塔位于岸上,边锚跨很短,四跨跨径之比为 1:3.5:3.7:1,两边跨的索塔位于岸坡上,全桥无水下基础。

主梁:两组主梁间的净距为 5.8m,各自独立工作、承受四车道汽车荷载,每隔 13.5m 用横梁连接两组主梁,每组主梁桥面宽度为 18.5m,桥梁全宽(含空气动力整流罩)为 46.3m;主梁为组合梁,梁高 175cm,高跨比为 1/271,由梁高 150cm 钢槽形梁及 25cm 厚的预制钢筋混凝土桥面板组成。该桥总体布置及主梁一般构造如图 3-7-1 所示,概貌见插页彩图 31。

索塔:三塔不等高,中塔高程为 200m,自桥面以上高度 126.75m,塔高与跨径之比约为 1/3.75,两边塔各高 129.35m(汀九岸)和 120.35m(青衣岸),中塔截面尺寸为 10m(纵向)×5m(横向),两边塔柱截面尺寸均为 8m(纵向)×5m(横向),塔柱截面为圆端形,从两组主梁之间的 5.8m 镂空段穿过,既美观又利于减小风阻。索塔从下到顶分为 4 段,即下段、中段、上段与塔顶段，其中上段与中段的分界点在主梁底面，并在此处用固结在索塔上的钢横梁将塔柱在横桥向加宽至 50m，以提高索塔的稳定性，便于主梁支承；塔顶段则设置了外挂的钢锚箱，钢锚箱整体制造，尺寸为 30m×4m×1.5m，重约 150t，采用钢支架和预应力筋将索力传递到混凝土塔身上，索塔构造如图 3-7-2 所示。

基础：主塔采用 52 根直径为 2.5m 的钻孔桩，桩基位于基岩上，每根桩的承载力为 5MN；为保护桩基和塔身不受船舶撞击，专门构筑了一个人工岛，以削弱船舶的可达性、满足 22 万 t 船舶防撞要求；两座边塔直接建立在岩石上。

斜拉索系统：斜拉索为四索面体系，下端锚固于两组主梁侧缘上，上端锚固于索塔的钢锚箱上，主梁内侧的两个索面是垂直的，外侧索面倾角为 81°。在中塔设置了纵横向稳定索。纵向稳定索每侧 4 根，顶端锚固在塔顶的钢锚箱上，底端锚固在边塔附近的主梁横梁上，水平投影长 475m，割线索长 507m，索的水平倾角 20.6°，接近一般斜拉索倾角的下限值，因此可以提供较大的水平分力，有效提高结构体系的纵向刚度。在横桥向的中塔在塔梁交界处，采用钢横梁、钢斜撑和横向拉索加宽，以增大独柱塔的稳定性，钢横梁锚固于塔身，悬臂端用上下贯通的横向拉索予以固定，每一悬臂端设置了 4 组 8 根稳定索，顶端为张拉端，锚固在钢锚箱中，底端固定在塔柱下段与中段的交界处。为消除稳定索的尾流涡振问题，设置了专门的索夹。

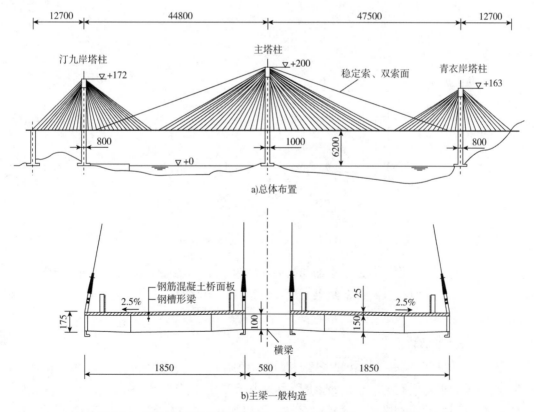

图 3-7-1　香港汀九桥总体布置及主梁一般构造(尺寸单位:cm;高程单位:m)

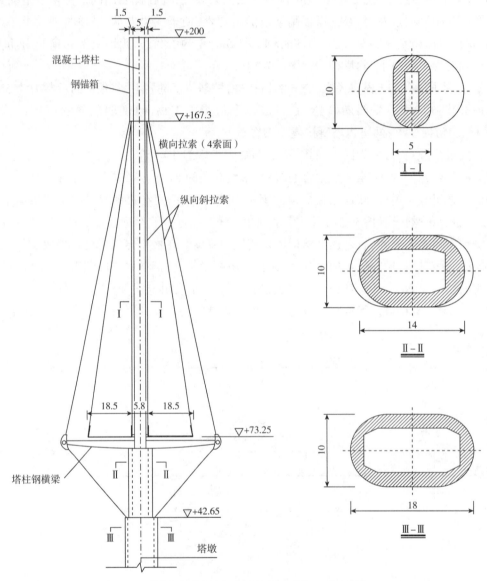

图 3-7-2 香港汀九桥索塔构造简图(尺寸单位:m;高程单位:m)

动力性能:风洞试验表明稳定索加劲的独塔风阻很小,而穿心式索塔将桥面分成两幅也提高了空气动力学的稳定性,分析结果显示该桥第一阶弯曲模态为 0.13Hz,第一阶扭转模态为 0.41Hz,扭转频率与弯曲频率比值较高,在各种情况下能够满足临界风速的要求。

(2) 主要技术创新

①首创了纵横向稳定索加劲的多跨斜拉桥结构体系。该桥中塔为采用稳定索加劲的柔性索塔,索塔外形与钻石形塔相似,但将压力集中于独柱塔,变一般钻石形索塔外侧粗大的压杆为细小的拉索,而在横向支撑时用钢横梁予以加宽;在恒载工况下,两侧稳定索的索力可以调整至主塔塔顶无偏移、塔身基本无弯矩,而只承受活载的不平衡索力。因此,纵横向

稳定索是一种非常新颖的处理手法,结构受力明确,造型简洁明快,工程数量及造价大幅度降低,成为取代多跨斜拉桥刚性中塔的优选方式之一。

②首创了独柱塔、分幅式主梁与四索面的斜拉桥横向布置方式。该桥在横向布置上独具匠心,将多肢塔柱合并为独柱,并配以分幅式主梁及四索面,既有效提升了斜拉桥的抗风性能,又优化了塔柱、拉索及主梁的空间布局,大幅度减少了索塔的材料用量,形成了简洁有力的结构造型。

③优化了钢结构与混凝土结构的组合方式。该桥采用混凝土索塔、组合梁主梁、钢锚箱、钢结构支架等四种不同的构件,以最大程度地发挥材料性能、降低工程造价。其中,索塔采用了独柱、圆端形截面的混凝土塔身,并在塔身锚固段设置了外挂的钢锚箱,线形简单、模板规则、施工机械化程度高,而钢锚箱的设置,既省去了在塔身上预留孔道和浇筑锚块的施工环节,又为斜拉索的安装、张拉等施工作业提供了方便可靠的工作平台,为缩短工期、降低工程造价提供了可能,可谓一举多得。

(3)技术经济优势

如前所述,约格·施莱希所提出的稳定索加劲的多跨斜拉桥结构体系,在7个竞标方案中造价最低、造型简洁美观,成为中标实施方案。在当时,对于多跨斜拉桥国际桥梁界争论的核心问题是否采用刚性中塔,在丹麦大带海峡大桥、加拿大联邦大桥、中国香港汀九桥的投标方案中,其中不乏刚性中塔的多跨斜拉桥方案,约格·施莱希以富有创意的总体构思、简便易行的施工方案证明了稳定索加劲的中塔不仅可行,而且在一定的条件下具有优越的技术经济优势,创立了多跨斜拉桥的新体系。该桥用钢量:主梁用钢2800t,缆索系统用钢8900t,桥面板钢筋4140t。该桥施工工期仅为34个月,于1997年5月建成通车。

7.4 工程创新扩散

多跨斜拉桥设计的首要问题就是采用经济的方式来提高结构体系刚度,香港汀九桥所采用的独柱式索塔、加装中塔稳定索的技术对策,为多跨斜拉桥提高结构体系竖向刚度及纵向刚度探索出新途径;所采用的独柱式索塔、分幅式主梁及四索面拉索对于桥宽较大的斜拉桥也同样富有启迪意义,至于钢锚箱则发展成为斜拉桥的常见构造形式。在香港汀九桥之后,虽然提高多跨斜拉桥结构体系刚度的技术对策如增大中塔刚度、优化跨径布置、改变缆索体系等不断发展,呈现出多样化的态势,但在一些多跨斜拉桥的实施方案仍可以看出香港汀九桥的影响,以我国近年来建成的几座多跨斜拉桥为例,蒙华铁路洞庭湖大桥(主跨2×406m)采用了设置中塔稳定索来提高体系刚度的对策,以满足重载铁路对结构刚度的严苛要求;广东黄茅海跨海大桥(主跨2×720m)则采用了独柱塔、分幅式主梁的布置方式;等等。

香港汀九桥的工程创新表明:改进和融合是最常见、最容易见效的创新方式,是工程创新的主要实现路径,工程创新源于工程创新思维,但工程创新思维不是平地起高楼,需要在长期工程实践的基础上,结合当前的工程问题的具体瓶颈,抓住主要矛盾,在各种约束条件下推陈出新,并将思维结果贯穿、渗透、落实到设计施工全过程中。

第8章　加拿大联邦大桥

加拿大联邦大桥（Confederation Bridge）是第一座上下部结构完全预制拼装施工的跨海长桥，包括桥梁基座、桥墩、梁体在内的全部混凝土构件均采用大型块件预制、整体运输安装的施工方法。该桥建成于1997年，开启了桥梁工业化建造的先声，对后续跨海长桥的建设产生了深远的影响。

8.1　技术背景

自20世纪70年代以来，在经济社会发展需求的推动下，桥梁建设逐渐从跨越江河山谷进入跨越海湾的建设阶段。为适应经济技术、运输吊装、深水基础、建设效率等方面对跨海长桥建设的要求，跨海长桥的经历了标准化、大型化两个阶段，并开始向工业化建造转变。在标准化阶段，比较有代表性的桥梁有：1974年建成的巴西里约—尼泰罗伊大桥（Rio-Niterói Bridge），全长13600m，其中8776m位于海上，除主跨采用200m+300m+200m的钢箱连续梁外，引桥全部采用了标准跨径80m的预应力混凝土连续梁；1980年建成的美国长礁桥，全长3701m，采用101m×35.97m的混凝土连续梁；1982年建成的美国七英里桥，全长10931m，采用264m×41.15m的混凝土连续梁；1984年建成的科威特巴比延桥，全长2503.05m，采用59m×40.16m的混凝土连续桁架梁；等等。这些桥梁大多位于浅海，下部结构多采用桩基础，上部结构采用标准跨径设计、节段批量预制，然后采用架桥机或移动支架逐跨拼装，最快每天可以拼装1跨，成为桥梁工业化建造的先声。

进入20世纪90年代，随着丹麦大带海峡大桥、丹麦—瑞典厄勒海峡大桥、加拿大联邦大桥等跨海桥梁的建设提上议事日程，跨海桥梁开始向深海、深水区进军，这些桥梁平均水深往往超过20m，桥梁长度常常超过10km，中小跨径混凝土连续梁桥难以适应建设条件及工期的要求，同时也因下部结构建设费用的剧增而显得不够经济合理。跨海桥梁向深水进行、向大跨发展，对上下部结构构造形式的革新与施工方法的发展提出了新的、更高的要求。于是，国际桥梁界在跨海桥梁标准化设计、节段拼装施工的基础上，开始了大型化预制拼装的工程实践，即采用大跨径标准跨径、大节段构件预制、大型构件整体运输安装的技术策略，预制构件也从上部结构发展到下部结构，并配套研制建造大型浮吊，以最大程度地将海上施工转化为陆地施工，从而提高施工效率、减少接缝数量、提升建设品质、满足工期及施工环境的要求。在这个进程中，加拿大联邦大桥的工程实践无疑是最富有挑战性、最具创造性的。

8.2　方案构思

加拿大联邦大桥横跨圣劳伦斯湾中的诺森伯兰（Northumberland）海峡，连接爱德华王子岛与新不伦瑞克省,也被称为诺森伯兰海峡大桥;诺森伯兰海峡最窄处宽约13km,浅滩区水深8m,最大水深33m,平均水深约20m。自1873年爱德华王子岛加入加拿大联邦后,100多年来岛上民众非常渴望建造一条连接线,加拿大政府从政治角度考虑也积极推动此事,以取代来往于大陆与海岛之间的渡船。但由于诺森伯兰海峡自然条件十分恶劣,冬季冰封,没有冰冻的季节仅为5—11月,在此期间潮差高达4m、浪高高达2m,并伴有平均风速26.5m/s的强风,建设条件十分恶劣,曾一度被视为工程禁区。加拿大公共工程局自20世纪80年代以来,一直在研究建设连接线取代轮渡的工程可行性,研究内容包括隧道方案、桥梁方案、桥隧结合方案,以及与该桥设计相关的冰荷载取值、耐久性标准、结构可靠性等专题。1992年,加拿大公共工程局向全球发布了该桥的设计与施工招标邀请,要求通航跨最小净空为40m、宽度为200m,其他非通航跨最小净空为28m。经过激烈角逐,由法国著名工程师让·穆勒(Jean Muller)主导的设计施工方案中标。中标方案为预应力混凝土连续刚构桥,跨径布置为14×93m+165m+43×250m+165m+6×93m=12940m,上下部结构均采用大型块件预制、整体运输安装施工的方案。该桥于1993年10月开工,1994年开始构件预制,1995年8月开始安放基座,1996年11月全桥合龙,1997年6月通车,其建设规模之大、建设速度之快,成为跨海长桥采用大型块件预制安装设计施工的典范,引起了国际桥梁界的广泛关注。该桥总造价为13亿加元,由让·穆勒主导设计,建成后概貌如插页彩图32所示。

　　让·穆勒是享誉国际的桥梁工程师,在混凝土斜拉桥和跨海长桥设计、混凝土桥梁节段施工等方面均有诸多开创性的贡献。1966年,他初涉跨海桥梁,就将标准化设计、节段批量预制、架桥机逐跨拼装等先进方法运用于到长达2862m的法国Oléron高架桥的建设中;1974年,在巴西里约—尼泰罗伊跨海大桥的建设中,他将标准跨径80m的预应力混凝土连续梁用于长达13km的引桥上;20世纪80年代,他的业务重心转移至北美,设计建造了跨径264×41.15m的美国七英里跨海桥。与此同时,他所设计的几座斜拉桥如阳光航线桥、詹姆斯河桥、切萨比克—特拉华运河桥等,更是将节段预制拼装的特点和优势发挥到极致,在结构体系、截面选型、细部构造、施工方法等方面均有所创新,实现了结构性能、工程造价、施工工期等方面的全方位提升,促进了大跨径预应力混凝土发展。

　　在加拿大联邦大桥国际竞标中,让·穆勒以自己近50年的工程经验,敏锐洞察到只有上下部结构都采用大型块件预制拼装的施工方法才能应对该桥极为严酷的建设条件,满足施工工期、工程造价、桥址环境的约束。在当时,预应力混凝土上部结构、下部结构预制拼装施工已经有一些成功的工程实践,如他本人设计的美国切萨比克—特拉华运河斜拉桥的上下部结构就全部采用节段预制拼装法施工,经济技术效益十分显著。但是,要从小节段(长度10m上下)拼装跃升到大节段(长度100m以上)拼装施工,挑战无疑是严峻的,主要难点大致有三个:一是采用何种结构体系与大型块件拼装工法相匹配?二是下部结构采用何种构造形式?三是采用什么施工装备进行大型预制构件的拼装?

　　对于第一个难点,只有采用标准化的梁式桥才能发挥大节段拼装工法的优势,如果采用斜拉桥、拱桥等结构形式,则很难发挥大型块件拼装工法的优势,竞标过程中的一些斜拉桥方案未能中标也从侧面印证了这一点。另一方面,如果采用重量较轻的钢梁桥或钢-混凝土组合梁桥,虽然便于加工制造与施工架设,但很难应对当地海洋环境,运营和维护成本较高,全寿命造价也会明显提高,于是,兼顾受力性能、跨越能力、耐久性能、施工方法与工程造价等多个方面,让·穆勒确定了跨径大于200m的预应力混凝土连续刚构作为结构形式。对于这个跨径的混凝土连续刚构桥,恒载产生的内力占比高达80%以上,而恒载内力主要取决于结构自身重量及架设安装方式,因此施工方案、成桥工序就成为关键。

对于第二个难点,经比对分析,在主桥的深水区中排除了数量多、单体承载能力相对较低、施工效率较低的桩基础,而是采用了基座、墩身一体化预制的设置钟形基础,以最大限度地减少海上作业量、缩短施工工期,并有效抵抗该桥所特有的冰荷载。

对于第三个难点,只需通过工程装备资源的全球配置便可基本解决。此前,丹麦在全长6.6km 的大带海峡西桥建设中,建造了起吊能力为6500t、起重高度48.5m 的天鹅(Svanen)号浮吊,其集吊装、运输、架设能力于一体,在1989—1993 年间完成了52 孔110.4m 预应力混凝土箱梁的吊装,可以将其加以改造,使其起吊能力、起重高度满足本桥大型块件吊装运输的需求,并根据天鹅号浮吊的吊装运输能力来确定基座、墩身、梁体的预制节段的划分方式,以及各构件的配筋方式与细部构造设计。

这些难点基本解决后,于是,采用主跨标准跨径250m、设置钟形基础、整体墩身的预应力混凝土连续刚构桥的方案便呼之欲出了。

8.3 主要技术特点

(1)主要设计参数

总体布置:桥梁跨径为 $14×93m+165m+43×250m+165m+6×93m=12940m$,其中海上深水区域由43 孔跨径250m 的预应力混凝土连续梁组成。

设计荷载:百年一遇海平面以上10m、10min 平均风速为 26.5m/s,桥墩上的总静态横向风力为 3.7MN,桥墩冰压力为 30MN。

设计使用年限:结构目标可靠度指标为 4.0,按100 年使用年限进行设计。

截面形式:预应力单室箱梁,桥面宽度12m,布设双车道。

引桥:位于水深不超过8m 的浅水区,标准跨径为93m,基础由6 根直径2m 的钻孔桩组成,墩身为截面 3.6m×5.2m 空心混凝土预制构件,上部结构梁高 3.0~5.1m,采用悬臂拼装法架设,节段重 50~90t。

主桥:上部结构为单室后张法混凝土箱梁,标准跨径为250m,梁高从桥墩处14.5m 变化到悬臂端的4.5m,上部结构分为190m 双悬臂梁和60m 挂梁两种,最大质量为7800t,主桥结构布置如图 3-8-1 所示。基础由四个不同的混凝土构件组成,分别为基座环、圆锥基座、基座筒体和基座上部,基座底部直径22m,质量在 3500~5200t 之间。墩身由冰盾构和墩柱两个构件组成,墩高 25~40m,截面为 5m×10m 的矩形截面(冰盾构顶部为边长8m 的八角形截面),最大质量为4000t。主桥下部结构构造如图 3-8-2 所示。

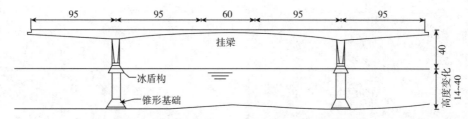

图 3-8-1　加拿大联邦大桥主桥结构布置(尺寸单位:m)

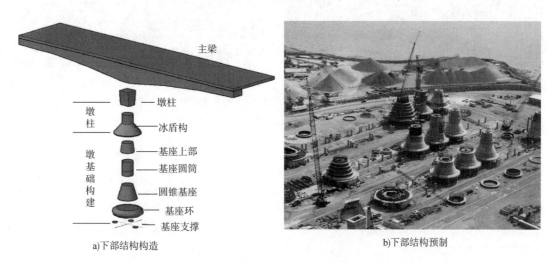

a)下部结构构造　　　　　　　b)下部结构预制

图 3-8-2　加拿大联邦大桥主桥下部结构构造示意图

(2)施工方法

构件预制:预制场位于爱德华王子岛海岸,占地 60hm²(约60万 m²),预制场内共设三条预制/存储混凝土构件生产线,共有 185 个大型预制构件。大型预制构件采用荷兰 Husiman Iterc 公司专门设计制造的两个滑块来运输,滑块重 500t,能够承载重达 7800t 的主梁。

构件移位:使用专门的滑动系统,该系统带有液压推动系统的不锈钢和聚四氟乙烯履带,能够将大型预制构件从预制场移至装船码头的指定位置。

运吊装备:自行式浮吊天鹅(Svanen)号,自升式驳船、疏浚船。其中,为满足本桥的主梁吊装需求,对天鹅号进行了改造,最大起吊能力达到了 8700t、最大起吊高度达到了 76m。

施工测量:采用全球定位系统(GPS)定位,GPS 每秒即进行一次定位校准,可以将构件安装精确度控制在 6mm 以内,放置每个大型预制构件需要 0.5h。

梁体预制及吊装架设如图 3-8-3 所示。

施工架设主要工序如图 3-8-4 所示,简述如下。

①在桥墩基座位置进行地质探勘,利用抓斗船等大型船只清淤整平基础,露出砂岩。

②利用天鹅号浮吊将桥墩基座移动至桥墩位置,安放在砂岩上,并在基座环上利用导管,灌注基座与岩面之间 20~50cm 厚的混凝土垫层,确保基座受力均匀。

a)梁体预制

b）天鹅号吊装架设梁体

图 3-8-3 加拿大联邦大桥构件预制吊装架设

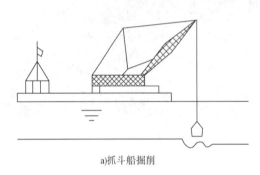
a)抓斗船掘削

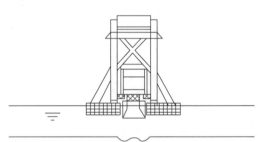
b)将基座安装在地基上，浇筑基底混凝土

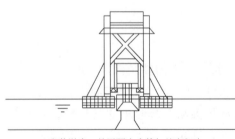
c)安装墩身，并用预应力筋与基座相连

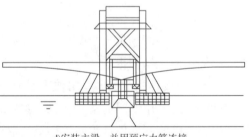
d)安装主梁，并用预应力筋连接

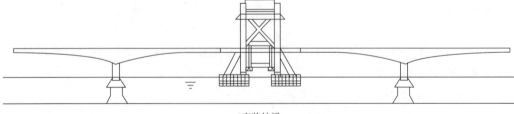
e)安装挂梁

图 3-8-4 施工架设主要工序

③待基座稳定，采用浮吊将预制墩身安放在基座顶部的千斤顶上，利用千斤顶进行墩身的精细调整，采用预应力筋将其与基座相连，灌注墩底与墩身挡冰块之间空隙的混凝土。

④在墩顶安装模板,将主梁吊放在模板中,利用安装在墩身顶部的水平导轨和千斤顶精细控制定位;安装就位后,施加竖向预应力,由桥墩基座、墩身和主梁构成一个T形构件。

⑤重复上述步骤,对相邻桥墩完成装配T形构件。

⑥架设挂梁,完成体系转换。在梁的端部布设钢支架、千斤顶,在浮吊安放挂梁同时,采用千斤顶在主梁两个悬臂端部产生强迫位移、调整应力,安装纵向连续钢筋束,浇筑挂梁和悬臂梁间隙间的混凝土,施加预应力,完成体系转换。

⑦桥面系施工。

(3)主要技术创新

①采用大型块件预制、整体运输安装施工方法。该桥发展了大型构件预制拼装工法,化海上施工为岸上施工,实现了大节段拼装施工的标准化、工厂化,充分发挥了大节段预制拼装施工方法的施工速度快、施工质量好、施工效率高、对环境影响小、风险小等技术优势,提高了桥梁建设的品质,突破了本桥恶劣建设条件的制约。

②采用高性能混凝土HPC。诺森伯兰海峡环境非常恶劣,对混凝土耐久性提出了新的挑战。为此,设计者从精选原材料、优化配合比、加强钢筋防腐等措施入手,以确保加拿大联邦大桥设计使用寿命达到100年。其中,混凝土集料是从距离约300km新斯科舍省的采石场采购,石英砂从距离超过800km魁北克省采购,以严格防止混凝土产生碱集料反应。混凝土配合比设计也富有创新,采用粉煤灰代替15%的硅酸盐水泥,将水灰比降低到0.25~0.30,泵送后气泡空气含量不超过5%、间距系数不低于220μm,抗冻融能力不小于500个循环,平均抗压强度为93MPa。混凝土浇筑总量为44万m^3,其中28万m^3为高性能混凝土。该桥高性能混凝土的配合比如表3-8-1所示。

加拿大联邦大桥高性能混凝土的配合比 表3-8-1

设计要求		混凝土配合比	
项目	数量	材料	数量
91d抗压强度(MPa)	≥60	水泥(kg/m^3)	430
胶结料最少用量(kg/m^3)	450	粉煤灰(kg/m^3)	45
最大水灰比	0.30	砂(kg/m^3)	45
硅灰(10SF)(%)	7.5	石(kg/m^3)	1030
粉煤灰(最多)(%)	10	水(kg/m^3)	145
ASTM C1202渗透率(C)	<1000	减水剂(L/m^3)	1.8
含气量(%)	5~8	超塑化剂(L/m^3)	3.2
坍落度(mm)	180±40	引气剂(L/m^3)	0.18

8.4 工程创新扩散

加拿大联邦大桥的建成,标志着跨海长桥建设进入了标准化、大型化预制拼装的设计施工模式。进21新世纪,国内外建成的一批跨海长桥,如丹麦—瑞典厄勒海峡大桥,我国的东海大桥、胶州湾大桥、杭州湾大桥、港珠澳大桥、平潭海峡大桥、韩国釜山—巨济大桥,科威特海湾大桥等均因地制宜地探索了标准化、大型化、工业化装配施工,尝试了从桥梁建造向桥梁制造的转变,在这个进程中,许多技术构思、实施方案、施工装备研发都深受加拿大联邦大桥的影响。

加拿大联邦大桥不仅在结构构造、大型构件的预制运输安装、高性能混凝土应用等技术层面引领示范了跨海长桥的建设,更是深刻洞察了跨海桥梁建造的本质,萌发了"施工引导设计"的工程建设原则,凝练出先进科学的工程理念,成为工程师们改造客观世界最有力、最强大的思想武器。在加拿大联邦大桥之后的 20 多年里,跨海长桥的设计施工进一步借鉴了工业化产品制造方式,从标准化、大型化建造逐步迈入工业化制造新阶段,使桥梁构件从预制场加工转变为工厂化制造,并通过数字化使工厂化制造的加工质量、制造精度和劳动效率不断提高,实现了从桥梁建造到桥梁制造的突破。

第 9 章 瑞士阳光桥

瑞士阳光桥(Sunniberg Bridge),是一座跨径布置为 59m+128m+140m+134m+65m 的部分斜拉桥,建成于 1998 年。该桥采用超低高度的桥塔、曲线形桥面,构建了独特的造型,非常自然融入了周边环境,成为结构艺术的代表作品之一,开创了部分斜拉桥发展的新阶段。

9.1 技术背景

早在 20 世纪 70 年代,为了适应大跨径混凝土梁式桥建设的需要,克里斯蒂安·梅恩(Christian Menn)就综合混凝土 T 形刚构与连续梁的优点,创新出连续刚构这一新的桥型,建成了主跨跨径 144m 的弗尔泽瑙(Felsenau)桥,增强了混凝土梁桥的跨越能力,改善了混凝土梁桥的使用性能,使得连续刚构桥在 150~300m 的跨径范围内、在跨越深谷和江河时非常有经济技术优势。到了 20 世纪 90 年代,全世界建成跨径大于 200m 的连续刚构超过了 100 座,连续刚构桥的跨越能力达到了 300m。因此,在跨越深谷时选用连续刚构桥就成为一种比较常见、合理的选择。

另一方面,到了 20 世纪 80 年代,经过 30 余年的发展,斜拉桥的设计施工技术已经非常成熟。斜拉桥以其显著的经济效益、强大的跨越能力、灵活的设计自由度、良好的适应性及高效的悬臂施工方法,在全世界得到了广泛的应用,发展出密索斜拉桥、单索面斜拉桥、独塔斜拉桥、斜拉-刚构协作体系等新的结构形式,演化出混凝土梁、组合梁、混合梁、钢桁梁等多种主梁形式,技术经济优势不断显现,跨越能力在当时覆盖了 200~800m 的区间。此外,1988 年,法国工程师雅克·马迪瓦(Jacques Mathivat)提出了 Extra-Dosed Beam 以及超剂量体外配束的构想,成为斜拉桥发展的有益补充,葡萄牙、日本等国家桥梁界借鉴该构想,于 1993—1994 年分别建成了主跨 106m 的 Socorridos 桥、主跨 122m 的小田原港桥,弥合了连续梁连续刚构桥与斜拉桥之间的鸿沟,揭开了部分斜拉桥发展的序幕。

由以上两个方面可见,进入 20 世纪 90 年代,在跨越宽度 100~200m 的深谷时,可以采用连续刚构或部分斜拉桥等技术成熟、施工简便的结构形式,当然,亦可采用钢筋混凝土拱桥来跨越深谷。因此,在跨越宽度不大的深谷时,似乎没有必要,也没有可能再产生突破性的工程创新了。

9.2 方案构思

阳光桥位于瑞士阿尔比斯山 Klosters 镇的高速公路上,路线跨越 Landquart 山谷,山谷最深处约 60m,跨越山谷的桥梁两侧紧接隧道,隧道总长约 4.5km、造价约 3.5 亿瑞士法郎,由两侧隧道出口所确定的桥梁长度约为 500m。阳光桥在我国又被称之为森尼伯格桥,修建这样一座规模不大、跨越能力要求不高的桥梁在技术上并无挑战,但瑞士当局及当地民众对该桥在艺术造型上、与环境协调方面的要求颇高,这既因为该桥处于风景秀丽的景区,也是瑞士桥梁等公共设施建设的一贯传统。早在 20 世纪 70 年代,建设阳光桥的构想即被提出,然而当时提出的设计方案因没有能够很好满足环境要求,多次修改仍未获当局认可。

1993 年,业主邀请了三家顾问公司提出新的设计,最终由克里斯蒂安·梅恩所提出的部分斜拉桥方案获得广泛好评,成为施工实施方案。阳光桥的设计理念是:采用消隐表现手法,将结构物最大程度地融入当地的自然环境。该桥典型的结构特征是:采用高桥墩、矮索塔、曲线梁、竖琴形斜拉索,完美地将桥梁力学性能与桥梁美学要素有机地结合在一体,不着痕迹地融入当地田园风光,不太突出却能给人以美感,但从远处看又非常醒目,成为 Klosters 镇的一个标志。

克里斯蒂安·梅恩的设计方案为四塔五跨斜拉桥,方案设计的主要着眼于结构造型与艺术表现力,但同时很好地兼顾了受力行为,开创了部分斜拉桥发展的新阶段。该桥跨径布置为 59m+128m+140m+134m+65m,墩高 24.55~62.15m,并向上延伸构成了索塔,桥墩宽度从墩底的 8.8m 变化为桥面处的 13.4m,延伸至索塔顶部时达到了 17.25m,构成了一个三维杯状结构;主梁位于半径 503m 的曲线上,采用 0.32~0.40m 厚的板式结构;斜拉索采用竖琴式平行索。设计方案中的墩、塔、梁均采用板件作为主要设计语言,墩、塔、梁等采用高度协调的曲线形式,特别是墩塔一体、取消了塔顶横梁、索塔向上向外延伸的构型手法,使人感觉索塔仿佛是自然生长出来的一样,使桥梁整体造型显得简洁、轻快,从桥面上行驶而过,给人一种开阔舒展、蓬勃向上的感觉。另一方面,设计方案采用了高度较小的索塔,主塔塔高仅为 14.8m,塔高与跨径之比为 1/9.5,远小于常规斜拉桥塔高与跨径之比的范围(1/5~1/4),以避免较高的索塔产生雄伟、挺拔的意象,导致桥梁整体造型在周边田园风光中显得过于突兀。

瑞士国土面积不大,桥梁建设需求并不旺盛,但却是世界桥梁强国之一、"工程即艺术"流派的重要阵地,在山地桥梁建设中常常能够出人意料而又符合技术逻辑的推陈出新。瑞士自罗伯特·马亚尔(Robert Maillart)以来,其工程界及社会公众非常重视结构与艺术的结合,非常看重结构的轻巧美观和艺术表现力,创造出三铰拱、连续刚构、部分斜拉桥等新的结构形式。在这其中,克里斯蒂安·梅恩无疑是一位承前启后的关键人物,他不仅著述甚丰,而且勇于工程实践、善于工程创新。早在 20 世纪 70 年代,他就创新建成了混凝土连续刚构桥,在 1980 年又设计建成了甘特(Ganter)板拉桥,演绎了拉索弹性支承与混凝土主梁合理分配受力的设计思想,成为索辅梁桥的先声。在阳光桥的设计中,如果采用连续刚构桥,实现结构功能、满足交通需求当然没有问题,但在艺术表现力方面则显得过于平淡,桥梁只有功能性、没有艺术性,不符合当局及民众的要求;如果采用常规斜拉桥,在结构设计与施工方面也没有任何困难,但较高的索塔并不符合结构设计的 4E 原则,会在优雅(Elegance)、环境(Environment)两个方面有所欠缺,也难以表现出工程的创造力,当采用常规的两塔三跨斜拉桥、索塔较高时,这方面的冲突尤为明显;如果采用上承式拱桥,满足受力要求后会导致结构体量过大,产生与斜拉桥相似的问题,且施工临时费用会比较高。因此,只有部分斜拉桥才能完美地将结构受力性能、结构造型与艺术表现力融为一体,在桥梁建造的同时,兼顾环境要求,创造出新的结构艺术。虽然部分斜拉桥方案造价为1700万瑞士法郎,比连续刚构方案增加240万瑞士法郎、约14%的工程造价,在结构设计方面也有一些难点,如墩塔结构形式、温度效应、拉索夹角等问题需要准确分析、精心应对,但却是当局及当地民众最认可的方案。于是,在克里斯蒂安·梅恩方案的基础上进行细部设计,形成实施方案。该桥于1996年动工兴建,1998年建成通车。

9.3 主要技术特点

(1) 主要技术参数

桥跨布置:59m+128m+140m+134m+65m=526m,跨中无索区长度为22m,桥面平面线形位于半径503m的曲线上,桥面纵坡3.2%,布设2个车道,结构概貌见插页彩图33,主要尺寸如图3-9-1所示。

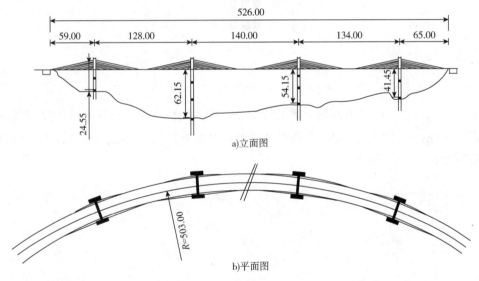

图 3-9-1 瑞士阳光桥总体布置(尺寸单位:m)

索塔:主跨塔高14.8m,塔高与跨径之比为1/9.5,塔顶横向间距为17.25m,索塔在桥面及以下设3道横梁,在桥面以上不设横梁,避免影响行车视界和视觉感受。

桥墩:墩高24.55~62.15m,墩底横向间距为8.8m,逐渐变化到桥面处的13.4m,并向上延伸构成索塔,墩塔采用由3个矩形组成的类似T形的变截面,墩塔尺寸沿高度按曲线变化,如图3-9-2所示。

斜拉索:由平行钢丝束组成,每根拉索由125~160根直径7mm的镀锌钢丝编制而成,允许应力为800MPa,拉索布置为竖琴式,桥塔每侧布置20根,夹角 $\tan\alpha = 0.2$,桥面索距为10m。

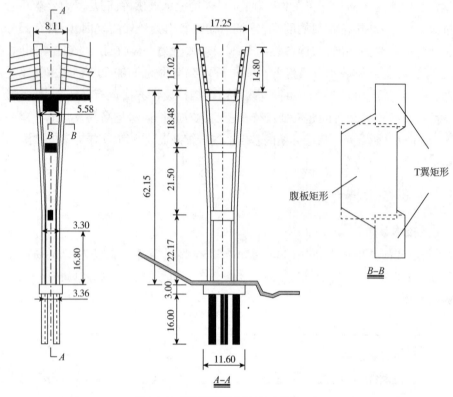

图 3-9-2　桥墩及索塔布置(尺寸单位:m)

主梁:主梁宽 12.37m,由两根边梁及桥面板组成,边梁高 0.8m,桥面板厚 0.32~0.40m,桥面铺装层厚 0.17m,为满足 503m 曲线半径外侧超高要求,采用主梁斜置、设置 7%横坡的结构措施,如图 3-9-3 所示。

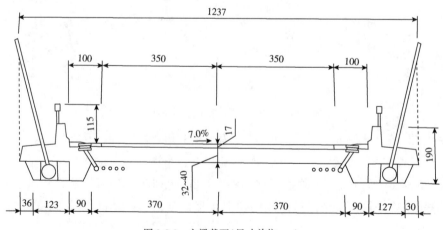

图 3-9-3　主梁截面(尺寸单位:cm)

(2) 主要技术创新

①采用墩塔梁固结的结构体系。

与一般斜拉桥不同,阳光桥为五跨连续曲线梁部分斜拉桥。在纵向,由于索塔很矮,平行布置的斜拉索较平坦,梁体要承受较大的轴向力,墩柱要承受较大的弯矩;在横向,由于曲线布置的行车道,索塔要承受由偏心拉索产生的侧向弯矩。为抵抗这些内力,设计者梅恩采用墩塔梁固结体系,以较柔的板件作为设计语言,并成功地贯穿于全桥的布置。

对于索塔桥墩而言,由于主梁通过桥面处的横梁与索塔桥墩完全固结,这样就使得上下部结构通过刚性横梁连接形成整体,使得多跨梁体跨与跨之间联系变得较弱,基本上依靠塔索梁组成的劲性三角形单元来受力。由于桥面处的横梁具有较大刚度,从而分担了索塔传下来的绝大部分侧向弯矩,并将弯矩转化为轴向力传递给2根墩柱(曲线内侧约60%,外侧约40%),桥面以下的桥墩中只有轴力,避免了弯矩和轴力的不利组合。进一步分析不难发现,在均布荷载q作用下,主梁在墩顶处的弯矩可以近似为$qL^2/2$(L为跨径),若采用漂浮体系或者半漂浮体系,由于没有纵向约束,该弯矩将沿墩身传递到墩底,并产生较大的墩顶水平位移和主梁梁端的竖向位移。而墩塔梁固结体系纵向约束有效限制了墩顶的位移和主梁梁端位移,由此产生的水平力还会在墩柱上产生反向的弯矩,与原有弯矩叠加后,墩柱弯矩得以大幅度减小,在墩高1/3位置处出现弯矩零点,墩底弯矩被削减至$qL^2/4$,桥墩截面尺寸由此也得以大幅度减小,如图3-9-4所示。

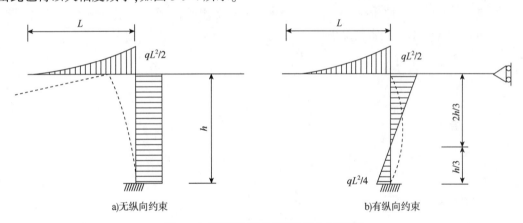

图 3-9-4　墩塔梁固结体系桥墩受力分析简图

对于主梁而言,由于该桥主梁高度很小,在恒载作用下主梁挠度较大,为了满足受力要求和保持主梁的连续性,在边梁中施加了预应力,使得厚度仅0.32~0.40m的混凝土板能够满足受力要求。此外,对于跨中22m长的无索区,则通过增强纵向预应力束来弥补拉索水平分力引起的缺失。

②采用无伸缩缝结构体系。

该桥梁体是一块整体的板,类似于一个平面拱结构,在两侧桥台不设伸缩缝。在温度荷载作用下,梁体伸缩变形可以依靠梁体的平面曲线径向位移来抵消,为适应平面拱结构的径向位移,桥墩的横向尺寸因此设计得很小很薄,在构建轻巧纤细造型的同时,很好地顺应了受力要求。另一方面,连续的曲线梁还约束了桥墩纵向和横向的变位,桥墩弯矩由此得以减小,后期的维护成本也会有所降低,实现了结构造型与结构性能的完美统一。

9.4 工程创新扩散

瑞士阳光桥虽然规模不大、结构不复杂,但理念先进、构思巧妙、富有艺术性,既新颖别致又低调自然,不着痕迹地融入阿尔比斯山的风光中,成为新的艺术景观。另一方面,该桥结构设计独具匠心,采用塔梁索组成的三角形劲性受力单元大幅度削减了桥墩的纵向弯矩,兼有连续刚构与斜拉桥的优势,以板件为主的设计语言完美地兼顾了结构受力要求与艺术造型,成为部分斜拉桥发展的里程碑。在该桥建成之后,桥梁艺术表现力受到了建筑师、工程师的普遍重视,城市桥梁景观也得到了社会公众的广泛关注,特别是诺曼·福斯特(Norman Foster)、圣地亚哥·卡拉特拉瓦(Santiago Calatrava)等建筑大师在2000年掀起的景观桥梁创作高潮,如美国密尔沃基美术馆桥、英国伦敦千禧桥、纽卡斯尔盖茨赫德千禧桥等,借鉴该桥的设计理念与艺术手法,营建出一个又一个城市景观。

从桥梁工程的社会属性来看,自古以来,期望桥梁在满足预定的使用功能之外,创造出艺术价值,实现人与自然的和谐共生,彰显桥梁工程的价值理性,一直是桥梁建设者的精神追求。瑞士阳光桥的实践,揭示了桥梁界对内部协调、外部和谐技术美学理念的推崇,展现出桥梁的外在形式美、内在的技术美,演绎了"工程即艺术"的时代内涵。从这个角度来看,与其说瑞士阳光桥是一座桥梁,不如说是一个低调的艺术品,一个与瑞士萨尔金娜山谷(Salginatobel)桥一脉相承的艺术精品。

第10章　丹麦—瑞典厄勒海峡大桥

丹麦—瑞典厄勒海峡大桥(Øresund Strait Bridge)又名厄勒连接通道(Øresund Fixed Link)，是连接丹麦哥本哈根市和瑞典马尔默市的跨海通道，全长16.38km，建成于2000年，其所采用的桥-岛-隧组合及衔接方式、钢桁-混凝土板连续组合结构、预制整跨架设方式等，开创了大型跨海公铁两用桥梁建设的新纪元，引领示范了全世界跨海桥梁建设。

10.1　技术背景

进入20世纪90年代，随着丹麦大带海峡大桥、加拿大联邦大桥、韩国釜山—巨济大桥、科威特海湾大桥、广东伶仃洋大桥等跨海长桥的建设提上议事日程，跨海桥梁开始向深海、深水区进军的同时，开始向更大跨径发展，以减少深水基础数量、缩短施工工期、降低工程造价，取得与自然环境更加和谐的社会效益。跨海桥梁的这一变化，对桥梁的结构形式、施工工法、施工装备等方面提出了新的更高的要求。1997年竣工的加拿大联邦大桥，推动了装配式混凝土结构构造、大型构件的预制运输安装的技术成熟及高性能混凝土应用，最大限度地将海上施工转化为陆地施工，极大地提高了建设效率，满足了跨海长桥建设的技术、经济与工期的挑战，成为跨海长桥标准化、大型化设计施工的典范。但与此同时，建造运输能力大、运输效率高的铁路或公铁两用跨海长桥仍然是国际桥梁界面临的主要挑战。日本本四联络线虽然建成了以南备赞濑户大桥、北备赞濑户大桥、下津井濑户大桥为代表的几座千米级的公铁两用悬索桥，但因日本新干线只有客运列车，荷载标准较小(38kN/m，列车总重量不大于14000kN)，约为国际铁路联盟(UIC)标准的一半，其结构体系、设计标准并不能直接引用。由于干线铁路桥梁设计荷载大、运营对刚度要求高，按照国际铁路联盟(UIC)标准建造铁路或公铁两用跨海长桥仍然困难重重。

另一方面，随着跨海桥梁建设规模的增大、数量的增多，桥梁这一人工构筑物对自然生态环境的影响、对航空和航运的影响逐渐显现出来。人们在赞叹跨海桥梁工程奇迹的同时，开始了桥梁建造引发的问题如人工构筑物对洋流的干扰、对海洋生物栖息的影响、对船舶自由航行的约束等方面的研究，这些研究对跨海工程设计与建造产生了积极而深远的影响。在工程策略上，表现为桥梁方案与隧道方案的竞争，以增强工程的适应能力、降低船舶撞击概率及工程运营风险；在桥梁建造上表现为适度增大引桥的跨径，采用逐跨拼装施工的、中等跨径(40~80m)混凝土连续梁桥逐渐减少了应用，以有效减少结构物的阻水面积，减少对洋流及海洋生物等自然生态环境的影响。

10.2 方案构思

丹麦的哥本哈根市与瑞典的马尔默市隔厄勒海峡相望。厄勒海峡长110km,宽4~28km,水深12~28m,是连接波罗的海和北海、大西洋的主要通道,也是全球最繁忙的水道之一。其中,在哥本哈根与马尔默之间的海域,萨尔特岛(Saltholm)位于靠近丹麦的一侧,将海峡分为东西两个航道,西侧航道通行的船舶吨位相对较小,但数量更多。哥本哈根是丹麦的政治、经济、文化中心,马尔默是瑞典的第三大城市,每年穿越海峡的人数高达数千万,修建一条连接两座城市的通道是海峡两岸民众的百年夙愿,建成以后,欧洲E20公路在桥上经过,瑞典铁路接如欧洲铁路网,两座城市与欧洲大陆的联系将更加紧密。在丹麦,随着大带海峡大桥在1991年的开工建设,当局将工作重心转移至厄勒海峡通道的建设。依据前期研究成果,丹麦和瑞典两国政府商议,通道建设的交通需求为4车道公路,双线客货干线铁路;通道建设的主要约束条件为通道西侧临近哥本哈根国际机场,工程不得对航空产生影响;厄勒海峡为国际水道,通航净空不小于55m;此外,还对工程建设对波罗的海水流的干扰、对海洋生物影响等都做了严格的规定,按照当局的招标文件,厄勒海峡通道工程的建设要求可以概括为"最美丽的、最佳技术与最佳环境条件的方案,并且预算要在两国一致同意的工程预算内"。

由于西侧航道紧邻哥本哈根国际机场,水上运输非常繁忙,不能建设大跨径缆索承重桥梁,以免索塔对航空产生影响,而其他桥型如梁桥、拱桥跨越能力有限,很难满足航运要求,且运营风险较大。经过多年的前期研究,综合考虑航空航运约束条件、海洋环境保护、工程投资造价等多个方面,最终规划确定的厄勒海峡通道工程总体布置要点为:①从哥本哈根机场附近的海岸向外延伸400m,填筑一个半岛;②在该半岛与萨尔特岛(Saltholm)间的西航道下面修筑一条3800m长的浅埋式隧道;③在萨尔特岛的南面修筑一个4000m长的人工岛;④在人工岛与瑞典马尔默之间架设一座长约8000m的桥梁,其中跨越东侧主航道的桥梁跨径为490m,桥下净空为57m;⑤在马尔默修建丹麦—瑞典厄勒海峡大桥的附属设施。根据丹麦—瑞典厄勒海峡大桥总体布置,通道工程的主要难点在于,跨海的公铁两用桥梁的结构形式与施工方法。据此,当局依据1993年国际招标结果,选择了两个方案做进一步的研究,一个是双层桥面方案,另一个是单层桥面方案。经过系统的比较分析,当局最终选取了双层桥面方案,按此进行施工图设计。施工图设计由英国的奥雅纳(Ove Arup & Partners)、法国的技术经济设计公司(SETEC)、丹麦的吉姆辛和马德森有限责任公司(Gimsing & Madsen AS)等国际知名顾问咨询机构组成的项目联合体ASO集团承担,设计经验非常丰富、富有创造力,此外,丹麦科威(COWI)公司、瑞典工程顾问集团公司(VBB)也深度介入了该桥的咨询工作,包括克劳斯·奥斯滕菲尔德(Klaus Ostenfeld)、尼尔斯·J.吉姆辛(Noles J.Gimsing)等著名桥梁专家的加盟,使得该桥的设计咨询力量空前强大。

在施工图设计阶段,ASO集团在规划方案的基础上,最终确定的厄勒海峡通道布置方案为:填筑半岛430m+西侧海底隧道4050m+人工岛4055m(含其上长558m的高架桥,以便将双层交通转换为单层交通布置)+跨越东侧航道的7845m的桥梁+附属设施五部分组成,整个通道长16380m。其中,西侧海底隧道埋深约10m,宽38.8m,高8.6m,双线铁路、双车道公路和一条疏散通道采用平层布置。海底隧道拟采用沉管法施工,中间的人工岛拟采用吹填技术建造,尽管有一定挑战,但当时最先进的隧道工程、海洋工程的设计技术及施工装备均源自欧洲,并无不可克服的困难。海底隧道断面布置如图 3-10-1 所示。因此,厄勒海峡通道建设难点主要集中在桥梁尤其是大跨径公铁两用桥梁的设计上。

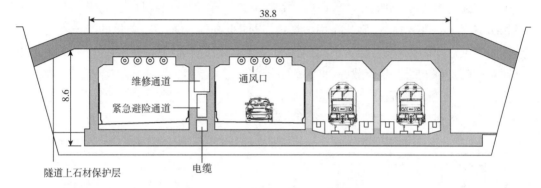

图 3-10-1　海底隧道断面布置(尺寸单位:m)

针对东航道所需的 490m 跨径,可能的桥型只有斜拉桥。在当时,全世界已建成的大跨径铁路斜拉桥数量并不多,仅有阿根廷 Parana Buenos Airos 桥(主跨 330m,1977 年)、南斯拉夫 Sava 河桥(主跨 254m,1979 年)、日本柜石岛大桥、岩黑岛大桥(主跨均为 420m,1988 年)等几座。在这几座铁路斜拉桥中,主梁多采用钢桁主梁,施工方法均采用悬臂施工法,但设计荷载存在不小差异(Sava 河桥为双线 UIC 荷载,柜石岛大桥及岩黑岛大桥采用日本新干线荷载标准,Parana Buenos Airos 桥为轻轨桥),因此,东航道主桥采用斜拉桥方案后,跨越能力方面的问题尚不是很突出,难点在于如何高效(Efficiency)、优雅(Elegance)地实现预定公铁两用的结构功能,并展现出一定的艺术表现力,具体体现在以下三个问题。第一个问题是,公铁两用桥梁采用何种结构形式受力更为合理、刚度指标更为优越、运营性能更为良好?第二个问题是,确定了主桥的跨径分布、结构体系、截面形式后,引桥的跨径布置、截面形式,如何根据主桥的结构形式进行协调优化?以使得主桥与引桥在结构造型、施工方法等方面更好匹配,达成"最佳技术与最佳环境条件"的目标。第三个问题是,由于东航道桥梁总长达 7845m,且水深较大,采用何种施工方法才能最大限度地将水中施工转化为陆地施工?以缩短施工工期、降低工程造价。

针对第一个问题即大跨径公铁两用斜拉桥的合理结构形式,ASO 集团根据前期研究中提出的主桥跨径布置及双层桥面方案,经过反复优化比选,采用了 141m+160m+490m+160m+141m=1092m 的双塔双索面钢桁梁斜拉桥,将主桥主梁向两侧延伸,并与引桥结构形式相协调,形成五跨连续主梁结构;主梁为钢桁-混凝土板的组合结构,钢桁梁采用倒梯形,桁宽 30.5m,桁高 10.2m,桁高与主跨跨径之比达到了 1/48,宽跨比为 1/16(图 3-10-2a);桥面以上索塔高 148.5m,与主跨跨径之比达到了 0.303,大于一般斜拉桥常用的 0.20~0.25,以提供更大的结构刚度;斜拉索采用竖琴式布置,与主梁夹角为 30°,在主梁上的锚点间距为 20m,以增大拉索竖向分力,并便于梁上锚固构造的布置。通过以上措施,有效提高结构竖向刚度与横向刚度,满足铁路运营的要求。

针对第二个问题即引桥的跨径布置、截面形式的优化,由于两侧引桥的总长度达到了6753m,占全桥总长度的85%,ASO集团基于跨海桥梁的"大型化、预制化"的理念,采用了跨径140m的钢桁-混凝土板的连续梁,进行整跨制造拼装、形成组合结构后进行架设;桁高采用与主桥一致的10.2m,高跨比达1/13.73,见图3-10-2b)。引桥在纵向受力上,表现为一期恒载作用下简支、二期恒载及活载作用下连续,以便更好地发挥混凝土板的受压性能,避免支点截面产生过大的负弯矩,避免由此导致的混凝土板拉应力过大而开裂;在横向受力上,由于铁路荷载是桥上的主要荷载,故将两片主桁间距缩小为12.4m,以有效降低下横梁的弯矩峰值,而在上层桥面将混凝土桥面板外伸至23.5m,以便4车道布置。这样的跨径布置与截面形式既使得引桥结构造型与主桥协调一致,又大幅度减少了水中桥墩的数量。

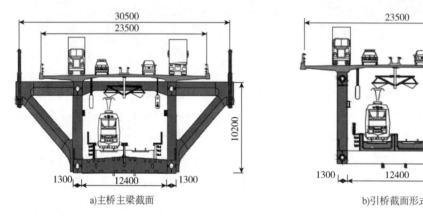

图3-10-2 丹麦—瑞典厄勒海峡大桥主桥及引桥截面形式(尺寸单位:mm)

针对第三个问题即主桥与引桥如何施工,该桥在借鉴全长6.6km的丹麦大带海峡西桥、全长13.0km加拿大联邦大桥施工经验的基础上,基于"施工引导设计"理念,采用了工业化预制(制造)沉井基础、墩身、梁体,在工地装配完成钢-混凝土板桁组合结构,整跨吊装、运输、架设的施工方案,全桥除主桥索塔为现场浇筑施工以外,主桥及引桥的上下部结构均采用预制拼装、大节段架设的施工方案。对于主桥斜拉桥,在索塔施工完成后,在主跨中间布设三个临时墩,采用大节段吊装法架设,然后张拉斜拉索,大大加快了施工进度。之所以采用预制拼装、大节段吊装施工方法,这是因为丹麦拥有全球最大的浮吊——天鹅(Svanen)号。天鹅号在承担加拿大联邦大桥的施工项目时进行了升级改造,改造后最大起吊能力达8700t,最大起吊高度达76m。在本桥的建设中,根据天鹅号最大起吊能力的约束,专门开发了重达1800t、吊点间距60m的专用提升装置,以满足最大节段长度为140m、最大起吊质量为6900t的大型构件吊装运输的需求,并根据天鹅号起吊运输能力的约束来确定钢桁-混凝土板组合结构的配筋方式及细部构造。

以上三个主要问题解决后,采用140m标准跨径的引桥、490m跨径的主桥的设计施工问题就没有原则性困难了。此后,经过结构布局的精心微调和艺术表现力的提升,形成的该桥概貌,如插页彩图34所示。

10.3 主要技术特点

(1) 设计荷载

铁路采用国际铁路联盟(UIC)标准,均布荷载集度 80kN/m,公路采用欧盟标准,各部分的安全系数及荷载组合系数依据可靠度理论、按照目标可靠度指标 $\beta=4.7$ 来确定。

(2) 主桥设计参数及施工方法

跨径布置:141m+160m+490m+160m+141m=1092m。

主梁:主梁上层为混凝土公路桥面,下层为钢桁梁,斜杆弦杆和铁路桥面均采用 S460N 钢材,桁架杆件的倾角大约为 30°和 60°,以便与拉索的倾斜角相匹配,拉索锚固在与横梁斜杆倾角相同的外伸支架上。

索塔:索塔采用五边形截面,宽 6.2~12.6m、长 4.7~9.4m,出于景观考虑,设计成不带上横梁、简洁清晰的 H 形,索塔高出海面 203.5m,成为丹麦—瑞典厄勒海峡大桥的标志。

斜拉索:布置 10 对斜拉索,采用平行钢丝束,塔上索距 12m,梁上索距 20m,斜拉索与主梁夹角为 30°。

基础:基础采用设置箱格形沉井基础,箱底尺寸为 35m×37m,高 20m,重约 2 万 t,直接安放在海床的石灰岩上。

丹麦—瑞典厄勒海峡大桥主桥总体布置及细部构造如图 3-10-3 所示。

施工方法:①在干船坞内预制沉井,将沉井从船坞内拖出,并浮运至墩位处定位下沉,在其底面与岩面之间约 1m 的空隙压注充填水泥混凝土,使沉箱稳定地支承在岩面上;②采用爬模法现浇索塔,节段高度 4m,施工周期 5~9d;③在主跨内设置 3 个临时墩;④在工场制造拼装 6 个 140m、2 个 120m 的钢桁梁节段,浇筑上层公路的混凝土槽形桥面板,形成组合结构;⑤将天鹅号浮吊吊运来的 120~140m 长的主梁节段架设在主塔横梁和临时墩上;⑥主桥合龙,拆除临时墩,完成其他施工工序。丹麦—瑞典厄勒海峡大桥主要施工阶段如图 3-10-4 所示。

(3) 引桥设计参数及施工方法

引桥基础采用沉箱,沉箱底面尺度分为 18m×20m、18m×24m 两种,沉箱质量在 2500~4700t 之间变化,按天鹅号起重船的起吊能力控制,安装完成后沉箱顶面高于海面 4m,以最大限度减少沉箱与墩身现场拼接的工作量。

引桥墩身采用预制的空心钢筋混凝土构件,墩高 13~51m,质量 900~3300t,利用天鹅号运输安装。

引桥上部结构为跨径 140m 的连续结构,采用钢桁梁-混凝土板组合结构。其中,钢桁梁采用 S460N 钢材、箱形杆件的全焊结构,节间距 20m,斜杆的角度统一为 45°,每跨仅由 64 根杆件组成(14 根上弦杆,14 根下弦杆,28 道斜杆和 8 道横梁),并在杆件内输送干燥空气除湿防锈。混凝土槽形板根据施工吊装阶段及运营阶段要求设置纵横向预应力,与钢桁梁结合成整体、安装人行道和栏杆等附属件后利用天鹅号吊装架设,单跨最大质量为 6900t,如图 3-10-5 所示。架设后,采用强迫位移法将待架设孔跨前端抬升 0.5m,然后与相邻孔跨的钢桁架梁焊接,以便在跨内储备足够大的正弯矩,抵消活载产生的支点负弯矩。

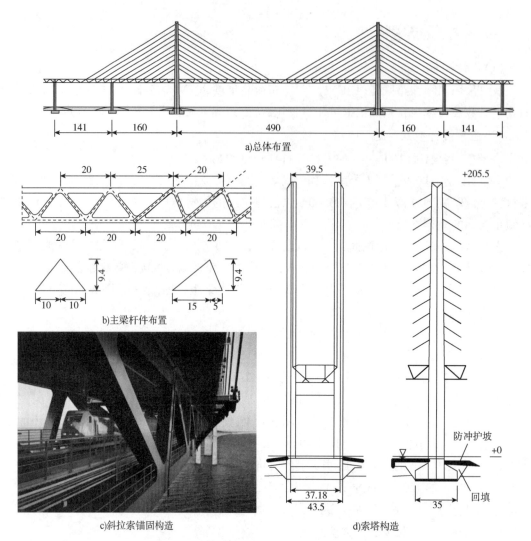

a) 总体布置

b) 主梁杆件布置

c) 斜拉索锚固构造

d) 索塔构造

图 3-10-3 丹麦—瑞典厄勒海峡大桥主桥总体布置及细部构造（尺寸单位：m；高程单位：m）

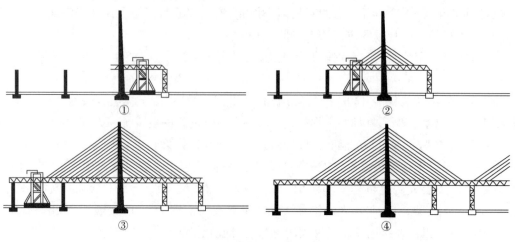

图 3-10-4 丹麦—瑞典厄勒海峡大桥主桥主要施工阶段

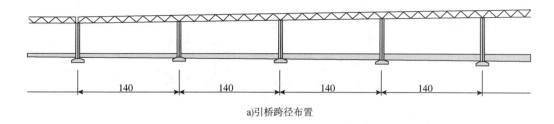

a) 引桥跨径布置

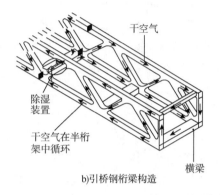

b) 引桥钢桁梁构造

c) 引桥整跨架设

图 3-10-5　引桥总体布置、桁梁构造及架设方法(尺寸单位:m)

(4) 技术经济优势

丹麦—瑞典厄勒海峡大桥(不含隧道)材料用量:结构钢 82000t,钢筋 60000t,斜拉索 2300t,混凝土 32 万 m^3,填充压重材料 60 万 m^3。

丹麦—瑞典厄勒海峡大桥于 1995 年开工建设,投标工程预算为 210 亿丹麦克朗(含隧道及附属工程等,按 1995 年汇率约为 30 亿美元),1999 年竣工,2000 年 7 月通车,工期仅为 5 年,是继加拿大联邦大桥之后又一工程规模空前、建设速度惊人的跨海长大桥梁。

10.4　工程创新扩散

丹麦—瑞典厄勒海峡大桥所采用的桥-岛-隧组合及衔接方式、钢-混凝土板桁连续组合结构、预制整跨架设方式等,开创了大型跨海桥梁建设的新纪元。同时,该桥以 490m 的跨径突破了公铁两用斜拉桥的跨径纪录,可同时通行旅客列车和重型货物列车,成为公铁两用斜拉桥发展史上的一个里程碑。在丹麦—瑞典厄勒海峡大桥之后,韩国的釜山—巨济大桥和我国的港珠澳大桥、平潭海峡大桥等跨海长桥均借鉴了丹麦—瑞典厄勒海峡大桥的"施工引导设计"设计施工理念,并有很多因地制宜的改进和提升,对于推动跨海长桥标准化、大型化、工业化设计施工产生了深远的影响。

丹麦—瑞典厄勒海峡大桥的工程创新表明:工程理念是统帅工程实践活动全过程的灵魂,是对工程本质、演化规律、发展方向等问题的深度浓缩和高度升华;跨海长桥建设理念的变革,不仅仅是工程技术、工程装备进步的产物,更体现了工程大师对跨海长大桥梁建造主要矛盾的深刻洞察,在创造人工构筑物、实现预定交通功能目标的同时,在工程理念、结构形式、建造方法等方面取得了突破,提升了桥梁建造的能效水平,由此拉开了桥梁工业化建造的大幕。

第 11 章　希腊里翁—安蒂里翁大桥

希腊里翁—安蒂里翁大桥（Rion-Antirion Bridge）建成于 2004 年，是一座跨径布置为 286m+3×560m+286m=2252m 的多跨斜拉桥。该桥采用了加筋土隔震地基、刚性索塔等新结构来跨越活动地震断层，能够承受高达 0.48g 加速度峰值，以及满足 2m 的横向、竖向断层位移的要求；该桥采用大型沉箱基础，解决了水深 65m 条件下的桥梁施工困难，开启了深水大跨桥梁建设的新阶段。

11.1　技术背景

进入 20 世纪 80 年代，人们从历次震害中逐渐认识到传统抗震体系的局限与不足，兴起了结构隔震、减震与振动控制技术的研究与工程实践。在传统抗震体系下，相当一部分桥梁的结构自振周期在 1~2s 的范围内，与地面运动周期 0.5~1.5s 重叠区域较大，桥梁与地面运动容易发生共振现象（图 3-11-1），导致桥梁地震反应常常被放大 2~4 倍，容易产生桥墩破坏、倒塌等震后难以修复的震害。隔震技术的基本思想是"以柔克刚"，即通过在墩顶设置隔震装置、将结构自震周期从 1~2s 的范围延长至 3~5s，从而隔离地震作用、成倍提高结构的耐震安全度，同时设置防落梁的消能限位装置，避免罕遇地震作用下落梁。一般来说，隔震体系主要适用于中小跨径简支梁及连续梁桥，主要做法是以叠层橡胶支座、摩擦摆支座、高阻尼橡胶支座等隔震装置来取代传统的板式橡胶支座、盆式橡胶支座或球型钢支座，具有构造简单、耗能能力强、施工维护方便等特点。大量研究表明：隔震桥梁因其水平刚度较小、结构周期大幅度延长，基频与地震动频率之比一般在 2~8 倍，地震动放大系数仅为 1/8~1/2，地震响应最大可削减至隔震前的 1/9~1/8。因此，隔震桥梁在世界各国得到了广泛的应用，据不完全统计，2000 年时，全世界建成的隔震桥梁超过了 1000 座。

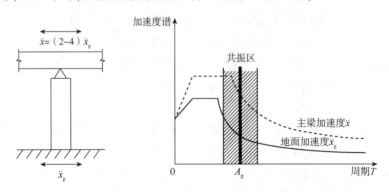

图 3-11-1　桥梁自振周期与地面运动周期关系

然而,对于大跨径斜拉桥和悬索桥,因其结构自身刚度较小、自振周期较长,并不适宜采用隔震体系。在高烈度区域的大跨径柔性桥梁,一般多通过增设阻尼器或耗能构件等措施、采用震-振双控的减震体系,以兼顾地震响应、风荷载及车辆荷载作用下的振动响应和变形控制。减震体系的基本思想是增加阻尼,即通过设置减震装置,使阻尼比成倍增大,从而耗散外部能量输入,减小地震响应或变形量值。必要时还可以设置可牺牲构件或改变结构体系,以保证在罕遇地震作用下基本结构体系的完整。从工程实践结果来看,各种类型、不同目标的桥梁减震(振)技术发展较快,应用也较广,进入21世纪时,全世界建成的减震(振)桥梁也有数百座之多。

另一方面,在跨越河口、湖泊、海湾的桥梁中,深水基础设计施工仍是一个颇具挑战性的工程问题。当水深超过50m时,可以采用的基础形式多为设置基础。设置基础是设置沉井基础和设置沉箱基础的总称,一般采用在船坞中预制沉箱或沉井、拖拽至桥址处下沉安装的施工方法。设置沉箱基础也称为重力式基础,需要借助于大型船坞、大型拖带设备、大吨位锚碇及定位系统、海床整平设备等大型施工装备,对施工装备的要求非常高,在欧美、日本等发达国家的海上石油钻井工程、跨海桥梁的建设中有一定的应用。日本的南备赞濑户大桥、北备赞濑户大桥、明石海峡大桥、加拿大联邦大桥、丹麦大带海峡大桥等跨海桥梁均采用设置基础,虽然从技术上来说相对成熟,但施工实施仍非常有挑战性。

11.2 方案构思

希腊里翁—安蒂里翁大桥跨越科林斯(Corinth)湾,连接希腊本土和伯罗奔尼撒半岛。科林斯湾是通向伊奥尼亚海的航海要道和贸易要地,航运非常繁忙。一个多世纪以来,在科林斯湾建设桥梁或隧道连接线一直是希腊民众的普遍愿望。但是,在科林斯湾建设桥梁或隧道无疑是人类最具挑战性的工程,虽然该海湾最窄处仅为2.5km,但两岸海床陡峭、水深普遍在50~60m,且海床地质情况差、淤泥质沉积土厚度大,地质钻探表明海床500m以下仍没有基岩;另一方面,科林斯湾位处地壳运动的强地震带,破坏性地震频发,在过去的几十年里发生过3次6.5级的地震,伯罗奔尼撒半岛每年以8~11mm的速度漂离大陆,希腊里翁—安蒂里翁大桥设计水平地震反应谱如图3-11-2所示。自20世纪80年代以来,希腊当局就开展了里翁—安蒂里翁大桥桥位选址、建设标准、工程可行性等方面的前期研究工作,一些国际知名的设计大师、研究机构也积极地参与,提出了多个概念设计方案。1997年,希腊取得2004年奥运会举办权后,当局加快了里翁—安蒂里翁大桥的建设进度,决心借助于全球设计施工力量,在奥运会前竣工。里翁—安蒂里翁大桥建成后成为希腊西部新干线及欧洲运输网的一部分,能够减小绕行距

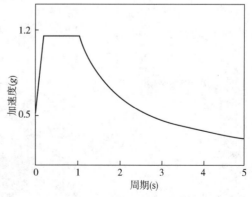

图3-11-2 希腊里翁—安蒂里翁大桥设计
水平地震反应谱(阻尼比5%)

离160km。桥位选在科林斯湾最窄处，两岸地名分别为Rion、Antirion，因此，该桥也被称之为Rion-Antirion桥。

希腊里翁—安蒂里翁大桥全球招标的主要要求是：桥梁能够承受2000年一遇的地震，能够满足高达2m的横向、竖向断层位移的要求，地震最大加速度峰值为0.48g，持时50s；桥长不小于2500m，桥面为双向4车道，桥下净空能够满足18万t油轮双向通航要求，桥墩具有抵抗油轮8.2m/s速度的撞击能力；建造必须在2004年奥运会开幕前完工；等等。面对这一严苛的条件和设计要求，以法国万喜建筑设计公司（VINCI Construction）为首的联合体中标，并与1997年12月签订合同，开始了设计工作。设计团队由Jacques Combault、J.P.Teyssandier、Michel Virlogeux等桥梁大师组成。毫无疑问，这是一个非常强大、经验丰富、富有创新能力的设计团队，在当时完成了多座大跨径斜拉桥如法国诺曼底桥、米约高架桥、美国阳光高架桥、葡萄牙瓦斯科·达伽马桥等的设计，提出了诸如波形钢腹板组合梁、斜拉桥顶推法等新结构和新工法，对工程本质具有非凡的洞察力，对解决工程难题具有卓越的创造力。设计团队对包括跨径1500m的悬索桥方案、跨径560m多跨斜拉桥方案等多个方案进行了比较。由于两岸海床较为陡峭、地基承载能力严重不足，如采用大跨径悬索桥会给基础、锚碇设计施工带来一系列难以处理的技术问题，也会导致工程造价急剧增大，即便如此，悬索桥主墩基础稳定性仍存在崩塌的工程风险，最终综合考虑结构性能、工程造价、施工方法、建设工期等因素，弃用了比较常见的大跨径悬索桥方案，采用了比较经济的多跨斜拉桥方案。多跨斜拉桥方案确定后，需要着力解决防震对策、沉箱基础施工、结构体系刚度三个比较棘手的技术问题。

该桥设计面临的首要问题是采取何种防震对策，以应对跨越活动地震断层的挑战。如前所述，传统抗震体系存在放大地震响应、难以满足大变形错断的要求；隔震主要适用于中小跨径梁桥，且现有的隔震对策主要是在桥墩顶部设置隔震支座；减震主要是在大跨径斜拉桥悬索桥的塔、梁、墩之间设置减震装置，提高结构阻尼比，从而降低地震响应。显然，采用传统抗震技术既不经济，也难以抵御该桥高达0.48g的地震加速度峰值；另一方面，现有的隔震技术并不适合大跨径斜拉桥，也不能完全隔断地震输入。针对这一问题，设计团队另辟蹊径，结合该桥海床土体加固与大型沉箱基础施工的要求，采用基底隔震技术，首创了加筋土隔震地基，即把大型沉箱基础直接放置在砂砾层上，基础与砂砾层间不连接，在罕遇地震下允许基础与地基之间产生三维移动，从而起到隔震作用（由于该桥恒载足够大，基础在正常运营及小震下不会滑动）。另一方面，基底隔震对策与加固改善地基力学性能、解决大型沉箱基础施工困难相辅相成，是一个问题的两个方面，于是，采用钢管加固土体的加筋土隔震技术对策便被出人意料、符合逻辑地创造出来，如图3-11-3所示。此外，为兼顾抵御极端地震、保障在温

图3-11-3　加筋土隔震基础示意图

度及风荷载作用下桥梁正常运营的要求,该桥在采用连续主梁、塔梁分离、塔墩固结结构体系的同时,采取了相应的减震对策,即在每个墩梁塔连接处布置了若干个阻尼器,以限制地震作用下墩梁相对位移。这样,通过基底隔震、结构减震两种防震对策的混合应用,满足了该桥难度极高的防震要求。

该桥设计施工面临的第二个问题是大型沉箱基础及墩身如何施工。为此,设计团队采用沉箱基础、锥形墩身一体化的设计施工方法,借鉴海上石油平台的设计建造方法,先在干船坞浇筑沉箱基础的下半部分,然后拖拽至设计安装海域,采用爬模技术、逐节浇筑接高沉箱基础及锥形墩身,同时注水下沉,并最终将沉箱、墩身安放在预定的海床位置。在这个过程中,需要借助于大型船坞、大型拖船、大吨位锚碇、海床整平设备等大型施工装备及先进的卫星定位系统,虽然难度不小,但在欧美已有比较丰富的深海钻井平台工程经验,并没有原则性困难。

该桥设计施工面临的第三个问题是采用何种结构体系,以满足多跨斜拉桥结构体系刚度的要求,适应温度效应。由于该桥地震作用控制设计,采用了大型沉箱基础及配套的刚性墩身,因此采用刚性索塔就成为一种自然而然的选择。由于该桥桥墩顶面为边长40.5m的正方形,在其上设置金字塔形的空间索塔,构成纵横向刚度极大的刚性塔架并没有太大困难。这样,在主梁连续的情况下,各跨之间受力基本独立、相互影响较小,结构体系刚度主要取决于索塔和斜拉索,刚度问题便可迎刃而解。至于温度效应,由于该桥地震响应控制设计,采用全漂浮体系,设置阻尼器后温度效应远小于地震效应,因此能满足地震作用组合的索塔就可以抵抗温度的影响,无须专门考虑。

解决了这些主要问题以后,经过反复比较优化,最终确定的该桥主桥跨径布置为286m+3×560m+286m,结构体系为采用空间刚性索塔、钢-混凝土组合梁主梁的全漂浮体系,该桥概貌见插页彩图35,希腊里翁—安蒂里翁大桥总体布置如图3-11-4所示。

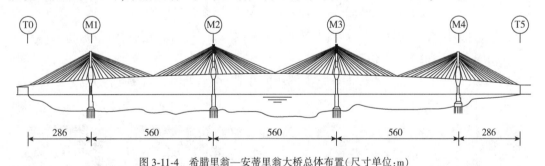

图3-11-4 希腊里翁—安蒂里翁大桥总体布置(尺寸单位:m)

11.3 主要技术特点

(1) 主要设计参数

沉箱基础:基础为直径90m的中空沉箱,包括1m厚的顶板、底板、径向梁和32个外围墙板,外围墙板高9m。整个沉箱基础直接放置在海床上,沉箱顶板略微倾斜。

墩身:墩身与沉箱基础一体化浇筑,最深的墩身底部距海平面65m,整个墩身由圆锥形墩身、八角形墩帽、倒金字塔形塔座三部分组成。锥形墩身底部直径为38m,顶部直径为

27m;顶部连接八角形墩身,宽24m,高29m;八角形墩帽上支撑15.8m高的倒金字塔形塔座,展开后形成了40.5m宽的正方形塔座,如图3-11-5a)所示。

索塔:每个索塔由4根4m×4m混凝土浇筑的斜腿组成,高78m,与塔座刚性连接,4根斜腿在顶部合并为高35m的上塔柱,内嵌钢锚箱,以便于斜拉索的锚固。

主梁:采用钢-混凝土组合梁,桥面宽27.2m,全长2252m。用两根高2.2m工字钢梁作为边梁,由25~35cm厚的混凝土板和7.5cm厚的沥青混凝土铺装制成,每隔4m设置1道横梁,如图3-11-5b)所示。

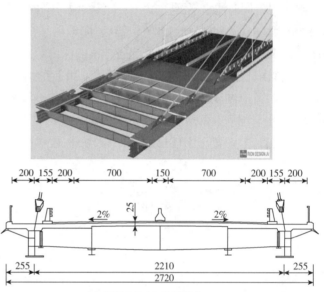

a)桥墩、索塔构造　　　　　　　　b)钢-混凝土组合加劲梁构造

图3-11-5　希腊里翁—安蒂里翁大桥主要构造示意图(尺寸单位:cm)

斜拉索:斜拉索布置为扇形双索面,拉索由43~73根平行镀锌钢绞线组成,桥面索距为22.6m,锚固在工字钢梁的外侧。

阻尼器:在每个墩梁连接处布置5个液压阻尼器(4个纵向、1个横向),最大阻尼力达3500kN,如图3-11-6所示。

a)横桥向阻尼器与塔架的连接　　　　　　b)阻尼器性能检验

图3-11-6　希腊里翁—安蒂里翁大桥的阻尼器

伸缩缝:主梁两端设置伸缩缝,以适应温度和地震变形(最大容许变形为纵向压缩闭合 2.2m、纵向拉伸 2.81m、横向变形 2.5m),以及在极端地震作用下 5.0m 的位移。

(2)施工方法

该桥的施工方法不仅要克服深达 65m 水深的挑战,同时还要考虑工程造价,并根据施工实施的可行性来引导设计,将设计创造性与施工可实现性紧密结合在一起。经过反复研究、改进,最终确定的施工方法如下。

①地基处理:该桥海床的地质情况异常复杂,海床上层 4~7m 土层由非黏性砂砾构成,其下分布着沙层、淤沙层、淤泥土层等,在海床 30m 以下,主要由淤泥土和粉质黏土组成。为了让这些力学性能较差的土层提供足够的抗剪强度,需要对地基进行加固处理。具体做法是:a.先在桥墩位置疏浚海床,铺设 90cm 厚的沙层;b.在每个墩位的海床处打入 250 根空心钢管,钢管直径 2m、长度 25~30m、间距 7~8m,打入深度以露出海床底面 1.5m 左右为宜;c.在其上覆盖 1.6~2.3m 厚的砾石及 0.5m 厚的碎石,砾石带宽 2m;d.设计要求施工误差为碎石厚度小于 10cm,水平位置偏差小于 36cm,竖向沉降小于 20cm,铺设完成后采用水下声呐对砾石层进行扫描,显示出其厚度误差在 5cm 的范围内;e.地基处理借助于一个 60m 长、40m 宽的张力腿平台逐步进行,该平台通过可调节链条固定在混凝土锚块中,如图 3-11-7a)所示。

a)张力腿平台打入钢管桩

b)在干船坞中浇筑沉箱基座

c)从干船坞转移到预定位置

d)浇筑墩身并逐步下沉就位

图 3-11-7

e)爬模浇筑索塔

f)上塔柱钢锚箱安装

图 3-11-7　希腊里翁—安蒂里翁大桥下部结构主要施工步骤

②沉箱基础施工：首先在桥址附近，修建了 230m 长、100m 宽的干船坞，船坞前部水深 12m，船坞后部水深 8m，一次浇筑两个蜂窝式沉箱基础，如图 3-11-7b) 所示。当前面沉箱基础浇筑至锥形墩身底部时，接近 17m 高的沉箱基础被拖曳到附近的深水区，在浇筑墩身的同时逐渐下沉，如图 3-11-7c) 所示。如此交替，完成 4 个沉箱基础的施工。

③墩身施工：沉箱基础在被拖曳至预定位置后，采用爬模方式继续浇筑墩身，沉箱基础及墩身依靠自重、注水加载逐渐下沉淹没，在这个过程中，保持墩身露出海面以上的高度不变，直至下沉到达预计位置，而浇筑墩身所需材料和设备由驳船供应，如图 3-11-7d) 所示。然后利用墩身重量及满注的水来压实地基，使其产生 20~30cm 沉降，并在后续施工阶段对不均匀沉降产生的影响进行修正。

④索塔施工：索塔采用爬模分段建造，每节段 4.8m 长，4 个斜腿合并成上塔柱。上塔柱的钢锚箱采用工厂整体制造、现场浮吊安装的方式施工，如图 3-11-7e)、f) 所示。

⑤主梁施工：主梁节段长 12m、重约 340t，采用工场制造、现场组拼、浮吊吊装就位的方式施工。

(3) 主要技术创新

①首创了加筋土隔震基础，探索出高烈度地震区的大跨径柔性桥梁的防震新途径。在希腊里翁—安蒂里翁大桥之前，隔震技术仅用于中小跨径梁桥，隔震装置一般安装在桥墩墩顶，希腊里翁—安蒂里翁大桥颠覆了这一传统认知，首创了加筋土隔震基础，其能够适应地震断层大变形错断的需要；采用刚性桩加固软弱地基，较好地解决了主塔基础变形的释放与控制矛盾，消减了传递至上部结构的地震作用。推覆分析表明：索塔及短拉索是整个结构地震性能的控制构件，地震过程中塔柱会产生弯曲和拉伸等裂缝，但不会产生的不可接受的应变，在包括高达 2m 的断层移动罕遇地震作用下，索塔的位移需求为 0.36m，远远低于塔柱的最大位移能力 0.90m。另一方面，该桥采用隔震、减震并用的混合防震对策，打破了人们在防震理念上非此即彼的认知误区，满足了严峻的建设条件，引领了高烈度地区桥梁防震设计。

②提出了加筋土地震承载力的计算方法，建立了软弱地基的设计计算理论。希腊里翁—安蒂里翁大桥的地基是一个黏土–钢管复合的三维体，其上敷设砾石层，砾石层与塔基

之间不连接,起到隔震作用,限制了界面处的最大剪力,通过滑动耗散了地震能量,迫使地基按照结构可接受的模式屈服。另一方面,在软土中插入钢管,增大了土的强度,消除了地基的不良失效模式如旋转失效,有效提高了墩身乃至上部结构的稳定性。为此,设计团队在复合地基中引入容量设计理念,将加筋土模拟成一个二维连续体,通过屈服设计理论对浅层地基的抗震承载力进行评价,利用屈服设计理论,揭示了加筋土破坏的运动机理。在此基础上,推导出加筋土整体承载力的上界估计值,并通过多种模型试验、数值分析方法予以验证,得出了加筋土的阻力-位移关系图[图3-11-8b)、c)]。针对该桥地基基础的计算结果表明,在罕遇地震作用下,桥梁基座结构会发生微小滑动、桥墩会发生轻微的旋转,但不会对桥梁结构产生过大的不利影响,因为完全漂浮的柔性主梁及斜拉索具有一定的复位能力,并可以通过重新调整斜拉索索力,使结构恢复到可接受的几何状态。

③采用预制-现浇法施工大型沉箱基础,破解了深水基础施工困难。希腊里翁—安蒂里翁大桥在借鉴海上钻井平台施工方法的基础上,推陈出新,采用预制沉箱底座、拖曳至桥位、排水下沉、现浇接高锥形墩身的施工方法,将预制与现浇两种工法结合起来,破解了大型深水基础施工困难,提高了大型船坞的利用率,增强了设置沉箱基础的适应性,对深水基础施工具有普遍的示范意义。

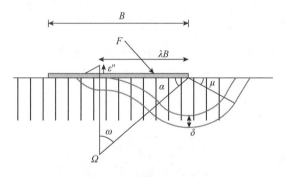

a)加筋土破坏模型的运动学机理

b)加筋土模型试验及破坏模式

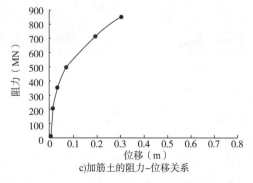

c)加筋土的阻力-位移关系

图3-11-8 加筋土设计计算理论及模型试验简图

B-基座宽度;F-地震作用下的倾覆力

(4) 材料用量及造价

希腊里翁—安蒂里翁大桥主要材料用量：混凝土 21 万 m^3，钢结构 88000t，其中结构钢 28000t，钢筋 57000t，斜拉索 3800t。由于基础及下部结构体量庞大、防震性能要求高，折合每平方米桥面用钢量为 1450kg、混凝土用量为 3.42m^3。希腊里翁—安蒂里翁大桥于 1999 年开工建设，于 2004 年 4 月、雅典奥运会开幕前竣工，建设工期比招标期限提前了 4 个月。该桥建设规模、材料用量在跨海桥梁中不算大，但建造难度却是空前的，工程造价高达 7.5 亿欧元，是现代桥梁工程发展史上最具挑战性的跨海桥梁。

11.4 工程创新价值

希腊里翁—安蒂里翁大桥的建成，克服了严苛的自然条件，创新了桥梁防震的策略，突破了桥梁工程建设的禁区，拓展了现代桥梁工程的疆界，示范了强震地区的深水大跨桥梁的建设，堪称现代桥梁工程的里程碑。在希腊里翁—安蒂里翁大桥建成后的 10 多年里，国际桥梁界遇到类似希腊里翁—安蒂里翁大桥的建设条件的情形不多，只有在土耳其恰纳卡莱大桥（Çanakkale Bridge，主跨 2023m 的悬索桥）、新伊兹密特海湾大桥（New Izmit Bay Bridge，主跨 1550m 的悬索桥）两座悬索桥的建设中，采用了与希腊里翁—安蒂里翁大桥类似的加筋土隔震基础。其中，新伊兹密特海湾大桥的两个主塔基础采用长 67m、宽 54m、高 15m 设置沉箱基础，为提高海床表层的软弱土层的承载力，利用水下液压打桩锤将 195 根直径 2m、长 34.25m 钢管桩插打到位，然后在海床上铺设砾石，设置沉箱基础（图 3-11-9），设计与施工方法与希腊里翁—安蒂里翁大桥如出一辙。此外，希腊里翁—安蒂里翁大桥在墩塔梁处设置阻尼器的减震对策，来控制地震响应、活载位移与温度效应，已经成为大跨径斜拉桥、悬索桥设计建造的标准配置。

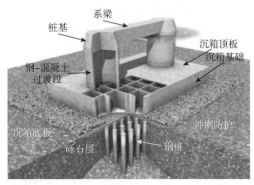

图 3-11-9　土耳其新伊兹密特海湾大桥概貌及主塔隔震沉箱基础

希腊里翁—安蒂里翁大桥的工程创新表明：工程创新的意义就是体现价值的提升，就是不断突破工程禁区、将"不可能"转化成为现实工程。面对社会需求的拉动，工程创新具有一定的应然性和广阔的空间，并由此推动工程实践能力不断取得突破。从这个角度来看，该桥创造性地将隔震设施从墩顶转移至基底、采用预制-现浇大型设置基础及墩身、提出加筋土地震承载力的计算方法等，就是秉承创新使命、大胆构思、精心设计的结果，只有这样，才能应对建设条件的挑战，才能不断拓展桥梁工程的疆界，促进工程演化。

第12章　法国米约高架桥

法国米约高架桥(Millau Viaduct)是一座 204m+6×342m+204m 的 7 塔 8 跨斜拉桥,建成于 2004 年。其所采用的倒 V 形索塔、双肢墩及钢箱梁,优化了主梁和索塔的刚度分配关系,解决了多跨斜拉桥结构体系刚度与温度效应等问题,而顶推施工方法的应用,更是破解了跨越峡谷多跨斜拉桥的施工困难。

12.1　技术背景

自 1993 年世界上第一座密索体系的三塔斜拉桥——墨西哥 Mezcala 大桥建成以来,多跨斜拉桥以其优越的技术经济竞争优势在跨越河口、峡谷等宽阔障碍中得到了一定的应用。为了提高多跨斜拉桥结构体系的刚度,国际桥梁界开展了不断的探索,所采取的对策包括优化跨径布置、增大索塔刚度、改变缆索体系等,如 1997 年建成的中国香港汀九桥采用了对中塔加装纵横向稳定索的技术对策,2001 年中国湖北夷陵长江大桥采用增设辅助墩、优化跨径布置的方案,2004 年建成的希腊里翁—安蒂里翁大桥采用了设置刚性索塔的方案,等等,这些技术路线、设计风格迥异的工程实践,目的都是因地制宜寻求最适宜、最经济的解决方案,以提高多跨斜拉桥结构体系的刚度。

另一方面,对于跨越宽阔水域的多跨斜拉桥,材料机具可借助于水路条件运输,施工方法自然而然地选择悬臂施工法;对于跨越山谷的多跨斜拉桥,还要考虑采用何种施工方法才能更好顺应建设条件,以便能够经济快捷地完成多跨斜拉桥的施工。一般来说,悬臂施工法依然适用于跨谷多跨斜拉桥,但当跨数较多、跨径较大时,就需要修建大量的施工便道,使用多套挂篮机具,导致工程措施费用剧增,如仍采用悬臂施工法可能并不经济,也会导致合龙工序非常复杂、施工工期延长,这在山谷陡峭、孔跨数较多的情况下,无疑会削弱多跨斜拉桥的竞争优势。因此,跨越山谷的多跨斜拉桥施工方法也是一个颇具挑战的问题,必须妥善应对、积极处理,以免抬高造价或对自然环境产生过大的影响。

此外,当多跨斜拉桥主梁连续长度增大、塔墩水平刚度较大时,温度效应的影响就会显著增大。对主梁和斜拉索来说,过大的温度变形会影响结构的合理性、适用性与安全性;对索塔来说,温度效应处理不当将会导致边塔塔底内力过大,增加了索塔、桥墩、基础等主要受力构件的设计难度和材料用量。对此,需要采用合理的结构体系、构造措施来规避温度效应,满足主梁的纵向温度变形能力需求,这也是多跨斜拉桥设计中要恰当处理的问题之一。

12.2 方案构思

米约高架桥是法国 A75 高速公路的控制性工程,也是法国巴黎至西班牙公路的重要组成部分,A75 高速公路建设的最大挑战是穿越米约地区广袤而深邃的塔恩河谷。从 1987 年起,法国国家高速公路管理局就着手推进跨越塔恩河谷线路的前期研究工作,经比选,低线位方案虽然造价较低,但由于存在长陡坡,这对重型公路交通是一个明显的隐患,并不适合用于高速公路。高线位方案全长约 2.5km,谷底与两岸高地高差约 275m,最高桥墩约 245m,虽然造价较高、桥梁设计建造也有一定难度,但运营性能好。因此,法国国家高速公路管理局确定了高线位方案,采用桥梁从一侧的高原跨越到另一侧的高原。于是,从 1993 年开始,当局经过多轮方案竞赛与招标,历时 8 年,确定了最终实施方案。

第一轮设计竞赛于 1993—1994 年举行,目的是选择新的想法和设计概念,竞标方案主要有预应力混凝土连续刚构、连续钢箱梁、钢筋混凝土拱桥、双塔三跨斜拉桥、6 跨斜拉桥等。但总的来说,令人眼前一亮的新方案很少,通过竞赛,选取了 6×320m 的预应力混凝土斜拉桥作为深化方案。第二轮竞赛于 1995—1996 年举办,由 5 个桥梁设计事务所和对应建筑师组成的小组参加,针对多跨斜拉桥的跨径布置、结构形式、建桥材料、受力性能、施工方法、结构造型等方面进行深化完善。1996 年 7 月,由法国桥梁设计大师米歇尔·维洛热(Michel Virlogeux)和英国著名建筑师诺曼·福斯特(Norman Foster)领衔的设计团队中标,设计方案采用混凝土双肢墩、倒 V 形钢索塔、钢箱主梁的 6 跨斜拉桥。由于塔恩河水流很小,并不具备通航及水运条件,为解决施工困难,设计团队大胆地推陈出新,采用钢塔与主梁一起顶推的施工方案,将施工阶段与成桥阶段的受力要求完美结合在一起。然而,这一设计方案及施工方法遭受有关方面的质疑,针对各方建议与要求,维洛热团队又设计了悬臂节段施工的预应力混凝土多跨斜拉桥作为比选方案。为了适应抗风要求,两种多跨斜拉桥方案的主梁都采用倒梯形截面,形状几乎相同。在接下来的几年里,维洛热团队又对斜拉桥的抗风性能、温度效应、下部结构形式等问题进行系统细致的研究,对两种施工方案进行了全面的比较分析。直到 2000 年,经过多轮反复,在施工发标时又回到了 1996 年的设计方案,最终确定了 204m+6×342m+204m 的 7 塔 8 跨钢箱梁斜拉桥基本方案。稍后,法国政府决定采用特许经营的方式来修建该桥,实力雄厚的法国埃菲尔建筑集团中标,取得了该桥的建设权和 75 年经营权。此后,又结合法国埃菲尔建筑集团的施工要求,维洛热团队对该桥的一些设计细节进行了进一步的完善。

米歇尔·维洛热是享誉国际的桥梁设计大师,他在预应力混凝土结构、组合梁桥、斜拉桥等方面建树颇丰,他设计了以法国诺曼底斜拉桥、葡萄牙达伽马斜拉桥为代表的多座大跨径斜拉桥,同时,他还十分推崇工程师与建筑师合作的模式,非常注重桥梁结构的艺术造型,在法国米约高架桥设计过程中,与他一起合作的是英国建筑师诺曼·福斯特爵士。诺曼·福斯特是当代杰出的建筑大师,特别强调人类与自然的共融共生,被誉为"高技派"的代表人物,他的作品很多,包括香港汇丰总部大楼、伦敦斯坦斯泰德机场、香港国际机场一号楼、伦敦千禧桥、苹果公司新总部等,获得的荣誉也很多,1990 年被册封为爵士。在本桥设计中,以米歇尔·维洛热为首的工程师关注的核心问题是如何合理确定主梁和索塔的刚度分配关系,以及采用什么施工方法建造如此规模的桥梁,以诺曼·福斯特为首的建筑师关心的核心问题是如何将轻盈纤细的桥梁结构,和谐地融入法国南部秀丽的高原风光之中。

之所以将钢箱梁斜拉桥方案确定作为实施方案,很大原因在于钢箱梁方案可以快捷、经济地采用顶推法施工。钢箱梁斜拉桥方案在修建8个临时墩的情况下,采用顶推法、将主梁与索塔一起顶推合龙,不仅工期较短、造价较为便宜、施工阶段与成桥阶段结构受力行为比较一致,而且可以采用混凝土双肢桥墩、设置双排支座,较好地兼顾结构体系的刚度要求与温度效应。而采用预应力混凝土箱梁作为主梁,则只能采用悬臂节段施工方法,对于中间两三跨来讲是问题不大的,但对于两侧的几跨来讲,则需要修建大量的临时道路,箱梁节段或材料运输的成本大增;另一方面,在7个索塔、14个工作面上同时展开悬臂施工,会形成6个合龙点,施工阶段与成桥阶段的塔梁墩关系会存在一定的差异,需要进行多次体系转换,导致施工工序比较复杂,施工工期长,施工质量和桥梁线形很难控制,从而造成工程造价的攀升。

采用钢箱梁斜拉桥顶推施工方案之后,需要结合成桥阶段结构受力行为,采取相应的技术措施,以减少临时工程数量,改善结构受力性能。经过反复计算优化,主要技术措施有:

①增设8个临时墩,在临时墩顶设置两个间距12m的支点,使得顶推过程中最大悬臂长度不超过150m。

②由索塔、6根拉索和钢箱主梁构成稳定、自平衡的三角形结构,以减小钢箱主梁在顶推过程中的内力和变形。

③为改善顶推过程中钢箱梁受力行为、减小风致振动,在结构设计中采取针对性措施,包括在顺桥向采用了倒V形索塔,以增大自平衡三角形结构的竖向刚度;将原先拟定的倒梯形钢箱梁截面优化为三角形截面,并在钢箱梁中间设置两道间距较小直腹板,以便顶推作用力的传递。

④计算确定顶推施工阶段的结构定位、风致振动、变形监测、停工风速等一系列阈值,以便指导施工过程监测控制,等等。

12.3 主要技术特点

(1)主要设计参数

跨径布置:204m+6×342m+204m=2460m,无引桥,桥面为双向4车道,整座桥以3.025%的坡度由南端向北端下降,全桥位于平面半径20km曲线上,以便于乘客通过时欣赏塔恩河谷自然景色及本桥雄伟轻盈的造型。

基础:该桥地质情况良好,基岩埋深较浅,基础采用挖孔沉井。

桥墩:7个桥墩高78~245m,采用统一的混凝土桥墩形状,桥墩下部为大型箱形断面,尺寸为17m×27m;桥墩上部分叉形成两个柔性的墩柱,分叉后双肢墩顶间距为16m,各个桥墩的分叉位置经过反复计算确定,其中最高的P2桥墩分叉点为桥面以下90m。

索塔:桥面以上塔高88.92m,塔高跨径之比为1/3.84,采用倒V形钢索塔,索塔两腿间距为15.5m。

主梁：采用三角形单箱三室钢箱梁截面，梁宽32.05m，梁高4.2m，除设置4车道外，为消除旅行者的眩晕感、降低山谷阵风对车辆行驶的影响，还设置了3m宽的路肩及挡风板。

斜拉索：10根斜拉索采用竖琴式布置，钢绞线强度为1860MPa，梁上索间距12.51m。

塔梁墩关系：塔梁固结，即倒V形钢索塔与加劲钢箱梁固结；墩梁支承，在双肢墩墩顶设置双排支座来支承主梁。

设计风速：69.4m/s。

设计使用寿命：120年。

该桥概貌见插页彩图36，总体布置、塔梁墩关系等细部构造如图3-12-1所示。

(2) 主要技术特点

经过长达数年的多轮修改完善，最终形成的钢箱梁斜拉桥实施方案的主要技术特点是：

①采用混凝土单柱-双肢墩，其中，单柱墩在一定高度分叉形成双肢墩，在其上设置双排支座，以有效约束钢箱主梁的变形，也便于倒V形钢索塔的布置；同时，将单柱墩分叉形成双肢墩后，桥墩截面及水平刚度大为降低，既有利于减小风阻，也有利于满足主梁的纵向变形需求（高度较大、抗推刚度较小的双肢墩可以通过自身挠曲变形，满足主梁高达30~40cm温度变形的需求）；此外，取消原设计在跨中设置的、以满足温度变形的刚性铰（又名抽屉梁，可以纵向自由活动，传递弯矩、剪力，但不能传递轴力），将长达2460m的钢箱主梁做成连续结构，以改善使用性能。

②采用在顺桥向呈倒V形、桥面以上高度为88.92m的钢索塔，在取得优雅造型的同时，增大索塔的纵向挠曲刚度，并满足顶推施工过程中最大150m悬臂状态下的受力要求。

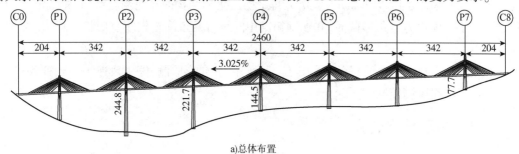

a) 总体布置

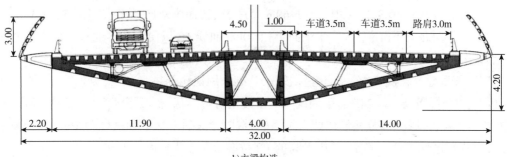

b) 主梁构造

图 3-12-1

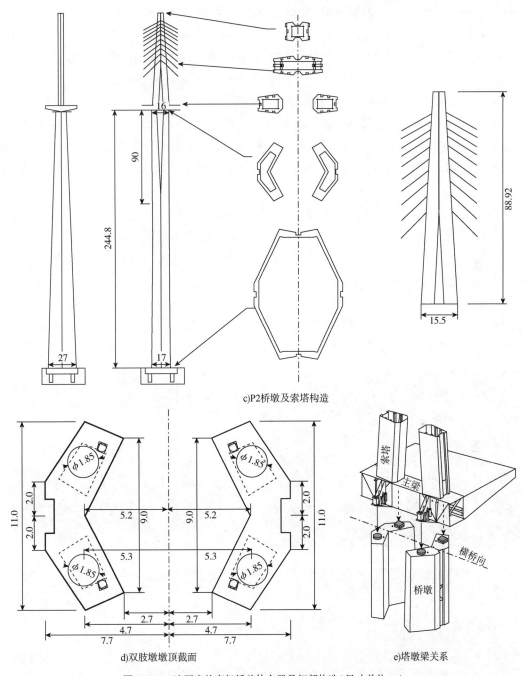

图 3-12-1 法国米约高架桥总体布置及细部构造(尺寸单位:m)

③采用梁高 4.2m 的三角形钢箱梁,梁高与跨径之比为 1/81.4,稍大于常规斜拉桥梁高与跨径之比在 1/300~1/100 的合理范围,在提供较大抗弯抗扭刚度的情况下尽可能减小风阻,满足顶推施工过程中的抗风性能要求。

④取消引桥,采用跨径较大的边跨,该桥边跨跨径 204m,边跨与其他跨跨径之比达 0.596,虽然在受力上不够合理,但取得了优雅协调的结构造型与艺术表现力,避免了采用中

小跨径引桥所带来的结构韵律上的突变,这一点是建筑师诺曼·福斯特特别坚持的。

(3) 施工方法

制约该桥施工的主要制约因素是山谷阵风,在顶推过程中,当钢箱梁尚未合龙、斜拉索支承约束尚未形成时,悬臂梁体在风力作用下会剧烈晃动,对顶推施工的影响较大,因此,在风速达到 19.4m/s 时必须停工。主要施工情况如下:

①桥墩施工:由于桥墩高、数量多,桥墩在设计时采用了统一的外形,以便于预制拼装,桥墩最大节段尺寸为 4m×17m、重约 120t,在拼装时采用自升式起重机逐节逐段吊装、借助于内侧限位模板及 GPS 精确定位,以纠正由风力或温度产生的微小偏差,并将竖向误差控制在 5mm 以内,如图 3-12-2a)所示。

②钢箱梁顶推:设置了 8 个临时墩并采取相应措施后,顶推最大悬臂长度仍达 150m,为此,采用了带塔顶推的施工方案,即在悬臂最前端,除按常规方法设置钢导梁以外,还利用 1 座永久性索塔、6 对斜拉索与主梁一起构成了稳定的三角形结构,以最大限度地减小悬臂弯矩与变形。顶推采用双向多点、同步控制的顶推法,由于桥墩很高,顶推产生的摩擦力必须在各个墩顶内取得平衡,因此在所有墩柱顶上都安装了两套自平衡的活动顶推轴承,以避免顶推使桥墩产生附加弯矩。顶推拼装节段长 16m,最大顶推总质量约为 36000t,顶推至下一个支点、完成 171m 的行程需要 5d 时间,合龙点在 P2 与 P3 墩之间,如图 3-12-2c)所示。

a)桥墩拼装施工

b)索塔安装

c)顶推施工过程

图 3-12-2 法国米约高架桥施工过程的几个关键片段

③索塔安装及后续施工:顶推合龙后,在桥面上铺设临时轨道以利于荷载的分散分布,采用两台拖车整体运输钢索塔,单个钢索塔重约 650t,运输至索塔位置后,利用汽车起重机、

临时支护塔架,将钢索塔倾斜起吊,向上反转,安装到位,然后布设、张拉斜拉索,按此方法逐一完成另外 5 个索塔的安装及斜拉索的张拉,如图 3-12-2b)所示。

(4)技术经济优势

历时近 10 年的设计,法国米约高架桥于 2001 年 10 月开工建设,经过 3 年 2 个月的施工,于 2004 年 12 月竣工,将跨越塔恩河谷的时间从 2h 缩短为 3min。法国米约高架桥创造性地将钢与混凝土两种不同物质优雅结合在一起,建构了轻盈简洁、与环境高度和谐、艺术表现力丰富的结构造型;同时,该桥受力合理、施工工法独特、材料用量节省,既是结构与艺术融为一体的杰作,又是顶推施工法的一个里程碑。

该桥主要材料用量为:总用钢量 53200t,其中,主梁 S355 钢 23500t、S460 钢 12500t,索塔 S355 钢 3200t、S460 钢 1400t;斜拉索 1500t;混凝土用量 75500m^3,钢筋 13100t,折合每平方米桥面用钢量为 701kg、混凝土用量为 0.96m^3。临时工程材料用量为:S355 钢 3200t、S460 钢 3200t;混凝土用量 7500m^3。总造价约 3 亿欧元。应该说,对于这样的跨径和桥下净高,这个材料用量、工程造价还是非常节省的。

12.4 工程创新扩散

法国米约高架桥的建成,很好地顺应了自然条件,创新了斜拉桥的施工方法,建构了结构艺术的新图景,堪称现代桥梁工程的精品之一。在法国米约高架桥建成以后,桥梁工程界更加注重结构造型的艺术表现力,桥梁工程的社会属性、艺术特质得到了各界的普遍认同,建筑师也成为工程师的好伙伴,在许多著名桥梁的设计中,都可以看到建筑师忙碌的身影。另一方面,顶推施工法作为一种快捷高效、顺应桥梁工业化大趋势的施工方法,在梁桥以外的其他桥型中得到了一定的应用,成为突破施工瓶颈的利器之一,如我国杭州九堡大桥,虽然结构形式采用拱梁组合体系,但采用顶推施工法同样取得了显著的社会经济效益。

法国米约高架桥的工程创新表明:工程创新就是在"可用解集、合理可用解集、优化解集"的空间中寻求最适宜于建设条件、最合理的可行方案,没有"对不对",只有"好不好、合适不合适";工程创新就是在积极面对社会需求拉动、面对市场竞争、面对经济尺度和能效尺度筛选的过程中,突破先前同类工程的局限,打破以往同类工程效率的壁垒,从而解决工程实践过程中实际困难的创造性活动;工程创新也是将历史人文、自然环境与工程实践有机融为一体,创造出新的审美价值的艺术活动。从这个角度来看,法国米约高架桥不仅解决了"能不能"的问题,也创造性地解决了"好不好"的问题,因而自其建成以来,一直广受社会各界的赞誉。

第13章 中国湖北武汉天兴洲长江大桥

中国湖北武汉天兴洲长江大桥主桥是一座主跨98m+196m+504m+196m+98m的公铁两用斜拉桥,主桥于2008年完成合龙,2009年建成通车,其所采用的三主桁三索面结构形式、五跨连续结构体系、大吨位阻尼约束体系等新结构新体系,以及正交异性板、混凝土组合桥面板与纵横梁桥面系混用的技术对策,破解了大跨径公铁两用桥梁建设的瓶颈,引领了大跨径高铁桥梁的建设。

13.1 技术背景

第二次世界大战以后,随着高速公路的兴起与发展,铁路建设在发达国家进入了一个相对平缓的发展阶段,新建铁路的需求萎缩、规模减小。受此需求影响,铁路桥梁的发展也受到了一定的制约,世界各国的大跨径铁路桥梁发展相对较为缓慢,结构形式以传统的梁式桥(钢桁架梁、预应力混凝土梁、钢筋混凝土梁)、拱桥(钢桁拱、钢筋混凝土拱)为主,以斜拉桥为代表的新结构、新材料的应用明显滞后于公路桥梁,这既与铁路建设需求不够旺盛直接相关,也与铁路桥梁活载大、刚度要求高等特点密切相关。

以我国为例,在进入21世纪之前,虽然铁路建设发展的需求一直非常迫切,但受经济社会发展的种种因素制约,铁路建设规模、建设速度相对缓慢,明显滞后于社会需求。以铁路桥梁为例,当跨径大于100~150m时,基本上以连续钢桁梁等传统结构形式为主,虽然也建成了以九江公铁两用长江大桥(主跨216m的三拱连续桁拱组合体系,1994年)为代表的一批大跨径铁路桥梁,但斜拉桥在铁路桥梁或公铁两用桥梁中应用很少,建成的仅有广西来宾红水河斜拉桥(主跨96m的混凝土斜拉桥,1980年)、京九铁路卫运河桥(主跨65m的斜拉式桁架桥,1996年)、芜湖长江大桥(主跨312m的部分斜拉桥,2000年)等。此外,我国香港虽然建成了青马大桥(主跨1377m的悬索桥,1997年)、汲水门大桥(主跨430m的钢箱斜拉桥,1997年)两座公铁两用大跨径桥梁,但由于其轨道交通为城市轻轨,活载较小[设计荷载为8节17t车辆或10节13.6t车辆,或两个相距1.5m的24t集中荷载,均布荷载集度约为20kN/m,仅为国际铁路联盟(UIC)标准或中-活载标准的25%~30%]、运行速度较低,与干线铁路、高速铁路对大跨径桥梁的要求还存在较大差异。在国外,虽然建成的大跨径铁路斜拉桥相对要多一些,如阿根廷Parana Buenos Airos桥(主跨330m,1977年),塞尔维亚Sava河桥(主跨254m,1979年)、日本柜石岛大桥、岩黑岛大桥(主跨均为420m,1988年)、丹麦—瑞典厄勒海峡大桥(主跨490m,2000年)等,这些铁路斜拉桥设计荷载差异较大,丹麦—瑞典厄勒海峡大桥、塞尔维亚Sava河桥为双线铁路桥,采用国际铁路联盟(UIC)标准,均布荷载集度为80kN/m,最大运行速度为160km/h;而日本柜石岛大桥、岩黑岛大桥搭载双线新干线铁路,均布荷载集度为38kN/m,运行速度为160~180km/h。总体来说,国内外在已建成的铁路或公铁两用斜拉桥中,设计荷载普遍较小、运营速度不高,对列车走行安全性与平稳性的要求并不算十分严苛。

大跨径铁路斜拉桥之所以发展比较缓慢,除了建设需求不旺盛、工程实践不活跃之外,很重要的一个原因还在于国际桥梁界对大跨径铁路斜拉桥的工程应用存在一些疑虑,概括起来,主要集中在以下两个方面。一是大跨径斜拉桥刚度较小,在活载作用下跨中竖向变形、梁端转角及横向振动响应较大,常常影响到列车走行安全性与列车走行平稳性,也很难满足司机、乘客舒适度指标的要求;二是大跨径铁路斜拉桥列车制动力较大,采用何种结构体系既能承受制动力作用,又会不过度约束温度等缓慢变形(对于混凝土斜拉桥,还有收缩徐变效应),从而避免产生过大的附加内力,使结构的纵向受力性能比较合理,使下部结构的设计施工比较容易实现。以上两个方面的问题,是铁路桥梁或公铁两用桥梁所独有的,在建设高速铁路或重载铁路桥梁时会变得更为突出,这也是当时很少修建高速铁路或重载铁路大跨径斜拉桥的主要原因之一。

另一方面,从20世纪60年代起,德国(联邦德国、民主德国)、法国、日本等发达国家开展了高速铁路的工程实践。所谓高速铁路,按照国际铁路联盟(UIC)的标准,是指新建线运营速度不小于250km/h、既有线改造运营速度不小于200km/h的铁路。高速铁路的兴起,对铁路桥梁的设计建造与管养提出了新的挑战和严苛的要求。作为高速铁路发源地的西欧,因需要跨越的大江大河、峡川深谷等自然障碍并不是很多,挑战并不是很严峻。因此,高铁桥梁中的大跨径桥梁数量比较少,以中等跨径($L=20$~150m)的梁式桥为主,预应力混凝土梁桥、钢板-混凝土组合梁桥、钢桁-混凝土组合梁桥钢桁梁桥、钢箱梁桥成为高铁桥梁的主力军。在这个过程中,西欧各国结合标准化设计、工业化建造的要求,对高铁桥梁的结构形式与施工方法进行了卓有成效的改进,发展丰富了体外预应力混凝土梁桥、钢-混凝土连续组合梁桥等,如主跨208m的联邦德国Nantenbach美因河铁路桥、主跨213.75m的委内瑞拉卡罗尼河二桥公铁两用连续组合梁桥。而在日本,围绕着本四联络线的建设、新干线的成网,则建造了一定数量的公铁两用斜拉桥和悬索桥,如大鸣门桥、南备赞濑户大桥、北备赞濑户大桥、下津井濑户大桥、柜石岛大桥、岩黑岛大桥等。总体来说,由于国内外高铁建设的需求不算太旺盛,因而高速铁路大跨径桥梁也没有取得大的突破。

进入21世纪,我国拉开了高速铁路建设的大幕。在当时,为回避社会各界对高速铁路技术路线的争论,高速铁路最初被称之为客运专线。我国幅员辽阔,建造高速铁路需要跨越的大江大河、峡川山谷数不胜数,在跨越一些自然障碍时必然要采用大跨径结构。能够胜任这一使命的桥梁形式有钢桁梁、钢桁拱等,但通航、地质、水文等条件不一定允许采用这些传统结构形式,在造价上也不见得合理。因此,迫切需要借鉴大跨径公路斜拉桥建设经验,发展大跨径高铁桥梁,满足我国高铁建设的需求。

13.2 方案构思

天兴洲长江大桥位于武汉长江二桥下游9.5km的天兴洲江段，是北京至广州高速铁路跨越长江的桥梁，同时是武汉市中环线的过江通道。天兴洲长江大桥桥位处于微弯分汊型河段，河势演变较复杂，河道中发育的天兴洲，将长江分为南北2个河道，南汊主河道宽约1.4km，北汊副河道宽约1.0km。长江两岸设有防洪大堤，堤内地形平坦，地貌为长江一级阶地。根据通航要求，南汊为主航道，需布置跨径500m以上的大跨径桥梁结构，北汊需布置跨径80m的桥梁结构。从减少拆迁量和用地、合理利用桥位资源的角度考虑，选择采用公路铁路两用桥方式。工程造价分析表明，南汊大跨桥梁公铁合建、北汊中小跨径桥梁分建为经济合理的方案。

对于主航道所需的500m以上的大跨径公铁两用桥梁，在当时的条件下，可能的桥型有四种，即钢桁拱桥、钢箱拱桥、连续钢桁梁桥和斜拉桥。对于钢桁拱桥、钢箱拱桥，虽然可以实现500m的跨越能力，但存在水平推力大、基础体量大、钢材用量高、经济指标欠佳等不足，且将基础设置在防洪要求很高的长江大堤内也是不合适的。连续钢桁梁桥虽然也可以达到500m的跨径，但由于存在数量众多的受压杆件，钢材材料性能难以得到充分发挥，导致其经济指标欠佳，在第二次世界大战以后逐渐退出了大跨径桥梁的工程应用，只是在一些特殊情况下偶有应用。根据当时国内外已建成的大跨径公铁两用斜拉桥如我国芜湖长江大桥、丹麦厄勒海峡大桥等，大跨径公路斜拉桥如日本多多罗大桥（主跨890m，1998年）、法国诺曼底大桥（主跨856m，1995年）等相关工程实践经验，斜拉桥无疑是最合理可行、满足建设条件的方案，要实现500m的跨越能力并不存在突出的障碍，关键是要满足高速铁路对大跨径斜拉桥的列车走行安全性与列车走行平稳性的严苛要求。北京至广州高铁设计速度为250km/h，具备运行300km/h的性能，高速铁路运营要求反映在结构形式、结构性能上主要是三个问题：一是斜拉桥要有足够的刚度，在活载作用下跨中竖向变形、梁端转角、横向振动等满足高铁运营要求；二是采用合理的结构体系，将制动力产生的附加内力与温度效应解耦，并设法削减振动响应；三是该桥为公铁合建桥梁，采用何种截面形式，满足6车道公路、4线铁路合理布置的需求，也是一个需要精心处理的问题。

面对这些问题，该桥设计方——中铁大桥勘测设计院集团有限公司以秦顺全为核心的设计团队，在借鉴国内外已有工程经验的基础上推陈出新，提出了钢桁梁斜拉桥方案。中铁大桥勘测设计院集团有限公司是我国成立最早、专业的桥梁设计单位，成立之初，便承担了武汉长江大桥的勘测设计工作，此后几十年里，完成勘测设计的大型桥梁近千座，其中包括南京长江大桥、九江长江大桥、芜湖长江大桥等长江大桥、黄河大桥100多座，跨海大桥20多座，拥有以汪菊潜、周履、邵克华、方秦汉、陈新、杨进、严国敏、林国雄、秦顺全、高宗余、徐恭义为代表的一大批善于创新的设计大师，在大跨径铁路桥梁、公铁两用桥梁、跨江越海桥梁设计方面积淀深厚,在大跨径桥梁结构体系、建桥材料、施工工法与装备研发等方面均有诸多创新和突破。

对于第一个问题,根据国内外大跨径公铁两用桥梁建设经验,采用钢桁梁作为主梁是一个顺理成章的选择。为减小活载作用下主梁的挠度和梁端转角,采取了增大桁梁高度,并将常规的两塔三跨斜拉桥向外延伸,形成五跨连续体系。经反复比选,确定了跨径布置为98m+196m+504m+196m+98m、边中跨比达到了0.58,采用桁高为15.2m、高跨比为1/33的五跨连续加劲桁梁。此外,为消除辅助墩支座的负反力,通过多方案的研究比较,结合公路桥面板结构形式的选择,采取了边跨混凝土桥面板、中跨正交异性桥面板的压重措施,既克服辅助墩产生负反力的局限,也避免了设置拉力支座所存在的拉索防腐和应力幅过高的问题,从而使结构在极端活载作用下的变形能够满足高铁运营要求。

对于第二个问题,按照铁路桥梁设计规范,桥上列车制动力为列车竖向静活载的10%,因此如何应对列车制动力产生的结构行为成为该桥设计的核心问题之一。处理这一问题的关键在于综合考虑温度、列车制动力、汽车制动力、列车摇摆力、静风荷载和地震作用等方面的不同要求来选择合理的塔梁连接方式,减小列车制动力和温度作用对索塔内力的影响,并有效削减结构振动响应。通常而言,大跨径斜拉桥可以采用调整结构刚度和增加结构阻尼两种措施来实现结构动力响应的控制,其中,塔梁间采用弹性拉索固然可以增大结构刚度、降低振动响应,但是会导致塔底弯矩增大。为此,该桥采取了增大结构阻尼的对策,即通过在塔梁之间设置黏滞阻尼器的方式来改善结构的受力性能,黏滞阻尼器在温度等缓慢变形作用下的阻尼力接近于零,在动荷载(制动力、地震荷载等)作用下,由于塔梁间相对变形速度较大,阻尼力也较大,从而将快速变形与缓慢变形产生的内力效应解耦,达到大幅度改善索塔、主梁纵向受力性能的目的。此外,结构阻尼增大后,动力响应自然而然的可以显著降低。一般情况下,阻尼装置出力的输出方程为 $F=CV^{\alpha}$(F 为阻尼力,C 为阻尼系数,V 为速度,α 为速度指数),经反复计算比选,综合考虑结构体系静动力性能及温度效应的影响,该桥选取阻尼系数 $C=10000$、速度指数 $\alpha=0.4$、阻尼器最大行程1.5m、最大阻尼力11000kN的液压阻尼装置,如图3-13-1所示。分析计算表明:阻尼约束体系对应的塔底弯矩为全漂浮体系的90%、纵向锁定体系的56%,梁端位移则为全漂浮体系的40%。

对于第三个问题,由于该桥需要承载6车道公路,这就意味着上层公路桥面宽度不能小于30m,当采用常规的两片主桁布置时,桁宽达30m,结构横向受力不太合理,在设计、制造和安装等方面均存在较大困难,因此,在两主桁中间增加一片主桁,并相应增加一个斜拉索索面无疑是一个合理的选择。采用相同的截面三片主桁布置后,不但将铁路横梁跨径减小至15m、横梁规格尺寸得以减小、主桁杆件最大杆力降至56000kN,而且增强了主桁断面的整体性。但随之而来的问题是施工时必须将三个索面斜拉索的恒载索力调整得基本一致,确保在活载作用下中桁与边桁大部分杆件的杆力相差不超过5%。

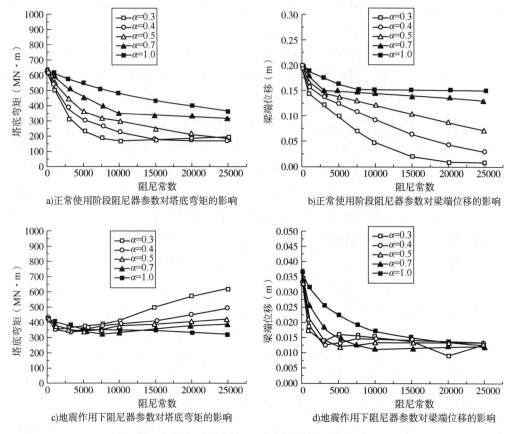

图 3-13-1　天兴洲大桥阻尼器参数对结构行为的影响

13.3　主要技术特点

(1)主要设计参数

公路正桥技术标准:按城市快速路标准设计,设计速度为80km/h;设计荷载等级为公路—Ⅰ级,双向6车道,每向行车道宽度3×3.75m,桥面宽度27m。

铁路正桥技术标准:4线铁路,其中上游侧Ⅰ、Ⅱ线为客运专线(高速铁路),设计荷载为ZK(均布荷载集度64kN/m,特种荷载为4×250kN),设计行车速度为250km/h;下游侧Ⅲ、Ⅳ线为Ⅰ级干线,设计荷载为中-活载(均布荷载集度80kN/m,特种荷载为4×250kN)。

主跨斜拉桥跨径布置:98m+196m+504m+196m+98m 的五跨连续体系。

主梁结构:主梁为板桁结合钢桁梁结构,N形桁架,桁宽30m,采用三主桁结构,桁高15.2m,节间长度14m,上层通行6线汽车、下层通行4线铁路。

桥面系:对于公路桥面,主桥中跨及边跨的756m长的范围内采用正交异性板与主桁结合的钢结构,两侧边跨各168m范围采用板厚32cm的混凝土板结构,混凝土板与主桁结合,以平衡活载作用下边墩及辅助墩的负反力;铁路桥面则采用纵横梁与混凝土道砟槽板结合体系。

索塔:采用钢筋混凝土结构,呈倒 Y 形,承台以上高度 188.5m。

斜拉索:每塔两侧各有 3×16 根斜拉索,全桥共有斜拉索 192 根,采用镀锌平行钢丝,最长索 271m,最大索力约 12500kN,公路桥面处索距 14m,三索面间相邻索面中心距 15m。

基础:采用大直径钻孔灌注群桩,桩径 3.4m。

加劲桁梁架设方法:该桥除临近索塔的桁梁节段采用杆件散拼的方式外,其他桁梁采用 700t 步履式专用起重机整节段吊装,以提高工效,确保工程质量。

湖北武汉天兴洲长江大桥概貌见插页彩图 37,总体布置、截面形式及桁梁吊装如图 3-13-2 所示。

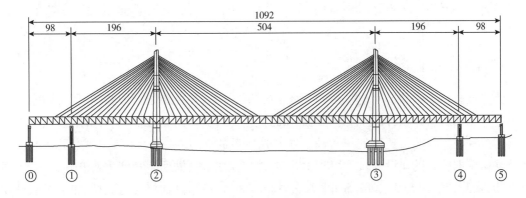

a)总体布置

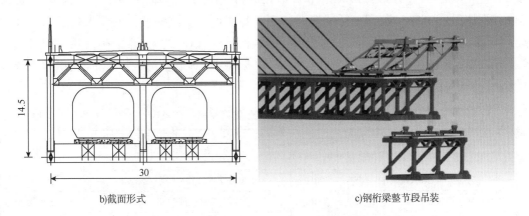

b)截面形式　　　　　　　　　c)钢桁梁整节段吊装

图 3-13-2　天兴洲长江大桥总体布置、截面形式及桁梁吊装(尺寸单位:m)

(2)技术经济与优势

2008 年 9 月,天兴洲长江大桥完成主桥合龙工程,成为当时世界上跨径最大、载重最重、运营速度最高的公铁两用斜拉桥。验收荷载试验表明:①在最不利活载作用下,实测主桥中跨跨中最大挠度为 523.2mm,挠跨比为 1/963,小于允许挠跨比 1/500 的限值,主桥结构具有足够的静力刚度。②设计活载作用下,所有杆件和桥面系部件的活载应力水平不高,最大应力为 53.7MPa,实测结构三片主桁弦杆轴力比较接近,表明活载作用下三主桁弦杆的受力较为均匀。③在行车试验中,桥梁横向振动频率为 0.2874Hz,大于计算频率 0.236Hz,横向频率满足《铁路桥梁检定规范》规定的要求;实测主桥桁梁振动最大加速度为 $1.34m/s^2$,5%超越概率的横向最大振幅推断值,对于中跨跨中为 2.27mm,对于次边跨跨中为 1.31mm,对于边跨跨中为 0.72mm,均小于《铁路桥梁检定规范》规定限值。④不同编组多种速度通过中跨跨中的列车最大的脱轨系数为 0.509,小于《铁道车辆动力学性能评定和试验鉴定规范》的规定限值,列车走行安全性良好。⑤不同编组多种速度行车下机车、货车的加速度实测值均满足《铁道车辆动力学性能评定和试验鉴定规范》(GB 5599—1985)的要求,列车走行平稳性优良。综上所述,根据车辆-桥梁-轨道系统动力学的全面系统检测评估,该桥动力性能良好,达到了普通货运铁路及高速铁路运营的要求。

该桥用钢量为 121500t(其中 Q370q-E 钢材 45800t),混凝土用量 88 万 m^3,总造价 34.24 亿元。

13.4 工程创新扩散

天兴洲长江大桥创造性地采用了五跨连续结构体系、三主桁三索面结构、大吨位阻尼约束体系等新结构新体系,确定了满足高速铁路运营的公铁两用斜拉桥的合理刚度指标,成为大跨径公铁两用斜拉桥建设的里程碑。在其建成后的 2010—2020 年的 10 年间,我国大跨径公铁两用斜拉桥的建设进入了快速发展期,建成铁路或公铁两用长江大桥 9 座、新开工建设 9 座;在跨越长江天堑之外,郑州黄河公铁两用大桥、昌赣高铁赣江特大桥、平潭海峡公铁两用大桥等多座跨江跨海钢桁梁斜拉桥相继建成,在跨越能力方面突破了千米大关,在运营速度方面达到了 350km/h,部分桥梁概况如表 3-13-1 所示。这些公铁两用大桥虽然设计荷载不同、结构参数各异、运营速度逐步提高,但结构体系、纵向约束方式、桥面系结构形式等都或多或少脱胎于湖北武汉天兴洲长江大桥,并有诸多因地制宜的改进和创新,引领了全世界大跨径高铁桥梁发展潮流。

我国若干座大跨径铁路或公铁两用斜拉桥概况　　表 3-13-1

序号	桥名	主跨跨径(m)	建成时间(年)	通行荷载	主梁形式
1	京广高铁郑州黄河大桥	168	2010	上层 6 车道公路+下层双线高铁	钢桁梁
2	重庆韩家沱长江大桥	432	2013	双线干线铁路	钢桁梁
3	江津粉房湾长江大桥	464	2014	上层 6 车道公路+下层双线轻轨	钢桁梁
4	黄冈公铁两用长江大桥	567	2014	上层 6 车道高速公路+下层双线干线铁路	钢桁梁
5	铜陵公铁两用长江大桥	630	2015	上层 6 车道公路+下层双线干线铁路	钢桁梁
6	重庆东水门大桥	445	2014	上层 4 车道公路+下层双线轻轨	钢桁梁
7	重庆千厮门大桥	312	2015		钢桁梁
8	湖北公安公铁两用长江大桥	518	2018	上层 4 车道公路+下层双线重载铁路	钢桁梁
9	昌赣高铁赣江特大桥*	300	2019	双线高速铁路	钢混组合梁
10	商合杭高铁裕溪河大桥*	324	2020	双线高速铁路	钢桁梁
11	平潭海峡公铁两用大桥	532	2020	上层 6 车道公路+下层双线干线铁路	钢桁组合梁

续上表

序号	桥　名	主跨跨径（m）	建成时间（年）	通 行 荷 载	主梁形式
12	蒙华铁路洞庭湖大桥	406	2020	双线重载货运铁路	钢箱-桁组合结构
13	芜湖长江三桥	588	2020	8车道公路、2线高铁、2线轻轨	钢箱-桁组合结构
14	沪苏通长江大桥	1092	2020	6车道公路、2线高铁、2线城际轨道	钢桁梁

注：＊为采用无砟轨道、运营速度350km/h的双线高速铁路斜拉桥。

天兴洲长江大桥的工程创新表明,随着社会需求的急剧扩张,工程创新呈现出厚积薄发、指数曲线式的加速态势;随着颠覆性创新的涌现,工程技术进步呈现出系统性的整体演化,在这个过程中,工程创新与工程传承之间的矛盾是工程演化的内部动力,推动着工程创新成果不断接受实践检验,并呈现出波浪式发展前进的规律。从这个角度来看,天兴洲长江大桥的工程创新很好地顺应了高速铁路运营对大跨径桥梁建设的要求,开启了大跨径公铁两用大桥建设的新时代,推动了大跨径高铁桥梁建设的快速演化。

第14章 西班牙兰迪海峡大桥扩建工程

西班牙兰迪海峡大桥(Rande Strait Bridge)是一座建成于1977年、主跨400.14m的双向4车道的组合梁斜拉桥,运营30年后,在不影响既有交通的情况下完成了大跨径斜拉桥的扩建,扩建工程完成于2010年。在扩建工程中,其所采用的拓宽方式和主梁构造形式构思巧妙、颇具特色,对今后大跨径桥梁的扩建具有普遍的示范意义。

14.1 技术背景

进入现代社会以来,交通流量呈现出快速增长的态势,在许多桥梁建设的前期研究与设计过程中,交通需求调查及增长趋势预测成为关键的一环。然而,很多时候真正的交通需求如何增长变化却很难全面把握。交通需求的分析及预测看似只是整个设计的一小部分,却是比较难把握的第一步,直接影响工程建设规模、结构形式及融资模式等。另一方面,桥梁建设特别是大跨径桥梁建设具有高度社会性和系统性,需要平衡当前需求与长远发展,也需要在功能规模与工程造价之间做出合理的取舍,当取舍不够恰当时,就会出现桥梁功能与发展需求不匹配的现象,通常表现为桥梁功能滞后于发展需求。因此,桥梁改扩建就成为发达国家基础设施的常见项目。在这其中,中小跨径桥梁的改扩建在技术上相对容易实现,而大跨径桥梁的改扩建具有工程规模大、影响因素多、技术复杂程度高等特点,远比新建桥梁更具挑战性。

对于大跨径桥梁而言,由于桥位的稀缺性以及两岸道路、岸线资源的约束,比较科学的做法是采取一次规划、分期建设的方式来应对近远期的不同需求,表现在工程实施上主要有三种方式。第一种是主要承重构件(基础、桥墩、索塔、缆索等)按最大荷载一次建设到位,视交通需求分期开通桥面,如著名的乔治·华盛顿桥1931年建成时只有上层桥面,在运营31年后,于1962年加装了下层桥面;又如葡萄牙里斯本塔古斯桥1966年建成时只开通了上层的公路交通,直到1998年才开通了下层的铁路。第二种是建设姊妹桥,即分期建设两座结构形式相同、跨径布置相近的桥梁,从桥梁审美的角度看,相邻的、同一桥式的两座桥,在形式上才会显得协调,在审美心理上会产生秩序感和韵律感,在视觉上会衍生出更丰富的造型景观。比较著名的姊妹桥如美国特拉华纪念大桥(Delaware Memorial Bridge),一座建于1951年,另一座建于1968年,两桥间距约76m,除桥长(3281,3291m)相差10m外,跨径(655m)、桥宽(18m)、桥下净空(53m)等均保持一致,结构形式均为传统的美式钢桁梁悬索桥(图3-14-1a);又如我国重庆石板坡长江大桥,新旧桥分别建成于1981年、2007年,两桥中心相距25m,上部结构净距5m,结构形式、跨径布置高度相似,只是为了航行安全,将新桥通航孔的主墩去掉了一个,主跨跨径从174m变成了330m(图3-14-1b)。第三种是借助于原有桥梁直接拓宽桥面、增加行车道,这种扩建方式的优势是工程规模小、工程造价低、保持了原有结构造型、能够有效提高通行能力,难点是对设计施工要求极高、对既有交通干扰大、对结构构造及施工方法要求很高。在西班牙兰迪海峡大桥扩建之前,国际桥梁界很少在大跨径桥梁扩建工程中采用这种方式。

a)美国特拉华纪念大桥

b)中国重庆石板坡长江大桥

图3-14-1 两座典型的姊妹桥概貌

14.2 方案构思

西班牙兰迪海峡大桥位于比格河口,是西班牙AP-9大西洋高速公路的控制工程和贯穿加利西亚南北地区的通道。西班牙兰迪海峡大桥由意大利著名工程师Fabrizio de Miranda设计,结构形式为双索面钢板组合梁斜拉桥,跨径布置为147.42m+400.14m+147.42m=694.98m,工程造价约为5000万美元,建成于1977年,一度保持组合梁斜拉桥跨径的世界纪录。该桥主梁采用宽23.46m、高2.40m的钢板组合梁,布设双向4车道,组合梁纵梁为工字钢双主梁,横梁采用钢桁架梁,间距5.27m,在其上安装0.25m厚的预制混凝土板;索塔采用H形混凝土塔,总高度118.60m,桥面以上高度77.50m,截面从塔底的9.00m×4.20m变化到塔顶的4.00m×4.20m;斜拉索采用扇形双索面布置,共布置拉索32对,梁上索间距10.53m。运营30年后,该桥交通量逐渐饱和,根据2006年的统计,该桥日均车流量已经达到47000车次,已经接近其设计通行能力的上限,交通拥堵状况非常普遍,当局于是决定扩建该桥,提高桥梁的运输能力。

对于西班牙兰迪海峡大桥的扩建,当局与相关设计咨询公司进行了系统深入的研究,从技术性、美观性和经济性等几个方面考虑,探讨了多种扩建方案。一种方案是修建姊妹桥,虽然可以有效增大运输能力,但存在工程规模大、造价高、工期长的问题,且增加的2条车道与原有的4车道在交通组织方面协调性不好,两座并行的斜拉桥容易产生拉索凌乱、索塔交错等视觉上的缺陷。另一种方案是利用现有索塔及主梁,增设2条车道,该方案具有工程规模小、造型美观、造价低、工期短的优势,但在结构上实现难度较大,拓宽施工与保持既有交通的冲突也比较突出。与此同时,对西班牙兰迪海峡大桥现状的检测分析表明:该桥整体状况良好,既有结构的承载能力足够,且索塔、基础的承载能力富余程度较大。于是,综合考虑工程造价、景观及既有交通保通的要求,由西班牙 MC2 Estudio de Ingeniería 公司提出的借助于既有斜拉桥、在原有主梁两侧新增两片主梁的技术路线就被确定下来了。扩建前后的西班牙兰迪海峡大桥概貌如插页彩图 38 所示。

MC2 Estudio de Ingeniería 公司是一所西班牙设计咨询公司,以钢结构、组合结构的设计见长,其设计作品轻巧、灵动、富有艺术想象力,在西班牙享有盛誉。技术路线确定之后,扩建设计的几个关键问题就显现出来了。第一,如何使扩建部分的恒载尽可能小,以免新增荷载超出既有索塔、基础承载能力富余度的上限,对此,设计采用了钢箱组合梁、钢索塔锚箱等构造,以最大限度地减轻结构自重。第二,新增主梁采用何种支承方式,以便既使得新增主梁受力比较合理,又不至于过多增加原有主梁的负担,同时不影响拓宽后斜拉桥的抗风性能,对此,设计采用了新设单索面、新旧主梁之间断续铰接的支承方式,通过简洁的构造形式构建了新增主梁的合理传力路径。第三,新设斜拉索如何在索塔上锚固,并避免对原有索塔改造过度,造成美观方面的缺憾,对此,设计采用了增设"Γ"形钢锚箱,并与原有索塔结合为一体,既满足了受力要求,又最大限度地保持了大桥的原貌。第四,如何避免新增锚箱、主梁、斜拉索的施工对既有交通的干扰,对此,专门设计了悬挂在既有主梁上、吊装新增钢箱梁的作业平台及机具,确保在扩建期间既有桥梁正常运营。该桥扩建拓宽的设计构思如图 3-14-2 所示。

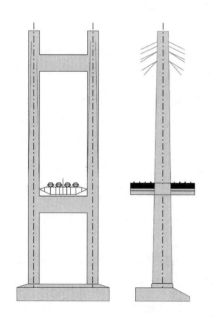 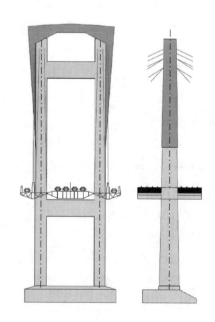

a) 原有结构与扩建结构

图 3-14-2

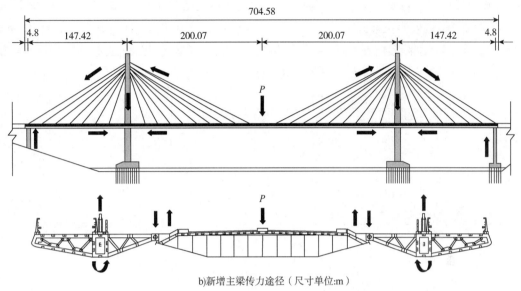

b)新增主梁传力途径（尺寸单位:m）

图 3-14-2 西班牙兰迪海峡大桥扩建拓宽的设计构思

14.3 设计施工要点

(1)设计要点

主梁拓宽:新增主梁为宽 7.32m、高 2.3m 的钢箱组合梁,其中,混凝土板厚 0.20~0.25m,钢箱梁采用三角形截面,由 5.35m 宽的车行道、0.47m 的防撞栏及 1.5m 宽的斜拉索锚固区构成,锚固区位于车行道的内侧。在纵桥向,斜拉索在梁上的支承间距与原桥保持一致,均为 10.53m,与此间距对应,在钢箱梁内侧伸出一个轻型钢桁架梁与原有主梁的横向桁梁铰接。这样,斜拉索与设置在原有主梁上的铰支点共同支承新增钢箱组合梁,在横桥向形成一个半悬臂结构,行车道布置在该悬臂结构上。新增主梁与原有主梁之间存在4.43m的镂空带,以确保扩建工程具有良好的抗风性能,可以满足 60m/s 临界风速的要求,如图 3-14-3a)所示。

索塔改造:在原有的混凝土 H 形索塔顶部,布设两个截面为 4.0m×4.0m 的"Γ"形钢锚箱,并采用钢系梁将两个钢锚箱连接成整体,在其上锚固 16 对斜拉索,采用以钢锚箱承压为主的方式将新增索力传递给原有的混凝土塔柱,如图 3-14-3b)所示。

其他:为保障扩建工程不影响该桥的抗风性能,针对主梁增设方式专门进行了风洞试验,风洞试验表明,拓宽后的斜拉桥抗风性能良好;扩建工程完工后,针对新旧结构的受力性能及变形协调性进行了专门的荷载试验。试验表明:该桥扩建所采用的结构构造形式对原有结构的受力性能影响不大,符合设计要求,新增主梁受力性能良好。

(2)施工要点

西班牙兰迪海峡大桥的施工要点:①采用化整为零、集零为整的方式安装钢锚箱;②对原有组合梁桁架横梁进行局部改造,布设缀板、耳板等铰接构造的组件;③吊装新增钢箱梁节段,同步张拉对应的斜拉索,安装与原主梁横梁相连的铰接支承,标准节段长21.06m、重95t,节段内布设两根斜拉索,其中,为避免扩建对既有桥梁运营产生影响,专门设计了吊装主梁的支架,该支架悬挂在既有主梁的下方,吊装施工不会对既有交通产生干扰,如图3-14-3c)所示;④混凝土桥面板安装等其他常规施工工作。

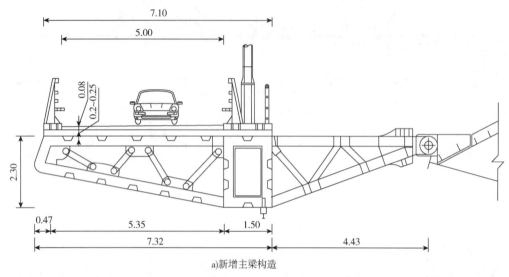

a)新增主梁构造

b)新增钢锚箱构造

c)安装新增主梁

图3-14-3 新增主梁、钢锚箱构造(尺寸单位:m)

(3)技术经济优势

兰迪大桥扩建工程主要材料用量为:结构钢6608t,钢筋276t,斜拉索849t,混凝土3337m³。该桥扩建工程工期14个月,在此期间,原桥的四车道一直正常运营。通过扩建,该桥通行能力提升了42%,而扩建工程造价为7270万欧元,在造价不高的情况下很好地解决了交通需求发展、扩建改造与既有桥梁运营之间的矛盾冲突。

14.4 工程创新价值

西班牙兰迪海峡大桥扩建工程所采用的拓宽方式、主梁构造形式、索塔改造方式构思巧妙,实施简便快捷,经济社会效益显著,在姊妹桥这种传统的大跨径桥梁扩建方式以外,创新了大跨径桥梁的拓宽方式,有效降低了桥梁改扩建所衍生的社会间接成本,是大跨径桥梁扩建拓宽的一次重要工程创新实践,具有普遍的示范意义。

西班牙兰迪海峡大桥扩建工程创新表明:工程创新的空间非常广阔,没有统一评的评价尺度,关键在于突破既有工程实践经验的束缚,因地制宜、因时制宜地提出创新构思,从而突破先前同类工程功能的局限、解决工程实践活动过程中的实际问题,只有这样,工程创新才能顺应工程实践的需求,才能不断地创造出新的工程价值。

第15章　中国四川雅西高速公路干海子大桥

四川雅西(雅安—西昌)高速公路干海子大桥位于8度地震区,建成于2012年,该桥处在S形曲线上,全长1811m、共36跨,墩高5~110m,相差极大,导致其地震行为非常复杂。为此,该桥采用了钢管混凝土桁架梁及钢管混凝土格构式桥墩复合桥墩,采用了抗震和隔震并用的防震对策,大幅度提高了该桥的防震性能,降低了工程造价,对于高烈度地区桥梁防震具有普遍的示范意义。

15.1　技术背景

桥梁是交通生命线工程的重要节点,同时也是地震灾害的薄弱环节,其破坏不仅会导致自身的经济损失,还会影响整个路网或区域的震后救援恢复,导致更大的间接经济损失。随着经济社会发展水平的提高,迫切需要突破传统抗震体系的局限,发展先进有效的桥梁防震体系,在一些在高烈度地震区尤为重要。在过去的40年间,人们从历次震害中逐渐认识到传统抗震体系的局限与不足,兴起了结构隔震、减震技术的研究与工程实践。隔震技术是过去40年来地震工程最重要创新成果,主要适用于中小跨径简支梁及连续梁桥,常用的隔震装置主要有叠层橡胶支座、摩擦摆支座、高阻尼橡胶支座等,具有构造简单、耗能能力强、施工维护方便等特点。从我国工程实践结果来看,在地震基本烈度7度情况下,隔震桥梁造价较传统桥梁高2%~4%,而在地震基本烈度8度、9度及以上的情况下,隔震桥梁相对于抗震桥梁,造价降幅高达10%~40%。因而,在面对地震烈度存在极大不确定性的情况下,桥梁隔震体系不仅更为安全合理,而且更为经济有效。

然而,在设计隔震桥梁时还常常会遇到一些困难或冲突。对此,需要把握隔震体系的本质,辩证分析抗震与隔震技术路线的差异,根据具体情况综合分析应对。概括起来,隔震桥梁设计时可能的技术难点主要有四个方面:一是如何正确选择隔震体系,兼顾正常使用阶段桥梁结构必要的刚度与罕遇地震作用下桥梁结构水平刚度足够小的矛盾,以满足两类极限状态对结构刚度的不同需求;二是隔震桥梁在罕遇地震作用下变柔了,地震内力减小了,但变形增大了,如何在内力与变形的矛盾中取得平衡,实现隔震结构体系与细部构造的优化匹配,以避免帽梁、伸缩缝、隔震构造措施的设计困难;三是对位于高烈度地区的非规则桥梁、墩高差异较大的桥梁、曲线梁等特殊桥梁,需要结合具体问题,将隔震、减震与抗震几种策略结合起来,形成相互支撑而不是非此即彼的防震体系;四是当墩高较大时,为抵抗温度、车辆制动力、收缩徐变等纵向作用力产生的附加内力,传统的钢筋混凝土桥墩的截面往往较大,导致墩柱自身的质量较大,地震惯性力亦较大,有些时候甚至会成为控制结构设计的因素之一。

15.2　方案构思

四川雅西高速公路由四川盆地边缘向横断山区高原爬升,跨越青衣江、大渡河、安宁河等水系和12条地震断裂带,穿越地质灾害频发的深山峡谷地区,全线桥隧比高达55%,地形条件险峻,地质结构复杂,建设条件艰苦,安全运营难度极大,是国内外公认的工程难度极大的山区高速公路之一。其中,干海子大桥是雅西高速公路五大控制性工程之一。该桥位于雅安市石棉县境内的拖乌山下、安宁河断裂带上,地震动反应谱特征周期为0.45s,对应地震基本烈度为8度,50年10%超越概率峰值加速度0.362g,50年2%超越概率峰值加速度0.715g。为满足桥梁所处地形条件及两侧隧道建设的要求,桥梁位于S形曲线上,最小曲线半径为356m,最大曲线半径1130m,最大纵坡为4%,受地形影响,最高桥墩与最矮桥墩高度相差超过了100m。该桥设计的控制因素是控制非规则桥梁的地震响应,经反复比选,该桥采用了44.5m、62.5m两种主要跨径,共布置为36跨,全桥长1811m。为形成动力特性好、抗地震能力强、正常使用阶段变形协调性好的结构体系,该桥设计时还需合理进行桥跨分联,以最大限度地削减墩高差异产生的地震响应差异。

面对这样的建设条件,如何选择恰当合理的防震对策,无疑是设计最关键的问题。在现有的防震对策中,抗震、隔震技术都具有一定的可行性,均存在一定的局限性。对于本桥墩高差异极大、曲线半径较小的情况,单纯采用抗震技术或隔震技术很难应对建设条件的挑战,需要在现有结构体系的抗震、隔震技术基础上有所突破。如果采用预应力混凝土梁或钢-混凝土组合梁,并采取隔震措施,梁体的加速度反应可以削减下来,但钢筋混凝土高墩自身的地震惯性力也会使墩底弯矩大增,从而导致高墩设计比较困难;如果采用钢桥墩、钢梁,梁体及桥墩的地震响应可以大幅度减少,但钢桥墩水平刚度较小,难以抵御车辆制动力及温度效应,难以满足正常使用阶段的要求,在地震荷载作用下也会产生过大的墩顶变形、容易产生落梁等严重震害,且用钢量较大,造价由此会大幅度上升。另一方面,过大的墩高差异导致地震作用力在桥墩中的分配非常复杂,不同防震对策存在相互冲突之处,防震需求与正常使用要求也存在矛盾之处。对此,设计单位四川省公路规划勘察设计研究院在总结国内外工程经验的基础上,从防震的基本原理出发,多管齐下,采取了采用轻质高强的结构材料、设置墩顶隔震措施、增强桥墩抗震延性的综合对策来综合应对高烈度区非规则桥梁的挑战。

首先,从结构材料上入手,开发了钢管混凝土桁式桥墩、钢管混凝土组合桥墩、钢管混凝土桁架梁等轻型桁架结构,以大幅度降低上下部结构的质量,从而有效减小地震惯性力,如图3-15-1所示。所谓钢管混凝土桁式桥墩,是由竖向主钢管和横向支钢管组成,在竖向主钢管内灌注混凝土形成桁架式桥墩,与钢筋混凝土桥墩相比,钢管混凝土桁式桥墩具有自重轻、承载能力大、整体刚度高、结构延性好、抗震性能优异等特点,既解决了高烈度地震区桥墩设计与建造的困难,又能大幅度减小材料用量。所谓钢管混凝土组合桥墩,是指用强度等级不高于C30、厚度为40cm的钢筋混凝土腹板代替桁式桥墩的横向支钢管,以增大桥墩正常使用阶段的水平刚度,在罕遇地震作用下作为可牺牲性构件,开裂后桥墩刚度大幅度降低,以满足罕遇地震作用下的变形需求。所谓钢管混凝土桁架梁,是由钢管混凝土桁式主梁、混凝土桥面板,以及布设在钢管混凝土内的无黏结预应力束组成的桁式主梁。与预应力混凝土梁相比,钢管混凝土桁架梁虽然用钢量有所增大,但自重减小了30%~40%;与钢箱梁相比,钢管混凝土桁架梁的用钢量大幅度降低,竖向刚度提高了2倍以上。采用上述钢管混凝土轻型结构后,相对于传统的预应力混凝土连续梁桥,钢管混凝土的轻型桁架结构将混凝土总用量从14万 m³ 降低到5万 m³,节省了 2/3 的混凝土用量、1/5 钢材,减少桩基数量近一半,技术经济优势非常显著。

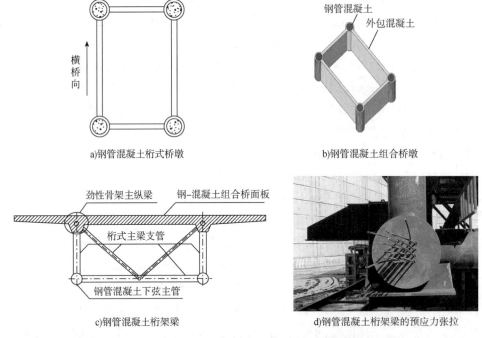

图 3-15-1 钢管混凝土桥墩及钢管混凝土桁架梁的构造

其次,根据墩高选用刚度适宜的桥墩结构,桥墩形式有钢筋混凝土双柱式桥墩、钢管混凝土格构式桥墩、钢管混凝土组合桥墩三种。其中,钢管混凝土桥墩、钢管混凝土组合桥墩在钢管与混凝土不脱空的情况下属延性材料,耗能能力接近于钢桥墩,但刚度却是钢桥墩的 2~3 倍,因而可以根据地震荷载作用下的变形需求灵活选取,在增强桥墩延性抗震能力的同时,兼顾正常使用阶段的刚度要求;钢管与混凝土脱空后刚度、延性均有一定程度的降低,但仍优于钢筋混凝土桥墩,如图 3-15-2 所示。在实践中,为确保钢管与混凝土密切结合,采用在钢管内灌注 C60 钢纤维微膨胀混凝土的措施,以补偿混凝土的收缩变形。在选择桥墩材料与结构形式的基础上,根据抗震性能最优的原则,将整座桥分成长短不一的三联,联长分别为 486.3m、1045.1m、279.6m,目标是每联内梁体的刚度及动力特性比较协调,每个桥墩都能够合理地分担地震作用,同时达到同一种破坏控制方式。

最后,对于钢管混凝土连续桁架梁桥,优化墩梁支承方式,墩梁之间有固接、铰接、滑动、有限位移等4种联结支承方式,以充分利用高墩的柔性来降低地震响应,并开发了专门的有限位移阻尼支座,降低梁体传递给桥墩的地震力,力求在地震作用下各个桥墩都能同时达到期望的破坏控制状态，从而改善结构的整体地震响应。

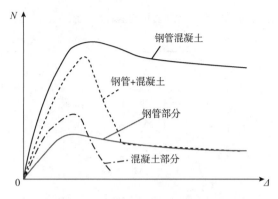

图 3-15-2　钢管混凝土荷载-变形曲线

采用上述结构形式及相应对策后，该桥在设计罕遇地震作用下，最大墩顶位移为1.052m，钢管混凝土墩柱的最大墩底弯矩仅为1585kN·m，结构基本上处于弹性状态，这说明轻型结构形式的选用、连续方式及联长选取、三种桥墩形式的组合、墩梁支承方式的优化，对于减小地震响应、改善结构防震性能起到了关键的作用。

15.3　主要技术特点

(1) 主要设计参数

线形：平面线形为曲线，第一联曲率半径为356m，第二联和第三联曲率半径均为1130m，桥面最大横、纵坡坡度分别为7%、4%，最大超高为7%。

跨径布置：全桥分3联36跨设计，第一联共11跨，跨径布置40.7m+9×44.5m+40.7m=486.3m；第二联共19跨，跨径布置45.1m+3×44.5m+11×62.5m+3×44.5m+45.1m=1045.1m；第三联共6跨，跨径布置45.1m+4×44.5m+45.1m=279.6m，全长1811m，该桥概貌见插页彩图39，总体布置及主梁一般构造分别如图3-15-3a)、b)所示。

截面形式：主梁采用钢管混凝土桁梁连续梁，双向四车道，设计速度为80km/h，分左、右两幅，桁架梁梁高4.4m，节间间距为4.4m，桥面宽度（含防护栏）为24.5m，由顶板、腹杆和下弦杆组成三角形空间桁架结构（图3-15-3b)，左右幅通过设在支点、跨中的横向系梁连接；顶板为厚度20cm的C50无黏结预应力混凝土结构，腹杆节点处横向设置高40cm的预应力钢筋混凝土肋；腹杆采用$\phi 406 \times 14$mm钢管，下弦杆采用$\phi 813 \times 22$mm钢管，内填C60钢纤维微膨胀混凝土，下弦杆间设置钢管桁架系梁，全桥钢管均用Q345钢材。

桥墩及细部构造：该桥桥墩及细部构造主要特点体现以下三个方面。

①该桥最高桥墩高110m，最低仅5m，为增大结构抗推刚度、取得联内协调一致的受力行为，采用了墩梁固结、墩梁支承等多种方式，第一联4~7号、第二联15~26号共11个桥墩与主梁直接固接连接（图3-15-3c)；第一联2号、3号、8号、9号、11~14号、27~30号共12个桥墩设置YLXZ高阻尼特殊橡胶支座，有条件地释放纵向自由度；其他13个墩顶设置常规盆式橡胶支座。采用上述支承方式后，最不利地震作用下典型桥墩受力状况如表3-15-1所

示,能够使各个桥墩承受的水平力比较一致,都能同时达到期望的破坏控制状态。

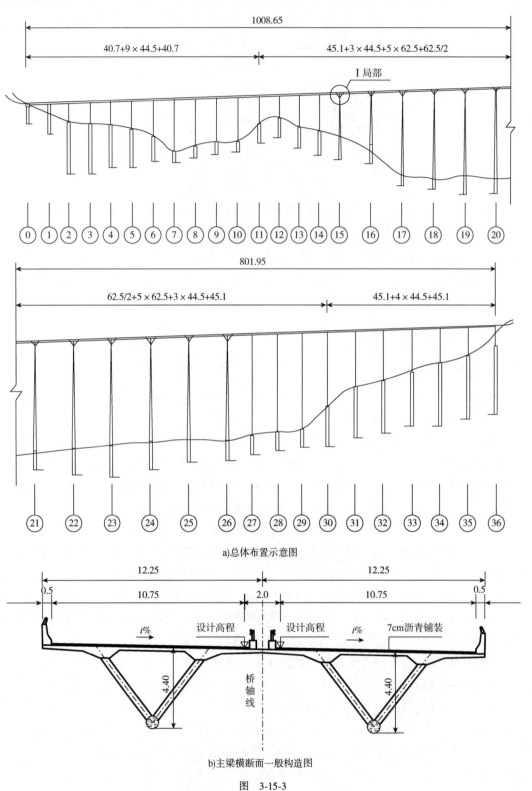

a)总体布置示意图

b)主梁横断面一般构造图

图 3-15-3

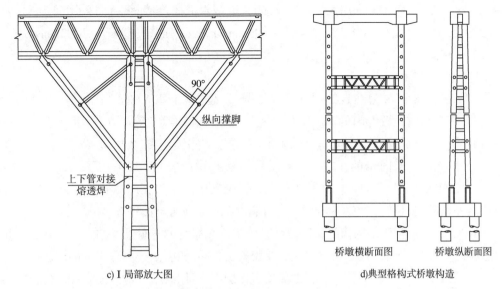

c) I 局部放大图　　　　　　　　d) 典型格构式桥墩构造

图 3-15-3　四川雅西高速公路干海子大桥总体布置及主梁、桥墩一般构造示意图（尺寸单位：m）

最不利地震作用下典型桥墩受力状况　　　　　　　　　　表 3-15-1

桥墩编号	支座约束	支座受力			支座位移	
	弹簧刚度 K_x （kN/m）	竖向力 F_z （kN）	顺桥向力 F_x （kN）	横桥向力 F_y （kN）	最大纵向位移 Δx（cm）	最大转角 R_y （°）
2	2400	7594.7	355.9	199.7	14.8	0.0231
3	2400	7514.9	294.5	199.7	12.2	0.0229
8	2400	7610.6	335.2	233.4	13.9	0.0235
9	2400	7580.9	356.2	181.0	14.8	0.0231
11（交界墩）	1000	3071.5	270.3	199.9	27.0	0.0076
12	2400	8516.5	604.3	336.0	25.1	0.0010
13	2400	7702.3	511.6	616.7	21.0	0.0065
14	2400	6849.2	376.7	259.0	15.6	0.0158
27	2400	6847.5	261.5	293.6	10.2	0.0252
28	2400	7649.0	324.6	328.0	13.9	0.0135
29	2400	8441.8	413.4	366.5	17.1	0.0117
30（交界墩）	1000	2983.0	228.4	299.5	22.7	0.0107

②桥墩选型原则：墩高在 5～20m 时选用双柱式钢筋混凝土墩；墩高在 20～70m 时选用钢管混凝土格构式桥墩；墩高大于 90m 时，选用钢管混凝土组合桥墩。因此，除第 3 联 6 跨均为低墩、采用钢筋混凝土双柱式桥墩之外，其余两联均存在多种桥墩构造形式。

③桥墩构造：钢管混凝土格构桥墩柱肢纵向坡度为 1∶50，桥墩柱肢采用 4 根 φ813（720）×(12～16)mm 钢管混凝土，每个钢管混凝土柱下设置一根直径为 180cm 的桩基础，钢管混凝土柱与桩基间设置高为 300cm 的钢筋混凝土矩形框架承台，形成受力整体；墩顶柱肢截面尺

寸为 1.3m×12.25m，横桥向采用间距为 10m 的 4 道钢管横撑连接，纵桥向采用间距为 2m 的平缀管连接，横撑弦管及平缀管尺寸均为 $\phi 406mm×10mm$，横撑腹杆采用 $\phi 203mm×8mm$ 钢管。典型格构式桥墩构造如图 3-15-3d) 所示。

支座类型及布置方式如下：

①2 号、3 号、8 号、9 号、11~14 号、27~30 号桥墩支座采用 YLXZ 高阻尼特殊结构橡胶支座，该支座在纵向设置专门的橡胶限位装置，在温度、收缩徐变等活在作用下，主梁可在纵向自由移动，容许限值为±50mm，超过该限值后，橡胶支座锁定主梁，桥墩参与承受水平力。

②在其余墩梁未固接的 13 跨的墩顶采用盆式橡胶支座，共采用了 GPZ(Ⅱ)5DX、GPZ(Ⅱ)12.5DX、GPZ(Ⅱ)12.5GD 等 3 种盆式橡胶支座。主梁支座布置除限制其竖向和横向位移之外，还限制扭转约束及横向弯曲，两端边界处纵向可自由伸缩，不受约束。

③YLXZ 高阻尼特殊结构橡胶支座是针对该桥特殊的受力需求开发的。在正常运营状态下，其竖向、横向、纵向传力机理与普通叠层橡胶支座相同，能够很好地适应上部构造转角和位移，水平荷载由支座的摩擦力控制。在地震荷载作用下，采用有限抗弯剪能力（20%竖向荷载）的螺栓连接，当剪力超过螺栓抗剪能力后，下导向块剪切破坏，支座产生剪切变形，此时支座发挥隔震作用，水平荷载为橡胶的阻尼荷载；当支座位移超出设计最大位移时，支座顶板将与挡块产生刚性接触并形成约束，水平荷载直接从梁体传递给桥墩，桥墩参与受力。

(2) 施工方法

由于该桥所在地环境条件恶劣，地形起伏、纵坡大，平面上由多个曲线梁组成，最小曲线半径仅为 356m，导致其施工难度较大。如采用预应力混凝土梁桥常用的节段拼装法或逐跨施工法，则需要多个空中作业平台，导致工期较长、临时材料用量较大。经反复比选，考虑到该桥跨径仅为 40.7~62.5m，且主梁为钢管混凝土桁架梁，最终借鉴钢桥的施工方法，选取了拖拉架设法。该桥主要施工工序如下。

①依据地形，选取了 2 个总拼组装平台，根据拖拉需求平整场地，在其上组拼钢管桁架。

②铺设滑道，敷设拖拉牵引动力装置、导梁等，测定静摩阻系数和动力摩阻系数，计算出各工况支点反力，确定水平拖拉的力大小。

③拖拉施工，为适应 S 形曲线，将 2~3 跨组成一段拖拉，就位再形成长联，并同步监测桁梁的高程、挠度、轴线位移、应力等，监测墩顶水平变形。

④合龙就位后，拆除导梁，精确调整桁梁位置高程，进行体系转换，安装永久性支座。

⑤浇筑钢管桁架梁的混凝土，施工桥面板，形成钢管混凝土桁架梁结构。

(3) 主要材料用量

该桥主要材料用量为：总用钢量 17078t，混凝土总用量为 52908m³，其中，钢管混凝土桁梁用钢 5638t、普通钢筋及预应力钢筋 4412t；混凝土用量 17419m³。折合每平方米桥面用钢量为 226.5kg、混凝土用量为 0.481m³。相对于该桥复杂严苛的建设条件，这个材料用量是非常节省的。

15.4 工程创新扩散

雅西高速公路干海子大桥的设计施工,是从防震基本原理出发,在采用轻质高强结构材料的基础上,将抗震、隔震两种不同技术对策结合起来,将建桥材料、结构形式、施工方法融合在一起,刚柔相济,在增强桥墩防震能力的同时,兼顾正常使用阶段的刚度要求,成为应对极端建设条件挑战的成功范例,并由此开创了高烈度地震区运用钢管混凝土结构防震的新途径。雅西高速公路干海子大桥建成以来,在高烈度山区桥梁建设中,我国桥梁建设者又采用钢管混凝土桁架梁桥、钢管混凝土组合桥墩等新结构、新材料建成了四川汶川克枯大桥、凉山金阳河大桥等,这些桥梁所处区域地震设防烈度高、建设条件恶劣、设计建造难度大。钢管混凝土结构的应用,不仅破解了桥梁建设的难题、减少了对环境的影响,而且取得了显著的社会经济效益。

雅西高速公路干海子大桥的工程创新揭示:工程创新具有明显的当时当地性,具有突出的集成性、系统性和复杂性,承载着价值的提升创造,而工程实践检验、社会市场筛选无疑是工程创新最关键的促进力量,在这个进程中,并不存在预定的、唯一的路径。从这个角度来看,将抗震、隔震两种不同技术路线结合起来,形成相互支撑的技术体系来应对极端建设条件的挑战,这一点对于工程创新无疑具有方法论层面的启迪价值。

第16章 美国奥克兰海湾大桥东桥

美国奥克兰海湾大桥东桥(San Francisco-Oakland Bay Bridge New East Span)是一座主跨385m的独塔自锚式悬索桥,建成于2012年,其所采用剪力键作为可牺牲构件,开创了大跨径缆索承重桥梁防震的新途径,发展了大跨径缆索承重桥梁的减震理论与结构构造,创新了桥梁防震的理念,对于高烈度地区桥梁防震具有普遍的示范意义。

16.1 技术背景

从已有工程实践及历次震害调查来看,相对于中小跨径梁桥和拱桥,大跨径缆索承重桥梁震害相对较轻,产生不可修复的震害相对较少。然而,由于大跨径缆索承重桥梁在交通网络中的重要性,以及震害修复的复杂性,人们一直非常重视缆索承重桥梁的防震性能,对新的防震对策探索也从未停歇。目前,对于位于高烈度地震区的大跨径斜拉桥和悬索桥,因其结构自身刚度较小、自振周期较长,一般多通过增设阻尼器或耗能构件等措施来增大结构附加阻尼,从而耗散地震能量,减小地震响应及变形量值。必要时,还可以结合结构的功能要求,设置可牺牲构件或改变结构体系,以保证在罕遇地震作用下基本结构体系的完整,从而便于震后修复、快速恢复交通。从工程实践结果来看,各种类型、不同目标的桥梁减震技术研究较为活跃,发展较为迅速,应用较为广泛。进入21世纪,全世界已建成的大跨径减震桥梁也有数百座之多,归结起来,桥梁减震技术主要有两大类,一类是在墩塔梁相对变位较大的部位设置各种类型的阻尼器,另一类是设置各种防屈曲支撑或金属阻尼器,以提高地震作用下耗能能力。但是,设置可牺牲构件、改变结构体系的工程实践则非常少见。

16.2 方案构思

美国奥克兰海湾大桥位于旧金山与奥克兰之间,跨越旧金山海湾,全长13.2km,大桥被海湾中间的Yerba Buena岛分为东桥和西桥。其中,西桥主桥为两座主跨704.3m的两塔三跨共用锚碇悬索桥,东桥主桥为跨径154.8m+426.7m+154.8m的悬臂桁架梁桥。引桥为简支桁架梁桥。该桥建成于1936年,建成时被誉为当代"最伟大的成就"。

1989年发生的、震中距桥位约100km的Loma Prieta 6.9级地震,导致美国奥克兰海湾大桥严重受损、局部坍塌。有关方面对美国奥克兰海湾大桥进行全面检测,评估结果表明:西桥悬索桥局部受损,震害可以修复;东桥发生震害较为严重,加固改造代价较高,且修复之后的桥梁可靠性是不确定的。基于此,当局对西桥加固修复重点是增强索塔抗剪能力和横向变形能力,主要措施包括增大索塔截面、采用高强螺栓替换铆钉、加厚索塔钢板、增加主缆索夹卡箍、增设96个阻尼器等,加固修复是在不中断交通的情况下进行的,共耗费钢材7100t,总造价约3亿美元,于2004年完工。对于东桥,由于很难在不影响交通的情况下实施加固改造,当局最终决定废弃旧桥,改变桥位,另外建造一座设防标准较高、防震性能更可靠的新桥,这就是奥克兰海湾大桥东桥新建项目。

当局最终选择由林同棪国际工程公司(T.Y.Lin International)承担该桥的设计工作,主要目标要求是:①新建东桥按照罕遇地震后仍能提供"生命线服务"进行设计,结构破坏不应超过可修复性的极限。所谓可修复性破坏,就是维修风险最小的一种破坏。对于上部结构和塔柱而言,将破坏局限在桥墩和塔柱的剪力连接失效,可承受不影响桥梁运营的有限变形。该桥地震风险主要来自Hayward断层和San Andreas断层,Hayward断层位于桥位以东14km、能产生里氏7.5级震级,San Andreas断层位于桥位以西25km处,能产生里氏8.1级震级。②新建东桥应具备不低于原桥的通航能力,通航净宽不小于380m,结构形式必须与相邻的奥克兰海湾大桥西桥、金门大桥协调,但索塔不能高于西桥。③提供10个车道、自行车道和人行道,满足每天高达30万辆汽车的通行能力,但为保障大桥使用者具有良好的过桥体验,不能做成双层桥面。根据上述要求,设计方提出了两种方案,一种是斜拉桥方案,另一种是独塔自锚式悬索桥方案。

当局对东桥的建设非常重视,当地民众对东桥建设的参与度也很高。最终,出于交通、美观等多方面的需求,考虑到与旧金山海湾地区既有的两座悬索桥的协调,并根据湾区居民的投票意愿(当地民众甚至为了选用造价较高的独塔悬索桥,愿意在未来多支付总计2.3亿美元的通行费),采用了塔高160m、主跨385m的独塔自锚式悬索桥方案,完美地展现了结构功能与艺术表现力的统一。但是,这一方案也带来了新的技术挑战,主要体现在相对于门式塔,独柱塔是非冗余结构、抗震性能较差,在地震作用下如果形成塑性铰,结构就会成为几何可变体系,因此,独柱塔一般不允许用于高烈度地震区。那么,在临近两个地震断裂带、高烈度地震频发的建设条件下,如何破解结构造型与结构抗震性能之间的矛盾呢?

对此,设计者邓文中等人大胆构思、推陈出新,在比较了门式塔、四主缆悬索桥、三独柱塔、三主缆悬索桥等多个方案后,从景观要求出发,将门式塔的横梁间距缩短(收窄),形成独柱塔,在塔柱外形上满足民众及当局的要求;从抗震性能出发,在塔柱之间设置足够多的短横梁,以提高塔柱的冗余度。进一步的,为提高独柱塔的抗震性能,设计者将独柱塔一分为四,形成格构式塔柱,并在四个塔柱之间设置了很多短横梁,以增强塔柱的抗震性能。在此基础上,设计者将这些短横梁进一步演化凝练,提出了"剪力键"的概念。所谓剪力键,是指采用低屈服钢材制造的可牺牲构件,在地震作用下率先屈服,形成塑性铰,以便于有效耗散地震能量输入(图3-16-1)。于是,独柱塔的结构造型与结构抗震性能之间的矛盾便得以基本解决,为方便震后更换,剪力键与塔柱之间采用高强螺栓连接。另一方面,由于该桥交通需求为10车道公路及双侧人行道、自行车道,桥面宽度达50m,采用分离式箱梁是一个比较合理的方案,而将收窄后的独柱塔置于分离式箱梁的中间就成为一个自然而然的选择(图 3-16-2)。

设计构思确定后,设计方进行了大量的试验研究与仿真分析来检验完善独柱塔的防震性能。试验表明,剪力键具有足够的承载能力与延性,能够实现预定的破坏模式。分析表明,在设防地震烈度作用下,剪力键逐次屈服,形成多个塑性铰,索塔刚度大幅度降低。在塔顶横向变形超过 5m 的情况下,剪力键仍具有足够的变形储备与耗能能力,可以确保四个塔柱始终保持在弹性受力阶段,如图 3-16-3 所示。根据试验研究与仿真分析结果,最终确定的截面形式由四个五边形塔柱、十字撑及剪力键构成(图 3-16-4),在其间共布设 120 根剪力键。这样便形成了景观要求与抗震性能俱佳的独柱塔、分离式箱梁、空间缆索自锚式悬索桥的方案。

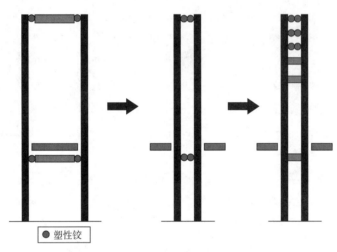

图 3-16-1 门式塔、独柱塔的塑性铰分布

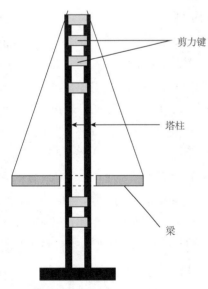

图 3-16-2 独柱塔、剪力键与加劲梁关系

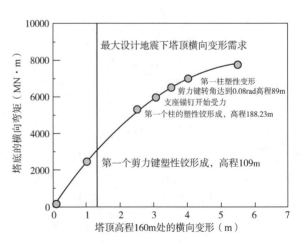

图 3-16-3 塔柱受力弹塑性分析结果

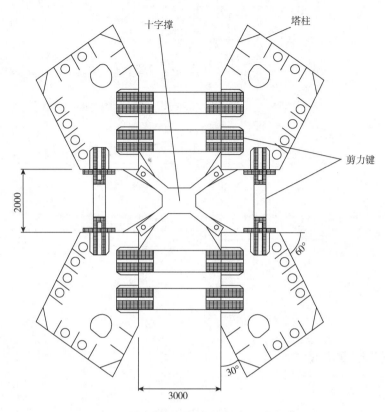

图 3-16-4　塔柱截面及剪力键布置(尺寸单位:mm)

自锚式悬索桥是一种比较古老的结构体系,具有造型优美、跨径布置灵活、地形地质适应性强等优点,非常适合美国奥克兰海湾大桥东桥的建设条件,但由于刚度偏小、造价偏高、施工复杂等原因,在 20 世纪 90 年代以前工程实践陷于停顿状态。东桥桥址处地质状况较差,海床下沙土覆盖深度超过 100m,只有靠近 Yerba Buena 小岛沙土厚度较浅,于是将索塔位置确定在近岛处。这样,就意味着两跨是不对称的,综合考虑通航要求,最终确定的跨径布置为 180m+385m(图 3-16-5)。解决了索塔抗震性能、跨径布置这些关键问题之后,还有一些技术问题需要完善,如自锚式悬索桥的加劲梁截面形式、锚跨构造、施工方法等,但这些问题对于以邓文中领衔的设计团队来说并不具有挑战性。邓文中是享誉国际的桥梁设计大师,从 20 世纪 60 年代起就承担了许多大桥的设计咨询工作,参与了联邦德国杜塞尔多夫科尼桥(Knie Bridge,主跨 319m 的独塔斜拉桥)、加拿大的安纳西斯桥等著名桥梁的施工图设计,对结构性能、结构艺术、工程创新具有深邃的洞察力;2000 年后,邓文中业务重心转移到中国,设计了重庆菜园坝长江大桥、重庆石板坡长江大桥复线桥、天津海河大沽桥等一大批影响深远的桥梁,推动了我国桥梁建设水平迈上新台阶。对于美国奥克兰海湾大桥东桥而言,结构体系、防震性能、艺术表现力等问题解决之后,概念设计于 2001 年基本完成,随后进入了比较缓慢的施工图设计阶段。

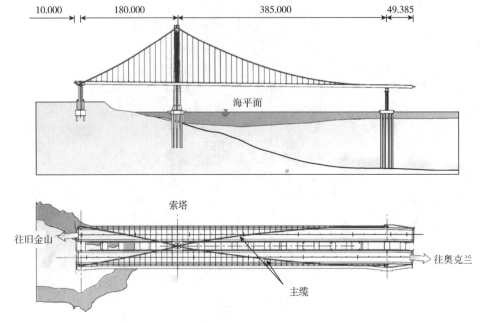

图 3-16-5 奥克兰海湾大桥东桥主桥总体布置(尺寸单位:m)

16.3 主要技术特点

(1)主要设计参数

跨径布置:主桥为跨径180m+385m的独塔自锚式悬索桥,引桥由跨径140m、分幅布置的预应力混凝土连续梁组成。

基础:采用钻孔灌注桩,其中主塔基础由13根直径2.5m的钻孔灌注桩组成。

索塔:采用栓焊钢塔,结构高度为148m,质量约1.3万t,塔身由4根不等边5面体塔柱和120根剪力键组成。

加劲梁:钢箱梁由分离式双箱和连接横梁组成,典型箱梁宽28m,高5.5m,栓焊结构,箱梁总重约为3万t。

主缆:采用17400丝、每丝直径5.4mm高强钢丝,直径为0.78m,破断力为700000kN。

其他:主跨加劲梁向边跨外伸49.385m,以借助于引桥压重,减小主缆锚固处(E2墩)的支座负反力。

该桥东桥的总体布置、索塔及加劲梁截面形式见图3-16-6,总体概貌见插页彩图40。

(2)技术经济优势

美国奥克兰海湾大桥东桥作为"生命线"结构,按照罕遇地震后仍然能正常通行的目的进行设计,提出了设置可牺牲构件、允许结构构件发生塑性变形的设计理念,使得该桥的防震性能得以全面提升。同时,该桥所选取的独塔自锚式悬索桥完美地兼顾了结构艺术表现力与结构防震性能,促进了自锚式悬索桥的复兴,成为旧金山市的新地标。东桥(含引桥)总造价约12.5亿美元,通过全球招标配置施工资源,其中,主桥索塔及加劲梁用钢量约为4.5万t,

全部在中国上海振华重工(集团)股份有限公司加工制造,组拼成大节段后航运至旧金山架设。

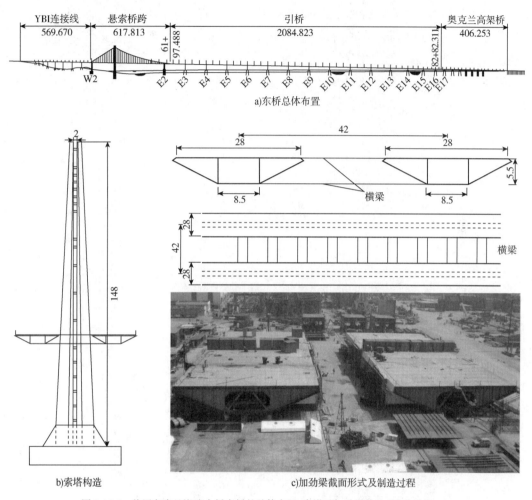

图3-16-6 美国奥克兰海湾大桥东桥的总体布置、索塔及加劲梁构造(尺寸单位:m)

16.4 工程创新扩散

由于种种原因,美国奥克兰海湾大桥东桥的施工进展缓慢,直到2012年才建成。该桥设计者不仅提出了悬索桥防震的新途径,也推动了自锚式悬索桥的复兴,在奥克兰海湾大桥东桥设计成果公开之后,人们发现了自锚式悬索桥的经济技术优势和艺术表现力,全世界掀起了一股自锚式悬索桥建设的高潮。仅在中国,2000年以来建成的自锚式悬索桥就多达数十座,其中包括杭州江东大桥、广州猎德大桥、郑州桃花峪大桥等地标性桥梁,这些桥梁跨径多在100~400m之间,并因地制宜地在结构造型、缆索布置、加劲梁形式上进行了诸多改进。另一方面,美国奥克兰海湾大桥东桥所提出的设置可牺牲构件的设计理念,则成为应对高烈度地震区桥梁防震设计的有力工具,前文所介绍的四川雅西高速公路干海子大桥所采用的钢管混凝土组合桥墩就是一个比较典型的例子。

美国奥克兰海湾大桥东桥的工程创新表明：工程理念虽然是一种理想的观念，是工程实践主体对事物客观本质认识的高度抽象和浓缩升华，在工程实践活动中虽然看不见摸不着，却是工程大师对客观世界最深刻的洞察和凝练，成为工程师们抓住主要矛盾、认识世界、改造世界最有力的思想武器。在该桥设计中，邓文中等人提出剪力键，并将其作为可牺牲构件的理念，不仅克服了高烈度地震区独柱塔的设计难题，而且取得了优雅的结构造型，达到了结构体系、防震性能、艺术表现力的完美统一。

第17章 中国江苏泰州长江大桥

中国江苏泰州长江大桥是一座主跨 2×1080m 的三塔两主跨悬索桥,建成于2012年,其所采用的"人"字形的半刚性索塔,既具有适当的可挠曲性,又具有足够的抗弯刚度,破解了国际桥梁界对多塔悬索桥受力行为的疑虑,开创了解决多塔悬索桥中塔刚度、主缆滑移问题的新途径,影响了后续多座多塔悬索桥的建设。

17.1 技术背景

与常规悬索桥相比,多塔悬索桥虽然都是以缆索为承重结构的桥梁,但因为多了一个中塔和一个主跨,结构受力特征显然不同,最突出的问题是各跨之间的变形相互影响,结构体系刚度明显小于常规悬索桥。近现代以来,在一些跨海桥梁工程中,有时因地形、地质及水深情况的约束,需要修建大跨径多塔悬索桥,一些设计大师对此也进行了有益的探索。早在20世纪30年代,在美国奥克兰海湾大桥西桥的建设中,设计大师查尔斯·亨利·伯塞尔(Charles Henry Purcell)就研究过多塔悬索桥的可行性,提出了 393m+1035m+1035m+393m 的三塔悬索桥方案,探索了多种增大系统刚度的措施:如将主跨垂跨比由 1/9 减小到 1/12,将加劲桁梁的抗弯刚度提高 2.1 倍,将索塔抗弯刚度增加 2.75 倍,边中跨比由 0.5 降至 0.38,加劲梁和缆索系统的自重增加 54%,等等。尽管采取了这些措施,在最有利的情况下,三塔悬索桥方案的挠度还是比双塔双联悬索桥方案的挠度大两倍以上,加劲梁最大挠度达 6.1m,用钢量也增加了约 2.7 倍,因此建设方排除了三塔悬索桥方案,采用了共用锚碇的串联悬索桥。从受力本质上来说,串联悬索桥与常规悬索桥相比并无大的差异。此后几十年里,多塔悬索桥的理论研究与工程实践陷入停顿状态。

另一方面,20世纪60年代以后,随着斜拉桥的兴起,在水深较大、水面宽阔的河流或海湾区域,需要多个大跨结构跨越时,多跨斜拉桥无疑也是一个合理可行的选择,在多个跨越江海项目设计方案的国际竞标中,都不乏多跨斜拉桥的方案。而多塔悬索桥由于其受力行为比较复杂,各跨之间相互影响较大,索塔、主缆的结构行为相互制约,中塔两侧主缆轴力差值较大,可能导致主缆与鞍座产生相对滑移,直到 2000 年前后,国际桥梁界对多塔悬索桥结构行为普遍存在疑虑,多数人认为多塔悬索桥是一种不合理、需慎用的结构体系,多塔悬索桥也很少出现在国内外桥梁设计竞标方案中。

然而,由于多塔悬索桥具有主缆用钢量节省、锚碇规模小等优势,在增加一个索塔后,主缆、锚碇基础的材料用量明显小于同等加劲梁长度的常规悬索桥,跨径越大、节省幅度越大,节省率一般都在 50% 左右,并可以显著改善悬索桥的抗风性能,在跨越宽阔的江面、河口及海湾时,具有相当突出的经济技术优势。如果能够提出解决多塔悬索桥中塔刚度、主缆滑移问题的合理途径,无疑会推动多塔悬索桥的建设。

17.2 方案构思

泰州长江大桥位于江苏省境内的长江下游段,桥位距上游已建成的润扬长江大桥66km,距下游已建成的江阴长江大桥57km。桥址处江面开阔,两岸大堤相距2.5km,水面宽度约2.1km,河床断面呈W形,江中心段水深约17m,相对较浅,左右侧航道水深分别约20m、30m,左右主槽有一定程度的摆动演变;地质情况为冲积土层、土质松软,基岩埋深超过190m。该桥临近泰州港,进出港口的船舶数量众多、航运繁忙,主通航孔通航要求为760m×50m,副通航孔通航要求为220m×24m。

根据上述情况,可行的方案只有斜拉桥与悬索桥。对于悬索桥方案,必须将锚碇设置在大堤之外,以避免巨大的锚碇对航运、行洪产生影响,这就意味着应采用主跨1400m左右的双塔三跨悬索桥,利用主跨及较大的边跨来满足主副航道的通航要求;或采用主跨1000m左右的三塔两主跨悬索桥,充分顺应河床水文情况,满足通航要求;或采用主跨1000m左右的斜拉桥方案,虽然可满足航运要求,但是对岸线开发有一定影响。

基于这一情况,设计方提出了三个方案,分别是跨径1430m的两塔三跨悬索桥、2×1080m的三塔两主跨悬索桥以及主跨980m的斜拉桥。该桥设计方为中铁大桥勘测设计院集团有限公司、江苏省交通规划设计院与同济大学建筑设计研究院(集团)有限公司的联合体,其中,主导设计工作的中铁大桥勘测设计院集团有限公司是我国成立最早的、专业的桥梁设计勘察单位,完成勘测设计的大型桥梁近千座,其中包括我国第一座现代悬索桥——汕头海湾大桥,拥有一批善于创新的设计大师,在大跨径桥梁结构体系等方面均有诸多创新,另外两个设计单位也实力非常雄厚,这种强强联合的项目设计实体,为该桥工程创新提供了可能。应该说,在该桥初步设计阶段,以杨进、韩大章为核心的设计团队就能够推陈出新地提出三塔两主跨悬索桥方案,既非常大胆新颖,也非常具有前瞻性。

在以上三个方案中,738m+1430m+738m的双塔悬索桥方案跨越能力强、结构实施性较好、通航适应性佳,但在江中有两个较大的主墩基础,对水流影响较大,船舶撞击概率亦较大,其加劲梁为三跨连续结构,长度达2606m,是三个方案中最长的。此外,为保障锚碇置于两岸大堤以外且具有一定安全距离,边中跨比例达0.516,结构受力不理想,导致工程规模较大、工期相对较长、工程造价较高。2×1080m的三塔两主跨悬索桥主墩将长江一分为二,提供了宽阔的上下行航道,对通航十分有利,虽在江中心设置了体量较大的主墩,但水工模型试验研究表明,该方案对长江水流和河势的影响最小。此外,该方案跨越能力强、结构实施性较好、通航适应性佳,船舶能够顺畅地进出锚地,对两岸的岸线开发利用非常有利,加劲梁长度为2160m,主缆材料用量及总造价明显低于主跨1430m的双塔三跨悬索桥,工期也较短。主跨980m的双塔斜拉桥,虽然设计施工技术比较成熟,施工风险较小,但在江中心深水处有2个体量较大的主墩,航道边缘距主墩较近,船舶碰撞风险较大,且斜拉桥方案除主墩外,尚有较多的辅助墩、过渡墩和引桥墩,深水基础较多,对河床断面压缩较大,对水流河势有一定的影响,不利于行洪和防撞,也不利于岸线资源的开发。经综合比选,最终采用了2×

1080m 的三塔两主跨悬索桥方案。

采用三塔两主跨悬索桥后,较好地顺应了该桥建设条件及通航需求,但却带来了一系列技术难题,需要通过模型试验、理论分析逐一克服解决,这些问题主要包括以下四个方面。

①中塔塔型及刚度选择。对于三塔悬索桥而言,中塔受力行为与常规两塔悬索桥的索塔存在较大区别,在任何情况下,均要保证主缆在中塔鞍座间不发生相对滑移,否则会造成整个体系的破坏。然而中塔两侧均受主缆柔性约束,在非对称活载作用下,若中塔刚度较小、挠曲性较好,中塔顶两侧主缆不平衡水平力较小,主缆的抗滑移安全容易保证,但加载跨主缆垂度及加劲梁挠跨比较大,行车舒适性不易保证;若中塔刚度大,加劲梁的挠跨比易于满足要求,但中塔顶主缆不平衡水平力大,可能会因主缆与鞍槽间的摩擦力不足而造成滑移。根据国内外已有的研究和试验资料统计,鞍槽与主缆间摩擦系数一般在 0.15~0.20 之间。设计过程中进行了主缆与主鞍座间抗滑移试验,根据试验结果并参照国内外相关资料,三塔悬索桥主缆与鞍槽间摩擦系数可取 0.20,抗滑移安全系数不小于 2.0。根据以上分析,中塔在顺桥向的合理刚度,应是既具有适当的可挠曲性,又具有足够的抗弯刚度。为此,对中塔塔型及合理刚度进行了广泛的分析比选,对中塔塔型(A 形塔、I 形塔和人字形塔)、材料(钢、混凝土、钢-混凝土混合)、截面尺寸、人字形中塔的塔底纵向分叉宽度及分叉高度等进行了系统全面的分析,最终确定了人字形钢中塔的设计参数。

②中边塔高度选择。中塔高度是三塔悬索桥的重要设计参数,不仅与结构的受力、位移息息相关,同时也关系到全桥景观效果,需要结合受力、景观、工程造价等因素综合考虑。设计中对三塔等高、中塔加高边塔同步降低,以及降低边塔高度等技术路线进行了详细研究。分析结果表明,随着中塔高度增大,主缆丝股的抗滑安全系数有所增大,但加劲梁的活载挠度、塔顶纵向位移也随之增大;单纯降低边塔的高度,对结构各主要构件内力和变形影响不大;在三塔等高的基础上加高中塔、降低边塔,则加劲梁挠度有所增加。因此,需控制中塔与边塔的高度差值,经多方面比较,最终选取了中塔高于边塔 20m 的方案。

③主缆垂跨比选择。主缆垂跨比是总体设计的重要参数,对结构刚度、工程数量等具有决定性影响,需结合结构刚度、恒载效应、工程造价等因素综合选择。双塔悬索桥主缆垂跨比一般在 1/11~1/9 之间。对三塔悬索桥,主缆垂跨比的影响程度如何,垂跨比取值多少合适,需根据分析结果比选。分析结果表明:随主缆垂跨比的减小,主缆抗滑安全系数有所增加,主缆垂跨比由 1/9 减小到 1/13,主缆恒、活载拉力增加接近50%,但主缆抗滑安全系数仅增大 20%。由此可见,随主缆垂跨比减小,对中塔、加劲梁控制截面应力的影响不大,抗滑移安全系数有一定程度的增大,但主缆恒活载拉力增长幅度较大,这会造成包括主缆、主塔、锚碇工程数量的大幅度增加。综合全桥静动力分析比选,为减少工程数量,主缆垂跨比采用 1/9。

④支承体系研究。根据加劲梁与主塔之间的竖向连接方式对主塔、主缆、加劲梁、支座的影响程度分析,最终选用加劲梁在中塔处不设竖向刚性约束、但设竖向限位挡块的支承方式,并通过上下游竖向挡块的联合作用,使加劲梁的扭转振动得到一定程度的约束,从而减小风荷载作用下扭转振动的振幅。此外,针对加劲梁与中塔之间的纵向连接方式研究表明:加劲梁与中塔之间设置纵向约束,可以提高主缆与主鞍座的抗滑移安全系数,

减小加劲梁的挠度,改善中塔受力,有效减小加劲梁的纵向活载位移;与刚性约束相比,弹性索约束时结构的有利效应相当,且在构造上相对简单,最终选用在加劲梁与中塔设置纵向拉索弹性约束。此外,设计还对主跨跨中是否设中央扣及设多对中央扣进行了研究比较,结果表明:中跨跨中中央扣的设置难度较大。如仅设置一对中央扣,中央扣扣索的倾角难以选取,如倾角较小、扣索受力很大,到了无法实施的地步;如倾角较大,则对总体行为的改善几乎不起作用。设三对中央扣对结构总体行为有一定的改善,但扣索拉力较大、吊索有卸载现象,吊索和扣索存在比较严重的疲劳问题,经比选后,推荐了不设置中央扣的方案。

17.3 主要技术特点

(1) 主要设计参数

跨径布置:主缆跨径 390m+1080m+1080m+390m,总体布置见图 3-17-1;设计荷载等级为公路—Ⅰ级,桥面净宽33m,设计速度 100km/h,按双向 6 车道高速公路标准建设,设计使用年限为 100 年。通航净空:主航道,760m×50m;副航道,220m×24m。主塔墩船舶撞击力:横桥向,116MN;顺桥向,58MN。

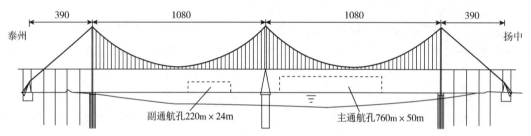

图 3-17-1　泰州长江大桥总体布置(尺寸单位:m)

主缆:主缆横向中心距为 35.8m,垂跨比 1/9,采用预制平行钢丝索股,每根主缆由 169 股索股组成,每根索股由 91 丝直径为 5.2mm 的镀锌高强钢丝组成,无应力索股长度为 3100m、重 47t,主缆总重约 16000t,钢丝极限抗拉强度为 1670MPa,主缆钢丝与鞍槽之间摩擦系数 $\mu=0.2$。

加劲梁:横断面为单箱三室钢箱梁,梁高 3.5m,全宽 39.10m,标准节段长 16.0m,采用全焊方式。在加劲梁与中塔相交处设竖向限位挡块和纵向拉索弹性约束,全桥连续布置,在跨中不设中央扣,加劲梁全长 2160m,总重 33600t。

索塔:边塔采用混凝土塔柱,柱顶高程 180.0m,柱底高程 8.30m,塔柱高 171.7m。中塔塔身采用钢结构,纵向呈人字形,塔顶高程 200.0m,柱底高程 8.50m,塔柱高 191.5m。中塔塔柱在纵桥向自上而下分为三个区段:上部直线段、交点附近的曲线过渡段及下部斜腿段。塔柱两斜腿中心交点以上塔柱高 122.0m,交点以下塔柱高 69.5m,斜腿段倾斜度为 1:4;塔柱在横桥向为门式框架,共设置两道横梁,自塔顶至塔底为等宽 5.0m,如图 3-17-2、图 3-17-3 所示。中塔钢结构采用了 40~60mm 厚的 Q370qD 和 Q420qD 的钢板,共分为 21 个节段,节段间采用高强度螺栓连接。

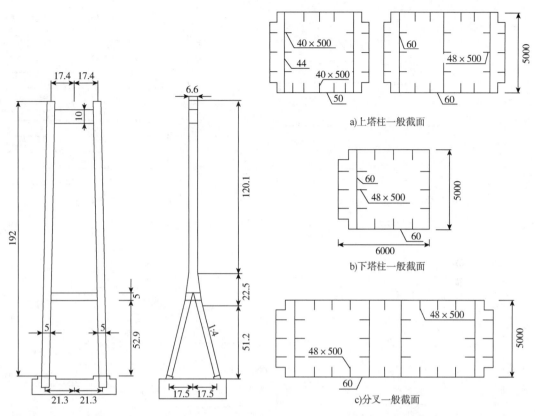

图 3-17-2 人字形中塔塔柱总体构造(尺寸单位:m)   图 3-17-3 人字形中塔截面(尺寸单位:mm)

锚碇:采用重力式锚碇,南、北锚碇沉井的平面尺寸分别为 67.9m×52m×41m、67.9m×52m×57m。

基础:边塔采用群桩基础,单桩直径为 2.8m,共 46 根,南塔桩长 98m,北塔桩长 103m,按摩擦桩设计。中塔采用沉井基础,圆角矩形截面,沉井标准节段平面尺寸为 44m×58m,深 76m,承台厚 6m。

(2) 主要技术创新

泰州长江大桥采用人字形中塔,开创了解决多塔悬索桥中塔刚度、主缆滑移问题的新途径。计算结果表明,该桥最大竖向挠度 4.17m,挠跨比为 1/259,满足《公路悬索桥设计规范(2002 年报批稿)》规定的最大允许挠跨比限值。中塔采用纵向人字形、横向门式框架的结构形式,既具有恰当的可挠曲性,又具有足够的抗弯刚度。其中,塔底分叉点高度、塔底纵向张开量对索塔纵向抗推刚度影响较大,经反复计算比较(图 3-17-4、图 3-17-5),最终确定分叉点位置为承台以上 69.5m,两斜腿纵向张开距离为 34.75m,由此得出的中塔整体刚度为 27.24MN/m,塔柱分叉点处弯矩为 1650MN·m,塔底弯矩为 260MN·m,不仅受力合理,而且使得塔底锚固构造得以简化、易于实施。正是这些设计参数的反复优化,确保了该桥刚度适宜、性能优良,打消了工程界长期以来对多塔悬索桥刚度不足的疑虑。

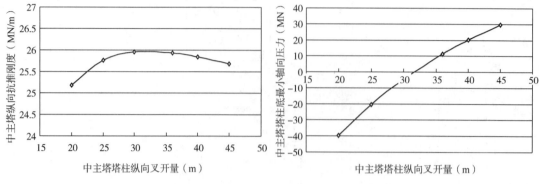

图 3-17-4 塔柱纵向叉开量与纵向抗推刚度及塔底最小轴力的关系

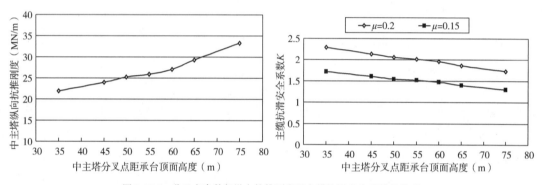

图 3-17-5 分叉点参数与纵向抗推刚度及主缆抗滑安全系数的关系

17.4 工程创新扩散

泰州长江大桥于2012年建成,总用钢量94510t,混凝土43万 m^3,全桥总造价为30.3亿元,折合每平方米桥面造价2.96万元(约为同等地质条件下主跨1400m单跨悬索桥综合单价的75%),在技术经济指标比较优越的情况下,成功解决了多塔悬索桥中塔刚度、主缆滑移问题,虽然该桥最大竖向挠跨比较大,基本满足《公路悬索桥设计规范(2002年报批稿)》规定的最大允许挠跨比限值(不大于1/300~1/250)的要求,但却拉开了多塔悬索桥建设发展的序幕,影响了后续多座多塔悬索桥的建设。在泰州长江大桥之后,多塔悬索桥已成为大跨长桥的一种可供选择的结构形式,工程实践活动逐步活跃,在跨越河口、海口的长大桥梁设计方案中常常出现,目前,已经建成的多塔悬索桥有安徽马鞍山长江大桥、武汉鹦鹉洲长江大桥、温州瓯江北口大桥、襄阳凤雏大桥、韩国天使大桥(Cheonsa Bridge)5座,正在施工中的智利查考大桥(Chacao Bridge)等几座桥梁也为多塔悬索桥,虽然在解决中塔刚度及主缆抗滑移问题时,技术路线、索塔结构形式、材料及细部构造有所不同,但不可否认的是,这些桥梁的最终实施方案都深受泰州长江大桥的影响。

泰州长江大桥的工程创新,显现了多塔悬索桥在跨越宽阔的江面、河口及海湾时所具有的技术经济优势;揭示了工程创新机制即社会需求推动、科学技术支撑、自然与社会筛选、技术自我进化、工程大师点化等五个方面是相辅相成、缺一不可的;阐明了工程创新就是要打破以往同类工程能力的壁垒,解决工程实践活动中的实际问题,提升工程的社会效益、经济效益和能效水平,将以往人们观念当中的不可能性转化为现实的工程。从这个角度来看,江苏泰州长江大桥的工程创新,不仅消除了国际桥梁界对多塔悬索桥设计建造的疑虑,而且对传统领域的工程创新具有普遍的启迪意义。

第18章　中国云桂铁路南盘江铁路大桥

中国云桂铁路南盘江特大桥是一座主跨416m上承式钢筋混凝土拱桥,是国家铁路网中"八纵八横"的快速客运通道——云桂铁路的控制性工程,也是世界跨径最大的客货共线铁路混凝土拱桥,建成于2016年,其所采用的拱上建筑形式、劲性骨架施工方法,拓展了钢筋混凝土拱桥的应用范围,引领了大跨径铁路拱桥的建设。

18.1　技术背景

进入21世纪以来,随着我国铁路,特别是高速铁路建设高潮的兴起,大跨径铁路桥梁的建设进入了新阶段。与公路桥梁不同,大跨径铁路桥梁,特别是高铁桥梁设计关键在于取得合理的刚度,保证在温度、风、徐变、运营列车荷载的作用下,结构变形、振动满足运营安全性与行车舒适性要求。在跨径100~300m的情况下,连续梁拱、连续刚构拱、部分斜拉桥(或索辅梁桥)成为铁路桥梁的主要形式;在跨径大于300m的情况下,钢桁梁斜拉桥成为铁路桥梁的主要形式,其他桥型在跨越能力、刚度方面很难满足要求。然而,在跨越宽阔陡峭的V形山谷、需要修建跨径300~400m的桥梁时,受地形影响,难以布设铁路斜拉桥相对较长的边跨,以满足增大刚度、控制削减加劲梁端转角的要求,导致斜拉桥不太适用,迫切需要拓展传统桥型如拱桥的适用性。另一方面,不同于高速铁路客运专线(设计荷载为ZK,均布荷载集度64kN/m)或城际铁路(设计荷载为ZC标准,均布荷载集度48kN/m),客货共线铁路桥梁设计活载较大(设计荷载为ZKH,均布荷载集度85kN/m),对桥梁承载能力、刚度及长期性能的要求高,这就需要充分发挥混凝土拱桥承载能力大、刚度大的优势,并根据铁路桥梁的运营要求对传统的拱桥结构形式、施工方法进行改进,使拱桥在跨径400m情况下仍葆有竞争力。

拱桥是一种承载能力大、结构刚度优的结构形式,在200~300m的铁路桥梁中有一定竞争优势,国内外已建成的代表性大跨径铁路或公铁两用钢拱桥有:德国费曼恩海峡桥(主跨248.5的钢箱提篮拱,1963年)、中国南京大胜关长江大桥(主跨336m的钢桁拱,2011年)、中国南广高铁广东肇庆西江大桥(主跨450m的钢箱提篮拱,2013年)等。然而,由于受压构件的局部稳定性能常常控制设计,高强度钢材的力学性能难以充分发挥,从而导致钢拱桥的经济性能明显弱于混凝土拱桥或钢管混凝土拱桥。但另一方面,大跨径钢筋混凝土拱桥或钢管混凝土拱桥的制约因素也很明显,一是采用何种施工方法、尽可能降低施工临时费用,从而进一步改善其经济指标;二是如何减小拱上建筑的重量、发挥拱上建筑的作用,以改善钢筋混凝土或钢管混凝土拱桥的整体受力性能、增强混凝土拱桥的适应性。

对于第一个问题,我国桥梁界对米兰法进行了卓有成效的改进,发展出混凝土分环浇筑成拱方法,建成了以万州长江大桥为代表的多座桥梁;对悬臂斜拉法进行了持续不断的改良,发展出斜拉扣挂拼装法,使得施工临时设施大为减少,施工精度和施工效率得以显著提高,经济指标得到了明显改善,成为钢筋混凝土拱桥、钢管混凝土拱桥的主要施工方法,建成了四川泸州波司登大桥、广西平南三桥等数十座大跨径钢管混凝土拱桥。但在具体工程实践中,仍需结合实际情况,对各种施工方法的优缺点进行系统全面的分析,因地制宜加以灵活应用。

对于第二个问题,由于大跨径拱桥拱上建筑联合作用比较微弱,但产生的荷载效应比较显著,因此,针对桥面系的整体化、连续化、轻型化,国内外都有一些探索,如采用连续的钢-混凝土组合结构或钢结构拱上建筑,以便减小拱上建筑自重、降低恒载效应等,但总的来说,发挥拱上建筑的承载作用,而非将其仅作为传力体系,仍有很大改进空间。在这个不断改进、迭代的过程中,大跨径公路混凝土拱桥的实践比较活跃、成果比较丰富,但铁路混凝土拱桥的探索则显得相对缓慢。

18.2 方案构思

云桂铁路又名南昆高速铁路,是连接广西南宁市和云南省昆明市的高速铁路,是我国《中长期铁路网规划》中"八纵八横"广昆通道的组成部分,线路长度710km,设计运营速度250km/h,为客货共线铁路。云桂铁路南盘江铁路大桥是云桂铁路的控制性工程,位于云南省弥勒市和丘北县交界的南盘江上,两岸山势陡峭,坡度接近50°,两岸岩石风化、断层发育,地形地貌复杂,经常发生山体滑坡、泥石流。经过铁路选线多方案的比选,在最终确定的线路中,跨越南盘江的桥梁全长约850m,桥面高程高出江面约270m,这就意味着桥梁的合理跨径在400m左右。

对于跨径400m左右的铁路桥梁,可能的桥型只有两种,一为钢桁梁斜拉桥,二为上承式拱桥。对于斜拉桥,由于两岸地势陡峭,在边中跨比为0.5的情况下,长达200m左右的边跨难以布置,如果要满足铁路斜拉桥合理的边中跨比例,则会出现抬高铁路线位的情况,既不经济,也不合理,故只能放弃斜拉桥方案。上承式拱桥具有承载能力强、结构刚度大、造价相对低廉,且设计比较灵活、可调整的结构参数较多等优势,可以采用的结构形式有钢桁拱、钢管混凝土拱、内置劲性骨架的钢筋混凝土拱等多种形式。于是,设计单位中铁第二勘察设计院(现中铁二院工程集团有限责任公司)就确定了上承式拱桥的方案。中铁第二勘察设计院(现中铁二院工程集团有限责任公司)是具有世界水平的设计咨询单位,早在20世纪60年代,就设计建成了举世闻名的号称地质博物馆、难度极大的成昆铁路,20世纪90年代,在南昆铁路的建设中,又设计建成了八渡南盘江大桥、喜旧溪大桥、板其河大桥等大跨径铁路连续刚构桥,山区铁路桥梁设计建造方面积累了丰富的经验。

对于客货共线的上承式铁路混凝土拱桥,控制设计的因素有两个方面:一是设计活载较大(均布荷载集度85kN/m,特种荷载为4×250kN),结构要有足够的刚度和承载能力;二是施工方法要成熟可靠,施工临时费用及工程造价尽可能低。钢桁拱虽然承载能力较大、施工比较简便,但由于受压构件较多、钢材性能难以充分发挥,导致工程造价较高;钢管混凝土拱的承载能力与施工方法都不控制设计,但为了满足严苛的刚度要求,需要增大钢管混凝土截面或增加钢管肢数,在造价上并不占优势;而内置劲性骨架的钢筋混凝土拱桥在刚度、承载能力、工程造价等方面均具有优势,但存在施工工序较多、施工工期相对较长的问题。综合整体受力性能、工程造价等方面的因素,该桥最终选取了内置劲性骨架、变拱圈宽度、主跨416m的钢筋混凝土拱桥,以增强拱圈的横向整体稳定性。几种拱桥比选方案的结构形式如图 3-18-1 所示。

a)钢桁拱

b)钢管混凝土拱

c)钢筋混凝土拱

d)拱脚分叉的钢筋混凝土拱

图 3-18-1　几种拱桥比选方案的结构形式

确定了钢筋混凝土上承式拱桥的方案之后,尚有三个问题需要精心考虑、统筹解决。一是采用什么施工方法建造?二是采用何种措施增大其横向稳定性?三是拱上建筑采用何种形式?对于施工方法,在万州长江大桥建成之后,以钢管混凝土作为劲性骨架、分环分段浇筑成拱在我国已经比较成熟,但万州长江大桥采用缆索吊装法拼装劲性骨架、临时材料用量偏高,且外包混凝土与劲性骨架重量之比为 13.15、体积含钢率为 2.44%,仍有改进空间,可以结合本桥实际情况以及斜拉扣挂拼装法的优点进行优化完善。对于改善拱圈的横向稳定性,设计单位比较了拱脚分叉的钢筋混凝土拱桥、等高度变宽度箱形截面等多种方案,从受力整体性、结构美观性、施工方便性等方面综合考虑,在系统分析计算的基础上,舍弃了拱脚分叉方案,以免其带来拱上立柱斜置、施工困难、视角凌乱等问题,而是采用变宽度箱形截面来应对拱圈横向稳定性的要求。对于拱上建筑的形式,常规做法是采用预应力混凝土简支梁或连续梁结构,比较均匀地将桥面荷载传递给拱圈,但存在自重大、联合作用弱等不足,在本桥中,由于昆明侧边坡较陡,南宁侧边坡地质条件差,设置桥墩的难度较大,且交界墩高度达 100m 左右,如仍采用常规的混凝土简支梁或连续梁结构,还会导致立柱承受水平推力较大、不得不增大结构尺寸的问题。对此,设计单位将主跨的昆明侧交界墩转化为 T 形刚构的主墩,形成独立的结构,以减小拱上的连续梁长度;在南宁侧交界墩处设置了一联大跨径变截面连续刚构,以引桥取代了部分拱上建筑,这样,拱上建筑的长度就从400m压缩到320m左右,既减小了拱上建筑传递给拱圈的荷载,又减少了孔跨布置的数量,同时也降低了施工难度。

18.3　主要技术特点

(1)主要设计参数

设计荷载:客货共线双线铁路,设计荷载为ZKH(均布荷载集度85kN/m,特种荷载为4×250kN),设计客车行车速度250km/h,货车行车速度120km/h。

桥跨布置:主桥为单跨416m上承式钢筋混凝土拱桥,拱圈为悬链线,拱轴系数$m=1.8$,矢高99m,矢跨比为$f/L=1/4.2$。

拱圈截面:单箱三室等高度变宽度箱形截面,拱箱高8.5m,宽度从拱顶的18m变化至拱脚的28m,拱箱中间箱室采用9.80m等宽截面,两个边箱宽度在3.5~8.5m之间变化。

引桥及拱上建筑:3×42m连续梁+(60.9+104+60.9)m预应力混凝土刚构+8×39.5m预应力混凝土连续梁+2×60.9m预应力混凝土T形刚构+43.7m预应力混凝土简支梁,拱上立柱共9个,最高57m,最低6m,采用框架式立柱。大桥全长852.43m,其中,拱上建筑的连续梁总长为316m。

该桥概貌见插页彩图42,总体布置及截面形式如图3-18-2所示。

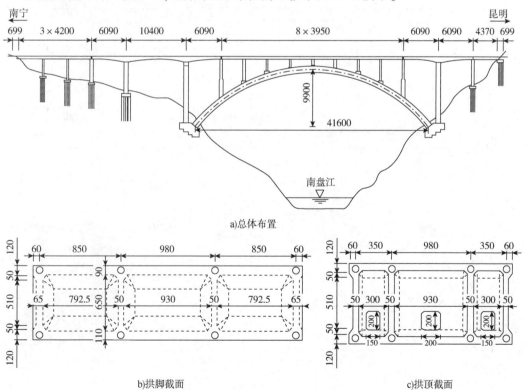

a)总体布置

b)拱脚截面　　　　c)拱顶截面

图 3-18-2　云贵铁路南盘江铁路大桥总体布置及截面形式(尺寸单位:mm)

(2) 施工方法

在初步设计中，拟借鉴日本天翔（Tensho）大桥、头岛（Kashirajima）大桥所采用的混合施工方法，即先采用斜拉扣挂法先悬臂浇筑近拱脚的65m拱圈，然后采用劲性骨架法施工跨中286m拱圈的方案，以大幅度降低劲性骨架的用钢量。经反复分析，混合施工方案存在斜拉扣索索力大（约为230000kN）、现浇段和劲性骨架交接部位局部应力复杂、安全风险高等问题，结合项目情况及既有工程经验，将原施工方案优化为采用斜拉扣挂法悬臂拼装劲性骨架，然后外包混凝土成拱的方案。施工要点如下。

劲性骨架：采用双幅四管变截面钢管桁架组合结构，劲性骨架总重4240t，劲性骨架分为38个节段，单节长约12m，高7.45m，最宽为26.8m，单节段重约130t；劲性骨架采用斜拉扣挂法悬臂拼装，借助精细化数值模拟，确定了每节段劲性骨架的安装预抬高量及过程最优索力，实现了劲性骨架合龙前所有扣锚索均一次张拉到位；劲性骨架合龙后，采用真空辅助压注技术，在其钢管内部灌注C80混凝土。

拱圈混凝土浇筑：劲性骨架外包混凝土总体积达24068m³，其重量是劲性骨架重量的15倍；浇筑工序在万州长江大桥的基础上进行了简化，根据劲性骨架稳定性能的约束，按横向分块、纵向分环、先边室后中室的方式逐步形成拱圈截面，拱圈共分为5环进行浇筑，每一环需纵向贯通后再浇筑下一环；每环单侧分为3个工作面9个节段浇筑，每环每次浇筑3个节段，3次浇筑完成；边箱每个节段分为两次浇筑，中箱每个节段一次浇筑，如图3-18-3所示。

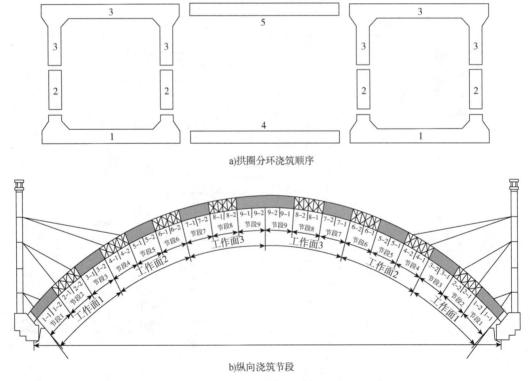

a) 拱圈分环浇筑顺序

b) 纵向浇筑节段

图 3-18-3　外包混凝土分环分段浇筑示意图

拱上建筑及引桥施工：主跨上部结构中的连续刚构及 T 形刚构采用挂篮悬臂浇筑，拱上连续梁采用支架法浇筑。

(3) 技术经济效益

云桂铁路南盘江铁路大桥为单箱三室等高度、变宽度拱圈的钢筋混凝土拱桥，解决了 V 形山谷大跨径铁路桥梁的建设难题，满足了高度铁路对刚度变形的严苛要求；采用了斜拉扣索劲性骨架与外包混凝土浇筑的成拱技术，优化了施工成拱的工序，提高了施工效率，外包混凝土与劲性骨架重量之比达 15，体积含钢率为 2.14%，使得干线铁路钢筋混凝土拱桥的跨径跃上了 400m 的台阶。该桥工程造价约 4.0 亿元，2010 年 5 月开工建设，其间因全国铁路建设投资收缩，一度停工，于 2016 年 12 月竣工投入运营。

18.4 工程创新扩散

云桂铁路南盘江铁路大桥采用的拱圈截面形式、拱圈成拱技术及拱上建筑的布置方式，增强了钢筋混凝土拱桥的比较优势，发展了钢筋混凝土拱桥的施工技术，拓展了钢筋混凝土拱桥的应用范围，开创了大跨径钢筋混凝土拱桥应用于高速铁路的先河。在此之后，沪昆高铁北盘江大桥、黔渝铁路夜郎河大桥、郑万铁路梅溪河大桥等山区大跨径铁路桥梁，均采用了钢筋混凝土拱桥这一古老而现代的结构形式，采用了劲性骨架成拱技术这一先进而稳妥的施工方法，跨径也发展到了 445m（沪昆高铁北盘江大桥）。在未来，随着川藏铁路等西部山区铁路的建设，相信钢筋混凝土拱桥还会发挥更大的作用。

云桂铁路南盘江铁路大桥的工程创新表明：改进和融合虽然不那么显眼，却是最常见、最容易见效的创新方式，是工程创新的主渠道。正是在万州长江大桥的基础上，云桂铁路南盘江铁路大桥对拱圈截面构造、拱上建筑形式、施工工艺工序等方面进行改进，不仅提升了钢筋混凝土拱桥的能效水平、融合了劲性骨架法与斜拉扣挂法的优势，而且拓展了钢筋混凝土拱桥的适用范围，解决了山区大跨径铁路桥梁建设的困难。从这个角度来看，改进型、融合型创新虽然不如颠覆性创新那样令人振奋，但在大规模应用之后，仍然可以产生巨大的经济社会效益。

第19章 土耳其博斯普鲁斯海峡第三大桥

土耳其博斯普鲁斯海峡第三大桥又名亚武兹·苏丹·塞利姆大桥(The Yavuz Sultan Selim Bridge),是一座主跨1408m的公铁两用斜拉-悬索协作体系,建成于2016年,其所采用的斜拉-悬索协作结构体系、加劲梁截面形式、拉索布置方式,大幅度提高了大跨径缆索承重桥梁的刚度,破解了大跨径公铁两用斜拉-悬索桥建设的瓶颈,开启了大跨径缆索承重桥梁建设的新时代。

19.1 技术背景

斜拉-悬索协作体系又被称之为斜拉-悬索桥,是一种较为古老的结构形式。早在悬索桥发展的初期,由于未能掌握悬索桥的受力特性,一些近代的桥梁设计大师依据工程经验就采用了斜拉-悬索协作体系,但多将斜拉索作为悬索体系的一种补充、加强措施,并未进行斜拉索与悬索桥主缆之间的内力分配、刚度协调等计算分析与施工监控。例如,近代悬索桥的奠基者之一J.A.罗布林(J.A.Roebling)设计的悬索桥多采用斜拉-悬索协作体系,如尼亚加拉河悬索桥(主跨250m,木桁架加劲梁,上层通行火车,下层通行马车,1855年建成,1892年废弃),为减小活载产生的挠度和振动,就在主跨布置了多组斜拉索来加强对加劲梁的弹性支承;又如1883年建成的、主跨486m的纽约布鲁克林(Brooklyn)桥,由于边跨跨径较大、边中跨比达到了0.59,就在边跨布置了斜拉索,以及支撑在主缆与加劲梁之间的短柱来给加劲梁提供辅助支承,以克服超长边跨所产生的过大变形;等等。据不完全统计,这些依据工程经验的斜拉-悬索桥的工程实践,建成的桥梁约有40座左右,主要分布在北美、欧洲和地中海沿岸,跨径多在300m以内,结构体系多采用并联式(即加劲梁的部分区域斜拉索与吊索并存),建成时间基本上在20世纪20年代以前,留存下来、可以继续使用的斜拉-悬索桥数量很少。此后,随着美式悬索桥向全世界推广、悬索桥英国流派的形成,以及斜拉桥的蓬勃发展,斜拉-悬索协作体系的研究探索和工程实践沉寂了近百年。

第二次世界大战以后,随着悬索桥、斜拉桥的快速发展,人类在跨越千米级障碍时已经没有原则性困难了,缆索承重的大跨径桥梁公路桥梁建设呈现出日新月异的局面。但另一方面,铁路桥梁或公铁两用桥梁因活荷载大、刚度要求高、运营条件严,存在一些比较特殊、复杂的技术问题,导致人们对悬索桥在铁路桥梁的应用持审慎态度,铁路悬索桥及公铁两用悬索桥的工程实践进展比较缓慢。近几十年来,公铁两用悬索桥的工程实践主要集中在日本的本四联络线中,建成了多座跨径1000m左右的公铁两用悬索桥,形成了一系列非常有价值的设计原则、技术导则与构造形式,开发了铁道缓冲梁、插接梁(又名抽屉梁)等新型构造,以调整分散加劲梁端的大变位、满足铁路运营的要求,代表性的铁路或公铁两用悬索桥如表3-19-1所示。此外,在这些为数不多的已建成的铁路或公铁两用悬索桥中,为增大加劲梁刚度、便于公路及铁路交通布置,满足列车走行安全性与平稳性的约束,均采用了钢桁加劲梁,桁高一般在12~15m之间,桁宽多在30m以上。通过这些结构措施,虽然基本满足了铁路运营的要求,但也存在用钢量大、造价高、施工工期长等不足,如采用共享锚碇的日本南北备赞濑户大桥悬索桥总长为3235m,而造价高达84.6亿美元。

几座典型的大跨径铁路或公铁两用悬索桥概况　　　　　　表3-19-1

序号	桥　　　名	主跨跨径(m)	建成时间(年)	通　行　荷　载	铁路运行速度(km/h)	加劲梁形式
1	葡萄牙里斯本塔古斯桥*	1013	1966	4车道公路,预留双线铁路	60	钢桁梁
2	日本大鸣门桥	876	1985	4车道公路、新干线双线铁路	180	钢桁梁
3	日本南备赞濑户大桥	1100	1988	4车道公路,建成时搭载新干线双线铁路、预留双线铁路	180	钢桁梁
4	日本北备赞濑户大桥	990	1988			钢桁梁
5	日本下津井濑户大桥	940	1988			钢桁梁
6	中国香港青马大桥	1377	1997	6车道公路、双向轻轨	140	钢框架
7	中国重庆轨道环线鹅公岩大桥	600	2019	双线轻轨	100	钢箱梁
8	中国丽香铁路金沙江大桥	660	2022	双线Ⅰ级干线铁路	120	钢桁梁

注:*该桥1998年开通铁路时另外增加了两根主缆。

在公铁两用悬索桥建设探索的同时,国际桥梁界对斜拉-悬索桥的探索研究从未停止,在直布罗陀海峡大桥、墨西拿海峡大桥、青岛海湾大桥、广东伶仃洋大桥等跨海桥梁国际国内竞标中,都出现过斜拉-悬索桥方案。例如,在土耳其马尔马拉海东端的新伊兹密特海湾大桥(New Izmit Bay Bridge,2016年建成)建设中,曾有一个主跨1665m的、采用双索面的串联式斜拉-悬索桥方案,但由于串联式斜拉-悬索桥的存在一些结构缺陷,该方案最终被弃用,取而代之的是主跨1550m常规悬索桥。从理论上来说,斜拉-悬索桥兼有斜拉桥与悬索桥的优点,可以利用两种缆索系统提供更大的刚度,具有更好的运营性能,在施工上也不存在原则性的困难,是跨径大于1000m铁路桥梁或公铁两用桥梁的比较合理结构形式。但是,斜拉-悬索桥受力行为、结构构造非常复杂,主要的技术难点主要有三点:一是加劲梁从设置吊索区域到设置斜拉索区域,存在明显的刚度突变,采用何种方式才能实现刚度平缓过渡;二是斜拉、悬索两种体系协作方式有串联式、并联式、混合式三种(图3-19-1),不同协作方式受力特性差异很大,构造形式也相差甚远,采用哪种协作方式最为有利;三是由于在加劲梁上同时存在斜拉索和吊索,采用哪种加劲梁截面形式才比较合理,才能够与斜拉索和吊索更好匹配,将桥面荷载更顺畅地传递给索塔。

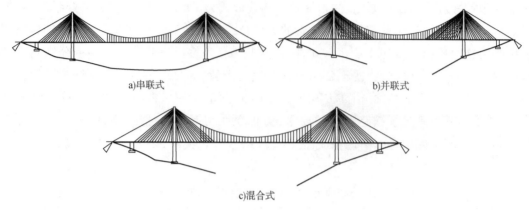

图 3-19-1　斜拉-悬索体系协作的三种方式

19.2　方案构思

土耳其博斯普鲁斯海峡(Strait of Bosporus)，又被称为伊斯坦布尔海峡，是连接黑海、马尔马拉海及地中海，沟通欧亚两洲的交通要道，地理位置独特，自古以来一直为世人所瞩目。博斯普鲁斯海峡长约37km、宽550~3000m、水深30~120m。伊斯坦布尔市位于海峡南部，跨海峡而建，2010年人口约1300万，海峡两岸交通非常繁忙。2012年时，博斯普鲁斯海峡上有2座桥梁，分别是1973年建成的博斯普鲁斯海峡大桥、1988年建成的博斯普鲁斯海峡第二大桥，两座桥均为公路悬索桥，由英国吉尔伯特·罗伯茨和威廉·布朗设计。面对迅猛增长的交通需求，当局决定修建博斯普鲁斯海峡第三大桥及两条隧道。其中，博斯普鲁斯海峡第三大桥交通需求为双向8车道公路，以及运行速度160km/h的双线干线铁路。

在该桥设计方案的国际竞标中，由让-佛朗索瓦·克莱因(Jean-Francois Klein)和米歇尔·维洛热(Michel Virlogeux)主导的、主跨1408m的公铁两用斜拉-悬索协作体系成为最终方案。其中，让-佛朗索瓦·克莱因是一名瑞士工程师，供职于瑞士的T-ingénerie公司，在此之前并无大跨径桥梁的设计经验，但对悬索桥颇有研究，这可能使他免受既有工程实践的约束，能够突破现有条条框框的束缚，而米歇尔·维洛热则是享誉国际的桥梁设计大师，对大跨径缆索承重桥梁的设计建造造诣颇深，这样一个人员组合为创新性设计提供了可能。对于公铁两用桥梁，让-佛朗索瓦·克莱因一反常规地采用平层布置，即把双线铁路布置在桥面中间，将双向8车道公路布置在两侧，这样，便可放弃公铁两用桥梁常用的钢桁加劲梁，采用梁宽较大、抗弯抗扭性能优越的钢箱加劲梁，为斜拉索及主缆、吊索布置提供了很大的灵活性。为便于主缆、吊索及斜拉索布置及在钢箱梁上锚固，该桥将主缆、吊索设置在铁路与公路的分隔带上，将斜拉索设置在公路车道的外侧，巧妙解决了缆索布置的相互干扰的问题，如图3-19-2所示。同时，由于土耳其博斯普鲁斯海峡水深较深、航运繁忙，比较符合要求、经济合理、便于施工的布跨方式是一跨跨越海海峡、将索塔设置在岸上，因此主跨跨径确定为1408m。为解决斜拉-悬索桥的刚度突变问题，该桥采用了混合式布索方式(也称为部分并联式)，即在主跨 $L/4$ 附近的240m区域中，既布设吊索，也布设斜拉索，采用由两个斜拉索面、两个悬吊索面组成的四索面,形成平缓的刚度过渡区域,从而使斜拉部分深入主跨的长度达到500m左右,纯悬挂部分的长度不足400m,使得全桥刚度能够满足铁路运营的要求。

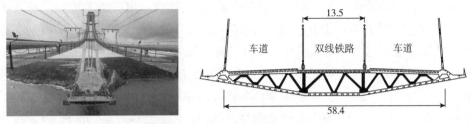

图 3-19-2　加劲梁截面形式及索面布置(尺寸单位:m)

该桥概貌如插页彩图43所示,总体布置见图3-19-3。

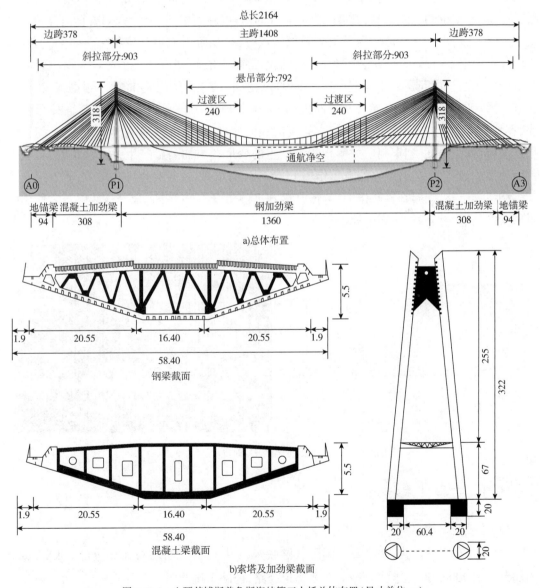

图 3-19-3　土耳其博斯普鲁斯海峡第三大桥总体布置(尺寸单位:m)

解决了加劲梁截面形式及结构体系刚度突变这两个关键问题之后,仍有其他一些技术问题需要精心考虑。一是该桥总体布置,在主跨跨径确定为1408m情况下,受地形影响,边跨桥下净高很小,并不需要大跨,可以设置多个辅助墩,这意味着边跨不能与中跨采用同样的截面形式,否则会导致斜拉部分的中跨与边跨受力不平衡,也不利于控制削减加劲梁梁端的变位和转角。对此,设计者在边跨308m的范围内采用了混凝土箱形加劲梁,布设了4个辅助墩,将308m的边跨分解为5跨45~68.5m的混凝土连续梁,并布设94m长的地锚梁,将5根斜拉尾索锚固在地锚梁上,以增大全桥的刚度。设计者进一步将悬索桥的锚碇与斜拉桥的地锚梁结合在一起(图3-19-4),使得全桥的结构总体布置得以系统优化,受力性能得以全面提升。二是采用相应的施工方法,以充分发挥斜拉桥与悬索桥的优势。该桥的施工方法大致可以概括为:采用斜拉桥的悬臂拼装工法施工斜拉桥部分,在最长斜拉索就位的同时,安装好悬索桥的主缆,然后安装混合布索区的吊索,施工中间的悬吊部分,直至合龙。对于混合布索区,由于悬挂部分的吊索与斜拉索重叠,施工阶段内力和位移变化非常复杂,设计者通过设置临时吊索、交错装拆和调节、优化控制指令,较好地解决了吊索与斜拉索施工过程中的相互干扰问题。三是土耳其处于地震活跃带,该桥的防震性能要求很高,经过分析比较,最终确定了在塔梁交界处及边跨的A1~A4桥墩上布设半径不同的双弧面柱形钢支座,在地震作用下加劲梁可以发生较大幅度的纵向摆动,既能耗散地震能量输入,又能很好地约束风荷载、温度、列车制动力等作用力产生的变形。当加劲梁产生纵向位移时,支座上部有抬高的趋势,在边跨梁体的自重作用下,支座压力增大、恢复力也随之增大,有效阻止了加劲梁继续位移,既起到隔震作用,又释放索力、减少了索塔的绕曲,很好地兼顾正常使用阶段的受力要求与结构的防震性能。

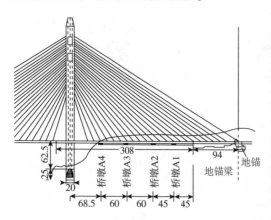
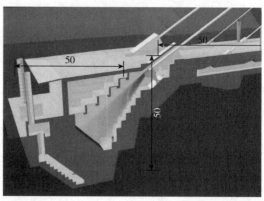

图3-19-4 边跨加劲梁、地锚梁及锚碇布置(尺寸单位:m)

19.3 主要技术特点

(1)主要设计参数

设计荷载:双线铁路,铁路采用国际铁路联盟(UIC)的标准,均布荷载集度80kN/m,最大加载长度400m,运行速度160km/h;8车道公路,公路采用欧盟及土耳其标准。

跨径布置：378m+1408m+378m，其中，中跨悬吊部分的长度为792m，混合式布索区2×240m。

索塔：欧洲侧索塔高322m，亚洲侧索塔高318m，桥面以上塔高255m，塔高/跨径之比为1/5.6，索塔采用内倾的门式塔，塔柱截面为三角形，采用C60混凝土浇筑。

加劲梁：加劲梁宽58.5m，梁高5.5m，采用单箱单室、内设钢桁横梁的钢箱梁，以便于斜拉索及吊索锚固；钢箱梁总长1368m，由57个节段组成，每个节段长24m、重850t，采用欧盟S460级钢材及韩国的S355J0级钢材在土耳其造船厂制造；在距索塔20m处设钢-混凝土过渡段，两侧的混凝土箱梁长308m。

主缆：采用1860MPa的11300丝、直径5.4mm高强钢丝、PPWS法进行架设，主缆直径为0.72m、长2421m。

吊索：共布设吊索32对，吊索间距24m，其中20根布置在混合式布索区，如图3-19-5所示。

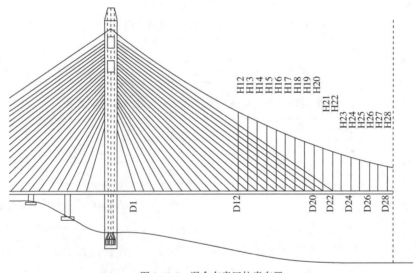

图3-19-5 混合布索区拉索布置

斜拉索：共176根，采用15~75丝、直径15.7mm、1960MPa成品索，最长斜拉索597m，最小夹角为20.8°，桥面锚固点距索塔508m。

地锚梁及锚碇：地锚梁长94m，与混凝土加劲梁、锚碇联结为一体，在地锚梁上锚固了5根斜拉索，锚碇采用台阶式构造。

约束方式：在混凝土加劲箱梁的4个桥墩上及塔梁交界处，设置半径不同的双弧面柱形钢支座，如图3-19-6所示。支座弧面半径为2~10m，根据分析计算结果确定，半径从索塔至最边墩依次增大。

(2)技术经济优势

土耳其博斯普鲁斯海峡第三大桥采用BOT投资建设模式，合同金额为8亿美元，主要材料用量为：钢材71109t，混凝土200291m³，钢筋32579t，土方981136m³，各部分的具体材料用量如表3-19-2、表3-19-3所示。相对于类似公铁两用桥梁如中国香港青马大桥、日本南备赞濑户大桥和北备赞濑户大桥,该桥的设计荷载是最大的,但材料用量、工程造价却是最低的(当然,这样比较是不准确的,但大致能够反映出结构材料的利用效率)。该桥于2013年3月开工,2016年8月开通,施工工期仅为3年4个月,成为斜拉-悬索桥用于大跨径公铁两用桥梁的重要实践。

 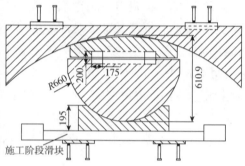

图 3-19-6　边跨支座构造示意图(尺寸单位:mm)

土耳其博斯普鲁斯海峡第三大桥钢材用量明细表(单位:t)　　表 3-19-2

主缆	斜拉索	吊索	加劲梁	锚箱	其他	合计
12822	8816	171	45500	2820	920	71049

土耳其博斯普鲁斯海峡第三大桥混凝土及钢筋用量明细表　　表 3-19-3

材料	索塔	混凝土梁	地锚梁	锚碇	合计
混凝土(m³)	82736	48830	28162	45536	205264
钢筋(t)	15437	7150	4068	5392	32047

理论分析表明,该桥的纵向刚度较大,静动力性能非常优越。一阶侧向弯曲频率为0.098Hz,一阶竖向弯曲频率为0.169Hz,一阶纵飘频率为0.172Hz,一阶扭转频率为0.289Hz,明显大于跨径相近的传统悬索桥,自振特性分布也差异较大。在设计铁路荷载(双线80kN/m,加载长度273.3m)作用下,边跨斜拉索、双弧面柱形钢支座对加劲梁及索塔的约束能力作用非常强劲,塔梁交界处的支座最大纵向位移仅为2.8cm(如果没有双弧面的摩擦力和支座纵向刚度的约束,则该处最大纵向位移将达29cm)。另一方面,车-桥-风耦合振动仿真结果表明:在32m/s的阵风及速度160km/h的列车作用下,加劲梁最大纵向加速度为0.03m/s²,最大竖向加速度为0.68m/s²,列车走行安全性非常好;在15m/s的阵风作用下,最外侧车道的最大竖向加速度为0.33m/s²,汽车内驾乘人员的最大竖向加速度为0.43m/s²,相对于传统悬索桥大幅度降低,行车安全性及舒适度指标非常优越。

19.4　工程创新扩散

土耳其博斯普鲁斯海峡第三大桥的工程实践,将斜拉-悬索桥这种比较古老的结构体系首次应用于大跨径公铁两用桥梁,破解了大跨径公铁两用桥梁的建设瓶颈,显现出斜拉-悬索桥独有的技术经济优势,成为大跨径缆索承重桥梁发展的一个里程碑。近年来,我国正在建设或进行前期研究的一些大跨径公铁两用桥梁中,就不乏斜拉-悬索协作体系的设计方案,如正在施工的浙江甬舟铁路西堠门公铁合建大桥(主跨1488m、桥宽68m)就是在土耳其博斯普鲁斯海峡第三大桥结构体系的基础上、结合舟山当地较高的抗风需求改进的;又如公铁分层布置、搭载四线铁路的G3铜陵长江公铁大桥,则采用了主跨988m的斜拉-悬索结构体系;而刚刚开工的湖北荆州李埠公铁合建长江大桥,也采用了92m+210m+1120m+210m+92m斜拉-悬索协作结构体系,加劲梁布置方式直接借鉴了土耳其博斯普鲁斯海峡第三大桥。可以预见,随着公铁两用大跨径桥梁的发展,斜拉-悬索体系结构刚度大的优势会进一步显现,得到更广泛的应用。

经过近百年的沉寂,斜拉-悬索桥在土耳其博斯普鲁斯海峡第三大桥的建设中得以复兴,深刻阐明了技术创新与工程创新的异同,即技术创新是工程创新的关键要素,而工程创新是技术选择、优化、整合的集成体,只有通过了工程筛选的技术创新,才有可能经受住历史的检验。土耳其博斯普鲁斯海峡第三大桥的工程创新表明:工程创新就是要走出先前工程实践的窠臼,摆脱现有工程经验的束缚,高效地解决工程实践当中的难题。在这个进程中,概念设计无疑是最重要最关键的,是工程设计的灵魂和内核,是工程需求、工程理念与经济技术条件非线性耦合作用、孕育新的"工程生命"的过程及结果,是创造性地运用结构理论、技术方法、工程经验来确立解决工程问题基本方案、做出关键抉择的构思过程。从这个角度来看,设计者让-佛朗索瓦·克莱因获得工程创新的成功,关键在于在概念设计阶段突破常规、摆脱既有工程经验的束缚。

第 20 章　中国湖南张家界大峡谷玻璃悬索桥

湖南张家界大峡谷玻璃悬索桥是一座主跨 430m 的空间索面非对称布置的玻璃桥面悬索桥，兼具景区行人通行、游览、蹦极等功能，建成于 2016 年，开启了以桥梁创造人文旅游景观的新模式，引领了景区景观桥梁建设的潮流。

20.1　工程背景

在人类 3000 年桥梁工程史中，桥梁工程常常承载着实用性能以外的社会期望，承担着创造艺术价值、彰显城市乃至国家形象的重托，寄托着人们对美好生活、精神追求的追求。有些时候，在展现桥梁工具理性的同时，还希望桥梁工程能够创造出价值理性。在这其中，位于风景名胜区的景观桥梁既要能够满足特定的使用功能，更要创造出独特的感受体验、文旅效应、品牌影响与商业价值，演化成单独的景观或历史文化载体，以促进人工构筑物和自然景观相得益彰，共同提升风景名胜区乃至所在城市的知名度和美誉度。

随着人们生产生活基本需求的解决，这类景观桥梁的建设需求逐步旺盛。自 20 世纪 80 年代以来，欧美等发达国家开始了风景名胜区的景观桥梁建设，创造出不少新的文旅景观，满足了人们更好地感受、体验自然景观的需求，实现人工构造物与自然景观的和谐共生，有些时候人们对其喜爱的程度甚至超过所在地的自然景观。在这其中，比较著名的景观桥梁有：美国科罗拉多大峡谷 U 形空中走廊、法国阿尔卑斯山夏蒙尼空中走廊、马来西亚兰卡威天桥等。其中，美国科罗拉多大峡谷 U 形空中走廊伸臂长度为 21m，梁体距离谷底约 1200m，桥面为 10cm 厚的玻璃，是欣赏科罗拉多大峡谷自然风光的最佳观景平台，如图 3-20-1a) 所示；马来西亚兰卡威天桥位于丛林之上约 90m，是一座长 125m 的独塔斜拉桥，在桥上游客们可将海岛、丛林的壮观景色全收眼底，如图 3-20-1b) 所示。

a) 科罗拉多大峡谷U形桥　　　　　　　　　　b) 马来西亚兰卡威天桥

图 3-20-1　两座典型的风景名胜区景观桥梁概貌

这些景观桥梁的主要特征是：①能够给游客提供绝佳的观景视野，使游客行人产生独特的旅游体验，给景区带来可观的经济效益和知名度；②桥梁造型非常独特、受力比较复杂，但并不显得突兀，能够与自然景观融为一体；③在结构形式、建桥材料方面有所突破。其中，缆索承重结构是最常见的结构元素，玻璃桥面是建设方与游客最喜爱的设计语言。进入21世纪，随着我国经济实力的增强、人们对文化旅游体验的升级，不少风景名胜区开始尝试探索景观桥梁的建设，在这其中，湖南张家界大峡谷玻璃悬索桥无疑是最具代表性的。

湖南张家界是我国著名的风景区，景区内奇峰林立、怪石嶙峋、沟壑纵横、溶洞密布，被誉为天下第一奇山。张家界大峡谷位于张家界市慈利县三官寺乡，全长约5km，属于典型的U形峡谷，谷内风光秀丽、景点密布、游人如织。为解决峡谷两岸游客交通、营造新的旅游景点、服务极限运动需求、兼具演出舞台功能，当局决定修建一座景观桥梁。该桥又名"云天渡"，桥址处峡谷宽超过350m，桥面距谷底超过280m，考虑到桥位处两岸地形地貌及山体的稳定性，结合两岸旅游规划和既有道路情况等因素，拟采用一跨跨越峡谷的方案。

20.2 方案构思

明确了张家界大峡谷的桥梁的功能之后，结合桥址处"沟大谷深、沟谷交错、岗峦起伏"的地形地质条件，可行的方案只有悬索桥、斜拉桥两种。由于峡谷两岸地势起伏较大，如采用地锚式斜拉桥方案，则索塔较高、边跨长度很短，受力不够合理，与景区的自然环境也显得不太协调，因此，合理美观的方案只有悬索桥。依据地形条件，悬索桥主缆跨径为430m，加劲梁跨径为373m，加劲梁支点间距与主缆跨径相差57m，索塔、基础位置则顺应地势选取，以最大限度保持地形原貌。对于这样跨径的人行悬索桥，设计建造并无太大的困难，但要满足特定的旅游功能、娱乐功能，并具有良好的受力特性和旅游体验，设计还是存在一些挑战的，主要表现在以下三个方面。

一是该桥须具有远高于其他人行悬索桥的刚度，确保其在风荷载、人群荷载作用下加劲梁的横向变形、竖向挠度及振动响应较小，能够满足景区人流量较大、快速聚散的需求。对此，设计者并没有采用增加抗风索这种经济简单的结构措施，以免影响该桥造型的简洁性以及与周围景观的协调性，而是采用设置大张开量空间缆索、在钢箱纵梁内灌注混凝土来增大加劲梁刚度两条结构措施，以有效提高结构重力刚度、增加遏制振动的质量，并形成蓬勃向上、简洁通透的艺术造型。计算结果表明：与平面主缆相比，空间索面可大幅提高结构抗风稳定性，提高幅度达30%。抗风节段模型和全桥模型试验结果表明：该桥各工况颤振临界风速均高于颤振检验风速51m/s，在0~51m/s的风速范围内未出现明显的涡激共振现象，不同风速下的桥梁的振幅均小于规范容许值。

二是采用何种加劲梁形式既满足受力要求，又具有特别的游乐体验，经反复比较，该桥采用了0.6m高的钢箱加劲梁，梁高与跨径的比例达到创纪录的1/622。为实现加劲梁作为看台并方便桥上游客疏散，控制工程造价，加劲梁的宽度由中部的6m向两端增加至15m；为实现桥面通透，选用玻璃作为桥面板，以期获得行人在桥上如行云流水的效果，实现"大象无形"的设计意图。所谓玻璃桥面，是指在加劲梁纵、横梁间的中空部分采用钢化夹胶玻璃，玻璃桥面只承受局部荷载,不参与全桥结构的整体受力,玻璃周边与钢结构接触区域设置弹性橡胶垫块,以保证玻璃桥面板与加劲梁之间变形的跟随性,在人群、温度、风等荷载作用下具有足够的间隙和变形协调能力。

三是如何控制该桥的人致振动响应,避免产生类似英国伦敦千禧桥振动过大的工程事故。针对该桥的计算表明:桥梁多阶振动模态的频率均在结构人致振动敏感频域区间,需要从结构体系、振动控制两个方面着手,采取综合的抑振对策,主要措施包括:①主缆采用空间缆索面,大幅度提高了桥跨结构的侧向刚度和抗扭刚度;②在边纵钢箱梁内灌注压重混凝土,提高结构重力刚度、增加遏制振动的质量;③选用不同形式的调频质量阻尼器(TMD)、调频荡液阻尼器(TLD),遏制竖向与横向振动,使各阶模态的等效阻尼比保持在3%以上;④为避免所有行人同时同方向齐步走,在加劲梁顶面设置玻璃球,扰乱行人脚步,同时将玻璃球作为TMD的质量块;⑤选用电涡流阻尼器遏制纵向振动,提高桥梁的纵向动刚度。采取以上结构措施和振动控制措施后,人致振动响应满足舒适度要求,当桥面行人为1200人(超载50%)时,未出现可察觉的振动。

该桥设计单位为中铁大桥勘测设计院集团有限公司,该院在缆索承重桥梁设计方面积淀深厚,以万田宝为核心的设计团队具有比较丰富的悬索桥设计经验。解决了该桥独有的几个问题后,一座功能特殊、造型独特、采用空间缆索、异形结构、玻璃桥面的悬索桥便应运而生了。

20.3 主要技术参数

设计荷载:活载主要为行人,设计上限人数为800人。

跨径布置:主缆跨径430m、矢跨比1/10,北侧的主跨主缆跨径为(55+430+51)m=536m,南侧的主缆跨径布置为(80+430+82)m=592m,空间索面的横桥向中心距由跨中的8.194m变化到索塔塔顶的45m、50m。

索塔及锚碇:全桥4根索塔采用独柱式结构,以融入张家界"峰林"地貌,塔顶不设横梁连接塔柱,塔顶、塔底高度依地势而变;索塔基础采用4根$\phi 1.2$m的桩基础;西侧两锚碇为隧道式锚,东侧两锚碇为重力式锚。

加劲梁:加劲梁为纵、横梁体系,长度为373m,梁高0.6m,标准段梁宽6.0m,边纵梁内灌注混凝土,钢纵梁、钢横梁间镂空部分铺设钢化夹胶玻璃。其中,钢化夹胶玻璃桥面由3层厚15mm的钢化玻璃组成,层间设厚1.78mm的胶片,以保障玻璃桥面遭受意外冲击力时行人的安全。试验表明,在锤击的极端情况下,即使2层玻璃同时损坏,第3层钢化玻璃面板仍具有承载行人所必要的强度。

其他:该桥作为服务于旅游的工程项目,在桥上设置距谷底高达280m的蹦极平台、溜索平台。

该桥概貌见插页彩图44,总体布置及加劲梁构造见图3-20-2,从桥面向四周望去,张家界秀丽独特的景色尽收眼底。湖南张家界大峡谷玻璃悬索桥成为新的、独具特色热门旅游景点。

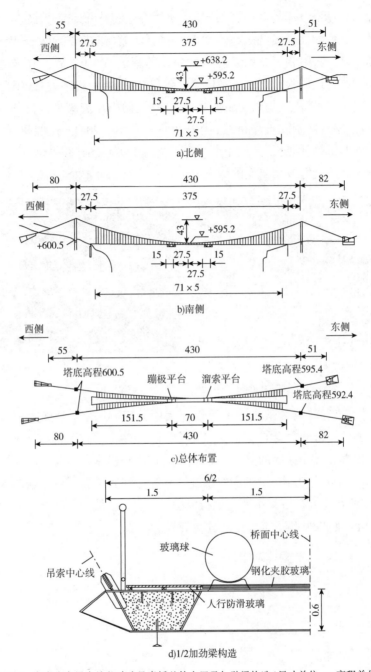

图 3-20-2 湖南张家界大峡谷玻璃悬索桥总体布置及加劲梁构造(尺寸单位:m;高程单位:m)

20.4 工程创新扩散

湖南张家界大峡谷玻璃悬索桥具有沟通两岸、溜索、蹦极以及作为景区景点的多种功能,设计中采用了空间主缆、通透式加劲梁、箱梁内压重等多种技术措施,使该桥获得了较大的结构刚度,保障了各项功能的实现。该桥于 2016 年 8 月开通运营,达到了预期目标,在取得良好的运营性能、具备极佳的舒适度的同时,该桥开通以来深受广大游客欢迎,成为新的热门景点,获得了显著的社会经济效益。湖南张家界大峡谷玻璃悬索桥开启了以桥梁创造人文旅游景观的新模式,引领了景区景观桥梁建设的潮流,在其之后,国内外在风景名胜区建设了一大批创意丰富、体验特别的景观桥梁。仅以我国为例,先后建成了辽宁凤凰山玻璃桥、宁夏沙坡头玻璃观景桥、四川八台山玻璃观景桥、厦门山海健康步道桥、三亚海棠湾人行景观斜拉桥等数十座景区景观玻璃桥梁,代表性桥梁见图 3-20-3。这些桥梁大多为结构轻巧、造型别致的异形桥梁,满足了人们不断提升的旅游体验需求,并带动了学术界对人致振动及其控制、行人舒适度等方面研究的深入。

a)山东淄博潭溪山玻璃景观桥

b)广东连州三峡玻璃观景桥

图 3-20-3　两座代表性景区景观桥梁概貌

湖南张家界大峡谷玻璃悬索桥的工程创新表明:工程处在科学、技术与艺术的交叉点上,社会需求是工程创新最主要的推动力,工程创新就是在传承当中寻求突破,就是在"可用解集、合理可用解集、优化解集"的空间中寻求最适宜用户需求的方案,不存在"对不对",但确实存在"好不好"。在这其中,受工程的系统性与社会性制约,新材料、新结构、新工艺的工程创新实践往往都是在人行桥梁中率先取得突破,进而完善推广应用于车行桥梁,这既体现了工程创新的实践性,也反映了工程创新的稳健性。

第21章 中国江苏镇江五峰山长江大桥

江苏镇江五峰山长江大桥是一座主跨1092m的公铁两用钢桁梁悬索桥,建成于2020年,是大跨径悬索桥应用于高速铁路开山之作,通过该桥的实践,建立了高速铁路悬索桥的相关技术标准,提出了大跨径公铁两用悬索桥的刚度标准、轨道几何形位分析方法、风-车-线-桥耦合动力分析方法、加劲梁构造及约束方式等,推动了大跨径悬索桥在高速铁路上的应用。

21.1 技术背景

自日本大鸣门公铁两用悬索桥1985年建成以来,铁路建设在跨越宽阔江面、海湾海峡障碍时,悬索桥成为一种可行的桥型。在过去的30多年间,世界各地先后建成了以日本南北备赞濑户大桥、土耳其博斯普鲁斯海峡第三大桥为代表的近10座大跨径铁路或公铁两用悬索桥(参见案例"土耳其博斯普鲁斯海峡第三大桥"的表3-19-1),在结构构造、加劲梁选型、设计荷载标准以及列车运行速度方面较美国早期搭载城市轻轨的悬索桥均有较大突破,桥上列车最高运行速度也达到了180km/h。在这其中,为综合利用桥位资源,多采用公铁合建的方式,只有重庆轨道环线鹅公岩大桥、丽香铁路金沙江大桥为轨道交通专用桥梁。

与此同时,作为一种先进高效的结构体系,大跨径铁路或公铁两用斜拉桥也得到了迅猛的发展,继日本柜石岛大桥、岩黑岛大桥(主跨420m,1988年),丹麦—瑞典厄勒海峡大桥(主跨490m,2000年)等公铁两用斜拉桥建成以来,我国相继建成了一批以武汉天兴洲大桥、沪苏通长江大桥为代表的公铁两用斜拉桥(参见案例"中国湖北武汉天兴洲长江大桥"的表3-13-1),公铁两用斜拉桥突破了千米大关。相对于悬索桥,斜拉桥具有刚度较大、振动较小、设计参数自由度多、行车平稳性较好等特点,在跨径400~1000m范围内技术经济优势明显,成为大跨径公铁两用桥梁的主要桥型。但无须否认,大跨径铁路或公铁两用斜拉桥需要较长的边跨以平衡中跨受力,斜拉桥的边中跨比通常在0.50以上,并需采用压重、设置辅助墩等措施,以避免边跨支座出现负反力或加劲梁端转角过大、对列车安全舒适运行造成影响,这就导致铁路或公铁两用斜拉桥在一些情况下存在辅助墩多、加劲梁用钢量大、造价高的局限,有些情况下甚至会造成较大的浪费。

另一方面,随着列车运行速度的提升,对缆索承重桥梁的刚度提出了更高的要求。美国早期建成的悬索桥如布鲁克林大桥、曼哈顿大桥,搭载的城市轻轨运行速度一般不超过60km/h,悬索桥刚度,特别是横向刚度的问题尚不显得突出。日本在20世纪末建成的本四联络线上的几座公铁两用悬索桥,铁路桥面系为纵横梁结构,搭载的新干线运行速度为

160~180km/h，在公铁合建、加劲桁梁宽度达30m以上的情况下，其横向刚度仍然是设计的关键控制因素(参见案例"日本大鸣门桥"的表3-4-1)。与此相对照，在过去的十多年里，我国先后建成了武汉天兴洲长江大桥、郑州黄河公铁两用大桥等10多座公铁两用斜拉桥，通过采用板桁加劲梁、整体有砟桥面、设置大吨位阻尼器等结构措施，并借助于车辆-轨道-桥梁-风荷载的系统仿真分析与优化，实现了在缆索承重桥梁上运行速度250km/h的目标。此后，我国桥梁工程师又通过对轨道结构的改良，在赣昌高铁赣江大桥上首次采用无砟轨道新型构造，实现了运营速度350km/h的飞跃。因此，国际工程界普遍认为：对于跨径大于500~600m的高铁桥梁或公铁两用桥梁，要实现200km/h以上的运行速度，悬索桥存在横向刚度小、加劲梁端变位大等诸多不易克服的缺陷，斜拉桥似乎是唯一可行的桥型。

21.2 方案构思

五峰山长江大桥位于江苏省镇江市境内，连接长江北岸的丹徒区与南岸的京口区，距上游润扬长江公路大桥约39km，距下游泰州长江公路大桥约28km，是新建连(云港)镇(江)铁路跨越长江的关键工程，也是京沪高速公路南延线与江宜高速公路共同跨越长江的工程。五峰山长江大桥的交通功能为：搭载四线铁路，其中连镇高铁设计行车速度250km/h，预留的2线城际铁路，设计速度为200km/h，线间距4.6m，采用有砟轨道结构形式；高速公路需求为双向8车道、设计速度为100km/h。

五峰山长江大桥主桥南岸位于镇江五峰山脚下，桥位处江面狭窄、水深流急，常水位水面宽约1200m，通航航道靠近北岸，通航孔净宽790m、净高50m。为减小跨径、节省造价，北岸3号桥墩设置在岸边靠近航道的浅水区，南岸4号桥墩设置在靠近水道深槽与陡坎的岸上。这样，就需要建造主跨1100m左右的缆索承重桥梁，可能的方案只有斜拉桥与悬索桥两种。

主跨1100m的公铁两用斜拉桥在技术上是可行的、施工上是可以实现的，已建成的主跨1092m的沪苏通长江大桥也积累了宝贵的工程经验。但对于本桥，如果采用斜拉桥方案却是不合理的，按照边跨中跨比为0.5来考虑，则两侧边跨加劲梁的长度也会达到1100m左右，加劲梁的总长度将达到2200m左右，这既不适应桥址处五峰山的地形及水文条件，也需布置多个辅助墩，从而导致工程造价的飙升，显然，斜拉桥方案并不适合本桥。那么，合理可行的方案只有悬索桥了。对于搭载运行速度250km/h的高铁、主跨1100m左右的公铁两用悬索桥方案，技术挑战无疑是空前的，在设计过程中需要综合分析、统筹考虑的技术问题很多。对此，该桥设计方——中铁大桥勘测设计院集团有限公司以徐恭义为核心的设计团队，在借鉴国内外已有工程经验、研究成果的基础上，凝练并解决了大跨径公铁两用悬索桥设计施工的三个关键技术问题。

(1) 合理结构刚度标准及其实现方式

采用何种结构体系控制梁端变位，使悬索桥具有高速铁路运行所需的刚度。由于悬索桥整体刚度小、几何非线性显著，梁端纵向、横向空间位移和转角量值大，与斜拉桥的梁端变位特征存在明显区别,成为设计的控制因素。对此,设计采取了以下3条综合措施来控制梁端变位。

①综合考虑地形地质、主缆合理边中跨比、结构受力、线形协调、施工、经济性等因素,优化主缆跨径布置与加劲梁的跨径布置,最终确定主缆的跨径布置为350m+1092m+350m,主缆边中跨比为0.32;同时,设置84m边跨和84m辅助跨,加劲梁跨径布置为84m+84m+1092m+84m+84m,以提高结构竖向刚度、降低梁端竖向转角。该桥概貌如插页彩图45所示,总体布置见图3-21-1a)。

②优化加劲梁的支承约束体系、有效控制不同因素产生的加劲梁变位。在加劲梁桥塔下横梁处、边墩顶、辅助墩顶均设置竖向支座与侧向抗风(抗震)支座,另外在两边墩顶的铁路横梁的跨中设置竖向支座,加劲梁除主跨有吊索弹性支承外,在竖向、横向均为5跨连续结构;在索塔下横梁处设置加劲梁的纵向阻尼约束,使得加劲梁在列车制动力、地震、冲击荷作用下,纵向变形受到阻尼器的有效约束,并在加劲梁端设置大位移伸缩装置和钢轨伸缩调节器,如图3-21-1b)所示。

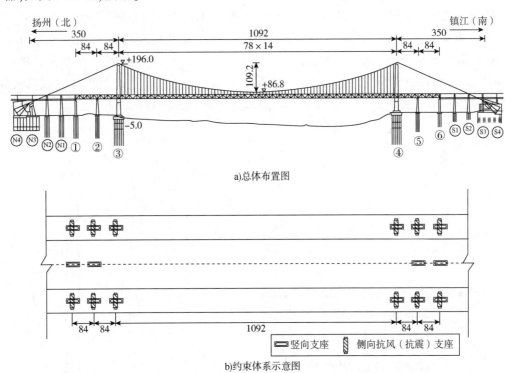

图3-21-1 江苏镇江五峰山长江大桥总体布置及约束体系简图(尺寸单位:m;高程单位:m)

③通过系统开展结构整体静动力性能分析、风-车-线-桥耦合振动分析和轨道几何形位分析,针对有横向风影响时列车过桥的安全性与舒适性评价结果,探索提出梁端竖向、横向转角的限值为0.2‰,提出不同列车速度下高速铁路悬索桥的竖向、横向挠跨比限值,如表3-21-1所示,为系统解决了悬索桥梁端空间变位控制问题奠定基础,也为恶劣天气条件下列车的限速运行提供了依据。

我国铁路悬索桥建议竖向、横向挠跨比 表 3-21-1

列车速度 V (km/h)	竖向挠跨比		横向挠跨比	横向挠跨比
	列车+汽车	单独列车	列车+风	强风作用
$V\leqslant 120$	1/300	1/350	1/500	1/200
$120<V\leqslant 200$	1/350	1/400	1/600	1/250
$200<V\leqslant 250$	1/400	1/450	1/800	1/300
$V>250$	1/450	1/500	1/1000	1/400

注："列车+风"荷载组合的桥面风速取 25m/s(10 级大风)。

(2) 大尺度构件的设计施工

随着设计荷载的增大,悬索桥的一些主要受力构件如主缆、沉井基础的尺度将突破常规,导致设计无规范或标准遵循,采用何种构造形式、施工工艺使这些构件具有良好可靠的受力性能就成为一个关键问题。五峰山长江大桥搭载四线铁路、8 车道高速公路,设计活载是现有悬索桥中最大的;另一方面,为便于交通布置,该桥采用了倒梯形钢桁加劲梁,每节间钢桁加劲梁重 665~879t(图 3-21-2),恒载集度达 819.1kN/m(其中,一期恒载加劲梁自重为 501kN/m,铁路有砟桥面自重为 233.4kN/m,公路桥面自重为 84.7kN/m),超过了美国纽约韦拉扎诺桥的 538.77kN/m、日本明石海峡大桥的 420.13kN/m,以及南北备赞濑户大桥的 435.41kN/m(425.91kN/m),是有史以来恒载集度最大的悬索桥。为承受这样的恒载活载,主缆、锚碇的尺度突破了现有悬索桥的规格,由此带来的挑战表现在以下三点。

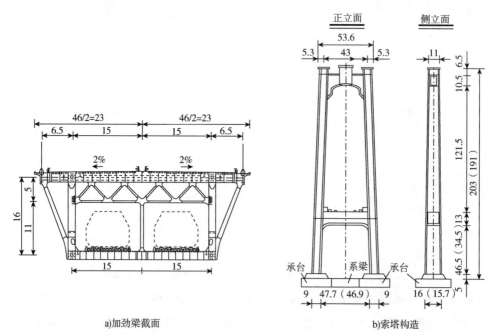

a)加劲梁截面　　b)索塔构造

图 3-21-2　江苏镇江五峰山长江大桥加劲梁及索塔构造(尺寸单位:m)

①日本明石海峡大桥恒载占总荷载的比例为 92%,采用 2 根直径 1.12m 主缆,主缆安全系数取 2.20;意大利墨西拿海峡大桥(方案)恒载占总荷载的比例为 78%,采用 4 根主缆直径

1.271m 的主缆,主缆安全系数为2.12。江苏镇江五峰山长江大桥恒载占总荷载的比例为82%,采用2根直径1.3m主缆,安全系数如何取值才比较科学合理？经反复分析,综合国内外工程经验,主缆在主要荷载组合作用下主缆强度安全系数采用2.20,以取得安全性与经济性的平衡。

②主缆是由数以万计的松散钢丝通过紧缆由索夹紧固形成整体共同受力,由于江苏镇江五峰山长江大桥主缆直径达1.3m,属于超大直径主缆,对索夹铸造和机加工能力提出了极大挑战,也逼近目前主缆挤紧及缠丝设备的极限能力,对紧缆机、缠丝机的工作性能有直接影响,对主缆索股牵引机架设、防腐措施与除湿系统、主缆线形控制测量等主缆的施工工序工艺提出了极高的要求,需要进行大直径主缆与索夹受力分析、高强螺栓紧固与索夹滑移分析等专题研究。

③五峰山长江大桥北锚碇位于冲积平原区,地形平坦,覆盖层以粉砂和粉细砂为主,锚碇平面面积达7200m^2,远远超过了日本明石海峡大桥沉井基础面积5000m^2、沪苏通长江大桥沉井基础面积5100m^2,巨型沉井的设计、施工工艺、受力与变形特性、变位监测控制的难度也是空前的。

(3) 科学合理安全的加载方式与轨道几何形位评价

①该桥搭载4线铁路、8车道公路,公铁两用悬索桥列车设计荷载作用效应明显,桥上列车荷载分布及作用特征异常复杂,需要合理地考虑列车荷载加载模式,实现列车荷载的合理加载,结构安全、经济设计,保证结构强度、刚度、稳定和疲劳等满足要求。为此,通过开展列车设计荷载模式研究,得出不同运营条件下的列车荷载图式加载长度取值,提出多线列车荷载折减系数取值。研究表明:列车加载长度对吊索和主缆内力影响较大,当加载长度从无限长减小至450m时,吊索和主缆内力降低幅度分别高达26.6%、35.3%,其他主要部位受力的降幅平均为13%~14%。主要研究结论包括:只开行动车组时,列车荷载图式加载长度取450m;同时开行普通客运列车时,列车荷载图式加载长度取550m;2、3、4线ZK荷载的折减系数分别采用0.9、0.7、0.6;多线多车道列车荷载与汽车荷载组合时,汽车荷载组合值系数取0.8;等等。

②轨道几何形位正确、平顺性满足要求,对列车的安全运行、乘客的舒适度、设备的使用寿命和养护费用等起着决定性的作用。对于本桥,悬索桥的基本几何形位与轨道的几何形位之间能否密切配合,轨道不平顺的统计特征、规律、能量分布规律对列车运行的安全性与平稳性影响如何,舒适度是否满足要求,等等,需要借助于大量的仿真分析来进行综合评价,以满足列车行车安全性与舒适性,并通过运营性能检验不断完善。

21.3 主要技术参数

(1) 主要设计参数

设计荷载:4线铁路,其中,2线为高速铁路,设计荷载为ZK(均布荷载集度64kN/m,特种荷载为4×250kN),设计行车速度为250km/h,另外2线为预留城际铁路,设计速度200km/h,满足250km/h的运营速度要求;双向8车道高速公路,设计速度100km/h。

跨径布置:主桥长1428m,加劲梁跨径布置为84m+84m+1092m+84m+84m,主缆跨径布置为350m+1092m+350m。

加劲梁：采用钢桁加劲梁，钢桁梁立面为华伦桁式，横断面采用带副桁的直主桁形式；两片主桁中心桁宽30m、桁高16m、节间距14m，副桁中心距为43m，宽跨比为1/39.4，每节间钢桁加劲梁重665~879t；为减小二期恒载重量，上下层桥面均采用板桁结合的正交异性板整体钢桥面结构，公路桥面宽46m，铁路桥面采用有砟轨道结构，顶板厚16mm，在10m宽的道砟范围内铁路桥面顶板采用复合钢板，在复合钢板上直接铺设道砟，加劲梁共用钢约7.2万t。

主缆：主缆垂跨比为1/10，全桥设2根直径1.3m的主缆，横向中心距43m，每根主缆由352根索股构成，索股由127根抗拉强度不小于1860MPa、直径5.5mm的预制平行镀锌高强钢丝组成，每根索股长度约2000m、重48.7t，主缆总重约3.3万t，采用S形缠丝+缠包带+除湿系统的防护体系。

索塔：北塔高203m、南塔高191m，塔顶高程相等，塔柱为混凝土空心箱形断面，横桥向尺寸为等宽9m，北（南）塔柱顺桥向尺寸从塔顶的11m变化到塔底16m(15.7m)。

索鞍：鞍体纵向长9.1m、横向宽4.0m、高4.3m，主缆中心线处鞍槽半径11.5m，鞍槽宽1.381m；为方便制造与吊装，鞍体纵向沿径向分3块制造，吊至塔顶后用高强度螺栓连成整体，单件最大吊装质量120t，总重约360t。

散索鞍：散索鞍为摆轴式结构，铸焊结合制造，鞍体质量233t。

主塔基础：采用直径2.8m的桩基础，北塔基础布置70根桩，南塔基础布置67根桩。

锚碇：采用重力式锚碇，北锚碇沉井基础长100.7m、宽72.1m、高56.0m，标准壁厚2.0m，隔墙厚1.3m，中间共设置48个矩形井孔；南锚碇位于五峰山山坳冲沟处，覆盖层以粉质黏土为主，基底为微风化凝灰质砂岩，采用地下连续墙支护圆形扩大基础，内径87m，墙厚1.5m，最大埋深40.5m。

伸缩装置：采用允许变形1760mm大位移梁端伸缩装置和钢轨伸缩调节器，来满足加劲梁的温度变形要求。

五峰山长江大桥的加劲梁、索塔见图3-21-2，北锚碇沉井基础构造见图3-21-3。

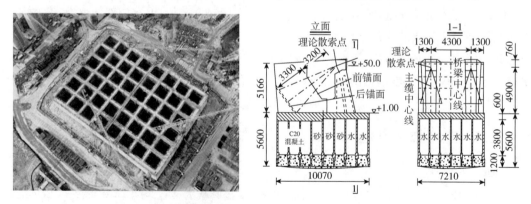

图3-21-3 北锚碇沉井基础构造（尺寸单位：cm；高程单位：m）

(2) 使用性能分析与测试

经多个单位、多种计算仿真软件分析，五峰山长江大桥的挠跨比如表3-21-2所示，竖向刚度、横向刚度满足相关要求;轨道几何形位分析及风-车-线-桥耦合振动分析结果表明,线路平纵断面参数满足 250km/h 的运行,车辆系统动力学性能满足列车安全平稳运行要求,并给出了不同风速条件下最高安全行车速度限值。

江苏镇江五峰山长江大桥的挠跨比　　　　表 3-21-2

刚　度	荷　载	挠跨比计算值	刚度标准
竖向刚度	列车活载	1/556	1/450
	列车+汽车活载	1/487	1/400
横向刚度	列车+风	1/2853	1/800
	强风	1/1108	1/300

(3) 主要材料用量

该桥主要材料用量为:高强钢丝 3.3 万 t,钢板材约 8 万 t,钢筋 9.5 万 t,混凝土用量约 169 万 m^3。

(4) 主要技术创新

五峰山长江大桥是世界上首座高速铁路悬索桥,也是运营荷载最大的公铁两用悬索桥,设计难度空前,其主要技术创新体现在以下几个方面。

①提出了合理刚度指标体系。通过开展结构整体静动力性能分析、设计荷载模式研究、车桥耦合振动分析和轨道几何形位分析,提出不同列车速度下高速铁路悬索桥的竖、横向挠跨比限值,以及梁端竖向、横向转角的限值,为大跨径铁路悬索桥的发展奠定了理论基础。

②采用了综合措施控制梁端变位。通过设置边跨和辅助跨来提高结构竖向刚度、降低梁端竖向转角,通过优化加劲梁的支承约束体系来限制不同因素产生的加劲梁变位,通过开展轨道几何形位评价分析,采用大位移梁端伸缩装置和钢轨伸缩调节器,系统解决了悬索桥梁端空间变位控制问题。

③完善了高铁悬索桥的结构指标体系。通过开展加劲梁与悬吊结构构造研究、大直径主缆-索夹力学性能研究、风-车-线-桥耦合振动研究、轨道几何形位分析研究等,建立了整套高速铁路悬索桥设计参数指标体系。

④创新了悬索桥的细部构造。首次在铁路道砟桥面采用轧制不锈钢复合钢板,并在正交异性板 U 肋与顶板之间使用全熔透焊接技术,采用大位移梁端伸缩装置和钢轨伸缩调节器等。

21.4　工程创新价值

五峰山长江大桥结构选型科学合理,结构受力行为复杂,关键技术多,建造难度大,在设计建造过程中推陈出新、善于创新,突破了悬索桥应用于高速铁路的诸多技术障碍,建立了高速铁路悬索桥的相关设计技术标准,填补了多项国际空白。该桥自 2020 年底投入运营以来,运营期间桥面轨道几何状态稳定,行车安全性、平稳性良好。稍后的 2022 年,设计标准为双线普速 I 级干线、主跨 660m 的丽香铁路金沙江大桥主体工程全部完工,标志着大跨径悬索桥应用于各类铁路的瓶颈已取得完全突破。

五峰山长江大桥的工程创新表明：工程创新具有突出的集成性、系统性和复杂性，对于首创的、承载着价值功能提升的高速铁路大跨径悬索桥更是如此。江苏镇江五峰山长江大桥的建成开通，刷新了国际桥梁界百年以来对大跨径悬索桥的认知水平，突破了此前悬索桥工程实践的能效壁垒，显现了中国桥梁建造能力，成为悬索桥发展史上又一个里程碑。

本篇参考文献

[1] 徐炎章.案例方法与工程创新研究[J].自然辩证法通讯,2009,31(6):25-31,111.

[2] 许为民,楼巍,张炯.杭州湾跨海大桥:大型工程集成创新的一个案例分析[J].自然辩证法研究,2012,28(6):50-55.

[3] SCRUTON C.An Experimental investigation of the aerodynamic stability of suspension bridges with special reference to the Proposed Severn Bridge[J].Proceedings of the Institution of Civil Engineers,1952,1(2):189-222.

[4] CHATTERJEE S.Strengthening and refurbishment of Severn Crossing[J].Proceedings of the Institution of Civil Engineers Structures and Buildings,1992,94(1):1-5.

[5] FLINT A R.Strengthening and refurbishment of Severn Crossing[J].Proceedings of the Institution of Civil Engineers-Structures and Buildings,1992,94(1):7-22.

[6] SAUL R,等.创世界跨度纪录的委内瑞拉卡罗尼河结合梁桥[J].林广元,译.国外桥梁,1993(1):5-12.

[7] 杨稚华,谢邦珠.万县长江大桥初设简介[J].西南公路,1993(1):1-6.

[8] 杨稚华.万县长江大桥的设计[C]//论文集编审委员会.中国公路学会2001学术交流论文集,北京,2001:217-230.

[9] BERGERMANN R,SCHLAICH M.Ting Kau Bridge of Hong Kong[J].Structural Engineering International,1996,6(3):152-154.

[10] 刘正光,黄启远.香港汀九斜拉桥的设计与建设[C]//中国土木工程学会桥梁及结构工程学会第十二届年会论文集,广州,1996:50-54.

[11] 华有恒.试论香港汀九斜拉桥设计构思的特色和探讨[J].桥梁建设,1997(3):29-35.

[12] TADROS G.The Confederation Bridge:an overview[J].Canadian Journal of Civil Engineering,1997,24(6):850-866.

[13] AÏTCIN P,MINDESS S,LANGLEY W.The Confederation Bridge[J].Marine Concrete Structures,2016,6(2):199-214.

[14] HONIGMANN C,BILLINGTON D.Conceptual design for the Sunniberg Bridge[J].Journal of Bridge Engineering,2003,8(3):122-130.

[15] VOGEL T,SCHELLENBERG K.The impact of the Sunniberg Bridge on Engineering Switzerland[J].Structural Engineering International,2015,25(4):381-388.

[16] NISSEN J.Conceptual and tender designs for the Øresund Bridge[J].Structural Engineering International,1999,9(1):36-38.

[17] HEDBERG T.Øresund Fixed Link Denmark and Sweden[J].Structural Engineering International,2002,12(4):239-241.

[18] VIRLOGEUX M.Bridges with multiple cable-stayed spans[J].Structural Engineering Inter-

national,2001,11(1):61-82.

[19] COMBAULT J,TEYSSANDIER J.The Rion-Antirion Bridge:concept,design and construction[J]. Structural Engineering International,2005,15(1):22-27.

[20] VIRLOGEUX M. The Millau Cable-Stayed Bridge recent developments in Bridge Engineering[C]//Proceedings of the Second New York City Bridge Conference,Lisse,Netherlands,2003,15(1):3-18.

[21] MARTIN J P,SERVANT C,CREMER J M. The design of the Millau Viaduct[J]. Fib Avignon Symposium Proceedings,2004,11(1) 83-107.

[22] 秦顺全.武汉天兴洲公铁两用长江大桥关键技术研究[J].工程力学,2008,25(S2):99-105.

[23] 秦顺全,高宗余.中国大跨度高速铁路桥梁技术的发展与前景[J].Engineering,2017,3(6):23-38.

[24] 高宗余.武汉天兴洲公铁两用长江大桥总体设计[J].桥梁建设,2007(1):5-9.

[25] 武勇.武汉天兴洲公铁两用长江大桥主桥荷载验收试验研究[J].桥梁建设,2010,(1):11-16.

[26] 孙树礼.高速铁路桥梁设计与实践[M].北京:中国铁道出版社,2011.

[27] CALZÓN J,VILARDELL M,CORRAL Á. Widening of the cable-stayed bridge over the Rande Strait,Spain[J].Structural Engineering International,2008,18(4):314-317.

[28] BERNARDO H,TARQUIS F,LUCAS C.Rande Bridge widening:a 400-m-span cable-stayed bridge expansion[J]. Practice Periodical on Structural Design and Construction,2009,24(4):16-17.

[29] SERRANO C Á,RUPEREZ A M,RODRÍGUEZ M D.Widening of the cable-stayed bridge over the Rande Strait in Spain[J].Structural Engineering International,2019,29(4):1-4.

[30] 欧智菁,林建茂,谢铭勤,等.罕遇地震下钢管混凝土格构式高墩连续梁桥抗震简化分析方法研究[J].工程抗震与加固改造,2021,43(1):132-139,124.

[31] 李治强,杨毅,张晓飞.干海子特大桥主梁架设拖拉施工技术[J].铁道建筑技术,2011,(11):64-67.

[32] TANG M C,MANZANAREZ R.San Francisco-Oakland Bay Bridge design concepts and alternatives[R].上海:国际桥梁2004年大会,2004.

[33] SUN J,MANZANAREZ R,NADER M. Design of looping cable anchorage system for New San Francisco-Oakland Bay Bridge main suspension span[J].Journal of Bridge Engineering,2002,7(6):315-324.

[34] 杨进.泰州长江公路大桥主桥三塔悬索桥方案设计的技术理念[J].桥梁建设,2007(3):33-35.

[35] 韩大章,万田保,陆勤丰,等.泰州长江公路大桥主桥方案设计:中国公路学会桥梁和结

构工程分会2007年全国桥梁学术会议论文集[C].北京:人民交通出版社,2007.

[36] KLEIN J.Third Bosphorus Bridge-A masterpiece of sculptural engineering[J].Der Stahlbau,2007.

[37] KLEIN J.Apologia for "Sculptural engineering"[C]//IABSE Conference Geneva 2015,Structural Engineering:Providing Solutions to Global Challenges,Geneva,2015.

[38] VIRLOGEUX M,KLEIN J,DUCHÊNE Y.The behavior of the Third Bosporus Bridge related to wind and railway loads[C]//IABSE Conference Geneva 2015:Structural Engineering:Providing Solutions to Global Challenges,Geneva,2015.

[39] GUESDON M,ERDOGAN J,ZIVANOVIC I.The Third Bosphorus Bridge:a milestone in long-span cable technology development and hybrid bridges[J].Structural Engineering International,2020:1-8.

[40] 万田保.张家界大峡谷异型玻璃悬索桥设计关键技术[J].桥梁建设,2017,47(1):6-11.

[41] 刘科峰,王忠彬.张家界大峡谷玻璃桥桥塔设计[J].世界桥梁,2021,49(1):1-6.

[42] 李迎九.千米跨度高速铁路悬索桥建造技术现状与展望[J].中国铁路,2019(9):1-8.

[43] 唐贺强,徐恭义,刘汉顺.五峰山长江大桥主桥总体设计[J].桥梁建设,2020,50(6):1-7.

[44] 徐恭义.千米级跨度铁路桥梁的受力性能研究[J].中国铁道科学,2011,32(2):56-60.

[45] 唐贺强,徐恭义,刘汉顺.悬索桥用于铁路桥梁的可行性分析[J].桥梁建设,2017,47(2):13-18.

[46] 辛杰.铁路悬索桥设计活载模式与结构合理刚度标准研究[J].铁道建筑,2020,60(12):1-4.

[47] 中共中央马克思恩格斯列宁斯大林著作编译局.马克思恩格斯文集 第九卷[M].北京:人民出版社,2009.

附录 A 20 世纪最美的 15 座桥梁

世纪之交的 1999 年,由国际桥梁与结构工程协会(IABSE)与英国《桥梁工程与设计》杂志发起,30 位全球著名桥梁工程师、建筑师和学者评选 20 世纪最美的桥梁,以展示桥梁工程的艺术表现力,附表 A 所列的 15 座桥梁上榜。

20 世纪最美的 15 座桥梁简况表   附表 A

序号	桥　名	建成时间(年)	主跨跨径(m)	所在地	结构形式	备注
1	萨尔金娜山谷(Salginatobel)桥	1930	90	瑞士	上承式三铰拱桥	见案例 1-2-4
2	金门(Golden Gate)大桥	1937	1280.2	美国	悬索桥	—
3	布鲁东(Brotonne)桥	1977	320	法国	单索面斜拉桥	见第 3 篇第 3 章
4	克莱姆(Kirchheim)跨线桥	1993	34.44	德国	斜腿刚构桥	见案例 2-1-1
5	奥莱(Orly)桥	1958	53	法国	连续曲线梁桥	—
6	博斯普鲁斯海峡大桥(Bosporus Strait Bridge)	1973	1074	土耳其	悬索桥	—
7	阳光桥(Sunniberg Bridge)	1998	140	瑞士	部分斜拉桥	见第 3 篇第 9 章
8	诺曼底(Normandie)大桥	1994	856	法国	斜拉桥	—
9	多多罗大桥(Tatara Bridge)	1999	890	日本	斜拉桥	—
10	塞弗林大桥(Severins Bridge)	1959	302	德国	斜拉桥	—
11	香港汀九桥(Tingkau Bridge)	1997	475	中国	多塔斜拉桥	见第 3 篇第 7 章
12	甘特桥(Ganter Bridge)	1980	174	瑞士	板拉桥	见第 2 篇 4.3 节
13	悉尼海港(Sydney Harbour)大桥	1932	503	澳大利亚	钢桁拱桥	—
14	费马恩(Fehmarnsund)海峡大桥	1963	248.4	德国	钢箱提篮拱	见第 2 篇表 2-3-2
15	大贝尔特大桥(Great Belt Bridge)	1997	1624	丹麦	悬索桥	见第 2 篇 5.2 节

附录 B 国际桥梁与结构工程协会（IABSE）授予的杰出结构奖

从 2000 年起，国际桥梁与结构工程协会（IABSE）每年评选颁发 1~2 项杰出结构奖，涵盖建筑结构及桥梁结构两大类；从 2010 年起，又将杰出结构奖分为正选与提名两个层次。国际桥梁与结构工程协会杰出结构奖设立以来，共有 60 项建筑结构、桥梁结构项目获奖。现将获奖的 32 项桥梁结构的基本情况汇总，如附表 B 所示。

国际桥梁与结构工程协会颁发杰出结构奖的桥梁基本情况　　　附表 B

年度	桥　名	国家	建成时间（年）	结构特点	主跨跨径（m）	备注
2001	阳光桥（Sunniberg Bridge）	瑞士	1998	部分斜拉桥	140	见第 3 篇第 9 章
2002	丹麦—瑞典厄勒海峡大桥（Øresund Strait Bridge）	丹麦	2000	长 16.38km 的跨海桥-岛-隧工程	490	见第 3 篇第 10 章
2002	美秀美术馆桥（Miho Museum Bridge）	日本	1997	斜拉张弦梁	120	见案例 2-2-1
2003	普莱支流河大桥（Bras de la Plaine Bridge）	法国	2002	钢桁-混凝土悬臂梁	280.772	见案例 1-6-1
2005	盖茨赫德千禧桥（Gateshead Millennium Bridge）	英国	2002	旋转式开启拱桥	105	见案例 1-6-4
2006	里翁—安蒂里翁大桥（Rion-Antirion Bridge）	希腊	2004	基底隔震的多跨斜拉桥	3×560	见第 3 篇第 11 章
2006	米约高架桥（Millau Viaduct）	法国	2004	顶推施工的多跨斜拉桥	6×342	见第 3 篇第 12 章
2008	上海卢浦大桥	中国	2003	钢箱系杆拱	550	—
2009	三国桥（Three Countries Bridge）	德国	2007	空间组合钢箱拱桥	229.4	见案例 2-3-2
2010	苏通长江大桥*	中国	2008	钢箱斜拉桥	1088	见第 2 篇 4.2 节
2011	香港昂船洲大桥*	中国	2009	分体式钢箱梁斜拉桥	1018	—
2011	鲁昂福楼拜升降桥*（Pont Gustave Flaubert Rouen Bridge）	法国	2008	升降式开启桥	100	—
2012	舟山西堠门大桥*	中国	2009	分体式钢箱梁悬索桥	1650	—
2012	釜山—巨济大桥*（Busan-Geoje Bridge）	韩国	2010	长 8.2km 的跨海桥-隧工程	475	—
2013	李舜臣大桥*（Yi Sun-sin Bridge）	韩国	2012	分体式钢箱梁悬索桥	1545	—

续上表

年度	桥　名	国家	建成时间（年）	结构特点	主跨跨径（m）	备注
2014	江苏泰州长江大桥	中国	2012	三塔两主跨悬索桥	2×1080	见第3篇第17章
2015	奥克兰海湾大桥东桥（Oakland Bay Bridge New East Span）	美国	2012	独塔自锚式悬索桥	385	见第3篇第16章
2015	南京大胜关长江大桥*	中国	2011	连续钢桁拱	2×336	—
2016	Viaduct over the River Ulla*	西班牙	2015	6跨连续钢桁组合梁高铁桥	240	—
2017	丹东大桥*（Dandeung Bridge）	韩国	2016	独塔自锚式悬索桥	400	—
2018	博斯普鲁斯海峡第三大桥（The Yavuz Sultan Selim Bridge）	土耳其	2016	斜拉-悬索协作体系	1408	见第3篇第19章
2018	Viaduct over River Almonte*	西班牙	2016	上承式铁路混凝土拱桥	384	—
2018	Circle Bridge*	丹麦	2015	斜拉板梁人行景观桥	20	—
2018	昆斯费里（Queensferry）大桥*	英国	2017	交叉拉索的多跨斜拉桥	2×650	见第2篇4.4节
2019	默西门户（Mersey Gateway）大桥	英国	2017	三塔斜拉桥	294+318	见案例2-4-7
2019	兰迪海峡大桥扩建工程*（Widening of bridge over Rande Strait）	西班牙	2010	斜拉桥的拓宽改造	400.14	见第3篇第14章
2019	武库川大桥*（Mukogawa Bridge）	日本	2017	索辅梁桥	3×100	—
2020	港珠澳大桥	中国	2018	长55km的跨海桥-岛-隧工程	458	见案例1-3-4
2020	天使大桥*（Cheonsa Bridge）	韩国	2019	多跨悬索桥	2×650	见第2篇5.4节
2020	哈罗格兰德大桥*（Hålogaland Bridge）	挪威	2018	空间缆索悬索桥	1145	见第2篇6.3节
2020	新尚普兰大桥*（Samuel De Champlain Bridge）	加拿大	2019	采用ABC施工方法的斜拉桥	240	见第2篇2.5节
2021	Rose Fitzgerald Kennedy Bridge over the River Barrow	爱尔兰	2020	多跨混凝土索辅梁桥	2×230	—

注：*为获得提名的杰出结构奖。

后　　记

第二次世界大战结束以后的70多年时间里,现代桥梁工程取得了辉煌的建设成就,技术创新、工程创新层出不穷,基本满足了人类跨越各种障碍的需求,实现了从"能不能"向"好不好""适合不适合"的根本转变。身处这样一个工程巅峰,在迎接技术创新、工程创新快速迭代的潮流之余,有必要在工程技术之上,从工程本质、工程观念、工程思维、工程创新、工程演化等层面,对现代桥梁工程的发展演化进程进行系统而深入的思考,从而与时俱进地更新工程观念,更好地回答工程实践"为了什么、如何集成、如何建构"等基本问题,更好地从工程历史当中汲取工程智慧与经验教训,更好地理解与践行工程的价值理性,不断推动技术创新和工程创新,增进人类福祉。另一方面,面对量大面广的一线工程技术人员,需要而且必须以某一领域的工程技术为载体,结合典型案例将工程哲学的基本观点融合进去、呈现出来,达到"随风潜入夜,润物细无声"的效果,以便能够为工程师所接受,在认识观念上解决"怎么看"这一基本问题,从而结合工程实践的实际情况,更好地解决"怎么办"的问题。

带着这样的初衷,作者结合现代桥梁工程发展进程的方方面面,基于工程哲学的基本观点,试图在工程实践与工程哲学之间的鸿沟上搭建一座"桥梁",进行工程哲学思想的"哲普",从而启迪一线工程技术人员建构工程哲学思维,更新工程观念,深入系统地思考工程、认识工程、改进工程,不断提升工程品质。之所以如此,拉长时间尺度来看,观念认识才是人类社会最根本的变革力量,桥梁工程也不例外。然而,在写作过程中,虽然历经十多年的资料准备、三年写作、十数次修改,作者仍深感吃力与不安。究其原因,是因为作者试图从工程哲学的高度对桥梁工程进行再认识再思考,力图将现代桥梁工程的发展脉络、历程和神韵勾勒出来,竭力将工程大师的思维方式、思想方法呈现出来,导致写作难度较大、力有不逮,困难主要体现在以下三个方面。

一是要横跨现代桥梁工程70多年的发展历程,面对工程哲学、桥梁工程技术这样两个过去互不相关的领域,在勾勒桥梁工程发展脉络的基础之上,去探讨工程和技术之上的"道",反映工程观念对工程实践的统领作用与深远影响,揭示工程技术进步深层次的推动力量,驾驭这样宏大的题材无疑是非常艰难的。二是为了克服一般哲学书籍的深奥苦涩,难以为一线工程技术人员所理解领会的局限,写作时结合桥梁工程的发展历史、技术创新、工程创新、工程演化等方面的案例,来揭示阐述其背后所蕴藏的哲学思想,尝试了夹叙夹议、案例旁证的写作方式,也是一个不小的挑战。三是由于相关文献资料,尤其是大部分中文文献深受技术思维、技术标准的影响,多为总结性、成果性的论文,很少谈及方案构思酝酿、工程教训汲取等工程创新思维的形成过程,也很少谈及主创人员的构思过程、经济指标、工程材料用量及工程造价等,导致穿过工程历史的迷雾,挖掘、再现工程大师们的思维过程也是一项非常困难的工作。

  基于上述原因和作者的认知局限，书中不可避免地存在诸多不足与缺漏之处，需要工程界、学术界的各位同仁多多批评指正，以便作者今后修订完善。此外，书中涉及的资料来源非常广泛，包括正式出版文献、网络链接或非正式发表文献，难以在书稿中一一标注出处，特致谢忱！如有不妥，请与作者联系，邮箱 zhang-jp@139.com。